TRASIGA PENGAR

LYN ALDEN

TRASIGA PENGAR

Därför sviker det finansiella systemet oss och så kan vi förbättra det

Översättning:
Mattias Börjesson

Broken Money: Why Our Financial System is Failing Us and How We Can Make it Better

Trasiga pengar: Därför sviker det finansiella systemet oss och så kan vi förbättra det

Utgivet av: *konsensus.network*

Typografi: Theo Hague

Omslag: Imtechnicolor

Första upplaga: maj 2025

ISBN 978-9916-749-77-7 Häftad
978-9916-749-78-4 E-bok

KONSENSUS NETWORK

Tack

Att skriva en bok av den här omfattningen är ett enormt projekt och är endast möjligt med stor hjälp.

Först och främst vill jag tacka alla som varit direkt medverkande i skapandet av den här boken. Min man, Mohamed Badran, bidrog med ovärderlig strukturell redigering och gav tidig feedback för att säkerställa en tydlig och smidig läsupplevelse. Som en sakkunnig monetärhistoriker hjälpte Joakim Book till med omfattande redigering och research, vilket höjde kvaliteten på boken avsevärt.

Boken innehåller över 400 referenser, och verk av oräkneliga personer – både från förr och nutid – har tjänat som en ovärderlig inspirationskälla. Faktum är att jag anser att några av de referenser jag inte håller med är minst lika viktiga ur ett research-perspektiv som de jag håller med, eftersom de har hjälpt mig att pröva idéer och dra välgrundade slutsatser. Jag kan inte nämna alla här, men jag uppmuntrar läsaren att gå igenom fotnoterna och referenserna, och jag är tacksam för allt det publicerade material som jag har kunnat hänvisa till i denna bok eller som jag har hämtat inspiration ifrån.

Förutom de historiska berömda författare som har påverkat helheten, finns det även ett antal samtida författare, investerare, humanitärer och/eller företagsledare vars verk har refererats till i eller haft stort inflytande på denna bok, nämligen följande: Alex Gladstein, Ray Dalio, Stanley Druckenmiller, Barry Eichengreen, George Selgin, Luke Gromen, Saifedean Ammous, Nick Szabo, Adam Back, Elizabeth Stark, Michael Saylor, Jeff Booth, John Pfeffer, Caitlin Long, Gigi, Nic Carter, Obi Nwosu, Yan Pritzker och Anita Posch.

All vinst från de första tusen sålda exemplaren doneras till Human Rights Foundation, som inte bara hjälper människor utan som också har varit en värdefull informationskälla under mitt arbete.

Innehåll

Förord

Pengarna vi använder är i oreda, och är blott sist i ett långt led av misslyckade försök och experiment som nu mestadels bleknat ur folks minne. Pelatiah Webster, en framgångsrik amerikansk köpman och präst från 1700-talet som publicerade flera välgrundade dokument om just ekonomi och pengar, var lika mycket en förespråkare för frihandel i sitt nya, krigshärjade land som han var fördömande mot de icke-inlösbara papperspengar som de hårt pressade myndigheterna valt att driva igenom till det bittra slutet. Efter att kriget mot britterna var vunnet noterade Webster nyktert att de nu värdelösa sedlarna hade dödat fler män och orsakat mer oförrätt bland amerikanska familjer än till och med fiendens vapen. Som ena halvan av varje transaktion i ekonomin kan ordnade pengar underlätta skapandet av rikedom bortom vad tidigare strävande generationer kunnat föreställa sig, medan oordnade pengar kan skapa kaos bortom vad nuvarande generationer kan. Det är därför som jag, inte utan viss lättnad, observerar hur ekonomer som Lyn Alden i kölvattnet av Bitcoin-fenomenet nu brottas med monetär ekonomi på ett klart och koncist sätt, till synes oberörd av dogma från intellektuellt fallna universitet. I *Trasiga pengar* uppmärksammar Alden det nuvarande monetära tillståndet som vi är moraliskt skyldiga att undersöka, hur vi hamnade i denna situation samt de många individer som lider av det. Av en ren slump ombads jag skriva detta förord just när jag semestrade i ett land med en obscen mängd nollor på sina pengar – varje nolla ett tyst vittnesmål om oräkneliga personliga förluster. Genom en teknologisk lins kartlägger *Trasiga pengar* hur grunden lades för sådana absurditeter. Boken beskriver hur pengar först uppstod ur byteshandel och sociala relationer, i primitiva former som snäckskal, pärlor eller salt, för att sedan ge plats åt guld- och silvermynt, och slutligen till rena abstraktioner av de ädelmetallerna. Idag har fysiskt och digitalt icke-inlösbart papper segrat, och den ständiga frestelsen att skapa mer av dem via sedelpressen eller mjukvaran under statens kontroll har manifesterat sig tillräckligt många gånger över seklerna för att nu kunna betraktas som en ekonomisk lag: den typ av pengar som kan massproduceras, kommer så småningom att massproduceras.

Det är därför inte konstigt att boken också utforskar Bitcoins styrkor och svagheter och den roll denna nya typ av tillgång kan ha i framtiden. *Trasiga pengar* är dock inte bara en bok för lekmannen som är intresserad av monetär historia i allmänhet eller Bitcoin i synnerhet. Den är ett verktyg i arsenalen för alla som försöker skydda hårt förvärvade besparingar från de ovan nämnda effekterna av dåliga pengar. Spararen som söker ränta i bankens sparkonto måste acceptera den obalans i löptid som kännetecknar det fraktionella banksystemet. Obligationsägaren som söker kupong måste acceptera att en fallande valuta alltid tenderar att skada långivare samtidigt som låntagare gynnas. Aktieinvesteraren som söker utdelning måste acceptera att företagens vinster är denominerade i något trasigt och abstrakt. Vid tidpunkten för skrivandet av det här förordet har ett ovanligt stort handelskrig utlösts av USA:s president, vilket orsakat oreda på de globala marknaderna. Lika ogenomtänkt var logiken bakom vad många högljudda experter hävdade att den amerikanska dollarn skulle göra härnäst. Skulle den stärkas genom flykt-till-säkerhet, eller försvagas genom så kallade stimulanser initierade av alltmer nervösa centralbankstoppar? Endast med en djupdykning i det monetära systemet och i dollarn som världens reservvaluta är det möjligt att börja försöka förstå de ekonomiska krafter som satts i rullning efter att guldstandarden för många decennier sedan förråtts av de vars uppgift det var att upprätthålla dess integritet. Genom att med ekonomiska axiom överväga långsiktiga konsekvenser istället för att slösa tid på att observera kroppsspråk eller ordval vid nästa direktsända Federal Reserve-möte, finns det hopp för investeraren att skapa sin portfölj en fördel, eller för ekonomen att någon gång i framtiden kanske till och med, även om motståndet är hårt, försöka återupprätta disciplinen i detta trasiga system.

Emil Sandstedt
Författare till *Money Dethroned*

Inledning

I september 2022 rånades ett antal banker i Libanon av vanliga människor. Det som gjorde att dessa händelser blev mer uppmärksammade än vanliga bankrån var att de flesta av rånarna rånade bankerna enbart i syfte att få ut *sina egna pengar*. På grund av en ekonomisk kris i Libanon nekades människor under en längre tid tillgång till pengar som de själva satt in.

En av dessa "bankrånare" som skapade rubriker var en ung kvinnlig inredningsarkitekt. Hon rånade en bank i Beirut med vad som senare visade sig vara en realistisk pistolattrapp, för att få ut familjens besparingar. Pengarna hade frusits av banken, och kvinnan behövde dem för att betala för sin systers cancerbehandling. Det här må vara ett mycket anmärkningsvärt exempel, men under den här perioden utfördes ett flertal bankrån av människor som bara ville ha tillbaka sina pengar, och vissa av dem använde sig av riktiga vapen.

Dessa händelser inträffade i ett specifikt land under en specifik period, men de är del av en global berättelse.

Under det senaste årtiondet har Nigeria, ett land med en folkmängd på över 200 miljoner, upplevt en årlig inflation på 13 procent.[1] År 2021 lanserades en digital centralbanksvaluta kallad eNaira, som än så länge används av ytterst få, medan kryptovalutor (i synnerhet bitcoin och så kallade stablecoins knutna till den amerikanska dollarn) har fått en betydligt högre användningsgrad i landet – och detta trots att dessa valutor är avskurna från Nigerias banksystem. Den nigerianska regeringen införde även ett antal regler avsedda att minska tillgängligheten av fysiska kontanter och öka användningen av digitala betalningar, vilket ledde till en period av politiska oroligheter och upplopp.

Hösten 2016 halverade Egypten plötsligt värdet på sin valuta gentemot dollarn, ett drag som innebar att en befolkning på omkring 100 miljoner människor fick se flera års besparingar gå upp i rök. Åren 2022 och 2023 genomförde landet återigen ett flertal kraftiga devalveringar av valutan i

1 IMF, *Consumer Prices, End of Period*, Datamapper.

förhållande till dollarn, vilket resulterade i ännu en halvering av växelkursen. Jag känner folk i Egypten som köper fysiska dollar på den svarta marknaden och sparar dem för att skydda sig mot detta fortlöpande problem. För detta betalar de höga växlingsavgifter, och de får ingen ränta på sina pappersdollar. Och när dessa devalveringar genomförs blir alla arbetstagare i landet tvungna att försöka förhandla om en högre lön för att kunna återvinna en viss del av den förlorade köpkraften, då lönerna denomineras i den devalverade lokala valutan.

I Turkiet och Argentina, båda två G20-länder med en sammanlagd folkmängd på över 130 miljoner, har inflationen rusat under de senaste åren. År 2022 hade Turkiet en inflation på 85 procent jämfört med året innan, och 2023 hade Argentina en inflation på långt över 100 procent.[2]

På 1990-talet drabbades Brasilien, världens då femte mest folkrika land, av direkt hyperinflation. När man tänker på hyperinflation föreställer man sig ofta 1920-talets Tyskland eller någon sönderfallande stat, men faktum är att ett förvånansvärt stort antal länder har genomgått hyperinflation någon gång under 1900-talets andra hälft. Bara sedan 1980-talet har människor i Brasilien, Argentina, Jugoslavien, Zimbabwe, Venezuela, Polen, Kazakstan, Peru, Belarus, Bulgarien, Ukraina, Libanon och flera andra länder upplevt hyperinflation. Andra länder som Israel, Mexiko, Vietnam, Ecuador, Costa Rica och Turkiet har under samma period haft tresiffrig inflation (det vill säga nästan hyperinflation).

Från 2016 till 2021 erbjöd många marknader för statsobligationer i rika europeiska länder och i Japan nominella räntor nära eller till och med under noll, och vid kulmen fanns det obligationer med negativ ränta till ett värde av 18 biljoner dollar.[3] Människor tvingades betala för privilegiet att låna ut pengar till staten och till stora bolag i stället för att få ränta på de utlånade pengarna. Incitamenten i det finansiella systemet hade med andra ord vänts upp och ned. Och under de följande åren ledde en global inflationsvåg till att köpkraften hos innehavarna av dessa obligationer reducerades kraftigt.

Under 2010-talet fick vi upprepade gånger höra från ett flertal seniora medlemmar av den amerikanska centralbanken (Federal Reserve) att den genomsnittliga inflationen låg under deras mål under för lång tid, och att de önskade högre inflation. Vid ett kongressförhör i början av 2021, då den totala inflationen i USA låg på 1,7 procent, var det en kongressledamot som ställde frågor till ordföranden för Federal Reserve angående den 25-

---

2 Zeynep Dierks, *CPI Inflation Rate in Turkey*, Statista, 3 maart 2023; Patrick Gillespie, *Argentina Inflation Surpasses 100% as Economic Recession Looms*, Bloomberg, 14 maart 2023.

3 Cormac Mullen and John Ainger, *World's Negative-Yielding Debt Pile Hits $18 Trillion Record*, Bloomberg, 11 december 2020.

procentiga ökning av den totala penningmängden (den högsta ökningen sedan 1940-talet) som hade skett i och med den senaste tidens finanspolitiska stimulansåtgärder, och om vilken inverkan en sådan ökning skulle kunna ha på inflationen eller dollarns värde. Ordföranden avfärdade ledamotens farhågor och sa att en sådan ökning av den totala penningmängden sannolikt inte skulle ha några större ekonomiska följder och att vi kanske måste släppa tanken att monetära aggregat har någon betydande inverkan på ekonomin.[4]

När inflationen senare under 2021 började stiga rejält påstod ordföranden till en början att den var övergående, och Federal Reserve fortsatte att utöka den monetära basen genom kvantitativa lättnader. Men så, när vi under 2022 fick se den högsta inflationen på fyrtio år, fick ordföranden och andra personer med ledande ställning inom Federal Reserve plötsligt panik och gjorde en penningpolitisk helomvändning. De såg nu inflationen som det allra viktigaste problemet att ta itu med. I ett försök att dämpa inflationen höjde de under året räntan så aggressivt – och minskade den monetära basen så snabbt – att de för bankerna skapade orealiserade förluster på statsobligationer och andra lågrisktillgångar till ett värde av över en biljon dollar. Genom att avlägsna pengar från banksystemet i en sådan takt bidrog de till några av de största bankkonkurserna i amerikansk historia. På grund av den snabbt ökande räntan hade banker över hela landet vid början av 2023 kraftigt försämrad kapitaltäckning. För första gången i modern tid gick självaste Federal Reserve med förlust, då räntan på deras skulder vida översteg vad de tjänade på sina tillgångar.[5] Dessa beslut av Federal Reserve har konsekvenser för 330 miljoner amerikaners ekonomiska situation och påverkar miljarder människor i andra länder. Ändå fattas dem manuellt och subjektivt av en grupp på endast tolv personer.

Det finns omkring 160 olika valutor i världen, var och en med monopol inom det egna jurisdiktionsområdet.[6] De flesta av dessa valutor accepteras inte utanför områdets gränser. Den globala finansiella ordningen är således i praktiken ett system för byteshandel. En handfull valutor hålls som reservvalutor av andra centralbanker och åtnjuter en viss grad av acceptans i andra länder, men de tappar långsamt värde över tid och har räntesatser som inte har hållit jämna steg med inflationen på många år. Merparten av övriga valutor är utsatta för en högre risk för kraftiga devalveringar, längre perioder av dubbelsiffrig inflation och till och med hyperinflation, samtidigt som de oftast inte accepteras i andra länder. Människor som lever i

---

4 Howard Schneider, *Powell's Econ 101: Jobs Not inflation. And Forget About the Money Supply*, Reuters, 23 februari 2021.
5 Erica Jiang et al., *Monetary Tightening and U.S. Bank Fragility in 2023*.
6 XE.com. *ISO 4217 Currency Codes*.

länder som tillhör den sistnämnda gruppen försöker ofta få tag i utländska valutor, såsom dollarn, för att skydda sina besparingar, och i allmänhet kan de inte lita på att den lokala banken kan förvara pengarna.

Det kan vara svårt att spara pengar till och med i de mest stabila monetära områdena, och om man råkar vara född på "fel" plats står man inför en otroligt mödosam uppgift.

Hur hamnade vi här? Varför är våra pengar inte *bättre* än så här?

Det globala finansiella systemet har inte fungerat för utvecklingsländer under hela den moderna historien, och under de senaste årtiondena har systemet skapat stora obalanser även för utvecklade länder. Systemet vilar inte längre på en stabil grund, delvis på grund av att dess grundläggande teknik är föråldrad.

Jag påstår att vågen av populism som har svept över USA, Europa och flertalet utvecklingsländer sedan finanskrisen 2008 till stor del är en följd av detta faktum. Människor på både vänster och höger sida av det politiska spektrumet känner att något är fel, att systemet är "riggat" till deras nackdel, men de kan inte riktigt sätta fingret på vad det är som är fel. En viktig del av detta pussel är att det finansiella systemet så som vi känner det inte längre fungerar.

Vi har tidigare sett att den globala finansiella ordningen gradvis faller samman till följd av ökad ekonomisk obalans, nya geopolitiska konstellationer och införandet av ny teknik. När detta inträffar omvandlas den gamla ordningen helt eller delvis till en ny ordning. Exempel på sådana händelser presenteras i denna bok. De flesta tecken tyder på att den finansiella ordning som vi haft sedan 1970-talet börjar gå mot sitt slut och är på väg in i omvandlingsfasen.

Det här är en bok om pengar skriven ur ett teknikutvecklingsperspektiv. Den omfattar pengars evolution, den tar upp frågan varför den teknik och de institutioner vi använder för pengar i dag inte fungerar, och den ger förslag på några möjliga lösningar på de monetära problem som vi nu står inför. Den är skriven på ett enkelt språk och är uppdelad i olika moduler, så att läsaren kan fokusera på de delar som verkar mest intressanta.

Del 1 av boken tar läsaren genom gamla liggare och råvarupengar, i syfte att analysera varför pengar uppstod naturligt och varför vissa former av pengar utkonkurrerade andra. Genom en sådan analys kan vi enklare fastställa vilka egenskaper pengar bör ha. Vi kan också få en förklaring till varför dessa egenskaper dykt upp om och om igen under historiens lopp. I den här delen utforskas även förhållandet mellan social kredit och råvarupengar, för att förena två ekonomiska skolor som ofta står i motsats till varandra.

Del 2 handlar om tidig bankverksamhet och om framväxten av banker som erbjuder alla möjliga typer av tjänster. I den här delen tittar vi på hur olika tekniska utvecklingar har möjliggjort snabbare transaktioner och skilt dem från den långsammare process som en fysisk avveckling innebär, en process som hade många fördelar men även vissa nackdelar. Del 2 avslutas med en diskussion om hur den växande hastighetsklyftan mellan transaktion och avveckling i början av telekommunikationens tidsålder innebar att banker och centralbanker fick en betydande makt, då de blev de centrala aktörerna med förmåga att snabbt förflytta pengar över världen.

Del 3 beskriver det globala finansiella systemet så som det har varit strukturerat sedan början av 1900-talet. Här beskrivs även den geopolitik som låg bakom skapandet av systemet och hur det har förändrats med tiden. Del 3 omfattar dessutom perioden då guldmyntfoten kollapsade vid första världskriget, Bretton Woods-systemet som användes från 1940-talet till början av 1970-talet samt eurodollar/petrodollar-systemet som ersatte Bretton Woods och som används än i dag. Slutligen förklaras i del 3 hur vissa besvärande aspekter av den nuvarande versionen av systemet på senare tid har lett till strukturella obalanser runtom i världen.

Del 4 analyserar i detalj hur pengar skapas i dagens finansiella system och hur skuld över tid destabiliserar systemet i grunden. Här tittar vi sedan på några av de obalanser och problematiska incitament som ständigt devalverande monetära enheter orsakar, då sparare försöker bibehålla sin köpkraft genom att i stället köpa andra icke-monetära tillgångar. Del 4 visar hur lagstiftare med hjälp av en flexibel offentlig liggare kan ägna sig åt krigföring utan beskattning, sätta ihop selektiva räddningspaket genom urholkningen av andra människors besparingar och i allmänhet finansiera utgifter på oklara sätt.

Del 5 tittar på 2000-talets digitala monetära innovationer, som Bitcoin, stablecoins, smarta kontrakt och digitala centralbankspengar. Detta är den mest spekulativa delen av boken, då den handlar om det nuvarande tillståndet och om framtiden. Här beskrivs ett antal av de nya tekniker som finns tillgängliga för oss, och mer specifikt tittar vi här på vilka olika kompromisser och risker som dessa tekniker innebär samt vilka möjligheter de öppnar upp.

Del 6 utforskar etiken kring pengar och kommunikation, som är två av handelns komponenter. Här diskuteras vilken roll kryptografi spelar (en avgörande del av den moderna bank- och internetstrukturen), öppna kontra stängda finansiella nätverk samt skärningspunkten mellan finansteknik och mänskliga rättigheter.

I grund och botten är pengar en liggare. Råvarupengar fungerar som en liggare som styrs av naturen. Bankpengar fungerar som en liggare som styrs av nationer. Pengar med öppen källkod fungerar som en liggare som styrs av användarna. Som diskuteras i denna bok, leder den tekniska utvecklingen till förändringar i den rådande maktstrukturen och i incitamenten kring pengar.

Min bakgrund är en blandning av teknik och finans, och när jag analyserar olika aspekter av det globala finansiella systemet gör jag det genom ett teknologiskt perspektiv. Systemteknik är ett tvärvetenskapligt fält som fokuserar på design, integration, drift och underhåll av komplexa system. Jag ser det globala finansiella systemet som det konstruerade system som det faktiskt är, och jag har upptäckt att denna analysmetod leder till nya slutsatser som inte alltid stämmer överens med konventionell ekonomisk teori.

Mitt mål med den här boken är att ge människor ökad kunskap om hur pengar fungerar och om varför finansiella system inte fungerar lika bra som de gjorde förr. Boken handlar inte enbart om varför vårt finansiella system inte fungerar särskilt bra i år eller det här årtiondet, utan den är snarare en djupare analys av vad pengar är, hur vi hamnade där vi befinner oss i dag och vilka de grundläggande problemen är. Jag har inte alla svaren, och jag kan inte tala om för dig hur finansvärlden kommer att se ut under de kommande decennierna. Det jag siktar på att uppnå med den här boken är att dela med mig av mina efterforskningar, så att läsaren själv kan ge sig ut på jakt efter fler svar på egen hand. Politik spelar en lokal och tillfällig roll, men i slutändan är det teknologin som driver på bestående, globala förändringar. Därför analyserar jag pengar främst ur ett teknologiskt perspektiv.

Det här är inte en bok om guld. Det är inte en bok om banker eller om bitcoin, och det är inte heller en politisk bok. Den här boken är snarare en analys av historiens, nutidens och framtidens monetära teknologier, en analys som tar upp alla de ovannämnda ämnena, så att vi bättre kan förstå var vi kom ifrån och vilken väg vi bör följa härnäst.

THIS NOTE IS LEGAL TENDER
FOR ALL DEBTS, PUBLIC AND PRIV
KB 571
B2
THIS NOTE IS LEGAL TEND
FOR ALL DEBTS, PUBLIC AND P
Treasurer of the United States.
100
ML
L12
50
JE 23
E5
THIS NOTE IS LEG
FOR ALL DEBTS,
SERIES
2009
50

DEL I

VAD ÄR PENGAR?

Föregångarna till pengar möjliggjorde, tillsammans med språket, för tidiga moderna människor att lösa samarbetsproblem som andra djur inte kan lösa – däribland problem med reciprok altruism, släktaltruism och aggressionsdämpning. Dessa föregångare delade med icke-fiatvalutor mycket specifika egenskaper – de var inte enbart symboliska eller dekorativa föremål.[7]

— Nick Szabo

7 Nick Szabo, *Shelling Out: The Origins of Money*.

KAPITEL 1

LIGGARE SOM PENGARS FUNDAMENT

Många människor tror att konceptet med pengar börjar med något som mynt eller snäckskal, men historien börjar faktiskt långt före dess. Den börjar med en liggare.

En liggare är en sammanfattning av transaktioner som används för att hålla reda på vem som äger vad. Den äldsta kända nedskrivna liggaren är över 5 000 år gammal. Den kommer från det forntida Mesopotamien och är gjord av lerplattor. Enligt *Encyclopedia Britannica* är den sumeriska skriften världens äldsta kända skrifttyp, och de äldsta kända sumeriska skrifterna var liggare i lera genom vilka man höll koll på handelsvaror.[8] På dessa lerplattor finns bilder på olika handelsvaror följda av prickar som representerade kvantiteten. Det allra första man känner till att människan skrev ner var med andra ord listor över ägarskap, kredit och transaktioner.[9]

Men liggare som koncept kan vara ännu enklare än så. Före det att skriftspråket uppfanns måste de ha existerat till viss grad i minnet och i muntlig form. Varje gång någon var skyldig någon annan någonting förde man en primitiv muntlig liggare.

Här är ett modernt exempel på den allra enklaste nivån: Föreställ dig två syskon, Alice och Bobby. De är gamla nog att deras föräldrar ger dem hushållssysslor att utföra, och i takt med att de blir äldre och börjar ha mer komplicerade liv händer det ibland att de behöver göra vissa ändringar i schemat. Alice måste kanske till exempel hoppa över sina sysslor en kväll för att kunna följa med sina vänner ut. Hon ber då Bobby utföra hennes sysslor den dagen, så tar hon hans sysslor dagen därpå. Om Bobby accepterar erbjudandet har de skapat en enkel mental liggare och en form av

8 Ignace Gelb, *Sumerian Language.*

9 William Goetzmann, *Money Changes Everything: How Finance Made Civilization Possible,* 15-25.

kredit. Alice är nu skyldig Bobby en specifik uppsättning hushållssysslor. Detta fungerar enbart tack vare tillit och rykte: om Alice inte betalar tillbaka sin skuld kommer Bobby sannolikt att tacka nej till ett liknande erbjudande i framtiden. Om arrangemanget förblir enkelt nog kommer deras lilla liggare endast att vara muntlig, men om deras scheman blir komplicerade nog och de börjar byta sysslor regelbundet kan det hända att de börjar använda sig av en almanacka som en skriftlig liggare. Det finns inte någon specifik monetär enhet förknippad med denna liggare, det är ett renodlat byteshandelssystem. De enheter som byts i detta system är de enskilda hushållssysslorna. Liggarens enda uppdrag är att över tid hålla reda på vilka enskilda sysslor som byts, som en form av kredit.

Vi kan också föreställa oss en grupp jägare, för kanske tiotusentals år sedan i någon stam någonstans, räkna hur många djur var och en av dem har dödat eller försöka hålla reda på vem som har gjort vem en tjänst. Stammar världen över hade (och har fortfarande) olika sätt för att utse ledare, formellt eller informellt, och processen var ofta till viss grad meritokratisk. Vare sig avsikten finns där eller ej, håller människor någorlunda koll på andra människors handlingar och rykte, för att se vem som är en tillgång för gruppen och vem som är en börda.

Tidiga mänskliga sociala grupper bestod vanligtvis av dussintals individer. Olika grupper inom ett och samma geografiska område, med liknande kulturer, var del av en större sammankopplad stamkultur. I en grupp där alla känner varandra behövs inga pengar utöver muntliga och minnesbaserade liggare. Det är lätt att hålla någorlunda koll på tjänster och gentjänster, och det är oftast tydligt vilka som drar sitt strå till stacken och vilka som inte gör det. Den här typen av grupper bands vanligtvis samman av släktskap och vänskap, så det var inte nödvändigt att hålla någon exakt "räkning". Liggaren var ungefärlig och flexibel.[10]

Under mina dagar som ingenjör gick några kollegor och jag ofta ut och åt lunch tillsammans. Vi höll någorlunda koll på vem som körde varje gång, för att göra det ungefär lika för alla. Detta var inte något som vi skrev ner, och det var inte exakt, men visst förde vi en ungefärlig mental liggare som vi kollektivt höll koll på. Detsamma gällde när någon körde en kollega till bilverkstaden eller hämtade upp någon på flygplatsen och sedan fick tjänsten återgäldad vid ett senare tillfälle (före det att samåkningsappar var vanliga), eller när någon lånade ut pengar till någon annan som inte hade pengar på sig (till exempel om vi delade på en restaurangnota, vilket var en vanligare företeelse under den tiden). Sådana tjänster utfördes alltid utan att man behövde säga att "jag gör det här för dig nu, men du måste återgälda mig

---

10 Justin Pack, *Money and Thoughtlessness*, 51-70.

senare". Tvärtom utfördes sådana tjänster glatt som en gåva, och man antog bara att om man skulle be om en gentjänst vid ett senare tillfälle skulle den glatt genomföras.

Antropologer har utfört omfattande forskning om jägar- och samlarsamhällen och har funnit liknande gåvoinriktade beteenden som ett återkommande tema. Medan olika kulturer givetvis skiljer sig väsentligt åt, ger individer som känner varandra ofta gåvor sinsemellan eller utför tjänster och förväntar sig sedan att återgäldas.[11] Det är en stor del av vad vänskap innebär.[12]

Situationen blir mer komplicerad när vi börjar interagera med människor vi inte känner så väl, eller med människor som vi kanske inte litar på eller som vi aldrig kommer att träffa igen. Om två grupper stöter på varandra i en primitiv miljö finns en risk för våld, samtidigt som en möjlighet till handel uppstår.

Direkthandel är det uppenbara första steget i transaktioner med människor vi inte känner. I stället för att ge dem någon typ av informell kredit i form av en gåva, som vi skulle göra med familj och vänner, vill vi helst slutföra transaktionen *där och då*, eftersom vi sannolikt aldrig kommer att träffas igen. Två grupper möts, båda har resurser och en viss våldskapacitet om mötet skulle leda ditåt, och genom ett primitivt språk eller genom gester slutför de en transaktion. Kanske har den ena gruppen ett överflöd av spjut men behöver pälsar, medan den andra gruppen har ett överflöd av pälsar men behöver spjut. De kan byta pälsar mot spjut direkt och därmed har båda grupperna gynnats av transaktionen. Antropologer har dokumenterat ett flertal tillfällen då ceremoniell handel mellan olika jägar- och samlarsamhällen har genomförts, ofta även med möjlighet till äktenskapsarrangemang.

Om det inte redan finns en etablerad ceremoniell process mellan relativt jämbördiga grupper i en region, utan de i stället stöter på varandra mer slumpmässigt, är sannolikheten hög att ett försök till handel misslyckas, då de båda gruppernas önskningar troligtvis inte sammanfaller. "Sammanfallande önskningar" är en ekonomisk beskrivning som innebär att vardera parten måste ha ett överflöd av något som den andra parten vill ha för att byteshandeln ska kunna äga rum. Om båda parterna är i behov av spjut går bytet inte att genomföra. Om båda parterna är i behov av päls går bytet inte att genomföra. Det finns fler kombinationer som leder till att byteshandeln misslyckas än kombinationer som leder till att den lyckas.

Det är mycket enklare att genomföra byteshandel med vänligt sinnade

11 Se till exempel Marcel Mauss, *The Gift*; Marshall Sahlins, *Stone Age Economics*; och Paul Einzig, *Primitive Money*.

12 Elise Berman, *Avoiding Sharing*.

medlemmar av den egna gruppen än med främlingar, eftersom vi i handel med familj och vänner har både tillit och tid, saker som vi kan se som en form av flexibel social kredit. Någon kan be mig om en tjänst, och jag kan utföra tjänsten, även om det inte finns något som jag vill ha i gengäld just nu. Jag kan ha ett överflöd av både mat, päls och redskap och ändå bistå en vän som är i behov av något eller behöver min hjälp.[13]

Jag skulle ge denna gåvokredit till någon jag känner, inte bara för att det känns bra, utan även för att jag räknar med att jag någon gång i framtiden kommer att behöva något i gengäld. Kanske blir jag sjuk eller skadad eller gravid och därmed oförmögen att samla in mat under en period. Då kan jag behöva förlita mig på den person som jag nu gör en tjänst. Genom att utföra ett överflöd av tjänster stärker jag min sociala ställning och därmed min säkerhet inom gruppen. Samma logik gäller i dagens samhälle, då du hjälper vänner, grannar och familjemedlemmar. Givetvis tänker jag inte så mekaniskt när jag gör någon en tjänst; jag kanske helt enkelt utför tjänsten för att jag är biologiskt förprogrammerad till att må bra av att hjälpa någon, till följd av tusentals år av naturligt urval som gjorde att mina förfäder överlevde som generösa, sociala djur. Men någonstans i bakhuvudet genomförs en medveten mental beräkning: Genom att utföra den här tjänsten stärker jag hela gruppen, inklusive mig själv, och jag ackumulerar en viss mängd personlig försäkring eller social kredit åt mig själv och/eller mina släktingar. Jag spenderar energi eller resurser nu när jag har ett överflöd, och i gengäld ökas mina besparingar i vår gemensamma sociala liggare. Denna sociala kredit, denna informella mentala liggare, är vänners och släktingars lösning på problemet med "sammanfallande önskningar". Med en flexibel social kredit kan vi hjälpa varandra när någon behöver något, även om den hjälpande personen inte behöver något just nu.

I studien "Wealth Transmission and Inequality Among Hunter-Gatherers" från 2010, i vilken det refereras till en stor mängd litteratur, noterade forskarna att en social försäkring i vissa fall kan baseras på vilket rykte individen som behöver hjälp har och på hur starkt denna individs sociala nätverk är:

> De flesta vuxna i jägar- och samlarsamhällen bidrar aktivt till matproduktionen och matberedningen. De bidrar även till tillverkningen och underhållet av redskap. Vidare är vården och omsorgen av barn vanligtvis föräldrarnas uppgift. De flesta av dessa arbeten kräver avsevärd styrka och uthållighet, visuell skärpa och andra aspekter av god hälsa. Vi förväntar oss därför att fysisk hälsa är av yttersta vikt för framgång och välbefinnande. Å andra sidan kan den som periodvis har en suboptimal fysisk förmåga vanligtvis lita på

13 Paul Seabright, *The Company of Strangers: A Natural History of Economic Life*, 2-5, 91-105.

att få hjälp av andra, som delar med sig av sin mat, hjälper till med barnen och ger skydd vid dispyter. Sådan social försäkring är normativ och allmänt tillgänglig, men det finns evidens som pekar på att kvaliteten på den hjälp som tillhandahålls varierar beroende på den behövande individens eller det behövande hushållets "relationsmässiga kapital" (rykte, storlek och kvalitet på det sociala nätverket) (Gurven et al. 2000; Wiessner 2002; Nolin 2008).[14]

I början av den kända filmen *Gudfadern* ber en man maffiabossen Vito om en tjänst, och Vito går med på att utföra tjänsten. Priset för Vitos tjänst är, i stället för pengar, en ospecificerad gentjänst någon gång i framtiden. Han vill med andra ord ha flexibel social kredit. Detta beror på att mannen behöver något av Vito, Vito behöver absolut ingenting från mannen i nuläget, men Vito känner mannen och kan konstatera att han är en del av den bredare gemenskapen. Vito utför tjänster för att senare inkräva gentjänster när det passar honom. I ett senare skede av filmen inkräver så Vito gentjänsten från mannen; ett behov uppstår som just den här mannen har möjlighet att tillgodose, ett behov som Vito inte hade tidigare i filmen. Berättelsen om Vito är en berättelse om en man som söker maximera sin familjs relationsmässiga kapital genom att föra en omfattande liggare över tjänster, i vilken dessa tjänster fungerar som ett slags kreditbaserad valuta i maffians svarta ekonomi.

Om vi går tillbaka till exemplet med byteshandeln mellan två olika grupper, så hade de inte möjlighet att föra liggare eller ge varandra flexibel social kredit (de litade inte på varandra och kanske aldrig träffades igen efter mötet). Vad hade de kunnat ta med sig till ett handelsmöte som de kunde känna sig säkra på att den andra parten ville ha? Om jag var i deras sits, hade jag kunnat fundera ut något att ta med mig som alla vill ha, hela tiden? Alltså, finns det en vara som är mer säljbar än andra? För många stammar var svaret snäckskal.

Snäckskal, särskilt sådana som formats och polerats till smycken, kom att fungera som pengaliknande tillgångar för tusentals år sedan i flera olika regioner. Nyttan var estetisk: de kunde bilda armband, bälten, örhängen, kläder eller hårutsmyckningar. Handelsfördelen med snäckskal är att de är små, sällsynta och beständiga. Och eftersom man fäste dem i en lina behövde man inte bära dem i händerna. De var med andra ord mycket enkla att ta med sig.

I sin essä från 2002, "Shelling Out: The Origins of Money", förklarar Nick Szabo med uttömmande detaljrikedom hur snäckskal och andra föremål blev en tidig form av pengar. Så här lyder hans sammanfattning:

14 Eric Smith et al., *Wealth Transmission and Inequality Among Hunter-Gatherers*, 21.

> Vid sidan av språket gjorde föregångarna till pengar att tidiga moderna människor kunde lösa samarbetsproblem som andra djur inte kunnat lösa - däribland problem med reciprok altruism, släktaltruism och aggressionsdämpning. Dessa monetära föregångare delade hårdvalutans mycket specifika egenskaper - de var inte enbart symboliska eller dekorativa föremål.[15]

Längs Nordamerikas Stillahavskust samlade stammar dentalium, vilket är långa snäckskal som liknar tänder. Dessa snäckskal fungerade som pengar och användes så långt inåt landet som North Dakota. Dentalium är en naturligt förekommande tub med öppningar i båda ändar, vilket gjorde det lätt att ha dem i långa band, och vissa stammedlemmar hade tatueringar på sina armar som de använde som en referenslängd när de mätte sådana band vid transaktioner. En del stammar specialiserade sig på att samla in snäckskalen från djupt vatten.[16]

Vid Atlantkusten användes pärlor gjorda av en annan typ av snäckskal: wampum. Dessa pärlor framställdes ur musselskal och krävde omfattande polering och användning av bågborr för att göra små hål i dem, så att de kunde sättas ihop i pärlband. Skaparna av dessa pärlor såg dem inte som "pengar" som sådana. Pärlorna ansågs vara värdefulla för att de en gång hade varit levande varelser och användes ofta för ceremoniella ändamål. Till exempel kunde man sätta ihop dem till ovärderliga bälten som användes när avtal slöts eller vid andra stora händelser. Men andra stammar, och till och med kolonisatörer, började använda dem som pengar, eller som värdebevarare eller statussymboler. Stammar inåt landet samlade på dem i stor omfattning.[17]

I delar av Afrika och Asien kring Indiska oceanen använde man av samma anledning kauriskal som pengar. Internationella handelsmän hade med sig kauriskal att handla med, och det är väl dokumenterat att detta fortgick fram till modern tid.[18]

Även om snäckskal var bland de vanligaste tidiga pengarna, har det funnits andra typer av pärlpengar. Pärlor av strutsägg eller band med tänder från stora rovdjur som lejon och varg spelade ibland samma roll. I "Shelling Out" tar Szabo upp exemplet med stammen !Kung:

> Precis som de flesta jägar- och samlarsamhällen spenderar !Kung större delen av året i små, utspridda grupper och ett fåtal veckor av året förenade

15 Szabo, *Shelling Out.*
16 Dror Goldberg, *Famous Myths of "Fiat Money"*, 962-963.
17 Marc Shell, *Wampum and the Origins of American Money.*
18 Bin Yang, *The Rise and Fall of the Cowrie Shell: The Asian Story.*

med ett antal andra grupper. Denna förening är som en marknad med extra funktioner – handel genomförs, allianser cementeras, partnerskap stärks och giftermål avtalas. Förberedelsen inför föreningen består av tillverkningen av handelsvaror, delvis praktiska men mestadels av samlingsvärde. Bytessystemet, av !Kung kallat *hxaro*, utgörs till stor del av handel med pärlsmycken, exempelvis smycken av strutsägg som liknar de som hittades i Afrika för 40 000 år sedan.

Inte helt oväntat kom de äldsta kända pärlorna från Afrika. I Blombosgrottan i Sydafrika har man hittat små snigelskal med pyttesmå hål genom. Dessa skal uppskattas vara 75 000 år gamla. I en rapport från U.S. National Science Foundation sades 2004:

> Det förefaller som om perforerade skal som hittats i Blombos-grottan i Sydafrika användes i pärlband för cirka 75 000 år sedan, vilket innebär att de är 30 000 år äldre än några andra tidigare identifierade personliga smycken. Arkeologer som grävt på plats vid Indiska oceanens kust har identifierat 41 skal, alla med hål och slitage på liknande positioner, i ett sedimentlager från mellanstenåldern (mesolitikum).
>
> "Pärlorna från Blombos-grottan är ett definitivt bevis på kanske den tidigaste lagringen av information utanför människohjärnan", säger Christopher Henshilwood, som leder Blombos Cave Project och är professor vid fakulteten för utvecklingsstudier vid Universitetet i Bergen i Norge.
>
> Skalen, som hittades i klungor av upp till 17 pärlor, kommer från en liten mollusk, *Nassarius kraussianus*, som lever i flodmynningar. Man måste ha tagit dem till grottan från de närmsta floderna, 20 kilometer österut eller västerut längs kusten. Det förefaller som om man har valt skalen baserat på storlek och avsiktligt perforerat dem, vilket pekar på att de omvandlades till pärlor på plats eller före transporten till grottan. Spår av röd ockra är ett tecken på att antingen själva pärlorna eller de ytor som de bars mot var täckta av detta vanliga järnoxidpigment.[19]

Mat ruttnar, så i en värld utan frysboxar har människor inget incitament att ha mycket mer mat än de behöver. Vidare är spjut och pälsar otympliga att bära omkring på; efter ett visst antal finns det inte något större värde i att ha många extra spjut och pälsar. Det kan vara svårt att bedriva handel med andra stammar med dessa föremål, eftersom vardera parten behöver ha precis samma sak som den andra parten. Det här problemet löser man med hjälp av snidade och polerade pärlor. De ruttnar inte och de är inte

19 National Science Foundation, *Shell Beads from South African Cave Show Modern Human Behavior 75,000 Years Ago*.

otympliga, så det går bra (och är till och med önskvärt) att samla på sig extra många när andra behov har tillgodosetts. I en värld med en så låg teknologisk nivå är pärlorna eftertraktade av i princip alla. Även om man själv inte tycker om att ha dem på sig, kanske ens maka eller syskon eller vänner gör det. Och man vet att medlemmar av de flesta andra stammar tycker om dem, vilket öppnar möjligheter för framtida handel.

Framställningen av pärlorna var en mycket arbetsintensiv process. Först skulle snäckskalen samlas in för hand längs kusten och sedan, beroende på typ, skulle de snidas, poleras och borras för hand med en bågborr så att det gick att trä en tråd genom dem och på så vis sätta ihop dem med varandra eller med något annat, till ett bärbart smycke. När detta var gjort höll pärlorna länge, och tack vare deras attraktionskraft och mängden arbete som lagts ner på att framställa dem hade de ett högt värde i förhållande till sin storlek och vikt. Om man byter överflödig mat mot ett antal pärlor, eller lägger extra tid på att skapa pärlor, kan man spara pärlorna i flera månader eller år till dess att man behöver eller vill ha någonting och byter då pärlorna mot den saken. Under tiden kan man bära de fina pärlorna som ett smycke.

Med andra ord fungerar pärlorna som något som kan ackumuleras, som kan förstärka eller ersätta behovet av flexibel social kredit och som kan ersätta den muntliga liggaren – åtminstone när det gäller handel med människor som inte är tillförlitliga eller som man kanske aldrig kommer att träffa igen. Med pärlor från snäckskal som en nästintill universellt eftertraktad och hållbar tillgång går det att genomföra handel med andra människor även om de inte har något man själv behöver. Man tar helt enkelt betalt i pärlor och använder dem som en platshållare till dess att man hittar något man behöver eller vill ha. Och det skadar aldrig att skaffa fler snäckskalspärlor än man för tillfället har, då de representerar ett portabelt, bevarat värde som går att byta mot andra tillgångar i framtiden, antingen med medlemmar av den egna gruppen eller med andra grupper. Jämfört med livsmedel som ruttnar, eller med pälsar och spjut som är för otympliga att samla på eller bära med sig, innebar dessa små bärbara snäckskal möjligtvis uppfinningen av långsiktigt sparande, det vill säga ett sätt att omvandla extra tid eller tillgångar till ett finansiellt batteri. Man kan ha ett pärlband runt handleden, ett runt halsen, ett runt fotleden, ett i håret och ett som bälte. Man kan ge dem till sina barn eller sin maka. Vartenda litet pärlsmycke är eftertraktat och representerar en ansenlig mängd arbete.

I rollen som den mest säljbara tillgången fungerar varje pärlband som en av Vitos ospecificerade framtida tjänster. En person eller grupp som har samlat på sig många pärlor genom att spendera tid och resurser på insamlingen (eller som har ärvt dem från en tidigare generation som gjort det), har nu mycket värde att erbjuda när de i framtiden är i behov av mer omedelbara tillgångar. Men till skillnad från en tjänst representerar ett pärlband en slutgiltig avveckling; värdet beror inte på minnet hos den person som mottagit tjänsten.

Utöver det faktum att många bar pärlband för utseendets skull var de ofta ett tecken på status. En person med många pärlor hade stor rikedom, både bokstavlig och social. När det gäller stammar kan vi, om vi ser någon med en stor mängd snäckskalspärlor i bälten, armband, halsband och kläder, utgå ifrån att denna person tidigare tillhandahållit andra mycket värde för att kunna ha samlat på sig så många pärlor, eller att denne har nära kontakt med någon annan som gjort det. En sådan person bär bokstavligt talat omkring på en massa ansamlade värdefulla tjänster och har följaktligen haft en period av överflöd av tillgångar. Detta är troligtvis en bra person att lära känna, att respektera och möjligtvis att gifta sig med. En sådan person avger en signal om att han eller hon har ett förflutet fyllt av överflöd.

I den tidigare nämnda studien, "Wealth Transmission and Inequality Among Hunter-Gatheres", noterade forskarna att portabla tillgångar vanligtvis ägdes individuellt i jägar- och samlarsamhällen, medan mark oftast ägdes gemensamt:

> Portabla materiella tillgångar, såsom verktyg, kläder och värdesaker, behandlas i allmänhet som egna tillgångar och överlåtes ofta till ättlingar. I de flesta jägar- och samlarsamhällen kan sådana tillgångar emellertid ofta tillverkas av en vuxen person av lämpligt kön eller anskaffas relativt lätt; undantag är föremål som kräver mycket specialiserad tillverkning eller som erhålls genom begränsade handelskontakter samt föremål som är tecken på rikedom och status inom vissa bofasta och mindre jämlika samhällen.[20]

Särskilt "föremål som kräver mycket specialiserad tillverkning" och "föremål som är tecken på ... status" är sådana typer av tillgångar som inte är så lätta att anskaffa. De har med andra ord en faktisk knapphet. Studieförfattarna drog slutsatsen att, medan det finns många kollektiva aspekter av jägar- och samlarsamhällen, är dessa samhällen i allmänhet inte nödvändigtvis så jämlika som vi kanske föreställer oss:

> Som förklarats i den inledande rapporten i detta forum av Bowles et al., innebär = 0,25 att ett barn som tillhör den översta tiondelen av befolkningen vad gäller förmögenhet har fem gånger högre chans att fortsätta tillhöra den översta tiondelen vad gäller förmögenhet än ett barn vars föräldrar tillhörde

20 Smith et al., *Wealth Transmission*, 21.

> den nedersta tiondelen. Till och med på 0,1 innebär att ett barn som tillhör den översta tiondelen vad gäller förmögenhet har dubbelt så stor chans att bli kvar där än ett barn som föds inom den nedersta tiondelen. Dessa resultat pekar på att avkomma till sådana som har det gott ställt kommer att fortsätta ha det gott ställt i ett jägar- och samlarsamhälle, även ett där man i stor utsträckning delar på maten och använder sig av andra utjämnande funktioner. Även det omvända gäller (Cashdan, 1982).[21]

Till skillnad från en faktisk liggare vet ingen av transaktionens parter hur den kompletta liggaren över snäckskalspärlor ser ut. Om du och jag genomför en transaktion vet ingen av oss exakt hur många snäckskalspärlor det finns i vår region. Men vi vet vilka egenskaper de har och hur svåra de är att tillverka, och vi vet hur ofta vi ser andra människor bära dem, vilket hjälper oss att bedöma hur sällsynta de är och vad vi kan tänka oss att byta mot dem.

Snäckskalspärlor, och råvarupengar mer generellt, fungerar som naturens egen decentraliserade liggare. Genom att ge pärlor till någon i utbyte mot något värdefullt uppdaterar vi liggaren, och det är genom det fysiska innehavet som liggaren förs och upprätthålls. Alla deltagare förstår och interagerar med delar av denna naturliga liggare, men ingen av oss känner till hur liggaren ser ut i sin helhet.

Vem kontrollerar denna liggare? Svaret på den frågan är i huvudsak "naturen". I praktiken innebär det att det inte är någon människa eller grupp av människor som upprätthåller den. Att tillverka snäckskalspärlor kräver energi och tid – spenderad på rätt sätt med rätt material – vilket innebär att det inte går att fuska. Människor som lever vid kusten kan lägga extra tid på att tillverka pärlor, medan människor som lever inåt landet kan lägga extra tid på att ackumulera ett överflöd av andra tillgångar för att sedan byta dessa tillgångar mot pärlor. Hursomhelst var snäckskalspärlor ett mått på extra tid och tillgångar, ett mått på besparingar och värde, ofta med en omfattande ceremoni knuten till processen.

Ett annat svar på frågan vem som kontrollerar liggaren är att det är den med mest avancerad teknik som gör det. Detta system med en liggare över råvarupengar fungerar om alla deltagare är någorlunda lika vad gäller produktionskapacitet, och så var fallet i stora delar av världen under tusentals år. Om en extremt avancerad civilisation kommer från andra sidan havet med specialiserade metallredskap och de listar ut hur systemet med snäckskalspengar fungerar, kan de troligtvis tillverka långt många fler snäckskalspärlor per arbetsinsats än någon annan. Därmed kan de devalvera allas snäckskal genom att översvämma marknaden med dem. Samtidigt

---

21 Smith et al., *Wealth Transmission*, 31.

kan de samla på sig stora mängder resurser, eftersom det tar tid innan de lokala stammarna inser att denna nya civilisation kan tillverka pärlor mycket snabbare än någon annan och att pärlorna, på grund av det snabbt växande utbudet, förlorar knapphet och värde över en period av månader eller år.

Som vi ska få se i nästa kapitel är berättelsen om råvarupengar en berättelse om teknologiska framsteg. Olika råvarupengar har fungerat som ett ärligt och rättvist monetärt system till dess att tekniken nått en punkt vid vilken en grupp fått en orättvis fördel, som sedan tvingat alla andra att antingen anpassa sig eller förlora.

KAPITEL 2

UTVECKLINGEN AV RÅVAROR SOM PENGAR

Som vi talade om i det föregående kapitlet behöver människor som lever i små släkt- och vänskapsgrupper inte pengar; de kan själva organisera tillgångarna sinsemellan, på sin höjd genom informella muntliga liggare. De kan hålla koll på vilka som regelbundet bidrar med ett överskott till gruppen och vilka som ständigt har ett negativt saldo. Inom små grupper löser människor naturligt "problemet med byteshandel" genom flexibel social kredit innan detta problem ens uppstår.

Men i grupper som regelbundet genomför handel med andra grupper, eller som börjar bruka jorden och når en större statisk folkmängd än den typiska stamstorleken, identifierar och använder man till slut oundvikligen någon form av pengar. Pengar innebär en mer likvid, delbar, portabel och allmänt accepterad beräkningsenhet, som fungerar som en värdebevarare och som går att använda för utbyte av värde med människor man inte känner. Utöver systemet med social kredit använder man sig även av naturens liggare, för att undvika problemet med sammanfallande önskningar som annars skulle sänka handelns framgångsfrekvens.

Eftersom tidiga former av pengar krävde mycket arbete att skapa framstod de för utomstående ofta som godtyckliga. Varför lägga så mycket tid på att tillverka snäckskalspärlor? Är det inte slöseri med resurser, i en hård, tekniskt outvecklad jägar- och samlarmiljö där varenda resurs är värdefull och där mindre än två tredjedelar av alla barn blir vuxna? Borde inte extra tid läggas på något annat? Svaret är att detta arbete är en effektiv användning av resurserna under perioder av överflöd. I slutändan är det en större vinst eftersom ett standardiserat och trovärdigt betalningsmedel, som även fungerar som värdebevarare, gör att alla andra ekonomiska transaktioner blir effektivare.

I takt med att en ekonomi blir mer och mer avancerad uppstår ett stort antal möjliga kombinationer av byten av olika typer av varor och tjänster. Om en ekonomi till exempel producerar 5 olika produkter, finns det 10 olika unika handelspar. Om en ekonomi i stället producerar 20 olika produkter, finns det 190 unika handelspar. I en ekonomi med 100 olika produkter finns det 4 950 unika handelspar. I detta skede är de flesta typer av byteshandel, förutom med det mest nödvändiga, otroligt ineffektiva.

Så om ett samhälle kräver mer avancerade eller tillitslösa interaktioner än vad som är möjligt med flexibel social kredit, behöver det samhället en gemensam beräkningsenhet – eller pengar – som fungerar som ena sidan av handelsparet, med alla andra varor och tjänster på andra sidan.

Mer specifikt brukar en eller två av de mest sällsynta, delbara, hållbara, portabla och likvida resurserna som används i ett samhälle ta sig till toppen. En äppelodlare kan till exempel behöva verktyg, kött att äta, hantverkshjälp och medicin till sina barn. Äppelodlaren kan inte lägga all sin tid på att leta upp läkare, smeder, snickare eller boskapsuppfödare som är i behov av äpplen vid exakt samma tillfälle som hon behöver deras tjänster. Ett sådant omfattande byteshandelssystem grannar emellan utvecklas inte naturligt. I stället behöver hon helt enkelt kunna sälja sina (mycket årstidsbundna och kortlivade) äpplen mot en hållbar och allmänt accepterad värdebevarare som går att lagra och använda vid ett senare tillfälle, när hennes behov av andra saker är större.

I sin bok *Nationernas välstånd* från 1776 talade Adam Smith om uppkomsten av pengar som en lösning på problemet med byteshandel. Kreditteoretiker invänder mot detta exempel och händelsernas ordningsföljd när det gäller byteshandel i allmänhet; denna invändning och den mer allmänna debatten kring ämnet diskuteras mer ingående i kapitel 4. Efter Smiths djupdykning i ämnet har råvarupengar diskuterats i detalj främst av de som tillhör den österrikiska ekonomiska skolan, som grundades av Carl Menger på 1800-talet och som gjorde ytterligare framsteg tack vare Ludwig von Mises, Friedrich Hayek med flera.

Enligt detta tankesätt bör pengar vara delbara, portabla, hållbara, fungibla, verifierbara och präglade av knapphet. Vanligtvis (men inte alltid) har pengarna också någon praktisk nytta. Utifrån dessa kriterier kan vi ge olika typer av pengar olika "poäng":

- Att pengarna är delbara innebär att de kan delas upp i olika storlekar beroende på storleken på köpet.
- Att pengarna är portabla innebär att det är enkelt att förflytta dem över avstånd. De behöver med andra ord innehålla mycket värde i förhållande till vikten.
- Att pengarna är hållbara innebär att det är enkelt att spara dem över

tid; de ruttnar inte, rostar inte och faller inte lätt isär.

- Att pengarna är fungibla innebär att en enskild enhet inte skiljer sig märkbart från en annan; en enhet är värd lika mycket som en annan enhet av samma valör.
- Att pengarna är verifierbara innebär att säljaren av en vara eller tjänst med enkelhet kan kontrollera att pengarna faktiskt är vad de ser ut att vara.
- Att pengarna har knapphet innebär att utbudet av dem inte snabbt kan utökas.
- Att pengarna har en praktisk nytta innebär att de har ett inneboende värde som i sig är eftertraktat; de kan till exempel konsumeras eller ha ett estetiskt värde.

Summan av dessa attribut är den "mest säljbara varan" i ett samhälle, det vill säga den vara som har störst förmåga att säljas. Pengar är den mest universella varan, på så vis att människor vill ha pengar eller inser att de kan byta andra varor mot pengar för att sedan, enkelt och tillförlitligt, byta pengarna mot något annat de önskar. I sin artikel "On the Origins of Money" beskriver Menger att de perfekta pengarna överför värde över både tid och rum. Pengarna kan med andra ord förflyttas över avstånd på ett effektivt sätt, eller så kan de sparas för framtida bruk.[22] Ytterligare en viktig aspekt av säljbarhet är likviditet. Det ska alltså kunna gå att köpa eller sälja stora mängder pengar relativt enkelt, utan att förlora något större värde på grund av stora prisskillnader eller otillräcklig handelsvolym. Likviditet är på många sätt ett mått på acceptans: ju mer allmänt accepterat och utbrett någonting är, desto högre likviditet tenderar handeln med detta att ha.

Det som avgör vilken av två konkurrerande råvarupengar som blir vinnaren är ofta knappheten. Det handlar emellertid inte enbart om hur hög knapphet råvaran i fråga har. Faktum är att extrem knapphet kan ha en negativ inverkan på likviditeten och göra råvaran till en dålig, eller rentav osäljbar, form av pengar. Ett koncept som det är viktigt att vara förtrogen med här är lager/inflödeskvoten, vilket är ett mått på hur stort det nuvarande utbudet i regionen eller i världen (lagret) är dividerat med hur mycket nytt utbud som kan produceras på ett år (det tillkommande inflödet).

Till exempel tillför guldbrytarföretag varje år omkring 1,5 procent nytt guld till det befintliga guldutbudet ovan mark, och till skillnad från de flesta andra råvaror konsumeras inte någon större del av guldet, utan det smälts

22 Carl Menger, *On the Origin of Money*.

ner upprepade gånger och förvaras i olika former och på olika platser.[23]

Guld ruttnar inte och rostar inte som många andra material gör. Det är kemiskt inert och bildar därför knappt några föreningar alls. Det kan smältas ner otaliga gånger, och det går till och med att lösa upp det i vissa typer av syra och sedan filtrera ut det igen. Det går att spränga guld så att det sprids med vinden, men de små guldbitarna rostar inte och förfaller inte som de flesta andra material, utan de går att hämta in och återanvända. Förutom de minimala mängder guld som används i elektronik eller som vid skeppsbrott sjunkit till havets botten, ägs och kontrolleras i stort sett allt guld som någonsin brutits fortfarande av människan (och till rätt pris går även det guld som gått förlorat tekniskt sett fortfarande att inhämta). Det är praktiskt taget oförstörbart.[24]

Kombinationen av att vi fortlöpande bryter guld och det faktum att det är sällsynt att något av det guld vi brutit går förlorat, har lett till att guld har en lager/inflödeskvot på i genomsnitt 100/1,5 = 67, vilket är den högsta lager/inflödeskvoten av alla råvaror. Baserat på uppskattningar gjorda av World Gold Council äger världen sammantaget 67 års genomsnittlig årsproduktion. Utbudstillväxten har växlat mellan 1 och 2 procent under det senaste århundradet, vilket är ett anmärkningsvärt lågt och snävt intervall.[25] Till och med på 1970-talet, då guldpriset mätt i dollar gick upp med en tiopotens, påverkades inte utbudstillväxten särskilt mycket alls. Före dess hade de enda perioder då utbudet av raffinerat guld ökat i en högre takt varit perioder då industrisamhällen upptäckt en ny kontinent och lättåtkomliga guldfyndigheter, eller när man uppfunnit en ny teknik för att på ett lönsamt sätt bryta guld på platser där det tidigare inte varit ekonomiskt försvarbart.

Om en tillgång har en monetär premie utöver sitt nyttovärde, har marknadsaktörer ett starkt incitament att försöka tillverka mer. Således kan endast tillgångar med hög motståndskraft mot en utbudsökning bli och förbli allmänt accepterade som pengar på en global skala.

Om en tillgång å andra sidan är så sällsynt att knappt ingen äger den, kan den visserligen vara extremt värdefull om den har någon nytta, men den går inte att använda som pengar. Den är helt enkelt inte likvid nog och är inte allmänt utbredd eller accepterad, så friktionen för att köpa och sälja blir väldigt hög. Vissa grundämnen, som exempelvis rodium, är mer sällsynta än guld men har låga lager/inflödeskvoter, eftersom de konsume-

---

23 Nuno Palma, *The Real Effects of Monetary Expansions: Evidence from a Large-Scale Historical Experiment*; Saifedean Ammous, *The Bitcoin Standard: The Decentralized Alternative to Central Banking*, 28-29.

24 Ammous, *The Bitcoin Standard*, 27-28.

25 World Gold Council, *Above-Ground Stock*.

ras av industrin lika fort som de bryts. Man skulle kunna köpa ett mynt eller en tacka av rodium som ett samlarobjekt eller som en värdebevarare, men det är inte användbart som allmänt accepterade pengar och utvecklas därför inte till sådana på ett naturligt sätt. Detsamma gäller för meteoriter och andra mycket sällsynta saker. Fram till 2022 hade 1 878[26] meteoriter upptäckts i USA (i februari 2024 låg antalet på 1 924, ö.a.), och tiotusentals har hittats på andra platser i världen. Detta innebär att meteoriter är sällsynta och värdefulla samlarobjekt, men de är inte bra pengar. Saker som rodiumtackor och meteoriter har helt enkelt inte tillräckligt hög likviditet eller delbarhet för att kunna användas som pengar.

Snarare än absolut knapphet brukar alltså en varaktig hög lager/inflödeskvot vara det bästa sättet att mäta knapphet på när det gäller en tillgång som ska kunna fungera som pengar, tillsammans med de andra ovan nämnda attributen. Trots att en råvara med hög lager/inflödeskvot är svår att producera har mycket av den redan producerats. Den är redan allmänt utbredd, antingen för att den konsumeras långsamt eller för att den inte konsumeras alls. Det är en relativt ovanlig uppsättning attribut, en uppsättning som möjliggör att något kan fungera som pengar och inte bara som ett samlarobjekt.

Under historiens lopp har stenar, pärlor, fjädrar, snäckskal, salt, pälsar, tyger, socker, kokosnötter, boskap, koppar, silver, guld och mycket annat spelat rollen som pengar. Alla har de olika "poäng" vad gäller pengars attribut, och alla har de sina styrkor och svagheter. Många gånger har minst två olika sorters pengar använts samtidigt, då inte en enskild form av pengar kunnat uppfylla alla krav på ett perfekt sätt.

Salt till exempel är delbart, hållbart, verifierbart, fungibelt och har stor nytta, men det är inte särskilt värdefullt per viktenhet och det är inte heller särskilt sällsynt, så det får inte någon vidare hög poäng med avseende på portabilitet och knapphet. Engelskans "salary" (lön) kommer från latinets *salarium*, vilket avsåg en inkomst denominerad i salt.

Guld får högst poäng på i princip alla parametrar och är den råvara som har överlägset högst lager/inflödeskvot. Den svaghet guld har jämfört med andra råvaror är att guld inte är särskilt delbart. Till och med ett litet guldmynt är värt mer än de flesta inköp och är dessutom värt en otrolig mängd arbete. Guld är kungen bland råvaror. Guld som utsmyckning är i princip en mer tekniskt avancerad version av snäckskalspärlor. Inom många olika kulturer används guld främst som bärbar eller uppvisningsbar rikedom. Det är pengar som vi enkelt kan ta med oss och som vi kan använda för att visa

26 Randy Korotev, *Meteorite Numbers in the United States, Canada, and Mexico*, Washington University in St. Louis.

andra vår sociala status.

Under en stor del av människans historia har silver varit vinnaren när det gäller daglig användning. Silver får näst bäst poäng, efter guld, avseende monetära attribut. Det har näst högst lager/inflödeskvot, men slår guld i delbarhet, då små silvermynt är perfekta för dagliga transaktioner. Silver är drottningen bland råvaror. Och precis som i schack är kungen måhända den viktigaste pjäsen, men drottningen är den mest användbara.

Följden av detta blev att förmögna människor ofta sparade guld som en långsiktig värdebevarare (och för uppvisnings skull) och använde det som betalningsmedel vid mycket stora köp, medan silver fungerade mer som taktiska pengar, som värdebevarare och betalningsmedel för de flesta arbetande människor. På grund av guldets begränsade delbarhet var systemet med två metallpengar vanligt i många delar av världen, trots de utmaningar som ett system med flera olika pengar innebär.

Varför besegrade guld och silver alla andra råvarupengar och tog sig in i den moderna eran som användbara pengar? Svaret är att det var de två som kunde bibehålla en tillräckligt hög lager/inflödeskvot även när människans teknik utvecklades och trots den betydande monetära premie de åtnjuter. De kunde bibehålla sin knapphet över tid, samtidigt som de var allmänt accepterade, allmänt utbredda, hållbara, portabla, delbara och återanvändningsbara.

Köpkraften hos råvarupengar kan delas upp i två delar: nyttovärde och en monetär premie utöver detta nyttovärde. Nyttovärdet är den faktiska användningen av råvaran i ekonomiskt syfte (konsumtion eller produktion), medan den monetära premien är ett ytterligare värde som råvaran fått till följd av att så många människor sparar i den i brist på bättre saker att spara i. Skillnaden mellan en vanlig råvara och råvarupengar är att människor som har råvarupengar inte enbart använder dem för deras slutändamål; de använder dem som sparmedel eftersom det är en högst säljbar vara som de utan problem kan sälja i framtiden. Icke-monetära råvaror som råolja mäts huvudsakligen endast utifrån deras nyttovärde. Det finns en praktisk efterfrågan och det finns ett produktionsflöde, och relativt få andra innehar olja under någon längre tid. De dominanta råvarupengarna i en region, såsom guld, har å andra sidan en mycket hög efterfrågan från människor som inte är slutanvändare, vilket ökar det totala marknadsvärdet betydligt. Människor köper inte ett guldmynt för att de vill göra något med myntet, utan för att de vet att guld har många användningsområden, och genom att äga lite grann sparar de i något med hög likviditet och global acceptans.

Denna monetära premie (det extra värdet utöver nyttovärdet) fungerar som en massiv och permanent marknadsföringskampanj för att människor ska försöka lista ut nya sätt att få mer av råvaran. Endast de mest sällsynta råvarorna, alltså de med högst lager/inflödeskvot, klarar av att stå emot denna marknadsföringskampanj på lång sikt. Andra tillgångar kan också ha en monetär premie, som till exempel konstverk eller fastigheter med havsutsikt, då tillgångar som dessa ofta innehas som en form av sparande snarare än för ren njutnings skull. Nackdelen med detta är att sådana icke-monetära tillgångar till sin natur saknar guldets och andra pengars portabilitet, likviditet, fungibilitet och delbarhet.

Många anser att pengar är en gemensam vanföreställning. Enligt detta tankesätt kan ett samhälle välja precis vad som helst som pengar, så länge de flesta medlemmar av samhället tror på det. Exempelvis skulle vanliga gem kunna fungera som pengar, om vi alla är överens om detta. Detta kan vid en första anblick framstå som sant, men det är inte hållbart. Om penningmängden snabbt kan utökas kan alla människors besparingar snabbt urvattnas. Och en monetär premie ger ett starkt incitament för människor att, om så är möjligt, producera mer. Om pengarna i ett samhälle inte väljs med noggrann eftertanke räcker det att ett fåtal individer bryter sig loss från samhällets gemensamma vanföreställning och inser att pengarna inte har någon knapphet, för att sedan producera mycket mer pengar och roffa åt sig värde från alla andra. Eller så kan människor ur ett annat samhälle utnyttja det första samhällets gemensamma vanföreställning. Därför är den enda typen av pengar som kan fortsätta att användas i ett samhälle under en längre tid, den typen som har en betydande knapphet.

Snäckskalspengar användes i tusentals år i olika delar av världen, men till slut kunde de inte stå emot den industriella revolutionen. Pälsar, boskap, salt, tobak och annat har också vid olika tillfällen spelat rollen som pengar, men civilisationens ständigt växande tekniska skicklighet innebar till slut att även dessa pengar blev obrukbara. De fungerade tills tekniken satte stopp för dem. I följande avsnitt går vi igenom ett flertal exempel på detta koncept.

SNÄCKSKAL

Som förklarats tidigare användes under lång tid snäckskal som pengar i delar av Amerika, Afrika och Asien. I vissa områden användes de mer inom ceremonier, medan de i andra områden användes på ett mer bokstavligt transaktionsmässigt sätt som pengar.

Wampumvarianten av snäckskalspärlor som var vanligt förekommande på Nordamerikas östkust var den mer ceremoniella varianten, som användes av de stammar som framställt pärlorna. Kolonisatörer i New England införlivade icke desto mindre pärlorna i sitt penningsystem i början av 1600-talet, med en fast växelkurs på ett visst antal pärlor i förhållande till deras mynt.[27] Lila wampum var mer sällsynta och var därför värda dubbelt så mycket som vita wampum.

Till slut upphävdes lagarna om fast växelkurs och wampum värderades av marknaden. John Campbell öppnade Campbell Wampum Mill i New Jersey 1812, och med modern borrteknik kunde man producera wampumpärlor mycket snabbare än man kunnat tidigare.[28] John Jacob Astor vid American Fur Company köpte dessa industriellt framställda wampumpärlor och använde dem till att köpa pälsar från Kanadas ursprungsbefolkning. Till följd av industrins intåg blev alla snäckskalspengar världen över obrukbara med tiden. Metallredskap och annan teknik ledde till att snäckskal förlorade sin roll som sparmedel. På vissa platser lever än i dag traditionen med att framställa wampumpärlor för hand. Processen utförs av ättlingar till ursprungsbefolkningen som använde pärlorna, i en återgång till mer ceremoniella och nyanserade ändamål som ett sätt att bevara en kulturell tradition.

TOBAK

I början av 1600-talet började Virginia, Maryland och North Carolina använda tobak som pengar, även som lagligt betalningsmedel enligt ett statsdekret. Med tiden började dock problem uppstå med detta system, problem som liknade dem som uppstod vid industrialiseringen av wampumpärlorna.

Eftersom tobak hade en monetär premie utöver sitt nyttovärde fanns ett enormt incitament att plantera mer för att försöka dra nytta av (och därmed urholka) denna monetära premie.[29] Till skillnad från guld saknar tobak tillräcklig naturlig knapphet för att förhindra att dess monetära premie utnyttjas och urvattnas. Den naturliga följden av denna monetära premie var en stor ökning av tobaksutbudet, vilket ledde till hög inflation hos priserna på varor och tjänster räknat i tobak. Som svar på detta utbudsöverskott införde koloniala regeringar restriktioner gällande tobaksplantering, exempelvis genom att begränsa produktionen till vissa utvalda grupper, i syfte att skapa artificiell knapphet där knapphet annars inte fanns.[30] Med andra ord kunde enbart grupper som valts ut av staten "trycka tobakspengar". Detta är en uppenbart bristfällig lösning, och en lösning som är svår att upprätthålla i längden.

---

27 Claire Priest, *Currency Policy and Legal Development in Colonial New England*, The Yale Law Journal, 1324-1326; Glyn Davies, *A History of Money: From Ancient Times to the Present Day*, 40-41.

28 Kristin Beuscher, *From Pasack to the Plains*, Northern Valley Press, 21 maj 2019.

29 Milton Friedman, *Understanding Inflation*, 3:01-5:28.

30 Ron Mitchener, *Money in the American Colonies*, EH.net.

Ytterligare ett problem var att tobak saknade perfekt fungibilitet. Det finns högre och lägre kvalitet av tobak. Om all tobak värderas till en viss växelkurs, finns det ett starkt incitament att spendera tobaken av lägst kvalitet lokalt och att sälja tobaken av hög kvalitet utomlands där den värderas mer korrekt. Resultatet blev att man började förvara tobak i lager. Man graderade kvaliteten och utfärdade standardiserade pappersfordringar på den. Därmed skapades en "tobaksmyntfot". För innehavaren av pappersfordringen uppstod en motpartsrisk, utöver den befintliga risken med devalveringen av den underliggande tobaken.[31]

Det övergripande problemet med tobak var att det inte gick att motstå frestelsen att producera mer, och en monetär premie är ett starkt incitament att försöka skapa mer av något. Det är en otroligt tung börda att bära för en råvara. Guld har klarat av denna utmaning under tusentals år, men det lyckades inte tobak med. Tobak spelade under en tid en viktig roll i de södra kolonierna eftersom de vid tillfället var små och svagt utvecklade och inte hade tillräckligt med mynt, men tobakssystemet var inte längre meningsfullt när kolonierna blev större och mer utvecklade. Statens försök att förlänga livslängden för denna form av pengar fördröjde endast dess oundvikliga undergång. Till slut blev det uppenbart att systemet inte kunde konkurrera med sundare former av pengar och tobakspengarna försvann helt och hållet.[32]

KAKAO

I delar av Central- och Sydamerika har olika civilisationer använt kakao som pengar. Denna praxis var i bruk när européerna anlände, och väggmålningar visar att kakao hade använts som pengar sedan flera århundraden tillbaka.[33] Kakaobönor är små, relativt fungibla och kan förvaras under en förhållandevis lång tid. Och viktigast av allt, människor älskar smaken! Dessa egenskaper gjorde kakao till en hyfsad form av pengar.[34]

Precis som i många andra förindustriella samhällen sysslade dessa civilisationer med byteshandel och flexibel social kredit, en praxis som brukar innebära att man använder en eller två varor med mycket hög säljbarhet för att göra handeln smidigare. En eller två varor med hög knapphet och likviditet brukar bli pengar i sammanhang där kredit inte räcker till. Azte-

31 Sharon Ann Murphy, *Other People's Money: How Banking Worked in the Early American Republic.*

32 Farley Grubb, *Colonial Virginia's Paper Money, 1755–1774*; Barry Eichengreen, *Exorbitant Privilege: The Rise and Fall of the Dollar and the Future of the International Monetary System*, 9-11.

33 Stefania Moramarco och Loreto Nemi, *Nutritional and Health Effects of Chocolate*, 134-135.

34 Ingrid Fromm, *From Small Chocolatiers to Multinationals to Sustainable Sourcing: A Historic Review of the Swiss Chocolate Industry*, 73.

kerna använde även kopparpengar, i enheter som formats till en dekorativ hacka eller yxa. Om man skulle genomföra en större transaktion eller ville förvara likvida tillgångar i en liten och portabel enhet under en längre tid, kunde man byta tusentals kakaobönor mot en av dessa kopparenheter.[35]

När européerna kom till Amerika började även de använda kakaobönor och koppar som pengar, men precis som på många andra platser i världen ersattes dessa former av pengar till slut av något med högre knapphet.

RAISTENAR

Invånarna på ön Yap i Stilla havet använde enorma stenar som pengar. Dessa "raistenar" (eller "feistenar") formades till cirklar med ett hål i mitten, och de fanns i många olika storlekar, från några få centimeter till över tre meter i diameter. Många av dem var åtminstone en halvmeter i diameter och vägde därmed hundratals kilo. De största var över tre meter i diameter och vägde över ett ton.[36]

Intressant nog har jag sett detta exempel användas av både en ekonom av den österrikiska skolan och en ekonom av MMT-skolan (modern penningteori). Anledningen till att detta är intressant är att dessa två ekonomiska skolor har helt olika uppfattning om vad pengar är. Ekonomer av den österrikiska skolan framhåller ofta pengar som en råvara, medan chartalisterna (och MMT-ekonomer i deras aktuella utförande) ofta framhåller pengar som en offentlig liggare.[37] Dessa synsätt förenas i insikten att råvarupengar används som en liggare, en liggare vars administratör är naturen. Denna förening diskuteras mer ingående i kapitel 4.

Det som gjorde raistenarna unika var att de var gjorda av en särskild typ av kalksten som inte fanns på ön. Yap-invånarna reste över 40 mil till grannön Palau för att bryta kalksten som de sedan tog med sig tillbaka till Yap.

De skickade alltså iväg en grupp till en ö långt bort, som bröt stenen i stora sjok som de sedan tog med tillbaka på träbåtar. Föreställ dig att behöva frakta en ett ton tung sten över 40 mil av öppet hav på en träbåt. Under årens lopp hände det att människor dog under processen, en process som krävde enorma mängder tid och arbete och som innebar stor fara.

När stenarna väl hade formats till raistenar på Yap lät man de största av dem stå där de stod. Yap är en liten ö och alla stenarna katalogiserades muntligen. En innehavare av en sten kunde byta en sten mot andra viktiga

35 Dudley Easby, *Early Metallurgy in the New World*, 77.
36 Milton Friedman, *Monetary Mischief*, 3-7.
37 William Luther och Alexander Salter, *Synthesizing State and Spontaneous Order Theories of Money*.

varor och tjänster, och i stället för att flytta på stenen informerade man samhället om att den här stenen nu ägdes av en annan person.[38]

I det avseendet var systemet med raistenar bokstavligt talat en liggare och skilde sig inte särskilt mycket från vårt nuvarande monetära system. Liggaren håller koll på vem som äger vad, och just denna liggare råkade vara en muntlig sådan, vilket givetvis bara fungerar i ett litet samhälle.

När detta monetära system dokumenterades av européerna fanns det tusentals raistenar på Yap, från flera generationer av brytning, transportering och tillverkning. Raistenarna hade således en hög lager/inflödeskvot, vilket var den främsta anledningen till att de kunde användas som pengar.

I slutet av 1800-talet kom en irländare, David O'Keefe, till ön, och han förstod snabbt hur förhållandet såg ut. Med sin överlägsna teknik kunde han enkelt bryta sten på Palau och frakta den till Yap för att tillverka raisten. Därmed kunde han bli öns rikaste man och få lokalbor att arbeta för och genomföra handel med honom. I en artikel i *Smithsonian Magazine*, "David O'Keefe: The King of Hard Currency" summerar Mike Dash det hela så här:

> När irländaren lärde känna Yap lite bättre insåg han att det fanns en, och endast en, vara som lokalbefolkningen efterfrågade – "stenpengarna" för vilka ön var berömd och som användes i nästan alla större transaktioner på Yap. Dessa mynt bröts ur aragonit, en särskild sorts kalksten som glimmar i ljuset och som var värdefull för att den inte fanns på ön. O'Keefes geniala tanke var att han, genom att importera stenarna till sina nya vänner, kunde byta dem mot arbete på Yaps kokosnötsplantager. Yap-invånarna var inte intresserade av att svettas för handelsmannens krimskrams som användes som valuta på andra platser i Stilla havet (och det skulle de inte vara heller, då en besökare medgav att "all mat, dryck och klädsel är lättillgänglig, så det finns ingen byteshandel och inga skulder"), men de var villiga att arbeta som djur för stenpengar.[39]

I slutändan fallerade raistenarnas lager/inflödeskvot på grund av att bättre teknik ökade inflödet. Utlänningar som O'Keefe hade tillgång till mer avancerad teknik och kunde ta med sig hur många stenar som helst till ön, bli öns rikaste invånare, öka utbudet och därigenom minska stenarnas ekonomiska värde.

Men lokalborna var smarta de också, och till slut lyckades de dämpa processens inverkan. De började tilldela äldre stenar ett högre värde (sådana som hade brutits för hand för flera årtionden eller århundraden sedan), eftersom stenar i den kategorin förblev sällsynta. Det är samma koncept

---

38 Friedman, *Monetary Mischief*, 4.

39 Mike Dash, *David O'Keefe: The King of Hard Currency*, Smithsonian Magazine, 28 juli 2011.

som att det inte spelar någon roll hur mycket ny konst som skapas, Vincent van Gogh skapar ingen ny konst, så hans målningar tenderar att gå upp i pris snarare än att devalveras av det nya utbudet från andra konstnärer. Men det var tydligt vad som var på väg att hända: raistenarna var inte längre ett bra monetärt system.

Sedan tog historien en dyster vändning. Så här beskriver Dash situationen i sin *Smithsonian*-artikel:

> Med O'Keefe död och tyskarna stadigt rotade började saker och ting gå illa för Yap-invånarna efter 1901. De nya härskarna beordrade öborna att gräva en kanal genom hela ögruppen, och när Yap-invånarna ställde sig motvilliga till uppgiften beslagtog man deras stenpengar, målade svarta kors på dem och sa att invånarna endast kunde få tillbaka pengarna i utbyte mot arbete. Värst av allt var att tyskarna införde en lag som förbjöd Yap-invånare att resa mer än 30 mil från ön. Detta satte omedelbart stopp för brytningen av fei, även om valutan fortsatt användes även efter det att ögruppen beslagtogs av japanerna och senare ockuperades av Förenta staterna 1945.[40]

När Japan invaderade ögruppen under andra världskriget tog de många av stenarna och använde dem som ankare eller byggmaterial, vilket minskade antalet stenar på ön.

Raistenar var en anmärkningsvärd form av pengar eftersom de inte hade någon annan praktisk nytta utöver den estetiska. De var ett sätt att visa upp och registrera förmögenhet, inte mycket annat. De var en av de tidigaste versionerna av en formell offentlig liggare, då många av stenarna inte flyttades överhuvudtaget och endast muntliga förteckningar (senare fysiska markeringar gjorda av tyskarna) dikterade vem ägaren var.

FJÄDRAR

Fjädrar har ofta använts som pengaliknande föremål av olika stammar runtom i världen. Inom många olika kulturer har man samlat på fjädrar från särskilt praktfulla fåglar, som örnar och papegojor, med ovanligt stora och vackra fjädrar.

Ibland hade dessa fjädrar ett mer ceremoniellt värde. Exempelvis kunde en fjäder från en örn användas i stamledarens huvudbonad. Andra gånger samlade man på fjädrar mer informellt, helt enkelt på grund av att de var vackra, och ibland användes de i handel.[41] En nackdel med fjädrar är att de inte är särskilt hållbara; en fjäder nöts med tiden ner och förstörs, särskild

40 Dash, *O'Keefe*.

41 David Jones, *Native North American Armor, Shields, and Fortification*, 41.

vid förflyttningar.

På Salomonöarna tillverkade stammarnas hantverkare en sorts fjädervaluta i form av bältesliknande rullar. Varje rulle bestod av röda fjädrar från hundratals scharlakansmyzomelor, sav och andra substanser. Resultatet var en mer hållbar och unik form av fjäderpengar. På grund av pengarnas beskaffenhet var de emellertid naturligt begränsade vad gäller fungibilitet och likviditet till ett litet område, både geografiskt och kulturellt.

AFRIKANSKA PÄRLOR

Handelspärlor användes i delar av Västafrika som pengar under flera århundraden, åtminstone sedan 1300-talet. Man kunde använda sig av olika sällsynta material, som korall, bärnsten och glas. Venetianska glaspärlor tog sig genom handel ner till Västafrika söder om Sahara. En av de tidigaste dokumenterade referenserna vi har kommer från Ibn Battuta, den berömda marockanska 1300-talsresenären vars upptäcktsresor tog honom över hela Afrika och Asien.

I sin bok *Money Dethroned: A Historical Journey* citerar Emil Sandstedt Ibn Battutas observation av västafrikanska pengar:

> En resenär i detta land bär inte med sig någon proviant, varken mat eller kryddor, och inte heller guld eller silver. Han bär inget annat än salt och glassmycken, som folket kallar pärlor, och vissa aromatiska varor.[42]

Dessa var pastorala samhällen som ofta förflyttade sig, och det var praktiskt att kunna bära sina pengar i pärlband. Pärlorna har en hög lager/inflödeskvot eftersom de sparades och byttes som pengar, samtidigt som de var svåra att producera med den aktuella tekniken.

När europeérna började resa till Västafrika lite mer frekvent lade de till slut märke till den lokala befolkningens användning av pärlor och började utnyttja detta. Europeérna kunde med liten ansträngning tillverka glaspärlor, så de kunde byta tonvis av dessa pärlor mot råvaror och annat gods (och sorgligt nog även mot mänskliga slavar).[43]

Till följd av denna tekniska asymmetri devalverade europeérna dessa glaspärlor genom att öka utbudet av dem i hela Västafrika, samtidigt som de själva roffade åt sig stora mängder värde från lokalsamhällena. Västafrikanerna fortsatte att byta sällsynta lokala varor, allt från viktiga råvaror till ovärderliga människoliv, mot glaspärlor som var mycket mindre sällsynta

---

42 Emil Sandstedt, *Money Dethroned: A Historical Journey*, 43.
43 Emil Sandstedt, *Tales of Soft Money — The Trail of Beads*, Medium, 26 maj 2019.

än de trodde.[44] Resultatet blev att de bytte bort sina verkliga värdesaker mot falska värdesaker. Att välja fel sorts pengar kan få ödesdigra konsekvenser.

Det var dock inte riktigt så lätt som man kan tro för européerna att lyckas med detta trick, eftersom afrikanernas preferenser vad gällde typen av pärlor förändrades över tid, och olika stammar hade olika preferenser. Det var ungefär som med raistenarna, då Yap-borna började värdera gamla stenar högre än nya när utbudet snabbt ökades med hjälp av modern teknik. I västafrikanernas fall förändrades deras smak på grundval av estetik och knapphet. Detta ledde emellertid till att pengarnas fungibilitet försämrades, vilket i sin tur minskade deras tillförlitlighet som betalningsmedel. Precis som för raistenarna ledde den tekniska utvecklingen till slut till att glaspärlorna inte kunde upprätthålla en hög lager/inflödeskvot, och därför ersattes de slutligen av andra pengar.

JAPANSKA INVASIONSPENGAR

Även om de inte exakt var råvarupengar, använde det imperialistiska Japan svaga pengar för att förvärva sällsynta varor och tjänster i de regioner som det hade makten över.

Under andra världskriget invaderade Japan ett flertal områden i Asien, där man beslagtog lokalbefolkningens hårdvaluta och gav ut en särskild pappersvaluta i stället, en valuta som kallades "invasionspengar".[45] Folket i de ockuperade områdena tvingades spara och använda en valuta som inte backades upp av någonting, som inte hade någon som helst knapphet och som till slut förlorade allt värde. Det var ett sätt för Japan att roffa åt sig folkets besparingar och samtidigt upprätthålla en tillfällig beräkningsenhet i områdena, för att ekonomiska transaktioner skulle kunna fortsätta genomföras.

I mindre extrem utsträckning är detta sorgligt nog – som jag beskriver senare i den här boken – det som sker i många utvecklingsländer i dag: människor sparar i sina lokala fiatvalutor som, ungefär en gång per generation, devalveras kraftigt och deras besparingar överförs till makthavarna och de rika.

SPANNMÅL

I det forntida Babylonien var silversikeln en viktig monetär enhet, men även spannmål användes ofta som betalningsmedel. Spannmål var en sta-

---

44 Laure Dussubieux et al., *European Trade in Malawi: The Glass Bead Evidence*.

45 Dazmin Daud, *A Study on Two Variaties of $100 Malaya Japanese Invasion Money (Pick #M8A)*, 43.

pelvara i området, användes ofta för att betala de dagliga lönerna och fungerade dessutom som beräkningsenhet för andra transaktioner.[46]

Enligt Hammurabis lag, som är nästan 4 000 år gammal, var spannmål lagligt betalningsmedel:

> 108: Om en vinhandlare inte accepterar spannmål som betalning för en dryck, men tar emot silver mätt med standardbikt, eller minskar måttet på drycken för spannmål, skall vinhandlaren ställas till svars och kastas i vattnet.
>
> 111: Om en vinhandlare ger 60 KA dryck på kredit skall hon vid tidpunkten för skörden erhålla 50 KA spannmål.
>
> 114: Om en man inte är skyldig en annan man spannmål eller silver, men ändå beslagtar en pant från honom, skall han betala en tredjedels mina silver för varje pant.
>
> 115: Om en man är fordringsägare av spannmål eller silver gentemot en annan man, och han griper honom för skulden, och den gripne dör i huset tillhörande den som grep honom, skall detta fall inte leda till någon påföljd.[47]

Det svåra med att använda en jordbruksprodukt som pengar är att penningmängden förändras dramatiskt under årets gång. Under skördesäsongen skapas mängder av nya spannmålspengar, och under resten av året minskas den penningmängden till följd av att människor omvandlar spannmålen till bröd och öl. Jordbrukare lånade ofta pengar till sina utgifter och använde sedan skörden (om det blev en lyckad sådan) till att betala av skulderna som de hade ådragit sig under året.

I sådana samhällen kunde missväxt innebära ekonomisk ruin för jordbrukaren. Jordbrukaren och/eller dennes familj kunde bli skuldslavar. Vissa kungar skrev emellertid då och då av skulder eller införde begränsningar för långivare, antingen genom att skriva av delar av lånet eller genom att begränsa omfattningen av arbetsplikt som krävs för att betala av skulden.

> 48: Om en man har en skuld och hans fält översvämmas av en storm eller om det på grund av torka inte växer något spannmål, skall han det året inte betala något spannmål till fordringsägaren. Avtalet skall justeras och han skall inte betala någon ränta det året.
>
> 117: Om någon misslyckas med att uppfylla ett krav på skuld och säljer sig själv, sin hustru, sin son och dotter för pengar eller förbinder dem till tjänst-

46 Goetzmann, *Money Changes Everything*, 59-69.

47 Hammurabi, *The Code of Hammurabi*, kung av Babylon, 37-39.

göring, skall de under tre år arbeta i huset tillhörande köparen, eller ägaren, och det fjärde året skall de återfå sin frihet.[48]

Babylonien är ett av de tidigaste kända exemplen på formaliserade vikter och mått, formaliserade råvarupengar, formaliserad nedskriven kredit, formaliserade förvaringsavtal och formaliserade lagliga betalningsmedel. Kungar fastställde de grundläggande reglerna avseende handel och tog itu med strukturella obalanser i systemet allteftersom sådana uppstod. I Babylonien fungerade templen inte bara som religiösa platser, utan även som centrum för administration och handel.

VIDEOSPELSPENGAR

Ett av de mest fascinerande resultaten av stora multiplayerspel online är de olika oavsiktliga ekonomiska experiment som uppstår. De använder sig i praktiken av olika ekonomiska miljöer med nya regler, vilket i princip innebär fallstudier av framväxande ekonomiska aspekter.

Ett välkänt exempel på detta är penningbildningen i onlinespelet *Diablo II*, som var ett extremt populärt action/fantasyspel som lanserades år 2000 och som sålde i miljontals exemplar (inklusive ett till mig som tonåring). Under årens lopp är det många som har analyserat ekonomin i spelet, men det var författaren av *21 Lessons*,[49] Gigi, som genom en artikel 2022 fick mig intresserad.[50]

I *Diablo II* fanns det en spelvaluta (som förväntat i ett fantasyspel) som kallades "gold". Men detta guld var programmerat på ett sådant sätt att det oavsiktligt hindrades från att bli den bästa formen av pengar i spelet. För det första fanns det gott om guld även på höga spelnivåer, men spelkaraktären kunde bara bära med sig en begränsad mängd. För det andra förlorade man en del av sitt guld varje gång man dog, medan man fick tillbaka alla sina andra tillgångar. Med dessa begränsningar på guld ville spelare naturligtvis bygga sin förmögenhet i värdefulla föremål i stället.

Eftersom det var ett multiplayerspel med många sällsynta föremål (och möjlighet att skapa vissa större föremål från mindre föremål), ville spelare självklart byta föremål med varandra. Det fanns druider, barbarer, paladiner, häxor och andra karaktärsklasser. Inom dessa karaktärsklasser kunde varje enskild karaktär skräddarsys, med flera olika riktningar vad gäller färdigheter och utrustning. Således var vissa sällsynta föremål eftertraktade av

48 Hammurabi, *Code of Hammurabi*, 27, 41.
49 Gigi, *21 Lessons: What I've Learned from Falling Down the Bitcoin Rabbit Hole.*
50 Gigi, *Bitcoin is Digital Scarcity*, DerGigi.com, 2 oktober 2022. Se även Solomon Stein, *The Origins of Money in Diablo II.*

en spelare men inte av en annan, vilket ledde till en livfull byteshandel.

För att byteshandel ska fungera krävs sammanfallande önskningar. Om en barbar och en häxa träffas för att byta föremål med varandra kommer byteshandeln sannolikt att misslyckas. Han kanske vill ha en yxa, medan hon vill ha en magisk stav. Av de hundratals föremål som finns i spelet, hur sannolikt är det att de har det som den andre vill ha?

Som en lösning på detta växte snabbt en annan form av pengar än spelets egna "gold" fram bland spelarna. Givetvis var vissa föremål bättre lämpade som pengar än andra tack vare deras egenskaper. Spelarna hade ett begränsat antal föremålsplatser, och större föremål tog upp fler platser. Så ett monetärt föremål skulle vara värdefullt i förhållande till det utrymme det tog upp. Dessutom skulle ett monetärt föremål vara mer eller mindre universellt eftertraktat; det kunde inte vara ett specialföremål som endast barbarer hade användning av, utan det skulle vara något som kunde användas av alla karaktärsklasser.

Svaret under de första få åren av *Diablo II* var att en sällsynt ring som kallades "Stone of Jordan" (förkortat "SoJ") blev spelets allmänt accepterade valuta. Den spelare som bar ringen fick högre mana och förhöjda färdigheter, vilket innebar att ringen var användbar för alla spelare, men i synnerhet för de olika magikerklasserna för vilka mana var en särskilt viktig resurs. En SoJ kanske eller kanske inte var det "bästa" föremålet för en given karaktär, men alla karaktärer hade stor nytta av dem, och för vissa karaktärer var det faktiskt det allra bästa föremålet. Utöver nyttovärdet fick ringarna en monetär ppremie, då många spelare använde dem som sparmedel och som en högst säljbar vara vid handel. Ringarna tog inte upp mycket av karaktärens bärkapacitet, vilket innebar en hög värdekoncentration. Sällsynta vapen och sällsynt utrustning denominerades i SoJ-ringar; ett sällsynt magiskt svärd kunde vara värt åtta SoJ-ringar och en sällsynt magisk pilbåge kunde vara värd fem SoJ-ringar.

En häxa kunde under spelets gång förvärva några sällsynta föremål och sedan sälja dem till andra spelare mot SoJ-ringar, som hon skulle spara. Om hon en dag skulle möta en barbar med den sällsynta magiska stav hon var ute efter, skulle hon kunna köpa staven för sina SoJ-ringar. Barbaren skulle sedan i sin tur kunna stöta på någon som hade den yxa han ville ha och köpa den för SoJ-ringarna. Detta är ett mycket smidigare system än att försöka göra ett direkt byte av en specifik magisk stav mot en specifik yxa.

SoJ-ringar växte naturligt fram som pengar eftersom de hade bäst monetära egenskaper av alla föremål i spelet. Det var inte spelutvecklarnas avsikt att de skulle användas som pengar, och det är inte heller så att spelarna hade ett möte en dag och godtyckligt valde dem; genom snabb analys och iteration växte helt enkelt faktumet fram hos miljontals spelare att SoJ-ringar var den bästa formen av pengar i spelet. Och när ringarna väl hade blivit spelets pengar hade de en likviditet som andra föremål inte hade. Många spelare använde ringarna som sparmedel och många spelare accepterade dem som betalningsmedel, så därför hade de en högre säljbarhet än andra föremål. Det är nog inte många spelare som skulle knyta sitt resonemang till *Nationernas välstånd* eller annan ekonomisk litteratur. De förstod snarare intuitivt att det är användbart att ha en form av pengar i spelet för att lösa problemet med byteshandel i en värld utan kredit och att sällsynta, små och allmänt användbara föremål var perfekta för detta ändamål.

Det enda felet med SoJ-ringar var att de hade ett ganska högt värde samtidigt som de inte var delbara. Därför växte ett annat föremål, så kallade "perfect skulls", fram som ytterligare en form av pengar. Dessa föremål var små och allmänt användbara, men de var inte lika sällsynta. Man kunde byta fem perfect skulls mot en SoJ-ring, och ett varierande antal SoJ-ringar kunde bytas mot varierande legendariska magiska vapen och utrustningar. Med andra ord fungerade SoJ-ringar som sedlar för stora köp och perfect skulls som mynt för små köp.

Till slut hittade spelare buggar i spelet som möjliggjorde för dem att kopiera SoJ-ringar. Detta innebar naturligtvis att marknaden översvämmades av SoJ-ringar, som därmed devalverades. Spelutvecklarna gjorde sitt bästa för att identifiera buggarna och radera dubblettföremål, så det hände att spelare startade spelet och upptäckte att några av deras SoJ-ringar hade försvunnit. I det ögonblicket upphörde SoJ-ringar att vara bra pengar, precis som många råvarupengar har konkurrerats ut av den tekniska utvecklingen. "Tekniken" i kopieringen av ringarna innebar att de blev dåliga pengar.

När expansionspaketet till *Diablo II* kom ut introducerade spelutvecklarna ett antal nya föremål, däribland runor. Man kunde lägga till runor till olika sorters utrustning för att göra den kraftfullare, och det gick att kombinera runor på specifika sätt för att skapa helt ny utrustning. Runorna var små, värdefulla och allmänt användbara, och det fanns olika typer av runor med olika grad av knapphet, vilket i praktiken innebar att de fungerade som sedlar av olika valör. Från och med då växte runorna naturligt fram som spelets pengar, tack vare deras höga säljbarhet.

Denna fallstudie (och andra liknande studier) är i grund och botten ett accelererat exempel på hur pengar naturligt kan växa fram i ett samhälle tack vare egenskaper som gör dem till den mest säljbara varan – och hur de sedan förlorar sin plats när förhållandena förändras.

KAPITEL 3

SÅ VANN GULD RÅVARUKRIGET

I de föregående kapitlen beskrev jag hur det är naturen som kontrollerar liggaren i samhällen som använder råvarupengar. Det är naturen som sätter gränserna för hur svåra pengarna är att producera och därmed hur motståndskraftiga de är mot devalvering. Om alla deltagare i systemet är mer eller mindre jämbördiga med avseende på teknisk utveckling, kan ingen fuska. Alla måste lägga en liknande mängd energi på att skapa nya enheter av pengarna.

Men när ett industrialiserat samhälle stöter ihop med ett icke-industrialiserat samhälle är det i praktiken det industrialiserade samhället som kontrollerar det icke-industrialiserade samhällets liggare. De har den tekniska förmågan att späda ut råvarupengarna som det icke-industrialiserade samhället använder, medan det omvända inte gäller. Det tar lång tid för det icke-industrialiserade samhället att inse detta, vilket olyckligtvis ger det industrialiserade samhället tid att roffa åt sig det icke-industrialiserade samhällets värdefulla resurser.

Det finns således en naturlig filtreringsaspekt som avgör huruvida olika former av råvarupengar lyckas eller inte. Pengar med en lägre grad av knapphet försvinner med tiden medan pengar med en högre grad av knapphet överlever. I takt med att olika grupper av människor världen över har interagerat med varandra har antalet råvarupengar blivit färre och färre, tills endast ett fåtal blivit kvar.

Att spara i en suboptimal form av pengar och inte kunna mäta eller förstå penningmängdstillväxten kan ha allvarliga konsekvenser för en individ eller ett samhälle. Tyvärr gäller detta problem även system med sedlar och elektroniska liggare. Faktum är att problemet förstärks av dessa tekniker, något som diskuteras närmare senare i boken. Efter tusentals år är det två råvaror som har besegrat alla andra när det gäller att bibehålla sina monetära attribut över flera geografiska områden: guld och silver. Inga andra råvaror har lyckats bibehålla en lager/inflödeskvot som är hög nog att de ska kunna fungera som pengar och ha en monetär premie, trots att civilisationer världen över ständigt har utvecklat sin tekniska förmåga.[51]

Med mer avancerade verktyg har människan lyckats producera eller förvärva alla pärlor, snäckskal, stenar och fjädrar, allt salt och alla pälsar, all boskap och spannmål och alla industrimetaller vi behöver. Därmed har vi sänkt dessa föremåls lager/inflödeskvot så pass mycket att de inte längre kan användas som pengar. Men trots alla våra tekniska framgångar har vi fortfarande inte lyckats sänka lager/inflödeskvoten för guld och silver i någon meningsfull omfattning – utom i sällsynta fall då den industrialiserade världen upptäckt nya, obrutna kontinenter eller uppfunnit nya tekniker, som cyanidlakning för utvinning av guld.[52] Guld har upprätthållit en lager/inflödeskvot mellan 25x och 100x under hela den moderna historien, med ett genomsnitt på omkring 50x eller högre och ett kort fall ner till 16x under guldruschen vid 1800-talets mitt.[53] Med andra ord har vi historiskt sett, med undantag för upptäckten av nya kontinenter eller andra engångshändelser, inte kunnat öka utbudet av guld med mer än cirka 2 procent per år. Inte ens när priset har mer än tiodubblats på ett decennium, som det gjorde på 1970-talet.[54] Silver har oftast en lager/inflödeskvot på 10x eller högre, vilket också det är förhållandevis högt.

De flesta andra råvaror har en lager/inflödeskvot under 1 eller 2. Till och med de allra sällsyntaste grundämnena, som platina och rodium, har låga lager/inflödeskvoter på grund av industrins snabba konsumtion av dem.

Med ny teknik har människan blivit bättre på att utvinna guld, men det är en mycket sällsynt råvara och vi har redan rensat de enklaste, ytligaste guldfyndigheterna. Endast djupa, svåråtkomliga fyndigheter finns kvar, vilka fungerar som en fortlöpande svårighetsjustering mot vår tekniska utveckling. En dag kanske vi lyckas ta oss ur denna cykel genom drönarbaserad asteroidbrytning eller djuphavsbrytning eller någon annan science fiction-liknande teknik, men till dess kommer guld att bibehålla sin höga lager/inflödeskvot. Ovan nämnda miljöer är så ogästvänliga att kostnaden för att bryta guld där sannolikt skulle vara extremt hög.

Varje gång någon form av råvarupengar har konkurrerat med guld och silver, har det alltid varit guld och silver som gått segrande ur striden. Andra råvaror har kunnat spela rollen som pengar under en tid i specifika regioner, men guld och silver har uppvisat sin förmåga att konkurrera globalt och har vunnit varje gång. Detta beror på att varje gång olika civilisatio-

---

51 C.R. Fay, *Newton and the Gold Standard*, 117-118.
52 Alan Lougheed, *The Discovery, Development, and Diffusion of New Technology*.
53 Hugh Rockoff, *Some Evidence on the Real Price of Gold*, 621.
54 Greg Cipolaro och Ross Stevens, *The Power of Bitcoin's Network Effect*, 6.

ner och olika former av pengar har stött på varandra, har innehavare av guld och silver haft den tekniska förmågan att devalvera de andra formerna av pengar, medan innehavare av snäckskal, pärlor, boskap, salt, tyg och mindre eftertraktade metaller inte har kunnat devalvera guld eller silver.

MYNT AV ÄDELMETALLER

Guld och silver stärkte sin position som pengar då makthavare införde standardenheter, vanligtvis i form av mynt. Präglingen av ädelmetallmynt växte fram i många regioner. Lydien (dagens Turkiet) var en av de tidigaste kända civilisationerna som började producera sådana mynt, redan på 500-talet f.Kr.

Fördelen med mynt som ges ut av en allmänt erkänd auktoritet (som vid tidpunkten vanligtvis var ett kungarike eller imperium) är att det går att standardisera enheterna med avseende på storlek, vikt och renhet, vilket gör det enklare att genomföra handel. Godtyckliga mängder guld och silver måste vägas för att metallen ska kunna användas i enskilda transaktioner, medan en standardiserad storlek eliminerar det steget från transaktionsprocessen. Kejsarens ansikte stämplat på myntet, och kanske också räfflor längs kanterna för att förhindra avskrapning av metallen, tillför ytterligare verifierbarhet av myntets kvalitet och innehåll. Än i dag måste du betala ett högre pris för moderna guldmynt som American Eagles än för en större bit guld, och det gör människor för att de vet att de får äkta guld och att de utan problem kan sälja guldet i framtiden.

Dessutom gav man i ett kungarike vanligtvis sådana mynt en status som lagligt betalningsmedel, vilket medförde att deras värde var något högre än det rena metallinnehållet och liknande utländska mynt, på grund av garanterad acceptans och likviditet. Man kan alltså se det som att ädelmetallmynt med status som lagligt betalningsmedel har tre olika värdelager. Det första värdelagret är själva metallinnehållet. Det andra värdelagret är den verifikations- och bekvämlighetspremie som mynten åtnjuter jämfört med lösa metallbitar. Detta värdelager gäller i varierande grad både inhemska och utländska mynt. Det tredje värdelagret är den likviditet som endast inhemska mynt har tack vare en allmän (och ofta föreskriven) acceptans samt de lokala handelsmännens erkännande av mynten som lagligt betalningsmedel. Löner och priser som denominerades i mynt hade en tendens att vara "klibbiga", det vill säga att det tog en stund innan de förändrades genomgripande i samhället även om utbudet av ädelmetaller eller mynt varierade under en kort period.

Dessa värdelager har under historiens lopp missbrukats upprepade gånger. Makthavare som inte fått budgeten att gå ihop under krig, som varit giriga eller som inte skött finanserna, har till slut fallit för frestelsen och devalverat valutan. Här är ett exempel: En kung samlar in 1 000 mynt av rent guld i skatt, smälter ner dem och präglar nya mynt innehållande 90 procent guld (och övriga 10 procent bestående av någon billig utfyllnadsmetall). Därefter förs 1 111 guldmynt in i ekonomin, med samma totala mängd guld som tidigare. De flesta människor ser ingen skillnad på mynten, löner och priser förändras långsamt och kungen kan till och med bestämma att de nya mynten ska accepteras som den tidigare beräkningsenheten, till exempel genom att bestämma vilken enhet han betalar sina soldater i. Om kungen fortfarande har ett underskott efter flera år kan han smälta ner inkomstskatterna på nytt, prägla nya mynt innehållande 80 procent guld och föra in 1 250 nya mynt i ekonomin. Och om inte det heller är nog kan han (eller sin efterträdare) minska mängden guld till 70 procent, och så vidare.

Till en början accepterades de något devalverade mynten innehållande 90 procent guld till samma värde som de haft tidigare, särskilt om detta fastställts genom dekret. Detta beror på att själva den monetära enheten är delvis abstraherad från den underliggande metallen.[55] Men ju längre tid och i ju större mängd mynten cirkulerade, desto svårare blev det att upprätthålla deras tidigare värde. Priserna gick upp och folks löner och besparingar tappade i värde, eftersom de betalar sin skatt med besparingar av renare pengar och tjänar sin inkomst i nya devalverade pengar. Över tid gick lönerna upp eftersom man behövde fler mynt för att betala sina utgifter. Köpmän försökte behålla de renaste guldmynten och sälja de utspädda. Således försvagades fungibiliteten i hela den monetära basen, eftersom mynten inte längre var standardiserade. Utländska handelsmän, från områden utanför jurisdiktionen för de nypräglade mynten, höjde snabbt priserna på sina varor och tjänster i dessa devalverade guldmynt, då de värderade dem strikt utifrån myntens metallinnehåll. De renaste mynten cirkulerade till slut inte längre i ekonomin, delvis på grund av att kungen samlade in dem genom skatter, delvis på grund av att människor sparade dem och delvis på grund av att utländska handelsmän förde ut dem ur området.

Det tog vanligtvis flera år eller årtionden att devalvera mynt på det här viset. Det romerska silvermyntet denarius till exempel introducerades som ett litet silvermynt med över 95 procents renhet år 211 f.Kr. Sedan minskade man storleken på myntet men behöll den 95-procentiga renhetsgraden. Under en kort period under kejsar Tiberius ökades renheten, men omkring år 64 e.Kr. minskade man storleken ytterligare och sänkte renhetsgraden till 94 procent silver. Denna storlek behölls under flera århundraden, men renheten sänktes gradvis med några få procent här och där. Till slut bör-

55 Thomas Marmefelt, *The History of Money and Monetary Arrangements*, x och kapitel 3.

jade renhetsgraden falla snabbt, och runt år 274 innehöll mynten endast 5 procent silver. Vissa löner, som statliga löner, ändrades inte direkt varje gång renhetsgraden sänktes, så varje gång kejsaren genomförde en devalvering fick han ett högre värde för sitt silver.[56] Med en större mängd mynt på marknaden började priser så småningom stiga och soldaterna började kräva högre lön.

Tack vare förbättringar inom bankväsendet, som beskrivs senare i denna bok, minskade till slut behovet av mynt i världen och guldets begränsade delbarhet förbättrades. Människor kunde sätta in sitt guld på banken och få papperskredit som representerade inlösbara fordringar på guldet. Bankerna visste att inte alla skulle lösa ut sitt guld samtidigt, så de började utfärda fler fordringar än de hade guld för. Så inleddes banksystemet med fraktionella reserver.[57] Banksystemet konsoliderades över tid till ett centralbanksystem, med nationella pappersbitar som representerade fordringar på en viss mängd guld.[58]

Under perioden sent 1800-tal till tidigt 1900-tal vann guld till slut striden mot silver avseende användningen som pengar. Silvret blev av med en del av sin monetära premie och tappade därmed i värde i förhållande till guld, jämfört med föregående flertalet årtusenden.

I boken *Globalizing Capital: A History of the International Monetary System* förklarar Barry Eichengreen varför guldmyntfoten vann över silvret: det var till största delen en olyckshändelse. År 1717, påstår Eichengreen, satte Englands myntmästare (som var ingen mindre än självaste sir Isaac Newton) den officiella guld/silver-kvoten för låg.[59] Följden av detta blev att de flesta silvermynt togs ur cirkulation och guldet blev rikets obestridda pengar.[60] I och med det brittiska väldets dominanta ställning som 1800-talets mäktigaste imperium spred sig nätverkseffekterna av guldmyntfoten, snarare än silvermyntfoten, över hela världen. Faktum är att merparten av världens länder införde en guldmyntfot. Länder som behöll silvermyntfoten för länge, som Indien och Kina, fick se sina valutor försvagas i takt med att efterfrågan på silver minskade i Nordamerika och Europa.

Å andra sidan framhåller Saifedean Ammous i sin bok, *Bitcoinstandarden*, den förbättrade delbarhet som guldet åtnjöt tack vare bättre teknik inom bankväsendet.[61] Som nämnts tidigare har guld en lika hög eller högre po-

---

56 Colin Elliott, *The Acceptance and Value of Roman Silver Coinage in the Second and Third Centuries AD.*

57 Stephen Quinn, *Goldsmith Banking: Mutual Acceptance and Interbank Clearing in Restoration London*, Explorations in Economic History 34: 411-414.

58 Charles Goodhart, *Evolution of Central Banks.*

59 Barry Eichengreen, *Globalizing Capital: A History of the International Monetary System*, 5-10.

60 Fay, *Newton*, 111.

61 Ammous, *The Bitcoin Standard*, 28-29.

äng än silver för alla attribut utom delbarhet. Silver har högre delbarhet än guld, vilket under tusentals år innebar att silver var de pengar som användes till vardags, medan guld främst användes av kungar, handelsmän och religiösa ordenssällskap. Banksystem med papperssedlar i olika valörer uppbackade av guld förbättrade guldets delbarhet. Till slut kunde man inte bara utbyta papper med varandra, man kunde "skicka" pengar via telekommunikationslinjer till andra sidan jorden, med banker och deras liggare som förvaltande mellanhänder. Detta var guldmyntfoten – uppbackandet av pappersvalutor och finansiella kommunikationssystem med guld. Det fanns mindre anledning att använda silver, eftersom guld är en sällsyntare och mer hållbar metall med en högre lager/inflödeskvot, som nu dessutom var lika delbar som silver tack vare denna andra gradens abstraktion.

Jag tror att det ligger något i båda förklaringarna, även om jag anser att Ammous förklaring är mer fullständig, då den inbegriper ett grundläggande axiom om pengars själva natur. Sedlarna gav guldet högre delbarhet och därför vann med tiden de sundaste pengarna, men nätverkseffekter av politiska beslut kan ha haft en inverkan på tidpunkten för och den specifika geografiska spridningen av den här typen av förändringar.

Även efter det att både guld och silver demonetariserats av det globala banksystemet under 1900-talets andra hälft, behöll guld sin nyligen erhållna monetära premie över silver som en ideal form av sparmedel. På flera olika platser i världen låg guldpriset under tusentals år 10 till 16 gånger högre än priset på silver.[62] Men under det senaste århundradet har guld/silverkvoten i genomsnitt legat kring 50. Silver förlorade strukturellt mycket av sin historiska monetära premie i förhållande till guld kort efter införandet av bankliggare knutna till interkontinentala telekommunikationssystem på 1860-talet, och jag tror inte att det är en tillfällighet.

Så fort guld och silver slutade användas som betalningsmedel blev silvrets högre delbarhet mer eller mindre irrelevant. Guldets egenskaper som en metall med högre knapphet och hållbarhet samt en högre lager/inflödeskvot blev de mest relevanta attributen för sparande, och därför absorberade guldet sannolikt en del av silvrets monetära premie. Centralbanker världen över förvarar än i dag guld i sina valv, och många av dem köper mer guld varje år som en del av sina valutareserver. Innehav på denna skala innebär hundratals – om inte tusentals – ton, så för dessa storskaliga och långsiktiga sparare är det praktiskt att guld har en så hög värdedensitet. Så även om statligt utgivna valutor inte längre är uppbackade av en specifik mängd guld, har guldet förblivit en indirekt

62 J.B. Maverick, *A Historical Guide to the Gold-Silver Ratio*, Investopedia, 27 juli 2022.
63 Silvan Frank, *Gold to Silver Ratio*.

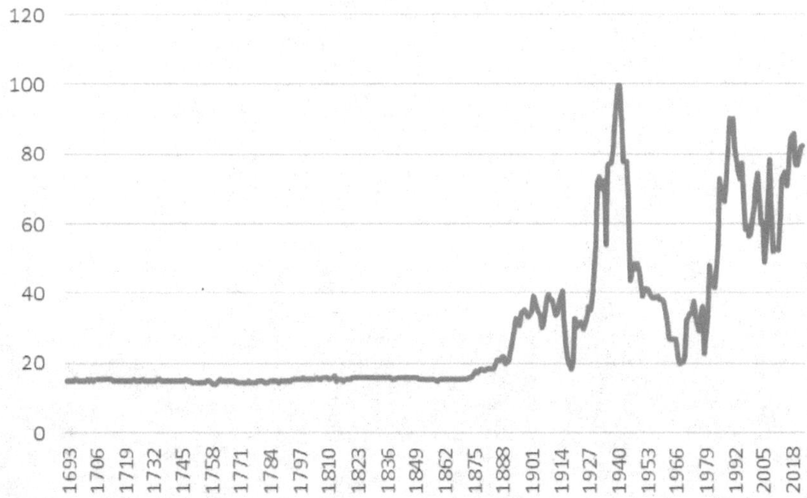

Figur 3.1
Guld/silver-kvoten (1963–2023).[63]

och viktig del av det globala monetära systemet som en valutareserv för centralbanker. Det finns inte någon naturligt förekommande råvara som kan ersätta guldet.

Om den bästa formen av pengar har en inneboende begränsning, som guldets begränsade delbarhet, kan flera olika typer av pengar samexistera. Under långa perioder var det nödvändigt att använda dubbel eller trippel myntfot för att lösa problemet med guldets begränsade delbarhet. Om den bästa formen av pengar däremot inte har några begränsningar, blir denna form av pengar mer dominant och trycker undan alla andra. Varken guld eller silver används som betalningsmedel i någon större utsträckning längre, men båda används fortfarande som långsiktiga värdebevarare. Tack vare dess högre hållbarhet, lager/inflödeskvot och värde per massa och volym, är guld det mer fördelaktiga valet för de flesta större sparare.

Än i dag ses både guld och silver i stor utsträckning som monetära enheter världen över. Metallerna kanske inte accepteras som betalningsmedel längre, men om jag skulle ta med mig några guldmynt eller guldsmycken till i princip vilket land som helst i världen, skulle jag utan svårighet hitta en handlare som skulle vara villig att köpa dem av mig till ett rimligt pris i den lokala valutan. Fysiskt guld i form av mynt, tackor och smycken har förblivit ett av de mest tillförlitliga sätten att bevara värde i ett innehavarinstrument med hög värdedensitet, likviditet och fungibilitet – helt utan utan motpartsrisk.

KAPITEL 4

EN ENHETLIG TEORI OM PENGAR

Beskrivningar av pengars definition och ursprung tenderar att delas upp i två primära ekonomiska läger, med ett antal mindre läger under sig.

Det ena av de primära lägren är råvaruteorin, och det andra primära lägret är kreditteorin. De föregående kapitlen i den här boken tar upp båda teorierna, och i det här kapitlet ska vi gå in mer specifikt på hur de båda teorierna kan förenas.

I västerländsk ekonomisk litteratur sträcker sig råvaruteorin tillbaka till åtminstone Aristoteles *Politik*, från det antika Grekland. Teorin utvecklades och populariserades genom Adam Smiths *Nationernas välstånd* från år 1776, och den utvecklades ytterligare under 1800- och 1900-talet av Carl Menger, Ludwig von Mises och andra ekonomer som utgjorde grunden för den österrikiska ekonomiska skolan. Det primära konceptet som läggs fram i denna penningteori är att byteshandel är ineffektiv på grund av att problemet med sammanfallande önskningar måste lösas, och därför växer en vara med hög säljbarhet och motståndskraft mot devalvering (till exempel guld eller silver) naturligt fram i samhället som en beräkningsenhet, ett betalningsmedel och en värdebevarare för att göra handeln smidigare. I boken *Principles of Economics* skrev Carl Menger följande:

> Pengar är inte statens uppfinning. Pengar är inte produkten av en rättsakt. Inget godkännande från en politisk auktoritet krävs för att pengar ska existera. Vissa råvaror växte naturligt fram som pengar till följd av ekonomiska förhållanden som var oberoende av statens makt.[64]

64 Carl Menger, *Principles of Economics*, 262.

Kreditteorin är i dess kompletta utförande en nyare teori som sträcker sig tillbaka till Henry Dunning Macleod och Georg Friedrich Knapp, vid 1800-talets andra hälft, och framförs ofta som ett motargument till råvaruteorin. Alfred Mitchell-Innes vidareutvecklade teorin i början av 1900-talet, och John Maynard Keynes inspirerades av den och införlivade den i sina ekonomiska föreskrifter.[65] Modern penningteori, som först utformades av Abba Lerner på 1940-talet[66] och som fick nytt liv på 1990-talet tack vare ekonomer som Warren Mosler, Bill Mitchell och Larry Randall Wray, utvidgade detta tankesätt ytterligare.[67] Den följdes sedan av antropologen David Graebers populära texter om skulders historia, som tenderade att ha en positiv inställning till kreditteorin i förhållande till råvaruteorin. Det centrala temat i kreditteorin är att kredit är själva kärnan i vad pengar är, inte råvaror. I en av sina inflytelserika essäer från 1910-talet, "The Credit Theory of Money", ger Alfred Mitchell-Innes följande sammanfattning:

> Kortfattat innebär kreditteorin att en försäljning och ett köp är bytet av en vara mot kredit. Ur denna huvudteori kommer underteorin att kreditens eller pengarnas värde inte beror på värdet hos en eller flera metaller, utan på den rätt som långivaren har till "betalning", det vill säga till fullgörelse av krediten, och på låntagarens skyldighet att "betala" skulden samt omvänt på den rätt som låntagaren har att frigöra sig från skulden genom att erbjuda långivaren en likvärdig skuld och långivarens skyldighet att acceptera detta erbjudande som fullgörelse av krediten.
>
> Så lyder den grundläggande teorin, men i praktiken är det inte nödvändigt för en låntagare att skaffa sig kredit på samma person som denne är låntagare till. Vi är alla både köpare och säljare, så vi är alla samtidigt både låntagare och långivare till varandra, och genom det underbart effektiva banksystem som vi säljer vår kredit till, och som därmed blir våra clearinghus, centraliseras hela samhällets skulder och krediter så att de kvittas mot varandra. I praktiken betalar således vilken god kredit som helst vilken skuld som helst.[68]

Det som gör rivaliteten mellan dessa båda läger och diskussionen kring dem så komplicerad i dag är att de lätt politiseras. Ekonomer som anser att staten ska spela en mindre roll tenderar att luta mot att pengar är ett fenomen som växer fram nedifrån och upp. I den mån som staten överhuvudtaget ska vara inblandad i utgivningen av valuta anser de som intar denna ståndpunkt generellt sett att statens skapande av valuta ska begränsas av någonting med naturlig knapphet. Till exempel kan valutan backas upp av och lösas

---

65 John Maynard Keynes, *A. Mitchell-Innes. What Is Money?*
66 Abba Lerner, *Money as a Creature of the State.*
67 Dylan Matthews, *Modern Monetary Theory*, Vox, 16 april 2019.
68 Alfred Mitchell-Innes, *The Credit Theory of Money*, 152.

in mot en viss mängd guld. Å andra sidan tenderar ekonomer som anser att staten ska spela en större roll att luta mot att pengar är en statlig produkt som går uppifrån och ner, eller åtminstone att pengar är något som i sig är knutet till sociopolitisk organisation i dess många former. Enligt många anhängare av detta synsätt ska staten inte vara bunden av naturlig knapphet, utan ska i stället ges en hög grad av flexibilitet när det gäller utbudet av valutan den ger ut för att kunna uppnå sina olika mål.

Som diskuterades angående jägar- och samlarsamhällen i det första kapitlet av denna bok, sträcker sig både konceptet med råvarupengar och konceptet med kredit tillbaka till de allra tidigaste och mest primitiva mänskliga interaktionerna. Både råvaruteorin och kreditteorin bidrar till en mer fullständig och grundlig förståelse för definitionen och ursprunget av pengar. Genom att jämföra dessa skilda sätt att resonera kan vi definiera pengar på ett så brett och precist sätt som möjligt.

EN KORRIGERING AV TIDSLINJERNA

För att kunna förena dessa motstridiga penningteorier och identifiera det grundläggande fundamentet, måste vi börja med att titta på skillnaderna och på vad vardera teorin har rätt och fel om.

För denna övning kan vi gå tillbaka till *Nationernas välstånd*, där Adam Smith beskriver problemet med byteshandel och varför en form av råvarupengar med hög säljbarhet växer fram naturligt för att lösa problemet:

> Men när arbetsfördelning först började tillämpas måste det ofta ha uppstått stopp och besvärande ögonblick i byteshandeln. Vi antar att en man har mer av en viss vara än han själv har nytta av, medan en annan har mindre. Den förstnämnda skulle således gärna bli av med, och den sistnämnda köpa, en del av detta överflöd. Men om den sistnämnda inte har någonting som den förstnämnda är i behov av kan ingen byteshandel mellan dem ske. Slaktaren har mer kött i sin butik än han själv kan konsumera, och bryggaren och bagaren skulle båda vara villiga att köpa en del av det. Men de har ingenting att erbjuda i utbyte förutom produkterna från deras respektive yrke, och slaktaren har redan allt bröd och öl han har ett omedelbart behov av. I detta fall kan ingen byteshandel mellan dem ske. Han kan inte vara deras handlare, och de kan inte vara hans kunder. Därmed är dem alla av mindre nytta för varandra. För att undvika besvärligheterna med sådana situationer måste varje klok man i varje samhällsperiod, efter det första införandet av arbetsfördelning, gjort sitt yttersta för att sköta sina affärer på ett sådant sätt att han alltid bar med sig, utöver de särskilda produkterna från hans eget yrke, en viss mängd av någon råvara eller liknande som han antog att få människor skulle tacka nej till i utbyte mot produkterna från deras yrken.

Sannolikt övervägdes och användes många olika råvaror för detta ändamål. Det sägs att under de primitiva tidsåldrarna var boskap det vanligaste handelsinstrumentet och, även om det måste varit ett besvärligt sådant, finner vi att saker förr i tiden ofta värderades enligt mängden boskap som hade betalats för dem. Diomedes rustning, säger Homeros, kostade endast nio oxar, men Glaucus rustning kostade hundra oxar. Det sägs att salt är det allmänna handels- och bytesinstrumentet i Abessinien, en sorts snäckskal i vissa delar vid Indiens kust, torkad torsk i Newfoundland, tobak i Virginia, socker i vissa av våra västindiska kolonier, hudar eller garvat läder i vissa andra länder, och jag har hört att det finns en by i Skottland där det än i dag är vanligt att en arbetare bär med sig spik i stället för pengar till bagaren eller ölstugan.

Det verkar emellertid som att man i alla länder till sist av oemotståndliga skäl har valt att föredra metaller över alla andra råvaror för denna uppgift. Metaller går inte bara att förvara med mindre förlust än någon annan råvara, då nästan ingenting har längre hållbarhet än dem, utan de kan också, utan någon förlust, delas upp i hur många delar som helst, då de genom sammansmältning med enkelhet kan återförenas igen; en kvalitet som ingen annan lika hållbar råvara besitter och som, mer än någon annan kvalitet, gör dem lämpliga som instrument för handel och cirkulering.[69]

När vi nu flera hundra år senare ser tillbaka på detta utdrag, märker vi att Smiths övergripande beskrivning har åldrats väl och att han fick många rätt. Först och främst beskrev han råvarupengar som ett fenomen som växer fram naturligt för att hantera problemet med sammanfallande önskningar i en värld av arbetsspecialisering. För det andra förklarade han varför just ädelmetaller klarar tidens prövningar avseende denna funktion bättre än andra råvaror – deras unika egenskaper. Det var med andra ord ingen slump att olika kulturer världen över såg guld och silver som de bästa formerna av råvarupengar.

Lustigt nog fungerade den naturliga framväxten nerifrån och upp av SoJ-ringar som pengar i *Diablo II*, som diskuterades i kapitel 2, som ett observerbart experiment av Smiths påstående angående pengars ursprung. Detta, tillsammans med liknande exempel, gjorde det möjligt att följa processen direkt i stället för att behöva utforma teorier. Spelutvecklarna bakom *Diablo II* skapade en spelmiljö, och miljontals spelare observerade den miljön och drogs snabbt och naturligt mot SoJ-ringar som den primära formen av sparande, betalningar och beräkningar för att inte behöva handskas med problemet med sammanfallande önskningar (det vill säga byteshandel) vid byte av värdefulla objekt. Detta var inte spelutvecklarnas avsikt. En begränsning av denna miljö var att spelet spelades av människor runtom i världen

69 Adam Smith, *Wealth of Nations*, Bok I, Kapitel IV, 37-39.

som oftast inte kände varandra, vilket innebar att mekanismen med kredit i allmänhet inte kunde användas. I en värld full av främlingar med lite eller ingen kredit, växer råvarupengar sannerligen fram naturligt genom enskilda aktörer på marknaden, och de råvarupengar som klättrar upp till toppen är de med egenskaper som är bäst lämpade för att fungera som pengar.[70]

Antropologisk forskning som genomförts efter Smiths tid har dock visat att han sannolikt hade fel om en viktig sak: Byteshandel mellan specialiserade arbetare förekom inte tidigare än pengar på det sätt som han trodde. Det fanns aldrig en tid då det var vanligt att specialiserade arbetare som slaktare och bryggare och bagare fann att det uppstått "stopp och besvärande ögonblick" i deras potentiella byteshandel på grund av att konceptet med pengar ännu inte hade utvecklats. Konceptet med pengar av någon form hade redan utvecklats när specialiserade typer av arbeten, som slaktare och bryggare och bagare, växte fram. Mer specifikt undvek man genom flexibel social kredit delvis problemet med sammanfallande önskningar mellan människor som kände varandra. Konceptet med kredit är äldre än mynt, möjligtvis lika gammalt som de allra tidigaste formerna av pengar såsom snäckskal.[71]

I bredast möjliga tolkning sträcker sig idén med skuld och kredit tillbaka till en tidsålder då vår art ännu inte utvecklats. När en apa plockar insekter från ryggen på en annan och de sedan byter plats för att tjänsten ska återgäldas, är detta en mycket kortsiktig form av skuld och kredit. Apan som fick behandlingen först hade kunnat avstå från att återgälda tjänsten. Människan har naturligtvis utvidgat konceptet avsevärt vad gäller komplexitet och varaktighet hos de typer av skuld och kredit som finns i en social struktur.

I sin essä från 1913, "What is Money?", ändrade Alfred Mitchell-Innes på Smiths ordning på följande sätt:

> Adam Smiths ståndpunkt beror på sanningen i påståendet att om bagaren eller bryggaren vill ha kött från slaktaren, men inte (då den sistnämnde redan har bröd och öl så det räcker) har något att erbjuda i utbyte, kan ingen byteshandel mellan dem genomföras. Om detta vore sant skulle kanske doktrinen om ett betalningsmedel vara korrekt. Men är det sant?
>
> Om vi utgår från att bagaren och bryggaren är ärliga män, och ärlighet är inte en modern dygd, skulle slaktaren kunna ta kvitton från dem på att de hade köpt en viss mängd kött av honom, så är allt vi behöver anta att samhället erkänner bagarens och bryggarens skyldighet att lösa in dessa kvitton mot

70 Se till exempel Narayana Kocherlakota, *Money is Memory*; Stefano Ugolini, *The Evolution of Central Banking: Theory and History*, 165-175.

71 David Graeber, *Debt: The First 5,000 Years*; George Selgin, *The Myth of the Myth of Barter*.

> bröd eller öl till det aktuella marknadspriset när de presenteras för dem, så har vi en bra och tillräcklig valuta. Enligt denna teori är en försäljning inte bytet av en vara mot en mellanliggande råvara kallad "betalningsmedel", utan bytet av en vara mot kredit.
>
> Det finns absolut ingen anledning att börja använda sig av ett så klumpigt redskap som ett betalningsmedel när ett så enkelt system skulle sköta allt som krävs. Det vi behöver bevisa är inte en konstig överenskommelse om att acceptera guld eller silver, utan en allmän känsla av att en skyldighet är helig. Med andra ord grundar sig den aktuella teorin på den gamla skuldlagen.
>
> Lyckligtvis står vi här på fast historisk mark. Sedan de äldsta tider för vilka vi har historiska dokument har vi haft en skuldlag, och när vi hittar – och vi kommer att hitta – dokument från tidsåldrar ännu längre tillbaka än kung Hammurabis tid, som sammanställde Babyloniens lagar 2000 år f.Kr., är jag säker på att vi finner rester av samma lag. En skyldighets helighet är själva grunden för alla samhällen, inte bara i alla tider utan i alla faser av civilisationen, och tanken att de vi har för vana att kalla barbarer inte känner till kredit utan endast använder sig av byteshandel saknar grund. Från Kinas köpmän till Amerikas rödskinn; från öknens araber till Sydafrikas hottentotter eller Nya Zeelands maorier, alla känner de till skuld och kredit, och att inte hålla sitt ord eller att vägra fullgöra en skyldighet ser de alla som skamligt.[72]

Med andra ord argumenterar Mitchell-Innes, med stöd i antropologiska belägg, att flexibel social kredit redan under jägar- och samlartiden bidrog till att lösa byteshandelns problem och underlätta handeln grannar emellan. Detta skedde långt före den tid då specialiserat arbete nådde den utvecklingsnivå som Smith refererar till.

Bryggaren och bagaren kan få kött genom att lämna ett löfte om betalning senare, sannolikt i de produkter som de producerar (exempelvis "tack för köttet, här får du en fordran på fem limpor bröd som du kan ge bort till någon annan om du vill, så kommer jag att fullgöra betalningen oavsett vem som lämnar in den"). Likadant kan slaktaren få öl och bröd genom att lämna ett löfte om betalning senare, så går mycket av deras handel jämnt ut. En slaktare som har en fordran på bröd då han har sålt kött till bagaren kan med enkelhet sälja denna fordran på bröd till någon annan. Utnyttjandet av kredit löser problemet med byteshandel mellan människor som känner och litar på varandra eller som lyder under en lokal överhet som kan driva in krediten.

Råvarupengar växer gång efter annan fram i huvudsak för att minska friktionen i handeln mellan främlingar, eller för att förstärka och förbättra system som bygger på flexibel social kredit genom att fungera som en

---

72 Alfred Mitchell-Innes, *What is Money?* 391.

form av slutlig avveckling och långsiktigt sparande. Människor som tillhör samma sociala grupp kan nå upp till en viss nivå av komplexitet i små och informella människostyrda liggare, medan det är bättre för främlingar att kunna genomföra den slutliga avvecklingen direkt. Och det är i dessa fall som råvarupengar behövs, för att ersätta eller förstärka flexibel social kredit.[73]

Om vi använder Babylonien under Hammurabis tid som ett tidigt exempel, använde de spannmål och silver som råvarupengar, men de använde även liggare i form av lertavlor för att hålla koll på kredit. Spannmål är trots allt en mycket säsongsbunden råvara. En jordbrukare kunde på kredit köpa olika saker fram till skördesäsongen, då han (förhoppningsvis) kunde betala sina skulder genom att bärga och sälja skörden. Vidare pekar studier av jägar- och samlarsamhällen och arkeologiska bevis på en utbredd användning av informella kreditsystem baserade på ära och släkt samt på att samlarobjekt såsom snäckskalspärlor användes som en form av pengar, vilket innebär att både kreditpengar och råvarupengar i olika former fanns före framväxten av specialiserade arbeten.

DÄR HAR KREDITTEORIN FEL

Anhängare av kreditteorin hade rätt i att titta på antropologiska belägg gällande konceptet med kredit och i att kritisera tidiga anhängare av råvaruteorin med avseende på deras påståenden gällande händelsernas ordningsföljd. Det stämmer att kredit har använts i stort sett lika länge som det funnits har funnits handel och pengar. Det var alltså inte något som kom senare, och denna observation är en viktig rättelse av *Nationernas välstånd*. Mänsklig interaktion är en serie formella eller informella krediter och skulder till andra och organiseras genom ritualer och regler som är bundna till våra evolutionära instinkter, våra tidigaste religioner och våra tidigaste ledningsstrukturer.

Men förespråkare för kreditteorin har en tendens att ta konceptet för långt och bortser ofta helt från hur viktiga råvarupengar faktiskt är. Generellt sett målar de upp en alltför optimistisk bild av ett samhälles förmåga att föra en flexibel, kreditbaserad liggare i stor skala under lång tid.

Som en första kritikpunkt kan vi peka på de problem som specialisthandlare skulle stöta på i ett sådant kreditbaserat system. Slaktaren, bryggaren och bagaren kanske kan lämna ut fordringar på utbytbara enheter (som att ett kilo kött är värt tre glas öl eller fem limpor bröd), men hur fungerar det för leverantörer av värdefulla specialisttjänster, som kirurger?

---

73 Ugolini, *Central Banking*, 169-171.

Om en kirurg köper lite bröd, lämnar hon då ut en fordran på sina operationstjänster? Hur många limpor bröd är en operation värd, och vilken typ av operation? Operationer är värdefulla specialisttjänster som varken är fungibla eller ofta efterfrågade. Det blir tydligt att en liten beräkningsenhet krävs för att göra handeln smidigare, och historiskt sett har sådana enheter oftast varit kopplade till en specifik råvara, som ett par gram silver eller spannmål nog för en måltid. Annars skulle man blivit tvungen att använda sig av abstrakt byteshandel och försöka byta alla möjliga sorters kreditfordringar mot varor utan någon standardiserad beräkningsenhet. Även när kredit har använts som det faktiska handelsinstrumentet har, historiskt sett, det kreditinstrumentet oftast denominerats i en säljbar enhet som vuxit fram naturligt tack vare dess egenskaper.

Som en andra kritikpunkt kan vi ställa följande fråga: Vad händer om någon lämnar ett samhälle och ansluter sig till ett annat? Ett verkligt stängt samhälle finns knappast; samhällen har interagerat med varandra sedan mänsklighetens begynnelse. För att välstånd ska kunna överföras mellan samhällen måste detta välstånd finnas i någon fysisk eller universell form. Kredit kan fungera för den dagliga handeln inom ett samhälle, men för någon som önskar att ta sig längre bort behövs välstånd i en mer fundamental form som skulle godtas av ett annat samhälle.[74] Naturliga pengar fungerar som en länk mellan vad som annars skulle varit stängda och cirkulära kreditsystem.

Som en tredje kritikpunkt vill jag säga att det som fungerar i liten skala inte nödvändigtvis fungerar i stor skala. Små sociala kreditsystem grundade på ära och enskilda transaktioner mellan personer som känner varandra kan inte tillämpas på samma sätt i ett helt land, där man måste hålla koll på miljontals människor som i de flesta fall inte känner varandra. Tillitskonceptet fungerar bara om du känner och litar på personen i fråga. Ära är som koncept otroligt viktigt för mänskliga interaktioner, men det går inte att skala upp till en opersonlig byråkrati.[75]

Mitchell-Innes hävdade i sin essä från 1914, "Credit Theory", att våra pengar skulle uppskatta om vi frigjorde dem från guldet:

> Vi föreställer oss att vi, genom att hålla guldet vid ett fast pris, håller uppe värdet på vår monetära enhet, medan vi i själva verket gör motsatsen. Ju längre vi håller guld vid dess nuvarande värde, och metallen fortsätter att vara tillgänglig i sådana mängder som den är nu, desto mer sänker vi värdet

---

74 Brian Albrecht och Andrew Young, *Wampum: The Political Economy of an Institutional Tragedy*; Lawrence White, *Better Money: Gold, Fiat, or Bitcoin?*, 17.

75 Seabright, *Company of Strangers*, 86; Avner Greif, *The Fundamental Problem of Exchange*, 261-262.

på våra pengar.[76]

Naturligtvis inträffade det motsatta. I skrivande stund har den amerikanska dollarn och det brittiska pundet tappat 98 respektive 99 procent i värde gentemot guld, sedan man under decennierna efter Mitchell-Innes essä frigjorde dem från guldet. För de allra flesta länder har fallet varit ännu värre, och valutadevalvering i förhållande till guld har inträffat i alla länder som någonsin har lanserat en fiatvaluta.

Trots att Mitchell-Innes hade fel i sin förutsägelse var resonemanget bakom den år 1914 inte så långsökt. Han hävdade att det inte var en godtycklig nedvärdering i sig som var roten till den historiska devalveringen av statligt utgivna pengar, utan att det snarare var krig, farsoter och andra produktivitetsdödare som ledde till nedvärderingen. Om vi bara kunde bevara fred och ordning skulle våra statligt utgivna pengar klara av att stå emot denna urvattning:

> Det är inte kung John eller kung Filip eller Edward eller Henrik som har sänkt värdet på pengar, utan det är kung Krig, den stora skaparen av skuld, med hjälp av hans underordnade: farsoter, boskapspest och missväxt – faktiskt vad som helst som förhindrar att skulder betalas i tid. Det är inte myntförnyelse som har återställt pengarnas värde, utan fred, den stora skaparen av kredit, och på denna eviga sanning vilar till stor del kreditteorin.[77]

I det avseendet hade han mer eller mindre rätt. Med undantag för ovanligt korrupta eller psykiskt sjuka härskare är det inte så att en kung vaknar en morgon och utan anledning bestämmer sig för att nedvärdera rikets pengar genom billigare metall. Krig, farsoter och andra produktivitetsdödare är tveklöst anledningar till att kungar nedvärderar pengarna. För att sitta kvar vid makten försöker härskare stärka sin politiska position, tillfredsställa sina undersåtar och släta över de problem som oundvikligen uppstår under regeringstiden. Valutadevalvering är en metod som en kung kan ta till för att kunna genomföra större utbetalningar utan att behöva höja skatterna, och därmed förs kostnaderna, över tid, i stället över på dem som accepterar de nyligen devalverade pengarna till det gamla nominella värdet, trots att mynten inte har samma metallinnehåll eller knapphet som de hade förut.

Det jag hävdar att Mitchell-Innes missade var att möjligheten att nedvärdera pengarna *bidrar* till sannolikheten att krig bryter ut och till flera andra former av produktivitetsdödare. Frestelsen för en makthavare att nedvärdera pengarna är för stor att kunna motstå, eftersom det vanligtvis är det

76 Mitchell-Innes, *Credit Theory*, 160.
77 Mitchell-Innes, *Credit Theory*, 157.

lättaste sättet att lösa ett problem på. Om kungen vet att han sannolikt har en revolution på halsen om han betalar för ett krig genom att höja skatterna, men att han inte har det om han betalar för kriget genom en gradvis urvattning av pengarna, kan han rättfärdiga att betala för kriget genom att använda sig av den sistnämnda metoden. Om både han och hans potentiella krigsmotståndare var tvungna att använda sig av den förstnämnda metoden för att betala för kriget, kan det hända att kriget aldrig bryter ut eftersom undersåtarna skulle revoltera. Kostnaderna för kriget skulle direkt vara mer transparenta och impopulära. I motsats till detta innebär möjligheten att nedvärdera pengarna för att betala för kriget att kriget kan föras först och att kostnaderna delvis fördröjs, vilket ökar sannolikheten för att ett krig ska bryta ut och gör att kriget kan bli mycket större än det annars hade kunnat bli. Om nedvärdering *kan* genomföras, *kommer* det till slut att genomföras. Möjligheten till nedvärdering finns alltid och överallt, och är så lockande. Det är något som staten kan ta till när den inte på ett transparent sätt kan spendera pengar på det den vill.

Ur en sparares synvinkel kommer det nästan alltid över tid att vara bättre att spara i en form av råvarupengar med hög knapphet än att spara i ett löfte från ett kungadöme, ett imperium eller en nation. Den förstnämnda spararen är underkastad naturens fasta lagar, medan den sistnämnda är underkastad människans brister.

Vi ser svagheten i Mitchell-Innes resonemang tydligare när han beskriver kredit som den värdefullaste typen av egendom i sin essä "What is Money?":

> Kredit av högsta klass är den värdefullaste tillgången som finns. Då den inte existerar fysiskt tar den inte upp någon plats eller vikt. Den kan med enkelhet överföras, ofta utan några som helst formaliteter. Genom en enkel order går den att flytta efter behag från plats till plats till kostnaden av ett brev eller telegram. Den går att omedelbart använda för att tillgodose alla materiella önskningar, och till en liten kostnad kan den skyddas mot förstörelse och stöld. Den är den mest lätthanterliga av alla former av tillgångar och en av de mest permanenta. Den lever med låntagaren och delar hans förmögenhet, och när han dör överförs den till hans arvingar. Så länge släkten finns kvar kvarstår skyldigheten, och under gynnsamma omständigheter och i ett hälsosamt handelsläge verkar det inte finnas någon anledning till att den någonsin skulle försämras.[78]

Hålet i hans resonemang är att "under gynnsamma omständigheter och i ett hälsosamt handelsläge" är ett ganska rejält antagande att göra för en hel

78 Mitchell-Innes, *What is Money?*, 392.

livstid, för att inte tala om flera generationer. Under livets gång kommer oundvikligen problem att uppstå, och olika skulder kommer oundvikligen att skrivas ner eller betalas eller avskrivas. Under det senaste århundradet, under vilket valutor har spenderat större tiden frånkopplade från ädelmetallernas naturliga knapphet, har en "kredit av högsta klass" varit en av de allra sämsta tillgångarna jämfört med alternativen. I dussintals länder runtom i världen har krediter och deras underliggande valutor sedan Mitchell-Innes essäer förlorat allt värde till följd av hyperinflation. I de mest framgångsrika länderna, som har varit på den vinnande sidan av alla större krig och som haft starka finansiella institutioner, har krediter av högsta klass generellt sett lyckats undvika hyperinflation, men har icke desto mindre haft sämre resultat än fastigheter, aktier, ädelmetaller, konst och fina viner.[79]

När anhängare av kreditteorin tillämpar sin analys på ett tillräckligt stort styrande organ gör de det med andra ord generellt sett på antagandet att det finns en obruten kedja av mycket kompetenta och altruistiska administratörer av den offentliga liggaren. Det är ett antagande som gång efter annan har visat sig vara felaktigt, i kultur efter kultur, århundrade efter århundrade. Genom att vifta bort ädelmetaller och andra saker med en naturlig begränsning som ett onödigt och otympligt sätt att föra den offentliga liggaren på, missar de en viktig anledning till att råvarupengar har stått sig under tusentals år: ingen kan omedelbart skapa mer av dem ens när det finns en god anledning att göra det. Dessutom representerar de slutgiltig avveckling snarare än en konstant tillit till löften från centraliserade entiteter.

Intressant nog var Mitchell-Innes, trots hans olika påståenden om pengar, medveten om det faktum att genom hela den ekonomiska historien har av människan definierade monetära enheter strukturellt alltid *försämrats* och aldrig *förbättrats*. Som han skrev i "The Credit Theory of Money":

> Men medan den monetära enheten kan minska i värde verkar den aldrig öka i värde. En allmän prisuppgång, ibland snabb och ibland långsam, är den ekonomiska historiens genomgående tema, och medan en snabb uppgång kan följas av en nedgång, förefaller det som om nedgången inte är något annat än en återgång till jämvikt. Jag är tveksam till att det finns något exempel på en nedgång till ett pris lägre än det som gällde före uppgången, och någonting som skulle likna en långlivad prisnedgång, det vill säga en kontinuerlig värdeökning hos pengarna, verkar det inte finnas någon kännedom om.[80]

79 Oscar Jorda et al., *The Rate of Return on Everything, 1780-2015*.
80 Mitchell-Innes, *Credit Theory*, 159.

På det här sättet kan vi jämföra centraliserade, av människan kontrollerade liggare med termodynamikens andra huvudsats. Denna huvudsats innebär att ett isolerat systems entropi (en vetenskaplig term för "oordning") endast kan öka över tid, och aldrig minska. Det skulle krävas ett system med helt perfekt effektivitet, utan någon friktion eller värmeförlust, (vilket inte finns) för att undvika den kontinuerliga entropiökningen. På samma sätt skulle det krävas en obruten kedja av helt perfekta makthavare för att ett flexibelt monetärt system ska kunna upprätthållas utan nedvärdering av pengarna, och någon sådan perfekt kedja finns inte. Det är oundvikligt att problem uppstår, och gång efter annan väljer makthavare att skapa mer valuta för att försöka åtgärda problemen och skriva ner olika skulder på ett icke-transparent sätt.

I sin bok, *Debt: The First 5000* Years, observerade David Graeber, som i de flesta fall kan sägas tillhöra kreditteorilägret, förhållandet mellan samhällelig tillit och typen av pengar som används:

> Medan kreditsystem tenderar att dominera under perioder av relativ social stabilitet eller i förtroendenät (oavsett om det består av stater eller, under de flesta perioder, av transnationella institutioner som handelsskrån eller trossamfund), tenderar de under perioder som kännetecknas av omfattande krig och plundring att ersättas av ädelmetaller.[81]

I boken beskriver Graeber ofta ädelmetaller i negativa ordalag och för exempelvis argumentet att en av anledningarna till att ädelmetaller användes i krigstider var att det till följd av plundring fanns gott om dem. Från valv och tempel tillhörande den förlorande sidan plundrade soldater tillhörande den vinnande sidan alla besparingar och prydnadsföremål i ädelmetall som de kunde komma över, för att sedan spendera rovet och därmed föra in det i det ekonomiska kretsloppet, antingen direkt eller genom skapandet av fler mynt.

En mer neutral analys skulle kunna betona den föränderliga nivån av tillit i samhället. Under perioder av tillförlitliga sociala liggare och relativt stabil tillgång och efterfrågan på varor och tjänster, kan den roll som kredit spelar enkelt utökas då detta är bekvämt. Under perioder av icke tillförlitliga sociala liggare och en instabil tillgång och efterfrågan på varor och tjänster, innebär kredit tvärtom en hög risk då den kanske inte kan betalas och sannolikt kommer att skrivas ner. Ädelmetaller å andra sidan bibehåller sin knapphet och önskvärdhet och blir därför det föredragna betalningsmedlet och den främsta värdebevararen.

81 Graeber, *Debt*, 215.

EN ENHETLIG TEORI OM PENGAR

I stället för att följa antingen råvaruteorin eller kreditteorin och förkasta den andra, kan en mer komplett teori identifiera den underliggande logiken eller fundamentet som båda teorierna bygger på. Det de båda teorierna har gemensamt är att de båda är sätt att föra en liggare på, men med olika förvaltare.

Inom kreditteorin förvaltas liggaren av människor genom metoder som bygger på tillit. I små grupper kan detta göras på ett informellt sätt och baseras på släktskap, vänskap och hedersstyrda förhållanden. I större grupper där folk inte känner varandra förvaltas kreditsbaserade liggare av en centraliserad administrativ stat och lagens makt, och historiskt sett har liggaren utsatts för återställningar och devalveringar när problem eller obalanser har uppstått.

Inom råvaruteorin använder människor en metod med minimal tillit, där liggaren förvaltas av naturen och dess fysiska lagar. Den fysiska överföringen av råvaror med hög säljbarhet innebär den direkta avvecklingen i liggaren mellan två aktörer mellan vilka det inte krävs någon tillit, och den fullständiga liggaren utgörs av fysisk besittning. Ingen människa kan i en handvändning nedvärdera pengarna. I stället måste man använda tvång för att övertyga folk att lämna över pengarna, eller så måste man lägga resurser på att hitta och producera mer genom gruvdrift.

Därför kan enandet av de båda teorierna beskrivas som "liggarteorin", då denna beskriver den djupare logiken och fundamentet som båda teorierna bygger på. Både flexibel social kredit och tidiga former av pengar sträcker sig tillbaka till mänsklighetens begynnelse. Båda inbegriper grupper av olika storlek som för en liggare mellan sig för att undvika problemet med sammanfallande önskningar, för att minska friktionen i byteshandeln och som en form av likvida besparingar. Skillnaden ligger i vem som får ansvaret att förvalta liggaren.

I sammanhang med hög tillit, som i en liten grupp eller i en väl fungerande centraliserad stat, använder man gärna hedersbaserade eller skriftliga liggare för sina betalningar och besparingar. Dessa liggarsystem är ofta mycket smidiga och effektiva, men de försämras ofta över tid och drabbas då och då av omfattande ekonomiska kollapser och omstruktureringar. I sammanhang med låg tillit, som mellan separata grupper eller när en liggare nyligen har fallerat, förlitar sig människor i stället på liggare med minimal tillit (som råvarupengar) för betalningar och besparingar, även om det innebär minskad smidighet och effektivitet.

Enligt liggarteorin blir de flesta former av utbyte bättre om det finns en säljbar beräkningsenhet som kan bevaras och överföras över både tid och rum och om denna beräkningsenhet indikerar förekomsten av en liggare, i konkret eller teoretisk mening. Dessa monetära enheter och liggaren som definierar dem förlitar sig antingen på mänskliga administratörer eller naturens lagar när det gäller upprätthållandet av stabilitet över tid och rum.

DEL II

BANKERNAS FÖDELSE

Målet med handel är förvärvandet av kredit. En bankman är någon som centraliserar människans skulder och kvittar dem mot varandra. Banker är handelns clearinghus.[82]

— Alfred Mitchell-Innes

82 Mitchell-Innes, *Credit Theory*, 168.

KAPITEL 5

TIDIG BANKVERKSAMHET OCH HAWALA-SYSTEMET

Banker så som vi föreställer oss dem i deras moderna form uppstod ursprungligen i Italien vid renässansens början, men bankverksamhetens historia sträcker sig egentligen flera tusen år tillbaka i tiden och över flera olika delar av världen. Bankväsendet i vid bemärkelse är ett antal juridiska och tekniska lager som människan har lagt ovanpå råvarupengar.

I Hammurabis lag, en nästan 4 000 år gammal babylonisk lagtext, finns avsnitt som tar upp lån och inlåningar.[83] Enligt Femte Moseboken kunde man ta ut ränta från utlänningar men inte från israeliter.[84] I antikens Grekland fanns för över 2 500 år sedan en form av valutahandlare, så kallade *trapezítēs*, som fick sitt namn efter de speciella bord de använde sig av.[85]

En viktig utveckling när det gäller formell kredit var suftajan och dess olika föregångare. Suftajan var ett kreditbrev som användes av muslimska och judiska handelsmän över hela Nordafrika, Mellanöstern och längs Sidenvägen sedan åtminstone 700-talet. Det var en viktig utveckling eftersom handelsmännen behövde ett sätt att förhindra stöld och öka effektiviteten när de förde pengar över långa avstånd. De behövde dessutom kunna delegera uppgiften att överföra pengar till ett sändebud.[86]

Ghislaine Lydon, en historieprofessor särskilt inriktad på Afrika och Mellanöstern, dokumenterade år 2019 suftajans historia i studien "Paper Instruments in Early African Economies and the Debated Role of the Suftaja". I studien beskriver hon suftajan på följande sätt:

---

83 Goetzmann, *Money Changes Everything*, s. 46-48.
84 Edward Chancellor, *The Price of Time: The Real Story of Interest*, s. 5-6, 17-20.
85 Goetzmann, *Money Changes Everything*, s. 82-83.
86 Ghislaine Lydon, *Paper Instruments in Early African Economies and the Debated Role of the Suftaja*.

> Som en sorts skuldavtal möjliggjorde suftajan överföringen av medel mellan handelsmän som befann sig på olika marknader och som fungerade som internationella långivare inom etablerade handelsnätverk. Suftajan tjänade två syften. För det första var den ett medel för att skicka betalningar eller reglera skulder över långa avstånd, ungefär som dagens elektroniska överföringar. För det andra fungerade den som en resecheck, då man inte längre behövde bära med sig stora och tunga mängder kontanter.[87]

Hon gav sedan följande exempel:

> En handelsman gör en affärsresa i en karavan mellan Awdaghust och Sijilmasa. För att skydda sitt kapital köper han i Awdaghust en suftaja mot en avgift från handelsman A, som har en släkting och/eller affärspartner, handelsman B, i Sijilmasa. A priori har handelsman A och handelsman B etablerat en förtroendefull relation som inbegriper utbytet av finansiella och kommersiella tjänster på långa avstånd. Resenären sätter in sitt kapital hos handelsman A, med vittnen närvarande, betalar en avgift och får i utbyte en suftaja. Detta dokument, som ofta är i form av ett brev, instruerar handelsman B att betala resenären den exakta mängden kapital. Vid ankomsten till destinationen löser resenären in checken. Samma instrument användes för att genomföra betalningar på långa avstånd, men då skickades brevet med betalningsinstruktioner via sändebud. Vid mottagandet genomförde handelsman B betalningen till en tredje part. En suftaja-betalning av handelsman B kunde helt eller delvis reglera en befintlig skuld till handelsman A. Ett annat sätt att se det på, som ofta var fallet bland juridiska experter vilket diskuteras nedan, är att den resande handelsmannen eller parten som vill genomföra en internationell betalning ger ett "lån" till handelsman A som ersätts eller utbetalas på en annan plats av kompanjonen handelsman B till antingen en resenär eller en fjärde part. Eftersom handelsman A och handelsman B korresponderar och genomför transaktioner regelbundet kvittas deras finansiella saldon genom dessa bilaterala utbyten.[88]

Baserat på den tillgängliga litteraturen daterar Lydon ordet suftaja till 700-talet, då det användes av muslimska och judiska handelsmän i Mellanöstern och delar av Afrika. Hon nämner även ett stort antal skuldebrev på payrus från det antika Egypten, vilka dateras till åtminstone 300-talet f.Kr. och som antagligen var föregångarna till denna specifika växlingsmetod. Dessutom hänvisar hon till ett dokument från 300-talet e.Kr. som användes som ett överföringsdokument mellan Uzbekistan och Kina längs Sidenvägen. Det finns också gott om litteratur om utvecklingen

87 Lydon, *Paper Instruments*, stycke 21.
88 Lydon, *Paper Instruments*, stycke 22.

av hundin i medeltida Indien, vilket var det begrepp som användes där för en växel.

Vad gäller denomineringen av pengar i suftajan pekar Lydon på ädelmetaller:

> Dinaren var den vanligaste internationella denomineringen bland medeltida muslimer, och den nämndes ofta i suftajor. Dinaren hade särskilda särdrag vad gäller prägling och marknad, som maghribiska och bagdadiska varianter, och var knuten till det lokala guldpriset.[89]

Utvecklingen av papyrusbaserade (och till slut pappersbaserade) sedlar breddades med tiden till en typ av tidig bankverksamhet kallad hawalasystemet, som sträcker sig över 1 200 år tillbaka i tiden till tidiga indiska och arabiska handelsmän. Även om systemet tidsmässigt och geografiskt mer eller mindre följde islams spridning, från Afrika på ena sidan upp till delar av Europa, genom Mellanöstern och vidare till Indien på andra sidan, så användes (och används fortfarande) systemet av både muslimer och icke-muslimer.

Hawala är ett decentraliserat nätverk av förmedlare, så kallade hawaldarer, som bedriver sin verksamhet på grundval av tillit och rykte. Systemet finns än i dag, men i dag använder man modern teknik i form av e-post och telefon, och hanterar hundratals miljarder dollar per år.

Dagens system fungerar som så att person A kan gå till hawaldar A och ge denne pengar och ett lösenord samt specificera person B, som pengarna ska gå till. Person A ger sedan person B lösenordet (via e-post eller något annat kommunikationsmedel). Hawaldar A kontaktar hawaldar B, som befinner sig i samma land som person B, och ger denne lösenordet (också via e-post eller något annat kommunikationsmedel). Slutligen går person B till hawaldar B, uppger lösenordet och får pengarna av hawaldaren. Hawaldarerna tar en mindre avgift för tjänsten. Person A har genomfört en internationell penningtransaktion till person B, trots att inga pengar har korsat några gränser och trots att inga formella banker har deltagit i processen. Hawaldarerna uppdaterar helt enkelt en kanalbaserad liggare dem emellan. Hawaldar A är nu skyldig hawaldar B pengar, en skuld som de kan reglera vid ett senare tillfälle. Dessa hawaldarer känner och litar på varandra trots att de lever långt ifrån varandra. Eller så känner och litar de på varandra indirekt genom andra hawaldarer, och därför kan de ha kredit hos varandra på ett sätt som parter som inte litar på varandra inte kan.

Förr i tiden var kommunikationskanalerna fysiska. Till exempel kunde

---

89 Lydon, *Paper Instruments*, stycke 29.

en handelsman ge en annan handelsman ett lösenord eller skriftliga instruktioner som en del av handeln med fysiska varor, i stället för att bära omkring på stora mängder mynt. Hawaldarer kunde också resa tillsammans med handelsmannen eller sprida lösenordet via ett nätverk av kortare resor. I dag sker kommunikationen via internet.

I detta system behöver inte person A och person B lita på varandra, men de måste lita på hawaldarerna. Hawaldarerna måste också lita på varandra, och särskilt hawaldar B måste lita på att hawaldar A är god för pengarna, eftersom hawaldar B har utbetalat pengarna till person B och hawaldar A därför är skyldig honom pengarna. Anledningen till att detta tillitsgrundade system fungerar är att hawaldarerna är professionella handelsmän och de överlever inom yrket tack vare ett gott rykte. Om en hawaldar inte lyckas genomföra transaktionen kan de andra hawaldarerna inte längre lita på honom, och han kommer därför inte längre att vara del av nätverket.

Hawaldarer kan göra upp om pengar över långa avstånd på ett säkrare och effektivare sätt än vanliga människor kan. De hanterar ett stort antal transaktioner och kan kvitta transaktioner. Här är ett medeltida exempel: Hawaldar A skickar en anteckning värd tio guldmynt för person A:s räkning och är nu skyldig hawaldar B dessa tio guldmynt, eftersom hawaldar B betalade ut pengarna till person B. Veckan efter kommer person C till hawaldar B och ber honom skicka sex guldmynt till person D, via hawaldar A. Hawaldar A är nu skyldig hawaldar B bara fyra guldmynt, eftersom sex guldmynt kan kvittas mot de tio guldmynt som skickades i motsatt riktning. Kanske genomför hawaldarerna tiotals sådana här transaktioner fram och tillbaka varje år och gör upp vid slutet av året genom en säker process i form av en fysisk avveckling. Samma exempel hade kunnat denomineras i dollar, rupie eller någon annan valuta.

Med hjälp av det här systemet kan betalningar genomföras över långa avstånd, medan själva pengarna inte flyttas särskilt ofta. Tillsammans bildar dessa hawaldarer en decentraliserad liggare och ett kanalbaserat betalningssystem, som vanliga användare av nätverket kan utnyttja via sin lokala hawaldar. Ingen har koll på den fullständiga nätverksliggaren; det finns inte någon överordnad hawaldar som alla rapporterar till. I stället förs liggaren på så sätt att varje enskild hawaldar sköter bokföringen för sina kanaler med andra hawaldarer, och varje enskild hawaldar har ett rykte i den större regionen så att många andra hawaldarer känner till honom.

Under 2000-talet har hawala-systemet främst använts för internationella penningförsändelser, som vanligtvis genomförs i fiatvaluta. Systemet kringgår det formella banksystemet med dess ineffektiva internationella överföringar och tillhandahåller människor utan bankkonto bankliknande tjänster. Till exempel kanske en indisk migrantarbetare i Förenade Arabemiraten vill skicka en del av sin lön till sin familj i Indien. Då kan han använda sig av hawala-systemet.

I vissa länder avråds man från att använda hawala-systemet i dag, och i vissa länder är det olagligt, då det är ett sätt att skicka pengar anonymt och över gränser. Det har varit kopplat till terrorism i vissa fall, eftersom terrorister använder vilka medel som helst som de har tillgång till. Men själva systemet sträcker sig alltså tillbaka till medeltiden. I andra länder, som Förenade Arabemiraten, är systemet tillåtet och reglerat, vilket har lett till att landet i dag är centrum för den moderna versionen av nätverket.

Det har varit svårt för historiker att fastställa den exakta etymologin och det exakta händelseförloppet när det gäller specifika ord eller tekniker för pappersbaserade handelsformer. En av anledningarna till den bristande kunskapen är att medeltida muslimska akademiker ofta debatterade och avrådde från användningen av suftajor och/eller hawala-systemet på grund av dess användning av skuld och arbitrage, trots att systemet främst användes inom deras regioner. Därför användes systemet i många fall inofficiellt. I en studie från 2007, "Misplaced Blame: Islam, Terrorism, and the Origins of Hawala", refererar Edwina Thompson till Richard Grasshoffs klassificering av förhållandet mellan hawala och suftaja:[90]

> Grasshoff visar att hawala avser det juridiska konceptet delegering av skuld, snarare än till en konkret tillämpning, medan uttrycket suftaja avser en växel som ett av flera möjliga kommersiella instrument baserade på hawala. [...] Tekniskt sett skulle man kunna hävda att kunder verkar på suftaja-nivån, medan handlare verkar på ett hawala-baserat system.[91]

Till slut spreds användningen av dessa och andra monetära tekniker till Europa, genom ekonomiska och militära kontakter mellan muslimer och kristna. I en rapport från Federal Reserve Bank of Atlanta, "The Evolution of the Check as a Means of Payment: A Historical Survey", beskriver författarna Stephen Quinn och William Roberds spridningen av betalningstekniker på följande sätt:

> Checkar förefaller ha varit vanliga i östra Medelhavsområdet under det första milleniet. På 900-talet användes checkar i stor utsträckning i den muslimska världen (Ashtor 1972). I jämförelse var de monetära systemen i Europa vid den här tiden extremt primitiva. Det fanns inte många mynt av tillförlitligt värde och det fanns inga banker, än mindre checkar (Usher 1934; Spufford 1988).

90 Edwina Thomson, *Misplaced Blame: Islam, Terrorism and the Origins of Hawala.*
91 Thomson, *Origins of Hawala*, s. 294.

> Under korstågen kom européerna i mer frekvent kontakt med den muslimska världen och kom att anamma, med modifikationer, de bank- och penningsystem som de stötte på i det östra Medelhavsområdet. Under 1200-talet öppnades rudimentära banker i handelsstäder som Barcelona, Florens, Genoa och Venedig. Det primära syftet med dessa banker var att möjliggöra betalningar mellan lokala handelsmän, snarare än att tillhandahålla kredit.[92]

Det förefaller som om 1100-talets katolska krigarmunkar, de så kallade tempelriddarna, anammade dessa metoder.[93] Tempelriddarna, baserade i Jerusalem, hade ett omfattande nätverk som hjälpte de kristnas korståg mot muslimerna. Europeiska adelsmän som ville resa och delta i korstågen kunde sätta in värdefulla saker hos tempelriddarna i Europa, få en särskild papperslapp i utbyte och sedan lösa in papperslappen mot samma värde hos en annan grupp tempelriddare när de kom fram till Jerusalem.

Jag skulle vilja avsluta det här kapitlet med en fråga: Vem kontrollerar liggaren? När det gäller dessa system är svaret att hawaldarerna (och olika handelsmän, riddare och andra kanalbaserade tidiga former av bankmän) kontrollerar liggaren. Användare av nätverket måste lita på att de enskilda hawaldarerna gör det de ska, och hawaldarerna måste lita på varandra.

---

92 Stephen Quinn och William Roberds, *The Evolution of the Check as a Means of Payment: A Historical Survey*, s. 2.

93 History.com Redaktionen, *Knights Templar*, History.com, 13 juli 2017.

KAPITEL 6

DUBBEL BOKFÖRING

År 1494 skrev italienaren Luca Pacioli *Summa de arithmetica*, som bland annat innehöll en detaljerad beskrivning av dubbel bokföring. Detta verk har gjort honom känd som "bokföringens fader", då det bidrog till en revolution av bokföringen och bankväsendet i Europa.[94]

Genom dubbel bokföring delas liggaren upp i två delar, och dessa två delar kan stämmas av mot varandra. Om någon lånar låt säga tio guldmynt från en bank, blir dessa tio guldmynt en skuld för låntagaren och en tillgång för banken. Låntagaren och banken har varsin sida av liggaren. Tillsammans bildar de båda sidorna en helhet, då ena partens tillgångar är lika med den andra partens skulder, vilket innebär att mer komplexa finansiella system kan skapas än vad som var möjligt före uppkomsten av denna teknik. Banken kan upprätthålla en komplicerad uppsättning tillgångar och skulder och kan tillhandahålla invecklade finansiella tjänster.

Men Pacioli uppfann inte dubbel bokföring. Metoden användes i ett tidigt skede i delar av Italien innan han publicerade sitt verk, och en del av Paciolis verk hade kopierats från en annan italienare, Piero della Francesca. Före detta hade liknande tekniker använts av muslimska handelsmän (exempelvis hawala-systemet), tekniker som hade kommit till Italien via handelsvägarna, som beskrevs i föregående kapitel. Om vi går tillräckligt långt tillbaka i tiden kan vi spåra utvecklingen tillbaka till det indiska siffersystemet, som var en viktig del av det som skulle komma att bli dubbel bokföring, och vi kan spåra den tidigaste bokföringen tillbaka till Mesopotamien, vilket diskuterades i det första kapitlet av denna bok. Paciolis organisering och publicering av dessa tekniker blev av stor historisk betydelse och bidrog till spridningen och standardiseringen av metoden.

94 Alan Sangster et al., *The Market for Luca Pacioli's Summa Arithmetica.*

Denna utveckling bidrog vidare till förbättrade betalningssystem i Venedig, Florens och andra regioner i dagens Italien. Penningutlånare av olika typer hade funnits i tusentals år, men de italienska revisorerna tog fenomenet till en helt ny nivå och lade grunden för det moderna bankväsendet. Ordet "bank" kommer från italienskans *banco*, som betyder "bänk". Jämfört med andra regioner i Europa hade Venedig och Florens en relativt fri och öppen handel, och man handlade mycket med arabiska handelsmän. Revisorer satt på bänkar på handelstorgen och fungerade som bankmän för handelsklassen.[95]

Bankväsendets framväxt innebar att handelsmän inte behövde bära med sig stora mängder mynt, vilket minskade både friktionen och risken med handeln. Om två handelsmän hade varsitt konto hos en av bankmännen, kunde de genomföra handeln genom att helt enkelt be bankmannen uppdatera liggaren. Bankmannen ändrar krediten som han har registrerat för de två handelsmännen genom att dra av från köparen och lägga till för säljaren, minus en avgift för den tillhandahållna tjänsten. Om en handelsman vill göra upp med en bankman genom att ta ut eller sätta in fysiskt guld, kan detta göras mer sällan och därför under säkrare förhållanden. Bankmännen kunde sedan kombinera denna metod med banksedlar och därmed växa till stora institutioner.

Finansiella instrument av papper hade redan börjat användas inom flera olika regioner. Som diskuterades i föregående kapitel användes papyrus- och pappersbaserade sedlar redan i det antika Egypten och det antika Kina samt längs Sidenvägen. Dessa tidiga former av sedlar var oftast knutna till en specifik person. Till exempel hade jag kunnat ha ett papperskvitto som sa att "Lyn Alden har rätt till betalningen av fem uns guld från individen XYZ". Bara jag, eller någon som har rätt att handla för min räkning, kan använda papperslappen för att få ut guldet från den angivna individen.

Av bekvämlighetsskäl blev till slut många av dessa papperslappar innehavarinstrument av standardiserade belopp. Detta innebar att innehavaren av papperslappen kunde få ut guldet.[96] Som ett enkelt exempel kunde en sådan papperslapp säga att "innehavaren av denna sedel har rätt att ta ut fem uns guld från inlåningsinstitutet XYZ". Handelsmän kunde använda dessa papperslappar i stället för fysiskt guld för att genomföra handel med varandra, i tillägg till sina konton hos bankerna. Till skillnad från det kanalbaserade suftaja/hawala-systemet spreds godtagandet av dessa innehavarinstrument som ett allmänt betalningsmedel och skulle komma att knytas till

95 Ugolini, *Central Banking*, 11.
96 Markus Denzel, *The European Bill of Exchange*.

ryktet för en mycket stor finansiell institution.[97]

Med avseende på betalningstekniker kan vi summera detta skifte från den tidiga bankverksamheten till banker med ett komplett utbud av tjänster i tre steg, baserat på ökade nivåer av "överlåtbarhet". Inom finans syftar överlåtbarhet på att ett pappersinstrument kan överföras till en annan part. I det första steget kan ett enkelt icke-överlåtbart pappersinstrument endast lösas in mot pengar av en specifik part, som angetts vid skapandet av pappret. I det andra steget är ett pappersinstrument utfärdat till en specifik part och är avsett att lösas in av denna part, men det är överlåtbart och kan därför fysiskt skrivas över till en annan part som därefter kan lösa in det. Detta steg inbegriper ett mer komplext och tillförlitligt finansiellt nätverk mellan ett större antal motparter. I det tredje steget är ett pappersinstrument, som en sedel, ett innehavarinstrument utan någons namn och kan fritt bytas mellan parter utan att någon behöver skriva över eller på annat sätt överföra ägarskapet. Denna tredje form kräver stora och allmänt erkända institutioner.[98]

Kombinationen av bankkonton och sedlar, samt skiftet från kanalbaserade system med icke-överlåtbara papper till omfattande system med överlåtbara innehavarbaserade papper, ökade guldets portabilitet, likviditet och effektiva delbarhet över tid. Tack vare abstraktion kunde nu ägarskapet över guld överföras mycket oftare än det underliggande fysiska guldet behövde flyttas.[99] Detta gjorde det både smidigare och säkrare att hantera stora mängder pengar, men samtidigt öppnades möjligheten för motpartsrisk och arbitrage. Vi kan se utvecklingen av dessa nätverk nästan som en pappersversion av internet: Tidiga kanalbaserade anslutningar växte till slut till en otroligt invecklad och sammankopplad uppsättning aktörer som kände igen och samarbetade med varandra. Alla dessa papperstillgångar representerade fordringar på guld, men tillit till att förvaltaren av guldet förvarade det på ett ansvarsfullt sätt krävdes.[100] Vid denna tidpunkt användes fortfarande silvermynt, då denna bankprocess innebar stora omkostnader och därför inte var lämplig för alla, särskilt för de som tillhörde den nedre halvan av förmögenhetsspektrumet.

I många delar av det medeltida Europa kunde dubbel bokföring till viss del föras med hjälp av räknepinnar. Om en långivare lånade ut pengar till en låntagare kunde detaljerna om lånet registreras med hjälp av ett antal markeringar på en särskild träpinne. Denna pinne bröts sedan på hälften.

97 Jim Bolton en Francesco Guidi-Bruscoli, *'Your Flexible Friend': The Bill of Exchange in Theory and Practice in the Fifteenth Century*.

98 Larry Neal, *The Rise of Financial Capitalism*, 7-16; John Munro, *Interest Rates and the European 'Financial Revolution'*, 236.

99 Donald McCloskey en Richard Zacher, *How the Gold Standard Worked*.

100 Eichengreen, *Exorbitant Privilege*, 15-16.

Långivaren och låntagaren behöll varsin halva av pinnen, och de kunde senare passa ihop de båda halvorna som bevis på att ingen av dem hade fuskat med sin del. Dessa pinnar var ytterligare en form av liggare, en form som inte gick att manipulera, men ur långivarens perspektiv var de fysiskt ineffektiva eftersom denne var tvungen att förvara ett stort antal pinnar.[101]

ETT STEG MOT FRAKTIONELLA RESERVER

Den mest grundläggande typen av bank fungerar som ett förvaringsinstitut med 100 procent bakomliggande tillgångar. Folk sätter in guld eller någon annan monetär tillgång och förvaringsinstitutet (banken) utfärdar pappersfordringar på tillgången. Banken gör inget annat med tillgången än att förvara den på ett säkert sätt. Förvaringsinstitut tar vanligtvis en avgift för den tillhandahållna tjänsten.

Ett nutida exempel är förvaringen av fysiskt guld i ett valv, en tjänst som du vanligtvis måste betala en återkommande valvavgift för. Samma sak gäller för bankfack. Om du investerar i en börshandlad fond fylld av aktier tar fonden ut en administrativ avgift. Detta är några exempel på förvarings- och förvaltningstjänster med 100 procent bakomliggande tillgångar. I stället för att tjäna pengar på att låna ut dina tillgångar (och därmed riskera att inte få dem tillbaka), förvarar dessa institut helt enkelt tillgångarna och du betalar en avgift som täcker deras omkostnader och mer därtill.

På en fri marknad konkurrerar banker naturligt om marknadsandelar genom att erbjuda olika avgifter. Oundvikligen inser bankerna att allt guld aldrig kommer att tas ut på en gång, utan det mesta av guldet förblir i förvaring. Föreställ dig till exempel en bankman som inser att under de senaste tio åren i hans bank med 100 procent bakomliggande tillgångar, har aldrig mer än 40 procent av guldet tagits ut på en och samma gång. Han gör då bedömningen att han bör vara säker om han har minst 80 procent av insättarnas guld tillgängligt. Resterande 20 procent kan han låta arbeta genom att låna ut detta guld mot ränta, vilket innebär en vinst. Tack vare denna vinst kan han erbjuda sina tjänster avgiftsfritt, vilket givetvis leder till ökad inlåning. Han har på så vis uppfunnit det fraktionella banksystemet.

Om han inte talar om för sina kunder vad han gör är detta bedrägeri, eftersom de inte vet att 20 procent av deras guld lånas ut och riskeras. Om han talar om för dem vad han gör och de ger sitt medgivande, då är det en medveten kompromiss. Ur en potentiell insättares perspektiv kanske det framstår som rimligt att banken har 80 procent av guldet tillgängligt och att resterande 20 procent är i icke-likvida lån som genererar extra intäkter och därmed eliminerar avgifterna. Och om det är en kompromiss

101 Martin Slater, *The National Debt: A Short History*, 15-44.

som kunder är villiga att göra blir fler banker tvungna att använda sig av fraktionella reserver för att kunna erbjuda sina tjänster avgiftsfritt. Ett antal banker fortsätter med 100 procent bakomliggande tillgångar och tar fortsatt ut en avgift, för de mest riskobenägna kunderna som ser vilka problem det fraktionella banksystemet kan leda till.

Om merparten av alla banker använder sig av fraktionella reserver kommer det att på marknaden finnas fordringar på mer guld än det finns fysiskt guld. Ekonomin kommer till en början sannolikt att få ett uppsving till följd av denna kreditexpansion, och därför kommer makthavarna att se positivt på metoden. Troligtvis kommer de till och med att uppmuntra den.

Men bankerna kan gå för långt. Om 80 procent reserver och avgiftsfria tjänster är en lockande kombination, vad sägs då om 60 procent reserver och i stället för avgiftsfria tjänster en del av vinsten i form av ränta på inlåningen? Det måste locka mängder av insättare, och vad är sannolikheten för att insättarna kommer att vilja ta ut mer än 60 procent av allt guld på en gång? Banker som använder sig av detta system kommer att fortsätta att flytta gränsen, vilket leder till mindre andel bakomliggande tillgångar så att insättarna kan belönas (med eller utan deras vetskap) för att de tar en allt högre utlåningsrisk. Den här typen av system har en inneboende instabilitet, då det grundar sig på det falska löftet att insättare när som helst kan ta ut sin inlåning. Om merparten av dem skulle försöka göra det samtidigt, skulle de inte få ut inlåningen.

Det är viktigt att notera att en enskild bank som använder sig av fraktionella reserver fortfarande har minst lika mycket i tillgångar som i skulder, förutsatt att den inte är insolvent. Det är bara det att inte alla tillgångar är i likvid form, så det går inte att ta ut allt på en gång. Det verkliga problemet är att i ett finansiellt system som består av många banker som använder sig av fraktionella reserver, finns det långt fler inlåningar än det finns bakomliggande guld. Pengar som lånas ut från en institution kan sättas in på en annan institution och omedelbart (och fraktionellt) lånas ut därifrån. Detta leder till dubbelräkning, trippelräkning, kvadrupelräkning och så vidare av inlåningarna i förhållande till den monetära basen. Detta innebär att det finns fordringar på mycket mer guld än det faktiskt finns guld i systemet, så på sätt och vis är insättarnas förmögenhet bara en illusion. Systemet har således en inneboende instabilitet och är känsligt för utbredda bankrusningar, då en bankrusning kan ha en dominoeffekt och leda till många fler bankrusningar. Ett fraktionellt banksystem är som hela havet stormar: det fungerar en stund, men om något skulle få musiken att stanna kan det hela kollapsa på ett ögonblick.

För att göra saken ännu värre är incitamenten kring bankrusningar på banker som använder sig av fraktionella reserver mer problematiska än de ser ut att vara på ytan. Föreställ dig att en bank har lån som en del av sin tillgångsmix och en del av de lånen inte betalas tillbaka. Banken har nu bara 90 procent av inlåningarna uppbackade av guld eller någon annan tillgång, resten har gått förlorade i obetalda lån. Till en början kanske detta inte framstår som ett särskilt stort problem; insättarna åtnjöt under flera år låga avgifter eller till och med ränteutbetalningar, och nu förlorar de 10 procent av inlåningen på grund av bankens dåliga riskhantering. Situationen blir dock i själva verket mycket värre än så om den får utvecklas fritt. Så fort några insättare med goda kontakter får nys om att banken är insolvent tar de snabbt ut sina pengar. När andra ser detta gör de samma sak. Om inga åtgärder vidtas kommer till slut alla inlåningar att tas ut, och eftersläntrarna som inte tar ut sina inlåningar kommer inte att få någonting alls. Det är alltså inte så att alla gör en tioprocentig förlust på inlåningen, utan de som tar ut sina pengar tidigt gör ingen förlust alls medan de som försöker ta ut sina pengar sist riskerar att förlora allt, eftersom det inte finns några reserver kvar. Systemets inneboende incitament innebär således att bankrusningar sker vid minsta tecken på insolvens, då den som tar ut sin inlåning först belönas. Efter ett flertal kriser började man införa regelverk och försäkringar för att sprida ut risken och avskräcka från den här typen av beteende.

Dessa stabilitetsproblem går att lösa genom att strikt matcha inlåningarnas och lånens löptid. I den här typen av system kan "avistainlåning" och sedlar när som lösas in eller tas ut, och därför måste de vara fullt uppbackade av guld. Samtidigt låser inlåningsbevis insättarmedel under längre tid i form av investeringsavtal eller "tidsbunden inlåning" och kan användas av banken för att bevilja lån av samma varaktighet eller kortare. Den här metoden undviker löften om likviditet till inlåningskunder som inte kan hållas och förhindrar den överdrivna återpantsättning och obalanserade löptid som det fraktionella banksystemet bygger på. I praktiken har den här metoden dock oftast inte varit den metod som samhällen har använt sig av. I stället har banker (och deras tillsynsmyndigheter och klienter) historiskt sett använt sig av ett fraktionellt banksystem, vilket innebär att de helt enkelt accepterar den underliggande obalansen i löptid och "hoppas" att inte för många insättare vill ha tillbaka sina pengar samtidigt. Det allmänt utbredda fraktionella banksystemet har därför blivit en starkt bidragande orsak till att finanskriser uppstår så ofta och på så många platser.

Moderna banker har vanligtvis fem–tio gånger så mycket i inlåning som de har i likvida medel (en hävstångsgrad på 500 eller 1 000 procent), och resterande tillgångar består av olika säkerheter och lån. Större delen av de likvida medel de faktiskt har är inte i form av fysiska kontanter, utan i abstrakta centralbanksreserver.[102] Det enda som behövs för att orsaka en likviditetsbrist är att ett fåtal människor tar ut sina pengar. Till skillnad från ett banksystem uppackat av guld kan en centralbank i detta moderna fraktionella system när som helst utöka den monetära basen och därmed lösa problemet med bankrusningar genom att minska pengarnas köpkraft.[103]

I Figur 6.1 visas det historiska förhållandet mellan inlåning på amerikanska affärsbanker och kontanter på amerikanska affärsbanker. Från 1980-talet till och med 2008 klättrade inlåningen från omkring 6 gånger till 23 gånger, vilket innebär att det vid det största gapet endast fanns 1 dollar i kontanter för varje 23 dollar som fanns i inlåning, det vill säga en hävstångsgrad på 2 300 procent. Därefter kom den globala finanskrisen och den amerikanska centralbanken (FED) skapade mängder av nya kontanter, som användes till att köpa tillgångar från bankerna. Mängden inlåning i förhållande till kontanter minskade därför avsevärt och har sedan dess legat på en lägre nivå, någonstans mellan 5 och 6 gånger (vilket betyder att systemet "bara" har en hävstångsgrad på 500 eller 600 procent).

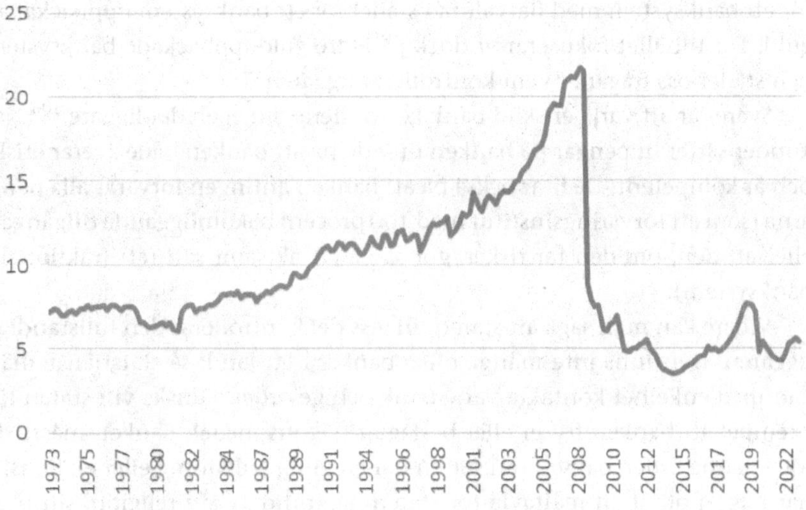

Figur 6.1
Inlåning kontra kontanter på amerikanska banker (1973–2023).[104]

Vid slutet av 2022 hade amerikanska banker inlåningar på cirka 18 biljoner dollar som de var skyldiga sina kunder, medan de bara hade lite mer

102 Federal Reserve Economic Data, *Deposits, All Commercial Banks*; *Cash Assets, All Commercial Banks*.
103 Michael McLeay et al., *Money Creation in the Modern Economy*, 21-25.
104 Federal Reserve Economic Data, *Deposits, All Commercial Banks*; *Cash Assets, All Commercial Banks*.

än 3 biljoner dollar i likvida kontanter.

Det låter (lite) mindre läskigt om vi tar i beaktande att banker vid slutet av 2022 hade omkring 22,6 biljoner dollar i tillgångar totalt (varav 3 biljoner dollar i likvida kontanter). Övriga tillgångar består av saker som bolån, statsobligationer och företagslån. Sammanlagt har banker mer i tillgångar än de har i skulder, men merparten av tillgångarna är lån och säkerheter, snarare än tillgängliga kontanter. Finanssystemet klarar inte av att en större andel av insättarna tar ut sina pengar samtidigt. Om de skulle försöka göra det skulle de nekas.[105] Faktum är att amerikanska banker vid slutet av 2022 endast hade omkring 100 miljarder dollar tillgängliga i faktiska fysiska kontanter. Resten av kontanterna var i form av abstrakta bankreserver som registrerats som tillgångar i centralbankens liggare. Och under 2023 uppstod ett antal bankrusningar på banker som hade misskött sina tillgångar under FEDs plötsliga åtstramning av penningpolitiken, vilket resulterade i några av de största bankkonkurserna i amerikansk historia.

I del 4 av den här boken tittar vi närmare på ett antal ytterligare exempel på utlåning med fraktionella reserver och inlåningsskapande inom ramen för ett banksystem med fiatvaluta i stället för ett banksystem uppbackat av guld. För tillfället fokuserar vi dock på äldre gulduppbackade banksystem och ställer oss frågan: "Vem kontrollerar liggaren?"

Svaret är att varje enskild bank kontrollerar sin egen del-liggare.[106] När kunder sätter in pengar på banken litar de på att banken både agerar etiskt och är kompetent. De litar också på att banken antingen förvarar alla pengarna (som ett förvaringsinstitut med 100 procent bakomliggande tillgångar) eller att den, om den tar risker, gör så på ett aktsamt sätt (ett fraktionellt banksystem).

Vidare kan man säga att staten till viss del kontrollerar den fullständiga liggaren. Det finns inte många olika banker i ett land, så statstjänstemän kan med enkelhet kontakta varje bank och ge order. Kanske vill staten till exempel att banken fryser eller beslagtar någons medel. Banken måste då följa denna order, oavsett om staten har en giltig anledning eller ej. Kanske har någon blivit en måltavla för staten på grund av sin religion, sin politiska tillhörighet, sin sexuella läggning eller för att ha avslöjat en obekväm sanning, vilket såklart skulle vara fruktansvärt. Eller kanske har staten riktat in sig mot någon för att denne är en tjuv eller bedragare och vidtar därmed rimliga rättsliga åtgärder. Staten kan även tvinga alla banker inom sin jurisdiktion att lämna över sitt guld till en central myndighet och i utbyte ge dem ett papperskvitto, vilket är vad som hänt i ett flertal olika länder. Det

105 Jiang et al., *U.S. Bank Fragility*.
106 Michael McLeay et al., *Money Creation in the Modern Economy*, 18-20.

är lättare för staten att kräva guld av en handfull banker än det skulle vara att kräva det från varje enskilt hushåll.

Det är alltså bankerna tillsammans med staten som kontrollerar den liggare som de allra flesta människor använder som pengar. För ett gulduppbackat banksystem är den enda delen av liggaren som individen har kontroll över de ädelmetallmynt som denne själv förvarar, och för den delen av liggaren förlitar sig individen på naturens egenskaper. När man lämnar över mynt till banksystemet litar man i stället på att ett antal andra människor kontrollerar ens pengar.

KAPITEL 7

FRI BANKVERKSAMHET KONTRA CENTRALBANKSVERKSAMHET

Under århundradenas gång har många olika bankmodeller använts, men i detta kapitel delar vi upp nationella banksystem i två olika typer: fri bankverksamhet och centralbanksverksamhet.

Bankerna som beskrevs i föregående kapitel är exempel på fria banker. Fria banker förvarar baspengar (som guld) och har skulder till insättarna i form av fordringar på dessa pengar. Banken kan även ge ut sedlar, som då representerar fordringar på pengarna och fungerar som innehavarinstrument som inte är tilldelade någon specifik individ, utan i stället ger innehavaren av sedlarna tillgång till baspengarna. Enskilda sedlar byter som innehavarinstrument ofta ägare och används bara ibland för att ta ut baspengar från banken.[107]

I Figur 7.1 visas ett exempel på ett fritt banksystem helt och hållet uppbackat av guld.

I de flesta sammanhang har fria banker emellertid använt sig av en modell med fraktionella reserver. De har tagit emot inlåning av guld, förvarat en del av detta guld i sina valv och lånat ut en del av guldet mot ränta. Tack vare att bankerna via utlåning genererar en vinst på inlåningen kan de erbjuda sina tjänster avgiftsfritt eller betala ut ränta till insättarna. Detta innebär en ökad risk för både bankerna och insättarna, eftersom om för många insättare vill ha tillbaka sitt guld samtidigt kommer banken bli tvungen att neka en del uttag.[108]

I Figur 7.2 visas ett exempel på ett fritt, fraktionellt banksystem uppbac-

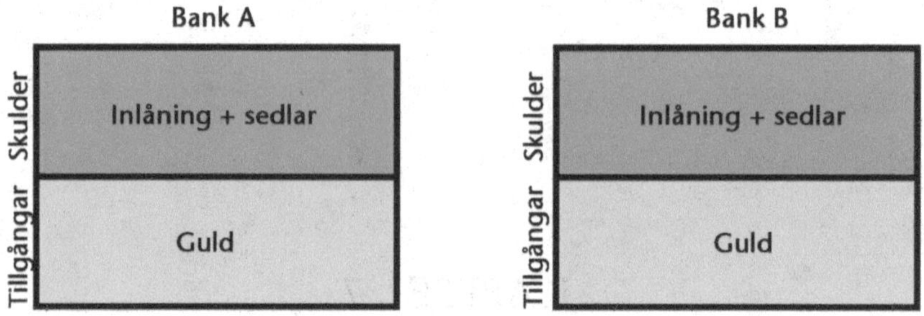

Figur 7.1
Exempel på ett fritt banksystem helt uppbackat av guld.

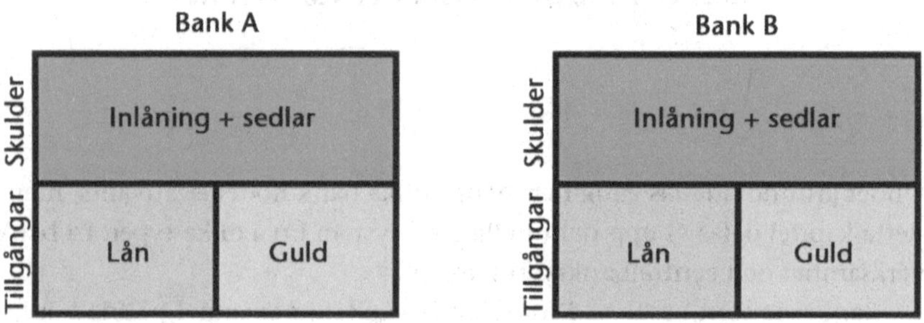

Figur 7.2
Exempel på ett fritt fraktionellt banksystem uppbackat till hälften av guld.

kat till hälften av guld.

Svaret på frågan "vem kontrollerar liggaren?" är i detta scenario en kombination av naturen och enskilda banker. I ett fritt banksystem uppbackat av guld eller någon annan form av naturliga baspengar fastställs den monetära basen i landet av geologin och den internationella handeln. Utbudet av guld kan ökas genom upptäckten av nya fyndigheter (som under guldruschen i Kalifornien). Utbudet kan också ökas eller minskar genom handelsöverskott eller handelsunderskott. Om människorna i ett land sammantaget köper mer än de säljer till människor i andra länder, har landet ett handelsunderskott och guld kommer att flöda ut ur landet och in i den utländska handelspartnerns kassa. Om ett land är mycket produktivt och folket säljer mer varor och tjänster till andra länder än de själva köper, har landet ett handelsöverskott och guld kommer att flöda in i landet.

Under 1700- och 1800-talet var fri bankverksamhet vanligt förekommande i många länder. Särskilt framgångsrik var den i Kanada, Sverige och

107 Quinn, *Goldsmith Banking*.
108 Lawrence White, *The Theory of Monetary Institutions*, 57-73.

Skottland, trots att den grundade sig på obalanserad löptid. Den turbulenta eran av fri bankverksamhet i USA, mellan 1830- och 1860-talet, var full av bankkonkurser och hänvisas ofta till som bevis på att fri bankverksamhet inte fungerar, men detta var en kort och stormig period i den fria bankverksamhetens längre och mer globala historia, som allmänt kan beskrivas som ett projekt med blandade resultat. George Selgins bok från 1988 om teorin bakom fri bankverksamhet var en betydelsefull djupdykning i 1800-talets fria bankverksamhet.[109] Selgin har sedan dess fortsatt att tillhandahålla viktig forskning i form av böcker och artiklar i ämnet.

I sin bok om pengars historia ger Glyn Davies exempel på olika regler för fri bankverksamhet i olika amerikanska delstater. I Massachusetts kunde nästan vem som helst, med minimala krav, öppna en bank. I New York gällde strängare krav gällande exempelvis kapital, och dessutom var man tvungen att ha en reserv av ädelmetallmynt motsvarande minst 12,5 procent av mängden sedlar i omlopp. I Louisiana var man tvungen att ha en reserv av ädelmetallmynt motsvarande minst en tredjedel av mängden sedlar i omlopp, och där gällde även andra strängare regler gällande kapital och likviditet.[110]

I motsats till den fria bankverksamheten standardiserar och centraliserar centralbanker den nationella liggaren och landets sedlar. I detta system erkänns eller inrättas centralbanken av staten, och varje enskild bank använder centralbankens liggare som monetär bas. I stället för att förvara sina reserver i form av guld i ett valv förvarar bankerna sina reserver som poster i centralbankens liggare, och centralbanken (eller staten) förvarar guldet – förutsatt att systemet backas upp av guld, som det en gång i tiden gjorde. I stället för de enskilda bankerna är det centralbanken som ger ut sedlar.[111]

Centralbanken själv har både tillgångar och skulder. Skulderna består i första hand av de reserver som enskilda banker förvarar hos centralbanken och alla de sedlar som getts ut av centralbanken och är i omlopp. Tillgångarna kan variera beroende på vilken period i historien vi talar om. Till exempel kan det hända att centralbankens främsta tillgång är guld. I dagens fiat-era är dock centralbankens främsta tillgång statsobligationer.

I Figur 7.3 visas ett exempel på ett gulduppbackat centralbankssystem med fraktionella reserver.

Inom ramen för detta är det centralbanken som fastställer den monetära basen (summan av fysisk valuta och bankreserver) i systemet. Om en kris uppstår kan centralbanken utöka den monetära basen och genom denna

---

109 George Selgin, *The Theory of Free Banking: Money Supply Under Competitive Note Issue.*

110 Davies, *A History of Money*, 461-468, 482.

111 Goodhart, *Evolution*, 85-99; Lawrence White, *Free Banking in Britain: Theory, Experience, and Debate, 1800–1845*, 21-63.

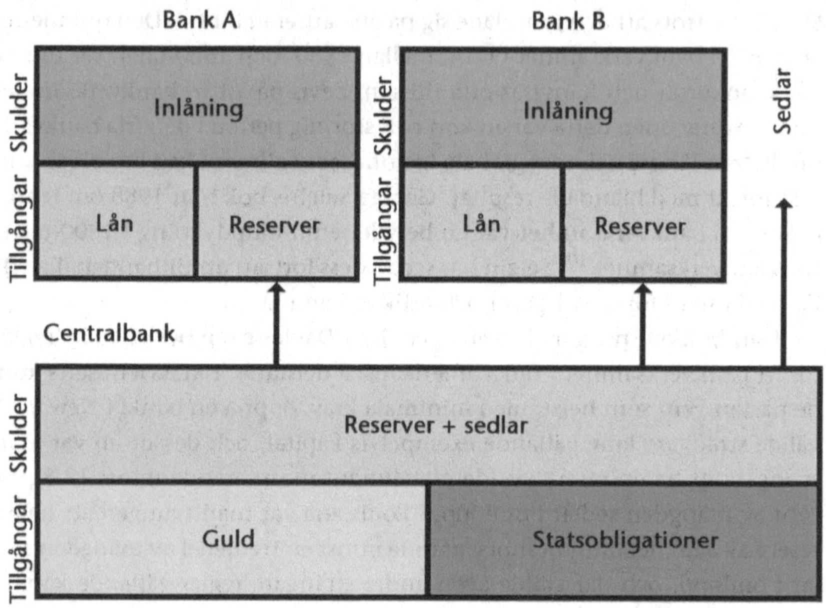

Figur 7.3
Exempel på ett gulduppbackat centralbankssystem med fraktionella reserver.

flexibilitet fungera som långivare i sista hand. Om systemet fungerar som det är tänkt finns det alltså flexibilitet när det gäller hur stor andel av den monetära basen som backas upp av fysiskt guld. Under sent 1800-tal och tidigt 1900-tal var många centralbanker tvungna att ha minst 35 eller 40 procent gulduppbackning och försökte därför för det mesta hålla siffran över denna tröskel.[112] I enkla ordalag: Om för många människor tog ut guld ur systemet kunde en centralbank höja räntan (mer specifikt "diskonteringsräntan") för att locka människor att sätta in en del av det uttagna guldet igen. Om en centralbank hade stora mängder guld i förvar kunde man sänka räntan (diskonteringsräntan) för att stimulera kredittillväxt och ekonomisk expansion.

Centralbanksverksamheten består av flera lager av abstraktion och centralisering. I ett sådant system är den enskilde insättaren helt maktlös. Också enskilda banker är i praktiken maktlösa eftersom alla deras tillgångar bara är fordringar. All makt ligger hos centralbanken, och centralbanken kan styras av staten. När vi återigen ställer frågan "vem kontrollerar liggaren?" ser vi att svaret på frågan skiljer sig något åt mellan den fria bankverksamheten och centralbanksverksamheten.

---

112 David Wheelock, *Monetary Policy in the Great Depression*, 14-19.

I ett fritt banksystem uppbackat av guld är svaret att liggaren kontrolleras av naturen och de enskilda bankerna, och staten har i sin tur möjlighet att påverka eller till viss del ta över bankerna. Naturens egenskaper bevarar de underliggande ädelmetallernas knapphet, och människor kan själva förvara mynt, tackor och smycken gjorda av dessa ädelmetaller. Väljer folk att göra insättningar på en bank är det banken som kontrollerar den delen av liggaren.

I ett gulduppbackat centralbankssystem är svaret att naturen fortfarande bevarar den underliggande ädelmetallens knapphet, men den ligger allt längre från den dagliga driften av systemet. Enskilda banker har knappt någon kontroll alls längre då de, i stället för att själva förvara guld i sina valv, förvarar sina reserver som poster i centralbankens liggare. De kan förlora medel (inklusive kundinlåningar) genom att bevilja osäkra lån, men de har ingen kontroll över värdet på sina egna reserver eftersom det finns ett lager av abstraktion mellan bankerna och den underliggande metallen. Det är nu centralbanken som kontrollerar liggaren över inlåningar och underliggande reserver för hela landet. Det enda som individer har kontroll över är det som de själva förvarar i form av ädelmetallmynt.

EN KORT PROMENAD GENOM AMERIKANSK MONETÄR HISTORIA

Under historiens gång har banksystem gått i riktning mot ökad centralisering. Detta hände i olika europeiska länder och därefter genomgick USA och andra länder en liknande process. USA:s förhållandevis korta historia ger oss en tydlig inblick i hur denna centralisering brukar ske.

Grundandet av Förenta staterna och dess monetära system skedde i faser. Det amerikanska frihetskriget bröt ut 1775 och självständighetsförklaringen skrevs 1776. Under krigstiden gav kontinentalkongressen ut sedlar som kallades "Continentals", som till slut genomgick hyperinflation.[113] Konstitutionen trädde i kraft 1789. Lagen Coinage Act av 1792 innebar att silverdollarn blev beräkningsenhet i USA och att United States Mint upprättades för att ge ut standardiserade mynt. Enligt denna lag skulle en silverdollar innehålla 371,25 silverkorn (24,1 gram). Följande decimalsystem utformades för tre olika metaller:

- Eagle: 247,5 guldkorn, denominerad som 10,00 dollar.
- Half eagle: 123,75 guldkorn, denominerad som 5,00 dollar.
- Quarter eagle: 61,875 guldkorn, denominerad som 2,50 dollar.
- Dollar: 371,25 silverkorn, denominerad som 1,00 dollar.
- Halv dollar: 185,625 silverkorn, denominerad som 0,50 dollar.

113 Farley Grubb, *The Continental Dollar: What Happened to It after 1779?*

- Kvarts dollar: 92,8125 silverkorn, denominerad som 0,25 dollar.
- Dime: 37,125 silverkorn, denominerad som 0,10 dollar.
- Cent: 264 kopparkorn, denominerad som 0,01 dollar.
- Halv cent: 132 kopparkorn, denominerad som 0,0005 dollar.[114]

First Bank of the United States upprättades 1791, men den var inte en verklig centralbank, och på grund av den oenighet som rådde gällande huruvida en centralbank skulle inrättas eller ej var dess befogenheter begränsade. Banken hade en stadga som gällde i 20 år och som upphörde att gälla 1811. År 1816 upprättades Second Bank of the United States, som hade liknande begränsade befogenheter och som fanns i ytterligare 20 år, till 1836.[115]

Vid den tidpunkten fanns det ett antal affärsbanker, som kunde ge ut sedlar och som använde ädelmetaller och andra tillgångar som reserver som dessa sedlar kunde lösas in mot. Så medan det var statens uppgift att standardisera och producera mynt som skulle fungera som den nationella beräkningsenheten, tilläts enskilda banker att ge ut papperssedlar. Mängden pengar som sattes i omlopp av staten begränsades av tillgången till ädelmetaller; det gick inte att bara skapa pengar ur tomma intet. Banker kunde använda sig av olika typer av säkerhet för sina sedlar, men för att vara trovärdiga måste de uppfylla önskningar att lösa in sedlar mot ädelmetaller.

De enskilda bankerna reglerades av den berörda delstaten. Vem som får lov att driva en bank inbegriper ofta en hel del korruption, då det är mycket lukrativt att vara en av de som tillåts ge ut sedlar i ett system med fraktionella reserver. Möjligheten för en bank att öppna flera olika filialer i flera olika delstater var ofta begränsad eller så tilläts det inte alls. Detta innebar att banker inte kunde dela upp sina inlåningar och lån över olika geografiska områden, och därför drabbades de regelbundet av bankrusningar och olika likviditets- och solvenskriser. Jämfört med Kanada, Sverige och Skottland var den fria bankverksamheten i USA mycket begränsad, och de enskilda bankerna var på det hela taget inte särskilt säkra, med undantag för vissa jurisdiktioner.[116]

Under det amerikanska inbördeskriget på 1860-talet började landet under president Abraham Lincoln att centralisera sitt banksystem. De nationella banklagarna från 1863 och 1864 innebar upprättandet av ett antal nationella banker som följde strängare bestämmelser. Vidare lanserades en nationell pappersvaluta som gavs ut av nationella banker och som delvis backades upp av statsobligationer, och dessutom utökades den federala re-

---

114 U.S. Mint, *Coinage Act of April 2, 1792*.
115 Andrew Hill, *The Second Bank of the United States*, 2-5.
116 Kurt Schuler, *The World History of Free Banking*, 14-37.

geringens möjlighet att utfärda krigsobligationer. Varje enskild nationell bank var, som en del av inrättningsprocessen, tvungen att köpa statsobligationer och deponera dem hos Comptroller of the Currency. Ytterligare lagstiftning från 1865 innebar att delstatssedlar i praktiken beskattades till en sådan grad att de försvann och att nationella banker därmed mer eller mindre fick monopol på utgivningen av valuta.[117]

För att finansiera det amerikanska inbördeskriget började den federala regeringen att ge ut "greenbacks" som fiatvaluta, först i form av så kallade "demand notes" och sedan i form av nationella amerikanska sedlar. Vid den här tidpunkten sysslade den federala regeringen med seigniorage – man kunde skapa valuta och skuld till nästan ingen kostnad alls. Detta medförde möjligheten att absorbera befolkningens besparingar (så länge man kunde bibehålla en viss grad av trovärdighet) och investera dessa besparingar i kriget. Även om värdet i förhållande till guld varierade så hanterades greenback-valutans monetära egenskaper bättre än de hade gjorts för Continentals och man lyckades undvika hyperinflation. På andra sidan av kriget gav även Amerikas konfedererade stater ut fiatvaluta för att investera folkets besparingar i kriget, men deras valuta drabbades av hyperinflation till följd av att de förlorade kriget.[118]

När kriget var slut inleddes en flera årtionden lång dispyt mellan långivare och låntagare. Långivare, då specifikt förmögna människor i nordost, ville strama åt penningutbudet så mycket som möjligt. De ville till och med avskaffa greenbacks-pengarna och avmonetarisera silver, så att dollarn endast skulle vara knuten till guld. Låntagare, det vill säga jordbrukare och andra arbetarklassgrupper inom den så kallade "free silver"-rörelsen, ansåg generellt att greenbacks-pengarna skulle behållas och att både guld och silver fortsatt skulle fungera som pengar, vilket skulle innebära ett större utbud av dollar.[119] Detta framhävde en viktig poäng: dollarn var inget annat än en abstraktion av värde, inlösbar mot *någonting* av värde, vilket innebar att definitionen av en dollar kunde ändras till en viss politisk grupps förmån genom att minska eller öka utbudet. Sparade och långivare av dollar vill givetvis ha en starkare dollar, medan låntagare som har skulder i dollar vill ha en svagare dollar. I det här fallet vann hårdvalutan: lagarna Coinage Act av 1873 och Gold Standard Act av 1900 innebar avmonetariseringen av silver och att landet antog en guldmyntfot fram till 1933.

Enligt många analyser är det staters och centralbankers tryckande av

---

117 George Selgin en Lawrence White, *Monetary Reform and the Redemption of National Bank Notes, 1863–1913.*

118 Ben Baack, *America's First Monetary Policy: Inflation and Seigniorage During the Revolutionary War.*

119 Gretchen Ritter, *Goldbugs and Greenbacks: The Antimonopoly Tradition and the Politics of Finance in America, 1865–1896.*

pengar som bär skulden för inflation, och penningtryckande är någon som i dag sker i hög utsträckning. Men samma uppmärksamhet bör ägnas åt den centraliserade förstörelsen av pengar. När sparare sparar pengar i en beräkningsenhet som de förväntar sig vara stabil och denna beräkningsenhet snabbt trycks i stora mängder eller omdefinieras av en central myndighet så att den blir svagare (minskad köpkraft), då är detta i praktiken ett brott mot avtalet med spararna. Samma sak gäller det omvända, när låntagare lånar pengar i en beräkningsenhet som de förväntar sig vara stabil och denna beräkningsenhet snabbt förstörs eller omdefinieras av en central myndighet så att den blir starkare (ökad köpkraft), då innebär också detta ett brott mot avtalet med låntagare.

I och med lagen Federal Reserve Act av 1913 inrättades en tredje nationell amerikansk bank, och landets första verkliga centralbank: Federal Reserve System. Federal Reserve var utformad som ett system av tolv Federal Reserve-banker, som ägs av affärsbanker men som övervakas av en styrelse av federalt tillsatta tjänstemän. Lagen gav Federal Reserve befogenhet att övervaka banksystemet, fungera som långivare i sista hand och ge ut Federal Reserve-sedlar. Federal Reserve innehade guld och kontrollerade den liggare som fungerade som landets monetära bas, och affärsbankerna förvarade sina reserver som poster i Federal Reserves liggare.[120]

Under den stora depressionen 1933 utfärdade president Roosevelt exekutiv order 6102, som gjorde det olagligt för amerikaner att äga guld någonstans i världen, annat än mindre mängder i form av exempelvis vigselringar. Påföljden för överträdelse av denna lag var upp till tio års fängelse. Människor tvingades alltså att lämna ifrån sig sitt guld till den dåvarande fasta växelkursen på 20,67 dollar per uns. Året därpå infördes lagen Gold Reserve Act, som förbjöd alla banker att lösa in dollar mot guld och krävde att Federal Reserve skulle lämna över allt sitt guld till det amerikanska finansministeriet. Tillsammans innebar dessa lagar att stora mängder guld lämnades över från allmänheten till den amerikanska federala regeringen i utbyte mot pappersdollar och bankinlåningar.

Efter 1934 års Gold Reserve Act devalverade den federala regeringen dollarn kraftigt i förhållande till guld. Ett uns guld gick från att vara värt 20,67 dollar till att vara värt 35 dollar. Detta möjliggjorde för dem att utöka den monetära basen i dollar i förhållande till guldreserverna och därmed devalvera folkets dollardenominerade besparingar. Även skulder, inklusive federala skulder, devalverades. Den federala regeringen upprättade United States Bullion Depository vid Fort Knox och transporterade allt sitt guld

120 Allen Meltzer, *A History of the Federal Reserve, Volume 1: 1913-1951*, 65-68.

dit.[121]

Trots att det under cirka fyra årtionden var olagligt för amerikaner att äga guld var det många av dem som gjorde det i hemlighet, och i praktiken var det inte möjligt att upprätthålla förbudet. En regering kan i en enkel handvändning få ut allt guld från bankerna, men att få tag i alla mindre mängder guld som finns i enskilda hushåll skulle kräva mycket mer omfattande och drakoniska åtgärder. De fick nöja sig med att de fick en stor del av guldet, då huvudsakligen från banker och från individer som frivilligt lämnade ifrån sig sitt guld i ett tidigt skede för att undvika straff.

Från 1933 till 1971 kunde utländska centralbanker fortsatt lösa in dollar mot guld till denna devalverade växelkurs, men inte amerikanska medborgare och inte utländska privata företag. År 1971 slutade USA att lämna ut guld även till utländska centralbanker, och dollarn gick inte längre att lösa in mot någonting alls. Detta ledde till att dollarns värde började minska i snabb takt. På 1980- och 1990-talet var ett uns guld värt omkring tio gånger så många dollar (300–400 dollar) som det hade varit tidigare. Framme vid 2010- och 2020-talet var ett uns guld värt en bra bit över 1 000 dollar, ibland till och med över 2 000 dollar (i februari 2025 är ett uns guld värt runt 3 000 dollar, ö.a.).

I Figur 7.4 visas förändringen i den amerikanska dollarns köpkraft över tid mätt i den sammanlagda prisinflationen.

Som framgår av Figur 7.4 ledde kriget 1812 och inbördeskriget på 1860-talet till en tillfällig nedvärdering, men tack vare framgångarna i dessa krig, nationell produktivitet och den underliggande peggen mellan dollar och guld återgick dollarn till dess tidigare värde.[122] Från 1913, då Federal Reserve skapades, följt av världskrigen, 1933 års avskaffande av möjligheten för amerikaner att äga guld och sedan avskaffandet av möjligheten att lösa in dollar mot guld internationellt 1971, föll dollarn långt utanför det historiska intervallet. Men trots allt detta var den amerikanska dollarn den näst bästa valutan i världen under den här perioden; de flesta valutor tappade i värde ännu snabbare.

Under den period då dollarns värde var stabilt var det inga problem för människor att inneha fysiska sedlar från högkvalitativa banker under en längre tid, då de inte behövde oroa sig för ihållande devalvering. Att sätta in pengar på banken för att få ränta var ett alternativ, inte en nödvändighet. Men efter 1913, och särskilt efter 1971, då dollarn kontinuerligt och snabbt tappade i värde, blev det ohållbart att inneha stora mängder sedlar eftersom de ständigt tappade köpkraft. Om en sparare skulle ha någon som

121 Henry Mark Holzer, *How Americans Lost Their Right To Own Gold And Became Criminals in the Process*.

122 Alioth Finance, *Inflation Calculator*, U.S. Official Inflation Data.

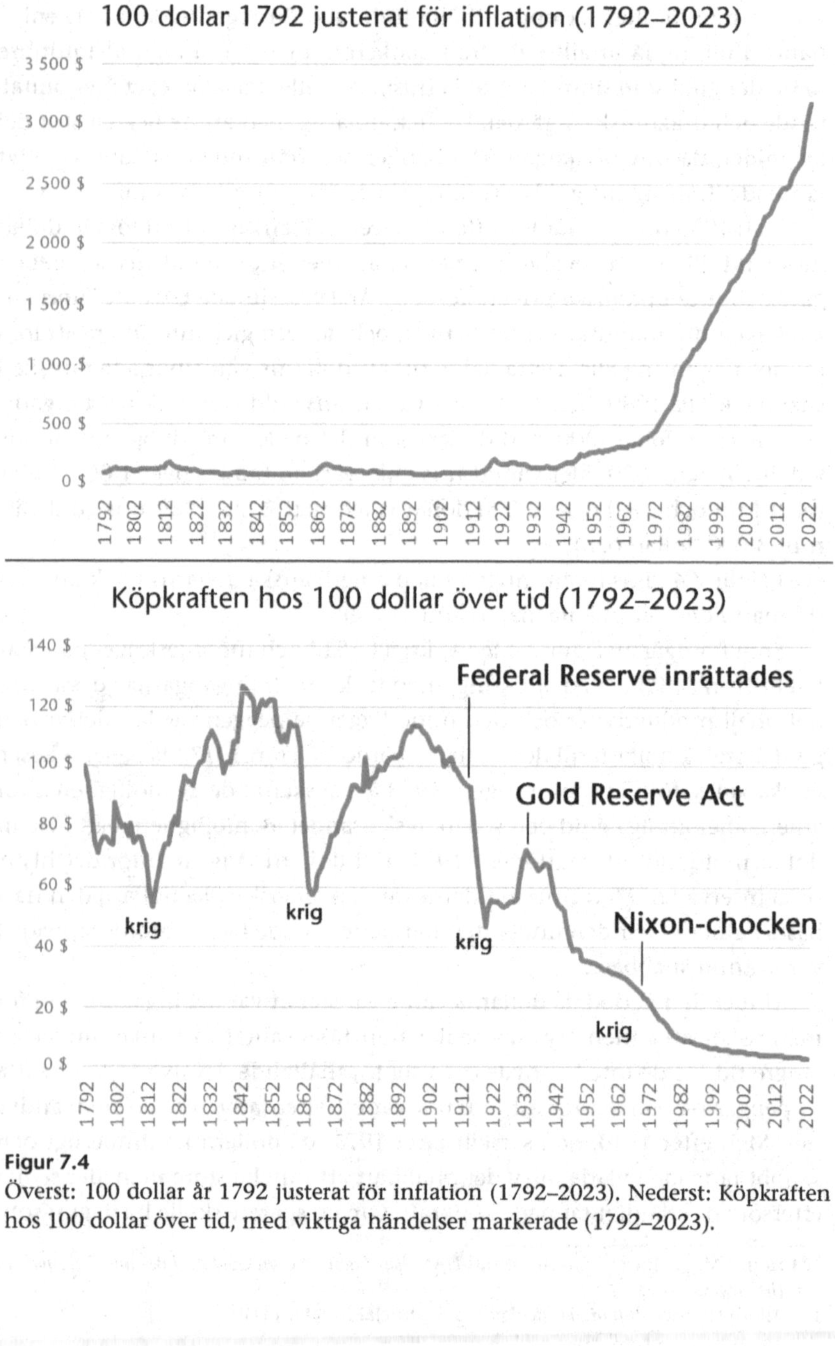

Figur 7.4
Överst: 100 dollar år 1792 justerat för inflation (1792–2023). Nederst: Köpkraften hos 100 dollar över tid, med viktiga händelser markerade (1792–2023).

helst chans att hålla jämna steg med inflationen var man tvungen att sätta in pengarna på banker mot ränta. Från 1913 fram till i dag har bankinlåningar inte lyckats hålla jämna steg med inflationen, men de har åtminstone klarat sig bättre än fysiska sedlar utan någon ränta. Detta strukturellt inflationistiska system har därmed stärkt bankernas ställning, då alla blivit tvungna att sätta in större delen av sina besparingar hos dem. Systemet har dessutom gett staten ökad makt, då det blivit lättare att övervaka kontosaldon och transaktioner, kräva in skatt och frysa medel, eftersom merparten av pengarna nu finns på bankerna i stället för i form av fysiska och privata innehavarinstrument. I enkla ordalag nödvändiggör inflationistiska pengar användningen av motparter och hävstång för att försöka hålla jämna steg med inflationen genom ränta, vilket inte är fallet med hårdvaluta.

År 1970 antog den amerikanska kongressen lagen Bank Secrecy Act, som innebar att bankerna måste rapportera till staten om en kund genomför transaktioner till ett värde som överstiger 10 000 dollar på en dag. Vid den tidpunkten var 10 000 dollar mer än en årlig medelinkomst, och därför var det inte särskilt ofta som detta behövde rapporteras. Lagen var dock inte justerad för inflation, så under de fem årtionden som gått sedan lagens införande har staten automatiskt sänkt tröskeln för denna rapportering och därmed utökat sina övervakningsbefogenheter varje år utan att behöva införa några nya lagar. Kombinationen av ett begränsat antal fysiska sedlar i omlopp, det faktum att det inte är önskvärt att inneha fysiska sedlar under någon längre tid på grund av inflation utan ränta och övervakningen av bankinlåningar har varit en effektiv övervaknings- och kontrollkombination.

I Figur 7.5 visas en förenklad version av hur systemet ser ut nu, där guldet har ersatts av statsobligationer och bolånebaserade värdepapper som Federal Reserves främsta tillgångar.

Kombinationen av dessa handlingar visar varför frågan "Vem kontrollerar liggaren?" är en mycket viktig fråga. Den visar även hur snabbt svaret på denna fråga kan förändras.

När människor själva förvarar ädelmetaller förlitar de sig på att naturen kontrollerar liggaren, eftersom det främst är metallens knapphet som avgör till vilken grad deras besparingar kan bevara sin köpkraft. Vidare kan människor lämna över dessa ädelmetaller till andra människor, vilket innebär att privata, censurresistenta transaktioner kan genomföras utan att man behöver sätta sin tillit till någon motpart. När människor själva förvarar ädelmetaller hemma riskerar de dock fysisk stöld.

När människor sätter in en del av sina medel hos förvaringsinstitut eller fria banker som placerar guldet i valv, förlitar de sig på att både naturen och banken kontrollerar liggaren. Användarna måste lita på guldets knapphet

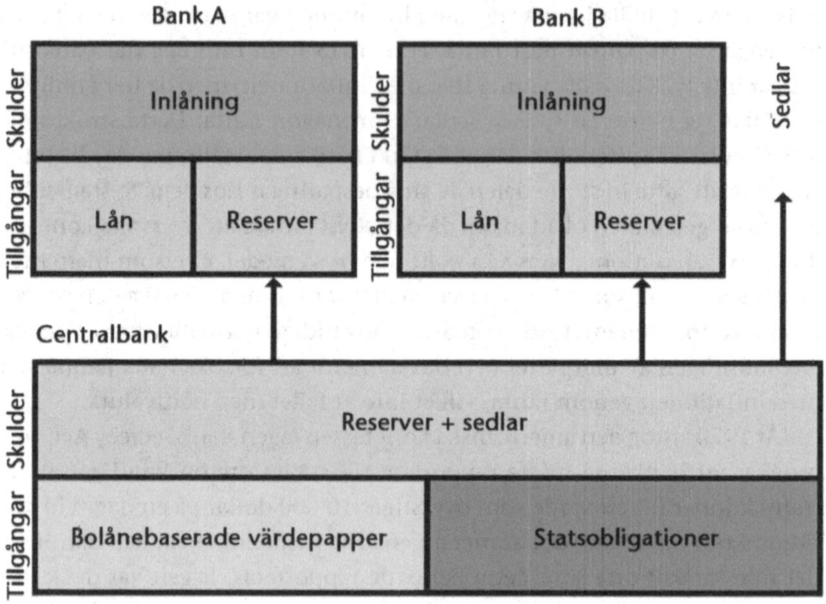

Figur 7.5
Förenklad version av hur systemet ser ut nu, där guldet har ersatts av statsobligationer och bolånebaserade värdepapper som Federal Reserves främsta tillgångar.

och på att banken inte missköter sina låneportföljer eller begår bedrägerier. Användarna ger också upp en del av sin integritet; bankerna vet hur mycket pengar de har och vilka de gör transaktioner med och staten vet hur mycket pengar de har och vilka de gör transaktioner med, och båda dessa parter har befogenhet att beslagta deras medel om de så vill. I utbyte får användarna ökad bekvämlighet i form av exempelvis snabba transaktioner över långa avstånd. Användarna kan välja att själva förvara en del guld eller silver och kan därmed bestämma hur risken kontra fördelen med att förvara pengar själva eller hos banken ska hanteras.

När saldon definieras i en beräkningsenhet som är knuten till något annat kan myndigheterna som styr förhållandet avgöra både spararnas och låntagarnas öde. Om reglerna för enheten ändras så att den är knuten till något med högre knapphet påverkas låntagarna negativt. Om reglerna i stället ändras så att enheten är knuten till något med mindre knapphet påverkas spararna negativt.

När staten inrättar en centralbank, och särskilt om staten gör det olagligt att äga guld, tar staten monetär makt från folket och ger den till banker och statliga myndigheter. I det ögonblicket har folket begränsad möjlighet att förvara sina egna tillgångar med hög knapphet och likviditet. I stället tvingas människor att förlita sig på centralbankens liggare och måste därför acceptera riskerna för valutadevalvering och ge upp en stor del av sin integritet. Statstjänstemän kan nu med enkelhet minska spararnas köpkraft, inte bara genom transparent beskattning utan även genom icke-transparent inflation av penningutbudet, och använda pengarna till att uppnå sina egna mål. Staten kan också med enkelhet övervaka och granska allas finanser.

KAPITEL 8

SNABBA TRANSAKTIONER KONTRA SNABB AVVECKLING

Från papyrusbaserade växlar till dubbel bokföring och pappersSedlar har bankväsendets främsta syfte varit att möjliggöra snabbare och mer frekventa transaktioner än vad som var möjligt genom transport och verifiering av fysiskt guld. Bankväsendet möjliggjorde också införandet av mer omfattande kreditsystem, då en tredjepart (ett växlingskontor eller en bank) nu kunde fungera som en betrodd mellanhand mellan två parter som saknar tillit till varandra (köpare och säljare eller långivare och låntagare).

Med andra ord gjorde bankväsendet så att transaktioner (kommers) och avveckling (pengar) kunde separeras. Transaktioner för enskilda varor och tjänster kunde genomföras oftare, då de under en tid tog formen av kredit och sedan avvecklades mot ädelmetaller vid färre tillfällen och i större mängder. Men även om denna process, i vilken flera transaktioner slogs samman till färre och större avvecklingar, ökade effektiviteten och minskade risken för stöld, så återstod ändå ett hinder den inte kunde övervinna: informationshastigheten.

Under tusentals år hade transaktioner och avveckling haft samma maximala hastighetsgräns: fötternas, hästarnas och fartygens hastighet. Människors möjlighet att genomföra transaktioner, och de innehavarinstrument de använde sig av i dessa transaktioner (huvudsakligen guld och silver i avancerade regioner), förändrades inte i grunden med avseende på hastighet, även om själva transaktionerna i praktiken var mer effektiva. De var fortfarande begränsade av hastigheten i fysisk förflyttning. Inte ens bankväsendets framväxt kunde ta sig runt detta hinder. Pappersväxlarna och pappersSedlarna var lättare och säkrare att transportera än guld, men de förflyttades ändå inte snabbare än fötterna, hästarna och fartygen. Liggarbaserade system var smidiga, men de kunde inte skicka information över långa avstånd snabbare än de befintliga transportsätten.

Men i och med uppfinnandet av telegrafen, och sedan telefonen, ökade transaktionshastigheten till i princip ljusets hastighet. Den första fungerande telegrafen uppfanns på 1830-talet. På 1840- och 1850-talet spenderade ingenjörer sedan mycket tid på att räkna ut hur man skulle kunna dra kablar över långa avstånd och under stora vattenområden. Till slut lyckades de koppla samman olika europeiska finansiella centrum, som London och Paris. Efter ett antal misslyckade försök lades de första fungerande transatlantiska telegrafkablarna ut på 1860-talet, och under de följande årtiondena blev det globala banksystemet mycket mer sammankopplat.[123] Från det ögonblicket kunde människor i olika delar av världen genomföra transaktioner med varandra genom att i nästintill ljusets hastighet uppdatera varandras bankliggare via telekommunikationssystem.[124] Banker och centralbanker hade fullständig kontroll över processen. Men guld och silver förflyttades ännu långsamt och fick abstraheras i allt större utsträckning för att hålla jämna steg.

Guld och silver abstraherades ofta genom pappersfordringar redan innan telekommunikationssystemens framväxt, på grund av begränsad delbarhet eller av säkerhetsskäl eller av bekvämlighetsskäl eller för att man ville tjäna ränta, men när telekommunikationstekniken uppfanns innebar guldets och silvrets långsamma hastighet att de måste abstraheras ännu mer. Över hela världen förlitade sig människor och institutioner i allt högre grad på sammankopplade bankkonton snarare än på mynt och sedlar.[125] Och då valutaenheter abstraherades från den underliggande metallen blev valutaenheterna en politisk fråga mellan långivargrupper och låntagargrupper.

I sin bok från 1875, *Money and the Mechanism of Exchange*, som publicerades mindre än 25 år efter att telegrafanslutningen hade upprättats mellan Storbritannien och Frankrike och mindre än ett decennium efter upprättandet av den transatlantiska telegrafanslutningen, gav den brittiske ekonomen och logikern William Stanley Jevons en detaljerad beskrivning av den ökande centraliseringen av det globala finanssystemet. Han diskuterade de inneboende hinder som mynt och tackor har, som olika brister, ineffektivitet och svårigheter med autentisering. Han diskuterade även hur alltmer centraliserade finanscentrum blev allt effektivare på att genomföra abstrakta transaktioner, så att guld och silver spelade en allt mindre väsentlig roll i det dagliga livet.

---

123 William Phalen, *How the Telegraph Changed the World*, 94-99, 120-121.
124 Catherine Schenk, *Designing Global Payments, Telegraph to Tether*.
125 Meir Kohn, *Money, Trade, and Payments in Preindustrial Europe*, 9-12, 14-17.

I den boken tillhandahåller Jevons fyra olika diagram (nu allmänt tillgängliga), som visas i Figur 8.1 för att steg för steg leda läsaren genom en alltmer sammankopplad uppsättning hypotetiska banker och visa hur denna centralisering ökade med tiden. Det första diagrammet visar hur kontoinnehavare i en enskild bank kan skicka pengar till varandra med banken som avvecklingslager. Det andra diagrammet visar en sammankoppling mellan två sådana banker, som accepterar varandras betalningsinstrument av papper så att deras kontoinnehavare enkelt kan skicka pengar till varandra även mellan banker. Det tredje diagrammet visar införandet av en centralbank, vilket innebär effektivare avveckling mellan ett stort antal banker. Det fjärde diagrammet visar en clearingorganisation på baslagret som kopplar samman alla banker, antingen på nationell eller till och med global skala, placerad i ett stort finansiellt centrum som London.

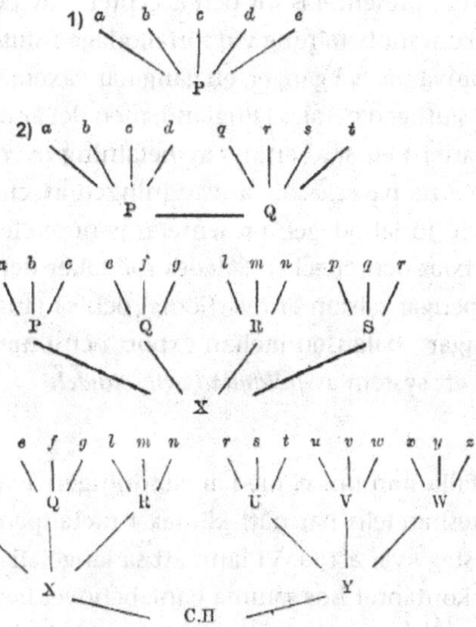

Figur 8.1
Centralisering av hypotetiska banker.[126]

Genom hela boken talar Jevons begeistrat om den globala handelns ökande abstrahering och effektivitet, och beskriver hur fordringar kan kvittas mot andra fordringar banker emellan och därmed göra avvecklingar i guld sällsynta och i stort sett irrelevanta. Och mot slutet av boken, i ett avsnitt med rubriken "The World's Clearing House", beskriver han Londons allt större roll som administratör av världens centraliserade liggare. Banker

126 W. Stanley Jevons, *Money and the Mechanism of Exchange*, 251-262.

från alla världens länder hade kontor i London för att ta del av de finansiella nätverkseffekter som erbjöds där.

> Varje år köper England stora mängder bomull, majs, fläskkött och många andra varor från Amerika. Samtidigt köper Amerika järn, linne, siden och andra bearbetade varor från England. Det skulle givetvis vara absurt om mynt skulle transporteras åt båda håll över Atlanten för att betala för varorna, när ett par skuldbekräftelser av papper gör att varorna kan transporteras i ena riktningen för att betala för dem som går i motsatt riktning. Den amerikanske handelsman som har skeppat bomull till England kan utställa en växel på varumottagaren till ett belopp som inte överstiger värdet på bomullen. Han säljer denna växel i New York till en part som har importerat järn från England till ett likvärdigt belopp, den skickas via post till den brittiske långivaren, presenteras för och accepteras av den brittiske låntagaren och en enda kontant betalning vid förfallodagen sluter hela transaktionscirkeln. Pengar används två gånger, en gång när växeln säljs i New York och en gång när den slutligen betalas i England, men det är uppenbart att betalning mellan två parter i en stad ersätts av betalning över hela Atlanten. Vidare kan betalningarna påverkas av användningen av checkar, eller så kan själva växlarna vid förfallodagen presenteras genom clearinghuset och kvittas mot andra växlar och checkar. Således förefaller det som om användningen av metallpengar nästan är överflödig, och så länge det inte finns några större störningar i balansen mellan export och import har utrikeshandeln återställts till ett system av *fulländad byteshandel*.
>
> [...]
>
> Det kan förefalla som om vi med användningen av checkar internt och av växlar i utrikeshandeln har nått klimax i metallpengarnas ekonomi, men det finns ett steg kvar att ta. Vi fann att så länge alla handelsmän i en stad förvarar sina kontanter hos samma bank behöver de inte hantera pengarna överhuvudtaget, utan de kan genomföra betalningar genom överföringar i bankens liggare. Så låt oss föreställa oss att handelsmän världen över kommer överens om att ha sina huvudsakliga konton hos bankerna i en stor kommersiell stad. Alla deras överföringar skulle då kunna avvecklas hos dessa banker. Något som liknar detta förhållande finns i tendensen att göra London till det monetära högkvarteret för den kommersiella världen och det allmänna clearinghuset för internationella transaktioner. Allt som krävs för en säker penningekonomi är centralisering av transaktioner, så att det kan finnas ökad möjlighet för kvittning av fordringar.[127]

Jevons bok är anmärkningsvärd på två sätt. För det första ger den en ut-

127 W. Stanley Jevons, *Money and the Mechanism of Exchange*, 300-301, 304-305.

märkt beskrivning av hur tekniken har kommit att spela en allt viktigare roll med avseende på pengar, från långt tillbaka i tiden fram till bokens publicering 1875, samt av hur centraliseringen sannolikt skulle öka under de efterföljande årtiondena. För det andra förutsåg den några av de katastrofala problem som ett sådant centraliserat system kunde leda till, även om Jevon själv var mycket positiv till denna centralisering tack vare den effektivitet den innebar och ansåg att dessa problem var möjliga att åtgärda.

Mer specifikt framhåller Jevons vid ett flertal tillfällen i boken att det finns ett växande antal fordringar på guld i förhållande till mängden faktiskt guld i systemet, tack vare att det är enklare att hantera fordringar än själva metallen. Han hänvisar till siffror från den aktuella tidpunkten som visar att endast 4 till 7 procent av fordringarna fanns som reserver i det brittiska banksystemet och att även dessa reserver var fraktionella fordringar på guld.

> Det är också nödvändigt att våra bankmän, finansiärer och handelsmän reglerar sina verksamheter med djupgående kunskaper om det enorma system som de är del av samt om de risker för misstag och fel som uppstår på grund av alltför hård konkurrens. Det råder inga tvivel om att oroväckande symtom har brutit ut på Londons penningmarknad under de senaste åren. Det finns en trend mot frekvent allvarlig brist på lånbart kapital, vilket orsakar plötsliga variationer i räntesatsen som vi knappt såg för trettio år sedan. Därför kommer jag i nästa kapitel att göra ett antal anmärkningar med avsikt att visa att detta är en naturlig negativ följd av den alltför stora ekonomin med ädelmetaller, som den fortlöpande fulländningen av vårt banksystem tillåter men som kan gå för långt och leda till en extrem katastrof.
>
> [...]
>
> Metallerna tog andra handelsvarors plats som valuta, och känsliga överväganden började göras avseende token och standardmynt. Från representativa pengar av metall övergick vi till representativa pengar av papper och upptäckte till slut att metallpengar, på grund av check- och clearingsystemet, nästan hade försvunnit från landets interna handel. Penningtransaktioner sker nu i form av ett rum fullt av revisorer som snabbt lägger ihop penningbelopp. Men vi får inte glömma att alla siffror i en banks räkenskaper representerar guld, och varje långivare kan kräva utbetalning i metallen. I handelns naturliga tillstånd finns det ingen som vill besvära sig med en större mängd ädelmetall, som är både säkrare och mer tillgänglig i ett bankvalv. Men i internationell handel är det ännu guld och silver som skulder måste betalas i, och allvarliga konsekvenser kan uppstå från någon diskrepans mellan antalet genomförda transaktioner och den guldbas de kvittas mot.
>
> [...]

Det är således ganska uppenbart att tendensen är att genomföra mer och mer handel på en mängd metallvaluta som inte växer i alls samma proportion. Banksystemet blir också mer perfekt i den mening att ekonomin som pengar används i växer. Konkurrensen mellan många stora banker gör att de genomför de största möjliga transaktionerna med den minsta reserv som de vågar ha. Vissa av dessa banker betalar utdelningar på 20 till 25 procent, vilket endast är möjligt om man använder sig av stor inlåning på ett mycket oförskräckt sätt. Till och med reserverna består till stor del inte av faktiska mynt eller sedlar i valven, utan av pengar som arbetar på aktiemarknaden eller som satts in hos Bank of England, som i viss utsträckning lånar ut inlåningen på nytt.

Ju större handel som genomförs, desto större är den tillfälliga efterfrågan på guld för att genomföra betalningar till utlandet, och om lagret av guld som förvaras i London blir mindre och mindre, blir det allt svårare att tillgodose denna efterfrågan. Sådan, tror jag, är hemligheten bakom den växande instabiliteten och skörheten hos landets penningmarknad. Det finns en allt större mängd fordringar på guld och en jämförelsevis mindre mängd guld för att uppfylla dem, så då och då uppstår en naturlig svårighet att betala de utestående fordringarna och räntesatsen måste plötsligt höjas för att få guldinnehavare att låna ut det, eller för att få de som ville ta ut det att för tillfället avstå från detta.

[...]

I det viktiga verket "Notes on Banking", publicerat både i *Statistical Journal* i mars 1873 (vol. xxxvi, sid. 106) och som en separat bok, tillhandahåller R. H. Inglis Palgrave resultaten av sina efterforskningar i ämnet och anger att mängden mynt och Bank of England-sedlar som innehas av banker i Storbritannien inte överstiger fyra eller fem procent av deras skulder, eller en tjugofemte- till en tjugondel. T. B. Moxon, från Stockport, Manchester, har senare gjort en ordentlig djupdykning i samma ämne och fann att kontantreserven inte överstiger cirka sju procent av inlåningar och växlar som kan lösas in på begäran. Han påpekar att även av denna reserv är en stor del absolut nödvändig för bankverksamhetens dagliga transaktioner och kan därför inte undvaras. Därmed vilar själva grunden för vår omfattande handel på osannolikheten att handelsmän och andra bankkunder någonsin kommer att, samtidigt och plötsligt, vilja ta ut så mycket som en tjugondel av det guld som de har rätt att när som helst ta ut under bankens öppettider.[128]

Ju effektivare det globala banksystemet blev på att kvitta och rätta till obalanser, desto mindre behövdes metall som en del av transaktionsvolymen och besparingsvolymen under den normala verksamheten. Och kunderna accepterade glatt detta, tack vare den smidighet som systemet erbjöd. Sam-

128 W. Stanley Jevons, *Money and the Mechanism of Exchange*, 308-312, 321.

tidigt var det precis denna ökade effektivitet som gjorde att systemet saknade tillräcklig uppbackning och blev så instabilt i grunden. Den ovilja som fanns hos de flesta människor att ta ut och förvara fysiska metaller ledde till den extrema utbredningen av fordringar på guld i förhållande till mängden faktiskt guld.

På grund av denna extrema grad av monetär abstraktion och det lätta skapandet av fordringar vid första världskriget, cirka fyra årtionden efter Jevons bok publicerades, kollapsade den globala guldmyntfoten i början av 1900-talet, och den återhämtade sig aldrig. Under de följande årtiondena slutade stater helt och hållet att backa upp sina finansiella system med guld och silver, och det är anledningen till att vi nu lever i en värld med 160 olika inflationistiska fiatvalutor, var och en med lokalt monopol. Hastighetsskillnaden mellan transaktionell handel och råvarupengar som ett innehavarinstrument skapade en enastående möjlighet för stater och banker att utnyttja arbitrage kopplat till förvaring. Ett centraliserat och globalt sammankopplat banksystem med monopol på snabba långdistansöverföringar av värde blev för mäktigt och för smidigt för att guldet skulle kunna hålla jämna steg, även om guld var bättre för privata besparingar. Införandet av kreditkort på 1950-talet, e-handel på 1990-talet och smartphone-baserade betalningar på 2010-talet förstärkte ytterligare betydelsen av telekommunikationsbaserade betalningar.

Det här är den enda gången i historien som, på en global skala, en svagare form av pengar har utkonkurrerat en bättre form av pengar med avseende på användning.[129] Och detta inträffade på grund av att telekommunikationssystemen införde *hastighet* som en ny variabel. Guldet, som tog längre tid att transportera och verifiera, kunde inte hålla jämna steg med pundet, dollarn och de andra stora fiatvalutorna, då de erbjöd både hastighet och smidighet, trots att guldet hade högre knapphet. Kombinationen av lagar om lagliga betalningsmedel, skattemyndigheter och snabbare hastighet har möjliggjort för fiatvalutor att utkonkurrera de långsammare och mer sällsynta ädelmetallerna över hela världen. Obalansen, eller gapet, vad gäller hastighet är en av de främsta anledningarna till den ständigt ökande "finansialisering" vi har sett i världen under de senaste 150 åren. Monetära liggare har blivit alltmer avskilda från alla naturliga begränsningar, då de enda monetära alternativen med hög knapphet, som guld, var för långsamma för att utgöra ett verkligt alternativ.

Barry Eichengreen skriver i sin bok *Globalizing Capital* att den internationella centralbanksbaserade guldmyntfoten började på 1870-talet.[130] Det

129 Saifedean Ammous, *The Fiat Standard: The Debt Slavery Alternative to Human Civilization*, 48.
130 Eichengreen, *Globalizing Capital*, 38.

här var omkring samma tid som Jevons bok kom ut. Dessförinnan användes ofta system med två olika metaller och fria banksystem. Under guldmyntfoten förvarade europeiska centralbanker guld, gav ut valuta uppbackad av detta guld (av vilket man höll fraktionella reserver) och använde kombinationen av telekommunikationssystem och delbara bankliggare till att skapa en snabb och smidig uppsättning globalt sammankopplade liggare. Även USA anslöt sig till dessa, formellt genom lagarna Coinage Act av 1873 och Gold Standard Act av 1900.

Framväxten av kreditteorier i olika former, som jag beskrev i kapitel 4, sammanföll också med dessa teknologiska utvecklingar under 1800-talets andra hälft. Fordringar på pengar förflyttades över världen i telekommunikationens hastighet, inom ett mycket effektivt globalt sammankopplat banksystem, och många penningteoretiker började undra "varför behöver vi ens de här metallerna?".

År 1905 publicerade Georg Friedrich Knapp boken *Staatliche Theorie Des Geldes*, i vilken han beskrev och grundade penningteorin chartalism. Denna skola var en föregångare till det som nu kallas modern penningteori och hävdade att pengar kom från statens försök att styra ekonomisk aktivitet och snarare än att det är råvaror som ger pengar värde, är det staten som ger pengar värde genom att enbart acceptera att skatter betalas i statens valuta.

År 1914 framhävde Alfred Mitchell-Innes, i sin essä "Credit Theory of Money", Henry Dunning Macleods skrifter från slutet av 1850-talet fram till 1890-talet som ursprunget till kreditteorin. Han argumenterade vidare för att pengar inte hade någonting överhuvudtaget att göra med metall. Jag tror inte att det är ett sammanträffande att dessa teorier från Macleod, Knapp, Mitchell-Innes med flera utformades och ökade i popularitet samtidigt som telekommunikationsbaserade liggare blev allt vanligare. Som Michell-Innes skrev:

> Undertecknad är inte den förste att artikulera kreditteorin. Denna utmärkelse tillhör den enastående ekonomen H. D. Macleod. Givetvis är det många skribenter som har vidhållit att vissa kreditinstrument måste inkluderas i termen "pengar", men Macleod, i stort sett den ende ekonom jag känner till som har behandlat bankväsendet och kredit på ett vetenskapligt sätt, var den ende som insåg att pengar skulle likställas med kredit, och dessa artiklar är bara en mer konsekvent och logisk utveckling av hans lära. Macleod låg före sin tid och bristen på korrekt historisk kunskap hindrade honom från att inse att kredit var äldre än de tidigaste metallmynten. Hans idéer utvecklades därför aldrig helt, och han lyckades inte formulera den grundläggande teorin att en försäljning och ett köp är utbytet av en handelsvara mot kredit och inte mot en metallbit eller någon annan egendom. I denna teori ligger

själva kärnan i hela penningvetenskapen.

Men även när vi har insett denna sanning finns det oklarheter som i vår kunskaps aktuella tillstånd inte helt kan elimineras.

Vad är en monetär enhet? Vad är en dollar?

Vi vet inte. Allt vi vet med säkerhet - och jag önskar upprepa och framhäva det faktum att i denna fråga är, som jag i dessa artiklar endast har kunnat som kortast indikera, bevisen klara och avgörande - och jag menar allt vi vet, är att dollarn är ett mått på värdet på alla handelsvaror, men är inte själv en handelsvara och kan inte heller representeras i någon handelsvara. Den är ogripbar, immateriell, abstrakt. Den är ett mått på kredit och skuld.[131]

Vissa ekonomer, som Saifedean Ammous, har hävdat att ur ett monetärt perspektiv har första världskriget aldrig riktigt tagit slut. Tidigare krig i historien finansierades med besparingar eller skatter eller mycket långsam devalvering. Fysiska mynt som förvarades av medborgare kunde vanligtvis bara devalveras gradvis av staten, och inte minska i värde på ett ögonblick, eftersom staten inte magiskt kunde förändra egenskaperna hos de mynt som förvarades i hushållen. Staten kunde bara devalvera pengarna över tid genom att beskatta renare mynt och utfärda olika dekret i syfte att samla in en del av dessa renare mynt, för att sedan föra ut devalverade mynt i ekonomin (och övertyga de första mottagarna om att acceptera dem till det tidigare värdet, trots att pengarna nu innehöll mindre mängd metall, vilket endast fungerade en liten stund och som kanske inte ens märktes av till en början). I och med den utbredda användningen av centralt utgivna sedlar och bankinlåningar som gick att lösa in mot specifika mängder guld kunde staten ändra inlösningsvärdet i en handvändning eller helt och hållet ta bort möjligheten till inlösen. Detta gav staten möjligheten att på ett ögonblick, bokstavligt talar över en natt, devalvera en stor del av medborgarnas besparingar och använda denna köpkraft till att finansiera krig och andra statliga utgifter efter eget gottfinnande.[132]

Det brittiska pundet är världens äldsta kontinuerligt använda valuta som används än i dag. I 700-talets anglo-saxiska England definierades pundet som ett pund silver. Definitionen av ett pund skiljde sig vid tidpunkten något från dagens definition; det var omkring tre fjärdedelar av vad vi i dag definierar som ett pund.[133] Under de följande nio århundradena devalverades pundet gradvis, och vid 1700-talets början hade det förlorat mer än två tredjedelar av värdet. Det är en ganska långsam devalveringstakt, i snitt

131 Mitchell-Innes, *Credit Theory*, 159.

132 Ammous, *The Bitcoin Standard*, 44-46.

133 Albert Edgar Feavearyear, *The Pound Sterling: A History of English Money*, 2-5; Will Kenton, *What is a Quid? With History of the British Pound Sterling*, Investopedia.

mindre än 0,15 procent devalvering per år under flera århundraden, även om den då och då tog större steg.[134] Vid 1700-talets inledning hade Storbritannien gått över till en guldmyntfot och höll sig kvar på den fram till början av 1900-talet. Det var inte förrän vid första världskrigets utbrott, då pundet helt och hållet frikopplades från ädelmetaller, som pundet devalverades snabbt och förlorade nästan allt värde inom en eller två människors livstid. I dag är pundet värt mindre än två gram silver.

1900-talet och början av 2000-talet har definierats av nationalstaters allt viktigare roll, finansierad av deras flexibla liggare. Å ena sidan har detta möjliggjort införandet av centraliserade och allmänt utbredda sociala skyddsnät, men dessa brukar vara populära nog att de hade kunnat finansieras på ett mer transparent sätt genom någon form av beskattning. Å andra sidan har detta möjliggjort konstanta krig och selektiva räddningsaktioner genom att kontinuerligt urvattna människors besparingar på icke-transparenta sätt. Företag kan skapa goda kontakter med staten och påverka utformningen av lagstiftning som bestämmer vad de offentliga utgifterna ska spenderas på, och dessa pengar tas från människors besparingar genom fortlöpande devalvering.[135]

Även om mängden guld ovan jord ökar med i snitt cirka 1,5 procent per år,[136] har det breda penningmängdsmåttet hos de flesta större länder ökat med 6–12 procent på årsbasis sedan 1960, medan många utvecklingsländers valutor har vuxit i dubbelsiffrig takt eller till och med genomgått hyperinflation under denna period.[137] Till följd av detta har människor runtom i världen upprepade gånger fått se sina besparingar tappa i värde, särskilt i utvecklingsländer, och för det mesta har de inte haft något alternativ. Det går fortfarande att spara i guld som en långsiktig tillgång och som smycken, men på grund av dess långsamma hastighet och då det i dag inte är allmänt accepterat som ett betalningsmedel - på grund av lagar om lagliga betalningsmedel - är guld inte ett verkligt alternativ till det globala fiatsystemet för betalningar, såvida inte det abstraheras kraftigt via betrodda motparter. Om man vill genomföra och ta emot betalningar i vår digitala och sammankopplade värld måste man regelbundet interagera med fiatsedlar och centraliserade banksystem.

Många kritiker av centralbanksystemet eller statens penningpolitik ser

134 Carmen Reinhart och Kenneth Rogoff, *This Time Is Different: Eight Centuries of Financial Folly*, 176-178.

135 Se till exempel: George Selgin, *The Menace of Fiscal QE*; Mohamed El-Erian, *The Only Game in Town: Central Banks, Instability, and Recovering from Another Collapse*; och Sarah Binder och Mark Spindel, *The Myth of Fed Independence: How Congress Governs the Federal Reserve*, kapitel 1, 2, 7, 8.

136 Cipolaro och Stevens, *Bitcoin's Network Effect*, 6.

137 Ammous, *Bitcoin Standard*, 63-66.

avsteget från guldmyntfoten som ett moraliskt förfall: "Om bara staten hade behållit guldmyntfoten hade saker och ting varit bättre" sammanfattar deras ståndpunkt. Eller om vi går ett steg längre bakåt, så hävdar många att "om bara banksystemet med fraktionella reserver aldrig hade börjat användas, hade vi haft ett mer tillförlitligt och hållbart finansiellt system".

Även om jag sympatiserar med dessa åsikter och jag personligen skulle önska att pengar bibehöll sitt värde, så ser jag saken på ett lite annorlunda sätt och främst ur perspektivet av en teknologisk oundviklighet grundad på det stora hastighetsgapet mellan transaktion och avveckling, ett gap som bara vuxit med tiden. Människor övergick till att genomföra transaktioner i snabba fordringar på guld och tog inte ut guld ofta nog för att hålla antalet fordringar "ärligt". Därför ökade antalet fordringar mycket snabbare än mängden faktiskt guld, och sedan övergav stater guldet för att hålla dessa fordringar i omlopp. Och detta skedde överallt.

I skrivande stund är det inget av världens nästan 200 länder som använder en guldmyntfot. Schweiz var det land som bibehöll guldmyntfoten längst; landet lämnade guldmyntfoten 1999.[138] De flesta länder hade lämnat långt tidigare under 1900-talet. Något som fanns tidigare men som inte finns längre är troligtvis inte ett lämpligt alternativ. Guldmyntfotens svaga incitamentsstruktur kombinerad med själva guldets långsamma hastighet innebär att det är omöjligt att använda sig av någon form av guldmyntfot i dag. Det blev helt enkelt för lätt för alla världens länder att kassera den, så det är vad man gjorde. Och i den mån människor vill spara i tillgångar med hög knapphet och lägre likviditet än valuta, vänder man sig nu till fast egendom eller aktier snarare än guld. Guldets främsta roll har reducerats till en icke-korrelerad tillgång i portföljen bland många andra tillgångar, och fungerar som ett slags försäkring i händelse av en makroekonomisk katastrof, då innehavaren själv kan förvara det fysiska guldet och tack vare att guldet har ett högt värde i förhållande till dess storlek och vikt.

Om vi skulle upprepa den här perioden av mänsklig utveckling hundra gånger, tror jag att vi nästan varje gång skulle komma till i princip samma plats avseende pengar, helt enkelt på grund av den teknologiska utvecklingen. När telekommunikationssystem hade utvecklats tog bankstyrda liggare över, vilket innebar att bankerna och centralbankerna som kontrollerade dessa liggare fick nära nog oändlig makt. För att förflytta pengar snabbt kom människor och banker att förlita sig på landets centralbank som den underliggande liggaren, och i ett internationellt sammanhang kom olika länder att förlita sig på centralbanksliggaren tillhörande utgivaren av värl-

---

138 Jean-Pierre Roth, *Mr Roth Discusses Demonitisation of Gold in Switzerland*, Tal vid 22:a Annual FT World Gold Conference, 14 juni 1999.

dens reservvaluta, som vid telekommunikationsålderns inledning var Storbritannien och som på 1900-talet skiftade till USA.

Politiska beslut har en lokal och temporal inverkan, medan teknologiska förändringar har en global och permanent inverkan. Varenda regering, auktoritär som demokratisk, har rört sig mot ett fiatsystem och har devalverat sin beräkningsenhet i en ständigt ökande takt. På grund av att det går långsamt att transportera och verifiera äktheten hos guld förvandlades banker med fulla reserver till slut till banker med fraktionella reserver för att kunna utnyttja det arbitrage som hastighetsgapet mellan guld och bankinlåningar möjliggjorde. Genom att dra nytta av det faktum att människor sällan tog ut sitt guld byggde de instabila system som fungerar "för det mesta", men som då och då kräver räddningsaktioner. Därefter centraliserades banker med fraktionella reserver av staten och blev globalt sammankopplade genom telekommunikationssystem, varpå uppbackningen från underliggande metaller genom statliga dekret avslutades när staten inte längre ville begränsas av dessa metaller. Varje gång, i varje jurisdiktion, accepterade användarna av valutan övergången. Till och med när fiatvalutor kraschar tenderar människor i det aktuella landet att vända sig till nyutgiven fiatvaluta eller till något annat lands fiatvaluta – som dollarn – snarare än att börja använda guld som betalningsmedel igen.

Naturens liggare (guld) har robusta parametrar när det gäller tillgång och värdeminskning, men guldet förflyttas och verifieras inte snabbt nog i telekommunikationens tidsålder. Människans liggare (dollarn) förflyttas och verifieras snabbt nog, men har inte robusta parametrar när det gäller tillgång och värdeminskning. Det enda sättet att på lång sikt åtgärda detta hastighetsgap skulle vara att utveckla något som gör att ett allmänt accepterat monetärt innehavarinstrument med hög knapphet självt kan avvecklas över långa avstånd i ljusets hastighet.

SERIES
2009
B2
E5

DEL III

DE GLOBALA MONETÄRA ORDNINGARNAS UPPGÅNG OCH FALL

Genom en kontinuerlig inflation kan staten, i hemlighet och helt obemärkt, beslagta en betydande del av medborgarnas förmögenhet. Genom denna metod inte bara beslagtar de, utan de beslagtar godtyckligt, och medan processen gör många fattiga, gör den faktiskt en del rika.[139]

—**John Maynard Keynes**

139 John Maynard Keynes, Essays in Persuasion, 77.

KAPITEL 9

TRYCKA PENGAR FÖR KRIG

Första världskriget startade precis som vilken annan konflikt som helst, men utvecklades snabbt till ett globalt krig i en skala som aldrig tidigare skådats, vilket ledde till tiotals miljoner människors död och ofattbart lidande.

År 1914 mördades den österrikiske ärkehertigen Franz Ferdinand av bosnienserben Gavrilo Princip. Princip var knuten till en grupp som ville befria Bosnien från Österrike-Ungern. Österrike-Ungern förklarade efter attentatet krig mot Serbien, och det låg i Rysslands intresse att komma till serbernas undsättning – mycket på grund av Rysslands önskan att stärka sitt eget inflytande över regionen. Tyskland hade sedan tidigare en militärallians med Österrike-Ungern, och Frankrike hade en allians med Ryssland, så det tog inte lång tid innan både Tyskland och Frankrike var indragna i kriget. Storbritannien ville inte att Tyskland skulle besegra Frankrike och få ökad makt över Kontinentaleuropa, så efter kraftiga politiska påtryckningar valde Storbritannien att ge sig in i kriget på Frankrikes och Rysslands sida, även om den östeuropeiska konflikten egentligen inte hade någonting att göra med Storbritanniens egna medborgare eller nation.

Tiden före kriget var Storbritannien den dominanta världsmakten och utgivaren av världens reservvaluta. Förenta staterna var en framväxande makt – tekniskt sett världens största ekonomi redan då – men Förenta staterna låg på andra sidan oceanen och förde vid tillfället en relativt isolationistisk politik gentemot resten av världen. Tyskland var en mer direkt konkurrent till Storbritannien, då landet låg på samma kontinent och hade en snabbt växande industri, vid en tidpunkt då Storbritanniens globala dominans var på nedgång. Mycket handel genomfördes mellan Storbritannien och Tyskland, och många såg det som otänkbart att ett krig skulle bryta ut mellan dem. Under flera årtionden hade det varit fred i Europa och många handelslänkar och affärsrelationer hade skapats.[140]

Problemet för ett land är att krig är dyrt, såvida inte man är framgångsrik och girig nog att bli ett imperium, besegrar sina fiender, tar deras guld och gör dem till lydstater som tvingas betala återkommande skatter. Det är särskilt svårt att övertyga allmänheten om att staten behöver höja inhemska skatter för att ge sig in i ett krig mellan andra länder för att vinna någon vag nationell strategisk fördel.

Så år 1914 utfärdade Storbritannien krigsobligationer för att anskaffa kapital från allmänheten och gå ut i krig, och dessa krigsobligationer hade en räntesats som låg över de aktuella statsobligationernas. Det rapporterades från flera håll att krigsobligationerna var kraftigt övertecknade. I tidningarna beskrevs hur kapital strömmade in från den patriotiska allmänheten till stöd för statens krigsinsatser och för att samtidigt kunna få en hög avkastning.

Problemet var bara att det inte var sant. År 2017, alltså över hundra år senare, fann Bank of England i sina arkiv att det hela hade varit en bluff. *Bank Underground* är en blogg av personal vid Bank of England, och 2017 publicerade de ett inlägg med titeln "Your country needs funds: the extraordinary story of Britain's early efforts to finance the First World War", där de skrev sanningen. Inlägget började med en sammanfattning:

> För att finansiera första världskriget behövde den brittiska staten låna motsvarande ett helt års BNP. Men dess första försök att anskaffa kapital genom obligationsmarknaden misslyckades totalt. Krigslånet 1914 gav inte ens en tredjedel av målet på 350 miljoner pund och lockade bara till sig en mycket liten grupp investerare. Detta misslyckande och den efterföljande mörkläggningen har inte förrän nyligen uppdagats, efter en analys av bankens liggare. Denna analys avslöjar att underskottet i hemlighet täcktes av banken, med medel som registrerats under chefskassörens och hans ställföreträdares namn för att dölja det sanna ursprunget. Keynes, som var en av en handfull tjänstemän som kände till detta, beskrev mörkläggningen som "en mästerlig manipulering".[141]

När regeringen försökte anskaffa kapital från allmänheten sipprade snarare än strömmade pengar alltså in, trots den höga ränta som erbjöds. En liten grupp förmögna investerare runtomkring London bidrog med en del kapital, men det var inte på långa vägar tillräckligt, och staten insåg att man inte hade de medel som kriget krävde. Som beskrivs i artikeln skulle det in-

140 Niall Ferguson, *The Pity of War*, kapitel 2.
141 Michael Anson et al., *Your Country Needs Funds*.

neburit en katastrof för statens finanser och för allmänhetens uppfattning av kriget om allmänheten hade fått reda på sanningen:

> Att offentliggöra den misslyckade penninginsamlingen skulle ha varit "katastrofalt" skriver John Osborne, en deltidsanställd sekreterare till guvernör Montagu Norman, i en historisk genomgång av kriget från 1926. Endast bankens tre högst uppsatta tjänstemän fick kopior av denna redogörelse, och det tog flera årtionden innan den fullständiga versionen offentliggjordes. Att avslöja sanningen hade tveklöst lett till kollapsen av alla utestående krigslån, vilket skulle äventyra kapitalanskaffning i framtiden. Utöver behovet att täcka finansieringsunderskottet, skulle ett misslyckande varit en propagandakupp för Tyskland.

Så Bank of England betalade i hemlighet för resterande krigsobligationer och ljög för allmänheten om att statens utfärdande av krigsobligationer var en enorm framgång. Mer specifikt lånade Bank of England ut valutainlåningar (som skapats ur tomma intet) till två högre tjänstemän, som sedan köpte stora mängder obligationer. Regeringen kunde på så vis spendera en avsevärd mängd pengar som man i själva verket inte hade tagit ut ur ekonomin genom vare sig skatter eller krigsobligationer. Genom detta fifflande med den offentliga liggaren utökades således penningmängden betydligt.

I boken *Globalizing Capital* beskriver Barry Eichengreen scenariot på följande sätt:

> I syfte att mobilisera medel för kriget införde staten nya skatter och utfärdade statsobligationer. När det visade sig att de mobiliserade medlen inte räckte upphävde man stadgarna som sa att valuta måste backas upp av guld eller utländsk valuta. Man gav ut fiatpengar (ouppbackat papper) för att betala soldater och köpa krigsmateriel hemma.[142]

Under de följande åren härjade inflationen över landet och minskade köpkraften hos den offentliga skulden avsevärt, inklusive krigsobligationerna. Både det breda penningmängdsmåttet och konsumentprisindex mer än fördubblades på fem år, vilket inflaterade bort mycket av skulden som använts till att skapa de nya pengarna. De som faktiskt köpte krigsobligationer, och alla som innehade brittisk valuta eller brittiska obligationer i allmänhet, var de som i slutändan förlorade mycket av sin köpkraft.

Underskott och skulder monetariserades på 1910-talet. I stället för att finansiera kriget genom att ta valuta som kunde lösas in mot guld från befolk-

---

142 Eichengreen, *Globalizing Capital*, s. 43.
143 Alioth Finance, *Inflation Calculator*.

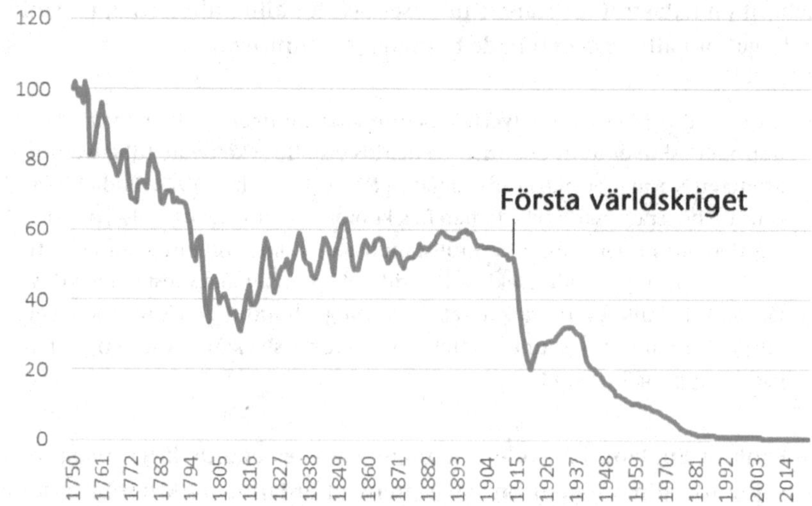

Figur 9.1
Köpkraften hos 100 pund över tid (1750–2023).[143]

ningen på ett transparent sätt genom beskattning och lån, agerade staten och centralbanken i maskopi för att i hemlighet trycka enorma mängder ny valuta och spenderade denna valuta på varor och tjänster knutna till kriget. Den enorma klyftan mellan antalet fordringar på guld och mängden faktiskt guld i det finansiella systemet, som Jevons beskrev i boken *Money and the Mechanism of Exchange* från 1875, utnyttjades av centraliserade institutioner på det mest heltäckande sätt. Detta var första gången ett sådant centraliserat system verkligen testats, och det klarade inte testet. Resultatet blev att det genomsnittliga brittiska hushållet på en handfull år hade halverat sin köpkraft, och det gick inte längre att lösa in valutan mot guld. Staten och centralbanken fifflade med den centraliserade nationella monetära liggaren så att allmänheten fick betala för kriget med sina besparingar, även de som valde att inte köpa krigsobligationer och trots att det inte infördes någon transparent krigsskatt. Den följande urholkningen av besparingar var således både ofrivillig och icke-transparent.

Från och med då började staten kontrollera i stort sett alla aspekter av livet. Verksamheter tvingades sluta producera saker för den inhemska ekonomin och fick i stället gå över till att producera saker för kriget. Hyrespriser frystes i ett försök att hålla nere prisinflationen som orsakats av valutaexpansionen. Som förklaras i artikeln *Bank Underground* från 2017:

Storbritannien stod inför risken för ett katastrofalt nederlag och valde att

> på många plan överge sin flera århundraden långa tro på den fria marknadens principer. Man uppvisade en exempellös villighet att lägga sig i privat ägande av industrier och egendomar. Man krävde att industrier producerade särskilda varor, frös hyrespriser på privat egendom, ransonerade import och beslagtog till slut de egna medborgarnas utländska värdepapper (arkiv: 8A240/1) ... men inte ens detta var nog. I januari 1915 förbjöd finansministeriet utfärdande av nya privata värdepapper utan godkännande, och brittiska investerare förbjöds att köpa de flesta nya värdepapper (Morgan (1952)).

Som svar på de nya avslöjandena av vad som verkligen hänt publicerades år 2017 en rättelse av *Financial Times*, som 1914 hade hjälpt till att sprida de falska nyheterna om att krigsobligationerna var övertecknade. Under rubriken "A correction 103 years late: How the BoE covered up failed war bond sale" inleddes rättelsen med följande sammanfattning:

> Förtydligande: Den 23 november 1914 hävdades i en artikel publicerad i *Financial Times* att den brittiska regeringens krigslån var "övertecknat" och att ansökningar "strömmade in". I artikeln beskrevs detta som ett "fantastiskt resultat" som "visar hur stark den brittiska nationens finansiella position är". Vi är nu glada över att kunna klargöra att inget av det ovanstående var sant.[144]

Givetvis var Storbritannien inte det enda landet som tryckte pengar för att finansiera kriget. Det gjorde vartenda stridande land, på båda sidor av kriget. När amerikanerna till slut gav sig in i kriget 1917 gjorde också de det med nytryckta pengar. Krigets förlorare fick se sina valutor genomgå hyperinflation, medan vinnarna bara hade "mycket hög" inflation.

Det som var anmärkningsvärt med att just Storbritannien genomförde denna monetära expansion var att Storbritannien vid tillfället hade världens reservvaluta. Många länder runtom i världen hade en del av sina statliga reserver i brittiska statsobligationer, delvis frivilligt på grund av effektiviteten och delvis genom tvång under det koloniala systemet. Storbritannien urholkade således inte bara de egna medborgarnas besparingar, utan urholkade även köpkraften hos många utvecklingsländer som inte på något sätt var inblandade i kriget. Genom centraliserade beslut fördes värde från sparare till kriget i Kontinentaleuropa.

Att detta kunde genomföras så snabbt och lätt var enbart tack vare abstraktionen av guld som pengar. Om människor och länder primärt hade använt fysiskt guld eller silver som pengar, hade det varit mycket svårare att

144 Patrick McClean, *A Corrections 103 Years Late: How the BoE Covered Up Failed War Bond Sale*, Financial Times, 8 augusti 2017.

ta pengarna från dem och använda dem till att betala för kriget. Att minska värdet på fysiska mynt har varit ett genomgående tema under historien, men den fysiska aspekten medför en inneboende gräns för hur snabbt denna värdeminskning kan ske. Men eftersom människor och länder bara hade fordringar på guld i form av papper och inlåningar, kunde löften brytas i en handvändning och konsekvenserna kunde hanteras vid ett senare tillfälle och spridas ut över en längre tid.

Möjligheten och villigheten hos stater att trycka pengar för krig och andra kriser spred sig likt ett virus. Tack vare centralisering och abstraktion av pengar var stater inte längre begränsade till mängden guld i valven; man hade nu tillgång till varenda medborgares egna besparingar. Om en stat på ett snabbt och icke-transparent sätt kunde urholka sina medborgares besparingar för att finansiera kriget blev chansen att vinna kriget högre – såvida inte motståndarna gjorde samma sak. Möjligheten för utgivaren av världens reservvaluta att roffa åt sig värde från en mängd olika länder runtom i världen var ännu kraftfullare. Länder som var villiga att offra det långsiktiga perspektivet för det kortsiktiga hade en fördel.

Detta är anledningen till att jag hävdar att det var oundvikligt att guldmyntfoten skulle haverera globalt till följd av en teknologisk obalans och anledningen till att den havererade överallt samtidigt och inte bara på vissa platser. Ju enklare det är att fiffla med en liggare, desto högre är sannolikheten att den fifflas med. Det är lätt att fiffla med en pappersvaluta och ett banksystem som är centraliserat och uppbackat av guld, eftersom det går att trycka valutan först och ta konsekvenserna, som inflation och avsteg från kopplingen till guld, vid ett senare tillfälle.

John Maynard Keynes, som 1914 hade beskrivit Bank of Englands hemliga finansiering av krigsobligationerna som en "mästerlig manipulering", skrev strax efter kriget om farorna med valutadevalvering:

> Lenin ska ha sagt att det bästa sättet att förgöra det kapitalistiska systemet på är att fördärva valutan. Genom en kontinuerlig inflation kan staten, i hemlighet och helt obemärkt, beslagta en betydande del av medborgarnas förmögenhet. Genom denna metod inte bara beslagtar de, utan de beslagtar godtyckligt, och medan processen gör många fattiga, gör den faktiskt en del rika. Åsynen av denna godtyckliga omfördelning av rikedom slår inte bara mot säkerheten, utan mot förtroendet för rättvisan i den befintliga välståndsfördelningen.
>
> De som gynnas av systemet, bortom vad de förtjänar och till och med bortom deras förväntningar eller önskningar, blir "profitörer". Dessa avskys av bourgeoisin, som i lika hög grad som proletariatet har utarmats av inflationismen. I takt med att inflationen fortgår och valutans verkliga värde fluktu-

> erar kraftigt från månad till månad, blir alla permanenta relationer mellan låntagare och långivare, det vill säga kapitalismens grundsten, så totalt oordnade att de nästan är helt meningslösa, och processen för att skapa välstånd blir till chanstagning och lotteri.
>
> Lenin hade såklart rätt. Det finns inte något mer subtilt sätt, inget säkrare sätt att omvälva hela samhället på än att fördärva valutan. Processen utnyttjar alla ekonomins dolda krafter för förstörelse, och den gör det på ett sätt som inte en på miljonen har förmågan att diagnosticera.[145]

Under krigets gång visade länder runtom i världen att deras regeringar och centralbanker nu hade i stort sett fullständig kontroll över de liggare som människor i hela världen använde för besparingar och betalningar. Besparingar kunde snabbt urholkas på ett icke-transparent sätt och spenderas på sådant som staten ansåg vara värt att spendera pengarna på. Länder som Storbritannien återupprättade kopplingen till guld flera år efter krigets slut, men bröt den på nytt på 1930-talet. Man började överge möjligheten att lösa in valuta mot guld helt och hållet, och gick i stället över till en konstant ökning av penningmängden. Att försöka använda guld direkt och därmed kringgå problemet var för långsamt och krångligt, och i vissa länder var det till och med olagligt.

Keynes skrev i sin essä, som delvis citerats här, med extrem tydlighet om farorna med att använda en liggare som andra människor kontrollerar, trots att han själv förespråkade exakt detta. Ofrivilliga skatter är en sak – då kan folket åtminstone se vad som sker och agera därefter. Ofrivillig urholkning av besparingar på ett godtyckligt och icke-transparent sätt är en helt annan sak, och denna nya möjlighet medförde ett enormt maktskifte, från de som *använder* liggaren till de som *kontrollerar* liggaren.

145 Keynes, *Essays in Persuasion*, s. 77–78.

KAPITEL 10

BRETTON WOODS-SYSTEMET

Efter första världskriget genomgick ett flertal länder, däribland Tyskland och Ryssland, ren hyperinflation. Andra länder, som Storbritannien, klarade sig något bättre och drabbades endast av mycket hög inflation och försökte att återupprätta kopplingen mellan valutan och guldet.

De brittiska ledarna, som vid tidpunkten ansvarade för utgivningen av världens reservvaluta, var mycket stolta över sina pengars historiska sundhet, även om de nu hade devalverat dem ganska kraftigt. De försökte 1925 att åter knyta valutan till guld till samma kurs som gällde före kriget, trots att det nu fanns mycket större mängd pengar i systemet i förhållande till guld än det fanns före kriget. Till och med dåtida förespråkare för sunda pengar, som Ludwig von Mises, var kritiska mot detta och ansåg att försöket var totalt ologiskt. Den inflationistiska skadan var redan skedd. Valutan måste knytas till en realistiskt lägre kurs.[146]

Under 1920-talet var arbetslösheten i Storbritannien högre än under åren och årtiondena före kriget. Detta berodde på många olika faktorer, som en kortare efterkrigsdepression, men även skapandet av en artificiellt stark valuta genom att knyta den till guld till en fullständigt orimlig kurs var en bidragande faktor. Till följd av den höga inflationen i penningmängden och priser hade löner gått upp avsevärt i Storbritannien räknat i brittiska pund jämfört med föregående årtionden, och ändå försökte man att knyta pundet till guld till samma kurs som gällde före kriget. Med andra ord skulle den genomsnittlige arbetstagaren tjäna mycket mer guld i timmen än före kriget. Detta gjorde lönerna artificiellt mycket högre än de faktiskt var utifrån en faktisk ekonomisk grund, vilket medförde att Storbritannien inte var konkurrenskraftigt på den globala marknaden.[147] Problemet var inte en

146 Ludwig von Mises, *Human Action: A Treatise on Economics, Scholar's Edition*, 565 och 778.
147 Barry Eichengreen, *The British Economy Between the Wars*, 328-339.

stark valuta, utan problemet var en *artificiellt* stark valuta. Dessutom skulle det bli svårt för Bank of England att upprätthålla tillräckliga guldreserver för att kunna bevilja inlösningar till förkrigskursen, då guldreserverna inte växte i samma takt som penningmängden.

Denna artificiella uppifrån-och-ner-taktik avseende monetärt värde som genomfördes av Storbritannien och ett flertal andra länder bidrog till stora kapitalflöden och bubblor världen över, vilket i sin tur bidrog till 1929 års kredit- och spekulationsbubbla i USA. Denna bubbla följdes av en krasch och 1930-talets stora depression. 1930-talet var årtiondet då många regeringar valde att lämna guldmyntfoten, och antingen tog man bort möjligheten att lösa in valuta mot guld helt och hållet eller så omvärderades guldet och valutan fick en mycket svagare kurs.

Under 1920-talet byggdes skulder i USA upp till en mycket hög nivå i förhållande till penningmängden. År 1929 uppgick den totala skulden i systemet till 173 miljarder dollar, medan den monetära basen uppgick till strax över 6 miljarder dollar – och den monetära basen var endast delvis uppbackad av guld.[148] Följaktligen fanns det löften om framtida utbetalning för cirka 28 dollar för varje dollar som faktiskt existerade, och ännu mer räknat i guld, som det fortfarande gick att lösa in dollar mot. Detta var ohållbart, och när ekonomin till slut började tappa fart till följd av detta hävstångsbaserade tillstånd var den på väg mot en katastrof.

Under början av 1930-talet kollapsade banker med fraktionella reserver över hela USA, och därför minskade det breda penningmängdsmåttet betydligt. Många insättare förlorade sina pengar, och många människor blev av med jobbet. Den så kallade "Dust Bowl" (som orsakades av en kombination av torka och olämpliga jordbruksmetoder, delvis pådrivna av jordbrukarnas aktuella finansieringsstrategier) förvärrade situationen ytterligare, och under 1930-talet fick människor uppleva verklig fattigdom. Banker gick under och många människors inlåningar betalades helt enkelt inte ut, och köerna av insättare som ville ta ut sina pengar blev bara längre och längre; de ville hellre förvara kontanter under madrassen än hos banken.[149] Detta gjorde banksystemet än mer insolvent och likviditetsproblemen blev än större. På grund av den stora mängden fordringar på dollar jämfört med den faktiska mängden dollar hade systemet en inneboende instabilitet. USA:s centraliserade liggare och landets finansiella system var på väg mot en total

148 Robert Bangs, *Public and Private Debt in the United States, 1929–40,* 21; Federal Reserve Economic Data, *St. Louis Adjusted Monetary Base.*

149 James Boughton och Elmus Wicker, *The Behavior of the Currency-Deposit Ratio During the Great Depression.*

kollaps.[150]

År 1933 utropade USA:s federala regering en bankhelg, då bankerna var stängda under flera dagar och gradvis öppnades med bättre kapitalisering för att locka folk att sätta in sina pengar igen. I en rapport publicerad 2009 för Federal Reserve Bank of New York, med titeln "Why Did FDR's Bank Holiday Succeed?", förklarade William Silber att "presidenten vidtog nödfallsåtgärder avseende valuta hämtade ur lagen för att uppmuntra Federal Reserve att införa en de facto 100 procent insättningsgaranti i de återöppnade bankerna".[151]

Denna insättningsgaranti var endast möjlig tack vare statens och centralbankens förmåga att skapa fler dollar ur tomma intet, men de kunde inte skapa mer guld som dessa dollar skulle lösas in mot. I takt med att fler och fler dollar trycktes och bankerna rekapitaliserades, blev dollarn därför allt mindre uppbackad av faktiskt guld. Centralbankens guldvalv skulle tömmas om detta skulle fortsätta.

Detta berodde till stor del på det stora hastighetsgapet mellan bankliggare och guld. Över tid utnyttjades detta hastighetsgap så att det fanns många, *många* fler fordringar på gulduppbackade dollar i omlopp än det fanns faktiskt guld – tills en nål till slut spräckte den bräckliga bubblan. Om guld hade kunnat förflyttas och verifieras snabbare hade det inte funnits lika stor anledning att använda sig av fordringar på det. De fordringar som hade funnits hade testats (lösts in) oftare, vilket hade förhindrat en sådan enorm obalans. Men guld förflyttas inte lika snabbt som telekommunikationsanknutna liggare, så obalansen ignorerades under lång tid, tills den blev fruktansvärt stor.

En kort tid efter bankhelgen 1933 utfärdade USA:s federala regering en exekutiv order som innebar att alla medborgare måste lämna in sitt guld i utbyte mot dollar till den aktuella växelkursen. Det blev olagligt att äga en betydelsefull mängd guld, och straffet för detta kunde vara upp till tio års fängelse. Det var till och med olagligt för amerikaner att äga guld i andra länder. Med andra ord var den federala regeringens centralt styrda, kraftigt hävstångsbaserade liggare i så bedrövligt skick att man blev tvungen att kriminalisera ägandet av en gul metall, med hot om frihetsberövande och våld. Dessutom överfördes äganderätten till guldreserverna från Federal Reserve till det amerikanska finansdepartementet.

När en betydande mängd guld hade samlats in antogs lagen Gold Reserve Act 1934. Lagen innebar att dollarn omvärderades från omkring 1/20

---

150 Milton Friedman och Anna Schwartz, *A Monetary History of the United States, 1867–1960*. Se även Scott Sumner, *The Money Illusion: Market Monetarism, the Great Recession, and the Future of Monetary Policy*, kapitel 7.
151 William Silber, *Why did FDR's Bank Holiday Succeed?*, 19.

av ett uns guld till 1/35 av ett uns guld (1 uns = 31,1035 gram, ö.a.). Med andra ord devalverades dollarn avsevärt i förhållande till guld efter det att staten hade samlat in en stor del av guldet. Detta innebar i praktiken ett kontraktsbrott gentemot allmänheten. De dollar som allmänheten hade i sin ägo, som folket under lång tid hade lovats kunna lösa in mot guld till en kurs på 20,67 dollar per uns guld, var nu officiellt satta till en kurs på 35 dollar per uns guld och kunde inte längre lösas in ens till denna kurs.[152] Valutadevalvering gynnar låntagare över långivare, och det fanns ingen större låntagare än USA:s federala regering.

Genom denna kraftiga ökning i insamling av guld av staten, och genom devalveringen av dollarn i förhållande till guld, ökade staten i praktiken mängden guld som backade upp valutan. Även om man hade gjort det omöjligt för allmänheten att lösa in dollar mot guld, kunde utländska långivare fortfarande göra detta, då man ville upprätthålla den internationella tilltron till detta uppdaterade system med en centraliserad liggare. Från 1933 till 1971 befann sig USA ännu på en typ av guldmyntfot, under vilken valutan tekniskt sett fortfarande var knuten till guld (till en lägre kurs) men där amerikanska medborgare inte hade någon möjlighet att se till att denna koppling upprätthölls.

Under 1930-talet stagnerade den globala ekonomin och politisk populism växte fram. Saker från första världskriget som inte hade tagits itu med började bubbla upp till ytan igen. Valutor hade kraschat, besparingar hade försvunnit, arbetarklassen hade i vissa länder gjort revolt mot överklassen och människor i besegrade länder hade vänt sig till politisk extremism. Stora delar av allmänheten ville att "starka män" skulle leda dem och tala om för dem vilka det var som orsakade problemen, även om detta skulle innebära minskad individuell frihet och att minoritetsgrupper falskeligen fick skulden. Dessa problem, tillsammans med en mängd andra faktorer som är alltför många för att diskutera här, ledde till slut till andra världskriget.

Under andra världskriget tryckte regeringar världen över återigen enorma mängder nya pengar för att roffa åt sig allmänhetens besparingar och finansiera kriget, vilket föga förvånande ledde till valutadevalvering och ihållande inflation. Och återigen införde regeringar pris- och löneregleringar för att försöka bekämpa den inflation som de själva hade orsakat genom sitt penningtryckande. De vidtog dessutom olika politiska åtgärder för att styra produktionen inom den privata sektorn mot kriget.[153] Ett flertal valutor drabbades av hyperinflation, och de segrande nationernas valutor minskade i värde med minst 50 procent.

---

152 George Selgin, *The Rise and Fall of the Gold Standard in the United States*, 24-30.
153 Robert Higgs, *Wartime Prosperity? A Reassessment of the U.S. Economy in the 1940s*, 44-53.

När kriget började lida mot sitt slut och de allierade styrkorna gick mot en klar seger, möttes år 1944 representanter för 44 olika länder i Bretton Woods, New Hampshire, för att diskutera hur det monetära systemet skulle se ut efter kriget.

TVÅ KONKURRERANDE VISIONER

En global monetär ordning är i grund och botten en beskrivning av hur handel genomförs mellan länder som inte nödvändigtvis litar på varandras offentliga liggare. I den mån som tekniken möjliggör det kan staten tvinga människor i det egna landet att använda dess centraliserade liggare, men det går inte att tvinga andra länder att godta giltigheten i detta system.

Historiskt sett har ädelmetaller varit internationellt accepterade som pengar, då inget land har någon egentlig kontroll över naturens liggare. Men i en tid av globalt sammankopplade bankliggare kan ett mäktigt imperium som Storbritannien på 1800-talet eller Förenta staterna på 1900-talet bestämma den globala monetära ordningen och placera sin egen liggare i centrum.

Under konferensen i Bretton Woods 1944 framfördes två primära visioner för hur det globala monetära systemet skulle se ut. Den första lades fram av britten John Maynard Keynes och den andra av amerikanen Harry Dexter White.

John Maynard Keynes föreslog ett neutralt avvecklingssystem, med en överstatlig beräkningsenhet kallad "bancor" i centrum. En bancor skulle representera en proportionell korg av stora globala valutor, och även om guld skulle kunna lösas in mot bancor skulle det inte vara möjligt att lösa in bancor mot guld. I boken *The Battle of Bretton Woods* beskriver Benn Steil bancorn på följande vis:

> Varje artikel som ett medlemsland exporterade skulle tillföra fler bancor till dess ICB-konto, och varje artikel som importerades skulle minska antalet bancor. Gränser skulle sättas för hur stor mängd bancor ett land skulle kunna ackumulera genom att sälja mer till andra länder än man köpte samt för hur stor skuld i bancor man skulle kunna ansamla genom att köpa mer än man sålde. Detta var för att länder inte skulle kunna ansamla alltför stora överskott eller underskott. Varje lands gränser skulle stå i proportion till landets andel av världshandeln. Den här metoden för att fastställa bancor-kvoter skulle, inte av tillfällighet, gynna brittiska intressen, då Storbritannien inte hade mycket guld men behövde genomföra mycket handel.
>
> När de initiala gränserna hade överskridits skulle länder med underskott tillåtas nedvärdera sina valutor medan länder med överskott skulle tillåtas uppvärdera sina valutor. Detta skulle göra varor från underskottsländer billiga-

> re och varor från överskottsländer dyrare, i syfte att stimulera en ombalansering av handeln. Ytterligare överträdelser av debet- och kreditpositioner i bancor skulle leda till obligatoriska åtgärder. För kroniska låntagare skulle detta innebära obligatorisk valutadevalvering, högre räntebetalningar till ICB:s reservfond, obligatorisk försäljning av guld och begränsad kapitalexport. För kroniska långivare skulle detta innebära valutauppvärdering och betalning av minst fem procents ränta på överskjutande krediter, och tio procent på större överskjutande krediter, till ICB:s reservfond.[154]

Fördelen med Keynes förslag var att det ur ett globalt avvecklingsperspektiv på många sätt skulle replikera guldmyntfoten: Precis som guld skulle bancorn vara en neutral avvecklingstillgång, men skulle ha en högre hastighet och viss flexibilitet vad gäller utbud. Obalanser i handeln mellan länder skulle över tid korrigera sig själva. Nackdelen med Keynes förslag var att det skulle innebära ett centraliserat och strängt kontrollerat system byggt kring en deprecierande tillgång och skulle kräva mycket koordination mellan länder för att kunna fungera, vilket skulle innebära att det skulle vara geopolitiskt bräckligt.

Harry Dexter White å andra sidan föreslog att alla deltagande länder skulle knyta sina valutor till den amerikanska dollarn och att dollarn skulle förbli knuten till guld till en fast växelkurs. Och utländska centralbanker skulle kunna lösa in dollar mot guld. Dessa centralbanker skulle således inneha dollar (främst i form av amerikanska statsobligationer), eftersom de skulle vara lika bra som guld och skulle generera ränta. Utöver utarbetandet av detta förslag hjälpte White till att inrätta Internationella valutafonden och Världsbanken, som skulle fungera som systemets attraktionskraft, skyddsräcken och övervakare.

Vid tidpunkten då detta förslag lades fram hade USA en otroligt stark geopolitisk ställning och kunde ofta få sin vilja fram. Till skillnad från resten av världen var amerikansk mark i stort sett orörd av kriget. Den industriella produktionskapaciteten i många andra länder hade mer eller mindre ödelagts; detta gällde även länder som tillhörde den segrande sidan. Vidare hade USA världens största ekonomi med över 40 procent av världens totala BNP, världens bästa geografiska läge (två enorma oceaner, två vänligt sinnade grannländer, världens mest omfattande flodsystem och massor av olja) samt stora mängder guld. Och USA hade inte bara stora mängder eget guld, utan många allierade länder hade även skickat sitt guld till USA för förvaring, i händelse av att de skulle invaderas av fienden under kriget. Införandet av Bretton Woods-systemet var också en del av Marshallplanen,

154 Benn Steil, *The Battle for Bretton Woods: John Maynard Keynes, Harry Dexter White, and the Making of a New World Order*, 143-144.

som innebar att om krigshärjade länder ville ha ekonomisk hjälp av USA för återuppbyggnad efter kriget skulle de vara tvungna att acceptera USA:s vision för hur den globala ordningen skulle struktureras med avseende på pengar och handel.[155]

I slutändan var det Whites förslag som antogs, och när det färdigställdes efter kriget 1946 blev det USA i stället för Storbritannien som från det ögonblicket skulle fungera som utgivare av världens reservvaluta.[156] Tyvärr var systemet bristfälligt redan från början, och dessa brister blev snabbt tydliga när systemet trädde i full kraft efter 1958, då restriktionerna för valutatransaktioner på löpande konto avskaffades.[157]

EURODOLLARN OCH SLUTET FÖR BRETTON WOODS

I ett fritt banksystem, där enskilda banker snarare än staten ger ut valuta uppbackad av guld, begränsas mängden valuta i systemet åtminstone till viss del av mängden guld i systemet. Detta beror på att enskilda banker bara har en viss mängd guld och måste ha en tillräcklig mängd för att kunna tillgodose kundernas uttag. Banker som inte har tillräckliga mängder guld drabbas så småningom av en bankrusning och går under. Så även om mängden valuta i systemet kan fluktuera något i förhållande till guld, uppstår snabbt problem och mängden valuta minskas så fort gapet blir för stort, eftersom det inte finns någon central institution som omedelbart kan skapa mer guld och rädda systemet. Om tillsynsmyndigheterna tillåter det kan enskilda fria banker hantera sina risker genom att etablera filialer och genom ansvarsfull utlåning, men på grund av risken för bankrusningar testas ständigt deras likviditet och solvens.[158]

Om merparten av guldet å andra sidan innehas av centralbanken och staten, och det inte längre går att lösa in valutan mot guld, då begränsas mängden valuta i systemet inte alls av mängden guld i systemet. Ju svårare det är att lösa in valuta mot guld, desto mindre begränsas det valutaskapande systemet av guld. Som diskuteras vidare i del 4 av den här boken, skapas ny valuta oftast genom antingen 1) monetariserat offentligt underskott eller 2) ökad utlåning av banker med fraktionella reserver. Om affärsbanker med fraktionella reserver förvarar reserver hos centralbanken och utfärdar lån som en penningmultiplikator ovanpå denna monetära bas, begränsas i praktiken inte mängden valuta som skapas över tid av det guld som inne-

155 Perry Mehrling, *Money and Empire*, 154-170; Michael Bordo, *The Bretton Woods International Monetary System: A Historical Overview*, 28-38.

156 Barry Eichengreen och Marc Flandreau, *The Rise and Fall of the Dollar*, European Review of Economic History 13.

157 Robert Hetzel, *Launch of the Bretton Woods System*.

158 Selgin, *Theory of Free Banking*, 23-41; White, *Monetary Institutions*, kapitel 2.

has av centralbanken eller staten. Och även om banker då och då stöter på likviditetsproblem kan centralbanken alltid utöka den monetära basen, köpa en del av bankens tillgångar och därmed säkerställa systemets fortsatta tillväxt.

Från 1920 till 1950 växte USA:s officiella guldreserver från under 4 000 till över 20 000 ton. Men under Bretton Woods-systemet från 1950 till 1970 minskade guldreserverna kraftigt från 20 000 till strax över 9 000 ton, på grund av uttag av utländska centralbanker.[159] Samtidigt fördubblades den amerikanska monetära basen från 1950 till 1970, och det breda penningmängdsmåttet mer än tredubblades. Från 1950 till 1970 blev således dollarn allt mindre uppbackad av guld.[160]

Detta problem uppstod på grund av att det amerikanska banksystemet samt det dollar-denominerade banksystemet utanför USA (ofta kallat "eurodollarsystemet") fortsatte att växa. Och anledningen till denna tillväxt var att utlåningsverksamheten med fraktionella reserver nu var helt frånkopplad från guldet i systemet. Federal Reserve fortsatte att utöka den monetära basen trots att finansdepartementet inte hade tillräckliga mängder guld för detta, och affärsbankerna fortsatte att multiplicera reserverna till större och större mängder dollarinlåningar. Följden blev att andra länders centralbanker ägde större och större summor dollar, och vissa av dem löste in dessa ständigt ökande summor dollar mot guld. De amerikanska guldreserverna blev snabbt mindre, och några av de utländska långivarna insåg att dollarn inte skulle kunna bibehålla kopplingen till guld länge till. Därför började de lösa in ännu fler dollar mot guld, vilket bara påskyndade kollapsen.

Eurodollarsystemet avser de amerikanska dollar som finns utanför USA och därmed inte är under direkt kontroll av den amerikanska centralbanken. Namnet till trots syftar eurodollar på dollar i vilken annan jurisdiktion som helst utanför USA, och inte bara på dollar i Europa, även om Europa var systemets utgångspunkt. I och med Marshallplanen på sent 1940-tal började stora mängder dollar flöda in i Europa. Sovjet hade också dollar som intjänats genom handel, och på grund av den hårda konkurrensen mellan Sovjet och USA förvarade Sovjet ofta dollar i europeiska banker, då man inte ville riskera beslagtagande genom amerikanska banker.[161]

Eurodollarsystemet växte stadigt under 1950- och 1960-talet. Man kan se det som ett system med fraktionella reserver byggt på ett system med fraktionella reserver. I sin roll som landets centralbank fungerar Federal Re-

---

159 Timothy Green, *Central Bank Gold Reserves*, 17-18.

160 Meltzer, *A History of the Federal Reserve, Volume 2, Book 2: 1970–1986*, 686-688; Michael Bordo och Robert McCauley, *Triffin: Dilemma or Myth?* 5.

161 Paul Einzig, *The Euro-dollar System: Practice and Theory of International Interest Rates*; Robert Aliber, *Eurodollars: An Economic Analysis*, 77-85.

serve som USA:s "bank för banker". Amerikanska affärsbanker förvarar sina reserver som poster i Federal Reserves liggare, medan privata insättare och företag har sina kontantinlåningar som delvis uppbackade poster i en liggare hos en affärsbank. Så det finns två olika lager av pengar, den monetära basen och det breda penningmängdsmåttet. Sedan kan en utländsk bank ta emot inlåningar av dollar, sätta in dem hos en amerikansk bank och erbjuda delvis uppbackade bankinlåningar till olika utländska aktörer. Detta är ett tredje lager av pengar, delvis uppbackade fordringar på dollar.

Ur de utländska insättarnas perspektiv har de en kedja av delvis uppbackade skulder som leder hela vägen tillbaka till Federal Reserve. De utländska insättarnas dollartillgångar är skulder för den utländska affärsbank där de satts in. Den utländska affärsbanken förvarar sina kontanta tillgångar (som utgör en bråkdel av kundinlåningen) hos en amerikansk affärsbank, och dessa dollartillgångar är skulder för denna amerikanska affärsbank. Den amerikanska affärsbanken förvarar sina kontanta tillgångar (som utgör en bråkdel av kundinlåningen) hos Federal Reserve, och dessa dollar är skulder för Federal Reserve. Federal Reserve kan se all inlåning som görs hos amerikanska banker, men har begränsad insyn i vad som sker på det tredje lagret – alla de där utländska fordringarna på dollar.[162]

Denna bråkdel-av-en-bråkdel-inlåning representerade utländska centralbankers fordringar på guld. Och ändå begränsades denna penningskapande process inte alls av guldreserverna i Fort Knox. När bara en liten del av den enorma mängden dollar löstes in mot guld började guldreserverna kvickt att sina.

Mängden inhemska och utländska dollar växte medan USA:s guldreserver krympte, men USA kunde köpa sig tid med hjälp av sin militära och geopolitiska makt. Om något land tog ut för mycket guld kunde USA utöva påtryckningar och få landet att sluta lösa in sina dollar. "Vill ni att vi avlägsnar våra militärbaser från ert land så att er militär står ensam mot Sovjet? Inte? Då kanske ni borde sluta ta ut så mycket guld och sätta press på vårt monetära system."

Men matematik är matematik, och några av de mer bestämda ledarna i världen insåg att det här systemet oundvikligen skulle kollapsa och fortsatte att lösa in sina dollar mot guld. Mot slutet av 1960-talet var systemet trasigt och år 1971 kungjorde president Nixon officiellt att utländska centralbanker inte längre kunde lösa in dollar mot guld, för att stoppa den nedåtgående spiral som de amerikanska guldreserverna befann sig i. Han gav spekulanter skulden för katastrofen och sa att detta bara var en till-

---

162 Nik Bhatia, *Layered Money: From Gold and Dollars to Bitcoin and Central Bank Digital Currency*, 60-79.

fällig åtgärd, men som läsaren säkert vet blev den permanent.[163] Bretton Woods-systemet var dåligt utformat från första början och dess kollaps var oundviklig; det tog bara omkring en kvarts sekel från dess utformning 1944 och knappt över ett decennium från det att systemet var i full drift 1958–1959.[164]

År 1971 antog världen dagens system med fiatvalutor, vilket innebär att varken världens reservvaluta eller någon annan valuta går att lösa in mot någonting alls.

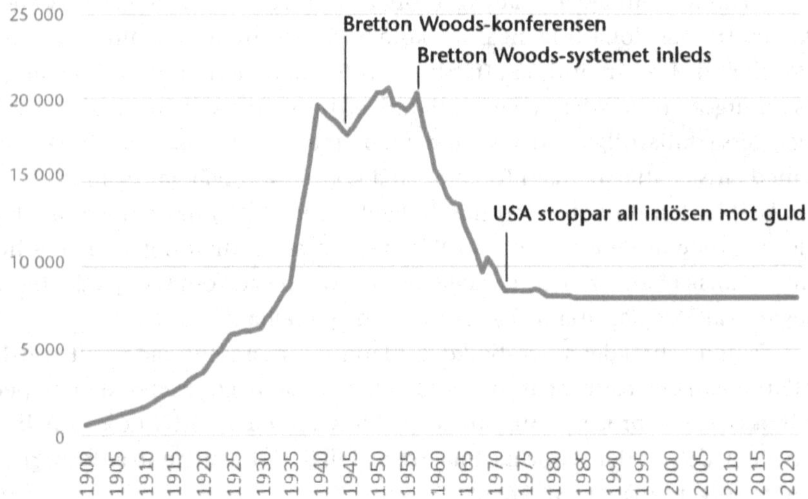

Figur 10.1
Amerikanska guldreserver 1900–2022 (ton).[165]

163 Jeffrey Garten, *Three Days at Camp David: How a Secret Meeting in 1971 Transformed the Global Economy*, 19-45.
164 Robert Hetzel, *The Federal Reserve: A New History*, 355-356.
165 Green, *Central Bank Gold Reserve*, 17-19; World Gold Council, *Central Bank Holdings*.

KAPITEL 11

PETRODOLLARNS FRAMVÄXT

Efter Bretton Woods-systemets kollaps 1971 befann sig världen i en situation den aldrig befunnit sig i tidigare: pengarna som praktiskt taget alla i hela världen använde saknade helt uppbackning av något med hög knapphet. Det hade gjorts försök att använda fiatvalutor förut, men bara på en nationell eller regional skala och de hade alla drabbats av hyperinflation. Införandet av detta nya system innebar första gången som fiatvaluta skulle användas i hela världen.

En suverän stat kan ganska enkelt tvinga invånarna att använda en fiatvaluta inom landets gränser. Genom att förbjuda inbetalning av skatt i annat än denna valuta, genom att införa kapitalvinstbeskattning på råvarupengar, genom att införa lagar om lagliga betalningsmedel som stipulerar att alla handlare måste acceptera en viss valuta som betalning samt genom olika bankförordningar som syftar till att sakta ner utbudstillväxten av valutan går det ofta att bibehålla en tillräckligt hög grad av efterfrågan på valutan i förhållande till det tillgängliga utbudet. Men ett land har inte mycket möjlighet att tvinga andra länder att acceptera dess valuta. Valutan är inget annat än små pappersbitar, eller en bankliggare, som inte backas upp av någonting och som lyder under regler som när som helst kan ändras. En fiatvaluta erbjuder ingen nytta för slutanvändaren och går inte heller att lösa in mot något annat som skulle erbjuda nytta.

På 1970-talet genomgick USA och flera andra länder en period av mycket hög inflation. Utbudet av dollar, pund, franc och andra valutor fortsatte att växa, och de backades inte upp av och gick inte att lösa in mot någonting. Samtidigt nådde amerikansk konventionell olja en produktionstopp 1970 efter ett århundrade av mer eller mindre ständig tillväxt, och under många år var den inhemska produktionen inte tillräcklig utan landet fick förlita sig allt mer på oljeimporter. År 1973 införde Saudiarabien och andra oljeproducerande länder i Mellanöstern ett oljeembargo för nationer som gav stöd åt Israel under Yom Kippur-kriget. Ett av dessa länder var USA. Detta ledde till en oljekris och en prischock under en period med kraftigt stigande efterfrågan.

USA var emellertid ett unikt land vad gäller storlek och makt, både militär och ekonomisk. Om det fanns något land som skulle kunna tvinga eller locka andra länder att acceptera en ouppbackad valuta som betalningsmedel var det USA. Andrea Wong beskriver i en lång *Bloomberg*-artikel från 2016, "The Untold Story Behind Saudi Arabia's 41-Year U.S. Debt Secret", i detalj hur USA lyckades övertyga Saudiarabien och andra länder i området om att acceptera dollar som betalningsmedel och att långsiktigt spara dollar i form av amerikanska statsobligationer.

År 1974 gav sig president Nixons nya finansminister, William Simon, ut på en diplomatisk resa till Europa och Mellanöstern. Varför skickade USA sin finansminister av alla människor på ett sådant uppdrag? Svaret är att resan mestadels handlade om finansiell diplomati, och främst om amerikanska statsobligationer. Här är ett utdrag ur Wongs artikel:

> Officiellt var Simons två veckor långa resa till Europa och Mellanöstern en resa i den finansiella diplomatins tecken, full av sedvanliga möten och banketter. Men det verkliga uppdraget, som endast president Richard Nixons innersta krets kände till, skulle utföras under en fyra dagar lång vistelse i den saudiarabiska kuststaden Jeddah.
>
> Målet: att neutralisera råolja som ett ekonomiskt vapen och hitta ett sätt att övertyga ett fientligt inställt kungadöme om att finansiera Amerikas ökande underskott med sina nyvunna petrodollar-rikedomar. Och enligt Parsky hade Nixon klargjort att det inte var ett alternativ att komma hem tomhänt. Ett misslyckande skulle inte bara äventyra Amerikas finansiella tillstånd, utan skulle dessutom ge Sovjetunionen en möjlighet att tränga sig längre in i arabvärlden.[166]

Den överenskommelse som Simon för Nixon-administrationens räkning lyckades sluta med det saudiska ledarskapet var följande: USA skulle köpa stora mängder olja av Saudiarabien och i gengäld sälja stora mängder militär utrustning och militärt stöd till dem. USA skulle dessutom med sin oöverträffade flotta säkerställa att Hormuzsundet (ett smalt sund i Persiska viken mellan Saudiarabien och dess fiende Iran) förblev öppet för global oljehandel, då det var därigenom även USA skulle få sin olja. Saudiarabi-

---

166 Andrea Wong, *The Untold Story Behind Saudi Arabia's 41-Year U.S. Debt Secret*, Bloomberg, 30 maj 2016.

en skulle ta sitt handelsöverskott i dollar, som kallades "petrodollar", och främst investera detta i amerikanska statsobligationer och därmed finansiera det amerikanska underskottet. Vidare skulle Saudiarabien sälja sin olja till andra länder mot dollar, vilket skulle öka den globala efterfrågan på dollar och stärka dollarns status som hela världens betalningsmedel och värdebevarare.

Ett sista villkor var att Saudiarabien ville hålla överenskommelsen hemlig. Statsobligationerna skulle mestadels säljas till Saudiarabien inofficiellt, utanför den normala auktionsprocessen. Wong fortsätter:

> Det tog flera hemliga uppföljningsmöten för att komma överens om alla detaljer, sa Parsky. Men efter flera månaders förhandlingar kvarstod en liten, men avgörande, detalj: kung Faisal bin Abdulaziz Al Saud krävde att landets köp av statsobligationer skulle hållas "strängt hemliga", enligt ett diplomatiskt meddelande som Bloomberg erhållit från National Archives-databasen.

För artikeln använde sig Wong av lagen om informationsfrihet för att få tag i information om överenskommelsen som tidigare inte varit tillgänglig för allmänheten. Innan artikeln publicerades var den finansiella relationen mellan Saudiarabien och USA en "känd hemlighet", och denna rapportering i media gav ytterligare vikt och transparens åt den. På grund av USA:s stöd för Israel var det många länder med muslimsk majoritet som på 1970-talet hade en mycket negativ bild av landet, så Saudiarabien ville hålla relationen hemlig. Det saudiska ledarskapet oroade sig över hur det skulle se ut att de hade ett nära samarbete med amerikanerna. Samtidigt ville de stärka sin ekonomiska och militära säkerhet gentemot rivalen Iran, och därför var petrodollar-överenskommelsen så lockande.

Man kan sammanfatta den här perioden med att USA hade tillräcklig militär och ekonomisk makt att övertyga Saudiarabien och andra länder om att fortsätta använda dess centraliserade och ouppbackade fiatvaluta. Den globala oljemarknaden är enorm, och genom att övertyga producenter om att prissätta oljan i dollar, sälja den mot dollar och förvara sitt petrodollaröverskott i amerikanska statsobligationer, backade USA i praktiken upp dollarn med olja. Dollarn var inte knuten till och gick inte att lösa in mot en specifik mängd olja, men detta nya system innebar att alla oljeimporterande länder ville ha dollar (ofta i form av amerikanska statsobligationer) i sina reserver, för att säkerställa att man vid behov skulle kunna köpa olja. Detta höll den globala efterfrågan på dollar hög, och därmed var även dollarns övergripande nätverkseffekt fortsatt stark. Från och med 1974 fram till i dag har världen använt sig av denna "petrodollar-myntfot".[167] Jag kallar systemet eurodollar/petrodollar-systemet eftersom det är en kombination av en naturlig nätverkseffekt av att vara världens största ekonomi i en tid då transaktioner sker mycket snabbare än avveckling och av avsiktliga designval av detta dominanta land som ger producenter av knappa resurser incitament att använda denna liggare och därmed förstärka nätverkseffekten.

För att dollarn skulle ses som en tillförlitlig valuta på en global skala var USA tvunget att bibehålla någotsånär trovärdiga institutioner och en hög grad av maktfördelning mellan centralbanken och regeringen. År 1978 och 1979, efter ett årtionde av hög inflation, var USA:s ekonomiska rykte så dåligt att man emitterade statspapper i schweiziska franc och västtyska mark för att bygga upp reserver i utländsk valuta – ungefär som utvecklingsländer ofta behöver göra.[168] Från och med 1979 och in på 1980-talet höjde Federal Reserves nya ordförande, Paul Volcker, räntan till nästan 20 procent och försatte USA i recession i syfte att stabilisera dollarn. Både Jimmy Carter och hans efterträdare Ronald Reagan gav honom sitt stöd i denna hökaktiga ställning.

Vid tillfället hade latinamerikanska länder en samlad hög dollardenominerad skuld. Genom att stärka dollarn med en mycket hög inflationsjusterad ränta krossade Paul Volcker många av dessa länders företag och offentliga finanser, vilket innebar minskad köpkraft för oljekonsumtion. USA kunde fortsätta att köpa olja av Saudiarabien till ett lågt pris, medan den latinamerikanska oljekonsumtionen stagnerade till följd av att värdet på de latinamerikanska valutorna sjönk. Som framgår av Figur 11.1 gick oljekonsumtionen tillfälligt ner under 1980-talet, i huvudsak beroende på att utvecklade länder fortsatte att öka sin oljekonsumtion samtidigt som många utvecklingsländer (särskilt i Latinamerika) blev tvungna att minska sin konsumtion.[169]

År 1999 började Saddam Hussein i Irak (som vid tillfället hade världens näst största oljereserver) sälja olja mot den nyskapade euron. Även Ryssland, Venezuela och Iran började runt samma period sälja olja mot andra valutor än dollar. Efter terrordådet den 11 september och den påföljande invasionen av Afghanistan 2001 invaderade USA Irak 2003, trots mycket begränsat stöd från världssamfundet med undantag för Storbritannien.

Än i dag saknas en vettig förklaring till varför USA invaderade Irak. Den officiella anledningen vid tillfället var Iraks massförstörelsevapen, som ald-

167 Alex Gladstein, *Check Your Financial Privilege*, 38-42.

168 Paul Lewis, *U.S. Reported Set To Borrow Marks Worth $1.25 Billion*, The New York Times, 28 november 1978.

169 David Spiro, *The Hidden Hand of American Hegemony Petrodollar Recycling and International Markets*.

170 YCharts, *World Oil Consumption (I:WOCNY)*.

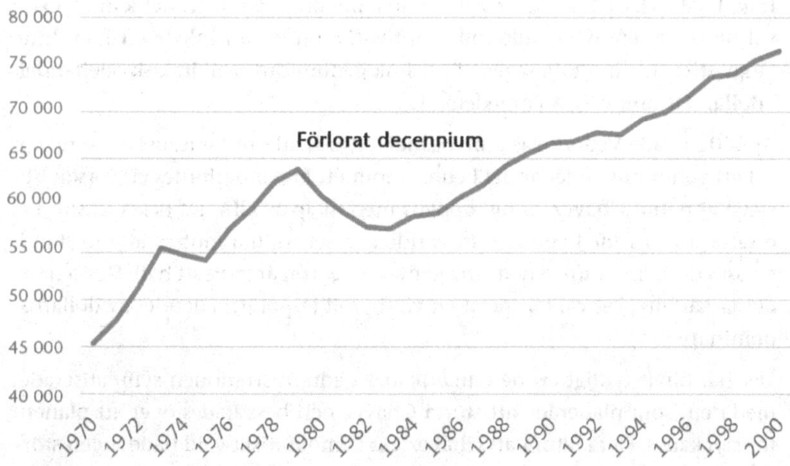

Figur 11.1
Världens oljekonsumtion 1970–2000 (tusentals fat/dag).[170]

rig hittades och som aldrig funnits. Det finns gott om diktatorer i världen, och en del av dem har faktiskt massförstörelsevapen, exempelvis den i Nordkorea. Varför valde USA att invadera just Irak? Av de 19 terrorister som var direkt inblandade i 11 september-attackerna kom 15 från Saudiarabien och ingen från Irak. Hjärnorna bakom attacken befann sig i Afghanistan, nära gränsen till Pakistan.

Strax efter USA:s invasion av Irak började Irak sälja olja mot dollar igen. Tanken att USA invaderade Irak för att man sålt olja mot euro ses ofta som en konspirationsteori; det var troligtvis inte den enda anledningen, men USA har historiskt sett varit mycket aggressivt mot länder som sålt betydande mängder olja utanför det dollarbaserade systemet, och Irak var det mest framträdande exemplet på detta. En dåvarande amerikansk kongressledamot, Ron Paul, höll 2006 ett tal inför kongressen på detta tema, som därmed blev en offentlig uppgift. Det följande är ett utdrag ur Pauls tal:

> Det är nu allmänt känt att administrationens omedelbara reaktion efter 9/11 kretsade kring hur man skulle kunna knyta Saddam Hussein till attackerna för att motivera en invasion och störtandet av hans regering. Utan bevis på någon anknytning till 9/11 eller på massförstörelsevapen genererades stöd från allmänheten och kongressen genom snedvridningar och förvrängningar av verkligheten, för att motivera störtandet av Saddam Hussein.
>
> Det talades inte offentligt om att Saddam Hussein skulle avlägsnas på grund av hans attack på dollarns integritet som en reservvaluta genom att sälja olja mot euro, men många tror att detta var anledningen till vår fixering vid

Irak. Jag tvivlar på att det var den enda anledningen, men det kan mycket väl ha spelat en avgörande roll i motivationen till att inleda ett krig. Inte långt efter den militära segern över Irak genomfördes all irakisk oljehandel i dollar. Euron övergavs omedelbart.

År 2001 talade Venezuelas ambassadör i Ryssland om Venezuelas övergång till att genomföra oljehandel i euro. Inom ett år genomfördes ett försök till statskupp mot Chávez, enligt uppgift med hjälp av CIA. Då dessa försök att ersätta dollarn med euron som världens reservvaluta möttes av motstånd vändes dollarns kraftiga nedgång gentemot euron åt motsatt håll. Dessa händelser kan mycket väl ha spelat en viktig roll i upprätthållandet av dollarns dominans.

Det har blivit tydligt att den amerikanska administrationen sympatiserade med dem som planerade att störta Chávez och besvärades över att planen misslyckades. Det faktum att Chávez var demokratiskt vald hade ingen större inverkan på vilken sida vi stod bakom. Nu genomförs ett nytt försök mot petrodollar-systemet. En annan medlem av "ondskans axelmakter", Iran, har tillkännagivit planer på att i mars i år öppna en oljebörs. [Och] vet du vad? Oljepriset ska sättas i euro, inte i dollar.

De flesta amerikaner har glömt hur vår politik under årens lopp systematiskt och helt i onödan har retat upp iranierna. År 1953 hjälpte CIA till att störta den demokratiskt valde Mohammad Mosaddegh och tillsatte i stället den auktoritära shahen, som var vänligt inställd mot USA. Iranierna var fortfarande rasande över detta när de tog gisslan 1979. Vår allians med Saddam Hussein i hans invasion av Iran i början av 1980-talet gjorde inte saken bättre, och stärkte uppenbarligen inte vår relation med Saddam Hussein. Att administrationen 2001 kungjorde att Iran tillhörde ondskans axelmakter förbättrade inte den diplomatiska relationen mellan våra länder. De senaste hoten gällande kärnenergi verkar inte registreras hos de som fortsätter att provocera Iran, samtidigt som man ignorerar det faktum att landet är omringat av kärnvapenländer. Med tanke på det som många muslimer ser som vårt krig mot islam och denna nyligen inträffade händelseutveckling är det inte så konstigt att Iran väljer att skada Amerika genom att undergräva dollarn. Iran har, precis som Irak, ingen som helst kapacitet att angripa oss, men det stoppade inte oss från att framställa Saddam Hussein som en nutida Hitler, redo att ta över världen. Nu är det Iran, särskilt efter dess planer på att prissätta olja i euro, som utsätts för ett propagandakrig likt det som fördes mot Irak före vår invasion.

Det är inte särskilt sannolikt att upprätthållandet av dollarns dominans var den enda anledningen till kriget mot Irak eller till provokationerna mot Iran. De verkliga anledningarna till att gå ut i krig är komplicerade, men vi vet nu att de anledningar som angavs innan kriget startade, som förekomsten av massförstörelsevapen och Saddams anknytning till 9/11, var falska.[171]

---

171 Ron Paul, *The End of Dollar Hegemony*. Tal inför representanthuset, 15 februari 2006.

I en värld av konkurrerande liggare, var och en centraliserad och ouppbackad, kan vi ännu en gång ställa oss frågan "Vem kontrollerar liggaren?". Det geopolitiska svaret är att det, i telekommunikationens tidsålder, sannolikt är det land som har störst ekonomisk och militär makt som har störst kontroll över världens liggare, så länge det inte finns någon bättre lösning och så länge det inte finns något land som är stort nog att påtvinga resten av världen sin vilja. Det mäktigaste landets liggare fungerar som en oberoende tredjeparts beräkningsenhet vid internationella transaktioner. Sydkorea och Saudiarabien till exempel behöver inte sätta någon tillit till varandras liggare för att genomföra handel med varandra, men de behöver båda två sätta sin tillit till USA. Bland fiatvalutor är världens reservvaluta den överlägset mest säljbara i internationell handel.

I skrivande stund finns det cirka 160 fiatvalutor i världen, och det är inte många av dem som är särskilt säljbara eller önskvärda utanför det egna monetära området. Det är meningen att pengar ska ersätta byteshandel, men när det finns 160 olika statligt utgivna valutor replikeras ironiskt nog byteshandelsystemet – åtminstone när det gäller global handel. Därför är det viktigt att ha ett primärt avvecklingsinstrument och en gemensam beräkningsenhet, så att länder som inte litar på varandras godtyckliga fiatvalutor ändå kan genomföra handel med varandra. Före 1944 fungerade guld som avvecklingsinstrument och beräkningsenhet. Under Bretton Woods-eran mellan 1944 och 1971 användes ännu guld, även om också den amerikanska dollarn (som gick att lösa in mot guld och representerade fullständig tillit till världens största ekonomiska och militära makt) användes. Från mitten av 1970-talet fram till i dag har den amerikanska dollarn varit den primära beräkningsenheten vid internationell handel. Dessutom har dollarn och amerikanska statsobligationer varit de främsta sparmedlen i utländska reserver.

USA upprätthåller sin fiat-liggare och andra länder ansluter sig till USA:s liggare genom att inneha en stor mängd dollar, antingen i form av amerikanska statsobligationer eller i form av inlåning hos amerikanska banker. Om dessa länders valutor blir alltför svaga kan deras centralbanker sälja en del av dollarinnehavet och köpa tillbaka den egna valutan, och därmed strama åt och stärka den. Om ett land å andra sidan har ett betydande handelsöverskott och valutan stärks, kan man trycka mer valuta, utvidga liggaren och köpa mer dollartillgångar för att minska värdet på varje enskild valutaenhet och öka dollarreserverna. För diversifiering innehar länder även i mindre utsträckning enheter av andra större länders valutor, och många länder innehar fortfarande stora mängder guld.

Man kan sammanfattningsvis säga att världen använder sig av ett finansiellt system med två nivåer. De flesta människor på den nedre nivån har inget annat val än att betala och spara i den lokala valutan, och det är inte många av världens 160 olika valutor som är särskilt bra. I synnerhet i utvecklingsländer har människor svårt att spara pengar, då deras valutor ständigt devalveras och från tid till annan genomgår hyperinflation. På den andra nivån finner vi dessa länders export- och importföretag, välbärgade människor och centralbanker, som använder dollarn och andra större valutor i sina interaktioner med den globala marknaden. Dessa länders ledare, som inte sällan devalverar folkets besparingar, har själva ofta dollar-, franc- eller euro-denominerade konton hos offshore-banker och i skatteparadis i stället för att utsätta sig själva för den ständiga valutaförsvagning som den egna befolkningen tvingas genomleva.

HISTORIK ÖVER MONETÄRA ÖVERGÅNGAR

Det här kapitlet avslutas med ett par enkla diagram som sammanfattar de monetära övergångar som skett sedan inträdet i telekommunikationens tidsålder, som beskrivits i de tre föregående kapitlen.

Från 1870-talet fram till första världskriget såg den internationella guldmyntfoten ut som i Figur 11.2 Alla större länder som deltog i systemet knöt sin valuta till en fast mängd guld och höll en fluktuerande mängd guld i reserv, mot vilket medborgare och utländska kreditorer kunde lösa in sina pengar.

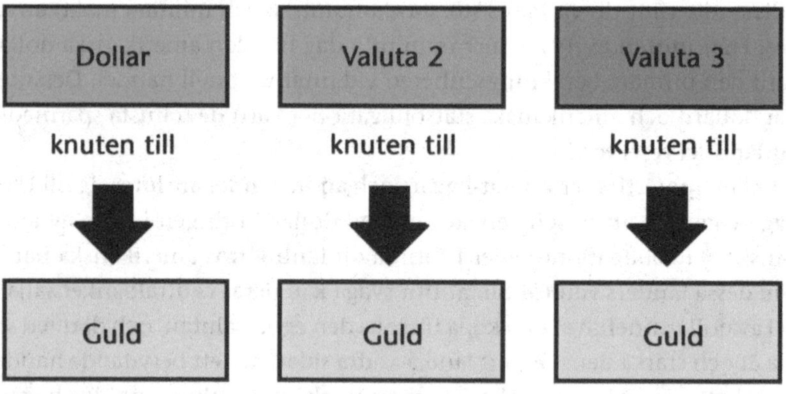

Figur 11.2
Illustration av den internationella guldmyntfoten

Från 1940-talet fram till 1971 användes Bretton Woods-systemet, som visas i Figur 11.3 Under Bretton Woods-systemet backades dollarn upp av guld, men endast utländska långivare kunde lösa in dollar mot guld – och det i begränsad mängd. Andra länder knöt sina valutor till dollarn och höll dollar, amerikanska statsobligationer och guld i reserv.

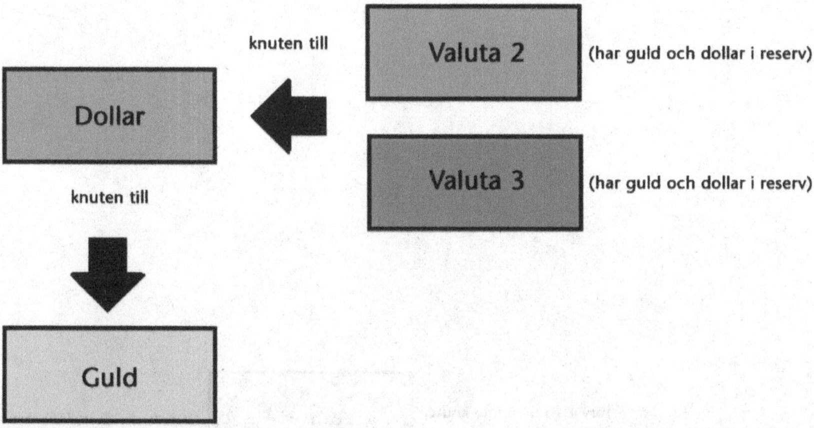

Figur 11.3
Illustration av Bretton Woods-systemet

Från 1970-talet fram till i dag har vi använt petrodollar-systemet, som visas i Figur 11.4 Under detta system går det i stort sett enbart att köpa olja med dollar, så länder världen över håller en kombination av dollar, guld och andra större valutor som reserver, med tonvikt på dollar. I och med den nätverkseffekt som dollarn åtnjutit till följd av Bretton Woods- och petrodollar-systemet har den blivit världens primära beräkningsenhet vid internationell handel och inom finansvärlden i stort. Detta system med rörliga växelkurser innebär att ett land som vill stärka sin valuta kan sälja en del av sina reserver och köpa tillbaka den egna valutan. Om man i stället önskar försvaga sin valuta kan man trycka mer av den för att köpa mer reservtillgångar.

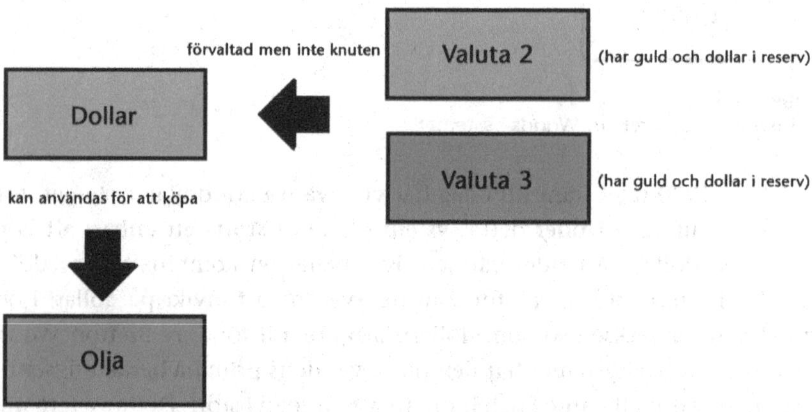

Figur 11.4
Representation av petrodollar-systemet

KAPITEL 12

ATT FÖRA KAOSET TILL UTKANTERNA

Under flera århundraden och fram till 1900-talets första hälft styrdes stora delar av världen av europeiska kolonialmakter. Spanien, Frankrike, Storbritannien och andra europeiska länder kontrollerade omfattande områden på andra kontinenter. Under 1900-talets andra hälft återfick många av dessa områden sin självständighet, men spår av kolonialismen finns kvar än i dag.

På många sätt är Bretton Woods- och eurodollar/petrodollar-systemen former av monetär nykolonialism, med USA i spetsen. Rika länder i centrum av systemet optimerar sina liggare efter de egna behoven, särskilt med avseende på dämpande av inflation och volatilitet. Att dämpa volatilitet innebär emellertid vanligtvis en kostnad och tenderar att i stället förflyttas till någon annan plats, eller så dämpas den bara tillfälligt för att sedan bryta ut i full kraft. I detta fall tenderar rika länder att föra över inflationen och volatiliteten till utvecklingsländer i systemets utkanter, och dessa länder har inte mycket annat val än att acceptera detta. Utvecklingsländer förväntas ansluta sig till de avancerade ländernas liggare, utan någon utväg när dessa liggare fluktuerar på ett sätt som skadar dem.

Federal Reserve har tre officiella uppdrag, även om de själva kallar dessa uppdrag för sitt "dubbla mandat".[172] Det första är att maximera amerikansk sysselsättning på lång sikt. Det andra är att upprätthålla prisstabilitet, som för tillfället definieras som en genomsnittlig prisökning på 2 procent per år. Det tredje är att upprätthålla en måttlig räntesats på lång sikt. Ett fjärde, informellt, uppdrag är att upprätthålla USA:s finansiella stabilitet, då detta är en förutsättning för att kunna fullgöra de tre första officiella uppdragen.

---

172 Styrelsen för Federal Reserve System, *Monetary Policy: What Are Its Goals? How Does It Work?*

Läsaren bör lägga märke till att trots att Federal Reserve ger ut världens reservvaluta, säger deras uppdrag ingenting om andra länder. Som utgivare av världens reservvaluta påverkar amerikanska penningpolitiska beslut nästan alla i hela världen, men officiellt bryr sig Federal Reserve inte om hur andra länder påverkas såvida inte besluten riskerar att vända tillbaka och påverka den amerikanska ekonomin.

En sak som skiljer de utvecklade länderna (som är minoritet med avseende på folkmängd) från utvecklingsländerna (som är majoritet med avseende på folkmängd) är att de utvecklade ländernas skuld mestadels är denominerad i den egna valutan, medan en stor del av utvecklingsländernas skuld är denominerad i stora utländska valutor som dollar och euro, både på stats- och företagsnivå. Exempelvis har Japan, som är ett utvecklat land, huvuddelen av sin stats- och företagsskuld denominerad i japanska yen (som de vid behov kan trycka mer av), medan Brasilien, som är ett utvecklingsland, har en stor del av sin stats- och företagsskuld denominerad i amerikanska dollar (som de inte har någon möjlighet att trycka mer av och som fluktuerar kraftigt gentemot den brasilianska valutan och brasilianska kassaflöden).

Anledningen till detta är att företag och regeringar i utvecklingsländer är i stort behov av lånefinansiering, men utländska investerare har inte någon större tillit till utvecklingsländernas liggare. Till exempel är en fransk långivare oftast inte villig att låna ut pengar till ett brasilianskt företag i brasiliansk valuta, eftersom den brasilianska centralbanken kan trycka mängder av nya enheter av den valutan. I stället lånar den franska långivaren ut dollar eller euro, som historiskt har varit starkare. Och om lånet skulle utfärdas i brasiliansk valuta skulle räntan vara mycket högre, för att kompensera för den höga valutarisken. Endast avancerade ekonomier med en djupt rotad nätverkseffekt och en lång historia av förhållandevis tillförlitlig ekonomisk förvaltning har kunnat denominera merparten av sin skuld i den egna valutan och lyckats vinna utländska motparters tillit.

Problemet är därmed att många utvecklingsländers regeringar och företag har merparten av sina tillgångar och intäkter denominerade i den lokala valutan, medan en stor del av skulderna är denominerade i amerikanska dollar. Om dollarn stärks gentemot den lokala valutan växer skulderna i förhållande till tillgångarna och intäkterna. Detta orsakar ekonomiskt lidande, hög volatilitet eller till och med statsbankrutter. Det leder dessutom till en ond cirkel, då skulder i utländsk valuta tillför ytterligare risk och volatilitet till utvecklingsländernas egna valutor, och den risken och volatiliteten är anledningen till att de måste ta lån i utländsk valuta. Under petrodollarns tidsålder är det ytterst få länder som har lyckats gå från att vara ett utvecklingsland med skulder i utländsk valuta till att vara ett utvecklat land som endast behöver ta lån i den egna valutan.

Figur 12.1 visar den amerikanska dollarns köpkraft i förhållande till ett antal större utländska valutor. Det framgår tydligt att köpkraften ibland på mycket kort tid stiger med 50–100 procent. Fluktuationerna gentemot utvecklingsländers valutor är ännu kraftigare. Denna stärkning av dollarn sätter hårt tryck på utvecklingsländerna.

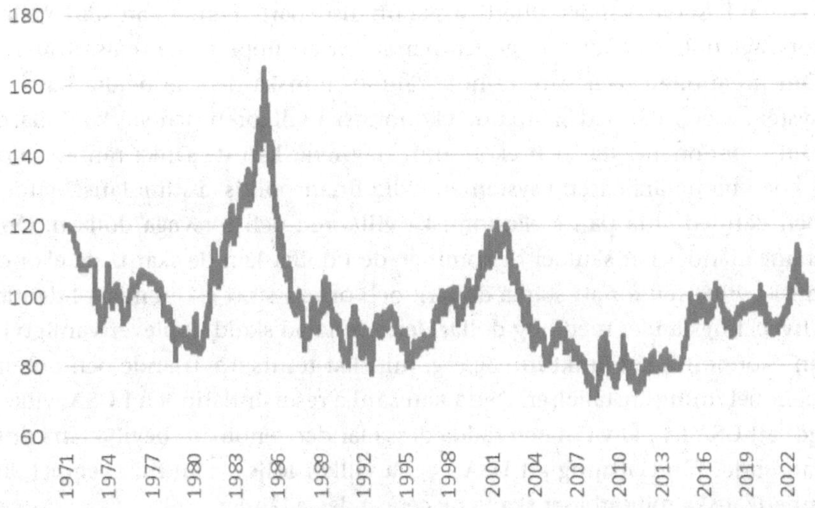

Figur 12.1
Dollarindex (dollarns värde i förhållande till ett antal andra större valutor) 1971–2023.[173]

Den första toppen kring mitten av 1980-talet var en kraftigt bidragande orsak till den latinamerikanska skuldkrisen, som ledde till betalningsinställelser, valutakriser och decennielånga ekonomiska depressioner i ett flertal latinamerikanska länder. Den andra toppen i diagrammet kring slutet av 1990-talet och början av 2000-talet var en kraftigt bidragande orsak till Asienkrisen och den ryska betalningsinställelsen, som orsakade stort ekonomiskt lidande i stora delar av Asien. Den tredje toppen kring slutet av 2010-talet och början av 2020-talet satte hårt tryck på många länder runtom i världen, i synnerhet länder som Turkiet, Argentina, Libanon och ett antal afrikanska länder. När amerikanska beslutsfattare försöker strama åt eller lätta på penningpolitiken för att få ordning på den amerikanska ekonomin, överför de volatiliteten och det ekonomiska lidandet till utvecklingsländer.

Och tvärtom skadas långivarnationer med stora överskott och små skulder i dollar, som Saudiarabien och Kina, när dollarn försvagas. Om ett land

173 YCharts, *ICE US Dollar Index.*

håller merparten av sina reserver i amerikanska statsobligationer och dessa obligationer inte håller jämna steg med inflationen, betalar landet i praktiken en avgift till USA genom att finansiera dess underskott till en negativ inflationsjusterad ränta.

En kraftig uppgång i dollarn i förhållande till andra valutor är negativ för låntagarnationer, och en nedgång i dollarn i förhållande till andra valutor (eller i förhållande till varor och tjänster) är negativ för långivarnationer. Federal Reserve och det amerikanska finansdepartementet kan stärka eller försvaga dollarn efter eget gottfinnande för att uppnå sina målsättningar. Om inflationen ökar kan de höja räntan, minska den monetära basen i systemet och därmed skärpa de ekonomiska villkoren och stärka dollarn. Om inflationen avtar och ekonomin stagnerar kan de sänka räntan, utöka den monetära basen i systemet, vidta finanspolitiska stimulansåtgärder och därmed lätta på de ekonomiska villkoren och försvaga dollarn. Om många länder har skulder denominerade i dollar kan de skärpa de ekonomiska villkoren för att stärka dollarn och orsaka stort ekonomiskt lidande. Utvecklingsländer med hög dollar-denominerad skuld upplever vanligtvis en ekonomisk konjunkturnedgång, minskat resursutnyttjande och potentiellt betalningsinställelser. Detta kan sänka resursinflationen i USA, vilket gör att USA kan kliva in och rädda dessa länder genom att bevilja lån i dollar, under förutsättning att USA:s egna villkor följs – som till exempel att amerikanska militärbaser ska få placeras i dessa länder.

I många fall är det utvecklingsländernas egna regeringar som orsakar folkets lidande. Politikerna missköter ekonomin, begränsar folkets grundläggande och ekonomiska friheter, skapar inte starka institutioner som decentraliserar makten och bidrar således till social och ekonomisk stagnation. Uppgiften att sköta det finansiella systemet blir emellertid mycket svårare på grund av det faktum att en stor del av skulden är denominerad i en enhet som en utländsk makt (USA) när som helst kan välja att stärka eller försvaga. Att hantera ett system med två valutor, som utvecklingsländernas ledare måste göra, är givetvis mycket svårare än att hantera ett system som bara har en valuta, som de rika ländernas ledare gör.

IMF OCH VÄRLDSBANKEN

När utvecklingsländer drabbas av valutakriser och inte kan betala sina skulder kliver Internationella valutafonden (IMF) in och erbjuder finansiering i dollar. IMF inrättades samtidigt som Världsbanken 1944 som en del av Bretton Woods-systemet, och även om det ska vara en överstatlig organisation har USA stort inflytande över den. Både IMF och Världsbanken har sina högkvarter i Washington D.C., och på många sätt har de sedan inrättandet fungerat som skyddsnät för Bretton Woods-systemet och petrodollar-systemet. USA är det enda landet med vetorätt i större frågor för båda institutionerna.[174] Traditionellt sett styrs Världsbanken av en amerikan och IMF av en europé, men de kontrolleras båda i själva verket av USA och dess bundsförvanter. IMF hjälper länder som har problem med betalningsbalansen, medan Världsbanken erbjuder finansiering av utvecklingen av infrastruktur. För att ett land ska kunna ansluta sig till Världsbanken måste det först ansluta sig till IMF, och för att ett land ska kunna ansluta sig till IMF måste det betala in pengar till organisationen.

För att ett utvecklingsland ska kunna få ett lån från IMF måste det samtycka till alla möjliga slags villkor, som ofta inbegriper avsiktlig valutadevalvering för att pressa ner de lokala lönerna och göra exporten mer konkurrenskraftig. De rika länder som styr IMF dikterar villkoren för dem som tar ut lånen. Alex Gladstein, chefsstrateg på Human Rights Foundation, skrev 2023 en viktig bok om IMF och Världsbanken med titeln *Hidden Repression: How the IMF and World Bank Sell Exploitation as Development.*[175] I denna väl underbyggda bok sammanfattar han en del av Cheryl Payers arbete, som beskriver de primära reformer som IMF kräver att ett land genomför innan ett lån kan beviljas:

1. Valutadevalvering
2. Avskaffande eller minskande av kontroller av utländsk valuta och importer
3. Minskande av kredit hos lokala banker
4. Räntehöjningar
5. Skattehöjningar
6. Avskaffande av subventioner till konsumenter av livsmedel och energi
7. Lönetak
8. Införande av restriktioner gällande offentliga utgifter, särskilt inom sjukvård och utbildning
9. Införande av gynnsamma rättsliga förutsättningar och incitament för multinationella företag
10. Försäljning av statliga företag och fordringar på naturtillgångar till utförsäljningspriser

Det är värt att notera att USA och andra rika länder ofta hoppar över dessa steg när de själva befinner sig i ett krisläge. Snarare än att dra ner på utgifterna inom sjukvård och utbildning under perioder av ekonomisk konjunktur-

174 Jakob Vestergaard och Robert Wade, *Trapped in History*, s. 2.
175 Alex Gladstein, *Hidden Repression*, s. 25–26.

nedgång, så ökar de utgifterna. Snarare än att höja skatten under perioder av ekonomisk konjunkturnedgång, tenderar de att sänka skatten som en sorts stimulansåtgärd. De bedriver ofta en protektionistisk handelspolitik för sig själva, samtidigt som de ber utvecklingsländer att öppna upp sina gränser för utrikeshandel. Medan rika länder sällan själva vidtar finanspolitiska åtstramningar förväntar de sig att utvecklingsländer ska vidta sådana åtgärder så fort de befinner sig i en lågkonjunktur, om de vill kunna ta del av det globala finansiella systemet så som det för tillfället är strukturerat.

Att tala om för utvecklingsländer att minska tillgången till inhemsk bankkredit samtidigt som man genom olika skatteincitament uppmuntrar multinationella företag att ge sin in på marknaden är en synnerligen farlig kombination. Med en minskande inhemsk bankkredit blir det svårare för små lokala företag att överleva och växa. Samtidigt innebär skatteincitament för, och partnerskap med, multinationella företag att stora möjligheter öppnar sig för dessa företag att ta sig in på marknaden vid en tidpunkt då de enkelt kan roffa åt sig marknadsandelar från de lokala företagen. Detta scenario upprepas i cykler.

Många utvecklingsländer har beviljats över ett dussin IMF-lån sedan institutionens inrättande. Gamla lån omstruktureras, refinansieras och förlängs och blir till nya ständigt växande skulder. Många gånger betalar låntagarnationerna tillbaka lånesumman flera gånger om på grund av den höga räntan och är ändå skyldiga mer pengar än de initialt lånade.

Vidare återförs stora delar av de ursprungliga lånen till amerikanska och europeiska företag, och utvecklingsländerna får stå för notan. Till exempel kan Världsbanken låna ut pengar till utvecklingsländer så att de kan bygga en järnväg och en hamn. Dessa länder anlitar då amerikanska, europeiska och japanska företag, som får betalt för att utforma och utföra stora delar av arbetet med de lånade pengarna. Pengarna överförs som ett lån från de utvecklade länderna till utvecklingsländerna, som har pengarna en kort stund, och sedan förs pengarna tillbaka till de utvecklade ländernas företag – och utvecklingsländernas skuld till de utvecklade länderna kvarstår. Järnvägen och hamnen används sedan främst till att transportera och exportera naturtillgångar från utvecklingsländerna till de utvecklade länder som finansierade projekten – projekt som lokalbefolkningen inte fått mycket nytta av men fått betala för. När risken för betalningsinställelse uppstår omstruktureras ofta lånet, och den lokala valutan (och därmed folkets besparingar och löner) devalveras kraftigt.

Situationen förvärras ytterligare av det faktum att många av dessa utvecklingsländer styrs av korrupta, auktoritära ledare. IMF och Världsbanken träffar regelbundet överenskommelser med dessa ledare, som kontrollerar den lokala fiat-liggaren och som ofta roffar åt sig en betydande summa pengar åt sig själva och sina vänner, så att de kan leva i lyx och förvara sin förmögenhet i konton på offshore-banker och i fast egendom. Folken i dessa länder har ingenting att säga till om, får inte ut mycket nytta av överenskommelserna men tvingas leva med en skuld, finansiell åtstramning och valutadevalvering som de aldrig bett om. Även om de auktoritära ledarna till slut förlorar makten förväntar sig ändå IMF att länderna betalar tillbaka lånen, trots att folket inte velat ta ut lånen från första början.

I sin bok från 2011, *Debt: The First 5000 Years*, beskriver David Graeber vad som hände när Frankrike gjorde Madagaskar till en koloni från 1895 till 1958, och det är bara ett av många liknande exempel:

> År 1895 till exempel invaderade Frankrike Madagaskar, löste upp drottning Ranavalona III:s regering och utropade landet till en fransk koloni. Något av det första general Gallieni gjorde efter "pacificeringen", som man kallade situationen, var att påtvinga höga skatter på Madagaskars befolkning. Detta gjordes delvis för att täcka invasionens kostnader och, eftersom det var meningen att franska kolonier skulle vara ekonomiskt självförsörjande, delvis för att betala för uppförandet av de järnvägar, motorvägar, broar, plantager och så vidare som den franska regimen önskade bygga. Madagaskars skattebetalare tillfrågades aldrig om de ville ha dessa järnvägar, motorvägar, broar och plantager, och inte heller fick de mycket till insyn i var och hur de skulle uppföras. Tvärtom: under de följande femtio åren slaktade den franska armén och polisen ett stort antal malgasser som gjorde för kraftigt motstånd mot arrangemanget (enligt vissa rapporter hundratusen under en revolt 1947). Det är knappast så att Madagaskar någonsin har åsamkat Frankrike någon liknande skada. Trots detta har Madagaskars befolkning från första början fått höra att man är skyldig Frankrike pengar, och än i dag anses Madagaskar vara skyldigt Frankrike pengar och resten av världen godtar detta som ett rättvist arrangemang.[176]

Utöver Madagaskar kontrollerar Frankrike än i dag till viss del valutan hos ett antal före detta franska kolonier i Central- och Västafrika. I stället för att ha sina egna valutor använder dessa länder sig av "CFA-francen", som förr var knuten till den franska valutan men som numera är knuten till euron. Som en del av detta arrangemang måste dessa länder förvara minst hälften av sina utländska valutareserver i Frankrike, och Frankrike har ett betydande inflytande över ländernas penningpolitik. Till exempel kan Frankrike då och då minska valutapariteten. För denna tjänst tar Frankrike ut en avgift, så även för tryckandet av sedlar och för växling mellan CFA-franc och euro (eftersom CFA-francen inte accepteras utanför dessa afrikanska länder trots

176 Graeber, *Debt*, s. 5–6.

att den är knuten till euron). Än mer dystert är att de flesta av dessa länder är mycket fattiga och styrs av auktoritära ledare som outtalat stöds av Frankrike. Lovande politiska utmanare som motsatt sig CFA-franc-systemet har ofta mördats eller utsatts för statskupper, varpå Frankrike har gett sitt stöd åt de ledare som kommit till makten med hjälp av våld och haft en positiv inställning till CFA-francen.[177]

I Gladsteins tidigare nämnda bok beskriver han i detalj, med många källor, hur IMF och Världsbanken ofta ombildar ekonomin i länder som de finansierar och inför en exportbaserad ekonomisk modell. I stället för att tillåtas naturligt utvecklas till diversifierade ekonomier struktureras dessa länder uppifrån och ner så att de kan förse rika länder med olika exportvaror, som räkor från Bangladesh, koppar från Zambia och bomull från Togo. Gladstein förklarar:

> Lån från Världsbanken är oftast projekt- eller sektorsspecifika och är fokuserade på möjliggörandet av export av naturtillgångar (till exempel finansiering av vägar, tunnlar, dammar och hamnar som behövs för att få upp mineraler ur marken och ut på den internationella marknaden) samt på omvandlingen av traditionellt konsumtionsjordbruk till industriellt jordbruk eller vattenbruk, så att länder kan exportera mer livsmedel och varor till västvärlden.[178]

Ett resultat är att många utvecklingsländer struktureras av dessa långivarorganisationer för att producera och exportera ekonomiskt betydande grödor med lågt eller inget kalorimässigt värde (som te, kaffe och bomull) till rika utvecklade länder, eller för att producera lyxlivsmedel som är för dyra för att utgöra basen i lokalbefolkningens kosthållning (som räkor och kakao). Samtidigt importerar dessa fattiga utvecklingsländer baslivsmedel som spannmål, bönor och olja från USA och andra länder i stället för att odla tillräckliga mängder själva. Marknadsekonomier under utveckling optimeras därför för att maximera exporten och därmed få betalt i utländsk valuta, snarare än att optimeras för självförsörjande och balans. Detta innebär att när ett av dessa utvecklingsländer drabbas av en betalningsbalanskris blir landets förmåga att föda den egna befolkningen kraftigt nedsatt, då man förlitar sig på dollar-denominerade importer av basprodukter trots att man har den jordbruksmässiga kapacitet som krävs för att producera dessa varor inom landet. När den amerikanska dollarn stärks kraftigt drabbas ofta flera utvecklingsländer av en betalningsbalanskris samtidigt. Länderna

177 Fanny Pigeaud och Ndongo Samba Sylla, *Africa's Last Colonial Currency: The CFA Franc Story*.
178 Gladstein, *Hidden Repression*, s. 18.

vänder sig då till IMF för den tolfte gången i ordningen.[179]

Med andra ord leder dagens finansiella struktur till en nykolonial värdeutsugning som (även om den inte är lika direkt) liknar den som genomfördes under kolonialismen. I stället för krigföring används finansiella tvångsmedel. En studie publicerad 2021, "Plunder in the Post-Colonial Era: Quantifying Drain from the Global South Through Unequal Exchange, 1960–2018", slog fast att i stället för att det rika globala nord hjälper det fattiga globala syd att utvecklas, så har det globala nord sugit ut enormt mycket värde ur det globala syd. Det följande är en sammanfattning av studien:

> I denna studie kvantifieras utsugningen ur det globala syd genom orättvist utbyte sedan 1960. Enligt vår primära metod, som bygger på växelkursskillnader, har det globala nord ("avancerade ekonomier") under det senaste året för vilket det finns data tillskansat sig råvaror från det globala syd till ett värde av 2,2 biljoner dollar i nordliga priser – nog för att få ett slut på extrem fattigdom femton gånger om. Under hela perioden uppgick utsugningen ur syd till 62 biljoner dollar (justerade till 2011 års värde), eller 152 biljoner vid beaktande av förlorad tillväxt. Tillskansande genom orättvist utbyte representerar sju procent av nords BNP eller nio procent av syds BNP. Vi testar även och jämför med flera alternativa metoder. Vi kvantifierar orättvist utbyte med avseende på löneskillnader i stället för växelkursskillnader och rapporterar utsugning i både globala genomsnittspriser och i nordliga priser. Oavsett metod finner vi att intensiteten i exploateringen och graden av orättvist utbyte ökade betydligt under perioden av strukturell justering på 1980- och 1990-talet. Denna studie bekräftar att utsugning ur syd ännu är ett stående inslag i den post-koloniala världsekonomin. Rika länder använder sig fortsatt av imperialistiska former av tillskansande för att bibehålla sina höga inkomst- och konsumtionsnivåer.[180]

Alla tolv ledare för IMF sedan institutionens inrättande har varit européer, och fem av dem har varit fransmän, trots att Frankrike bara utgör omkring 3 procent av världens BNP. Ändå är det IMF som till stor del avgör vilka länder som ska beviljas nödfinansiering och vilka villkor som gäller.

Dagens globala finansiella system med 160 olika fiatvalutor, var och en med monopol inom sitt jurisdiktionsområde och var och en knuten till den högst säljbara amerikanska fiatvalutan genom dollar-denominerade skulder och reservinnehav, tenderar att gynna dem som befinner sig högst upp på den socioekonomiska stegen på bekostnad av dem som befinner

179 Daron Acemoglu och James Robinson, *Why Nations Fail: The Origins of Power, Prosperity, and Poverty*, kap. 9 och kap. 13.

180 Jason Hickel m.fl., *Plunder in the Post-Colonial Era.*

sig längst ner. Systemet håller människor i utvecklingsländer i konstant utveckling, konstant beroende och ständigt ökande skulder, medan dessa länders ekonomier struktureras på ett sådant sätt att de gynnar rika utvecklade länder snarare än att optimeras för självförsörjande och balans. Valutor devalveras regelbundet (antingen till följd av misskötsel av landets ledare eller på inrådan av IMF), vilket håller arbetstagarnas löner och besparingar låga med avseende på global köpkraft. Denna process gör utvecklingsländernas korrupta ledare rika, då de kan kontrollera sina länders liggare och själva roffa åt sig värde genom att devalvera folkets besparingar. Även utvecklade länders företag blir rika, då de utför arbete som i slutändan betalas av utvecklingsländernas fattiga befolkning. Tack vare upprepade räddningsaktioner och omstruktureringar kan de korrupta ledarna hänga sig kvar vid makten och hela tiden skjuta problemen framför sig i stället för att ta itu med kriserna. Dessa kriser orsakas ofta av att länderna har för höga dollardenominerade skulder, och den typiska lösningen är att hjälpa dem att ta ut ännu större dollar-denominerade lån så att de inte kan ta sig ur denna oändliga spiral.

KAPITEL 13

TUNGT ÄR HUVUDET SOM BÄR KRONAN

"Damokles svärd" återfinns i en berättelse från 400-talet f.Kr. som senare populariserades av Cicero. Berättelsen handlar om en hovman vid namn Damokles och kung Dionysios II av Syrakusa. Damokles förklarar för Dionysios vilken lycklig ställning han har som härskare, då han har all makt och rikedom man kan önska sig. Dionysios irriteras av smickret och erbjuder Damokles att sitta på en tron och omges av tjänare och lyx för en dag, ett erbjudande som Damokles glatt tackar ja till.

Men det finns en hake: ovanför Damokles låtsatstron hänger ett svärd i en skör tråd med spetsen riktad mot Damokles huvud. Svärdet representerar det faktum att Dionysios, som styrde med järnhand för att uppnå och bibehålla sin makt och rikedom och därför hade många fiender, ständigt fick oroa sig för mordförsök och andra hot. För att parafrasera Shakespeare: "Tungt är huvudet som bär kronan." Det är vad Dionysios ville visa Damokles. Rollen som härskare har sina fördelar, men den innebär även ett antal stora kostnader som ett enklare liv inte har. När Damokles såg svärdet hänga ovanför huvudet kunde han inte längre njuta av lyxen och bad direkt att få avbryta prövningen.[181]

Som diskuterades i föregående kapitel, innebär det nuvarande globala finansiella systemet att volatilitet förs över till utvecklingsländer. USA står i systemets centrum, som utgivare av världens reservvaluta som de flesta andra liggare på ett eller annat sätt är knutna till. Men även om detta arrangemang har varit oerhört gynnsamt för USA, så har det också ett högt pris.

Priset för Bretton Woods-systemet var att det över tid tömde USA:s guldreserver, och till slut gick det inte längre att lösa in dollar mot guld. Syste-

181 Kris Hirst, *What Did Cicero Mean By The Sword Of Damocles?*

met var dåligt utformat från första början, med en ändlig mängd guld men ett oändligt antal dollar som utländska långivare skulle kunna lösa in mot guld. Systemets kollaps var oundviklig.

Priset för eurodollar/petrodollar-systemet är att det artificiellt ökar dollarns köpkraft. Detta beror på att så många världen över innehar dollardenominerade tillgångar i brist på bättre alternativ. Den extra monetära premien minskar USA:s konkurrenskraft inom export och urholkar den amerikanska industriella basen. För att förse världen med alla de dollar som krävs har USA ett konstant handelsunderskott. Makten det innebär att vara utgivare av världens reservvaluta är också det som efter ett antal årtionden börjar förgifta den och gör den olämplig att behålla sin ställning.

För att förstå hur det nuvarande eurodollar/petrodollar-systemet minskar USA:s konkurrenskraft inom export kan vi definiera fyra makroekonomiska begrepp: handelsbalans, bytesbalans, betalningsbalans och finansiell nettoutlandsställning.

Handelsbalans. Ett lands handelsbalans är ett mått på värdet hos varor och tjänster som exporteras minus värdet hos varor och tjänster som importeras. Ett land som exporterar mer än det importerar (producerar mer än det konsumerar) har ett handelsöverskott. Ett land som importerar mer än det exporterar (konsumerar mer än det producerar) har ett handelsunderskott.

Bytesbalans. Bytesbalans är ett bredare mått som inbegriper handelsbalansen, plus avkastning av kapital, plus transfereringar. Ett land med överskott i bytesbalansen har mer inkommande värde. Ett land med ett underskott i bytesbalansen har mer utgående värde.

Betalningsbalans. Betalningsbalansen är den motsatta sidan av bytesbalansen. Den representerar förändringen i ägandet av tillgångar. Ett land med ett underskott i bytesbalansen får ett motsvarande överskott i betalningsbalansen, vilket innebär att utländska aktörer äger mer och mer av landets kapitaltillgångar. Ett land med ett överskott i bytesbalansen får ett motsvarande underskott i betalningsbalansen, vilket innebär att man äger mer och mer av andra länders tillgångar.

Finansiell nettoutlandsställning. Ett lands medborgare och statliga organisationer kan äga andra länders kapitaltillgångar, som fast egendom, aktier, obligationer och så vidare. Ett lands finansiella nettoutlandsställning representerar ackumulationen av obalanser i bytesbalans och betalningsbalans. Det är den totala mängden utländska tillgångar som ett lands medborgare och statliga organisationer äger minus den totala mängden inhemska tillgångar som ägs av andra länders medborgare och statliga organisationer.

Länder som producerar mer än de konsumerar över en lång tidsperiod genererar handelsöverskott och överskott i bytesbalansen. Detta medför en positiv finansiell nettoutlandsställning. Med andra ord äger dessa länder stora mängder utländska tillgångar, däribland andra länders guld, fasta egendom, obligationer och aktier, plus eventuella intäkter som dessa tillgångar genererar.

På motsatt sätt genererar länder som producerar mindre än de konsumerar över en lång tidsperiod handelsunderskott och underskott i bytesbalansen. Detta medför en negativ finansiell nettoutlandsställning. Människor och institutioner i andra länder äger alltså mer av dessa länders guld, fasta egendom och aktier, och därför går medborgarna miste om de intäkter som dessa tillgångar genererar.

KORRIGERA PROBLEM MED BETALNINGSBALANSEN

När ett land har ett kraftigt och ihållande handelsunderskott på grund av en obalans mellan konsumtion och produktion innebär det att värde flödar ut ur landet. Landet lever i praktiken över sina tillgångar. För att betala för denna obalans i konsumtion överför olika inhemska aktörer (individer, företag och/eller staten) ägarskapet över värdefulla kapitaltillgångar till utländska aktörer (individer, företag och stater), som de sätter sig i skuld till.

För att enkelt förstå hur detta fungerar tar vi hjälp av ett mycket simpelt gulduppbackat monetärt system utan någon kredit. Vi börjar med två länder, Japan och Brasilien, för hundra år sedan. Brasilien exporterar stora mängder råvaror, medan Japan har en brist på råvaror men exporterar stora mängder industriprodukter. Vi börjar med ett oskrivet blad: inga japanska investerare äger några brasilianska tillgångar, och inga brasilianska investerare äger några japanska tillgångar. I detta hypotetiska exempel skapas en handelslänk, och Japan exporterar mer varor och tjänster till Brasilien än tvärtom. Alla betalningar sker med guldmynt eller guldtackor. Så Japan har ett handelsöverskott gentemot Brasilien. Om Brasilien betalar för varorna och tjänsterna med guld flödar guld ut ur Brasilien och in i Japan, och mer varor och tjänster flödar in i Brasilien och ut ur Japan. Brasilien ackumulerar varor och tjänster som minskar i värde över tid, medan Japan ackumulerar brasilianskt guld, som håller för evigt och bevarar sitt värde. Det kan dock hända att Japan i framtiden börjar importera mer än man exporterar. Till exempel, om det någon gång i framtiden råder global brist på råvaror och de blir dyra kan Japan – ett land med begränsade resurser – få betala mycket mer för sina råvaruimporter och har därför nytta av det guld som man ackumulerat under den produktiva perioden med ett handelsöverskott. Brasilien – ett land som exporterar råvaror – har då chansen att få tillbaka en del av sitt guld under en period med höga råvarupriser.

Vi kan sedan expandera detta till ett mer realistiskt och modernare exempel, med kredit och kapitalägande. Om Japan och Brasilien genomför mycket handel med varandra kan denna handel ske med ett antal olika former av pengar, som till exempel de respektive fiatvalutorna eller amerikanska dollar, eller genom något skuld- och finansieringsarrangemang. Till exempel kanske Brasilien betalar för importer från Japan med brasiliansk valuta (som är en skuld för den brasilianska centralbanken) och de japanska producenterna köper omedelbart brasilianska tillgångar med den brasilianska valutan, som brasilianska aktier, fast egendom eller statsobligationer. I stället för att ge Japan sitt guld överför Brasilien ägarskap över fast egendom och företag. Japan äger en större och större andel av brasiliansk fast egendom och brasilianska företag, antingen som aktieägare eller som långivare. Brasilien överkonsumerar och betalar för konsumtionen med framtida förväntade intäkter. Japan låter Brasilien överkonsumera, och under processens gång förvärvar Japan en allt större andel av Brasiliens framtida intäkter. Alternativt hade japanska producenter kunnat sälja den brasilianska valutan de fått betalt i mot guld eller dollar. Avtalen är troligtvis denominerade i dollar oavsett. Om de skulle gjort det skulle den brasilianska valutan försvagats, och därmed hade även Brasiliens förmåga att importera försvagats.

Tillfälliga handelsunderskott är helt okej, faktiskt oundvikliga. Vi fortsätter vårt exempel med att Brasilien, i ett tidigt skede av denna handelsförbindelse, importerar många tekniska produkter från Japan för att bygga järnvägar och hamnar samt avancerad utrustning för gruvbrytning och jordbruk. Därmed har Brasilien ett tillfälligt handelsunderskott. Brasilien ger under denna process en del av sitt guld och sin kapitalstock till Japan. Men Brasilien använder importen på ett mycket produktivt sätt, och med nya järnvägar och hamnar och med modern utrustning kan landet fördubbla sin årliga råvaruexport och i stället få ett handelsöverskott. Därefter kan Brasilien börja ackumulera utländska tillgångar, som guld eller andelar i kapitaltillgångar med tillhörande intäkter. Detta är ett exempel på produktiv specialisering och handel: japanska företag besitter expertis inom industriell produktion och infrastruktur men har begränsade råvaruresurser, medan Brasilien har enorma mängder råvaror och stor produktionskapacitet, som skulle kunna utnyttjas med hjälp av importen av japanska varor och tjänster. Det brasilianska ledarskapet skulle också kunna dra nytta av den här möjligheten och investera i utbildning, så att de egna medborgarna kan klättra uppför värdestegen och börja utveckla andra varor och tjänster utöver råvaruexporten.

Långa perioder av handelsunderskott, å andra sidan, innebär vanligtvis ett problem. Om Brasilien i början av denna handelsförbindelse med Japan bara ackumulerar skulder, ger bort sitt kapital, blir hyrestagare i stället för ägare, ger bort sitt guld och inte använder importerna till att utöka den egna produktionskapaciteten, blir landet fattigt till följd av en kombination av överkonsumtion och underproduktion. Det kan också hända att korrupta ledare roffar åt sig en del värde eller att värde försvinner genom ogynnsamma avtal med multinationella företag, i vad som i praktiken är nykoloniala handelsförbindelser. I detta fall är det sannolikt att insiders med goda kontakter tjänar mycket pengar som de placerar på offshore-konton och i andra utländska tillgångar, medan den större delen av befolkningen lider.

Efter ett tag brukar sådana här obalanser reda ut sig själva. Ett land med ett ihållande underskott (Brasilien i det här exemplet) kanske inser problemet, vidtar lämpliga åtgärder och genomför ett antal politiska reformer för att öka produktiviteten. Men utfallet skulle kunna bli mindre lyckat än så, som att landet med ihållande underskott blir allt fattigare och inte längre kan konsumera varor och tjänster från andra länder på samma sätt som tidigare. Landet förlorar sitt guld, förlorar en stor del av inhemska kapitaltillgångar och/eller blir kraftigt skuldsatt. På grund av bristen på besparingar och dålig kreditvärdighet genomförs färre importer. Då landets befolkning nu är betydligt fattigare än tidigare är människor villiga att arbeta för lägre lön, och därmed blir produktionen mer konkurrenskraftig globalt. Det är en smärtsam process, men så länge landet inte hamnar i totalt sociopolitiskt kaos leder denna minskade import och ökade konkurrenskraft inom export till en ny möjlighet att gå in i en period av överproduktion och underkonsumtion, vilket kan göra landet rikare igen.

I många fall uttrycks ett lands bytesbalans genom dess valuta. Ett lands fiatvaluta representerar förmågan att köpa det landets varor, tjänster och tillgångar. Därför tenderar fiatvalutan hos ett mycket produktivt land att stärkas över tid i förhållande till fiatvalutor hos icke produktiva länder, då värde ständigt flödar in i det landets ekonomi och liggare. Löner tenderar att stiga och livskvaliteten tenderar att förbättras. Därmed ökar även förmågan att importera saker från andra länder.

Betydande obalanser kan emellertid uppstå om ett land artificiellt stärker eller försvagar sin fiatvaluta. Merkantilism till exempel är en ekonomisk idé som söker maximera exporter och minimera importer. Merkantilistiska politiska ledare för ett exportdrivet land kan välja att kontinuerligt devalvera valutan för att hålla de reala lönerna i landet låga i stället för att låta valutan stiga i värde naturligt. Detta hindrar folket från att spendera en massa pengar på importer, samtidigt som lönerna hålls globalt konkurrenskraftiga (det vill säga mycket låga) och landet kan ta in mer värde än det annars hade kunnat. Värdet tenderar dock att konsolideras i toppen av den socioekonomiska stegen och i statens händer. Merkantilistiska länder har en tendens att uppföra stora industriella centrum och ackumulera stora utländska reserver, medan arbetarna får se sina besparingar och sin köpkraft urholkas.

På motsatt sida mot merkantilism står det som händer ett land vars fiatvaluta används som världens reservvaluta. USA har utformat det globala monetära systemet på ett sådant sätt att det finns en enorm efterfrågan på dollar från länder runtom i världen. Utöver dollarns förmåga att köpa amerikanska varor, tjänster och tillgångar, kan den användas till att köpa i princip vad som helst världen över, inklusive råvaror. Under mitten/slutet av 1900-talet och början av 2000-talet har dollarn varit fiatvalutan i världens mäktigaste land, både ekonomiskt och militärt. Japan vill inte hålla några större mängder brasiliansk valuta. Och Brasilien vill inte hålla några större mängder japansk valuta. Men både Brasilien och Japan vill hålla stora mängder dollar. En del av detta beror på naturlig efterfrågan, och en del beror på att man vill ha en god relation till USA. Att ha amerikanska statsobligationer i sina reserver är då ett steg i rätt riktning. Enligt historiska arrangemang och i utbyte mot militärt skydd är det många länder, som Saudiarabien, som prissätter sin olja i dollar, oavsett vilket land som köper oljan. Många länder vill hålla dollar-denominerade tillgångar för att försäkra sig om att vid behov kunna köpa olja och andra internationella varor.

Detta låter till en början som ett utmärkt arrangemang ur ett amerikanskt perspektiv. Valutan är ovanligt stark eftersom den är mer utbredd över hela världen än någon annan fiatvaluta och har därför en extra monetär premie. Organisationer från länder världen över innehar dollar och dollar-denominerade tillgångar, som statsobligationer och aktier. Valutans extra styrka leder dock till betydligt högre amerikansk import och minskad amerikansk konkurrenskraft inom export. Det blir dyrt att betala amerikanska arbetstagare jämfört med arbetstagare i andra länder, både utvecklade länder och utvecklingsländer. Ett strukturellt handelsunderskott uppstår, och det håller i sig årtionde efter årtionde. Med tiden lämnar produktionsanläggningarna USA och flyttar till platser som Tyskland, Japan, Taiwan, Kina och Mexiko. Amerikanska arbetare bygger inte upp samma expertis inom tillverkning som sina motparter i mer industriellt konkurrenskraftiga länder.

Under slutet av 1800-talet och en bra bit in på 1900-talet var USA den framväxande industrijätten med ett strukturellt handelsöverskott. Storbritannien var utgivare av världens reservvaluta och hade ett strukturellt handelsunderskott. Under 1900-talets andra hälft tog USA över rollen som utgivare av världens reservvaluta och började gå över mot ett strukturellt handelsunderskott, medan Saudiarabien, Tyskland, Japan, Taiwan, Singapore, Schweiz, Kina med flera växte fram som länder med höga handelsöverskott.[182]

Eurodollar/petrodollar-systemet utökar USA:s räckvidd på ett flertal sätt, däribland genom landets möjlighet att ha hundratals militäranläggningar utomlands, men samtidigt urholkar systemet den inhemska industriella basen. För de flesta länder återspeglar valutans värde bytesbalansen över tid, men på grund av den globala efterfrågan på dess valuta kan USA upprätthålla ett underskott i bytesbalansen under flera årtionden och bara fortsätta att urholka sig självt.

I detta avseende har USA inte den naturliga reaktion som andra länder har vid ett alltför långvarigt handelsunderskott. I stället blir problemet värre än normalt, under längre tid än normalt. USA är som en boxare som inte känner smärta: han ådrar sig skada men känner inte av det, så när han väl känner av det så har han ådragit sig mycket mer skada än han trodde. "Skada" i detta sammanhang är en kraftigt negativ finansiell nettoutlandsställning och en urholkad inhemsk industriell bas – samt en mycket ilsken arbetarklass.[183] Den här typen av betydande handelsunderskott som kvarstår under flera årtionden var något som Keynes försökte undvika med sitt bancor-baserade system, men eftersom det systemet förlorade mot Bretton Woods-systemet och senare mot eurodollar/petrodollar-systemet har dessa obalanser kunnat uppstå.

Som framgår av Figur 13.1 inleddes USA:s strukturella handelsunderskott under 1970- och 1980-talet.

Som framgår av Figur 13.2 föll USA:s finansiella nettoutlandsställning till en negativ position under mitten av 1980-talet, vilket innebar att utländska aktörer för första gången ägde mer amerikanska tillgångar (aktier, obligationer och fast egendom) än amerikaner ägde av utländska tillgångar. Vid 2010-talet blev den amerikanska finansiella nettoutlandsställningen kraftigt negativ.

Vid 2000-talets inledning hade den amerikanska industriella produktionen praktiskt taget nått sin topp och har gått mestadels sidledes sedan dess. Som framgår av Figur 13.3 har den amerikanska industriella produktionen, per capita, gått nedåt under denna sidledesperiod, efter åtta årtionden av en uppåtgående trend.

Enligt den makroekonomiska analytikern Luke Gromen spelade eurodollar/petrodollar-systemet sannolikt en viktig roll i USA:s seger i kalla kriget. Att ett flertal oljeexporterande länder enbart använde dollar

182 Brian Reinbold och Yi Wen, *Understanding the Roots of the U.S. Trade Deficit.*
183 Yakov Feygin och Dominik Leusder, *The Class Politics of the Dollar System.*
184 World Bank, *Net Trade in Goods and Services (BoP, current US$) - United States.*
185 Federal Reserve Economic Data, *U.S. Net International Investment Position.*
186 Federal Reserve Economic Data, *Industrial Production: Total Index.*

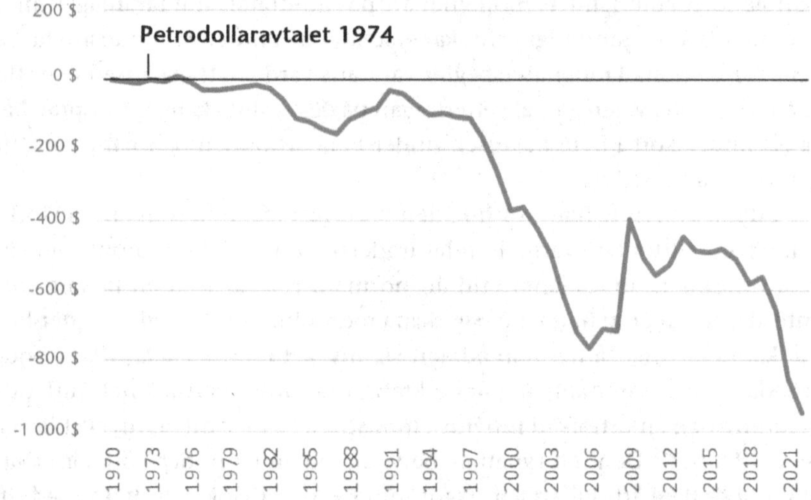

Figur 13.1
USA:s handelsbalans sedan 1970 (miljarder dollar).[184]

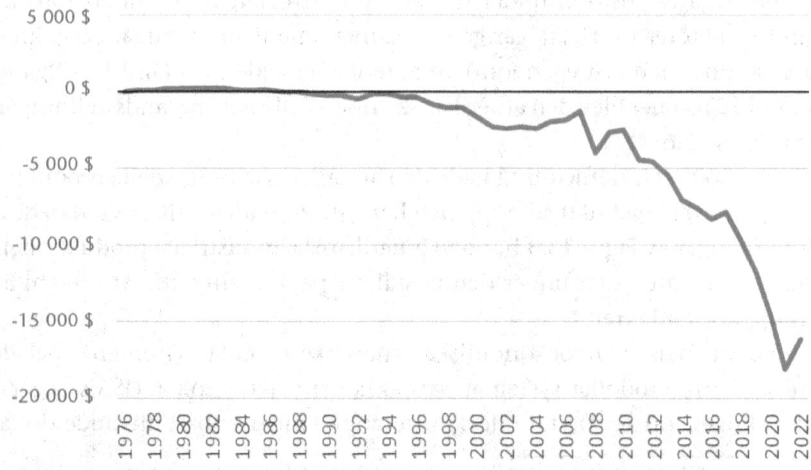

Figur 13.2
Finansiell nettoutlandsställning för USA sedan 1976 (miljarder dollar).[185]

Figur 13.3
Årlig industriell produktion per invånare i USA sedan 1920 (normaliserad till 100 år 2000).[186]

för exporten hjälpte till att stänga in Sovjetunionen i ett hörn både ekonomiskt och geografiskt. Sovjeterna var tvungna att betala för sin oljeproduktion och anskaffning av andra råvaror med ett verkligt värde, medan USA kunde trycka nya pengar för detta ändamål och skjuta upp kostnaderna. Gromen hävdar vidare att det skulle varit bättre om USA, efter Sovjetunionens fall, hade försökt att göra om systemet och åtgärda handelsobalanser mer regelbundet, i stället för att försöka gå vidare med samma system.[187] Sedan 1990-talet har eurodollar/petrodollar-systemet varit mer en förbannelse än en välsignelse, då merkantilistiska länder kan ha allt större handelsöverskott gentemot USA och därmed urholka den industriella konkurrenskraften, vilket i förlängningen leder till minskad militär konkurrenskraft.

Det finns två grupper av människor som gynnas av detta system. Den första gruppen består av amerikanska finansiärer och etablissemanget mer generellt. Amerikaner som arbetar inom finans, statsapparaten, försvaret, teknik, sjukvård och andra icke-industriella områden med monopol eller hög marginal gynnas enormt av detta system, då de får alla fördelar med ökad konsumtion och global dominans utan att drabbas av de nackdelar som minskad konkurrenskraft inom export innebär. Den andra gruppen består av utländska exportörer och industrialister samt deras ledare. Till exempel har kinesiska tillverkare kunnat dra nytta av denna obalans och

187 Nathaniel Whittemore, *ENCORE: Luke Gromen.*

skapa enorma rikedomar.

Det finns också två grupper av människor som missgynnas av detta system. Den första gruppen består av amerikanska arbetare. Amerikaner tillhörande arbetarklassen som tillverkar fysiska produkter har på det hela taget missgynnats av detta system, då lönen för att anlita en amerikan är hög globalt sett och exporten är dyr globalt sett, även jämfört med andra utvecklade länder. Till följd av detta har en stor del av denna tillverkningskapacitet först gått till Tyskland och Japan, och sedan vidare till Kina och andra utvecklingsländer.[188] Den andra gruppen består av konsumenter i merkantilistiska utvecklingsländer, eller länder som av en eller annan anledning har en valuta som inte ackumulerar värde. Människor runtom i världen, särskilt i utvecklingsländer, använder lokala valutor som devalveras över tid. Detta beror antingen på att överskott i bytesbalansen omvandlas till statliga reserver som förvaltas av landets centralplanerare, eller på att landet inte lyckats uppnå ett överskott i bytesbalansen och valutan därför genomgår en konstant utspädning.

Det handlar egentligen inte om att det i sig är bra eller dåligt med en stark eller svag valuta, utan det handlar snarare om att en *artificiellt* stark eller svag valuta i förhållande till ett lands handelsbalans är dålig. Om ett land har ett ihållande handelsöverskott men ständigt försvagar sin annars värdestegrande valuta genom att ackumulera centralbanksreserver (merkantilism), då går värdet från arbetarnas till ledarnas händer. Likadant är det så att om ett land har ett ihållande handelsunderskott men lägger på en extra monetär premie på den annars värdeminskande valutan, då är landets arbetare inte särskilt konkurrenskraftiga vad gäller globala löner, medan landets politiska ledare, multinationella företag och förmögna elit frodas.

De senaste femtio åren kan beskrivas som en period som dominerats av den amerikanska eliten, på bekostnad av majoritetsbefolkningens frihet och ekonomiska livskraft. "Imperiet Förenta staterna" växte medan "landet Förenta staterna" stagnerade. Följden blev att USA nu har hundratals militärbaser utomlands medan den lokala infrastrukturen åldras. USA kan vinna vilket sjöslag som helst, men har hamnat på efterkälken gentemot resten av den utvecklade världen när det gäller utbildning. Man konkurrerar öppet med Kina om platsen som världens supermakt, samtidigt som man i stor utsträckning importerar kinesisktillverkade varor för att finansiera konsumtionen.

Ungefär som romarriket mot slutet var så stort att det inte kunde försvara alla gränser, är USA nu ordentligt utsträckt samtidigt som man försöker upprätthålla ett finansiellt system och en geopolitisk struktur som man inte

188 Feygin och Leusder, *Class Politics*.

längre gynnas av. Boxaren har inte känt någon smärta på ett tag, men har tagit många slag och börjar nu känna av den skada han ådragit sig. Under flera årtionden har de som tillhör samhällets övre skikt gynnats samtidigt som de längst ner inte gjort det, och på grund av detta har den industriella basen och den finansiella nettoutlandsställningen urholkats.

Det amerikanska politiska etablissemanget skulle kunna ändra kurs och försöka åtgärda problemet. Man skulle på ett värdigt sätt kunna dra sig ur resten av världen, minska de militära utgifterna, förbättra det monetära systemet, investera lokalt och stärka "landet Förenta staterna" i stället för "imperiet Förenta staterna". Andra länder skulle bli tvungna att öka sina försvarsbudgetar och världen skulle bli mer multipolär, med separata intressesfärer. Antropologen och företagsledaren Natalie Smolenski har beskrivit vikten av att ha ett positivt politiskt projekt att fokusera på. Projektet skulle med andra ord inte handla om stagnation och tillbakadragande (saker som befolkningen inte gärna sluter upp bakom eller ser som positiva), utan skulle snarare handla om att prioritera lokala insatser och att bygga något nytt och fräscht i det egna landet.[189]

Tyvärr är det så att de flesta imperier inte drar sig tillbaka på ett elegant och positivt sätt när de når sin kulmen. De lägger tvärtom resurser på att kämpa för att behålla varenda centimeter de tagit, samtidigt som grupperingar inom imperiet kämpar mot varandra och utländska krafter naggar i kanterna.[190] Det är inte ofta som stora organisationer, vare sig stater eller företag, gör några större förändringar hos sig själva. Men det finns något som kallas institutionell tröghet, som innebär att när saker och ting befinner sig på en kurs förblir de på den kursen även när den inte längre är logisk, till dess att de tvingas till omfattande förändringar. Det slutar vanligtvis med att imperier ändrar kurs från en svag position, snarare än att de ändrar kurs i ett tidigt skede från en stark position.

Många amerikaner utgår ifrån att man måste göra vad som krävs för att bevara dollarns roll som världens reservvaluta för att livskvaliteten i landet ska kunna upprätthållas. Jag har en annan syn på saken. Dollarns hegemoni har direkt bidragit till den flera årtionden långa lokala urholkningen – i synnerhet efter kalla krigets slut. Systemet som har varit i kraft sedan 1970-talet är en föråldrad monetär teknik och är totalt ohållbart på grund av de obalanser som skapas. Om dollarns hegemoni skulle kullkastas i dag skulle särintressen i USA skadas, landets imperialistiska räckvidd skulle minskas och ett antal omprioriteringar skulle bli nödvändiga, men i slutändan skul-

189 Natalie Smolenski, *It is Time to Re-Found the American Republic*, Bitcoin Magazine: The Orange Party issue, november 2022.

190 Se till exempel Paul Kennedys klassiska analys *The Rise and Fall of the Great Powers 1500–2000: Economic Change and Military Control from 1500–2000.*

le det leda till en mer naturlig och balanserad global ekonomi och öppna upp en möjlighet att återuppliva landet USA. Risken är att man inte inser detta och därför inte genomför några proaktiva förändringar när man befinner sig i en stark position. Och hittills är det den vägen vi har valt.

DET MISSLYCKADE KRIGET MOT TERRORISMEN

USA:s svar på terrorattentatet den 11 september 2001 var krig. De militära insatserna var till en början fokuserade på Afghanistan, där attentatets organisatör Usama bin Ladin och hans bundsförvanter gömde sig. De utökades emellertid senare till Irak – trots att Irak inte hade någonting att göra med attentatet och inte ens gränsar till Afghanistan. De flesta amerikaner skulle inte kunna peka på något av länderna på en karta, så de blandades ihop och folket trodde på statens och massmedias rapporter om "kriget mot terrorismen". Opinionsundersökningar som genomfördes 2003 visade att 76 procent av den amerikanska befolkningen var för ett krig mot Irak.[191] Vid tillfället ansågs det vara mycket opatriotiskt för en amerikan att ta avstånd från kriget.

Krig som finansieras med skulder denominerade i fiatvaluta som centralbanken kan trycka har inte något tydligt pris. Om kriget mot Irak hade medfört en särskild krigsskatt för alla amerikaner på 10 procent, hade allmänhetens stöd garanterat varit lägre. Om man hade fått betala för det i realtid hade man kanske tänkt efter och granskat frågan närmare i stället för att huvudlöst ge sig in i ett krig. Men om kostnaderna för ett krig framstår som obetydliga eller oklara, om vi knappt vet skillnaden mellan Afghanistan och Irak och vi inte kan peka på något av länderna på en karta, och våra politiska ledare och massmedia säger att det är en bra och patriotisk idé och nödvändigt ur ett nationellt säkerhetsperspektiv, varför inte gå ut i krig?

Watson Institute for International & Public Affairs vid Brown University inledde år 2010 ett projekt kallat "Costs of War", med dussintals experter som analyserade de totala kostnaderna för kriget mot terrorismen (Afghanistan, Irak och liknande insatser), som vid tillfället fortfarande pågick. De uppdaterar projektet än i dag, då kostnaderna fortsätter att ansamlas trots att kriget är över. Fram till och med räkenskapsåret 2022 uppskattade de den totala kostnaden för kriget dittills till omkring 5,8 biljoner dollar. Denna kostnad består av 2,1 biljoner dollar i direkt krigsbudget, ytterligare 2,1 biljoner dollar för expansionen av grundläggande militära utgifter och inrättandet av USA:s departement för inrikes säkerhet, nästan en halv biljon

191 Frank Newport, *Seventy-Two Percent of Americans Support War Against Iraq*, Gallup News Service.

dollar i veteranbidrag och 1,1 biljoner dollar i ränta på lån som togs för att betala detta. När det gäller den framtida utvecklingen förväntar de sig ytterligare 2,2 biljoner dollar för veteranvård över de kommande tre decennierna, och de uppskattar att den kumulativa räntan på detta sannolikt kommer att vara ytterligare 5 biljoner dollar.[192] Samtidigt har hundratusentals civila dödats i krigszonerna och miljontals människor har fördrivits.

När 76 procent av den amerikanska befolkningen var för Irakkriget, förstod de då att det totala priset för allmänheten skulle vara uppe i 5,8 biljoner dollar 2022, och kanske över 13 biljoner dollar 2050? Svaret är givetvis nej, eftersom skapandet av skuld i fiatvaluta och den urvattning av valutan som monetariseringen av skulden innebar gjorde det hela nästan fullständigt ogenomskinligt. Människor betalar för krig över en längre tid på sätt som är svåra att identifiera. Man kan också se det som att det betalas genom alternativkostnader; tänk om staten i stället hade investerat denna enorma mängd pengar på lokal infrastruktur, utbildning och utrikesbistånd för att stärka globala allianser, eller bara gett varje amerikan en rejäl skattesänkning och låtit folket behålla en större del av sina egna pengar.

När jag skriver dessa ord, alltså ett par årtionden efter krigets inledning, har USA ett stort underskott i de offentliga finanserna, delvis på grund av den ackumulerade räntan, delvis på grund av det misslyckade kriget. En del politiker vill höja skatterna, vilket tillsammans med inflation innebär att kriget finansieras i efterhand av nästa generation, som inte var med och startade kriget.

Under ett vittnesmål inför den amerikanska senatens försvarsutskott 2017 beskrev Linda J. Bilmes från Harvard University den icke-transparenta finansieringen av kriget på följande sätt:

> Budgetprocessen för krigen efter 11 september-attackerna från 2001 till 2017 är den enskilt största avvikelsen från etablerad budgeteringspraxis i amerikansk historia.
>
> Vid varenda tidigare längre amerikansk konflikt – däribland 1812 års krig, det spansk-amerikanska kriget, inbördeskriget, första världskriget, andra världskriget, Koreakriget och Vietnamkriget – höjde vi skatterna och minskade utgifter som inte var knutna till kriget. Vi höjde skatterna för de rika.
>
> Under Koreakriget höjde president Truman den högsta marginalskattesatsen till 92 procent. Han ansåg att det var moraliskt riktigt att "pay-as-you-go" – ett begrepp som han myntade och upprepade i över 200 tal. President Johnson var mer tveksam, men införde 1967 en avgift för Vietnamkriget som höjde den högsta skattesatsen till 77 procent.

192 Neta Crawford, *The U.S. Budgetary Costs of the Post-9/11 Wars.*

> I jämförelse sänkte kongressen skatterna 2001 och 2003 – "Bushs skattesänkningar" när vi gick ut i krig mot Afghanistan och Irak. Sedan dess har vi betalat för dessa krig genom att samla på oss skulder på det nationella kreditkortet. Inget tidigare amerikanskt krig har finansierats helt och hållet genom skuld. Jag kallar de här krigen "kreditkortskrigen".
>
> Dessutom har budgeteringen för dessa krig genomförts annorlunda. Vid alla tidigare större krig ingick krigsbudgeten i den vanliga försvarsbudgeten efter den inledande perioden. Detta innebar att kongressen och Pentagon var tvungna att göra kompromisser inom försvarsbudgeten.
>
> Krigen efter 11 september-attackerna däremot har mestadels finansierats genom tilläggsanslag. Krigen efter 11 september-attackerna har finansierats genom anslag för nödsituationer och utländska beredskapsoperationer, som inte har några utgiftstak och inte kräver några kompenserande nedskärningar på andra platser i budgeten. Över 90 procent av direkta krigsutgifter för de aktuella krigen har betalats med hjälp av kompletterande pengar, jämfört med 35 procent för Korea och 32 procent för Vietnam.
>
> Den här processen är mindre transparent, innebär mindre ansvar och har gjort att kostnaderna för krigen är mycket mindre synliga.[193]

Drygt två decennier efter det att kriget mot terrorismen inleddes visar i stort sett varenda objektiv analys klart och tydligt att detta var ett misslyckat krig, och misslyckade krig är ett existentiellt hot mot imperiet. Givetvis måste de personer som var inblandade i attackerna uppsökas och ställas till svars, och självklart måste framtida försök till terrorattentat förebyggas i rimlig omfattning, men att expandera kriget till Irak var en dyr distraktion som USA inte tjänade biljontals dollar på.

Precis som i första världskriget gjordes många militära insatser i onödan. Anledningen till att de ändå genomfördes var att ett litet antal människor med stor makt hade tillgång till sedelpressarna och icke-transparent finansiering, vilket innebar att man kunde överföra kostnaderna till allmänheten. Allmänheten betalar över tid för detta genom valutadevalvering, eller genom högre skatter som införs flera årtionden senare för att bekämpa en underskottsdriven inflation som orsakats av de beslut som ledde till dessa stora skulder och kumulativa räntekostnader. De som gynnats allra mest av kriget är de amerikanska företag som tillverkar produkter för militären.

SÅ UNDERMINERADE KINA SYSTEMET

Under 1970-, 1980- , 1990- och 2000-talet återinvesterade handelspartner med stora handelsöverskott gentemot USA vanligtvis dessa dollar i ameri-

---

193 Linda Bilmes, *The Credit Card Wars: Post-9/11 War Funding Policy in Historical Perspective.*

kanska tillgångar – i synnerhet amerikanska statsobligationer. Detta gjorde den amerikanska federala regeringens skuld gentemot andra länder större, men gjorde också att USA kunde ha ett rejält underskott i de offentliga finanserna samtidigt som valutan hölls stark.

Saudiarabien och andra OPEC-länder sålde stora mängder olja till USA och investerade sina handelsöverskott i amerikanska statsobligationer. Tyskland och Japan sålde stora mängder bilar till USA och investerade sina handelsöverskott i amerikanska statsobligationer. Kina, Taiwan och Singapore sålde stora mängder elektronik till USA och investerade sina handelsöverskott i amerikanska statsobligationer. Efter ett tag började många av dessa utländska långivare att diversifiera sina portföljer med amerikanska aktier, amerikansk fast egendom och amerikanska riskkapitalbolag. De ägde större och större andelar av amerikanska kapitaltillgångar; genom lån och kapital sålde amerikaner större och större andelar av sina framtida intäkter för att finansiera den ständiga konsumtionen av kinesisktillverkade, värdeminskande tillgångar.

Efter den globala finanskrisen 2008 var räntan på amerikanska statsobligationer mycket låg under ett årtionde, många gånger lägre än inflationen. Det var inte särskilt lockande att investera i dem längre. Alla länder som har dollar eller amerikanska statsobligationer som reservtillgång när räntan är lägre än inflationen betalar i praktiken en avgift till USA samtidigt som de egna besparingarna devalveras. År 2013 gjorde Kina någonting som ingen annan handelspartner hade gjort tidigare inom petrodollar/eurodollarsystemet: de förklarade att det inte längre låg i deras bästa intresse att fortsätta ackumulera amerikanska statsobligationer och att de i stället lanserade projektet Nya Sidenvägen. Med detta nya projekt började de investera sitt handelsöverskott i cirka 150 olika länder runtom i världen, med fokus på infrastruktur och råvaruproduktion. De gav ut dollar-denominerade lån till länder över hela världen så att dessa länder kunde bygga ut infrastrukturen, då särskilt handelsbaserad infrastruktur som vägar, järnvägar, hamnar, raffinaderier och råvarufyndigheter. Kina fick i gengäld finansiell avkastning från dessa investeringar eller rättigheter till användningen och produktionen. Med andra ord började Kina på 2000-talet använda sig av samma sorts nykoloniala finansiella arrangemang som USA och europeiska länder använde sig av under hela 1900-talet.[194]

Jag är inte positivt inställd till Kinas hållning i frågor om mänskliga rättigheter eller landets auktoritära styre, men det är tydligt varför de ville göra på det här viset. Under opiumkrigen på 1800-talet behandlades Kina

194 John Joshua, *The Belt and Road Initiative and the Global Economy: Volume II – The Changing International Financial System and Implications*, kapitel 2.

fruktansvärt av Storbritannien och Frankrike, som faktiskt gick ut i krig mot Kina för att tvinga in opium i landet och tvinga Kina att underteckna orättvisa handelsavtal. Detta inledde det man i Kina kallar "förödmjukelsens århundrade", då landet underkuvades av europeiska länder och senare invaderades av Japan och utsattes för en mängd olika krigsförbrytelser. Under 1900-talets andra hälft bedrev Storbritannien och andra europeiska länder monetär nykolonialism i hela den utvecklade världen. Med undantag för en handfull framträdande fall (mestadels i Asien) är det sällan som tillväxtmarknader faktiskt "växer" inom detta system. De tenderar snarare att sitta fast i skulder i utländsk valuta, som om de springer på ett ekonomiskt löpband som skickar exporter till USA och Europa utan att själva ackumulera varaktigt kapital. Kinesiska ledare ser det som att de försöker bryta sig loss från detta system för att återupprätta landet som en fullständigt självständig global maktfaktor som inte behöver förlita sig på den amerikanska dollarn. Detsamma gäller generellt sett för Indien, Brasilien och andra stora utvecklingsländer.

Samtidigt befinner sig USA i en situation där man har en urholkad industriell bas och använder sin oöverträffade flotta till att skydda de globala fartygslederna, som (ironiskt nog) i ökande utsträckning utgörs av Kinadominerad handel. Kina har en högre elproduktion än USA, fler skyskrapor, en större industriell bas, högre råvarukonsumtion, högre industriproduktion och är numera den största handelspartnern med de flesta länder i världen, efter att man tagit USA:s plats i det avseendet. USA å andra sidan har fortsatt ett kraftigt handelsunderskott och gräver ett allt djupare hål för sin finansiella nettoutlandsställning. Följden av detta är växande spänningar mellan USA och Kina, eftersom USA inte längre gynnas av att vara utgivare av världens reservvaluta men ändå inte vill ta de steg som krävs för att förändra situationen. Då stora delar av världen saktar ner eller avbryter ackumulationen av amerikanska statsobligationer måste USA i allt högre grad finansiera sitt eget budgetunderskott.

I RIKTNING MOT EN MULTIPOLÄR VÄRLD

Precis som Bretton Woods-systemet till slut blev ohållbart i och med att de amerikanska guldreserverna minskades, är eurodollar/petrodollar-systemet på väg att bli ohållbart då det urholkar den amerikanska industriella basen och USA:s finansiella nettoutlandsställning. Tungt är huvudet som bär kronan.

När Bretton Woods-systemet skapades stod USA för 40 procent av den globala bruttonationalprodukten, hade den överlägset största industriella basen, den bästa geografiska/jordbruksmässiga situationen, en dominant flotta, världens största guldreserver och en positiv finansiell nettoutlandsställning. Med tiden har USA:s BNP gått ner till 20–25 procent av global BNP på nominell basis – eller så lågt som 15 procent med avseende på köpkraft – och efter flera årtionden av handelsunderskott har man nu en kraftigt negativ finansiell nettoutlandsställning. Samtidigt förlorade USA platsen som världens största handelspartner. Det som finns kvar är bäst geografi och högst jordbrukskapacitet, ett robust startup-ekosystem och en dominant flotta. Men det kanske inte är tillräckligt om man vill förbli en global maktfaktor.

Det är emellertid så att varken euroländerna eller Kina kan ta USA:s plats som utgivare av världens reservvaluta. Inget av dessa valutablock står för 40 procent av den globala bruttonationalprodukten, som USA en gång i tiden gjorde. Euroländerna har en monetär union men inte en finanspolitisk union. De har otillräcklig energitrygghet och en åldrande befolkning. Kina har också en åldrande befolkning, en svagare geografi med avseende på kuster och floder och säkra gränser, svagare rättssäkerhet och en grundare kapitalmarknad, vilket innebär att landet omöjligt kan inta den roll som USA kunde spela i mitten av 1900-talet. Världsekonomin är följaktligen mycket mer utspridd i dag, i stället för att vara koncentrerad i bara ett land. USA, Kina, Indien, Japan, Brasilien, Ryssland och ett flertal europeiska länder har alla ett betydande ekonomiskt inflytande regionalt.

Många tror att världen måste ha en enda reservvaluta, att precis som den amerikanska dollarn tog över efter det brittiska pundet kommer Kinas yuan att ta över härnäst. Vissa analytiker tror dock att det inte finns något annat alternativ än att ha kvar den amerikanska dollarn som reservvaluta under den förutsägbara framtiden, eftersom Kinas yuan inte är bra nog.[195] Jag själv tror att båda dessa scenarier är att missförstå historien. 1800-talet och 1900-talet var avvikelser. Världen är i stället på väg mot en multipolär, neutral reservvaluta, snarare än ett system där ett land ger ut en dominerande reservvaluta för hela världen. Inget land, varken USA, Kina eller något annat, är stort nog att ge ut en fiatvaluta som hela världen kan och vill använda. Den enda formen av pengar som skulle vara stor nog skulle vara en form av överstatliga pengar, med en naturlig knapphet och som inte ges ut av någon stat.

Från mitten av 1800-talet fram till 1960-talet gick centralbankernas guldinnehav (statliga guldreserver) från i princip inget alls till omkring 38 000 ton. Därefter började centralbanker världen över gradvis minska sitt guldinnehav till under 30 000 ton, samtidigt som deras innehav av ame-

195 Sandy Ward, *'Be Careful' in Stock Markets, Ex-Treasury Sec Summers Warns*, Morningstar, 27 april 2023.

rikanska dollar växte. Sedan den globala finanskrisen 2008 har utländska centralbanker dock börjat ackumulera guld på nytt och är nu tillbaka över 35 000 ton. Sedan mitten av 2010-talet har utländska centralbanker slutat att ackumulera dollar-denominerade reserver totalt sett. Länder ökar gradvis sina innehav av yuan, men de startar från en låg nivå. I stället för att främst ackumulera dollar diversifierar utvecklingsländers centralbanker med ett flertal valutor, och de ackumulerar guld.

Figur 13.4
Världens centralbankers guld i ton.[196]

Denna diversifiering blir än mer relevant i en värld full av konflikter och krig. USA kan införa sanktioner mot vilket land som helst som primärt använder dollar-denominerade betalningskanaler eller ackumulerar reserver i dollar-denominerade tillgångar. Ryssland verkar ha förutsett detta och har under det senaste årtiondet fokuserat på att öka sina guldreserver och minska sina dollarreserver. När Ryssland invaderade Ukraina 2022 frös USA och europeiska länder ryska reserver (som vid tillfället bestod till stor del av euro; Ryssland verkar inte ha förutsett att även euro-denominerade tillgångar skulle frysas). Ryssland accelererade då sina insatser för att sälja olja, gas och andra råvaror till Kina mot yuan. Ett flertal andra länder har på liknande sätt diversifierat sina metoder för betalningar och sparande.

Varför skulle Saudiarabien fortsätta att endast prissätta sin olja i amerikanska dollar och ackumulera amerikanska statsobligationer när dess största handelspartner nu är Kina? Vad skulle hända om USA en dag beslutar

196 World Gold Council, *Central Bank Holdings*.

sig för att frysa Saudiarabiens reserver? Varför skulle Kina, som världens största exportör av industrivaror, primärt ackumulera dollarreserver? Och varför skulle Indien göra det?

Om ett land håller merparten av sina reserver i ett annat lands fiatvaluta är landet inte fullständigt självständigt, då besparingarna kan frysas. Det går förstås inte att frysa sedlar, men att hålla stora mängder sedlar är ohållbart eftersom sedlar, till skillnad från värdepapper, inte ger någon ränta som kompenserar för inflationen. Därför hålls reserver vanligtvis som inlåning eller värdepapper som ger ränta, vilket innebär att de kan frysas av dem som kontrollerar landets liggare. Mäktiga länder runtom i världen diversifierar nu gradvis sina reserver, använder guld som reserver och/eller uppför alternativa betalningskanaler där man inte måste använda amerikanska dollar eller gå via New York-baserade finansiella institutioner. På så sätt kan självständiga länder spara och betala på egna villkor i en global ekonomisk miljö.

Det återstår att se hur nästa globala finansiella system kommer att vara utformat, men det är tydligt att systemet för tillfället genomgår en strukturell förändring, precis som det gjorde på 1860-, 1940- och 1970-talet.

Under senare år har det blivit möjligt att köpa olja och andra råvaror med en handfull olika större valutor, som Kinas yuan. Än så länge är dollarn den överlägset vanligaste handelsvalutan, men dess marknadsandel blir sakta men säkert mindre och mindre. Många länder har gradvis diversifierat sina reserver och betalningssystem. I Figur 13.5 ges ett enkelt exempel på ett multipolärt reservalutesystem i samma format som diagrammen i kapitel 11.

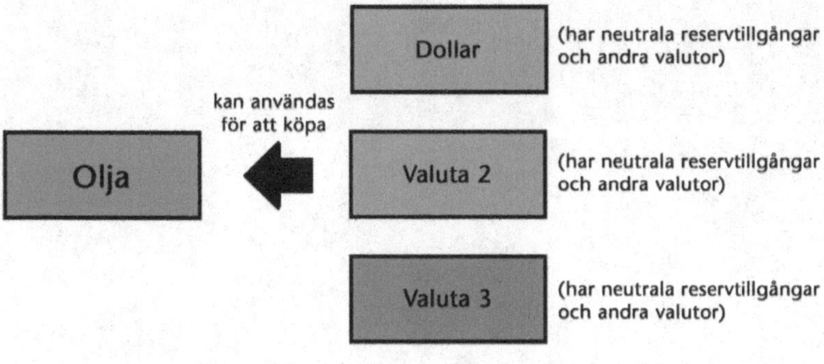

Figur 13.5
Visar ett förenklat exempel på ett multipolärt reservvalutasystem.

Om internationella avtal sluts för att skapa överstatliga valutor som systemets deltagare håller i sina reserver (i varierande grad som bancorkonceptet), eller om tillgångar som guld eller bitcoin hålls i reserver och används som avvecklingsinstrument för att köpa internationella varor, skulle systemet se ut ungefär som i Figure 13.6.

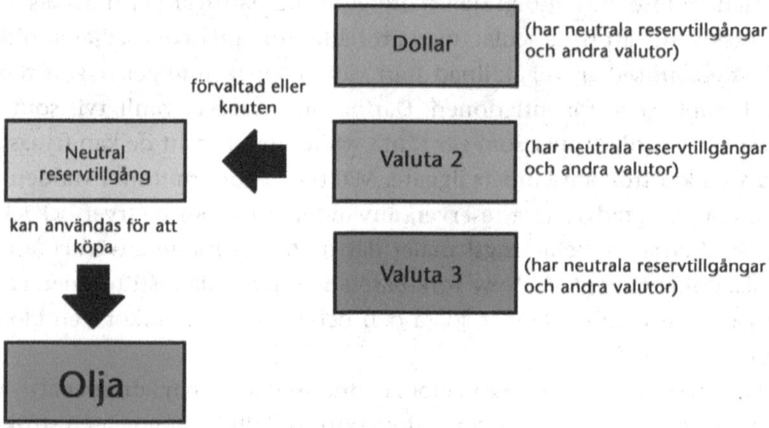

Figur 13.6
Konceptuellt diagram över en neutral reservtillgång i ett multipolärt globalt finansiellt system.

DEL IV

ENTROPIN HOS FIATLIGGARE

Inte någon struktur, inte ens en artificiell, uppskattar processen av entropi. Det är alltings yttersta öde, och allting kämpar emot det.[197]

— **Philip K. Dick**

197 Philip K. Dick, Galactic Pot-Healer, 101.

KAPITEL 14

DAGENS FINANSIELLA SYSTEM

I den här delen av boken tittar vi närmare på hur dagens finansiella system ser ut. Vi tittar på hur systemet fungerar, hur pengar skapas och förstörs och på hur dess utformning gynnar eller missgynnar olika typer av användare.

I de följande kapitlen diskuteras hur det finansiella systemet i sin nuvarande form är utformat på ett sätt som innebär att 1) penningmängden ständigt ökar, 2) köpkraften gradvis överförs från sparare till arbitragörer som befinner sig närmare penningkällan, 3) systemet belönar stora aktörer med goda kontakter på bekostnad av mindre aktörer med mindre goda kontakter, 4) skulder gradvis överförs från den privata sektorn till den offentliga sektorn så att skulderna i systemet aldrig betalas av och 5) processen tillfälligt dämpar volatilitet tills all volatilitet kommer ut på en och samma gång.

Men innan vi kan diskutera allt det där måste vi börja med grunden, för att sedan arbeta oss uppåt.

EN GRUNDKURS I DET AMERIKANSKA CENTRALBANKSSYSTEMET

Det finansiella systemet består av ett antal sammanlänkade liggare. Mer specifikt består det av ett antal mindre liggare inbäddade i större liggare.

Grunden för det amerikanska systemet (och i viss utsträckning även för resten av världen, tack vare den amerikanska dollarns status som världens reservvaluta) utgörs av Federal Reserve System, som fungerar som USA:s centralbank.

Federal Reserve System (ofta kallat "Federal Reserve" eller bara "Fed") är en offentlig-privat organisation som inrättades av den amerikanska kongressen i och med införandet av lagen Federal Reserve Act 1913 och som har modifierats ett flertal gånger genom ytterligare lagstiftning. Federal Reserve kontrollerar basliggaren för dagens finansiella system.

I den privata sektorn består Federal Reserve av tolv regionala Federal Reserve-banker. Dessa regionala Federal Reserve-banker fungerar som "bankernas banker" i sina respektive regioner, och de för också ut pappersvaluta i omlopp. Den viktigaste av dessa tolv regionala Federal Reserve-banker är Federal Reserve Bank of New York, då den är lika stor som de andra elva sammanlagt och då det är den som utför Federal Reserves öppna marknadsoperationer. Affärsbanker inom den privata sektorn innehar aktier i dessa regionala Federal Reserve-banker, utser styrelserna för dessa banker och får utdelning på investerat kapital.[198]

I den offentliga sektorn finns en centralbanksstyrelse på sju personer. Dessa styrelseledamöter utses av USA:s president, godkänns av senaten och sitter i 14 år. Denna styrelse och dess omfattande personalstyrka fungerar som ett statligt organ baserat i huvudstaden, och detta organs uppgift är att kontrollera det amerikanska centralbankssystemet. Den viktigaste styrelseledamoten är styrelsens ordförande, som har högst rang inom hela Federal Reserve. Efter att alla löpande utgifter och utdelning till medlemsbankerna har betalats skickas det återstående överskottet till det amerikanska finansdepartementet.

Federal Open Market Committee (FOMC) är en gren av Federal Reserve som består av tolv individer som möts åtta gånger om året för att styra landets penningpolitiska inriktning, vilket i förlängningen påverkar stora delar av det globala finansiella systemet. Centralbanksstyrelsens sju medlemmar sitter även i FOMC, så gör även chefen för Federal Reserve Bank of New York, och övriga fyra platser fylls på roterande basis av cheferna för de andra elva regionala Federal Reserve-bankerna. Systemet har utformats på ett sådant sätt att den offentliga sektorn innehar majoriteten (sju) av platserna i denna kommitté och den privata sektorn har minoriteten (fem) av platserna.[199]

EN HÖG MED SKULDSEDLAR

Tillgångssidan av en vanlig affärsbank inom den privata sektorn består främst av lån, värdepapper och kontanter. Ett bolån till exempel är en skuld för kunden och en tillgång för banken. Banken äger denna fordran på framtida betalningar från kunden, och kunden är skyldig att betala pengarna till banken. Andra typer av lån kan vara affärslån, privatlån, kreditkortslån, studielån, billån, marginallån och så vidare. Vad gäller värdepapper innehar

198 Board of Governors of the Federal Reserve System, *Who Owns the Federal Reserve?*.
199 Board of Governors of the Federal Reserve System, *Federal Market Open Committee*.

banker ofta en stor mängd statsobligationer och andra obligationer. Merparten av en banks pengar, utom en mycket liten mängd kontanter som förvaras i bankens valv, förvaras hos Federal Reserve som bankreserver i digital form.

Skuldsidan av en vanlig affärsbank inom den privata sektorn består främst av kundinlåning och företagsinlåning. Privatpersoner och företag har checkkonton, sparkonton och inlåningscertifikat hos banken. Dessa är tillgångar för kunderna och företagen, medan de är skulder för banken. Genom att ha pengar hos banken ger insättaren banken ett lån med låg ränta.

För att förbli funktionsduglig måste en bank ha mer tillgångar än skulder och följa strikta bestämmelser som fastställts av USA:s federala regering och Federal Reserve, och bankens tillgångar bör ha en högre ränta än dess skulder då det är detta som, tillsammans med avgifter, genererar vinster för banken.

Federal Reserves samlade balansräkning innehåller både tillgångar och skulder, precis som för vilken annan bank som helst. På tillgångssidan finns amerikanska statsobligationer, bolånebaserade värdepapper (sedan subprime-krisen 2008) och en liten andel övriga tillgångar. På skuldsidan innebär alla fysiska sedlar direkta skulder för Federal Reserve, och reserver som affärsbanker har på sina Federal Reserve-konton är också direkta skulder för Federal Reserve.

Figur 14.1 visar ett enkelt diagram över det amerikanska finansiella systemet, som en kedja av tillgångar och skulder.

Vi kan här nu identifiera ett potentiellt problem: hela systemet är cirkulärt. De finansiella tillgångar som ligger till grund för själva kärnan av systemet är också skulder. Det är skulder rakt igenom.

Det finns ett gammalt skämt om en kvinna som påstår att världen bärs upp av en enorm sköldpadda. När hon får frågan om vad den enorma sköldpaddan står på, svarar hon på en annan enorm sköldpadda. När hon får frågan vad den andra enorma sköldpaddan står på, svarar hon förtvivlat: "Det är sköldpaddor rakt igenom!" Variationer av denna historia sträcker sig tillbaka till åtminstone 1838, men då var det stenar i stället för sköldpaddor.[200]

Om du har ett bankkonto är det en tillgång för dig och en skuld för din bank, och allt det är är en post i bankens liggare. Bankkontot backas upp av bankens tillgångar, som består av olika låntagares skulder till banken. Banken förvarar sina reserver som tillgångar hos Federal Reserve, vilket återigen bara är en post i Federal Reserves liggare. Dessa reserver, som är en skuld för Federal Reserve, backas upp av Federal Reserves tillgångar, som främst be-

---

200 Garson O'Toole, *Tortoises All the Way Down*, Quote Investigator, 22 augusti 2021.

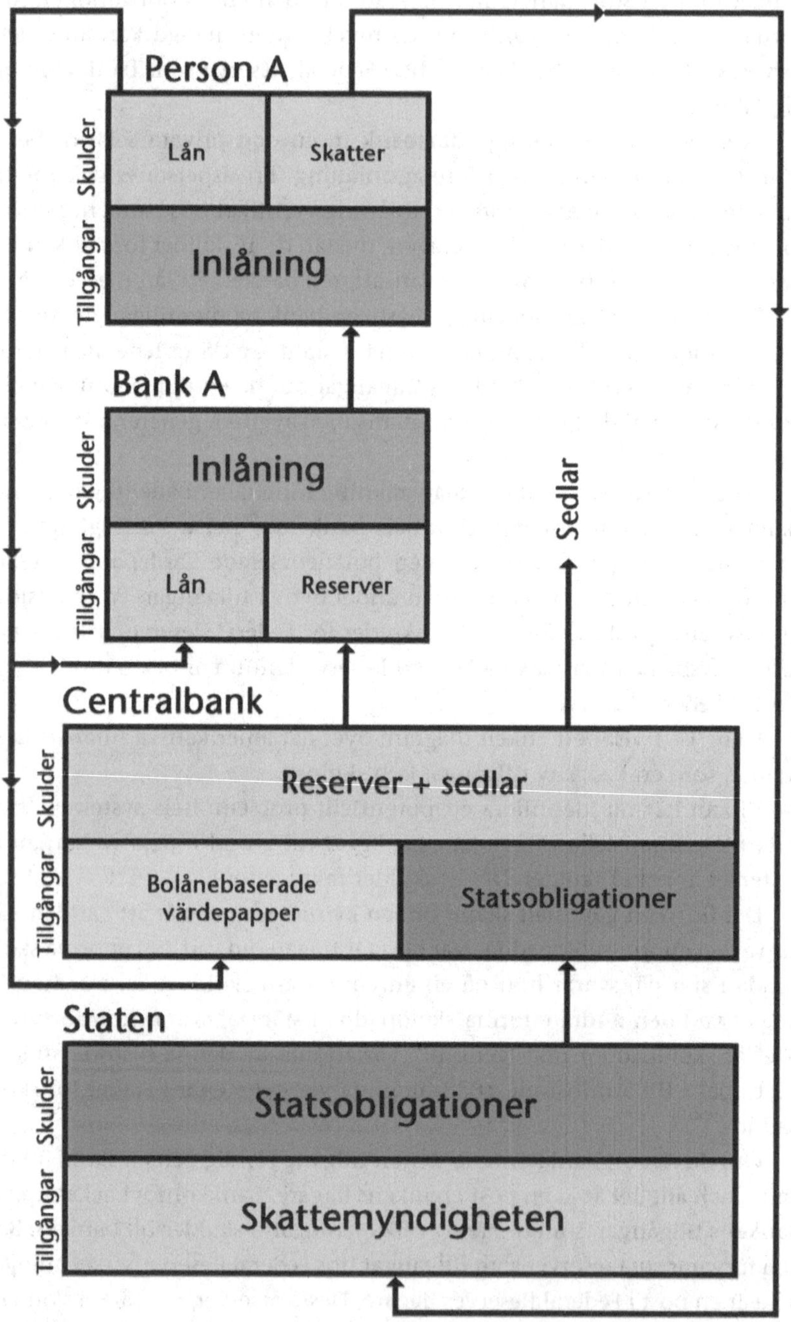

Figur 14.1
Förenklat schema över det amerikanska finansiella systemet.

står av amerikanska statsobligationer. Dessa amerikanska statsobligationer är skulder för USA:s federala regering och backas främst upp av den federala skattemyndigheten, genom skatter från medborgare och företag inom jurisdiktionsområdet.

På ett sätt är det cirkelformade finansiella systemet nästan poetiskt; det visar hur beroende vi alla är av varandra. Samtidigt är det otroligt bräckligt. Allt är en fordran på en fordran på en fordran, beroende av ständig rörelse och tillväxt för att inte alltihop ska kollapsa. Att en sådan kollaps skulle inträffa i USA är för många nästan otänkbart, men det händer ofta mindre länder runtom i världen och det har hänt stora länder förut.

Som diskuterats i tidigare kapitel var systemet inte alltid cirkulärt. Fram till 1913 (och i viss utsträckning ända fram till 1971) var hela det finansiella systemet byggt på guld och var i stället mängder av sammanlänkade fordringar som i slutändan representerade möjligheten att lösa ut en viss mängd guld. Guld är en tillgång för innehavaren och inte en skuld för någon. Det representerar den samlade energi som använts för att gräva upp det ur jorden och förädla det till användbar form. I ett sådant gulduppbackat system understöds allt av en obelastad tillgång, medan allt i det nuvarande systemet understöds av statsobligationer, som själva är skulder.

FEDWIRE

När privatpersoner och företag skickar pengar till varandra från sina bankkonton, måste bankerna kommunicera och avveckla dessa överföringar bakom kulisserna. När du genomför en betalning och allt är färdigt på din sida, har bankerna alltså lite mer arbete att göra på sin sida.

En sak som banker har gjort sedan länge är att slå ihop många mindre transaktioner till en stor transaktion. Om jag betalar ett företag 45 dollar med mitt kreditkort och det företaget köper varor från ett annat företag för 27 dollar, lagras dessa små transaktioner som kortfristiga skulder i våra finansiella institutioners räkenskaper till dess att de slås ihop till större avvecklingstransaktioner.

Även olika fintech-bolag som genomför betalningar i fiatvaluta och andra tjänster är anslutna till bankinfrastrukturen, snarare än att kringgå denna infrastruktur eller försöka att konkurrera med den. Banker har konton hos Federal Reserve, och fintech-bolagen har konton hos banker eller blir själva banker, så varenda kund använder banker och dessa avvecklingssystem utan att ens nödvändigtvis vara medveten om det.

Fram till tidigt 1900-tal genomfördes dessa stora avvecklingar mellan banker ofta genom fysiska överföringar av sedlar och guld, via beväpnad transport. På 1910-talet började Federal Reserve använda morsekod för att minimera behovet av den typen av fysisk transport. Banker, som förvarade sina reserver hos Federal Reserve som poster i Federal Reserves liggare, kunde genomföra avvecklingen med hjälp av ett säkert telekommunikationssystem, och Federal Reserve kunde helt enkelt uppdatera liggaren så att den visade att en medlemsbank hade skickat pengar till en annan medlemsbank.[201]

Detta avvecklingssystem har under årens lopp genomgått ett antal uppdateringar och kallas i dag för Fedwire. År 2022 genomförde Fedwire avveckling för över 1 060 biljoner dollar för tusentals enskilda amerikanska affärsbanker. Denna siffra bestod av över 196 miljoner avvecklingar med ett genomsnittligt värde på 5,41 miljoner dollar.[202] När privatpersoner och företag skickar små och medelstora belopp till varandra slås många av dessa transaktioner ihop till enorma avvecklingar mellan banker.

År 2023 lanserade Federal Reserve FedNow, som gör det möjligt för individer och företag som satt in pengar på en bank att skicka pengar till varandra i realtid. Banker fungerar fortsatt som mellanhänder, och Federal Reserve flyttar omkring bankreserver i bakgrunden, men detta nya system hoppar över en del av den transaktionssammanslagning som banker historiskt sett har genomfört. Precis som med de flesta uppdateringar av banksystemet ger FedNow utökad övervakningskapacitet jämfört med vad Federal Reserve kan se genom Fedwire. Federal Reserve får information om enskilda betalningar mellan institutioner, i stället för att bara se sammanslagna avvecklingar.

Det finns i USA ett andra avvecklingssystem, ett alternativ från den privata sektorn kallat CHIPS (Clearing House Interbank Payment System). Detta system ägs av ett flertal banker och betjänar knappt 50 stora finansiella institutioner, men behandlar ändå en volym på hundratals biljoner dollar om året på grund av den stora andel av alla betalningar som dessa institutioner står för.[203] Tillsammans står Fedwire och CHIPS för den största avvecklingsvolymen i USA. Praktiskt taget alla transaktioner vi genomför som individer och företag i liggarna högre upp i systemet avvecklas genom dessa system vid eller omkring systemets baslager.

INTERNATIONELLA KOPPLINGAR

Andra länder har liknande finansiella system. Det de flesta länder har gemensamt är att de har en centralbank som har det lokala finansiella syste-

201 Frederick Schroeder, *Developments in Consumer Electronic Fund Transfers*, Federal Reserve Bulletin 69, 6 (juni 1983).
202 The Federal Reserve, *Fedwire Funds Service: Annual Statistics*.
203 The Clearing House, *About CHIPS*.

mets bankreserver och fysiska kontanter som skulder (den monetära basen), som understöds av offentlig skuld och andra tillgångar. Centralbanken driver eller möjliggör också ett system för avveckling mellan banker. Den äldsta ännu existerande centralbanken i världen är Sveriges Riksbank, och den näst äldsta är Bank of England.

Det som skiljer de flesta andra länder från USA är att andra länders centralbanker vanligtvis är knutna till det amerikanska centralbankssystemet (som beskrivs i del 3 av den här boken), eftersom den amerikanska dollarn är världens nuvarande reservvaluta. En centralbank i ett annat land än USA håller vanligtvis inte bara det egna landets skuld som en tillgång, utan håller även amerikanska statsobligationer. Ofta håller dessa centralbanker även statsobligationer från andra stora länder.

Olika banker, företag och regeringar världen över har ofta dollar-denominerade skulder. I skrivande stund uppskattar Banken för internationell betalningsutjämning (BIS) att icke-amerikanska aktörer har en sammanlagd dollar-denominerad skuld på omkring 13 biljoner dollar.[204] Det är viktigt att påpeka att merparten av denna skuld inte är till amerikanska aktörer. Europeiska, japanska, kinesiska och olika internationella aktörer ger ofta ut lån i dollar, trots att varken låntagaren eller långivaren är baserad i USA. Detta är nästan alltid fallet när långivare i utvecklade länder lånar ut pengar till låntagare i utvecklingsländer.

På så vis kontrollerar amerikanska Federal Reserve i praktiken hela världens liggare, även om dess främsta uppgift är att kontrollera USA:s lokala centraliserade liggare. Nästan 90 procent av hela världens valutaväxlingsvolym inbegriper dollar, nästan 60 procent av alla internationella valutareserver är dollar-denominerade och nästan 50 procent av den globala handeln och gränsöverskridande lån är denominerade i dollar.[205] Alla dollar är fordringar hos banker som i slutändan leder tillbaka till fordringar på den amerikanska monetära basen, som utgör Federals Reserves skuldsida.

Många centralbanker äger fortfarande guld, även om guld numera utgör en mindre andel av centralbankernas tillgångar än under guldmyntfoten. Därför är det globala finansiella systemet i dag mer eller mindre cirkulärt: centralbanker håller inlåning av fiatvaluta och statsobligationer från andra länder som tillgångar, medan dessa tillgångar är skulder för andra centralbanker och stater. Därmed är olika länders finansiella system alla knutna till en enda global struktur, som till stor del kretsar kring det amerikanska centralbankssystemet.

---

204 Bank for International Settlements, *BIS International Banking Statistics and Global Liquidity Indicators*.

205 Bafundi Maronoti, *Revisiting the International Role of the Dollar*, BIS Quarterly Review, december 2022.

Även om det går mycket snabbare än det gjorde före telekommunikationens inträde, är det än i dag ofta en långsam, dyr och icke-transparent process att skicka ett större belopp internationellt. Elektroniska överföringar blir ofta fördröjda eller avbrutna, och det är svårt att få reda på vad problemet var. Detta beror på att sådana överföringar ofta måste hoppa mellan flera korrespondentbanker, ett antal valutaväxlingar måste genomföras och det måste finnas en viss mån av tillit mellan bankerna. Det vanligaste finansiella meddelandesystemet i dag är SWIFT, som grundades 1973 och än i dag fungerar ungefär som det gjorde för flera decennier sedan. Olika fintech-bolag och penningöverföringsverksamheter som använder bankinfrastrukturen kan göra betalningar snabbare för små användare, men den genomsnittliga avgiften för internationella penningförsändelser är över 6 procent.[206]

206 World Bank, *Remittance Prices Worldwide Quarterly*, 7.

KAPITEL 15

SÅ SKAPAS OCH FÖRSTÖRS FIATVALUTA

Även om produktionen av fiatvaluta inte innebär någon större kostnad, finns det specifika bestämmelser och mekanismer som avgör hur fiatvaluta skapas och förstörs. För det mesta skapas valutan när ny skuld skapas, och den förstörs när skulder återbetalas eller betalningarna avbryts. För att komplicera saken något finns det flera olika definitioner av pengar, eftersom dagens finansiella system använder sig av fraktionella reserver. De två mest relevanta definitionerna är "den monetära basen" och "det breda penningmängdsmåttet".

Mängden av dessa två typer av pengar har ökat betydligt över tid. När Federal Reserve inrättades 1913 fanns det 2,79 miljarder dollar i den monetära basen och 19,31 miljarder dollar i det breda penningmängdsmåttet.[207] Vid slutet av 2022 fanns det 5,4 biljoner dollar (5 400 miljarder dollar) i den monetära basen och 21,4 biljoner (21 400 miljarder dollar) i det breda penningmängdsmåttet.[208] I det här kapitlet tittar vi på dessa två typer av pengar och på hur vardera typen pengar skapas och förstörs. Fokus ligger på USA, men samma idé gäller nästan överallt i hela världen.

DEN MONETÄRA BASEN

Den monetära basen utgör grunden för fiatsystemet och består av kombinationen av 1) fysisk valuta i omlopp och 2) affärsbankernas reserver hos Federal Reserve.

Denna monetära bas är en direkt skuld för Federal Reserve. När systemet först skapades gick det att lösa in den monetära basen mot guld och den backades upp av en stor mängd guld, men sedan 1971 går det inte att lösa

207 Óscar Jordà et al., *Macrofinancial History*.
208 Federal Reserve Economic Data, *Monetary Base, Total; M3 for the United States*.

in den mot någonting och den backas inte längre upp av någonting alls. Men det finns en betydande efterfrågan på amerikanska dollar inbyggd i det finansiella systemet: Det är den enda valutan som amerikanska skatter kan betalas i och det är den beräkningsenhet som alla måste använda för att interagera med det amerikanska banksystemet. Dessutom har dollarn använts för en stor andel av den internationella handeln under lång tid, tack vare nätverkseffekten och brist på bättre alternativ. Med andra ord har Federal Reserve kontrollerat den största och mest använda liggaren i världen under större delen av det senaste århundradet.

Figur 15.1 visar mängden valuta i omlopp och mängden reserver i systemet. Kombinationen av dessa siffror representerar den totala monetära basen sedan 1960.

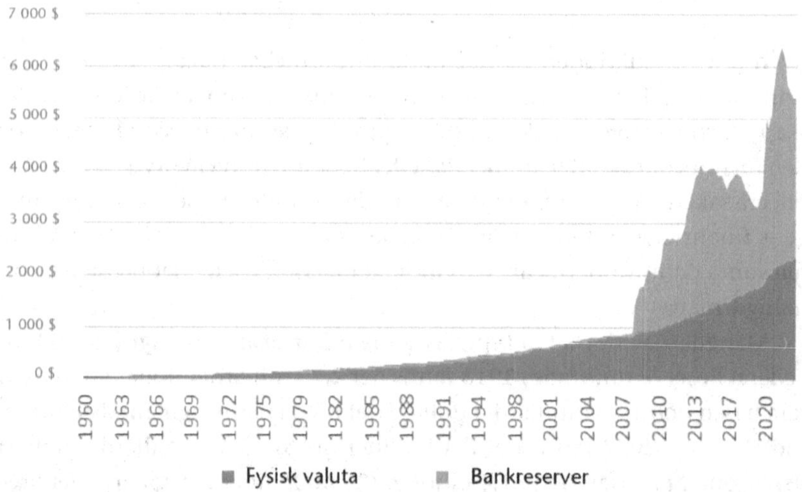

Figur 15.1
Mängden fysisk valuta i omlopp och mängden bankreserver i systemet.[209]

Som framgår av figuren har mängden fysisk valuta i omlopp ökat i en ganska jämn takt. Mängden bankreserver gick upp i en liknande jämn takt fram till 2008, då behovet av rekapitalisering ledde till en ökning i snabbare takt. En liknande process av snabb rekapitalisering inträffade på 1930-talet. Vi kommer att titta närmare på en del av detta senare i det här kapitlet.

Bankreserver hos Federal Reserve är fungibla (utbytbara). Människor som du och jag använder olika betalningssystem för att genomföra transaktioner med varandra, medan våra banker använder reserver för att göra upp med varandra bakom kulisserna. För avveckling med Fedwire till exem-

209 Federal Reserve Economic Data, *Reserves of Depository Institutions; Currency in Circulation.*

pel kan bankerna helt enkelt instruera Federal Reserve att ändra siffrorna i liggaren.

I princip är också fysisk valuta och bankreserver fungibla då de båda representerar fordringar på den monetära basen, med vissa praktiska begränsningar. Om vi alla skulle gå och ta ut våra kontanter från banken samtidigt skulle de teoretiskt sett komma från bankreserver. Men i praktiken är mängden fysisk valuta begränsad och bankerna har en väldigt liten mängd, så om en bankrusning skulle inträffa skulle mängden fysisk valuta som insättare tillåts (eller kan) ta ut snabbt begränsas.

Det amerikanska finansdepartementet skapar mynt och sedlar (via myntverket och Bureau of Engraving and Printing), men Federal Reserve ansvarar för att få ut dem i cirkulation. Varje år beställer Federal Reserve fysiska pengar från finansdepartementet baserat på hur mycket man tror att allmänheten kommer att vilja ha i fysisk form, både för att ersätta befintliga skadade pengar och för att en viss andel ska kunna tas ut från banker i fysisk form.

Med andra ord bestämmer Federal Reserve hur stor den monetära basen är och vilken andel av den som finns tillgänglig i fysisk form.[210] Som vi ska gå in på senare i detta kapitel, använder sig Federal Reserve av vissa särskilda metoder för att skapa eller förstöra nya bankreserver och ökar eller minskar därigenom storleken på den monetära basen.

DET BREDA PENNINGMÄNGDSMÅTTET

Det breda penningmängdsmåttet är långt större än den monetära basen och representerar de pengar som innehas av allmänheten. Det breda penningmängdsmåttet består av valuta i omlopp (som också är del av den monetära basen), men inbegriper även en enorm mängd inlåning på checkkonton, sparkonton och certifikat som individer och företag har hos affärsbanker (tillsammans kallat "bankinlåning").

Som framgår av Figur 15.2 skiljer sig bankinlåning från fysisk valuta och bankreserver på så sätt att den, i stället för att vara en direkt skuld för Federal Reserve, är en skuld för en specifik affärsbank.

Figur 15.3 visar det breda penningmängdsmåttet för det amerikanska finansiella systemet sedan 1960.

Det breda penningmängdsmåttet är de pengar som individer och företag direkt använder för att genomföra transaktioner med varandra och för att spara. Det är det vi definierar som "pengar". Det är lätt att tro att en dollar är utbytbar mot en annan dollar, men när vi går från att interagera

210 Sumner, *Money Illusion*, 48–49.
211 Federal Reserve Economic Data, *M2*.

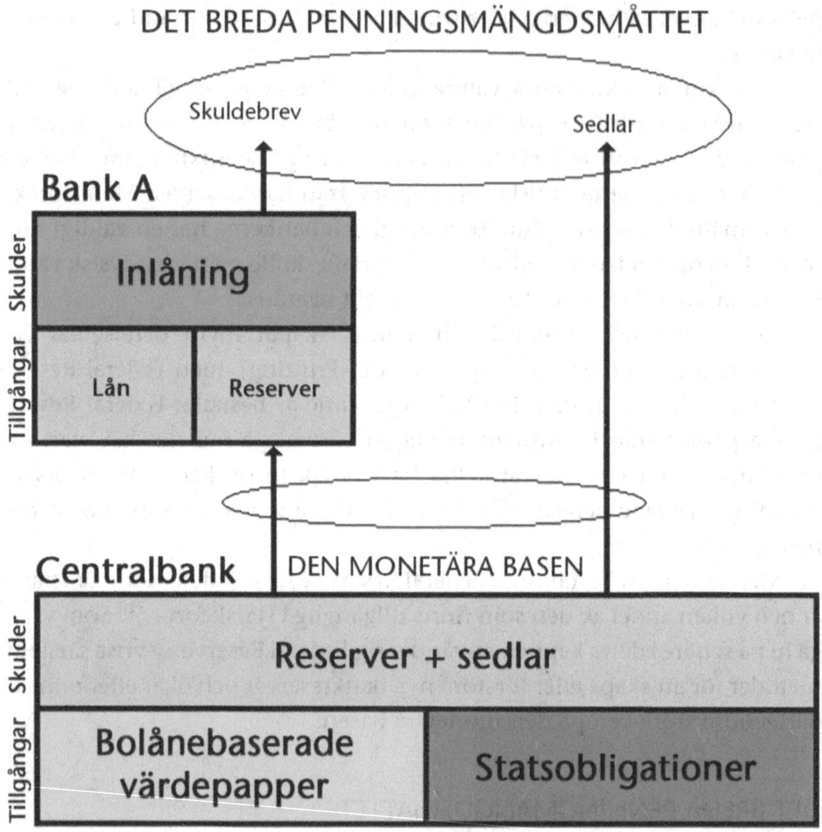

Figur 15.2
Den monetära basen och det breda penningmängdsmåttet.

med fysiska dollar till skuldsedlar på ett bankkonto, går vi från att äga en direkt skuld för Federal Reserve till att äga en fordran på en direkt skuld för Federal Reserve.[212]

Om en affärsbank går i konkurs kan det hända att bankkundernas inlåning inte betalas ut. Därmed kan pengar inom det breda penningmängdsmåttet förstöras genom en bankkonkurs. Detta inträffade i massiv skala under 1930-talets stora depression, så 1933 inrättades FDIC (Federal Deposit Insurance Corporation) för att försöka förhindra att något liknande inträffar igen. FDIC är ett statligt försäkringssystem som banker betalar in till och som försäkrar kundinlåning upp till 250 000 dollar per konto om en bank går i konkurs.

FDIC:s huvudsakliga uppgift är emellertid att stärka bankkunders tillit

212 Bhatia, *Layered Money*, 92–94, 137–139.

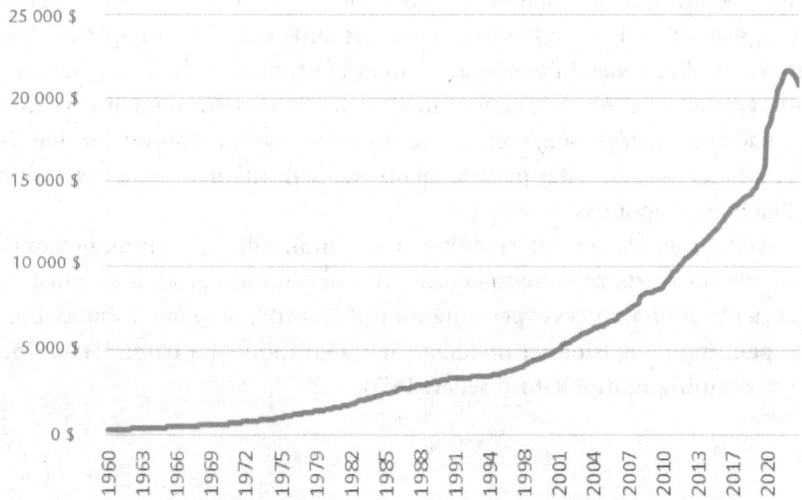

Figur 15.3
Det breda penningmängdsmåttet i USA (1960–2023, i miljarder $).[211]

gällande risken för enskilda bankkonkurser och därmed förhindra bankrusningar, snarare än att faktiskt förhindra en utbredd bankkollaps. FDIC har bara medel så att det räcker till ett fåtal bankkonkurser om en bredare finanskris skulle inträffa. I praktiken skulle ett sådant nödläge sannolikt leda till enorma finans- och penningpolitiska åtgärder från finansdepartementets och Federal Reserves sida för att trycka nya pengar och stötta systemet i ett försök att förhindra en deflationistisk kollaps och upplopp på gatorna. Ett par exempel på detta är finanskriserna 2008 och 2023. Sådana åtgärder ligger dock utanför FDIC:s befogenheter, så utan kongressens ingripande är den mesta bankinlåningen utsatt för risk om det kraftigt hävstångsbaserade affärsbanksystemet skulle drabbas av en bredare kollaps.

De flesta länder runtom i världen fungerar i dag likadant som USA när det gäller både den monetära basen och det breda penningmängdsmåttet. Ett lands centralbank sköter systemets monetära bas, medan affärsbankssystemet sköter det breda penningmängdsmåttet, som representerar indirekta och delvis uppbackade fordringar på den monetära basen.

FÖRHÅLLANDET MELLAN DET BREDA PENNINGMÄNGDSMÅTTET OCH DEN MONETÄRA BASEN

Medan Federal Reserve avgör storleken på USA:s monetära bas, inklusive hur stor andel av den som ska finnas i fysiska sedlar, beror förändringar i det breda penningmängdsmåttet på krafter som ligger bortom dess direkta kontroll, som offentliga underskott och affärsbankernas utlåningspraxis. Med andra ord har Federal Reserve inte direkt kontroll över det breda penningmängdsmåttet eller förhållandet mellan det breda penningmängdsmåttet och den monetära basen, men har kontroll över systemets monetära bas. Federal Reserve kan förstås påverka det breda penningmängdsmåttet genom olika penningpolitiska verktyg.

Syftet med dagens affärsbanker är att "multiplicera" den monetära basen till det breda penningmängdsmåttet och samtidigt göra en vinst. Vi kan kalla denna process "penningmultiplikatorn", definierad som det breda penningmängdsmåttet dividerat med den monetära basen. Figur 15.4 visar penningmultiplikatorn sedan 1870.

Figur 15.4
Förhållandet mellan det breda penningmängdsmåttet och den monetära basen, eller penningmultiplikatorn i USA (1870–2023).[213]

När en bank beviljar ett lån till någon för att låntagaren ska kunna köpa en tillgång (exempelvis ett hus) blir lånet en ny inlåning på bankkontot tillhörande säljaren av tillgången, och banken som beviljar lånet skickar det utlånade beloppet till säljarens bank. Processen ökar den totala affärsbanksinlåningen och det breda penningmängdsmåttet. Så när bankerna "lånar reserver" minskar de faktiskt inte den totala mängden bankreserver i systemet, utan de tillämpar en högre penningmultiplikator på reserverna och byter plats och/eller ägarskap för dem. Enkelt uttryckt leder utlåning till

213 Jordà et al., *Macrofinancial History*.

ökad inlåning.[214]

Genom att låna ut pengar eller köpa värdepapper kan banker minska sina reserver hos Federal Reserve. Men när de beviljar dessa lån eller köper de där värdepapperna skapar de inlåning någon annanstans i det finansiella systemet, och denna inlåning innebär att reserver flyttas från den utlånande banken till banken som mottar inlåningen. Likadant kan en bank sälja tillgångar för att öka sina reserver, men det innebär att bankinlåning någon annanstans i systemet används för att köpa dessa tillgångar, och reserverna flyttas då till säljaren.

Bankerna i banksystemet kan således inte tillsammans bestämma sig för att öka eller minska mängden bankreserver i systemet, även om en enskild bank kan förändra sin egen mängd reserver. Banker kan tillsammans öka penningmultiplikatorn (det breda penningmängdsmåttet dividerat med den monetära basen) genom att bevilja fler lån, men de kan inte förändra den totala mängden bankreserver i systemet. De kan bara flytta omkring bankreserver eller justera penningmultiplikatorn genom att ändra antalet fordringar på dessa reserver.

På liknande sätt kan det amerikanska finansdepartementet avgöra storleken på sitt kontantkonto hos Federal Reserve, vilket i de flesta fall kan ses som en särskild undergrupp av bankreserver. För att öka storleken på kontantkontot hos Federal Reserve kan finansdepartementet emittera statsobligationer, vilket drar in stora mängder kontanter, och sedan ha dessa kontanter på sitt konto hos Federal Reserve innan de spenderas. Denna process suger ut andra bankreserver ur systemet, i direkt korrelation med ökningen på finansdepartementets konto. När finansdepartementet sedan minskar mängden kontanter på kontot genom att spendera mer än vad som sätts in, förflyttas dessa pengar till bankkonton tillhörande privatpersoner och företag och hamnar genom avvecklingsprocessen i andra bankreserver.

Teoretiskt sett kan allmänheten ta ut pengar ur bankreserverna i fysisk valuta, eller sätta in fysisk valuta på banker som då kan bli bankreserver. I praktiken är dock mängden fysisk valuta med avsikt begränsad, så om många människor samtidigt försöker ta ut bankreserver i fysisk valuta får de höra av banken att det inte är möjligt, då det råder en landsomfattande brist på fysisk valuta eller har införts en maxgräns för (dagliga) uttag. Varje år bestämmer Federal Reserve hur mycket valuta som ska föras ut i omlopp och kontrollerar därmed förhållandet mellan valuta i omlopp och bankreserverna, det vill säga de två delarna av den totala monetära basen.

I en sund bankmiljö med hög monetär omloppshastighet och hög tillit mellan banker kan banksystemet fungera bra med en hög multiplikator och

---

214 Michael McLeay et al., *Money Creation in the Modern Economy*, 14–15.

relativt små reserver i systemet. Systemet är inte stabilt i sig, men de instabila delarna av systemet står inte i förgrunden. Detta beror på att när en bank behöver likviditet för att kunna tillgodose kundernas uttagsbehov, kan banken sälja tillgångar eller låna från andra banker. Det är som att leka hela havet stormar till hög musik, så det fortsätter att fungera. Men när systemet belastas med en alltför hög hävstångsgrad och/eller banker inte längre har lika stor tillit till varandra på grund av risken för insolvens, blir banker mindre benägna att låna ut pengar till varandra och musiken börjar sakta ner eller stannar helt. När detta inträffar blir det breda penningmängdsmåttets storlek i förhållande till den monetära basen ett problem, och det finns en risk att inlåning inte längre kan betalas ut om inte centralbanken utökar den monetära basen.

Federal Reserve kan utöka den monetära basen genom så kallade kvantitativa lättnader. Detta fungerar på så sätt att Federal Reserve skapar nya bankreserver ur tomma intet och köper med dessa reserver befintliga tillgångar, som obligationer eller bolånebaserade värdepapper. Det är ett tillgångsbyte, men den ena tillgången skapades ur tomma intet. När reserverna har skapats och detta tillgångsbyte har genomförts ägs de nya reserverna av en affärsbank (och blir därmed en skuld för Federal Reserve), och värdepapperna ägs av Federal Reserve (och blir därmed en tillgång för Federal Reserve). Denna process innebär att Federal Reserve ökar sina totala tillgångar (värdepappren de köper) och ökar sina totala skulder (de nya reserver de skapar) i samma mängd. Deras primära skuld representerar landets monetära bas, som efter denna process har blivit större.

Federal Reserve kan också minska den befintliga monetära basen, genom kvantitativa åtstramningar. Denna process innebär att de säljer obligationer eller bolånebaserade värdepapper mot reserver och därmed raderar dessa reserver. Vanligtvis låter de en del av obligationerna och värdepappren förfalla snarare än att faktiskt sälja dem, vilket innebär att tillgången förfaller och huvudbeloppet återbetalas, vilket blir till reserver. Dessa reserver raderas därefter, i stället för att användas till nya investeringar i liknande tillgångar. Denna process av att sälja värdepapper och låta värdepapper förfalla utan att göra några nya investeringar leder till att både tillgångar och skulder för Federal Reserve minskar.

I ett vakuum har varken kvantitativa lättnader eller åtstramningar nödvändigtvis någon större inverkan på det breda penningmängdsmåttet, utan påverkar främst den monetära basen. Men om USA:s federala regering har ett kraftigt budgetunderskott och Federal Reserve finansierar detta underskott genom att skapa nya bankreserver för att köpa statsobligationer på andrahandsmarknaden, då utökas inte bara den monetära basen utan även det breda penningmängdsmåttet. Man kringgår alltså bankutlåningen.

Om USA:s federala regering å andra sidan skulle ha ett kraftigt budgetöverskott (alltså få in mer pengar i skatt än vad som spenderas), samtidigt som banker inte lånar ut särskilt mycket, kan det totala breda penningmängdsmåttet teoretiskt sett minskas. Genom historien har detta inträffat ytterst sällan och endast under kortvariga perioder. Det breda penningmängdsmåttet kan även minskas genom omfattande bankkollapser utan några räddningsaktioner eller hjälp från FDIC, vilket inträffade i början av 1930-talet men som därefter har undvikits.

EXEMPEL PÅ REDOVISNING AV BANKRESERVER

Under resten av detta kapitel ska vi titta närmare på skapandet av den monetära basen och det breda penningmängdsmåttet. Jag ska gå igenom sex exempel på bankutlåning, kvantitativa lättnader och budgetunderskott för att visa vilka typer av åtgärder från banker, Federal Reserve och USA:s federala regering som kan påverka storleken på bankreserverna och det breda penningmängdsmåttet. (Hoppa till sammanfattningen i slutet av kapitlet om denna information är ointressant för dig. Du behöver inte känna till alla detaljer för att förstå resten av boken.)

Jag tog först fram dessa exempel i november 2020, under covid-19-pandemin, som en del av en artikel med titeln "Banks, QE, and Money-Printing".[215] Jag ville visa varför de aktuella finanspolitiska och penningpolitiska stimulansåtgärderna sannolikt skulle ha en inflationistisk inverkan på konsumentpriser och hur dessa åtgärder skiljde sig från den typ av kvantitativa lättnader som genomfördes efter krisen 2008. Många analytiker viftade bort risken för hög inflation eftersom de underskattade de finanspolitiska utgifternas betydelse som en överföringsmekanism och underskattade skillnaden i betydelse mellan det breda penningmängdsmåttet och den monetära basen. Därför trodde de att denna omgång av kvantitativa lättnader skulle se ut ungefär som den som genomfördes 2008.[216] Under andra halvan av 2021 såg vi en ganska hög konsumentprisinflation, som år 2022 till slut nådde den högsta nivån på flera decennier.[217]

I varje exempel använder jag två personer, Mary och Sara, de två ban-

215 Lyn Alden, *Banks, QE, and Money-Printing*; baserat på *Bank of England*-artikeln av Michael McLeay et al., *Money Creation in the Modern Economy*.

216 Se till exempel Elizabeth Schulze, *Here's Why Economists Don't Expect Trillions of Dollars in Economic Stimulus to Create Inflation*, CNBC; Lizzie O'Leary, *Financial Panic: Inflation Isn't a Risk*, Washington Post; Paul Krugman, *Covid's Economic Mutations*, New York Review of Books; Ben Bernanke, *21st Century Monetary Policy*, kap. 10; Richard Clarida et al., *The COVID-19 Crisis and the Federal Reserve's Policy Response*, 7–8.

217 Även kritiker som George Selgin noterade strax före inflationsutbrottet att det verkade 'långt ifrån akut'; se George Selgin, *The Fiscal and Monetary Response to COVID-19*, 13.

kerna de är kunder hos, Federal Reserve och det amerikanska finansdepartementet. Var och en av dessa sex aktörer har en kolumn som representerar deras tillgångar och skulder: "T | S".

Varje exempel är ett litet, slutet finansiellt system. Varje block i en aktörs kolumn över tillgångar och skulder representerar 1 000 dollar.

- "I" representerar en bankinlåning på 1 000 dollar.
- "R" representerar 1 000 dollar i reserver som en bank har hos Federal Reserve.
- "O" representerar amerikanska statsobligationer för 1 000 dollar, det vill säga en skuld för USA:s federala regering.
- Andra tillgångar – som en begagnad bil värd 1 000 dollar, "B", eller ett billån på 1 000 dollar, "L" – används också ibland.

Ett inlåningsblock, "I", är en tillgång för kunden samtidigt som det är en skuld för banken, eftersom banken förvarar inlåningen åt kunden och är skyldig att betala ut den på begäran.

På liknande sätt är ett reservblock, "R", en tillgång för banken som förvaras hos Federal Reserve. För Federal Reserve är det en skuld till banken som satte in reserverna.

En statsobligation, "O", är en tillgång för innehavaren, oavsett om det är en kund, en bank eller Federal Reserve, och en skuld för det amerikanska finansdepartementet.

Ett banklånsblock, "L", eller ett bolånsblock, "M", är en tillgång för banken som beviljade lånet och en skuld för kunden som tog ut lånet.

EXEMPEL 1: EN BANK LÅNAR PENGAR

Det här är ett mycket enkelt exempel som visar hur banker skapar inlåning och utökar det breda penningmängdsmåttet utan att minska reserverna i systemet. I det här exemplet köper Mary en begagnad bil från Sara med ett lån som Mary tar hos sin bank.

Figur 15.5 visar denna transaktion, med ett startläge, ett mellanläge och ett slutläge. Nedanför figuren ges en förklaring, så att du kan gå fram och tillbaka mellan bilden och beskrivningen. De understrukna bokstäverna är de senaste förändringarna.

Startläge

Mary börjar med "I" i tillgångar, det vill säga en bankinlåning på 1 000 dollar, och hon har inga skulder. Hennes bank (som har mycket låg hävstångsgrad) börjar med hennes inlåning "I" som en skuld på 1 000 dollar,

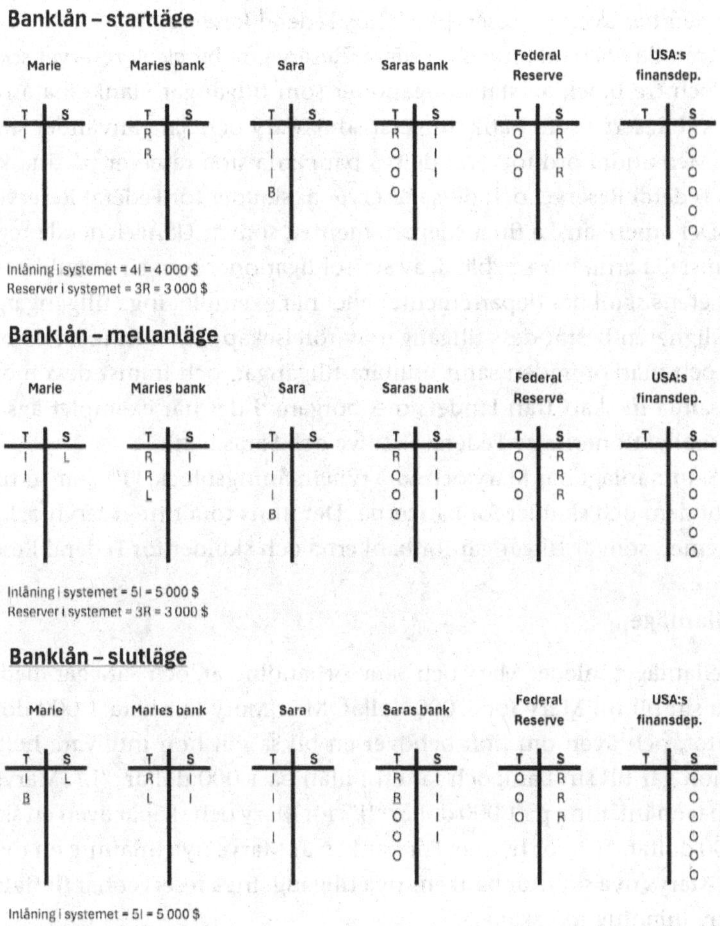

Figur 15.5
Schematisk illustration av exempel 1.

och har sedan två reservblockstillgångar, "R", som tillsammans representerar 2 000 dollar hos Fed.

Sara börjar med "IIIB" i tillgångar, det vill säga bankinlåningar värda 3 000 dollar ("III") och en begagnad bil värd 1 000 dollar ("B"), och hon har inga skulder. Hennes bank börjar med hennes inlåningar "III" som skulder. Bankens tillgångar är främst investerade i statsobligationer "OOO", och den har även ett reservblock hos Federal Reserve "R".

Från de två bankerna har Federal Reserve tre block av reserver som skulder och tre block av statsobligationer som tillgångar. Bankerna använder Federal Reserve som bank, ungefär som Mary och Sara använder sina banker. Med andra ord förvarar de två bankerna sina reserver på sina konton hos Federal Reserve, och dessa reserver är skulder för Federal Reserve.

Det amerikanska finansdepartementet, som är USA:s federala regerings finansiella arm, har sex block av statsobligationer som sina skulder. För enkelhetens skull har departementet i det här exemplet inga tillgångar, men i verkligheten består dess tillgångar av rörelsekapital, olika federala byggnader och markområden samt militära tillgångar, och främst dess möjlighet att samla in skatt från landets medborgare. I det här exemplet ägs de sex statsobligationerna av Federal Reserve och Saras bank.

Sammanlagt har Mary och Sara fyra inlåningsblock, "I", som är tillgångar för dem och skulder för bankerna. Det finns totalt tre reservblock, "R", i systemet, som är tillgångar för bankerna och skulder för Federal Reserve.

Mellanläge

I mellanläget inleder Mary och Sara förhandlingar, och Sara går med på att sälja sin bil till Mary för 1 000 dollar. Men Mary har bara 1 000 dollar på kontot, och även om hon behöver en bil så vill hon inte vara helt pank. Så hon går till sin bank och tar ett billån på 1 000 dollar, "L". Marys bank skapar en inlåning på 1 000 dollar, "I", för Mary och skapar även en skuld på 1 000 dollar, "L", för henne. För banken är Marys nya inlåning en ny skuld, och Marys nya skuld är bankens nya tillgång. Inga reserver har flyttats, men en ny inlåning har skapats.

Marys nettoförmögenhet på 1 000 dollar är oförändrad, men hon har nu 2 000 dollar i inlåning och 1 000 dollar i skulder, och har därmed något högre hävstångsgrad. Marys banks egna kapital är också oförändrat, men även banken har nu högre hävstångsgrad då en ny tillgång och en ny skuld har skapats, eftersom man förväntar sig att Mary kommer att betala tillbaka lånet med ränta.

Varken Federal Reserve eller det amerikanska finansdepartementet är inblandade än.

Det finns nu fem inlåningsblock, "I", i systemet i stället för fyra, eftersom Marys bank har högre hävstångsgrad med en ytterligare tillgång och en ytterligare skuld. Banken har utökat det breda penningmängdsmåttet genom att skapa en ny tillgång och låna ut den. Det finns dock fortfarande tre reservblock, "R", i systemet.

Slutläge

I slutläget för Mary över 1 000 dollar till Sara för bilen och ger henne därmed den nya inlåning, "I", som hon precis fått genom ett banklån. Sara får in pengarna på sitt bankkonto, och hennes bank krediterar detta genom att ge henne en extra inlåning, "D", på 1 000 dollar, som blir en ny skuld för banken. Bakom kulisserna skickar Marys bank ett reservblock, "R", på 1 000 dollar till Saras bank (genom att instruera Federal Reserve att flytta detta "R" från Marys banks reservkonto till Saras banks reservkonto i den centrala liggaren). Så nu har Saras bank en ny skuld, "I", i form av Saras nya inlåning, men den har också ett nytt reservblock, "R", som en ny tillgång. Saras bank har för tillfället inte några kreditvärdiga kunder som ber om att få ta ut ett lån, så banken behåller det nya reservblocket i sitt konto hos Federal Reserve.

I slutläget är Federal Reserves netto oförändrat. Det enda som gjorts är en uppdatering av räkenskaperna för de två bankerna när Marys bank skickade ett reservblock, "R", på 1 000 dollar till Saras bank. I Federal Reserves liggare stod det förut "RR" under Marys bank och "R" under Saras bank, men nu står det "R" under Marys bank och "RR" under Saras bank. Dessa reservblock är skulder för Federal Reserve och tillgångar för bankerna.

Även för det amerikanska finansdepartementet är slutläget oförändrat, men till skillnad från Federal Reserve var departementet inte ens medvetet om att transaktionen ägde rum.

I slutläget finns det, precis som i mellanläget tre reservblock, "R", i systemet. Det finns också fem inlåningsblock, "I", alltså ett inlåningsblock mer än i startläget. Detta extra inlåningsblock skapades genom Marys banklån.

Poängen med detta exempel är att visa att reserverna inte förstörs när en bank använder sina reserver till att låna ut pengar. Pengarna dyker upp hos en annan bank när reservbeloppet skickas dit. Den totala mängden reserver i systemet (den monetära basen) förblir oförändrad, men systemet har en något högre hävstångsgrad och mer inlåning, vilket innebär en utökning av det breda penningmängdsmåttet. Med andra ord ökade penningmultiplikatorn (I-till-R, det breda penningmängdsmåttet till den monetära basen) från 4-till-3 till 5-till-3.

Alla banker kan öka eller minska mängden reserver genom att köpa eller sälja tillgångar eller bevilja lån. Men snarare än att skapas eller förstöras flyttas dessa reserver helt enkelt runt mellan olika banker. Banker kan dock öka eller minska inlåningen som baseras på dessa reserver, beroende på hur mycket risk man vill ta och på hur många kreditvärdiga kunder det finns att låna ut pengar till.

EXEMPEL 2: FEDERAL RESERVE GENOMFÖR KVANTITATIVA LÄTTNADER FRÅN BANKER

Detta exempel med ett banksystem med högre hävstångsgrad är lite mer realistiskt. I det här exemplet genomför Federal Reserve kvantitativa lättnader genom banksystemet, vilket innebär att nya reserver skapas för att köpa befintliga tillgångar från bankerna. Anledningen till att Federal Reserve vill göra detta är att det finns för många fordringar på den monetära basen i förhållande till den faktiska monetära basen, och i allmänhet är banker fulla av illikvida tillgångar som bolån, så Federal Reserve vill förflytta en del av dessa illikvida tillgångar till sin egen balansräkning och skapa nya likvida tillgångar (öka mängden reserver) i banksystemet.

Figur 15.6 visar start- och slutläget, utan något mellanläge.

Startläge

Sara och Mary är identiska i detta exempel. Under tillgångar har de båda ett hus ("H"), en bil ("B") och kontantinlåning på 4 000 dollar ("IIII"). När det gäller skulder har de ett bolån ("M") och ett billån ("L") hos respektive bank.

Även bankerna är identiska i detta exempel. De har kundinlåningar på 4 000 dollar ("IIII") som skulder till Mary respektive Sara. Vad gäller tillgångar har de båda "ROOML", det vill säga ett reservblock, två statsobligationsblock, ett bolånsblock och ett billånsblock. Bankerna har ganska hög hävstångsgrad, med en stor mängd tillgångar och skulder i förhållande till ett enda reservblock.

Federal Reserve har bara "RR" i skulder under bankernas reservkonton och "OO" i tillgångar.

Det amerikanska finansdepartementet har "OOOOOO" i skulder, som ägs av bankerna och Federal Reserve.

Det finns åtta inlåningsblock, "I", och två reservblock, "R", i systemet. Det innebär att penningmultiplikatorn är 8-till-2.

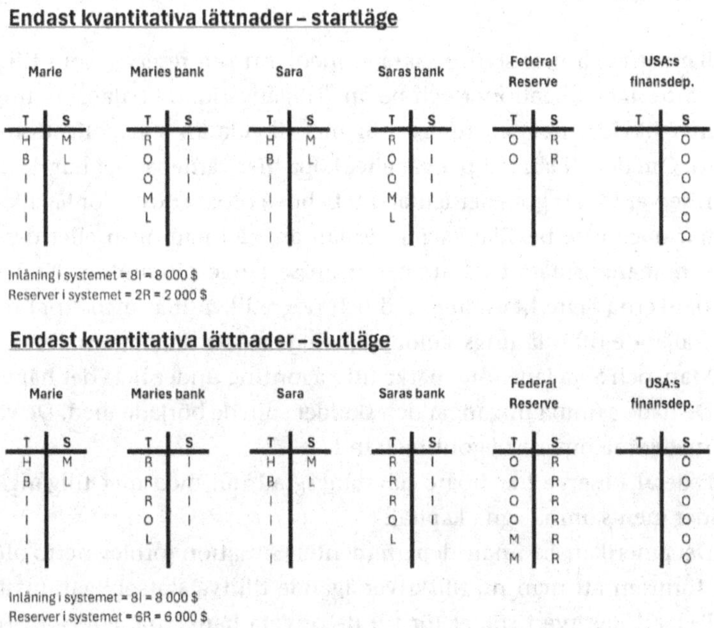

Figur 15.6
Schematisk illustration av exempel 2.

Slutläge

I det här exemplet inser Federal Reserve att både Marys bank och Saras bank bara har ett reservblock var. Förutsatt att bankerna, enligt bestämmelser, måste ha minst ett reservblock innebär detta att de inte kan låna ut mer pengar och därmed inte kan utöka det breda penningmängdsmåttet. Även utan likviditetskrav är det inte säkert att bankerna känner att de kan tillgodose likviditetsbehov (uttag av inlåning) om de inte har en rimlig andel reserver i förhållande till inlåningen. Federal Reserve vill att banker ska kunna låna ut pengar. Så Federal Reserve bestämmer sig för att rekapitalisera banksystemet genom att tillhandahålla fler reservblock. Till skillnad från finanspolitiska beslutsfattare (kongressen och presidenten) kan Federal Reserve emellertid inte bara förse banker med gratis pengar, utan man måste ta något i utbyte.

Federal Reserve skapar fyra nya reservblock ur tomma intet och ger två till Marys bank och två till Saras bank. Dessa nya reservblock blir skulder för Federal Reserve och tillgångar för bankerna. För detta tar Federal Reserve ett bolånsblock och ett statsobligationsblock från vardera banken. Federal

Reserve lägger därför till "OOMM" under tillgångar och "RRRR" under skulder.

Bankerna känner sig nu säkrare, med gott om reserver som tillgångar och färre statsobligationer och bolån. Tillgångssidan i balansräkningen är nu mer likvid, eftersom reserver är mer likvida än statsobligationer och bolån. Om de vill låna ut pengar eller köpa mer värdepapper har de nu gott om reserver för att göra detta utan att behöva oroa sig över för låg likviditet. De har dock inte beviljat några fler lån än, så inlåningen eller det breda penningmängdsmåttet i systemet är än så länge oförändrat. Under ytan har bankerna lägre hävstångsgrad och högre likviditet, med stora reserver i förhållande till inlåningsskulderna och de totala tillgångarna.

Mary och Sara lade inte märke till någonting under hela det här exemplet. De hade samma tillgångar och skulder som de började med. De var inte ens medvetna om att någonting hände.

Federal Reserve har högre hävstångsgrad nu, med mer tillgångar och skulder men samma egna kapital.

Det amerikanska finansdepartementets situation förblev netto oförändrad, förutom att man nu tillskriver ägande till två statsobligationsskulder till Federal Reserve i stället för till de privata bankerna, eftersom Federal Reserve köpte ett statsobligations-"O" från vardera banken.

Det finns fortfarande åtta inlåningsblock ("I") i systemet, men antalet reservblock ("R") gick från två till sex. Så penningmultiplikatorn i systemet är nu 8-till-6. Storleken på det breda penningmängdsmåttet har inte förändrats, men den monetära basen har vuxit till följd av Federal Reserves beslut att köpa banktillgångar med nya reserver. Banksystemet har rekapitaliserats och har nu mycket högre utlåningskapacitet.

Detta är anledningen till att kvantitativa lättnader i sig inte har en inflationistisk inverkan på konsumentpriser, även om många tror att de har det. Pengarna är inte ute hos konsumenter som Mary och Sara än; de befinner sig inuti banksystemet. Denna process av kvantitativa lättnader bereder vägen för inflation genom att utöka den monetära basen och öka bankernas likviditet, och den är "anti-deflationistisk" då den förhindrar en bankkollaps och säkerställer att bankerna har tillräcklig likviditet och utlåningskapacitet, men den är inte inflationistisk än.

Inflation skulle sannolikt dyka upp om Mary och Sara hade mer inlåningspengar som jagade efter samma mängd varor och tjänster. Men varken Mary eller Sara har mer inlåningspengar än de började med, så det finns ingen anledning till inflation. Kundinlåningen i systemet är oförändrad.

EXEMPEL 3: FEDERAL RESERVE GENOMFÖR KVANTITATIVA LÄTTNADER FRÅN AKTÖRER UTANFÖR BANKSEKTORN

I detta tredje exempel börjar vi med ett enklare system, liknande det som användes i exempel 1. Men i stället för en bil som en extra tillgång har Sara i det här exemplet en statsobligation.

Sara bestämmer sig för att sälja sin statsobligation, men det finns inte många köpare för tillfället. Så Federal Reserve kliver in och genomför kvantitativa lättnader för att köpa den av henne. Resultatet blir något annorlunda mot om Federal Reserve köper en statsobligation av banksystemet. Detta framgår av Figure 15.7.

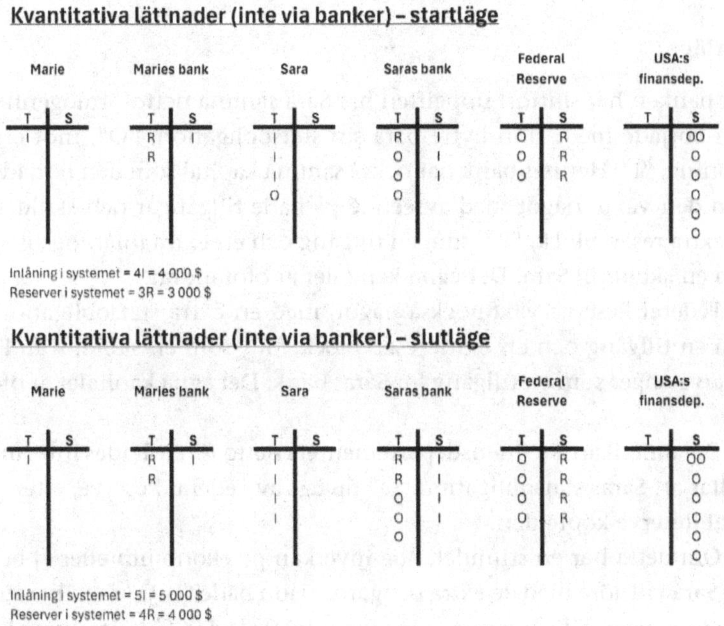

Figur 15.7
Schematisk illustration av exempel 3.

Startläge

Allt börjar precis som i exempel 1, förutom att Sara har en statsobligation i stället för en bil. Det finns fyra inlåningsblock, "I", och tre reserver, "R", i systemet.

Sara bestämmer sig för att sälja sin statsobligation, men varken Mary eller någon av bankerna är särskilt sugna på att köpa den. Om många säljer statsobligationer samtidigt kan en likviditetskris uppstå, vilket är precis vad som inträffade i USA i mars 2020 och i Storbritannien i september 2022.

Så Federal Reserve bestämmer sig för att köpa den och därmed förhindra en likviditetskris. Federal Reserve skapar en ny bankreserv, "R", ur tomma intet: Man talar om för banken att köpa Saras statsobligation, "O", med en ny inlåning, "I", för att sedan ge statsobligationen till Federal Reserve. I gengäld ger Federal Reserve banken en ny bankreserv, "R".

Federal Reserve köpte alltså Saras statsobligation med ett helt nytt reservblock, med banken som mellanhand (Sara och Federal Reserve talade aldrig med varandra; Sara sålde statsobligationen till banken mot ett inlåningsblock, "I", och banken sålde statsobligationen till Federal Reserve, som köpte den med ett nytt reservblock, "R").

Slutläge

När banken har slutfört uppgiften har Sara samma nettoförmögenhet som hon började med. Hon bytte bara sin statsobligation, "O", mot en extra inlåning, "I". Hennes bank har också samma kapital som den började med, men den växte något med avseende på både tillgångar och skulder, med ett extra reservblock, "R", som en tillgång och ett extra inlåningsblock, "I", som en skuld till Sara. Det egna kapitalet är oförändrat.

Federal Reserve växte också något, med en extra statsobligation, "O", som en tillgång och ett extra reservblock, "R", som en skuld, som Federal Reserve anger som en tillgång för Saras bank. Det egna kapitalet är oförändrat.

Det amerikanska finansdepartementets netto förändrades inte, men det godtar att Saras statsobligation "O" nu ägs av Federal Reserve, eftersom Federal Reserve köpte den.

Om detta har en stimulerande inverkan på ekonomin eller ej beror på vad Sara vill göra med de extra pengarna. Hon hade "IIIO" men har nu "IIII" som tillgångar. Tillgångarna är fortfarande värda 4 000 dollar, men de är nu något mer likvida. Om anledningen till att hon sålde statsobligationen var att skaffa fram mer pengar för att göra något stort, som att starta ett företag eller låna ut pengar till en vän som ska starta ett företag, kan handlingen ha en stimulerande inverkan. Federal Reserve hjälpte till att hålla obligationsmarknaden likvid, så att Sara kunde sälja sin statsobligation trots bristen på faktiska köpare. Om Sara bara sparar pengarna som en extra inlåning, "I", i stället för som en statsobligation, "O", använder hon inte pengarna på något nytt sätt. Det blir då en fråga om vad hennes bank väljer att göra.

Saras bank har ett extra reservblock som tillgång och ett extra inlåningsblock som skuld jämfört med startläget, vilket innebär att banken har vuxit något och har större utlåningskapacitet i förhållande till likviditeten. Den skulle kunna finansiera ett företagslån eller ett privatlån, vilket skulle kunna stimulera ekonomin. Om banken anser att det ekonomiska läget är för riskfyllt, eller om det inte finns några kreditvärdiga företag eller privatpersoner som ber om lån för tillfället, kanske banken bara sitter på sina säkra "RROOO"-tillgångar och inte gör någonting alls. I sådant fall skulle detta exempel inte ha någon större inverkan på ekonomin.

Det finns nu fem inlåningsblock, "I", i systemet jämfört med startläget, då det bara fanns fyra. Dessutom finns det nu fyra reservblock, "R", i systemet jämfört med startläget, då det bara fanns tre.

Det finns alltså mer likviditet i systemet, då både den monetära basen och det breda penningmängdsmåttet har vuxit. Men inga pengar inom det breda penningmängdsmåttet har flyttats än, utan de sitter bara hos Sara och hennes bank. Med andra ord har det breda penningmängdsmåttet en långsam omloppshastighet. Eftersom det breda penningmängdsmåttet och reserverna har vuxit finns det högre potential för inflation i systemet, men det har inte uppstått någon konsumentprisinflation än. Sara är inte rikare, bara något mer likvid.

I det här exemplet utökade Federal Reserve direkt det breda penningmängdsmåttet i systemet utan någon utlåning från bankerna och utan att den federala regeringen behövde öka sina utgifter, men det förblir oklart huruvida detta kommer att ha någon inverkan eller ej (beroende på vad Sara och/eller hennes bank gör med den extra likviditeten). Även om det skulle ha en inverkan skulle Federal Reserve inte kunna upprepa detta en andra gång, då varken Mary eller Sara (de två privata aktörerna utanför banksektorn) har några fler statsobligationer att sälja till Federal Reserve.

Det är emellertid sannolikt att detta har en inflationistisk inverkan på tillgångspriser, då Sara nu har mer pengar och kanske är mer benägen att köpa aktier eller fler statsobligationer. Hon är en sparare och det är inte säkert att hon spenderar mer, men det kan hända att hon förändrar sina investeringsplaner med denna extra likviditet.

EXEMPEL 4: HELIKOPTERPENGAR FRÅN AKTÖRER UTANFÖR BANKSEKTORN

De tre första exemplen var tre helt skilda fall, som vart och ett visar ett specifikt scenario.

De tre följande exemplen (exempel 4, 5 och 6) bygger i stället vidare på varandra för att visa vad som händer när det amerikanska finansdepartementet blandar sig i finansieringen av underskottet samt för att visa skillnader beroende på vem som finansierar utgifterna genom att köpa statsskuldspapper.

Exempel 4 börjar med ett system med relativt låg hävstångsgrad. Men vi befinner oss i en recession, och Mary har precis blivit av med jobbet och har inte särskilt mycket pengar på banken. Hon uttrycker klart och tydligt sina frustrationer, så kongressen ger finansdepartementet tillstånd att skicka en ekonomisk stödcheck på 1 000 dollar till varje enskild medborgare. Inom ekonomi kallas detta "helikopterpengar", ursprungligen uppkallade efter ett tankeexperiment där nya pengar kastas ut ur en helikopter till konsumenter på marken.[218] Finansdepartementet finansierar detta genom att emittera statsobligationer, som Sara (som har gott om pengar och jobbet kvar) köper. Detta visas i Figure 15.8.

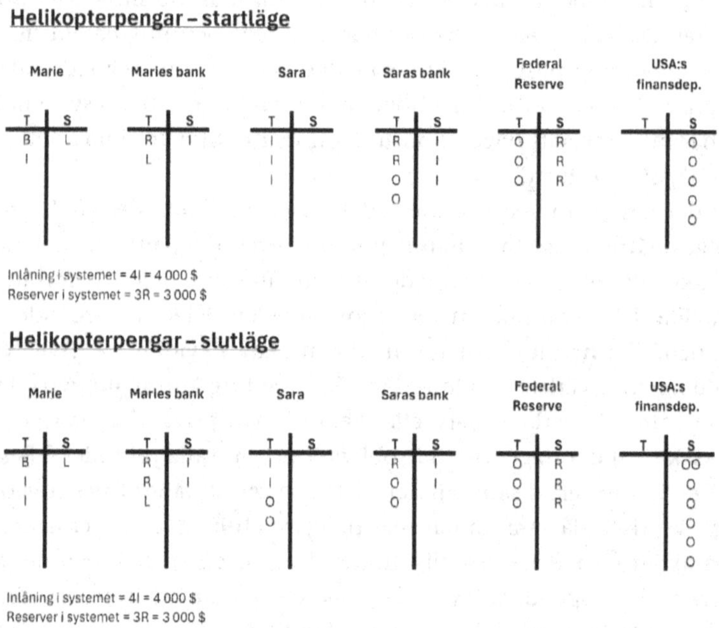

Figur 15.8
Schematisk illustration av exempel 4.

Startläge

Mary har en bil, "B", och en inlåning, "I", som tillgångar och ett billån, "L", som skuld. Marys bank har ett reservblock, "R", och Marys billån, "L", som tillgångar och Marys inlåning, "I", som skuld.

218 Milton Friedman, *Optimum Quantity of Money*, 4–7.

Sara har tre inlåningsblock, "III", som tillgångar och inga skulder. Saras bank har reserver och statsobligationer, "RROO", som tillgångar och Saras tre inlåningsblock, "III", som skulder.

Federal Reserve har bankernas tre reservblock som skulder och tre statsobligationer som tillgångar.

Det amerikanska finansdepartementet har fem statsobligationer som skulder, som ägs av Federal Reserve och Saras bank.

Den totala inlåningen i systemet är 4I = 4 000 dollar, och de totala reserverna i systemet är 3R = 3 000 dollar.

Mellanläge (visas ej)

Även om USA:s federala regering ansvarar för utgivningen av valutan måste den i de flesta fall finansiera sina utgifter med skatter eller genom att emittera statspapper.[219]

Så det amerikanska finansdepartementet skickar ett inlåningsblock, "I", på 1 000 dollar vardera till Mary och Sara. Inlåningen dyker upp på deras respektive bankkonto. Både Mary och Sara blir glada eftersom deras nettoförmögenhet går upp med 1 000 dollar var. Deras banker får inlåningsblock men har inte lånat ut något av denna inlåning än, så de förvarar helt enkelt dessa pengar på sina konton hos Federal Reserve som nya reserver.

Detta är dock bara ett kort mellanläge. Finansdepartementet emitterar nu nya statsobligationer, "OO", för att betala för utgifterna. Sara bestämmer sig då för att använda två av sina inlåningsblock, "II", för att köpa de två statsobligationerna, "OO", då de ger en något högre ränta än bankinlåningen

Om vi föreställer oss att detta sker samtidigt, så får vi följande scenario: Det amerikanska finansdepartementet tar två inlåningsblock från Sara (och tar därför två reservblock från Saras bank, då Saras bank avvecklar överföringen med finansdepartementet), och finansdepartementet ger Sara två statsobligationer som tillgångar i gengäld. Samtidigt ger finansdepartementet både Mary och Sara ett inlåningsblock var och ger därmed ett reservblock till Marys bank och ett reservblock till Saras bank för att avveckla överföringarna.

Slutläge

När överföringarna är klara är både Mary och Sara 1 000 dollar rikare än i startläget. Marys tillgångar gick från "BI" till "BII" när hon fick ett extra inlåningsblock. Saras tillgångar gick från "III" till "IIOO" eftersom hon fick

219 George Selgin, *On Empty Purses and MMT Rhetoric*, Alt-M, 5 maj 2019.

ett inlåningsblock och använde två inlåningsblock till att köpa statsobligationer.

Marys bank är något större än i början av detta exempel, då Mary fick ett inlåningsblock, "I", och hennes bank därmed krediterades ett reservblock, "R", (men banken har även en extra skuld, "I", till Mary), och Mary har inte spenderat sitt nya inlåningsblock än. Så Marys bank har samma egna kapital (både dess tillgångar och skulder har vuxit med samma belopp), men dess tillgångar och skulder sammanlagt är större än tidigare och därför har den nu högre utlåningskapacitet.

Saras bank är något mindre än i början av detta exempel, för även om Sara och hennes bank fick ett inlånings- respektive reservblock så skickade Sara två inlåningsblock till finansdepartementet i utbyte mot statsobligationer. Därför skickade Saras bank två reservblock till finansdepartementet, som sedan skickade ut dessa två reservblock igen, ett till Marys bank och ett tillbaka till Saras bank. Saras bank har samma egna kapital, men den är nu något mindre eftersom både tillgångarna och skulderna minskade. Därmed har Saras bank nu lägre utlåningskapacitet.

Federal Reserves situation förblir oförändrad, förutom en uppdatering av räkenskaperna för ett av reservblocken, "R", som ursprungligen tillhörde Saras bank men som nu tillhör Marys bank. Dess totala tillgångar i form av statsobligationer och skulder i form av reserver har inte förändrats.

Det amerikanska finansdepartementet har en högre hävstångsgrad, med en extra utestående skuld till Sara på "OO".

Inlåningen totalt i systemet är 4I = 4 000 dollar och reserver totalt i systemet är 3R = 3 000 dollar, vilket innebär att varken den totala inlåningen eller de totala reserverna har förändrats. Det enda som hänt är att inlåning och reserver har flyttats runt i systemet.

EXEMPEL 5: FED-FINANSIERADE HELIKOPTERPENGAR

Exempel 5 tar vid där exempel 4 slutade och bygger vidare därifrån.

Både Mary och Sara är glada eftersom de fick lite extra pengar i föregående exempel. På grund av osäkerhet i ekonomin sparar Sara sina pengar, och Mary har fortfarande inget jobb så hon sparar också sina pengar. Deras favoritrestauranger och favoritresmål är ändå stängda på grund av en viruspandemi.

Vissa politiker vill ge 1 000 dollar till alla varje månad under ett helt år, eftersom det nu finns så många som, precis som Mary, har blivit av med jobbet och inte har mycket pengar. Andra politiker säger att "nej, det blir för hög statsskuld, låt ekonomin läka av sig själv". Politikerna diskuterar i några månader och kommer till slut fram till en kompromiss om att alla ska få 1 000 dollar var en gång till, för att se om det hjälper. Så kongressen ger på nytt finansdepartementet tillstånd att skicka ut 1 000 dollar till varje enskild medborgare.

I stället för att Sara köper nya statsobligationer för sin inlåning köper Federal Reserve den här gången de nya statsobligationerna med nya reserver. Detta visas i Figure 15.9.

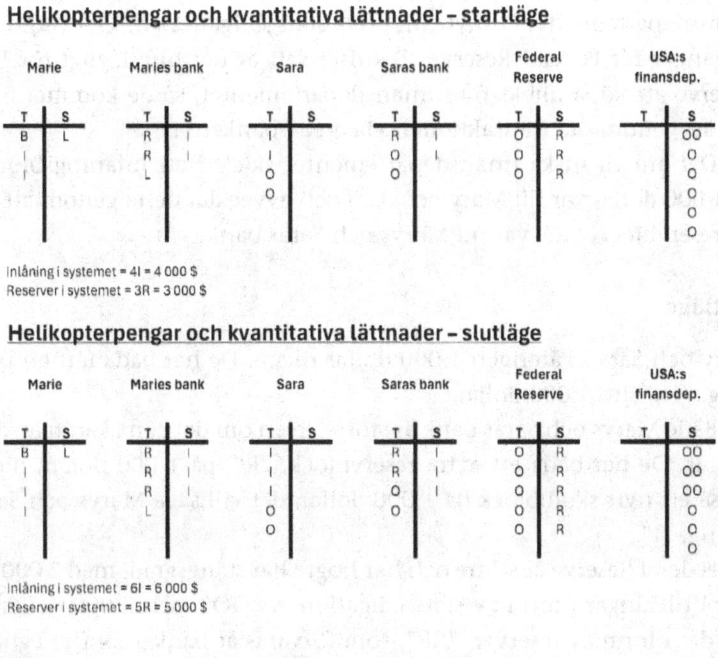

Figur 15.9
Schematisk framställning av exempel 5.

Startläge

Sara har redan flera statsobligationer och ser att finansdepartementet kommer att få en ännu högre hävstångsgrad efter att ha skickat ut alla dessa pengar utan att några skatter har höjts, så hon vill inte köpa några fler statsobligationer. Så hur ska finansdepartementet finansiera den andra omgången av helikopterpengar?

Eftersom många nya statsobligationer har emitterats men ingen vill köpa dem till det aktuella priset blir statsobligationsmarknaden plötsligt illikvid, och priset på statsobligationer börjar falla (vilket innebär att avkastningen börjar stiga). Både Sara och hennes bank blir nervösa eftersom de har många statsobligationer.

Statsobligationsmarknaden ser under en kort period ut som den gjorde i mars 2020 – totalt illikvid, med extremt volatil avkastning.

Problemet kvarstår dock inte särskilt länge, eftersom Federal Reserve säger: "Det är okej! Vi köper de extra statsobligationerna genom att skapa nya bankreserver. Håll er lugna."

Så Federal Reserve skapar två nya reservblock, "RR", och ger dem till finansdepartementet i utbyte mot nya statsobligationer, "OO", som då blir tillgångar för Federal Reserve. Tekniskt sett är det inte lagligt för Federal Reserve att köpa direkt från finansdepartementet, så de kommer överens om att genomföra transaktionen via en av bankerna.

Det amerikanska finansdepartementet skickar ett inlåningsblock, "I", på 1 000 dollar var till Mary och Sara och avvecklar detta genom att skicka ett reservblock, "R", var till Marys och Saras bank.

Slutläge

Mary och Sara är återigen 1 000 dollar rikare. De har båda fått en ny inlåning, "I", värd 1 000 dollar.

Både Marys och Saras bank är större, även om det egna kapitalet är oförändrat. De har båda ett extra reservblock, "R", på 1 000 dollar, men har också ett nytt skuldblock på 1 000 dollar, det vill säga Marys och Saras inlåning, "I".

Federal Reserve är större och har högre hävstångsgrad, med 2 000 dollar mer i tillgångar i form av statsobligationer, "OO", och 2 000 dollar mer i skulder i form av reserver, "RR", som förvaras åt bankerna. Det egna kapitalet är oförändrat.

Det amerikanska finansdepartementet är större och har högre hävstångsgrad, med 2 000 dollar mer i utestående skulder, "OO".

Inlåningen i systemet (det breda penningmängdsmåttet) ökade jämfört med startläget, från 4I = 4 000 dollar till 6I = 6 000 dollar. Även reserverna i systemet (den monetära basen) ökade jämfört med startläget, från 3R = 3 000 dollar till 5R = 5 000 dollar.

Detta var rent penningtryckeri, både med avseende på det breda penningmängdsmåttet och den monetära basen. Mary och Sara är rikare och deras banker är större. Pengar fördes in i systemet utan att komma från någon annanstans i systemet, eftersom underskottet finansierades av Federal Reserve genom att skapa nya bankreserver för att köpa statsobligationer (underskottet "monetariserades" med andra ord).

Om de vill kan finansdepartementet och Federal Reserve genomföra denna process upprepade gånger, även om båda instanserna är väl medvetna om att hög konsumentprisinflation kan uppstå om de gör detta alltför många gånger.

Om denna process har en inflationistisk inverkan på konsumentpriser beror emellertid på om Mary och Sara fortfarande tror på värdet hos inlåningen och på om de spenderar den eller inte. Processen kan även ha en inflationistisk inverkan på tillgångspriser; särskilt Sara har gott om tillgångar och sannolikheten är ganska hög att hon använder en del av sin inlåning till att köpa aktier, fast egendom, guld, bitcoin eller samlarobjekt, vilket kan leda till högre priser på dessa tillgångar.

EXEMPEL 6: BANKFINANSIERADE HELIKOPTERPENGAR

Exempel 6 tar vid där exempel 5 slutade: både Mary och Sara är glada för att de har fått en andra omgång pengar.

Pandemin har avtagit något och Mary har fått ett nytt jobb, men hon inser att hon behöver spara mer kontanter i händelse av att hon blir av med jobbet på nytt. Hon har lärt sig sin läxa.

Sara var redan bra på att spara pengar och har inte spenderat några av de extra pengarna heller. Hon funderar dock på att åka på semester eller köpa en bil nu när hon har så mycket pengar. Dessutom känner hon sig inte längre så säker på värdet på pengarna, då hon har sett hur det breda penningmängdsmåttet har utökats i snabb takt genom helikopterpengar till alla. Bilpriserna har börjat gå upp, troligtvis för att så många människor har fått extra pengar, så det är kanske inte så klokt att vänta.

Men eftersom ekonomin fortfarande rör sig långsamt, på grund av att många människor sparar mer pengar än förut, beslutar kongressen att ytterligare en omgång av helikopterpengar på 1 000 dollar till var och en ska genomföras. Man emitterar nya statsobligationer för 2 000 dollar, "OO", för att betala för kalaset. Detta är den sista omgången av ekonomiska stimulansåtgärder.

Som tur är för finansdepartementet innehåller banksystemet massor av reserver från föregående omgångar av helikopterpengar som Federal Reserve köpte med nya reserver, så den här gången går varje bank med på att använda ett av sina reservblock för att köpa en statsobligation, "O". Detta visas i Figure 15.10.

Startläge

Inlåningen i systemet är 6I = 6 000 dollar. Reserver i systemet är 5R = 5 000.

Om vi föreställer oss att hela processen sker samtidigt får vi följande

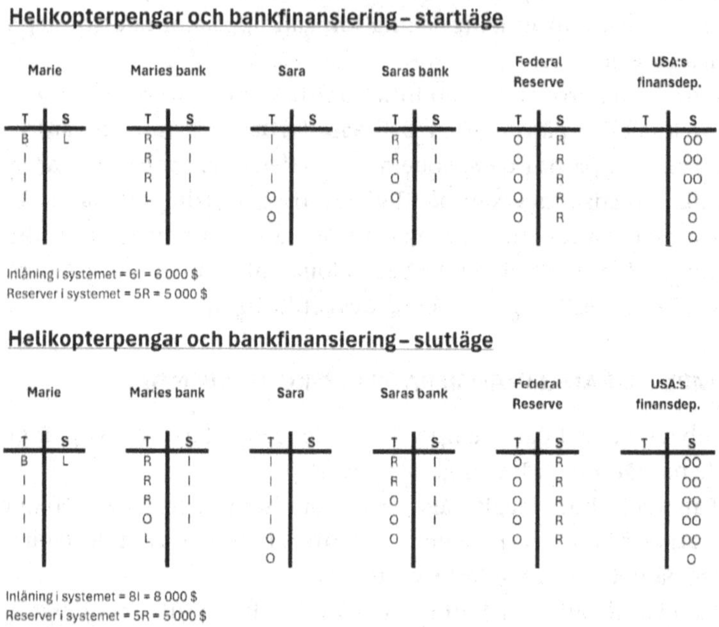

Figur 15.10
Schematisk illustration av exempel 6.

scenario: Det amerikanska finansdepartementet skickar ett inlåningsblock, "I", på 1 000 dollar var till Mary och Sara och skickar ett reservblock, "R", på 1 000 dollar till deras respektive bank. Därefter emitterar finansdepartementet två nya statsobligationsblock, "OO", för att betala för detta. Bankerna skickar ett reservblock, "R", var till finansdepartementet i utbyte mot en av dessa statsobligationer, "O".

Slutläge

Mary och Sara är återigen 1 000 dollar rikare. De har fått ytterligare ett inlåningsblock, "I", till sina tillgångar.

Deras banker har samma antal reservblock som de började med. De fick ett reservblock, "R", var när finansdepartementet ökade Marys och Saras inlåning genom helikopterpengar, men eftersom bankerna skickade tillbaka ett reservblock, "R", var till finansdepartementet för att betala för stimulansåtgärden fick de till slut en statsobligation, "O", var som tillgång. De har alltså fortfarande samma antal reservblock som de började med, men de har ett extra "O" som tillgång och har dessutom ett extra "I" som skuld.

Så sammantaget har de en något högre hävstångsgrad.

Federal Reserves situation har inte förändrats alls från startläget. Det enda som har hänt är att ett antal reservblock har flyttats omkring och kommit tillbaka till samma plats.

Det amerikanska finansdepartementet har 2 000 dollar, eller "OO", mer i skulder än i början av exemplet.

Inlåningen i systemet ökade med 2 000 dollar ("II") från 6I = 6 000 dollar till 8I = 8 000 dollar. Reserverna i systemet är fortfarande 5R = 5 000 dollar. Så penningmultiplikatorn har ökat något, från 6-till-5 till 8-till-5. Det breda penningmängdsmåttet har ökat, medan den monetära basen är oförändrad.

Kommer detta att ha en inflationistisk inverkan på konsumentpriser? Det beror på var Mary och Sara väljer att göra nu, men sannolikt ja. Sara har nu väldigt gott om pengar och oroar sig över värdet på dem, så hon bestämmer sig för att spendera pengar på en semester och en ny bil, aktier, fast egendom, guld eller bitcoin – eller något annat. Och Mary bestämmer sig för att äta ute oftare nu när hon har mer pengar än förut. Andra människor gör samma sak; priserna på saker och ting går upp varje månad eftersom alla har extra pengar att spendera.

Det finns nu totalt 8 000 dollar i inlåningar i systemet (det breda penningmängdsmåttet), jämfört med början av exempel 4 då det bara fanns 4 000 dollar i inlåningar. Men mängden varor och tjänster i ekonomin har inte fördubblats. Så om Mary och Sara och människor bestämmer sig för att börja spendera sina pengar innebär detta att en stor mängd pengar jagar en begränsad mängd varor och tjänster, vilket kan ha en inflationistisk inverkan på konsumentpriser.

SAMMANFATTNING AV DESSA EXEMPEL

Om vi analyserar dessa sex exempel på hur pengar faktiskt "trycks" i ett system med fiatvaluta kan vi göra följande iakttagelser:

- Banker kan skapa ny inlåning och öka mängden inlåningar (det breda penningmängdsmåttet) i systemet genom att bevilja nya lån. Utlåning skapar inlåning. Denna utlåning förändrar inte den monetära basen (som bankreserver och sedlar) i systemet, men den flyttar reserverna från en bank till en annan och ökar hävstångsgraden för dessa reserver, så att det finns en större mängd fordringar (bankinlåningar) på den monetära basen än det finns baspengar i systemet. Detta är penningmultiplikatorn, som anger förhållandet mellan det breda penningmängdsmåttet och den monetära basen. Även om bankerna kan skapa ny inlåning och öka det breda penningmängdsmåttet genom utlåning, och även om detta kan ha en inflationistisk inverkan på priser i och med att det breda penningmängdsmåttet utökas, så är det ändå inte riktigt "penningtryckeri" eftersom bankerna bara fattar beslut angående hur hög hävstångsgrad de ska ha i förhållande till sina reserver. Vidare begränsas de av risken för uteblivna amorteringar på lån, likviditetskrav och olika regleringsstandarder för hur hög hävstångsgrad de kan ha. Den mest instabila delen av detta arrangemang är det faktum att banker underförstått garanterar att insättare när som helst ska kunna ta ut sina pengar, även om bankerna inte har i närheten av tillräckliga medel för att kunna betala ut pengar till något större antal insättare. De ger en illusion av likviditet till ett system som saknar likviditet. Då och då krossas denna illusion, vilket leder till att den monetära basen utökas för att stödja spridningen av inlåningen.

- Federal Reserve har makten att skapa nya bankreserver och därmed öka den totala mängden bankreserver i systemet. Men om Federal Reserve använder dessa nya reserver för att köpa befintliga tillgångar från bankerna leder detta inte direkt till högre inlåning (det breda penningmängdsmåttet) i systemet. I stället blir bankernas hävstångsgrad lägre och de får högre kapacitet till utlåning och till att skapa ny inlåning (utöka det breda penningmängdsmåttet), men det är upp till bankerna om de vill låna ut pengar eller inte. Om Federal Reserve däremot (med banksystemet som mellanhand) köper tillgångar från aktörer utanför banksektorn, som Sara, kan inlåningen (det breda penningmängdsmåttet) i systemet öka något, men endast i en begränsad utsträckning då det bara finns ett visst antal aktörer utanför banksektorn som har statsobligationer att sälja. När Federal Reserve utökar den monetära basen är det "penningtryckeri", men det påverkar inte omedelbart människors möjlighet att konsumera mer varor och tjänster eftersom det breda penningmängdsmåttet inte nödvändigtvis utökas.

- Efter tillstånd från kongressen kan det amerikanska finansdepartementet öka inlåningen någonstans i systemet genom underskottsfinansiering, men inlåningen försvinner ut ur systemet igen när aktörer utanför banksektorn, som Sara, köper statsobligationerna som emitterats för finansieringen. Därför leder denna process inte nödvändigtvis till ny inlåning eller nya reserver. Detta är vad många ofta kallar "utträngningseffekten", det vill säga att finansdepartementet kan ta kapital från en plats i ekonomin och föra in det på en annan plats. Om detta görs i tillräckligt stor omfattning trängs kapital från aktörer utanför banksektorn undan som annars hade kunnat användas på ett mer produktivt sätt. Detta är inte "penningtryckeri" eftersom man bara flyttar omkring saker och ökar det amerikanska finansdepartementets hävstångsgrad.

- Om finansdepartementet (på uppdrag av kongressen) och Federal Reserve samarbetar kan de snabbt öka både inlåningen (det breda penningmängdsmåttet) och bankreserverna (den monetära basen) i systemet, utan att ta inlåning från någon annan plats i systemet. Under denna process för finansdepartementet in pengar i ekonomin genom underskottsfinansiering, vilket skapar ny inlåning, men i stället för att dessa pengar försvinner ut någon annanstans i ekonomin köper Federal Reserve dessa nya statsobligationer med bankreserver som just skapats ur tomma intet. Därmed har Federal Reserve nya tillgångar (de nya statsobligationerna) och nya skulder (de nya reserverna som nu tillhör banksystemet). När detta sker spelar det ingen roll om bankerna lånar ut pengar eller inte. Tillsammans kringgår finansdepartementet och Federal Reserve bankernas utlåningsbeslut genom att helt enkelt ge privatpersoner och företag ny inlåning (det breda penningmängdsmåttet). Detta ökar Marys och Saras nettoförmögenhet och ökar storleken på deras banker (det breda penningmängdsmåttet och bankreserverna, men bankernas egna kapital förblir oförändrat). Dessutom ökas hävstångsgraden för Federal Reserve och finansdepartementet. Det finns inte någon gräns för denna process, förutom det faktum att den till slut skulle ha en inflationistisk inverkan om den genomförs för ofta och för snabbt i förhållande till mängden varor och tjänster och produktionskapaciteten i ekonomin. Denna kombination är den mest inflationistiska formen av "penningtryckeri", men även denna process måste genomgå vissa kontroller eftersom alla finanspolitiska förändringar måste gå igenom kongressen och undertecknas av Förenta staternas president.

- Om det amerikanska finansdepartementet för in pengar i ekonomin genom underskottsfinansiering och de statsobligationer som används för finansieringen köps av affärsbanker, då ökas även inlåningen (det breda penningmängdsmåttet) och penningmultiplikatorn. Om bankerna börjar med ett överflöd av reserver kan denna process genomföras i betydande utsträckning, eftersom varje gång den federal regeringen för in mer pengar i systemet skapas fler bankinlåningar, som fyller på bankernas reserver som de har spenderat på statsobligationer. Därmed ökas bankernas möjlighet att köpa fler statsobligationer. Denna process är inflationistisk, även om bankerna måste börja med gott om reserver (som de troligtvis fått från tidigare kvantitativa lättnader) för att hävstångsgraden och likviditeten ska kunna förbli på en rimlig nivå.

- Enbart kvantitativa lättnader, där Federal Reserve mestadels köper befintliga tillgångar från bankerna, är en anti-deflationistisk form av penningtryckeri. Denna process ger banksystemet ny likviditet och fyller på reserverna, för att det inte ska uppstå en likviditetskris så att det inte går att ta ut insatta pengar (det breda penningmängdsmåttet). Processen har vanligtvis inte en direkt inflationistisk inverkan på konsumentpriser eftersom den inte direkt ökar det breda penningmängdsmåttet i någon större utsträckning.
- Stora budgetunderskott som finansieras genom kvantitativa lättnader (centralbankerna monetariserar underskottsfinansiering genom att köpa alla statsobligationer som har otillräcklig efterfrågan från allmänheten) har vanligtvis en inflationistisk inverkan på konsumentpriser, eftersom processen för in pengar direkt i ekonomin (ökar det breda penningmängdsmåttet) och den kan genomföras utan några som helst begränsningar, förutom den prisinflation som den sannolikt skapar.

KAPITEL 16

PRISSÄTTNING SOM EN MEKANISM FÖR ORGANISERING

När ett monetärt system analyseras måste det analyseras ur perspektivet för både utgivaren och användaren av pengarna, och dessa två grupper har olika mål.[220] Större delen av den här boken är skriven ur användarens perspektiv, så låt oss nu ta en titt på fiatvaluta ur utgivarens perspektiv.

En användare vill vanligtvis ha pengar som ökar i värde, som är enkla att förvara och betala med, som är privata och som är svåra eller omöjliga att frysa eller beslagta. Dagens valutautgivare däremot vill vanligtvis ge ut pengar som jämnar ut kortfristig volatilitet, som tar efterfrågan från framtiden till nuet, som är enkla att övervaka, som med enkelhet kan frysas eller beslagtas av makthavarna och som ger utgivaren stor flexibilitet så att pengarna kan spenderas även under perioder då det inte finns någon som vill finansiera dem.

Perioder av kraftig ekonomisk tillväxt leder till högre produktion av varor och tjänster, men kan även leda till större spekulation och högre hävstångsgrad, vilket tenderar att förstärka den ekonomiska tillväxtens inverkan under positiva perioder. Med andra ord börjar människor erbjudas för mycket kredit, de tar ut för stora lån och investerar i projekt som (om de hade analyserats i ett mer klarsynt tillstånd) sannolikt inte hade lyckats – som vi sammantaget kan kalla "felinvesteringar". Men perioder av tillväxt tar slut, när spekulation, hävstångsgrad och felinvesteringar når ohållbara nivåer. Situationen börjar gå i motsatt riktning, både ekonomiskt och finansiellt. Den hävstångsgrad som ledde till en överdriven ekonomisk tillväxt

220 Stephanie Kelton, *The Deficit Myth: Modern Monetary Theory and the Birth of the People's Economy*.

leder nu till en överdriven ekonomisk nedgång. Vidare kan yttre omständigheter som naturkatastrofer och krig ha en negativ inverkan på ekonomin och när som helst få den höga hävstångsgraden att lösas upp.

En fråga som många ekonomer är oense om är om konjunkturcyklerna är naturliga eller om de inträffar till följd av åtgärder från centralbanker. Min tolkning av historien är att båda svaren stämmer i viss utsträckning. Vi ska nu ta en titt på båda perspektiven.

Föreställ dig att du är en statlig analytiker eller beslutsfattare. Du studerar historia och lägger märke till att ekonomin tenderar att ha sina upp- och nedgångar, och från tid till annan påverkas den av yttre omständigheter. Med andra ord: livet är volatilt och grupptänkande kommer i vågor. Och än värre är att ekonomiska recessioner har en tendens att drivas på av egen kraft och därmed skapa en ond cirkel. När intäkter minskar finns det färre arbetstillfällen, och arbetslösa människor konsumerar mindre, vilket leder till ännu lägre intäkter, vilket leder till ännu färre arbetstillfällen. Om du tolkar situationen på det här viset kanske du tror att staten kan dämpa dessa upp- och nedgångar, eftersom staten är separerad från den privata sektorn genom sitt monopol på beskattning och penningskapande. När den privata sektorn fallerar ekonomiskt och/eller vägrar att allokera kapital, kan staten kliva in och allokera kapital till viktiga saker. När den privata sektorn blomstrar och/eller allokerar kapital felaktigt, kan staten göra det svårare att få kredit och därmed minska mängden euforiska felinvesteringar, samtidigt som man ökar skatterna och skär ner på utgifterna för att bygga upp besparingar inför nästa nedgång. Enligt detta resonemang uppstår bästa ekonomiska välstånd när staten fungerar som en konjunkturutjämnande kraft motsatt den privata sektorn, det vill säga att man investerar när den privata sektorn inte gör det och att man bygger upp en buffert när den privata sektorn investerar för mycket och för slumpartat.

Staten (och dess centralbank) intar med andra ord, åtminstone inom ramen för denna keynesianska vision, en aktiv förvaltningsstrategi när det gäller valutan. Om valutamängden stiger till följd av kredittillväxt försöker man minska utbudet av ny valuta genom budgetöverskott (via staten) och genom att höja räntan, för att minska affärsbankernas utlåning (via centralbanken). Om valutamängden minskar försöker man öka utbudet av ny valuta genom budgetunderskott och genom att sänka räntan, för att öka bankernas utlåning. Syftet med hela den här processen är att penningmängden ska växa i en jämn och måttlig takt, utan några större skadliga upp- eller nedgångar. Toppar och dalar inom den privata sektorn dämpas, så även inverkan från yttre omständigheter – det är åtminstone planen.

Denna teori ser bra ut på papper, förutsatt att regerings- och centralbankstjänstemän är mer objektiva, intelligenta och/eller långsiktiga i sitt tänkande än personer inom den privata sektorn, eller åtminstone att deras incitament ligger i linje med långsiktig planering. Det är ett uppenbart problem om så inte är fallet, vilket det sannolikt inte är. En auktoritär regerings incitament ligger inte ofta i linje med folkets. Demokratiskt valda regeringstjänstemän är fokuserade på att vinna nästa val. Ingen av dessa lagstiftare har incitament att skapa ett överskott nu och bromsa in ekonomin för att bygga upp en kapitalreserv som kan användas som stöd under svagare ekonomiska perioder. Skulle de försöka göra det, skulle de sannolikt förlora nästa val eftersom de flesta människor vill ha lägre skatter och fler tjänster i nuet. Så det som sker i praktiken är att staten för det mesta har ett måttligt budgetunderskott, och ett större budgetunderskott under recessioner och kriser. I stället för en blandning av överskott och underskott blir det en blandning av underskott och större underskott.

Dessa icke-befintliga överskott leder till ett andra problem. Om den privata sektorn är finansiellt begränsad under en björnmarknad och staten inte har några besparingar att utnyttja, hur ska då staten kunna låna tillräckligt med pengar att skjuta in i de delar av ekonomin som behöver dem? Vi diskuterade tidigare i den här boken hur den brittiska regeringen inte kunde anskaffa medel på ett ärligt sätt för att finansiera första världskriget, och Storbritannien var vid tillfället utgivaren av världens reservvaluta. Skulle inte de flesta regeringar i världen ha problem att anskaffa kapital under en recession eller ett krig om företag inom den privata sektorn också har problem att anskaffa kapital, med tanke på att majoriteten av potentiella långivare själva är högt belånade eller ovilliga att ta risker eller inte har några besparingar? I ett system med fiatvaluta löser staten detta problem genom att i samarbete med centralbanken skapa pengar ur tomma intet när så krävs. Staten kan emittera statsobligationer för att spendera mer, och om statsobligationerna blir illikvida på grund av att det inte finns tillräckligt många köpare kan centralbanken utöka den monetära basen för att köpa dessa obligationer och, i egenskap av långivare i sista hand, återställa likviditeten i statsobligationsmarknaden. Därmed kan staten och centralbanken tillsammans föra in nya pengar i ekonomin. Om försiktighet inte iakttas kan detta system orsaka en okontrollerbar inflation.

I ett monetärt system som backas upp av guld, där pengar har en kostnad och ingen kan utöka den monetära basen helt gratis, är staten bara den största aktören av många liknande aktörer, och med ett annorlunda uppdrag. I ett system grundat på fiatvaluta, där valutan ges ut utan någon kostnad genom en kombination av staten och centralbanken som staten styr över, kan den monetära basen utökas dramatiskt under recessioner eller krig och nya pengar kan skjutas in i ekonomin genom att befintliga besparingar i kontanter och obligationer devalveras. Staten och centralbanken kan fungera som en konjunkturutjämnande kraft motsatt den privata sektorn även när det inte finns någon efterfrågan på statsobligationer.

Under perioder av ekonomisk tillväxt är arbetslösheten låg, likaså tillgången till arbetskraft, och därför tenderar lönerna att stiga. Under perioder av ekonomisk nedgång faller eller stagnerar lönerna, och det finns gott om människor som söker jobb men inte får något. Om staten kan trycka pengar, devalvera befolkningens besparingar och använda pengarna till att åter sätta arbetslösa människor i arbete under perioder av ekonomisk nedgång, skulle inte det kunna jämna ut och dämpa dessa konjunkturcykler? I stället för att ha bankkrascher under vilka många människor förlorar mycket pengar, varför inte dämpa recessionen genom att späda ut allas besparingar lite grann? Det är så ekonomer som förespråkar en ekonomisk förvaltning som går uppifrån och ner tenderar att se på risk och avkastning när beslut ska fattas om huruvida staten ska ingripa eller inte.

Ibland går de för långt med sina stimulansåtgärder och orsakar för hög efterfrågan på varor och tjänster, eller så uppstår en extern situation som är för allvarlig för att kunna hantera och statens och centralbankens grandiosa planer stöter på den verkliga världens oundvikliga svårigheter. Med för mycket pengar som jagar efter för få varor och tjänster uppstår prisinflation, varpå många centralplanerare påstår att det är företagens girighet som är problemet, snarare än deras egna åtgärder, och välkomnar priskontroller. Om priserna går upp efter att de har skapat nya pengar, varför inte bara förbjuda höga priser? Ur deras perspektiv bär på så sätt företagen, och inte allmänheten, merparten av kostnaderna för stimulansåtgärderna. Självklart leder detta till alla möjliga incitamentsproblem: Företagen har själva utgifter, och för att öka tillgången på varor och tjänster måste de ha både ett vinstincitament och den finansiella kapaciteten för att göra det. Om dessa två villkor inte uppfylls kommer tillgången på varor och tjänster sannolikt att stagnera.

På motsatt sida av detta argument står de ekonomer som är av åsikten att det är centralbankerna som är orsaken till konjunkturcyklerna. Kritiker av den centraliserade strategin påpekar att centralbankerna – gång efter annan och nästan universellt – förstärker snarare än dämpar konjunkturcyklerna. Deras åtgärder för att dämpa recessioner bidrar i stället till nästa omgång av ekonomisk överhettning, och deras åtgärder för att bromsa in en överhettad ekonomi bidrar i stället till nästa recession. Resultatet blir en konstant ond cirkel, där självorsakade bränder ständigt måste släckas. En ekonomi med hög hävstångsgrad är en bräcklig ekonomi, och det är centralbankerna som möjliggör en systemomfattande hög hävstångsgrad. Detta argument hörs främst från ekonomer som tillhör den österrikiska skolan, men på senare år har även personer med helt andra bakgrunder varit kritiska mot Federal Reserves försök att styra ekonomins tillväxttakt. I början av 2023 ställde till exempel den demokratiska senatorn Elizabeth Warren ett antal tuffa frågor till Federal Reserves ordförande, Jerome Powell, angående hans planer på att bekämpa inflationen genom åtstramande penningpolitiska åtgärder som avsiktligen skulle leda till högre arbetslöshet.

Efter IT-bubblan runt år 2000 sänkte Federal Reserve räntan hela vägen ner till 1 procent, den lägsta nivån på flera decennier. Sänkningen genomfördes trots att detta var den mildaste recessionen på flera årtionden – både vad gäller ekonomisk nedgång och arbetslöshet. Denna extremt låga ränta var onödig och uppmuntrade människor att ta bolån, även sådana med rörlig ränta. Från 2004 till 2006, efter att många nya lån tagits ut, började Federal Reserve snabbt höja räntan igen, vilket ledde till att många människor började få svårt att betala sina bolån. I stället för att vara en konjunkturutjämnande kraft gjorde dessa stora svängningar i räntesatsen att konjunkturcyklerna blev värre och var en bidragande faktor till subprimekrisen 2008.

På liknande sätt sänkte Federal Reserve, under 2020 års covid-19-krasch, räntan till noll och förde in en enorm mängd likviditet i det finansiella systemet. När en amerikansk kongressledamot frågade Federal Reserves ordförande om risken för prisinflation efter en så kraftig utökning av det breda penningmängdsmåttet, svarade Powell att han inte ser någon högre prisinflation som särskilt sannolik och att vi kanske måste släppa tanken att monetära aggregat har någon betydande inverkan på ekonomin.[221] Enligt Federal Reserves officiella prognoser skulle räntan vara väldigt låg under flera år, och ordföranden uttalade de numera berömda orden: "Vi funderar inte ens på att fundera på att höja räntan."[222] I slutet av 2021, när inflationen låg på över 6 procent, höll Federal Reserve *fortfarande* räntan på noll och utökade den monetära basen för att köpa statsobligationer. När inflationen började skena i början av 2022 medgav Federal Reserve att den började bli ett allvarligt problem, och gjorde då en penningpolitisk helomvändning för att försöka bekämpa den. Den monetära basen minskades snabbt genom att i praktiken sälja de statsobligationer som köpts tidigare (genom att låta dem löpa ut), och räntan höjdes i den snabbaste takten på flera decennier, alltså tvärtemot de egna prognoserna. Denna plötsliga förändring i både penningmängd och ränta förde likviditet från små banker till stora banker och penningmarknadsfonder, och ledde till enorma orealiserade förluster för banker som 2020 och 2021 köpt statsobligationer med lång löptid när räntan var låg. Denna snabba likviditetssänkning bidrog till den

---

221 Schneider, *Powell's Econ 101*.

222 Jerome Powell, *We're Not Even Thinking About Thinking About Raising Rates*, presskonferens 10 juni 2020.

näst största bankkraschen i amerikansk historia i början av 2023, samt en rad andra bankkrascher – vilket tvingade Federal Reserve att tillhandahålla likviditetsstöd och vidta andra åtgärder för att hindra bankkrascherna från att sprida sig genom hela det finansiella systemet. Vidare ledde Federal Reserves högre ränta till högre räntekostnader för staten, vilket innebar ett större budgetunderskott vid en tidpunkt då budgetunderskottet var drivkraften bakom inflationen (och inte överdriven utlåning av bankerna).

Jag betraktar i första hand den här situationen ur ett teknologiskt perspektiv, särskilt vad gäller det betydande hastighetsgap mellan transaktioner och avveckling som har funnits sedan 1800-talets andra hälft. Eftersom centralbanker kontrollerar de primära liggarsystem som världen använder för inhemsk och internationell handel är det självklart att de förvaltar sina liggare aktivt, och därför kommer självklart många misstag att uppstå. Alla incitament leder åt det hållet, så det är så det ser ut över hela världen, oavsett vad vi tycker om det. Vi befinner oss i en oundviklig situation, såvida vi inte lyckas utveckla och anta ett system med bättre liggare.

PRISSTABILITET KONTRA SAMORDNANDE SIGNALER

Ett övergripande mål för de flesta centralbanker är prisstabilitet. De är villiga att snabbt utöka eller minska penningmängden om det innebär att prisstabilitet upprätthålls, vilket de definierar som en gradvis minskad köpkraft. Enligt den neoklassiska nationalekonomiska teori som utgör grunden för de flesta centralbankers världsåskådning är prisstabilitet i sig något positivt – men är det verkligen det? Vår värld är en volatil plats, och prisförändringar ger konsumenter och producenter en ständigt uppdaterad signal om vilka varor och tjänster på vilka tillgången är låg och vilka varor och tjänster på vilka tillgången är hög. På så vis kan konsumenter och producenter anpassa sig efter situationen. Friedrich Hayek och andra ekonomer har lyft fram detta i sina verk.[223]

Vanligtvis använder konsumenter mindre mängd av sådant som det råder brist på och är dyrt, och större mängd av sådant det finns gott om och är billigt. Omvänt tillverkar producenter mer av sådant som det råder brist på och är dyrt, och mindre av sådant det finns gott om och är billigt. Och oftast tar detta tid; konsumenter och producenter måste fastställa att dessa prisförändringar är ihållande innan de ändrar riktning. Om denna volatilitet försvinner från systemet till följd av förändringar i penningmängden och räntan, eller på grund av direkta priskontroller, dämpas eller försvinner också den samordnande signalen.

På många sätt handlar detta om informationsbandbredd. Tio miljoner

---

223 Se till exempel Friedrich Hayek, *The Use of Knowledge in Society*.

individer har alla möjliga sorters olika expertkunskaper, beroende på yrke och vilken region man befinner sig i. Var och en tittar på en liten mängd information i realtid och fattar beslut utifrån denna information och ens egna erfarenheter. Sammantaget blir detta en enorm mängd samordnad aktivitet. Har en liten grupp centrala, akademiska beslutsfattare i landets huvudstad – likt ett äldsteråd – en bättre uppfattning om hur landets arbete och kapital ska fördelas än de miljontals invånarna har på individnivå?

Föreställ dig en pipeline som förser olika amerikanska delstater med bensin. En dag uppstår ett mekaniskt fel och bensinen kan inte levereras till en av delstaterna. Tillgången på bensin i den delstaten blir plötsligt låg samtidigt som efterfrågan fortsatt är hög, så priset på bensin stiger till mycket höga nivåer.

Makthavarnas naturliga reaktion på folkets vrede är ofta att se situationen som orättvis och vill därför införa ett pristak på bensin. Ska sådana som hamstrar bensin belönas? Ska rika människor ha tillgång till bensin när arbetarklassen inte har det? För många människor säger både samvetet och magkänslan nej, och därför stöder de den toppstyrda ekonomiska planen att fördela bensinen mer rättvist, med ransonering och priskontroller och en minskad möjlighet för enskilda konsumenter och företag att fatta beslut angående köp och försäljning av bensin till det rådande marknadspriset.

Men kan en sådan välmenande strategi ironiskt nog göra problemet mer långdraget och skada de människor som den är avsedd att hjälpa? Om priset på bensin skenar slutar människor som inte har råd att använda bensin. Mycket viktiga tillämpningsområden (som ambulerande sjuksköterskor eller frakt av basvaror) kommer naturligtvis att betalas för, och antingen absorberas kostnaden av köparna eller så förs den ett steg ner i leveranskedjan till kunderna. Även rika människor kommer att fortsätta betala för bensin.

Ju högre priset på bensin blir i delstaten, och ju längre tid priset förblir högt, desto större blir incitamentet för innehavare av bensin i andra delstater att ta med sig den bensin man har till delstaten där det råder brist på bensin och sälja den där mot vinst. Om bensinpriset bara går upp lite grann kan ett fåtal säljare från angränsande delstater lockas att föra med sig och sälja en del bensin, men inga större mängder. Om bensinpriset å andra sidan sticker iväg ordentligt och förblir högt under lång tid, lockas bensinleverantörer över ett större område att frakta överflödig bensin till den berörda delstaten och därmed öka tillgången på bensin till dess att priset stabiliseras. Höga priser fungerar som en signal för människor i kringliggande områden att ta med sig all överflödig bensin hit, och därmed åtgärdas tillgångsproblemet till dess att pipelinen har lagats. Samtidigt fungerar höga priser som en signal för konsumenter i området att minska sin användning av bensin så mycket som möjligt för alla verksamheter som inte är absolut nödvändiga.[224]

Med andra ord kan centralplanerarens önskan att dämpa prisökningar på kort sikt ironiskt nog leda till att obalanser i tillgång och efterfrågan åtgärdas långsammare än om man hade låtit de naturliga marknadskrafterna ha sin gång. Ett artificiellt pristak på bensin leder till brist och minskar området från vilket leverantörer från andra delstater kommer att transportera överflödig bensin till delstaten där det råder bensinbrist. Dessa leverantörer kommer inte heller att ha lika bråttom att leverera den överflödiga bensinen som de hade haft om det inte funnits något pristak. Om man i stället låter den privata marknaden åtgärda obalansen i tillgång och efterfrågan finns incitament för bensinförsäljare längre bortifrån att snabbt tillhandahålla mer bensin, vilket kvickt minskar gapet mellan tillgång och efterfrågan.

Detta exempel är mer eller mindre vad som hände i Europa 2022, men med naturgas i stället för bensin. Ryssland invaderade Ukraina, och av geopolitiska skäl förlorade Europa därmed större delen av sin naturgasimport via ryska ledningar. Priset på naturgas i Europa steg till otroligt höga nivåer. Det gjorde även priset på el, som till stor del genereras av naturgas. Till följd av detta började exporten av flytande naturgas från världens alla hörn ändra kurs och prioritera Europa, eftersom det var där de högsta försäljningspriserna fanns. Europa nådde därefter sin maximala kapacitet för import av flytande naturgas. Situationen ledde också till att utbyggnaden av nya terminaler för export och import av naturgas accelererades, för att utöka den framtida kapaciteten. Om Europa hade infört pristak hade det inte funnits incitament för globala leverantörer av flytande naturgas att lägga om distributionen, och obalansen i tillgång och efterfrågan hade förvärrats, vilket hade lett till akut brist. De höga priserna var smärtsamma, men de var också en signal som fick hela världen att samordnas och åtgärda problemet på både kort och lång sikt.

Föreställ dig att tio miljoner människor i ett land fattar ekonomiska beslut, och var och en köper fem saker om dagen. Det är 50 miljoner transaktioner om dagen, eller 18,25 miljarder transaktioner om året. Är ett centralt äldsteråd bättre på att sätta priser än dessa tio miljoner enskilda individer? Det mesta pekar på nej, tio miljoner människor kan med hjälp av information i realtid sätta priser bättre än en central kommitté av en handfull individer. Det är anledningen till att politbyråer inte är den mest effektiva formen av ekonomisk planering; hur visa och intelligenta dessa individer än må vara, kan de inte bearbeta och organisera samma mängd information

---

224 Donald Boudreaux, *'Price Gouging' After a Disaster Is Good for the Public*, Wall Street Journal, 3 oktober 2017.

som tio miljoner människor med olika specifika sakkunskaper kan.[225]

I boken *Bitcoin is Venice* beskriver Allen Farrington och Sacha Meyers på ett elegant sätt prissättning som en mekanism för informationskompression:

> Med hjälp av information kan individer producera ett pris, vilket de också faktiskt gör. Men med hjälp av ett pris kan ingen – allra minst en tredjepartsobservatör eller en hel marknad – återskapa informationen som producerade priset. Och detta är liksom poängen. "Funktionen" från information till pris är inte slumpmässig, inte dåligt definierad och definitivt inte en "aggregering". Den är snarare en mycket specifik typ som tjänar ett mycket specifikt syfte: Den är den perfekta kompressionen av ekonomiskt relevant information. Den silar bort subjektiva värderingar, preferenser och verklighetstolkningar så att endast en rent objektiv signal finns kvar, samma signal för alla. Därmed kan marknadens algoritm sammanställa information, fullständigt likgiltig inför dess källa och vad som ingick i dess konstruktion.[226]

Ett pris ger dig inte direkt information om *varför* det är vad det är. Ett pris fungerar bara som incitament för ett snabbt, rationellt agerande, oavsett om du är insatt i detaljerna om tillgång och efterfrågan i situationen eller ej. Priset är mekanismen med hjälp av vilken tiotals miljoner, hundratals miljoner, till och med miljardtals människor oavsiktligt kan samarbeta i harmoni och tillsammans åtgärda ett problem med tillgången och efterfrågan, även om de allra flesta av dessa människor inte förstår situationens nyanser. De agerar snabbt och gemensamt baserat på komprimerad, effektiv information, utan några detaljer och utan att någon behöver förstå detaljerna. Alla dessa människor samarbetar oavsiktligt med varandra för att lösa ett kortsiktigt problem, medan en mindre grupp deltagare med expertis inom det aktuella området kan ta en djupare titt på problemet och se vad det är som ligger bakom det rådande marknadspriset. De kan använda denna kunskap till att åtgärda problemet ytterligare och göra en vinst, eller så kan de dela med sig av sin kunskap med andra.

Centralplanerarens önskan att åsidosätta det naturligt samordnande prissystemet kan vid en första anblick verka smart, men om detta inte hanteras helt perfekt kommer det sannolikt att leda till små vinster på kort sikt men stora förluster på lång sikt. Genom att fördröja den decentraliserade samordning som uppstår naturligt ur prisinformationen kan centralplanerare förbättra priserna på kort sikt, men med hög sannolikhet kommer de

---

225 Don Lavoie, *Rivalry and Central Planning*.

226 Allen Farrington och Sasha Meyers, *Bitcoin is Venice: Essays on the Past and Future of Capitalism*, 63.

då att fördröja de åtgärder som måste vidtas på både tillgångs- och efterfråganssidan för att ett verkligt jämviktstillstånd ska kunna uppstå.

Detta betyder emellertid inte att statliga organ måste vara inaktiva under en kris. Det betyder bara att priskontroller sällan har avsedd verkan. Staten själv kan reagera på prissignaler och styra sina resurser mot tillgångssidan. Att transportera mat och vatten till ett område som drabbats av en naturkatastrof eller att transportera bensin till ett område som lider akut brist är bättre insatser för att åtgärda det underliggande problemet än att indirekt lösa problemet genom prismanipulation. Dessa lösningar kräver att man har framsynthet nog att bygga upp och bibehålla reserver under goda tider.

PRISET PÅ PENGAR OCH EN TILLFÖRLITLIG MÅTTSTOCK

Vi kan använda samma prissättningskoncept som en samordningsmekanism för priset på pengar, som kontrolleras av centralbankerna. Centralbanker förändrar ständigt penningmängden och/eller priset på pengar för att försöka dämpa prissignalerna, men jag hävdar att dessa åtgärder oftast gör mer skada än nytta.

I ett decentraliserat system beror priset för att låna pengar på flera olika faktorer, däribland hur hög kreditvärdighet du har men även på hur mycket kredit det finns i allmänhet vid tillfället. Om ett fåtal människor vill låna pengar i förhållande till hur mycket pengar långivarna har, kommer långivarna sannolikt att låna ut pengar till låg ränta och till goda villkor. Om det å andra sidan finns många människor som vill låna pengar i förhållande till hur mycket pengar långivarna har, kommer långivarna att vara mycket striktare med sin utlåning och ta ut en högre ränta.

I ett centraliserat system kan centralbankerna utöka eller minska den monetära basen och (oftast) sätta priset för att låna pengar. Till exempel har de tolv personer som sitter i Federal Reserves FOMC en kraftig inverkan på priset på pengar för 330 miljoner amerikaner, samt för de miljardtals människor runtom i världen som indirekt påverkas av den amerikanska dollarn, världens reservvaluta. Detta kan på ett onaturligt sätt öka eller minska antalet lån, beroende på om priset på pengar är för högt, för lågt eller precis lagom. Det kan också ha en skadligare inverkan på vissa regioner än andra om de olika regionerna naturligt hade haft olika marknadsbaserade räntesatser, men nu tvingas erbjuda samma ränta.

Före krisen 2008 var Federal Reserves främsta verktyg för att föra sin penningpolitik att ändra ränteintervallet (priset på pengar). Efter 2008 började Federal Reserve föra sin penningpolitik både genom ränteförändringar och ändringar i storleken på hela den monetära basen, vilket (särskilt när det görs snabbt) kan ha en mycket omvälvande inverkan på människor, företag och banker som försöker sluta avtal denominerade i dessa enheter. Till exempel sänktes bankernas kontantnivåer snabbt av Federal Reserve både 2019 och 2023, något som bidrog till den kraftiga höjningen av styrräntan 2019 och till bankernas likviditetsproblem 2023.

Centralt och snabbt skapade nya pengar är i princip ett kontraktsbrott med sparare som trodde att de pengar de hade skulle behålla sitt värde någorlunda. Omvänt är central och snabb förstörelse av befintliga pengar i princip ett kontraktsbrott med låntagare som tagit ut lån i pengar som de trodde skulle behålla sitt värde någorlunda. Det är inte bara en fråga om huruvida pengar ska vara hårda eller mjuka, det är även en fråga om hur elastisk, godtycklig och föränderlig tillgången på pengar ska vara. Det är med andra ord en fråga om vem som kontrollerar liggaren, och därför en fråga om vem som har makten att skada sparare eller låntagare.

Det är vanligtvis så att penningmängden i fiatvaluta ökar över tid. En snabbt växande penningmängd snedvrider ofta prissignaler, vilket kan ha en negativ inverkan på tillförlitligheten när det gäller priset som en samordningsmekanism. Många centralbanker, inklusive Federal Reserve, har ett officiellt inflationsmål på 2 procent per år. Men inflationen är ett litet och återkommande fel i våra ekonomiska beräkningar. Många människor väljer att spara pengar på sparkonton eller i obligationer som ger en avkastning på 2 procent per år och inser inte att inflationen växer med minst 2 procent per år.

Föreställ dig att du jobbar som snickare. Du sågar till träbitar av olika form och storlek och sätter ihop möbler som du har designat. Föreställ dig nu att alla mätverktyg du använder krymper lite varje månad. Tidigare skulle en 30 centimeter lång träbit sammanfogas med en 10 centimeter lång bit. Men nu, när du mäter dina 10-centimetersbitar står det i stället att de är 11 centimeter långa, eftersom tumstocken har krymp och inte längre mäter korrekt. Nu måste du göra 30-centimetersbitarna 33 centimeter långa för att de ska passa, och därför måste du byta utrustning. Om du redan har sågat till 30-centimetersbitarna har du otur, då du inte har någon användning för 30-centimetersbitar tillsammans med de nya 11-centimetersbitarna. Dessa 30-centimetersbitar är nu nedskrivna lagertillgångar.

Det är ungefär denna inverkan inflation, särskilt när den stiger mycket snabbt, har på ekonomin och i synnerhet på människors produktivitet i ekonomin. Företag sluter i möjliga fall avtal för flera månader eller flera år till ett fast pris, både när det gäller produkter de säljer och produkter de köper. När de sluter långsiktiga avtal och tar fram långsiktiga affärsplaner måste de ta inflationsfaktorn i beaktande, även inflationsmålet och eventuella fel som centralbanken kan göra i sin strävan efter att uppnå detta mål. Om produkterna de köper plötsligt blir mycket dyrare och de har ett avtal med fast pris för de produkter de säljer, har företaget ett stort problem. De kan faktiskt förlora pengar på sitt arbete. Om de å andra sidan kan höja priset på produkterna de säljer och ha avtal med fast pris med sina leverantörer, kan de höja priset för kunden samtidigt som de skadar andra leverantörer och själva gör en stor vinst.

Vidare har anställda löntagare endast möjlighet att löneförhandla en gång om året och måste därför förutspå och beakta inflationen för de enheter som de får lön i. Ihållande inflation är alltid en nackdel för anställda eftersom löner har en tendens att inte röra mycket på sig, på grund av förankringseffekten.[227] Bara för att kunna hålla jämna steg med inflationen hos varor och tjänster med medelhög knapphet behöver en arbetstagare en löneökning på minst flera procent varje år. I den utsträckning arbetstagaren utökar sin erfarenhet och är värd en högre inflationsjusterad lön måste detta förhandlas om vidare. Om till exempel boendekostnaderna går upp med 5 procent om året kan en arbetstagare motivera en årlig löneökning på 6 procent, vilket i de flesta fall framstår som orimligt för arbetsgivaren. Allt arbetstagaren ber om är faktiskt bara en enprocentig ökning av "reallönen" för sin utökade erfarenhet. De övriga 5 procenten är bara för att hålla jämna steg med inflationen hos boendekostnader, men det känns inte så för arbetsgivaren. Därför måste arbetstagare ofta byta jobb i onödan bara för att återställa förankringseffekten i deras tidigare löneavtal – vilket är kontraproduktivt.

Ett extremt exempel är Egypten under det senaste årtiondet. Hösten 2016 devalverade Egypten, praktiskt taget över en natt, landets valuta med hälften i förhållande till den amerikanska dollarn för att uppfylla IMF:s lånevillkor.[228] År 2022 och 2023 devalverade de i tre stora steg valutan med hälften på nytt, återigen för att uppfylla IMF:s lånevillkor.[229] Varje gång detta hände lades en enorm börda på löntagare som måste försöka förhandla upp sin lön med det dubbla i egyptiska pund, då de annars drabbas av en lönesänkning i internationell köpkraft. Det är givetvis ytterst få som ens kan be om en sådan löneökning och än mindre få igenom den, så majoriteten av landets arbetstagare fick i praktiken en lönesänkning samtidigt som deras likvida besparingar devalverades.

227 Sumner, *Money Illusion*, 147, 156–158, 341. 'Referenseffekten' beskriver människors tendens att förlita sig för mycket på den första information de får om ett visst ämne. Oavsett informationens korrekthet använder människor den som en referenspunkt – eller ett ankare – för att bilda efterföljande bedömningar.

228 Associated Press in Cairo, *Egypt Devalues Currency by 48% to Meet IMF Demands for $12bn Loan*, Guardian, 3 november 2016.

229 Al Jazeera, *Egyptian Pound Has Lost Half of its Value Since March*, Al Jazeera News, 11 januari 2023.

När både mängden av och värdet på valutaenheter är relativt stabila är det lättare att göra långsiktiga planer och sluta långsiktiga avtal. Dessutom är det lättare för arbetstagare att hålla lönen i linje med köpkraften, då förankringseffekten inte längre motarbetar dem. Å andra sidan, när både mängden av och värdet på valutaenheter varierar kraftigt är det svårare att göra långsiktiga planer. Om förändringarna i mängd och värde är små nog är detta bara ett mindre problem. Precis som en snickare kanske inte bryr sig särskilt mycket om träbitarna är 30 centimeter långa eller 30,1 centimeter långa, kanske ett företag inte bryr sig särskilt mycket om de artiklar de köper in kostar 5 dollar eller 5,10 dollar. Det är ett litet problem som går att acceptera. Men om artiklarna de köper in börjar kosta 6 eller 7 dollar på grund av att det breda penningmängdsmåttet växer snabbare än vanligt, då påverkas deras – eller deras leverantörers eller anställdas – vinstmarginal och planering på ett verkligt negativt sätt.

För effektivitetens skull gäller många avtal för försäljning, köp och löner i tolv månader eller ännu längre. Det är ineffektivt att omförhandla avtal varje månad, men det blir allt viktigare att göra det när priser förändras snabbt. Stabilitet i den underliggande valutan är nödvändig för att kunna sluta långsiktiga avtal, och långsiktiga avtal minskar de administrativa omkostnaderna och mängden upprepande arbete. Tänk dig bara vilket slöseri med tid och resurser det skulle vara för en restaurang om man behövde ändra priserna på menyn varje dag, vecka eller månad i stället för högst en gång om året.[230] Och det finns såklart hur många andra små ökningar av liknande administrativa kostnader som helst.

Om man tittar på regioner runtom i världen som har en ihållande dubbelsiffrig inflation i penningmängden ser man att dessa regioner, nästan undantagslöst, inte är särskilt ekonomiskt produktiva. I stället råder ofta kaos. I sådana inflationistiska miljöer är det svårt för företag att planera långsiktigt och samtidigt vara lönsamma, och det är svårt för arbetstagare att få en lön som håller jämna steg med de stigande levnadskostnaderna. Alla förhandlingar blir svårare och mer frekventa, särskilt om de inbegriper många människor, som fackföreningar och stora avtal. Investerare vill få ut sitt kapital till andra jurisdiktioner, vilket leder till högre kapitalkostnader för de lokala företagen, vilket gör företagen ännu mer oorganiserade, mindre lönsamma och mindre konkurrenskraftiga. I detta sammanhang är den offentliga liggaren trasig, och i förlängningen blir allting trasigt. Det finns här en risk för att man hamnar i en ond cirkel, eftersom desorganisation leder till inflation och inflation leder till desorganisation.

Sunda pengar är som en måttstock som aldrig förändras, eller som för-

---

230 Gregory Mankiw, *Small Menu Costs and Large Business Cycles*.

ändras i extremt långsam och förutsägbar takt. En sådan miljö uppstår oftast när ingen kan ändra måttstocken. Om till exempel guld är pengar som accepteras av både köpare och säljare, är det svårt för centralstyrda institutioner att kliva in och slita upp det arrangemanget och börja ändra priser. Om å andra sidan centralstyrda liggare och fiatvaluta används som pengar, är det lätt för utgivaren att förändra mängden av och värdet på enheterna i liggaren, vilket kan störa prissignaler och påverka affärsverksamheter.

"BEHOVET" AV KONSTANT INFLATION

James Bullard (ordförande för Federal Reserve Bank of St. Louis, en av de tolv regionala Federal Reserve-bankerna) uttryckte 2013 sin oro över att inflationen var för låg. Federal Reserve har ett inflationsmål på 2 procent per år, och år 2013 låg inflationen närmare 1,5 procent. Bullard förespråkade en utökning av den monetära basen (genom att trycka nya bankreserver och köpa amerikanska statsobligationer), då han ansåg att inflationen var för låg och ville upprätthålla tilliten till Federal Reserves förmåga att nå inflationsmålet på 2 procent, i stället för att låta priserna stiga i långsammare takt än detta mål.

Det följande är taget från *CNBC*:

> "Om inflationen fortsätter nedåt är jag villig att öka köptakten", sa Bullard till journalister efter ett tal vid den årliga Hyman P. Minsky-konferensen i New York.[231]

Och detta kommer från *Bloomberg*:

> Ordföranden för Federal Reserve Bank of St. Louis, James Bullard, som har förespråkat fortsatta obligationsköp av Fed, sa att det är viktigt att centralbanken försvarar inflationsmålet på 2 procent för att upprätthålla sin trovärdighet när prisökningarna avtar.
>
> "Jag har varit orolig för låg inflation", sa Bullard, som röstar om penningpolitiken i år, i ett tal i dag i Paducah, Kentucky. "Vi har än så länge inte sett många tecken på att den rör sig tillbaka mot målet."[232]

När Janet Yellen, som var ordförande för Federal Reserve mellan 2014 och 2018, i slutet av 2017 gjorde sig redo att kliva ner, såg hon tillbaka på sin

---

231 Reuters, *Fed's Bullard Favors Bond Buys If Inflation Continues Decline*, CNBC, 17 april 2013.
232 Steve Matthews, *Bullard Says Important for Fed to Defend 2% Inflation Target*, Bloomberg, 14 augusti 2013.

tid som ordförande och beklagade sig över att de låtit inflationen vara för låg:

> Janet Yellen såg tillbaka på sin tid inom Federal Reserve och tyckte att de flesta uppgifter hade avklarats: en accelererande ekonomisk tillväxt, en solid sysselsättningsgrad och ett stabilt finansiellt system.
>
> Den enda kvarvarande uppgiften? Inflationen.
>
> Vid hennes sista konferens som ordförande för Fed i onsdags, sa Yellen att Feds misslyckande att få upp inflationen till centralbankens mål på 2 procent är hennes besvikelse.
>
> "Vi har ett symmetriskt inflationsmål på 2 procent. Under ett antal år nu har inflationen legat under 2 procent, och jag anser att det är viktigt att se till att inflationen inte konstant ligger under målet på 2 procent", sa hon.[233]

Under hela 2010-talet hävdade Christine Lagarde (som vid tillfället var direktör för Internationella valutafonden) att inflationen i Europa var för låg och att en mer ackommoderande och okonventionell penningpolitik måste tillämpas för att höja inflationen. Så här sa hon 2014:

> Direktören för Internationella valutafonden bad i onsdags Europeiska centralbanken att lätta på sin penningpolitik för att få upp priserna och sa att "låg inflation" i avancerade ekonomier riskerar att underminera en redan långsam global återhämtning.[234]

När det 2019 började talas om att Lagarde skulle bli ordförande för Europeiska centralbanken (vilket hon sedermera blev i slutet av samma år), fortsatte hon på detta tema och sa i ett tal i Europaparlamentet att för låg inflation är ett problem:

> De utmaningar som ligger till grund för ECB:s nuvarande politik har inte försvunnit. Ekonomin i euroområdet står inför ett antal risker på kort sikt, huvudsakligen kopplade till externa faktorer, och inflationen ligger fortsatt under ECB:s mål. Jag delar därför rådets uppfattning att en mycket ackommoderande politik bör föras under en längre tid för att få tillbaka inflationen till "under men nära 2 procent".[235]

---

233 Jeff Cox, *Yellen's Only Regret as Fed Chair: Low Inflation*, CNBC, 13 december 2017.
234 Anna Yukhananov, *IMF Warns on Low Inflation, Calls on ECB to Act*, Reuters, 2 april 2014.
235 Christine Lagarde, *Opening Statement by Christine Lagarde to the Economic and Monetary Affairs Committee of the European Parliament.*

Även Japans före detta centralbankschef, Haruhiko Kuroda, höll under 2010-talet räntan på negativa nivåer under längre tidsperioder i ett försök att få upp inflationen till 2 procent. Det följande är från *Reuters* år 2018:

> Bank of Japans ordförande, Haruhiko Kuroda, sa i tisdags att det är uteslutet att överge de negativa räntesatserna inom en snar framtid, då de är nödvändiga för att få upp inflationen till 2-procentsmålet.[236]

Om vi byter ut inflationsmålet mot ett urvattningsmål, vilket det i själva verket är, blir det tydligt hur löjliga en del av dessa kommentarer är. Om vi hade använt denna terminologi skulle centralbankscheferna, i stället för att beklaga sig över att inflationen är för låg, beklaga sig över att den valuta som folket får sin lön utbetald i och har sina besparingar i inte urvattnas lika snabbt som deras urvattningsmål.

I dag har centralbankerna i de flesta utvecklade länder ett inflationsmål på 2 procent per år, och de blir oroliga om inflationen ligger långt under eller långt över det målet. Ett inflationsmål på 2 procent innebär att priser i genomsnitt fördubblas på 35 år. Detta är intressant då en fortlöpande produktivitetsökning borde leda till *lägre* priser över tid, inte högre. Centralbankerna gör allt de kan för att se till att priserna fortsätter uppåt. Med andra ord gör centralbankerna allt de kan för att se till att deflationistiska produktivitetsökningar alltid kompenseras för genom ständig urvattning av valutan, så att de nominella priserna på varor och tjänster sakta men säkert går upp trots att de hela tiden blir lättare att producera.[237]

Prisdeflation är i grunden något positivt. Under 1800-talet, i början av oljans och elektrifieringens och långdistansjärnvägarnas tidsålder, tenderade priser att vara strukturellt deflationistiska. Med så mycket ny energi blev det mycket lättare att skapa saker, vilket ledde till en explosion i teknisk utveckling, produktivitet, befolkningsmängd och människors förväntade livslängd. På liknande sätt har vi under de senaste årtiondena sett kraftigt minskade priser på elektronik. Tv-apparater, datorer, telefoner och andra apparater blir hela tiden billigare, oftast på nominell basis och särskilt på en kvalitetsjusterad basis. Kostnaden per gigabyte datorminne till exempel har fallit exponentiellt under flera årtionden, och de allra flesta människor i världen har gynnats otroligt av detta. Samtidigt är dagens 80-tums tv-apparater både skarpare och billigare än en 40-tums tv-apparat för 20 år sedan.

---

236 Leika Kihara, *BOJ's Kuroda Rules Out Early End of Negative Rate Policy*, Reuters, 20 november 2018.

237 Jeff Booth, *The Price of Tomorrow*, 7–20.

Ändå målas deflation ofta upp som något hemskt av centralbankerna, och av ekonomer mer generellt.[238] Enligt deras synsätt måste priser ständigt gå upp i stället för ner. Många av dem hävdar att om priser går ner, kommer människor att skjuta upp inköp och vänta på lägre priser (trots att vi uppenbarligen inte gör så när det gäller elektronik). Inom deras politiska ramverk måste priser alltid gå upp, sparande alltid undvikas och människor alltid hållas i ett ekorrhjul av konsumtion och lån för att stödja en kontinuerlig och jämn ekonomisk tillväxt.

En viktig orsak till att beslutsfattare och ekonomer är rädda för deflation är att deflation är dålig för ett finansiellt system med hög hävstångsgrad, och ändå är det en hög hävstångsgrad de uppmuntrar till genom sina politiska åtgärder. När allt är byggt på enorma mängder skulder och beslutsfattare ständigt ingriper för att säkerställa att skuldsättningen blir ännu högre, då kan deflation leda till att hela systemet kollapsar. En ihållande deflation är oförenlig med en hög skuldsättning och är därmed oförenlig med dagens finansiella system.

I ett system byggt på kapital och låg skuldsättning är prisnedgångar önskvärda, det är ganska självklart. Teknikföretag har ofta en låg skuldsättning, och om de förbättrar sina produkter (erbjuder högre kapacitet för mindre pengar) belönas de för detta genom stora antal köpare, även om priset per enhet sjunker. Till exempel, genom att sänka kostnaden per gigabyte lagringsutrymme tusenfalt kan de sälja tusen gånger fler gigabyte lagringsutrymme (t.ex. en enhet med en hel terabyte). Köparen gynnas givetvis också av dessa tekniska förbättringar och sänkta priser.

I ett finansiellt system med högre skuldsättning, där penningmängden växer avsevärt över tid, orsakas deflation i stället av likviditetskriser och recessioner. Därför har deflation fått ett dåligt rykte.[239] När företag blir större och växer långsammare uppmuntras de, i en miljö av ständig urvattning av valutan och återkommande likviditetsstöd från centralbanken, att bibehålla permanenta skulder i kapitalstrukturen, och detta kräver en konstant urvattning av valutan.

Ungefär som åderlåtning förr var ett vanligt förekommande medicinskt förfarande som vi nu vet endast hjälper i vissa specifika fall, tror jag inte att framtidens historiker kommer att se positivt på dagens ekonomers aktuella synsätt att vi behöver konstant inflation och urvattning av valutan för att ekonomin ska fungera. Ett ramverk av konstant inflation syftar primärt till att 1) främja kredit över sparande, 2) successivt men konsekvent minska skuldernas värde, 3) konstant dämpa de prissignaler som världen

---

238 Se litteraturöversikterna i Mark Thornton, *Apoplithorismosphobia*, 9–12; och Philipp Bagus, *In Defense of Deflation*, 18–34.

239 Andrew Atkeson och Patrick Kehoe, *Deflation and Depression: Is There an Empirical Link?*

ger oss och 4) låta regeringar använda ständiga budgetunderskott som ett slags icke-transparent beskattning. Dessa ändamål gynnar främst dem som befinner sig i närheten av systemets kärna, som staten, företag och finansiärer.

Situationen kompliceras ytterligare av det faktum att vi inte ens kan mäta inflationen på ett exakt sätt. Statens officiella mått på inflationen beräknas med hjälp av en konsumtionskorg innehållande ett antal varor och tjänster som viktas på ett sådant sätt att de ska avspegla vad en genomsnittlig person köper varje år. Denna konsumtionskorg förändras beroende på vad människor köper, så till exempel om priset på entrecôte går upp avlägsnas denna vara från konsumtionskorgen och ersätts av billigare nötfärs, eftersom det är så konsumentens konsumtionsmönster ser ut, nu när entrecôte har blivit dyrare. Inflationsmåttet är alltså programmerat så att det undviker dyra produkter och ersätter dem med billigare produkter, vilket innebär en systematisk underskattning av inflationen.[240]

När Federal Reserve grundades 1913 låg det breda penningmängdsmåttet på 19,31 miljarder dollar. I slutet av 2022 låg det breda penningmängdsmåttet på 21,4 biljoner dollar (21 400 miljarder), det vill säga en ökning på 1 118 gånger, eller i snitt 6,6 procent per år under en period av 109 år.

USA hade år 1913 en folkmängd på 97 miljoner. År 2022 var den 333 miljoner. Detta innebär att det 1913 fanns 199 dollar per person i systemet, medan det 2022 fanns över 64 800 dollar per person i systemet. Detta är en ökning av det breda penningmängdsmåttet per capita på 325 gånger, eller 5,5 procent per år.

Saker med hög knapphet, som lyxfastigheter vid havet och konstverk av berömda avlidna konstnärer, tenderar att gå upp i pris i samma takt som penningmängden ökar. Det beror på att sådana saker har en verklig begränsning, och vi blir inte effektivare på att producera dem. Därför stiger priserna på dessa saker i nästan samma takt som nya pengar skapas. Ett exempel på detta är en särskilt väldokumenterad strandnära fastighet i Miami Beach som såldes för 100 000 dollar år 1930, men som år 2022 var värd omkring 30 miljoner dollar. Detta innebär en genomsnittlig årlig tillväxttakt på 6,4 procent, vilket ligger nära penningmängdens tillväxttakt under samma period.[241]

Saker med medelhög knapphet, som guld, olja, nötkött och mer typiska bostäder tenderar att gå upp i pris med i genomsnitt 4–5 procent per år

240 Stephen Reed och Darren Rippy, *Consumer Price Index Data Quality: How Accurate is the U.S. CPI?*; Martin Hochstein, *The Fairy Tale of Low Inflation in the Euro Area*, 2.

241 Michael Saylor, *Bitcoin, Inflation, and the Future of Money*, Lex Fridman Podcast, 14 april 2022.

om penningmängden växer med 6–7 procent, eftersom vi blir något bättre på att producera dessa saker över tid tack vare teknisk utveckling. Ett fat olja till exempel gick från ett genomsnittspris på 0,95 dollar år 1913 till ett genomsnittspris på 94 dollar år 2022, alltså bara en hundrafaldig ökning, eller i snitt 4,3 procent per år.[242] På liknande sätt ökade priset på nötkött med i snitt 4,1 procent per år mellan 1930-talet och 2022.[243]

Saker med låg knapphet, som vissa spannmål, fröoljor, elektronik, programvara, kläder, plastleksaker och liknande, har mycket låg eller till och med negativ inflation. Vi har blivit exponentiellt bättre på att producera elektronik och programvara och jeans och leksaker, och våra mekaniserade jordbruks- och förädlingsprocesser har hållit priserna på spannmål och fröoljor låga.

Mellan 1913 och 2022 har konsumentprisindex haft en genomsnittlig tillväxttakt på 3,2 procent, och detta index består av en blandning av saker med medelhög och låg knapphet.[244] Räntor på bankkonton och statsobligationer har inte kunnat hålla jämna steg med konsumentprisindex under denna långa period, än mindre med en konsumtionskorg enbart innehållande saker med medelhög knapphet som nötkött, olja och hus, och verkligen inte med saker med verkligt hög knapphet som konstverk och strandnära fastigheter.

Bara mellan början av år 2000 och slutet av år 2022 ser vi en stor skillnad. Det breda penningmängdsmåttet per capita ökade under denna period med i genomsnitt 6,8 procent per år, medan konsumentprisindex officiellt ökade med i genomsnitt 2,6 procent.[245] Priset på guld steg med 8,3 procent per år.[246] Priset på sjukhusvård steg med 5,3 procent per år.[247] Priset på olja steg med 4,7 procent per år. Huspriserna steg med i snitt 4,7 procent per år. Barnomsorgspriser steg med 4,2 procent per år.[248] Den genomsnittliga timpengen för arbetare utan ledningsansvar gick upp med 3,2 procent per år.[249] Ett genomsnittligt bankkonto hade en ränta på mindre än 2 procent per år.[250] Priset på kläder låg stilla. Elektronik, plastleksaker och programvara blev billigare.[251]

---

242 U.S. Energy Information Administration, *U.S. Crude Oil First Purchase Price.*
243 BLS, *CPI for all Urban Consumers: Beef and Veal.*
244 Samuel H. Williamson, *The Annual Consumer Price Index for the United States, 1774-Present,* MeasuringWorth; Federal Reserve Bank of Minneapolis, *Consumer Price Index, 1913-.*
245 Federal Reserve Economic Data, *Consumer Price Index for All Urban Consumers; M3 for the United States.*
246 World Gold Council, *Gold Spot Prices.*
247 BLS, *CPI for all Urban Consumers: Hospital and Related Services.*
248 BLS, *CPI for all Urban Consumers: Tuition, Other School Fees, and Childcare.*
249 BLS, *Average Hourly Earnings of Production and Nonsupervisory Employees.*
250 Jenn Underwood och Elizabeth Aldrich, *History of Savings Account Interest Rates,* Forbes, 1 januari 2023.
251 Mark Perry, *Chart of the Day... or Century?*

Kategorier av varor med låg knapphet, som gynnas av exponentiell teknisk utveckling och av produktion utomlands med billigare arbetskraft, sänker den genomsnittliga inflationssiffran jämfört med penningmängdstillväxten och jämfört med prisökningen på varor och tjänster med hög eller medelhög knapphet. Med i verkligheten kompenserar inte stora prisnedgångar i ett fåtal kategorier av konsumtionsvaror för de ständigt ökande priserna på basvaror och eftertraktade varor med en faktisk tillgångsbegränsning, vars pris hela tiden ökar till följd av den expanderande penningmängden.

Det fördes en het debatt om detta ämne år 2011 när den dåvarande ordföranden för Federal Reserve Bank of New York, William Dudley, talade i Queens inför en publik delvis bestående av människor tillhörande arbetarklassen. När han fick frågor om den aktuella inflationen hos livsmedelspriser (råvaror hade befunnit sig i en kraftig tjurmarknad under de senaste åren), påpekade Dudley att även om priserna på energi och mat kanske hade gått upp så uppvägdes denna prisuppgång av andra saker. Han sa till exempel att iPad 2 hjälpte till att dra ner genomsnittet, ett uttalande som inte togs emot särskilt väl. Som Kristina Cooke rapporterade för *Reuters*:

> Dudley försökte förklara hur Fed ser på saken: ja, mat- och energipriserna kanske stiger, men samtidigt sjunker andra priser.
>
> Han försökte sedan ge ett konkret exempel. Problemet var bara att han valde Apples senaste surfplatta som lanserades i fredags och som kanske är mer populär på New York Feds huvudkontor vid Wall Street än den är på Queens smutsiga gator.
>
> "I dag kan du köpa en iPad 2 för samma pris som för en iPad 1 men som är dubbelt så kraftfull", sa han. "Man måste titta på priset på allting."
>
> Folk brast ut i skratt. Det gick ett sorl genom publiken och en person kallade uttalandet "tondövt".
>
> "Jag kan inte äta en iPad", sa en annan.[252]

Sammanfattningsvis har centralbanker i allmänhet ett positivt inflationsmål – vilket inte är nödvändigt och som är svårt att ens definiera. I ett fungerande samhälle är normalt inflationen negativ, eftersom vi genom teknisk utveckling över tid blir effektivare på att producera saker. Om beslutsfattarna når sitt mål på 2 procents genomsnittlig inflation per år innebär det sannolikt att penningmängden och saker med hög knapphet har gått upp med 5–7 procent per år, att saker med medelhög knapphet har

---

252 Kristina Cooke, *iPad Price Remark Gets Fed's Dudley an Earful*, Reuters, 11 mars 2011.

gått upp med 3–5 procent per och att dessa prisökningar uppvägs av sjunkande priser på saker med låg knapphet till följd av ökad produktivitet och globaliserat arbetskraftsarbitrage. Det är viktigt att hålla koll på det breda penningmängdsmåttet eftersom detta mått vanligtvis ger en bättre bild av prisökningar på eftertraktade saker som kräver stora resurser att producera.

Om de tillgångar du sparar i inte går upp i pris i samma takt som det breda penningmängdsmåttet ökar per capita under en lång tidsperiod, då urvattnas din köpkraft. Detta är svårt att hålla koll på till och med för en kvantitativt lagd person som aktivt utför beräkningar, och givetvis ännu svårare för en vanlig människa som bara försöker tjäna och spara pengar. Eftersom penningmängden oftast ökar mycket snabbare än räntan, urvattnas lätt spararnas köpkraft. Ihållande inflation av penningmängden möjliggör för beslutsfattare och diverse mellanhänder att avleda folkets besparingar utan att någon direkt lägger märke till det. Detta må ha en negativ inverkan på sparare i utvecklade länder, men det är långt värre för sparare i utvecklingsländer.

KAPITEL 17

FINANSIALISERINGEN AV ALLT

När pengarna i ett samhälle behåller sitt värde över tid finns det incitament att ha sina besparingar i pengarna. Sparare överväger sannolikt noga hur mycket pengar som ska investeras, eftersom investeringar innebär högre risk med möjlighet till högre avkastning jämfört med att enbart spara i tillförlitliga sunda pengar.

När pengarna i ett samhälle å andra sidan ständigt minskar i värde finns det incitament att spara i andra saker med högre knapphet, vilket innebär att dessa saker får en monetär premie utöver nyttovärdet.

Om något som guld fungerar som pengar, är pengarna förhållandevis sunda och det finns mindre anledning för investerare att ha ett andra och ett tredje hus, stora aktieportföljer och en massa samlarobjekt. Självklart kommer vissa människor ändå att ha dessa saker, men de kommer att anskaffas på ett mer selektivt och eftertänksamt sätt och kommer sannolikt att utgöra en mindre andel av investerarens nettoförmögenhet. I en miljö med svaga pengar, där penningmängden ständigt växer och räntan ligger under den rådande inflationen, finns däremot incitament att undvika kontanter och i stället köpa ett andra eller ett tredje hus, att köpa aktier och att investera i ett stort antal samlarobjekt till inflaterade priser. När det inte finns någon bra form av pengar monetariseras i stället allt annat som har någon typ av knapphet.[253] Det finns också incitament att låna (det vill säga "blanka") pengar och använda dem till att köpa saker med högre knapphet, vilket driver upp hävstångsgraden i systemet.

Detta kan vara särskilt problematiskt när nyttotillgångar monetariseras till höga nivåer. Oftast är det inga problem om något som guld har en hög monetär premie utöver dess nyttovärde. Detta beror på att merparten av

---

253 Jeff Booth, *The Distortion of Money*, What Bitcoin Did, 15 april 2022.

efterfrågan på guld kommer från smycken och besparingar, och inom industrin går det ofta att byta ut guld mot något annat om så krävs. Om priset på guld skulle fördubblas nästa år är det inte många människor som skulle uppleva någon större negativ inverkan på livet. Men om hus monetariseras och står tomma under större delen av året på grund av att förmögna investerare och den övre medelklassen köper ett eller flera extra hus genom billig kredit, då kan medelklassen och arbetarklassen trängas undan och inte längre ha råd med boende. Detta problem syns tydligt i förhållandet mellan bostadspriser och inkomster, och problemet har blivit särskilt stort i populära städer och turistdestinationer. Dessa höga priser gör det omöjligt att köpa en bostad utan en mycket hög grad av lånefinansiering.

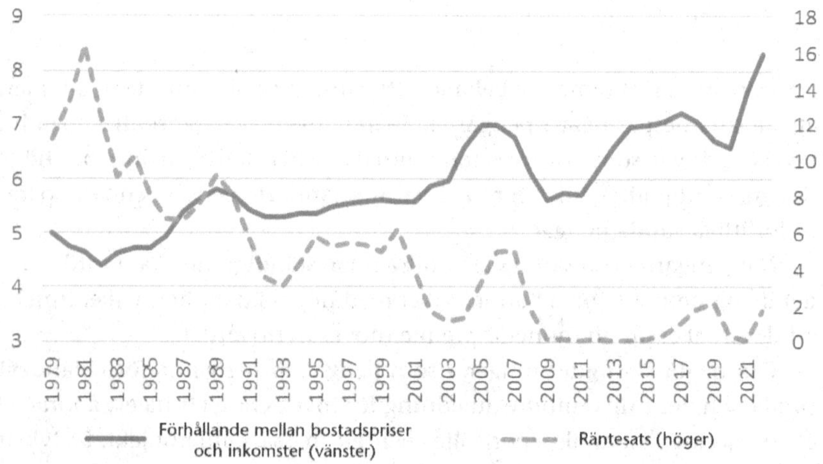

Figur 17.1
Förhållandet mellan bostadspriser och inkomster i USA (1979–2022), vilket visar hur möjligheten att ha råd med boende har minskat.[254]

Problemet förstärks ytterligare av en global kapitalflykt. Exempelvis är det många förmögna kinesiska medborgare som inte vill ha alla sina pengar i Kina, eftersom de där med enkelhet kan beslagtas och kontrolleras. Under de senaste decennierna har rika kineser haft en tendens att köpa fastigheter i Australien, Kanada och Sydostasien, vilket har lett till otroligt höga bostadspriser i dessa regioner. Inte nog med att fastighetspriserna gått upp till följd av artificiellt låga räntor och hög skuldsättning hos inhemska köpare, utan de har stigit ännu mer på grund av denna extra utländska efterfrågan.

254 Federal Reserve Economic Data, *Median Sales Price of Houses Sold for the United States; Employed Full Time.*

Monetariseringen av nyttotillgångar syns också i förhållandet mellan aktievärderingar eller hushållens nettoförmögenhet och räntan. Normalt sett värderas ett företags aktier utifrån en bedömning av dess sannolika framtida kassaflöde. När räntan är hög och ligger långt över inflationen, tenderar aktievärderingar att vara låga och ligga nära det förväntade framtida kassaflödet, utan någon större monetär premie. När räntan är lägre än inflationen, och när den är låg i allmänhet, sparar människor i nästan vad som helst annat än kontanter, som aktier, fastigheter eller samlarobjekt, även till inflaterade priser. Dessa saker får med andra ord en monetär premie.

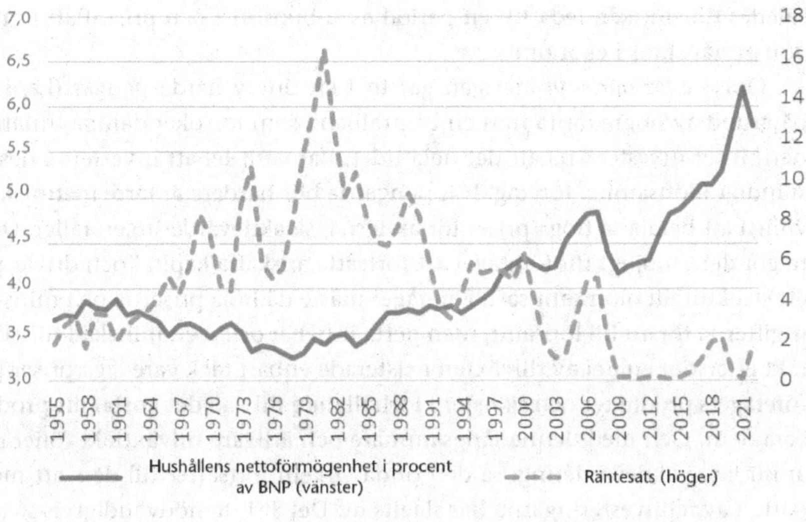

Figur 17.2
Förhållandet mellan tillgångsvärderingar och räntesatser (1955–2022), vilket illustrerar hur låga räntor leder till högre tillgångsvärderingar.[255]

De flesta människor bygger upp sina pensionsbesparingar främst i aktier snarare än i kontanter. Därmed får aktier i stora börsnoterade företag en monetär premie jämfört med de flesta privata bolag. Detta resulterar i en lägre kostnad för eget kapital för stora bolag, vilket ger dem en strukturell fördel (bland många andra fördelar) gentemot mindre privata bolag.

Ovanligt höga aktievärderingar kan förvränga kapitalbildningen och resursanvändningen ytterligare. Ständigt olönsamma, tillväxtorienterade företag kan existera under längre tid i ett olönsamt tillstånd då människor föredrar att spara i aktier snarare än i kontanter som inte kan bibehålla köp-

255 Federal Reserve Economic Data, *Gross Domestic Product; Households and Nonprofit Organizations; Net Worth.*

kraften. Dessa företag kan erbjuda sina produkter och tjänster till underpris, de kan gå med ständig förlust och de kan finansiera sig själva genom att ge ut nya aktier till sina anställda som ersättning och ge ut nya aktier som investerare kan köpa. Företaget växer då snabbare än det skulle göra vid normala marknadspriser, tack vare dessa högt värderade monetariserade aktier och de olönsamma priserna på företagets produkter och tjänster. När detta fortgår under många år eller till och med årtionden blir det svårt att avgöra vad det sanna marknadsvärdet på deras produkter och tjänster är, eftersom priserna ligger under produktionskostnaden. I en tid av mjuka pengar får den här typen av företag in kapital från investerare som annars hade kunnat lägga pengarna på saker med tydligare prissättningsmekanismer, vilket således till slut kan leda till en period av utbudsbrist och prisinflation någon annanstans i ekonomin.

Om – eller *när* – vi återigen går in i en tid av hårda pengar (kanske på grund av högre ränta från en centralbank som försöker dämpa inflationen) inser investerarna att det hela tiden har varit fel att investera i dessa ständigt olönsamma företag. När pengarna blir hårdare är färre människor villiga att betala så höga priser för aktierna, så aktievärderingen faller. Detta gör det omöjligt för företaget att fortsätta anskaffa kapital och drivas på ett strukturellt olönsamt sätt. Företaget måste då höja priserna och minska utgifterna för att bli lönsamt, men detta innebär också en minskad tillväxttakt eftersom en del av tillväxten existerade enbart tack vare låga priser på företagets produkter och tjänster i förhållande till vad det kostar att producera dem. Och med denna långsammare och ärligare tillväxttakt följer en ännu lägre aktievärdering, så den onda cirkeln fortsätter till dess att merparten av felinvesteringarna har slagits ut. Det är inte nödvändigtvis så att produkterna eller tjänsterna inte bör existera, men de har varit felaktigt prissatta av användare och investerare under en längre tid, och den verkliga balansen mellan tillgång och efterfrågan är på en hållbar nivå endast relevant för en mindre marknad än det föreföll. Det är naturligt att nystartade företag går med förlust när de lägger grunden för sin verksamhet, men det är inte naturligt att ett företag som har funnits i över tio år ständigt är olönsamt. Men mjuka pengar verkar leda till fler företag av den typen.[256]

Mjuka pengar uppmuntrar människor att hela tiden låna och investera i stället för att spara, oavsett om dessa lån och investeringar är vettiga eller ej. Hårda pengar uppmuntrar människor att spara och att endast låna eller investera när det är ett verkligt logiskt alternativ. Monetariseringen av nyttotillgångar, som aktier och fastigheter, när det inte finns några bra

256 Chancellor, *Price of Time*, 246-247, 277-278; Andreas Steno Larsen, *Steno Signals #21: 3 Reasons Why Everyone, Zuckerberg, Me, and Their Dogs Turn Into Idiots When Rates are 0%.*

pengar har påtagligt negativa konsekvenser och bidrar till onödiga bubblor. Det kan öka kostnaden för saker som annars endast skulle användas för sitt nyttovärde (som enfamiljshus) och det ger stora och likvida företag en fördel gentemot mindre företag. Vidare saktar det ner processen genom vilken företagsprissättning talar om för kunder och investerare vad som har hög knapphet och vad som inte har det, vilket kan leda till felfördelning av resurser under en längre tidsperiod.

ICKE-TRANSPARENT UTBUDSUTSPÄDNING

Alla som äger något med ett flexibelt utbud måste alltid vara vaksamma så att utbudet inte späds ut.

World Gold Council uppskattar att det finns strax över 200 000 ton förädlat guld ovan mark.[257] Samtidigt produceras en bit över 3 000 ton nytt guld varje år, och väldigt små mängder guld förstörs eller kasseras varje år. En innehavare av guld måste således acceptera att det totala guldutbudet ökar med omkring 1,5 procent varje år. Om man har tio uns i guldmynt utgör ens guldinnehav en mindre och mindre andel av allt guld i världen för varje år som går. Denna utspädningstakt har historiskt sett varit acceptabel eftersom folkmängdstillväxten och produktivitetsökningen oftast har varit likvärdig med eller överstigit takten på 1,5 procent, så varje guldmynt har bibehållit (eller till och med ökat) köpkraften i förhållande till produkter och tjänster.

Alla som investerar i fastigheter vet att en byggboom av nya lägenhetskomplex eller nya hus kan ha en negativ inverkan på priserna på de redan befintliga bostäderna i området. Efter en period av snabb nyproduktion av bostäder utgör varje redan befintlig bostad en mindre andel av det expanderande området, som nu innehåller gott om nytt utbud i förhållande till efterfrågan, så priserna kan stagnera eller gå ner. Detta är goda nyheter för nya köpare, men dåliga nyheter för befintliga ägare. Ett sätt för fastighetsinvesterare att skydda sig mot detta över tid har varit att investera i fastigheter med mycket hög knapphet, som kustnära fastigheter, eftersom oavsett hur stort det kringliggande området blir går det inte att bygga fler fastigheter vid vattnet – såvida man inte är beredd att göra något extremt dyrt som att skapa en helt ny ö.

Fiatvaluta har en tendens att spädas ut mycket snabbare än guld eller fastigheter. Så sent som 2010 låg det amerikanska breda penningmängdsmåttet på under 8,5 biljoner dollar. I slutet av 2022 låg det på omkring 21,4 bil-

257 World Gold Council, *Above-Ground Stock*.

joner dollar.[258] Detta innebär en årlig tillväxttakt på 7,3 procent. Samtidigt betalade de flesta banker runt noll ränta på sparkonton och inlåningsbevis under samma period. Även om vi avrundar den genomsnittliga sparkontoräntan uppåt till 1 procent och utesluter skatten på den räntan, betyder det att den genomsnittlige inlåningsinnehavaren tappade 6,3 procent per år efter ränta. Varje dollar utgjorde en mindre och mindre andel av alla dollar, och denna utspädning skedde i mycket snabbare takt än i guld och fastigheter. Givetvis kan man arbeta och tjäna nya pengar, men en stor del av dessa nya pengar skulle bara ersätta den minskande köpkraften hos de befintliga pengarna. Det är som att hålla i en påse med smältande is och arbeta för att tjäna mer smältande is.

Om råvaror och/eller utländsk arbetskraft finns i stora mängder och till låga priser, och produktiviteten fortsätter att gå uppåt, då kan det hända att denna snabba penningsmängdstillväxt inte leder till hög konsumentprisinflation på en gång. Inflationen blir då mer branschspecifik. Till exempel kan priserna på sjukvård och barnomsorg och attraktiva bostäder gå upp mycket snabbare än priserna på skor, spannmål och utlandstillverkad elektronik. Den snabba penningmängdstillväxten leder emellertid till högre priser på de flesta saker vars utbud växer i långsammare takt än penningmängden. Är det då så konstigt att aktier, fastigheter och konstverk och andra samlarobjekt gick mer eller mindre rakt upp under hela 2010-talet? Det är bara logiskt att investera i tillgångar med hög eller medelhög knapphet när penningmängden växer i en takt som ligger långt över den ränta man får på kontanter och kontantekvivalenter.[259]

Problemet blir ännu större för spararen när ränteskatter och vinstskatter tas med i beräkningen. Att spara i kontanter och obligationer är illa nog när räntan ligger under eller på samma nivå som inflationen och penningmängdstillväxten, men för att göra situationen ännu värre måste man betala skatt på räntan. Så den skattejusterade och utspädningsjusterade räntan på kontanter och obligationer är ännu mer negativ. Och vinstskatten, som inte är justerad efter inflation eller utspädning via penningmängdstillväxt, är en skatt som tas ut vid försäljning även om den faktiska köpkraften inte har ökat.

Anta till exempel att du köper ett hus för 300 000 dollar som en investering. Om penningmängden under de följande tio åren växer med 2 procent per år och det genomsnittliga huspriset i området går upp med 2 procent per år, är ditt hus (om det följer genomsnittet) värt omkring 365 000 dollar efter tio år. Om du bestämmer dig för att sälja huset måste du betala kanske

---

258 Federal Reserve Economic Data, *M3 for the United States*.

259 Dylan LeClair och Sam Rule, *Just How Big Is the Everything Bubble?* Bitcoin Magazine PRO, 11 augusti 2022.

20 procent vinstskatt på de 65 000 dollar som huset gått upp med i värde, alltså 13 000 dollar eller 4,3 procent av husets ursprungliga pris, eller omkring 3,6 procent av husets nuvarande pris. Husets köpkraft har inte gått upp, den höll bara jämna steg med den monetära utspädningen, men ändå måste du betala skatt på prisökningen.

Anta nu att du köper samma hus för 300 000 dollar, men under de följande tio åren utökas penningmängden med 10 procent per år och det genomsnittliga huspriset i området går upp med 10 procent per år. I slutet av denna tidsperiod är huset värt 778 000 dollar, och om du säljer det måste du betala 20 procent vinstskatt på de 478 000 dollar som huset gått upp med i värde (96 000 dollar i skatt), trots att huspriset bara höll jämna steg med den monetära utspädningen. Denna skatt på 96 000 dollar är 32 procent av det ursprungliga huspriset och 12,3 procent av det nuvarande huspriset, men din köpkraft i förhållande till andra tillgångar har inte förändrats. Således har staten incitament att låta inflationen vara hög, eftersom då vinstskatter inte justeras för inflation eller utspädning via penningmängdstillväxt får staten en större del av den omsatta förmögenheten om antalet dollar växer.[260]

Detta exempel visar att när penningmängden utökas i snabb takt förlorar inte bara innehavare av kontanter och obligationer köpkraft, utan även innehavare av reala tillgångar kan förlora köpkraft om de reala tillgångarna bara håller jämna steg med den monetära utspädningen och man sedan måste betala skatt på denna monetära utspädning. Samma sak gäller för innehavare av aktier, guld och liknande tillgångar om de bara håller jämna steg med den monetära utspädningen.

Det svåra sättet att undvika detta problem med monetär utspädning på, är att bli en fantastiskt bra investerare. Om man väljer tillgångar som ger en avkastning som ligger långt över genomsnittet kan man prestera bättre än den monetära utspädningen.

Det något enklare sättet för en investerare att undvika problemet med förlorad köpkraft genom monetär utspädning, är att dra nytta av den artificiellt låga räntan (i förekommande fall) genom att ta ut långfristiga lån. Om det ovan nämnda huset köptes med hjälp av ett bolån med bunden låg ränta i början av tioårsperioden, skulle kapitalet i bostaden vid en monetär utspädning på 10 procent per år växa mycket snabbare i procent räknat än priset på huset. Detta beror på att bolåneskulden är fast medan huspriset stiger snabbt, vilket innebär en betydande kapitaltillväxt. Den här typen av låntagare blankar i praktiken alla kontantinnehavare på marknaden och behåller mellanskillnaden.

---

260 Alex Muresianu, *Personal Income Tax Adjusts for Inflation, But It Could Do Better.*

Generellt sett belönar dagens inflationistiska finansiella system de som kan ta lån med låg ränta och som sedan använder pengarna någorlunda klokt. Om man stöter på problem och är stor nog kan misstag till och med leda till en räddningsaktion. Nyckeln till framgång har med andra ord varit att låna pengar, men inte så mycket att man är bland de första att falla när recessionen kommer. Sparare tappar hela tiden köpkraft och överbelånade aktörer går ofta i konkurs. Det optimala har varit att vara permanent skuldsatt utan att vara överbelånad.

En intressant observation om vi tittar på världen i dag, och om vi tittar bakåt i tiden, är att det går att se något av en normalfördelningskurva i förhållandet mellan skuldsättning och monetär hårdhet.

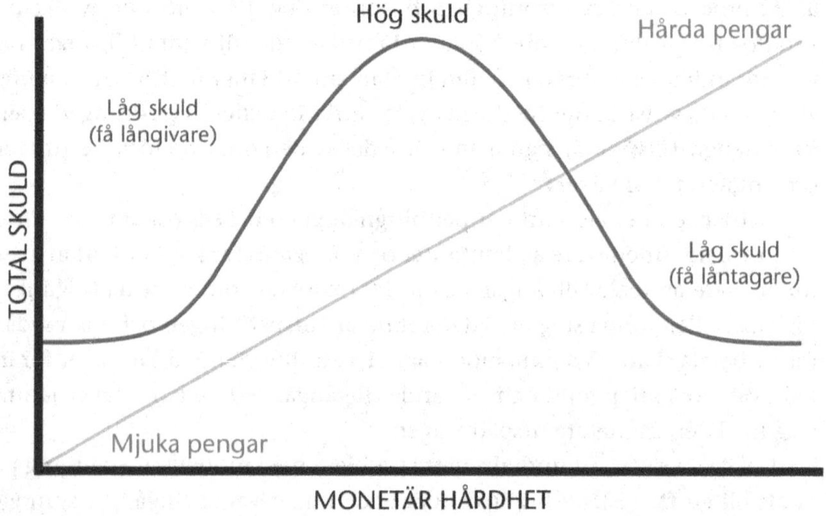

Figur 17.3
Förhållandet mellan skuldsättningsnivåer och monetär hårdhet, vilket visar en tydlig normalfördelningskurva i skuldsättningen.

I områden med mycket svaga pengar, som många utvecklingsländer där det inte är ovanligt med dubbelsiffrig inflation och/eller plötsliga valutadevalveringar, finns inte någon större mängd långfristiga skulder. Det är inte många långivare som är dumma nog att bevilja ett bolån på 30 år med bunden ränta eller utfärda företagsobligationer med en löptid på 30 år i en sådan miljö, eftersom det inte finns någon anledning att tro att beräkningsenheten inte kommer att tappa ordentligt i värde under den tiden.

I områden med hårda pengar, till höger i normalfördelningskurvan, ser vi inte heller särskilt hög skuldsättning, eftersom låntagare är mindre villiga att låna pengar i en beräkningsenhet som stiger i värde om de inte är övertygade om att de kan använda pengarna på ett mycket produktivt sätt (som expansionen av järnvägar på 1800-talet).[261] I en sådan miljö används kredit för verksamheter med en förväntad hög avkastning, medan skuld används mer omdömesgillt.

Områden med medelhårda pengar, där fiatvalutor devalveras sakta men säkert, är optimala för både långivare och låntagare. Låntagare tar gladeligen lån med medellång till lång löptid som devalveras långsamt över tid, och använder pengarna till att förvärva tillgångar med högre knapphet. Långivare lånar gladeligen ut pengar till låg ränta så länge räntan är något högre än kostnaden för kortsiktig finansiering så att de kan ta hem mellanskillnaden, vilken de sedan förstärker med hävstång. Konsumenter, företag och regeringar har alla skulder i sin balansräkning med en löptid på 30 år och tycker att det är helt normalt. Skuldsättningens andel av ekonomin tenderar att nå sina högsta nivåer i detta scenario, vilket känns bra när allt går upp men blir ett stort problem när valutavolatiliteten en vacker dag går emot det högt skuldsatta systemet. På grund av den höga skuldsättning som tenderar att uppstå inom system med en valuta som gradvis devalveras, är det med andra ord den noggrant kontrollerade stabiliteten i den här typen av system som till slut leder till dess dramatiska instabilitet och dess svaga motståndskraft mot perioder av deflation.

---

261 White, *Theory of Monetary Institutions*, 39-40.

KAPITEL 18

CANTILLONEFFEKTEN

Både anhängare och kritiker av förmögenhetsfördelning som verkar uppifrån och ner, såsom progressiv inkomstskatt, tenderar att fokusera på sådana mekanismer eftersom de är de mest transparenta. Men monetär utspädning och tillgång till vitt skilda räntesatser kan ofta vara en mindre transparent mekanism för förmögenhetsfördelning som verkar nerifrån och upp, och som enligt min mening inte får tillräcklig uppmärksamhet.

En person som har det svårt ekonomiskt har inte ofta tillgång till kredit. Det är svårt att få ett bolån med låg ränta, ett företagslån eller ett privatlån. Vid behov av kredit använder man sig då ofta av kreditkort eller snabblån med mycket hög ränta. Å andra sidan har en förmögen investerare ofta tillgång till mycket billig kredit, särskilt då sådana personer tenderar att ha mängder av tillgångar som de kan ställa som säkerhet. Denna skillnad gäller även på företagsnivå. En liten familjeägd järnhandel har vanligtvis en mycket högre kreditkostnad än en rikstäckande järnhandelskedja som systematiskt expanderar över landet och tränger undan de familjeägda järnhandlarna. Företag med stora mängder tillgångar kan ställa dessa tillgångar som säkerhet vid lån med relativt låg ränta, och de är stora nog att ha tillgång till offentliga kapitalmarknader (de kan alltså utfärda obligationer till en mycket bred uppsättning marknadsaktörer och behöver inte enbart förlita sig på lokala banker).

Till viss grad är detta väntat. Olika räntesatser bör självklart återspegla risken det innebär att låna ut pengar till olika aktörer. Men i ett finansiellt system som är byggt helt och hållet kring mycket höga nivåer av kredit och en beräkningsenhet som ständigt sjunker i värde, blir skillnaden mellan att ha tillgång till billig kredit och att inte ha tillgång till billig kredit extremt viktig. Möjligheten att blanka fiatvaluta genom långfristig skuld med låg ränta har historiskt sett varit en *avgörande mekanism* för välståndsuppbyggnad i detta inflationistiska system, och om man inte ges denna möjlighet stängs man ute och kan inte använda denna avgörande mekanism för välståndsuppbyggnad.

I ett mer kapitalfokuserat system uppbyggt kring hårda pengar, finns inte samma inbyggda fördel för stora aktörer med goda kontakter och tillgång till billig kredit. Det är fortfarande praktiskt att ha tillgång till kredit i en miljö med hårda pengar, men detta utgör en mindre del av kapitalstrukturen, och att systematiskt låna pengar i flera decennier med det primära syftet att blanka fiatvaluta är inte del av systemet alls. Därmed blir klyftan mellan stora aktörer med goda kontakter och små aktörer inte lika stor.

Den centrala betydelsen av tillgång till kredit och den tillhörande, allt bredare klyftan mellan stora och små aktörer i ett skuldbaserat system med svaga pengar utgör ett intressant dilemma. Då det verkligen går överstyr är när staten vid en kris genomför selektiva räddningsaktioner med hjälp av nytryckta pengar, vid en tidpunkt då de stora företagsgivarna har ett betydande inflytande över staten.

Under subprime-krisen 2008 beviljade den amerikanska federala regeringen lån på hundratals miljarder dollar med låg ränta till stora banker, för att hålla dem likvida och solventa. Tillgångspriser hade kraschat och nästan ingen hade vid tillfället tillgång till billig kredit, men dessa banker gavs artificiellt billig kredit av staten och kunde använda den till att köpa upp tillgångar och nödställda konkurrenter (som inte gavs tillgång till denna kredit) till vrakpriser. Banker och deras tjänstemän fick gott om stöd från staten, medan medelklassens husägare fick lite eller inget alls. Det är en guldgruva att få enorma mängder kredit till en lägre räntesats än marknadsräntan av den amerikanska federala staten med nytryckta pengar, vid en tidpunkt då tillgångspriserna har rasat och konkurrenterna är nödställda. USA:s finansminister vid tidpunkten för denna utbetalning var själv den före detta vd:n för Goldman Sachs, och Goldman Sachs var en av mottagarna av denna selektiva kredit. Anställda på Wall Street-firmor som räddades fick enorma bonusar, och tjänstemän på banker på väg mot konkurs som beviljat alla möjliga sorters dåliga lån under föregående år erbjöds åttasiffriga pensionspaket.[262] Samtidigt var det många husägare på andra sidan av myntet som förlorade sina hem, då de fick minimalt ekonomiskt eller kreditmässigt stöd. Många människor begick misstag, men rika människor med goda kontakter hade mycket större chans att räddas än den vanlige medborgaren.

---

262 Louise Story och Eric Dash, *Bankers Reaped Lavish Bonuses During Bailouts*, New York Times, 30 juli 2009.

Under covid-19-nedstängningarna i mars 2020 fastnade de finansiella marknaderna helt. Till och med den amerikanska obligationsmarknaden blev nästan fullständigt illikvid, så Federal Reserve tryckte över en biljon dollar i nya bankreserver under en treveckorsperiod för att köpa amerikanska statsobligationer och återställa likviditeten på marknaden. Sedan köpte de ännu mer.[263] Tack vare detta ingrepp kunde den federala regeringen fortsätta att finansiera sig själv, trots att obligationsmarknaderna stod helt stilla och var illikvida. Många företag stod nu inför risken att människor skulle välja att stanna hemma så mycket som möjligt under flera månader och därmed spendera mindre pengar. I vissa områden infördes obligatorisk nedstängning. Normalt sett har Federal Reserve inte befogenhet att trycka pengar för att köpa företagsobligationer, men under denna kris gav den federala regeringen tillstånd till detta, med ett särskilt instrument och med specifik finansiering. När den amerikanska marknaden för företagsobligationer frös klev därför Federal Reserve in för att köpa obligationerna med nytryckta pengar och återställa likviditeten i den marknaden också. Därmed kunde stora börsnoterade företag utan problem fortsätta att emittera ny skuld och refinansiera befintliga lån till låg ränta.[264] Det krävdes inte mycket pengar från Federal Reserve för att marknaden skulle uppfatta signalen att marknaden för företagsobligationer skulle skyddas till varje pris, så marknadsgaranter i den privata sektorn klev in igen och höll marknaden för företagsobligationer flytande.

Men någon liknande omedelbar hjälp gavs inte små lokala företag. Den finansiella logistik som detta skulle kräva fanns inte ens. Federal Reserve kunde köpa börshandlade fonder med företagsobligationer i enorma mängder och på så sätt återställa likviditeten i marknaden för företagsobligationer snabbt och lätt, men det tog mycket längre tid att lösa svårigheterna med att ge kreditstöd åt miljontals små familjeägda restauranger och andra företag. Därför var det många av dem som gick i konkurs i början av pandemin, då de stora börsnoterade konkurrenterna räddades med hjälp av dessa centraliserade likviditetsprogram.

I syfte att åtgärda denna obalans introducerade kongressen Paycheck Protection-programmet som en del av lagen CARES Act. Genom Paycheck Protection-programmet lånades hundratals miljarder dollar ut till små företag (upp till 500 anställda). Dessa lån skrevs sedan av, vilket omvandlade dem till rena stöd, utbetalade med nytryckta pengar. Vid en första anblick verkade detta vettigt: små restauranger och företag kunde få några månaders stöd under en tillfällig pandemikris, och många företag kunde faktiskt

263 Federal Reserve Economic Data, *Reserves of Depository Institutions: Total.*

264 Eric Milstein och David Wessel, *What Did the Fed Do in Response to the COVID-19 Crisis?* Brookings Institution, 17 december 2021.

överleva tack vare detta. Att ge resurser till hårt drabbade områden under en kris framstår som logiskt. Men det tog längre tid att få ut pengarna till de små företagen än till de stora koncernerna, och detta program särskilde inte på ett effektivt sätt mellan företag som behövde hjälp och företag som inte behövde hjälp. Till exempel kunde en ägare av en advokatbyrå med hög marginal eller ett investeringsanalysföretag med hög marginal få ett bidrag på 500 000 eller 1 000 000 dollar, även om företaget inte var i någon fara och dess anställda fick betalt precis som vanligt. I sådana fall gick pengarna direkt till ett högre nettoresultat för de redan förmögna ägarna.[265]

Enligt en studie som genomfördes 2022 av American Economic Association, "The $800 Billion Paycheck Protection Program: Where Did the Money Go and Why Did It Go There?", gick tre fjärdedelar av pengarna till samhällets rikaste 20 procent, och mycket lite gick till att faktiskt hålla kvar arbetstagare på jobben:

> Paycheck Protection-programmet (PPP) gav under pandemin små företag omkring 800 miljarder dollar i lån utan säkerhet och med låg ränta. I stort sett allt detta kommer att avskrivas. Då 94 procent av alla små företag fick ett eller flera lån, mättade PPP marknaden på bara två månader. Vi uppskattar att programmet sammantaget bevarade mellan två och tre miljoner jobbår på 14 månader till en kostnad av 169 000 till 258 000 dollar per bevarat jobbår. Dessa siffror innebär att endast 23 till 34 procent av PPP-pengarna gick direkt till arbetstagare som annars hade förlorat jobbet; resten gick till företagsägare och aktieägare, däribland långivare och leverantörer knutna till företag som fick PPP-stöd. Programutbredningen var i slutändan mycket regressiv, med omkring tre fjärdedelar av alla PPP-pengar ansamlade hos den översta femtedelen av samhället. PPP:s rasande snabba expansion, dess höga kostnad per bevarat jobb och dess regressiva utbredning har en gemensam källa: PPP var inte specifikt målinriktat eftersom USA inte hade den administrativa infrastrukturen för att kunna göra på något annat sätt. Med hjälp av moderna administrativa system kunde andra höginkomstländer bättre rikta pandemistöd mot finansiellt nödställda företag. Att bygga upp en liknande kapacitet i USA skulle innebära bättre målinriktning när nästa pandemi eller något annat ekonomiskt nödläge oundvikligen uppstår.[266]

Under 2020 och 2021 års krisstimulanser fick en vanlig medborgare flera tusen dollar i stimulanscheckar samt skattelättnader för barnomsorg, men det fanns rika advokater, investeringsförvaltare och företagsägare som fick hundratusentals dollar per person i stödpengar som de inte behövde. Vis-

265 Ken Dilanian och Laura Strickler, *'Biggest Fraud in a Generation': The Looting of the Covid Relief Plan Known as PPP*, NBC News, 28 mars 2022.

266 David Autor et al., *The $800 Billion Paycheck Protection Program.*

sa företag fick miljardtals dollar och avskedade ändå anställda. Allt detta genomfördes med nytryckta pengar, som urholkade besparingarna för alla som sparade i kontanter eller obligationer. När dammet under de följande åren lade sig ledde kombinationen av ekonomisk stimulans och tillgångsprisernas återhämtning till mycket ojämna resultat. Den nedre halvan av samhället såg en ökning i nettoförmögenhet på 1,5 biljoner dollar från början av 2020 till början av 2022. Under samma period såg samhällets översta procent en ökning i nettoförmögenhet på 11,8 biljoner dollar.[267] Det fanns flera biljoner nya dollar i systemet, så priserna gick upp. En del människor i den övre medelklassen, som läkare, fick lite eller ingen hjälp alls men fick likväl se priserna gå upp. De hamnade med andra ord mellan rika företagsägare som fick stöd och låginkomsttagare som fick stöd. Sedan fanns det vissa företag som inte ansökte till Paycheck Protection-programmet, vilket innebar att de hade en konkurrensnackdel gentemot företag som ansökt och fått stöd trots att de inte egentligen behövde det.

Under 2010-talets ekonomiska expansion bestämde sig många flygbolag (stora, börsnoterade företag) för att inte bygga upp några större kassareserver, utan spenderade i stället större delen av vinsterna på utdelningar och återköp av aktier. När covid-19 slog till och flygresandet minskade ställdes många flygbolag inför en möjlig konkurs. Om ett flygbolag skulle gå i konkurs innebär det inte att det skulle upphöra att existera. I stället skulle fordringshavarna drabbas av en partiell förlust och bli de nya aktieägarna i konkursförfarandet, medan de tidigare aktieägarna slås ut. Om detta skulle inträffa skulle flygbolag med en mer konservativ finansiell situation (som avsiktligt har vuxit långsammare med mindre skulder, som betalat mindre i utdelning och erbjudit färre återköp av aktier och som haft en större kassareserv) haft en bättre chans att överleva krisen än konkurrenter med högre skuldsättning.[268] Försiktighet skulle ha belönats.

I stället spenderade den amerikanska federala regeringen tiotals miljarder dollar på räddningspaket för flygindustrin, och erbjöd utöver detta subventionerade lån (tillgång till kredit under marknadspriset). Därmed belönades flygbolag som under 2010-talet expanderat aggressivt genom billiga lån, som inte sparat några vinster utan som i stället lånat pengar, haft en svag balansräkning och under goda tider gett sina aktieägare så mycket kontanter som möjligt. Alla som var ansvarsfulla noga att driva ett flygbolag på ett mer konservativt sätt, med långsammare tillväxt och/eller färre utdelningar för aktieägare, för att kunna ta sig igenom en potentiell recession,

267 Federal Reserve Economic Data, *Total Net Worth Held by the Bottom 50%; Total Net Worth Held by the Top 1%.*

268 Veronique de Rugy och Gary Leff, *Bailouts Left Airlines, the Economy, and the Federal Budget in Worse Shape Than Before.*

de straffades för alla dessa år då försiktighet iakttagits.

Denna ojämnt fördelade och spridda ekonomiska hjälp för individer och företag kom inte från något lager eller någon reserv. Den amerikanska federala regeringen sparade inte pengar under goda tider för att ha en reserv som kan användas för att rädda nödställda företag under dåliga tider. I stället emitterade den amerikanska federala regeringen nya obligationer till ett värde av flera biljoner dollar, som direkt köptes upp av Federal Reserve med helt nya bankreserver som skapats ur tomma intet. Därmed utökades både den monetära basen och det breda penningmängdsmåttet i snabb takt under 2020 och 2021. Under de två åren från början av 2020 till början av 2022 växte det breda penningmängdsmåttet med omkring 40 procent.[269]

Att trycka pengar på detta sätt innebar att sparare, obligationsinnehavare och personer som inte fick mycket till hjälp tappade köpkraft, medan låntagare och personer som fick stora summor i stöd (de som fick mest stöd var som sagt stora företag och företagsägare) gynnades. Stora institutioner med lån med en låg bunden ränta eller med annan billig kredit kunde i praktiken blanka fiatvaluta under hela den här processen, genom att ha kvar sina lån med räntor lägre än inflationstakten och långt lägre än takten i vilken nya pengar skapades. Och staten och centralbanken ingrep direkt i marknaden för företagsobligationer, med injektioner av ny likviditet, för att säkerställa att de kunde fortsätta göra detta.

Om den monetära miljön hade varit sådan att den uppmuntrade sparande och en försiktigare användning av kredit, hade ekonomin bättre kunnat hantera en extern chock som en pandemi. Men eftersom kredit i stor utsträckning uppmuntras och belönas, har systemet en hög hävstångsgrad och är därför otroligt känsligt för alla typer av yttre påfrestningar som kan leda till rubbade kassaflöden. Och sedan gynnas såklart de som är större och som befinner sig närmare sedelpressarna av selektiviteten och de logistiska begränsningarna i räddningsaktionerna.

Cantilloneffekten, identifierad av Richard Cantillon på 1700-talet, beskriver de ojämna effekter som nya pengar har på prisinflationen. Föreställ dig till exempel att någon upptäcker en ny enorm guldgruva i en ekonomi där guld fungerar som pengar. Om denna person gräver upp och säljer detta nya guld på marknaden får han en ganska bra kurs och kan köpa alla möjliga varor och tjänster till de aktuella priserna. Mottagaren av detta nya guld (handelsmannen som sålde varor och tjänster direkt till guldgrävaren) kan också använda guldet till att köpa varor och tjänster till ganska bra pris. Men under de följande åren, när guldmängden i ekonomin ökar betydligt och människor i allmänhet har mer guld att spendera, är det san-

---

269 Federal Reserve Economic Data, *M3 for the United States*.

nolikt att prisinflation uppstår, eftersom det finns en större mängd pengar i omlopp som jagar efter en liknande mängd varor och tjänster. Ju närmare man är den första injektionen av nytt guld i ekonomin, desto mer gynnas man. Mest gynnas den första guldgrävaren, och därefter kommer de första handelsmän som får betalt i nytt guld. Sämst är det för vanliga arbetstagare som, när priserna redan har gått upp en bra bit eftersom det finns så mycket nytt guld i ekonomin, som mest kan få en liten löneförhöjning bara för att knappt kunna hålla jämna steg.[270]

I ett system med fiatvaluta förstärks Cantilloneffekten. Selektiva räddningsaktioner och statligt subventionerad kredit i nytryckta pengar under en akut likviditetskris gynnar stora aktörer med goda kontakter. I allmänhet gynnas stora aktörer (särskilt stora banker och koncerner), och inte små aktörer, av detta system eftersom de stora aktörerna oftast har tillgång till billiga lån, det vill säga en blankning av den devalverande valutan och en möjlighet att använda valutan till att köpa tillgångar med hög knapphet. Dessa aktörer nära sedelpressarna har fördelen att de har tillgång till kapitalmarknader, att de utan problem beviljas lån under goda tider och omfattas av räddningsaktioner under svåra tider. Det är ett system med centraliserande aspekter som tenderar att hjälpa vinnare att vinna mer. Sedan kan vinnarna bli stora politiska givare och behålla den så viktiga tillgången till sedelpressarna.

Ur de stora finansaktörernas synvinkel är det bara logiskt att inte bara försöka utkonkurrera mindre konkurrenter direkt, utan att köpa upp dem, refinansiera dem och/eller höja hävstångsgraden med billiga lån. Under flera årtionden var detta precis vad stora företag och riskkapitalbolag gjorde, då de drog nytta av det faktum att de hade tillgång till billigare kredit än mindre aktörer och därmed kunde köpa upp dessa mindre aktörer och konsolidera dem, vilket har varit otroligt lukrativt. När pengarna ständigt är svaga är det smart att växa sig stor och bli bättre och bättre på att utnyttja billig finansiering.

Under de senaste decennierna har små företag, särskilt i USA, gradvis ersatts av stora rikstäckande kedjor, och små banker har gradvis slagits samman till stora banker. År 1972 fanns det, enligt FDIC, 13 733 banker i USA, med 24 829 filialer. Femtio år senare, år 2022, fanns det endast 4 135 banker, med 71 190 filialer.[271] Även om både folkmängden och antalet filialer ökade (för att inte tala om alla de banktjänster online som branschen har fokuserat alltmer på), minskade antalet enskilda banker dramatiskt, och i stället konsoliderades de till färre och större banker. Och denna statistik visar

---

270 Richard Cantillon, *Essay on the Nature of Trade in General*, 74-75.
271 FDIC, *BankFind Suite*.

inte den faktiska koncentrationsnivån. År 2022 fanns 55 procent av alla banktillgångar hos de tio största bankerna, medan återstående 45 procent var fördelat hos de övriga drygt 4 000 bankerna.[272] Till följd av en plötslig penningpolitisk åtstramning 2022 tömdes lokala och regionala banker på pengar snabbare än de stora rikstäckande bankerna, vilket bidrog till ett antal bankrusningar 2023.[273] Sannolikt kommer antalet banker att fortsätta minska.

Sammanfattningsvis gynnas stora aktörer framför små aktörer i en miljö av ständig utspädning av valutan och selektiv tillgång till billig kredit, då förmögenhet och inflytande centraliseras över tid till dem som styr de stora aktörerna. I detta system är den största låntagaren som alltid har tillgång till billig kredit och gott om likviditet den amerikanska federala regeringen, vars skuld vid behov köps upp av Federal Reserve med den nyligen utökade monetära basen. I skiktet därunder har de stora amerikanska bankerna och företagen getts tillgång – både genom Federal Reserves handlingar och stimulansåtgärder från kongressen – till billiga och likvida lånemarknader, till och med under kriser då likviditeten av naturliga skäl försvinner för aktörer med mindre omfattande kontaktnät. Mitt i listan (avseende tillgång till kredit) finner vi små företag och vanliga husägare, som har mer selektiv tillgång till billig kredit och enbart under goda tider, och längst ner på listan finns arbetarklassen och de fattiga, som sällan har tillgång till billig kredit alls.

---

272 Federal Reserve Statistical Release, *Large Commercial Banks*.
273 Lyn Alden, *March 2023 Newsletter: A Look at Bank Solvency*.

KAPITEL 19

DEN LÅNGA SKULDCYKELN

Det finns en cykel lika gammal som civilisationen själv, som är central för både politik och ekonomi. Cykeln jag talar om är den exponentiella ackumulationen av skuld och de oundvikliga finansiella återställningar som inträffar när skuldsättningen når en samhällelig bristningsgräns. Anledningen till att cykeln är så gammal och att den upprepas gång på gång är att den finansiella skuldsättningens natur till viss grad är oförenlig med människans natur. Dessutom berör cykeln den djupa samhälleliga frågan om vad vi i slutändan är skyldiga varandra.

Både förmögenhet och skulder tenderar att över tid koncentreras i ett samhälle. En låginkomsttagare måste lägga i stort sett hela sin inkomst på boende och mat. När man av någon anledning, kanske tack vare ens naturliga förmåga eller bara genom ren tur, lyckas öka sin inkomst och man har den attityd och den kunskap som krävs för att få pengarna att växa, då kan man göra det exponentiellt. Pengar föder pengar. Och vid en tillräckligt hög nivå kan pengar leda till politiskt inflytande, till att de offentliga finanserna riktas mot en själv, vilket leder till ännu mer pengar. Man kan då också ge sina barn mer näringsrik mat och en förstklassig utbildning samt det investeringskapital och det kontaktnätverk de kan tänkas behöva, för att ge dem en skjuts i livet och bilda ett slags dynasti som kan växa av sig själv.

Förr i tiden, när de flesta människor var jordbrukare, ledde missväxt och andra naturkatastrofer ofta till att folk blev skuldslavar. Människor som fastnade i skuldslaveri hade en begränsad möjlighet att öka sin inkomst och ta sig ur situationen. För varje utebliven skörd fastnade fler och fler människor i skuldslaveri, medan en försvinnande liten del av samhället hade nästan alla tillgångar och all kredit. Efter en viss punkt riskerar denna situation att ta sig uttryck i en samhällskollaps, eftersom många skuldslavar kan ta sig en titt runtomkring, inse hur många de är och inleda en våldsam revolution. Kredit är ett mänskligt påhitt som börjar framstå som särskilt godtyckligt när krediten huvudsakligen ackumulerades av föregående generationer under andra omständigheter.[274] Så om tillräckligt många blir arga och känner att livet är orättvist, kan dessa människor visa de få långivarna hur lite värda deras fordringar på krediten faktiskt är.

I dag, när inte längre större delen av samhället arbetar inom jordbruk, finns det ett antal nya sätt som människor kan fastna i skuldfällor på. Det kan till exempel vara något så enkelt som medicinska skulder som samlas på hög över tid. Det kan handla om att man tar ut för höga studielån som tonåring, inte lyckas få en tillräckligt hög inkomst för att betala av dem och därför är fast med dem i tiotals år (på vissa platser kan studielån inte skrivas av ens vid en konkurs, till skillnad från de flesta andra typer av lån).[275]

För en fattig person blir ironiskt nog banktjänster dyrare: man ådrar sig både överdragsavgifter och avgifter för att man har ett för lågt saldo, samtidigt som rika människor belönas med avgiftsbefrielser och bonusprogram.[276] Alla lån som en fattig person kan ta för att få livet att gå runt, som snabblån och kreditlån, har otroligt hög ränta, medan de rika kan ta ut lån med mycket lägre ränta. Dessutom har människor med ont om pengar ofta också ont om tid. Deras dagliga liv innehåller fler tidsslukare än rika människors (ingen bil, ingen barnomsorg, ingen tvättmaskin eller diskmaskin i hemmet och så vidare). Till och med saker som böteslappar för olika överträdelser, som på de flesta platser har ett fast pris, gör ingen som helst skillnad för de rika medan de kan vara finansiellt förödande för de fattiga. Om en fattig människa inte kan betala sina böter sätts man på vissa platser i fängelse. Sedan får de betala för fängelsevistelsen, vilket förvärrar deras finansiella situation ytterligare, både vad gäller tid, pengar och möjligheten att tjäna en inkomst. I utvecklingsländer är det en betydande andel av befolkningen som inte ens har tillgång till ett bankkonto, eftersom ett bankkonto innebär stora omkostnader och inte är ekonomiska för små saldon. Så många människor har sina små besparingar i fysisk valuta under madrassen, valuta som ständig sjunker i värde utan den kompensation som bankkontoinnehavare får i form av ränta.

Skuldsättning och fattigdom har en exponentiellt tilltagande aspekt som trycker människor allt längre ner, medan kredit och förmögenhet har en exponentiellt tilltagande aspekt i motsatt riktning. Människors instinkter och perspektiv på världen är oftast linjära medan sammansatta effek-

---

274 Gregory Chirichigno, *Debt-slavery in Israel and the Ancient Near East*, kapitel 2-3.
275 Lyn Alden, *How Debt Jubilees Work*.
276 Aaron Klein, *How Credit Card Companies Reward the Rich and Punish the Rest of Us*, Los Angeles Times, 20 december 2019.

ter är exponentiella, och denna obalans tenderar att bryta alla våra samhällsmodeller över tid.

Om en våldsam revolution inträffar är det emellertid oftast så att fattigdom sprider sig uppåt, snarare än att förmögenhet sprider sig nedåt. I stället för att de fattiga blir rika, blir de rika fattiga tillsammans med de som redan var fattiga. De rika störtas, men tillsammans med dem riskerar hela systemet att försättas i kaos och de sköra ekonomiska incitamenten riskerar att försvinna. Oftast är det bara ett fåtal ledare för den nya regimen som blir rikare till följd av denna process.

Av denna anledning har kungar sedan den babyloniske Hammurabis tid med jämna mellanrum skrivit av skulder. Målet med detta är att då och då delvis återställa spelplanen innan den förstörs helt och hållet.[277] En teknisk liknelse är om du låter en dator vara tillräckligt länge ansamlas gradvis "minnesläckage" tills det inte finns något tillgängligt minne kvar och datorn kraschar. När du startar om datorn frigörs tillgängligt minne och systemet startas på nytt. Om datorn lämnas under en längre tid utan någon åtgärd av användaren när den börjar bli långsammare, kan den till slut krascha när användaren håller på med något viktigt och data som inte har sparats går förlorade. Om användaren i stället genomför en proaktiv återställning då och då eller vid första tecken på ett problem, kan risken för en förödande datorkrasch minimeras.

I boken *Lessons of History* avslutar Will och Ariel Durant kapitlet om ekonomi och historia på följande sätt:

> Vi konstaterar att koncentrationen av förmögenhet är naturlig och oundviklig, och minskas då och då genom våldsam eller fredlig delvis omfördelning. Ur denna synvinkel är hela den ekonomiska historien den långsamma pulsen i den sociala organismen, en väldig systole och diastole av koncentrerad förmögenhet och tvångsmässig recirkulation.[278]

Som en metod för att välja en fredlig delvis omfördelning och inte riskera en våldsam revolution, har vissa civilisationer historiskt sett infört denna process i lagen eller traditionen. Hammurabis lag till exempel anger tidsgränser för skuldslaveri:

> Om någon misslyckas med att uppfylla ett krav på skuld och säljer sig själv, sin hustru, sin son och dotter för pengar eller förbinder dem till tjänstgöring, skall de under tre år arbeta i huset tillhörande köparen, eller ägaren, och det

277 Merryn Somerset Webb, *Sound the Trumpet! Debt Jubilees Have Arrived*, Financial Times, 29 maj 2020.

278 Will Durant och Ariel Durant, *The Lessons of History*, 57.

fjärde året skall de återfå sin frihet.[279]

Babyloniska kungar skrev ofta av alla konsumtionsskulder när de trädde till makten efter företrädarens död eller nedstigning. Vissa affärsskulder fanns kvar, men vanliga människors konsumtionsskulder skrevs av helt och skuldslavarna fick åter sin frihet, vilket ofta åtföljdes av festligheter och att man faktiskt förstörde liggaren, som var nedskriven på lertavlor.

Återkommande skuldavskrivning dyker även upp i Femte Moseboken 15:

Vart sjunde år skall du avskriva skulder. Så skall avskrivningen gå till: Var och en som har en fordran skall efterskänka vad han har att fordra, det som han har lånat en annan. Han får inte kräva sin broder och landsman när skuldavskrivning har kungjorts till Herrens ära. En utlänning får du kräva, men det som din broder är skyldig måste du efterskänka. [...] Om en landsman, en hebreisk man eller kvinna, måste sälja sig till dig, skall han tjäna dig i sex år, men det sjunde året skall du frige honom. När han friges och lämnar dig skall du inte låta honom gå tomhänt, utan du skall förse honom med rundliga gåvor från din fårfålla, din tröskplats och din vinpress. Vad Herren, din Gud, har välsignat dig med skall du också ge åt honom.[280]

I *Lessons of History* identifierade Will och Ariel Durant ett exempel på en delvis återställning från antikens Grekland:

I Aten 594 f.Kr., enligt Plutarchos, "hade klyftan i rikedom mellan de rika och de fattiga nått sin höjd, så att staden föreföll vara i ett farligt tillstånd, och inget annat än despoti verkade möjligt för att frigöra den från oroligheter". De fattigas status blev sämre för varje år som gick – med staten i sina herrars våld och de korrupta domstolarna som avgjorde varenda ärende till deras nackdel – och de började tala om en våldsam revolt. De rika var upprörda över hotet mot deras egendom och var beredda att försvara sig med våld. Men det sunda förnuftet segrade: de moderata krafterna vann valet och Solon, en affärsman av adlig härkomst, blev arkont. Han devalverade valutan och lättade därmed på bördan för alla låntagare (trots att han själv var långivare); han minskade alla personliga skulder och avskaffade fängelsestraff för skulder; han strök skatte- och bolåneskulder, han införde en progressiv inkomstskatt som innebar att de rika betalade tolv gånger mer än de fattiga; han omorganiserade domstolarna enligt en mer allmänt accepterad grund; han ordnade så att sönerna till de som omkommit i kriget om Aten uppfostrades och utbildades på statens bekostnad. De rika protesterade

279 Hammurabi, *The Code of Hammurabi, King of Babylon*, 41.
280 Bible Gateway, *The Year for Canceling Debt*, 1-3, 12-14.

> mot hans åtgärder och ansåg att de var rena beslagtagandet, och de radikala grupperna klagade om att han inte hade omfördelat marken, men inom en generation var i stort sett alla överens om att hans reformer hade räddat Aten från en revolution.[281]

Jag har alltid tyckt att den grekiska beskrivningen är intressant, för om vi byter ut namnen kan vi föreställa oss dagens politiker på båda sidor av debatten. De som sitter på krediten (eller representerar de som gör det) vill oftast bevara kreditens heliga status och tanken att avbetalningen av ens skulder är ens eget personliga ansvar. De vill också bevara en stark äganderätt och en stram penningpolitik. De som har skulder (eller representerar de som har det) pekar ofta på systemets strukturella orättvisor och den självförstärkande korruptionen i det översta skiktet, på grund av sammanslagningen av ekonomisk och politisk makt. Båda sidor har en poäng, men de talar ofta förbi varandra eftersom de har en linjär syn på världen trots den tuffa verkligheten av exponentiella sammansatta effekter. Och lyckas de inte lösa situationen på grund av oförsonliga meningsskiljaktigheter riskerar de att det till slut inträffar en våldsam revolution, vilket nästan ingen vinner på. De rika upptäcker att utan en bred samhällelig enighet är deras fordringar på ett samhälle baserat på ömsesidiga beroenden inte värda mycket. De fattiga upptäcker att de själva inte kan ta de rikas plats bara genom att ta från de rika.

De mest produktiva diskussionerna sker mellan sådana som vädjar till den andra sidans rationella egenintresse. Någon som representerar låntagare kan till exempel hävda att bred tillgång till utbildning, sjukvård och ett visst ekonomiskt andrum leder till ökad produktion och tillväxt i ekonomin i allmänhet. Vissa mindre investeringar eller lättnader från långivarnas sida kan med andra ord betala sig många gånger om, med en större ekonomisk tårta, mindre brottslighet och större samhällelig harmoni, som i det långa loppet också gör långivarna rikare och lyckligare. Någon som representerar långivarna kan samtidigt hävda att även om sådana lättnader kan genomföras till en viss grad, måste den grundläggande incitamentsstrukturen för affärer, vinst och äganderätt bevaras. Naiva tankar om fullständig ekonomisk jämlikhet eller en total förmögenhetsomfördelning är bäst att förkasta, så att de inte leder till ännu mer omfattande fattigdom och misär för de som redan är skuldsatta, då alla nödvändiga ekonomiska incitament som leder till effektiv produktion av varor och tjänster försvinner.

Det är inte bara kredit som har en förmåga att växa exponentiellt, det har även lagar. Politiker inför fler och fler lagar och förordningar över tid,

281 Durant och Durant, *Lessons of History*, 55-56.

och ofta gynnas sådana som har mycket makt och som donerar pengar till politikerna. Även välmenande politiker vill ofta fixa saker och ting med hjälp av nya lagar, men problemet är att det är sällan som gamla lagar tas bort. I stället tenderar de att staplas på varandra, så att det blir allt svårare för företag att förstå och verka inom reglerna. Resultatet blir att de administrativa omkostnaderna ökar, skatteredovisningen utökas och produktiviteten minskar. Med det inte sagt att förordningar i sig är dåliga, men det är ohållbart att ha flera lager av förordningar som gör allting mer invecklat. Historiskt sett brukar lagavvecklingscykler infalla under större kreditavvecklingscykler, vilket gör situationen ännu farligare eftersom allt riskerar att skrivas om.

Vissa samhällen – som Babylonien för 4 000 år sedan, Aten på 500-talet f.Kr. och USA på 1930- och 1940-talet – lyckas ta sig igenom sådana här avgörande ögonblick på ett sätt som undviker en våldsam revolution, delvis återställer spelplanen och bevarar den befintliga incitamentsstrukturen. Andra samhällen lyckas inte med detta, och om man inte finner någon typ av kompromiss blir resultatet ofta betydligt dystrare, som Ryska revolutionen 1917.

KORTA KONJUNKTURCYKLER I FIATVALUTA

De flesta läsare av den här boken känner till den moderna ekonomins cykliska uppgångar och nedgångar som har diskuterats i tidigare kapitel. Orsakerna bakom dessa debatteras ständigt. Vissa hävdar att de till stor del är naturliga och oundvikliga, medan andra anser att de orsakas av centralbankernas felaktiga penningpolitik. Oavsett orsak vet vi att de existerar och att vi har upplevt många av dem.

Vid början av en period av ekonomisk tillväxt börjar företag och konsumenter att återhämta sig från den föregående konjunkturnedgången, så de börjar låna mer och ta större risker. Detta beror ofta på att centralbanker har sänkt räntan och gett institutioner extra garantier och likviditet för att uppmuntra till upp- och utlåning. När tillväxten ökar leder den högre skuldsättningen och den oundvikliga överinvesteringen (av företag) och överkonsumtionen (av hushåll) till ännu högre skuldsättning och en mer sårbar situation. Under denna process går tillgångspriser generellt från att vara låga till att vara höga. Vid slutet av cykeln genomförs många oförnuftiga investeringar som grundas på orealistiska tillväxtförväntningar och eufori, så resurser utnyttjas på ett mindre produktivt sätt. I detta skede är ekonomin sannolikt överhettad och centralbankerna höjer sannolikt räntan, vilket kan leda till att den kreditbubbla som centralbankerna själva var med och startade i början av cykeln nu spricker.

Till slut leder någon negativ faktor (som en extern chock eller ett självförvållat fel i centralbankens penningpolitik), i kombination med en hög skuldsättning och stora felinvesteringar, till en lågkonjunktur och en period då skuldsättningen sjunker. Företag får lägre intäkter och minskar antalet anställda, vilket innebär att färre människor har pengar att spendera på andra företag, vilket kan leda till att företag minskar antalet anställda ytterligare. Beslutsfattare reagerar vanligtvis genom att erbjuda låntagare med goda kontakter lägre ränta och likviditetsstöd, samtidigt som de vidtar finanspolitiska stimulansåtgärder för att kompensera för denna annars deflationistiska period. En del betalningsinställelser inträffar, systemet rensar ut en del av felinvesteringarna och den oproduktiva skuldsättningen, sedan börjar cykeln om på nytt.

Ett problem är att i ett centraliserat fiatsystem, där beslutsfattare har stor flexibilitet när det gäller systemets baslager, tillåts sällan skuldsättningen sjunka hela vägen tillbaka till den nivå den låg på vid cykelns början. När skuldsättningen börjar sjunka vidtar finanspolitiska lagstiftare och penningpolitiska beslutsfattare stimulansåtgärder för att få igång nästa högkonjunktur så fort som möjligt. När dammet från en kortvarig skuldminskningshändelse har lagt sig har företagen sammantaget sänkt sin skuldsättning något, men de har ändå högre skuldsättning än när den föregående korta cykeln inleddes. Penningpolitiska beslutsfattare har vid det här laget sänkt räntan och tillfört likviditet för att försöka uppmuntra till ny kredittillväxt.[282]

År 1987 kraschade aktiemarknaden ovanligt kraftigt. Ledningen för Federal Reserve skyddade systemet med likviditetsstöd och kontaktade olika affärsbanker för att ge dem garantier. Målet var att undvika en större kreditkris. År 1998 kollapsade en extremt stor hedgefond med mycket hög hävstångsgrad vid namn Long-Term Capital Management till följd av ett antal misslyckade satsningar, och Federal Reserve bistod med likviditetsstöd, sänkte räntan och organiserade en räddningsaktion från 14 olika banker för hedgefonden. Detta likviditetsstöd bidrog till den efterföljande paraboliska aktieuppgången under IT-bubblan år 2000. I bubblans efterdyningar sänkte Federal Reserve räntan till 1 procent, vilket uppmuntrade till lån och spekulation på bostadsmarknaden under de påföljande åren, vilket i sin tur ledde till kraschen 2008. Under hela denna flera årtionden långa process tilläts aldrig överflödig kredit att rensas ut på ett naturligt sätt. I stället erbjöd man upprepade gånger likviditetsstöd och tryckte därmed krediten ännu högre.

Figur 19.1 visar de amerikanska konjunkturcyklerna för de senaste fem

282 Ray Dalio, *Principles for Dealing with the Changing World Order*, 50-56, kapitel 3 och 4.

decennierna, fram till precis före covid-19-krisen. Företagens skulder som en andel av BNP har minskat under recessioner men har hela tiden format högre bottennivåer och högre toppnivåer, och detta beror till stor del på att räntan blivit lägre och lägre för varje cykel och därför uppmuntrar till ökad skuldsättning över tid. Detta orsakas till viss del av penningpolitiska beslutsfattare.

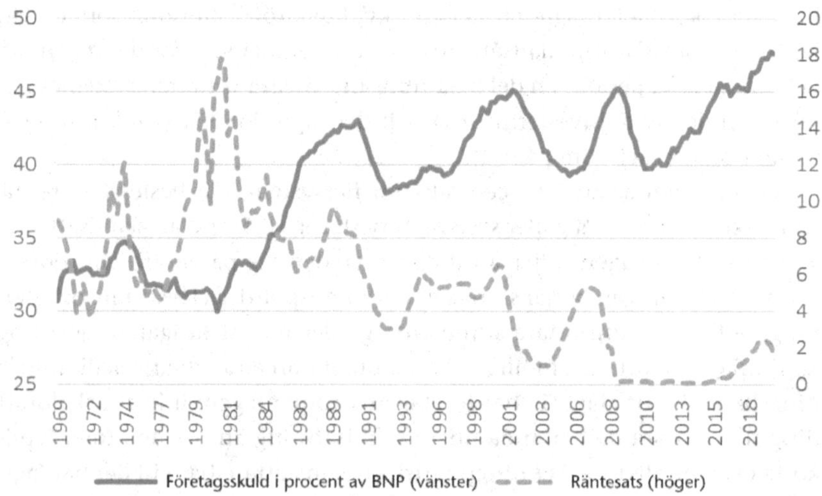

Figur 19.1
Cyklerna för företagsskulder som procentandel av BNP i USA (1970–2020).[283]

Ackumulering av statsskuld tenderar att gå i motsatt riktning. Statsskulden ökar snabbt under recessioner, eftersom skatteintäkterna faller till följd av minskad ekonomisk produktion, och de statliga utgifterna ökar för att kunna erbjuda extra arbetslöshetsersättning och vidta andra finanspolitiska stimulansåtgärder. Samtidigt förde USA "kriget mot terrorismen", som till större del än tidigare krig finansierades av lån.

Om staten försöker att på ett hållbart sätt jämna ut den ekonomiska tillväxten genom kontracykliska åtgärder, då bör staten inom den ramen ha ett överskott och bygga upp en reserv under perioder av ekonomisk tillväxt och sedan ha ett underskott från den reserven under perioder av ekonomisk nedgång. På så sätt är budgeten balanserad, men också flexibel, under en hel cykel. På grund av den incitamentsstruktur som råder för politikerna har landet nästan alltid ett budgetunderskott. Det finns knappt något politiskt

283 Federal Reserve Economic Data, *Federal Funds Effective Rate; Nonfinancial Corporate Business; Debt Securities and Loans.*

284 Federal Reserve Economic Data, *Federal Funds Effective Rate; Federal Debt: Total Public Debt.*

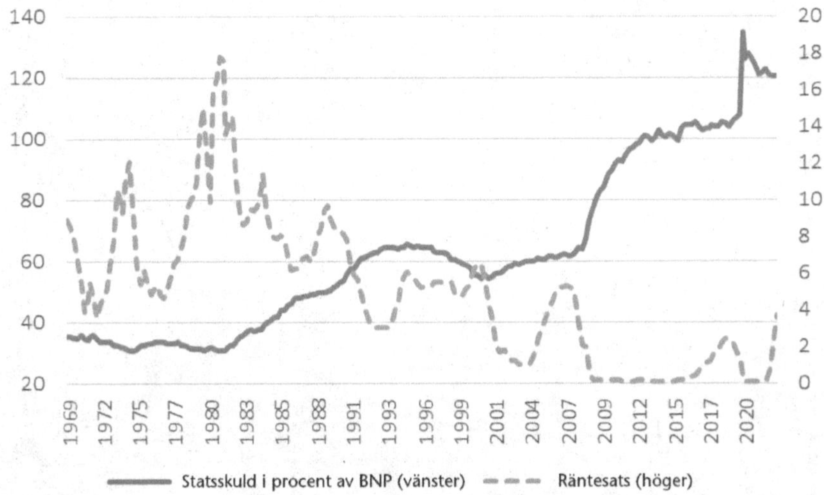

Figur 19.2
Cyklerna för statsskulden som andel av BNP i USA (1970–2020).[284]

incitament att ha ett budgetöverskott, så därför har man det sällan. Således rör sig statsskulden vanligtvis i uppåtgående riktning i förhållande till ekonomins storlek, även under perioder av kraftig ekonomisk tillväxt, och rör sig snabbare uppåt under recessioner. Samtidigt ingriper penningpolitiska beslutsfattare direkt när skuldsättningen i den privata sektorn riskerar att sjunka det minsta, för att detta inte ska spridas.

Figur 19.3 visar den sammanlagda amerikanska skulden (offentlig och privat) från början av 1952 (461 miljarder dollar) till slutet av 2022 (93,5 biljoner dollar). Den uppåtgående trenden är tydlig. Under hela denna period om sju decennier tilläts aldrig den totala skulden i systemet att minska, med undantag för en kort period mitt under den enorma finanskrisen 2008, då den föll med 1,3 procent innan den fortsatte sin jämna gång mot ännu högre höjder.

Detta belyser återigen det gap mellan handelshastigheten och avvecklingshastigheten som har funnits sedan 1800-talets andra hälft, då interkontinentala telekommunikationssystem uppfanns, och som finns än i dag. I stället för att skylla på enskilda politiker för att de hanterar landets budget på ett dåligt sätt eller skylla på enskilda centralbankstjänstemän för att de hanterar den privata sektorns kredit på ett dåligt sätt, pekar jag främst på det faktum att det är nästintill omöjligt att tillämpa sunda penningprinciper med den nivå av monetär teknologi vi har sett under de senas-

285 Federal Reserve Economic Data, *All Sectors; Debt Securities and Loans.*

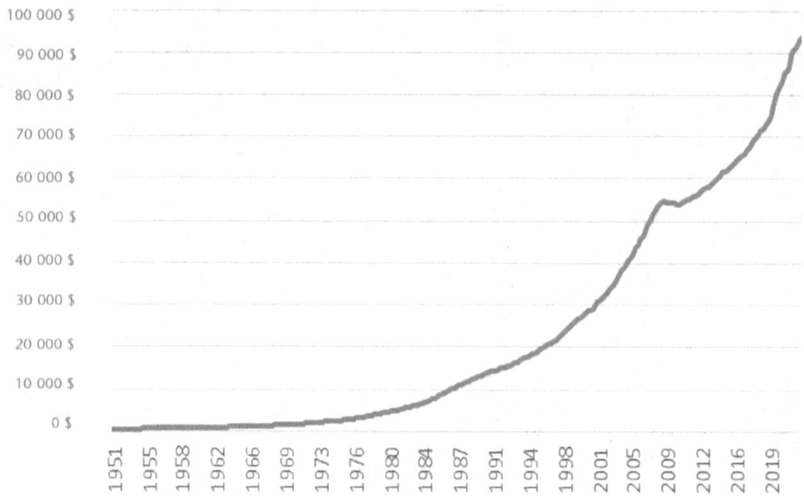

Figur 19.3
Total amerikansk skuld (offentlig och privat skuld) (1952–2022, i miljarder $).[285]

te 150 åren. Eftersom våra centralbanker kan trycka fiatvaluta efter behag och de hårda fysiska pengarna (exempelvis guld) är för långsamma för att vara ett verkligt alternativt betalsystem till fiatliggarna, har de politiska incitamenten oundvikligen skiftat till konstanta budgetunderskott, konstant kredittillväxt och konstant valutadevalvering, med begränsad eller ingen möjlighet alls att undvika detta även om man inte tycker om situationen.

Vad gäller den ständiga skuldökningen spelar det ingen större roll vem som sitter vid makten.[286] Även om en politiker var genuint oroad över statens skulder och underskott och för en kampanj grundad på detta, skulle denne politiker sannolikt inte komma särskilt långt och skulle inte bli särskilt omtyckt av allmänheten om dennes politiska åtgärder skulle genomföras. Det skulle sannolikt inte ens gå att få tillräckligt stöd bland andra politiker eller bland allmänheten för att överhuvudtaget börja genomföra dem. Samma sak gäller för centralbankstjänstemän. Alan Greenspan, som var ordförande för Federal Reserve mellan 1987 och 2006, var en guldentusiast innan han tog jobbet på Federal Reserve, och ändå förespråkade han en stadig och ständigt stigande skuldtillväxt, till och med mer än andra Federal Reserve-ordföranden. Vi kan givetvis till viss del lägga skulden på enskilda korrupta politiker, enskilda fall av kompiskapitalism och selektiva räddningsaktioner för aktörer med goda kontakter som finansieras via

286 Katarina Buchholz, *U.S. Debt Rises Irrespective of Who Is in the White House*, Statista, 8 maj 2023.

penningtryckeri, men det underliggande problemet är att alla aktuella incitament tenderar att föra den här typen av beteende mot toppen av själva systemet.

Sammantaget innebär allt detta att dagens ekonomi har incitament att under fler decennier skapa en rad kortare konjunkturcykler som leder till högre och högre skuldsättning för staten, företagen och hushållen i förhållande till ekonomins storlek. Detta kan pågå tills räntan når noll (eller till och med något under noll) och beslutsfattarna inte längre kan uppmuntra till högre och högre kredittillväxt. I det ögonblicket sker något annat, något större.

LÅNGA SKULDCYKLER I FIATVALUA

År 2008 började banker runtom i USA att kollapsa, och hela det finansiella systemet började spricka i grunden. Federal Reserve sänkte räntan hela vägen ner till noll för första gången på flera generationer, men inte ens det var tillräckligt. Även ett rekordstort antal nödåtgärder vidtogs, och hela den monetära basen fördubblades på bara ett år.[287] Samtidigt gick kongressen in med räddningsaktioner och lån för att inte stora delar av det finansiella systemet skulle bli insolventa på en och samma gång.[288]

Vid en första anblick förefaller det som om detta inträffade på grund av att många banker beviljade riskfyllda lån, samlade ihop dem till icke-transparenta värdepapper och fick dem stämplade med perfekta kreditbetyg av kreditvärderingsinstitut drivna av felaktiga incitament, vilket medförde att dessa icke-transparenta värdepapper fulla av dåliga lån kunde öka hävstångsgraden ytterligare. Men hur kunde några få år av fastighetsboom och vårdslös utlåning och värdepapperisering leda till en så omfattande ekonomisk katastrof? Svaret är att det var mycket annat som pågick under ytan, saker som hade ansamlats under flera årtionden av korta konjunkturcykler, och dessa oförsiktiga handlingar kom nu upp till ytan.

I slutet av 2007 låg USA:s totala skuld på 52,7 biljoner dollar, utspridd över federal skuld, delstatsskuld, företagsskuld, hushållsskuld och andra sorters skuld. Detta var allt på en monetär bas på bara 837 miljarder dollar. Varje dollar i skuld representerar en fordran på dollar i framtiden, och år 2007 var skulden i systemet 63 gånger större än den monetära basen.

När skulden är så hög i förhållande till den monetära basen är hela det finansiella systemet som en omgång av leken hela havet stormar där musiken aldrig får tystna. Alla fordringar som människor har är inget annat än

287 Federal Reserve Economic Data, *Monetary Base, Total.*
288 Marc Davis, *U.S. Government Financial Bailouts*, Investopedia, 31 oktober 2022.
289 Federal Reserve Economic Data, *Monetary Base, Total; All Sectors; Debt Securities and Loans.*

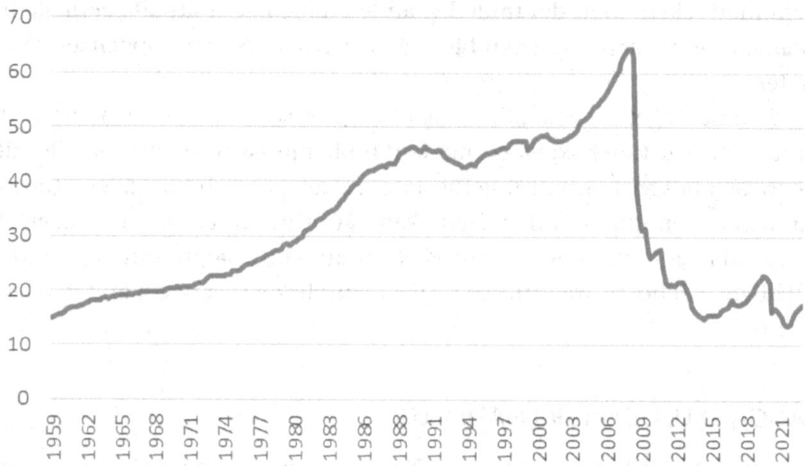

Figur 19.4
Förhållandet mellan total skuld och monetär bas i USA (1959–2022).[289]

just fordringar (dessutom med hög hävstångsgrad). Föreställ dig en omgång av hela havet stormar med 63 barn per stol, och föreställ dig sedan vilket kaos som skulle uppstå om allt på en gång skulle omvärderas till aktuellt marknadsvärde, genom att man stänger av musiken och 62 barn blir utan stol.

Om vi granskar situationen lite närmare, ser vi att banksystemet bara hade 23 dollar i inlåning för varje dollar i kontanter. Varje inlåning representerade en fordran på en dollar, men ändå hade bankerna en väldigt liten mängd dollar och i stället stora mängder riskfyllda och mindre likvida lån som primär tillgång för att backa upp dessa fordringar. De litade på att de skulle kunna fortsätta att låna pengar från andra banker för att uppfylla likviditetskraven, vilket bara fungerar i en friktionsfri miljö med banker som litar på varandra. Med andra ord kan ett system med så hög hävstångsgrad fungera så länge musiken spelar, men så fort musiken tystnar blir systemets bräcklighet uppenbar.

Det framgår av dessa siffror och diagram att problemet inte bara var ett antal dåliga bankbeslut mellan 2004 och 2007, även om det var en del av problemet. I själva verket hade problemet byggts upp under flera årtionden, genom flera kortare konjunkturcykler, då det finansiella systemet är utformat på ett sådant sätt att det måste växa, annars kollapsar det. Varje gång kreditsystemet krympte något under decennierna före krisen sänkte

290 Federal Reserve Economic Data, *Cash Assets, All Commercial Banks*; *Deposits, All Commercial Banks*.

Figur 19.5
Förhållandet mellan bankinlåning och kontanter i det amerikanska banksystemet (1973–2023).[290]

beslutsfattarna räntan, tillhandahöll likviditet och uppmuntrade till ännu mer kredit. Mängden fordringar på dollar i förhållande till *faktiska* dollar tilläts aldrig sjunka till en rimligare nivå. Sedan, år 2008, började det hela falla samman. Det fanns för många bankinlåningar för varje dollar i faktiska bankreserver. Det fanns för mycket skuld i alla möjliga former i förhållande till den monetära basen i systemet. Räntan sänktes till noll och likviditet utlovades, men den här gången var det inte tillräckligt för att klara av den enorma underliggande hävstångsgraden.

Beslutsfattarna hade nu ett stort beslut att fatta. Bankkonkurser skulle leda till fler bankkonkurser, vilket skulle leda till ännu fler bankkonkurser. Skulle de låta systemet kollapsa? Om de gjorde skulle många insättare slås ut, som på 1930-talet, och inte ens FDIC-försäkringen skulle vara tillräcklig eftersom de bara hade kontanter motsvarande mindre än 1 procent av den totala inlåningen. Om den totala skuldsättningen i systemet (fordringar på dollar) är 63 gånger större än den monetära basen (faktiska dollar), då kanske en stor del av den skulden är orealistisk och behöver rensas bort? Eller skulle beslutsfattarna kliva in och förhindra kollapsen? Om skuldsättningen i förhållande till den monetära basen är för stor, i stället för att låta all denna skuld gå obetald, kanske beslutsfattarna helt enkelt kan … utöka den monetära basen ur tomma intet, för att förhindra att stora delar av det breda penningmängdsmåttet försvinner?

När musiken till detta system med hög hävstångsgrad tystnade skulle alltså antingen fordringar (obligationer och bankinlåningar) kollapsa till den monetära basens storlek genom omfattande betalningsinställelser, eller så skulle den monetära basen utökas för att kompensera för den stora mängd fordringar på dollar som skapats under föregående år och årtionden.

Givetvis valde beslutsfattarna det sistnämnda alternativet. Figur 19.6 visar den totala skuldsättningen i landet (alla fordringar på dollar) och landets monetära bas (mängden faktiska dollar i systemet). När musiken tystnade 2008 och den totala skuldsättningen började falla till följd av en ökning i antalet betalningsinställelser, då utökade Federal Reserve snabbt den monetära basen i stället för att låta systemet kollapsa.

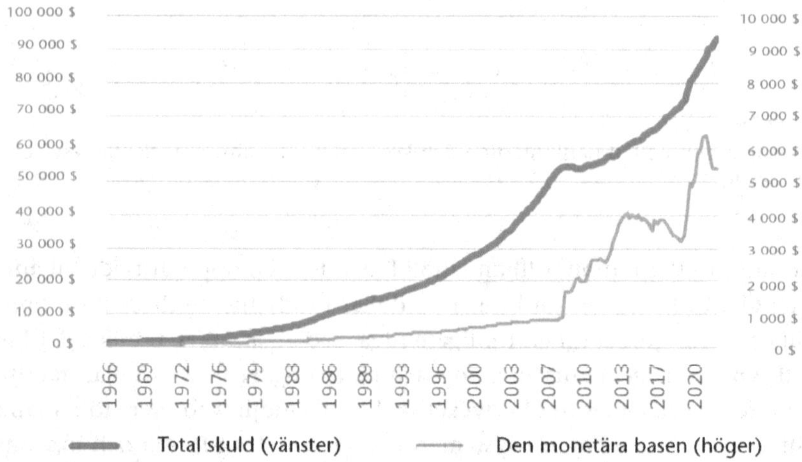

Figur 19.6
Total skuld och monetär bas i USA (1966–2022, i miljarder $).[291]

Skuldsättningen minskade inte i absoluta tal efter 2008, men den privata skuldsättningen minskade något i förhållande till det breda penningmängdsmåttet, något i förhållande till BNP och rejält i förhållande till den monetära basen. Den privata skuldsättningen började växa långsammare, och den monetära basen växte snabbt. Det breda penningmängdsmåttet skulle normalt sett *minska* under en så omfattande finanskris på grund av bankkonkurser och förlorad inlåning som överstiger FDIC-försäkringen, men tack vare politiska insatser fortsatte det breda penningmängdsmåttet att växa i måttlig takt ändå. Uteblivna skuldbetalningar och inlåningar som inte kan betalas ut leder till en minskning i det breda penningmängdsmåttet, men detta förhindrades till stor del. Bankerna fick mer likviditet (ny-

291 Federal Reserve Economic Data, *Monetary Base, Total; All Sectors; Debt Securities and Loans.*

tryckta reserver) i utbyte mot en del av deras mindre likvida tillgångar, vilket gjorde att de inte längre var lika beroende av att andra banker skulle tillgodose deras likviditetsbehov.

Det är detta som gör att en lång skuldcykel skiljer sig från en vanlig konjunkturcykel. Skuld tillåts och uppmuntras att ansamlas till en enorm nivå under årtionden, av politiska insatser som syftar till att förhindra att en kreditrensande händelse någonsin inträffar. Och när räntan inte kan sänkas mycket lägre och skuldsättningen är på en otroligt hög nivå, då riskerar allt att kollapsa. I stället för att låta kollapsen ske börjar beslutsfattarna att snabbt utöka den monetära basen och ändrar kurs till en valutadevalverande sådan. Det gör de för att upprätthålla en konstant tillväxt i det breda penningmängdsmåttet trots att tillväxten i privat skuldsättning växer långsammare. Med för mycket skuld i systemet i förhållande till den monetära basen utökas den monetära basen i stället för att låta skuldbetalningar utebli i massiv skala. Det är detta som gör att utfallet av en lång skuldcykel skiljer sig från en kort skuldcykel. Händelserna i en lång skuldcykel är som när en tv-serie når säsongens klimax, medan händelserna i en vanlig konjunkturcykel är som enskilda avsnitt av säsongen.

EN DUBBEL SMÄLL

Många trodde att den snabba utökningen av den monetära basen under krisen 2008 skulle ha en hyperinflationistisk effekt och markera "slutet för dollarn så som vi känner den".[292] Men de hade fel, väldigt fel.[293]

Anledningen till att de hade fel är att det mestadels var banker som omfattades av räddningsaktionerna 2008, och inte alla i samhället. Den monetära basen utökades kraftigt, men det breda penningmängdsmåttet växte bara i måttlig takt. Efter den massiva utökningen av den monetära basen backades det befintliga breda penningmängdsmåttet (som i slutändan bara är delvis uppbackade affärsbanksinlåningar som utgör fordringar på den monetära basen) helt enkelt upp av en större monetär bas, och därför försvann inte dessa pengar när banker gick omkull som de annars hade gjort. Efter alla åtgärder hade vanliga människor inte mycket mer pengar på kontot än vad de hade innan åtgärderna genomfördes. Eftersom de inte hade någon större mängd extra pengar, var skulle hyperinflationen komma ifrån? Svaret är att den inte skulle uppstå alls, åtminstone inte inom en snar framtid. Figur 19.7 visar både det breda penningmängdsmåttet och den monetära basen från 1995 till och med 2022.

292 T.ex. WSJ Staff, *Open Letter to Ben Bernanke*, Wall Street Journal, 15 november 2010.
293 Brian Doherty et al., *Whatever Happened to Inflation?* Reason, december 2014.
294 Federal Reserve Economic Data, *Monetary Base, Total*; *M3 for the United States*.

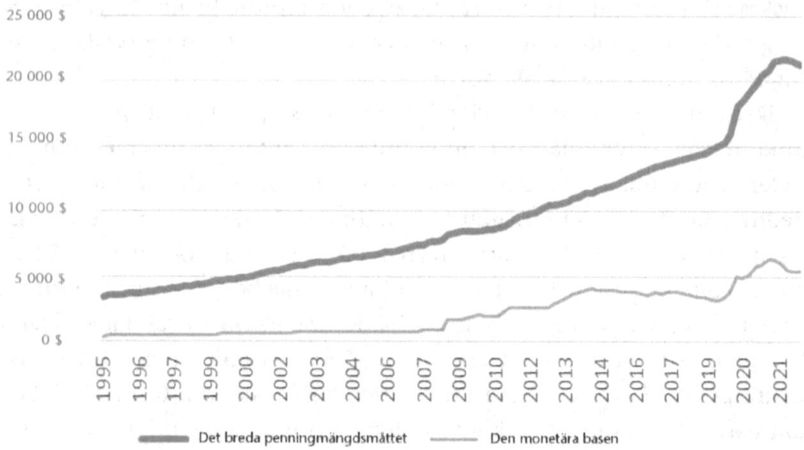

Figur 19.7
Det breda penningmängdsmåttet (M3) och den monetära basen i USA (1995–2022, i miljarder $).[294]

Om det breda penningmängdsmåttet ökar dramatiskt (som det gjorde 2020–2021 men inte 2008–2009) brukar detta ha en inflationistisk effekt på konsumentpriser. I ett sådant scenario har människor mycket pengar att spendera, medan mängden varor och tjänster att spendera pengarna på förblir ungefär densamma som tidigare, så priserna justeras uppåt eftersom valutan justeras nedåt. Men om det bara är den monetära basen som utökas snabbt och det breda penningmängdsmåttet hålls relativt stabilt (som 2008), då har människor inte mer pengar att spendera på varor och tjänster, även om denna förändring har ett antal andra effekter. Av denna anledning brukar jag beskriva händelserna 2008 som "anti-deflationistiska" snarare än inflationistiska. Den snabba utökningen av den monetära basen, programmet Troubled Asset Relief och andra åtgärder gjorde att människor inte *förlorade* fordringar på den monetära basen, då dessa hindrade banker från att gå i konkurs men de gav inte människor *fler* fordringar på den monetära basen att spendera.

Långa skuldcykler tenderar, åtminstone i vår tid, att inträffa med en dubbel smäll, och för att se denna dubbla smäll måste vi separera skuldsättningen i den offentliga sektorn från skuldsättningen i den privata sektorn. Den första smällen sker när en stor bubbla av privat skuldsättning spricker, vilket har en desinflationistisk effekt. Detta inträffade på 1930-talet och på 2010-talet. Den andra smällen är en stor bubbla av offentlig skuldsättning som växer i den första bubblans ställe, vilket har en inflationistisk effekt. Denna bubbla används för att kompensera för de skador som uppstod till följd av att bubblan av privat skuldsättning sprack. Detta inträffade på 1940-talet och på 2020-talet. I den långa skuldcykeln börjar den höga skuldsättningen med andra ord att skifta från den privata sektorn till staten, och cykelns verkliga klimax nås inte förrän staten själv befinner sig i en akut inflationistisk skuldspiral.

Figur 19.8 visar amerikansk finans- och penningpolitik från 1920 till och med 2022 och kastar ljus över utsikterna för framtida inflation eller avsaknaden av därav.

Med Figur 19.8 i minnet tillsammans med resten av vår historiska kunskap har 2000-talet, 2010-talet och 2020-talet hittills varit en upprepning av vad som inträffade på 1920-, 1930- och 1940-talet.

- 1920-talet och 2000-talet = växande privat kredit.
- 1929 och 2008 = finanskriser.
- 1930-talet och 2010-talet = ekonomisk stagnation och framväxande populism.
- 1940-talet och 2020-talet = geopolitisk konflikt och populistisk, underskottsdriven inflation.

Detta beror inte på att cykler magiskt inträffar, utan på att varje del av processen direkt leder till nästa del av processen, och det hela förstärks av ett antal incitament för systemets deltagare och beslutsfattare.

På både 1920-talet och 2000-talet växte den privata krediten kraftigt, och en stor del av denna kredit användes för spekulation. På 1920-talet spekulerades det mycket på aktiemarknaden med hög hävstång, delvis på grund av att det under första världskriget hade skapats så mycket pengar i förhållande till mängden guld i systemet. På 2000-talet spekulerades det mycket på fastighetsmarknaden med hög hävstång, delvis på grund av att räntan sänktes till 1 procent efter det att IT-bubblan sprack. Dessa bubblor av växande spekulativ kredit sprack 1929 respektive 2008 och ledde till finanskriser som nästan fick hela banksystemet att kollapsa.

Efter finanskriserna 1929 och 2008 utökades den monetära basen kraftigt för att rekapitalisera och återskapa likviditet i banksystemet och för att förhindra ytterligare bankkonkurser och förluster av kundinlåningar. Skillnaden mellan de båda perioderna är att denna utökning genomfördes snabbare efter krisen 2008 (innan människor förlorade sin bankinlåning) än efter krisen 1929 (efter att en tredjedel av all bankinlåning redan hade

---

295 Federal Reserve Economic Data, *Monetary Base, Total, All Sectors; Debt Securities and Loans, Gross Domestic Product,* och *St. Louis Adjusted Monetary Base;* U.S. Treasury, *Historical Debt Outstanding;* och Bangs, *Public and Private Debt,* 21.

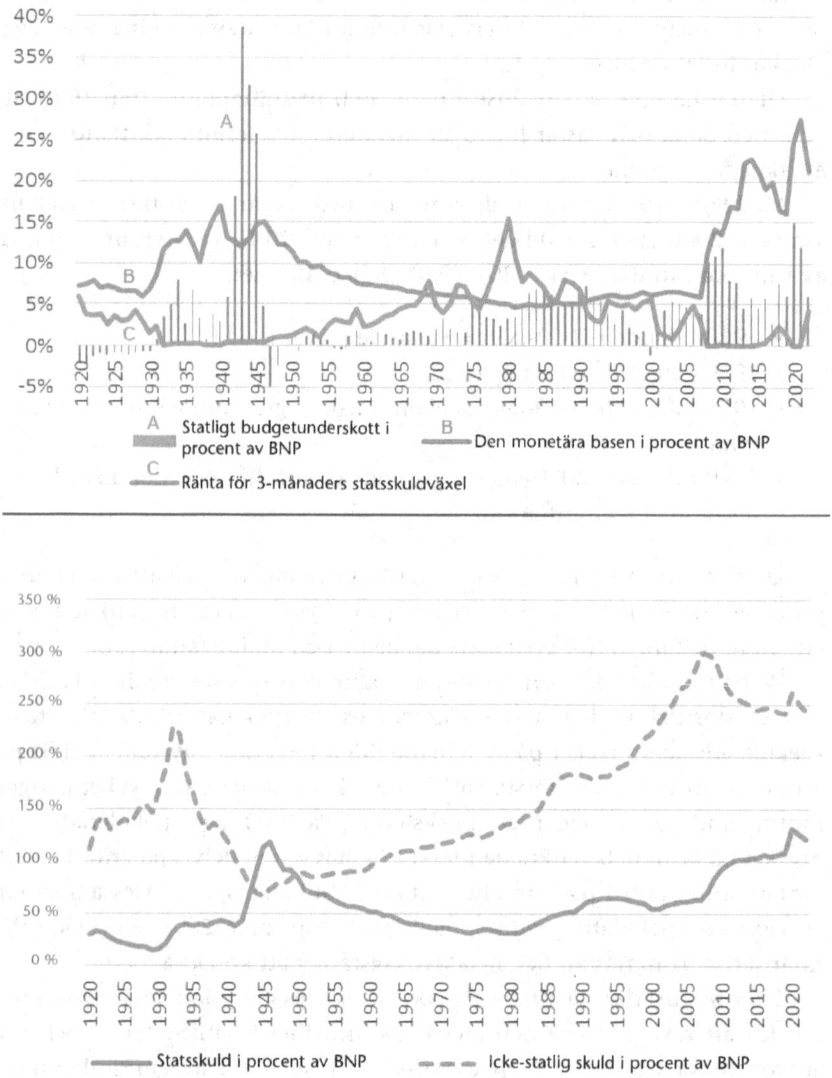

Figur 19.8

Överst: amerikansk finans- och penningpolitik (1920–2022). Nederst: skuld i USA som procent av BNP (1920–2022).[295]

gått förlorad till följd av bankkonkurser). På 1930-talet genomfördes utökningen av den monetära basen genom att snabbt devalvera dollarn i förhållande till guld, så att den dollardenominerade monetära basen kunde växa trots att mängden guld i systemet förblev mer eller mindre densamma. År 2008 och på 2010-talet genomfördes utökningen av den monetära basen genom att Federal Reserve skapade massor av nya bankreserver ur tomma intet och använde dem till att köpa obligationer och bolånebaserade värdepapper från banker, vilket gav bankerna ökad likviditet och därmed gjorde dem mindre beroende av varandra för att möta likviditetsbehov. Figur 19.8 visade den monetära basen som en andel av BNP och hur dessa perioder i det avseendet liknar varandra.

Under både 1930-talet och 2010-talet var den ekonomiska tillväxten svag. På grund av enorma sandstormar och andra faktorer var 1930-talet mycket värre, men 2010-talet var också otroligt smärtsamt för många människor. Exempelvis ökade antalet dödsfall till följd av alkohol och droger dramatiskt under 2010-talet, särskilt bland män.[296] På både 1930-talet och 2010-talet växte politisk populism fram, då allt fler människor kände att systemet gick emot dem. På 1930-talet ökade stödet för kommunismen och fackföreningar, och många var för president Roosevelts nya giv. På 2010-talet kämpade Tea Party-rörelsen på den politiska högerkanten mot den ständigt ökande statsskulden och räddningspaketen för bankerna, medan Occupy Wall Street på den politiska vänsterkanten kämpade mot företagskorruption och räddningspaketen för bankerna. Jag skulle vilja påstå att Tea Party-rörelsen och Occupy Wall Street var två sidor av samma mynt – en reaktion mot landets flexibla liggare och den tillhörande användningen av statsskuld och tryckande av pengar för att rädda stora institutioner med goda kontakter på vanliga människors bekostnad.

1930-talets växande populism och ekonomiska stagnation var global och bidrog i slutändan till andra världskrigets utbrott. När ekonomin inte växer och människor blir frustrerade vänder de sig ofta till starka ledare som (felaktigt) talar om för dem vilka som bär skulden. Denna växande extremism ledde till enorma militära utgifter då ett flertal länder låg i krig med varandra. I USA trycktes enorma mängder pengar som spenderades på tillverkningsanläggningar, råvaror, arbetare och soldater. När soldaterna kom hem från kriget fick de ekonomisk hjälp för att få utbildning och subventionerade lån till husköp.[297] Dessa var enorma finanspolitiska stimulansåtgärder med nytryckta pengar som representerade ett finansiellt skifte från långivare till låntagare. Samtidigt nådde prisinflationen på årsbasis en

---

296 Angus Deaton och Anne Case, *Deaths of Despair and the Future of Capitalism.*
297 Hugh Rockoff, *America's Economic Way of War*, 239-258.

topp på 19 procent på 1940-talet, med ett genomsnitt på 6 procent från början av 1940-talet till början av 1950-talet. Ändå höll Federal Reserve räntan låg och utökade den monetära basen dramatiskt för att kunna fortsätta att köpa federal skuld till låg ränta för att finansiera kriget.[298] Alla som sparade i kontanter eller obligationer förlorade köpkraft under dessa tio år.

Från 1930 till 1935 ökade USA:s statsskuld från 16,2 miljarder dollar till 28,7 miljarder dollar, alltså en ökning på 77 procent på fem år, då regeringen försökte ta sig igenom den stora depressionen. Och från 1935 till 1940 ökade USA:s statsskuld från 28,7 miljarder dollar till 43 miljarder dollar, alltså en ökning på 50 procent på fem år. Vid tillfället trodde de flesta att dessa ökningar av statsskulden var kraftiga, men från 1940 till 1945 ökade den amerikanska statsskulden från 43 miljarder dollar till 259 miljarder dollar, alltså en ökning på 500 procent på fem år.[299] Denna period var helt annorlunda och hade en inflationistisk effekt. Befintliga skulder devalverades snabbt tack vare den höga underskottsdrivna inflationen.

Också 2010-talets växande populism och ekonomiska stagnation var global (med undantag för Asien), då Nordamerika, Latinamerika, Afrika och Europa upplevde svag eller i vissa fall negativ ekonomisk tillväxt. Andra länder köpte gradvis färre och färre amerikanska statsobligationer med sina valutareserver, och började i stället köpa mer guld. Samtidigt utvidgades olika allianser och man sökte alternativa betalningssystem utanför den dollarbaserade finansiella ordningen. Under 2020 slog covid-19-pandemin till mot vårt globala finansiella system med mycket hög hävstångsgrad, och en hög hävstångsgrad orsakar instabilitet. Kraftigt skuldsatta hushåll och företag klarade inte av flera månader av minskat kassaflöde. Statsobligationsmarknader med hög hävstångsgrad klarade inte av en plötslig nedgång i beskattningsbar inkomst. I de flesta utvecklade länder skulle inte allmänheten acceptera att räddningsaktioner genomfördes för företag och inte för de själva. I USA blev reaktionen på covid-19 underskott i förhållande till storleken på ekonomin i en omfattning som inte setts sedan 1940-talet. Biljontals dollar spenderades på stimulanscheckar till hushållen, på skattelättnader för barnomsorg, på lån för små företag som sedan omvandlades till bidrag samt på räddningspaket för företag. Federal Reserve utökade den monetära basen kraftigt och förvärvade stora delar av den omfattande offentliga skuldemissionen för att finansiera dessa utbetalningar, vilket är en metod för att monetarisera skulden och helt enkelt trycka pengar. Det breda penningmängdsmåttet växte med 40 procent på bara två år, vilket var något helt annat än vad som hände efter krisen 2008. Och sedan, år 2022,

---

298 Carmen Reinhart och Belen Sbrancia, *The Liquidation of Government Debt*, 297-299.
299 U.S. Treasury, *Historical Debt Outstanding*.

invaderade Ryssland Ukraina och ett proxykrig mellan Nato och Ryssland följde, vilket resulterade i ytterligare störningar i leveranskedjan, minskat globalt samarbete och ökade militära utgifter.

EN FINANSIELL SPIRAL

När det breda penningmängdsmåttet utökas och konsumentprisinflationen stiger snabbt till följd av ovanligt snabb utlåning från bankerna (som var fallet på 1970-talet på grund av en demografisk topp), är en vanlig reaktion från centralbankerna att höja räntan aggressivt för att försöka begränsa utlåningsverksamheten och därmed begränsa utökningen av det breda penningmängdsmåttet.

Men när utökningen av det breda penningmängdsmåttet och konsumentprisinflationen sker på grund av ovanligt stora underskott, som monetariseras av centralbanken eller av affärsbankerna (som var fallet på 1940-talet och återigen i början av 2020-talet), är de aggressiva räntehöjningarna mindre effektiva och till och med kontraproduktiva. Detta beror på att en högre ränta på en redan hög statsskuld leder till ännu större underskott och kan därför leda till en ännu större utökning av penningmängden och högre inflation. Det finns inte någon lösning i sikte på problemet med en hög statsskuld om räntan på skulden också är hög.[300]

Så hur hanteras en hög statsskuld vid slutet av en lång skuldcykel? Svaret är att betalningen av skulden delvis uteblir, antingen nominellt eller informellt genom inflation. När detta inträffade på 1900-talet användes finansiell repression, vilket innebar att skulder delvis inflaterades bort och kapitalkontroller infördes för att blockera utgångarna.

På 1940-talet höjde inte Federal Reserve räntan, då centralbanken i praktiken kontrollerades av finansdepartementet och därför höll räntan låg trots den höga inflationen.[301] Figur 19.9 visar inflationen och räntan på statsskuldväxlar med tre månaders löptid på årsbasis under denna period.

Ett resultat av detta vida gap mellan ränta och inflation var att obligations- och kontantinnehavarnas köpkraft minskade. Dessa kreditinnehavare förlitade sig på ett socialt kontrakt som skulle upprätthålla en relativt stabil beräkningsenhet, och detta sociala kontrakt förändrades snabbt. Långivare fick tillbaka de pengar de hade rätt till, men på grund av den enorma utspädningen av penningmängden hade pengarna då tappat

---

300 John Cochrane, *Fiscal Inflation*, 125-126.
301 Binder och Spindel, *Myth of Fed Independence*, 125-166.
302 Federal Reserve Economic Data, *Consumer Price Index for All Urban Consumers*; *3-Month Treasury Bill Secondary Market Rate*.

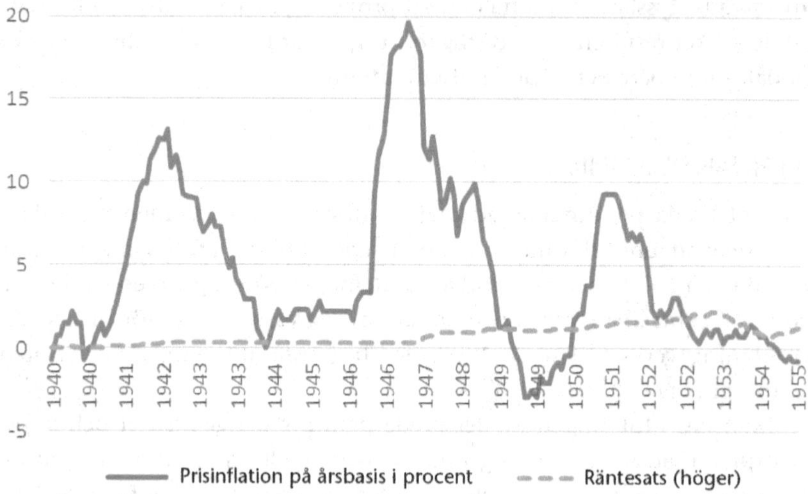

Figur 19.9
Årlig inflation jämfört med ränta på 3-månaders statsskuldväxlar i USA (1940–1955).[302]

betydligt i köpkraft från tillfället då lånen utfärdades. Det var i praktiken en betalningsinställelse och omstrukturering, men detta uppnåddes genom att omdefiniera själva pengarna snarare än att nominellt ställa in betalningarna på skuldkontrakten.

Ett problem är dock att när räntan ligger långt under inflationen och underskottet i de offentliga finanserna är mycket stort, uppmuntras spekulativa lån. Om du kan låna pengar för 5 procent per år tack vare att räntan hålls nere och inflationen ligger på 10 procent per år, och du kan använda dessa pengar till att köpa reala tillgångar, varför skulle du inte göra det? Det smarta att göra i en sådan miljö är att blanka valutan genom att ta ut ett lån eller emittera obligationer med låg ränta och lång löptid och köpa något med hög knapphet. Centralbanken står inför ett dilemma när staten har höga skulder och stora underskott: en hög ränta skulle leda till en irreversibel finansiell spiral för staten, mot högre och högre underskottsdriven inflation, medan en låg ränta uppmuntrar till en hög skuldsättning och en utökning av penningmängden genom att den privata sektorn skapar lån för att köpa reala tillgångar.

Under perioder av hög statsskuld och negativ inflationsjusterad ränta brukar därför sådan skuldsättning i den privata sektorn avskräckas från. Under perioder av finansiell repression har staten historiskt sett vänt sig till kapitalkontroller och lånerestriktioner för att säkerställa att folket håller i valutan och obligationerna när dessa devalveras. Räntan hålls låg för staten, medan den privata sektorn omfattas av restriktioner så att denna låga ränta inte kan utnyttjas på ej godkända sätt.

I en studie av Carmen Reinhart och Belen Sbrancia publicerad 2015 i *Economic Policy*, med titeln "The Liquidation of Government Debt", analyserades noggrant ett flertal länder under perioden mellan 1945 och 1980, då dessa länders statsskulder minskade i förhållande till storleken på deras ekonomier. Det följande är studiens sammanfattning:

> En hög statsskuld leder ofta till dramatik kring betalningsinställelse och omstrukturering. Men skulden minskas också genom finansiell repression, en skatt för obligationsinnehavare och sparare via en negativ realränta eller en realränta som ligger under marknadsnivån. Efter andra världskriget skapade kapitalkontroller och rättsliga restriktioner en låst målgrupp för statsskulden, vilket begränsade skattebaserosionen. Finansiell repression är som mest effektiv på att reducera skuld när den åtföljs av inflation. I avancerade ekonomier var realräntan negativ under hälften av tiden 1945–1980. De genomsnittliga årliga besparingarna på ränteutgifter för ett urval på tolv länder ligger mellan 1 och 5 procent av BNP för hela perioden 1945–1980. Vi föreslår att finansiell repression ännu en gång kan vara ett verktyg för att hantera den senaste statsskuldsökningen i avancerade ekonomier.[303]

I USA förbjöds människor att äga guld från 1930-talet till 1970-talet, och kunde straffas med tio år i fängelse för detta. Detta är ett exempel på en "låst målgrupp". Den offentliga liggaren tappade snabbt i värde och de flesta försök att fly till en annan liggare, till och med till en gulfärgad metalls naturliga liggare, stoppades på olika direkta och indirekta sätt.

1940-talet markerade slutet på flera årtionden av geopolitisk konflikt och på en lång skuldcykel. Under 1930- och 1940-talet överfördes skulden från den privata till den offentliga sektorn och inflaterades därefter bort. Det var en partiell skuldavskrivning, lik antikens skuldavskrivningar. Den centraliserade monetära enhetens värde urholkades och alla metoder för att förflytta sin köpkraft till någon annan enhet begränsades kraftigt.

Under de senaste decennierna har USA och de flesta andra utvecklade länder skapat ett liknande problem. Beslutsfattarna har uppmuntrat till ökad skuldsättning i den privata sektorn, och när detta går överstyr överförs en del av skulden till den offentliga sektorn genom finanspolitiska räddningspaket. Vidare har ett flertal krig finansierats enbart med offentlig skuld. Med en så hög skuldsättning i den offentliga sektorn kommer den sannolikt att inflateras bort över tid. Det finns inte mycket annat som

303 Reinhart och Sbrancia, *Liquidation of Government Debt*, 291.

lagstiftarna och beslutsfattarna kan göra. Figur 19.10 kommer från kongressens budgetkontor och visar deras prognos för USA:s framtida statsskuld som en andel av USA:s BNP.

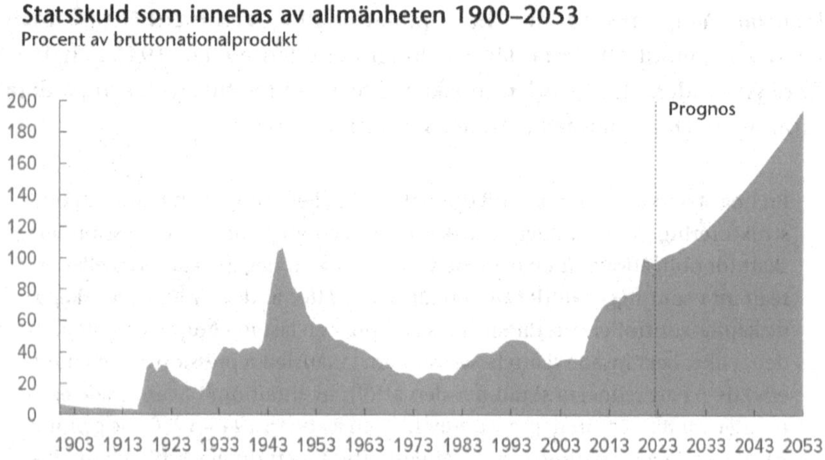

Figur 19.10
Prognos för USA:s federala statsskuld som andel av BNP (1900–2053).[304]

Med statsskulder i hela den utvecklade världen på nivåer som liknar 1940-talets kan det emellertid vara svårare, nu på 2020-talet, att upprepa samma finansiella repression som genomfördes då. På 1940-talet utlöstes budgetunderskotten och inflationen som devalverade skulderna av kriget, och när kriget var över kunde detta åtgärdas. Utvecklade länder hade fortfarande unga befolkningar och en låg försörjningskvot mellan arbetare och äldre. Till exempel gick det i USA på 1950-talet sexton arbetstagare på varje pensionär. Nu på 2020-talet ligger den siffran på under tre arbetstagare på varje pensionär, och under de kommande årtiondena väntas den sjunka till två.[305] Medicare har ett liknande topptungt problem. Vi som land (USA) har utfärdat löften på vår centraliserade flexibla liggare som är svåra att uppfylla med reala tillgångar, och samma sak gäller för de flesta utvecklade länder i världen. Till skillnad från 1940-talet syns inget slut på de nödvändiga budgetunderskotten, som måste finansieras vid negativ inflationsjusterad ränta. Dessutom lever vi i dag i en värld med sociala medier, där folk snabbt kan dela information om vad som händer.

Till skillnad från 1940-talet finns det inte någon stor gemensam sak som vi alla är villiga att offra vår köpkraft för. I stället orsakades vår situation

304 Congressional Budget Office, *The Budget and Economic Outlook: 2023 to 2033*.
305 Social Security Administration, *2022 OASDI Trustees Report: Covered Workers and Beneficiaries*.

av en successiv misskötsel av den offentliga liggaren, och alla skyllde ifrån sig på andra. Väljarna önskade sig alla möjliga saker utan att veta hur man skulle kunna betala för dem. De röstade fram politiker som utlovade skattesänkningar utan att minska utgifterna, eller som utlovade ökade utgifter utan skattehöjningar. Politikerna motiverades att utlova dessa saker då de sannolikt skulle förlorat valet om de inte hade gjort det. Och så fort en kris uppstod lades den på den offentliga liggaren genom lån och nytryckta pengar, så att nästa generation får lösa betalningen.

Det kommer att bli väldigt svårt för de politiska partierna i den utvecklade världen (särskilt i USA och Europa) att enas om hur statsskuldsproblemet ska lösas på 2020- och 2030-talet. Efter flera decennier med en flexibel liggare i kombination med kortsiktiga incitament befinner vi oss i en mycket obalanserad situation, som under överskådlig framtid sannolikt kommer att ha en inflationistisk effekt på det breda penningmängdsmåttet. Skulder måste omstruktureras eller inflateras bort, men vem sitter kvar med Svarte Petter?

Kunde detta ha slutat på något annat sätt? I marginalen kunde det kanske det, men jag tror inte att slutresultatet hade kunnat bli annorlunda. Inte nog med att människor har en tendens att tänka linjärt även om skulderna ackumuleras exponentiellt, dessutom drevs skuldackumuleringen denna gång på av det faktum att framväxten av telekommunikationssystem gjorde det möjligt att genomföra handel i ljusets hastighet, medan hårda pengar fortfarande inte kunde avvecklas snabbare än materiens hastighet. Trots att mängden guld är stabilare än mängden fiatvaluta är det långsamt och dyrt att transportera och autentisera, och därför har det aldrig utgjort ett verkligt alternativ i den digitala tidsåldern. När fiatvalutan skapades kunde de som förvaltade valutan utan mycket till motstånd förkasta guld som en utbudsbegränsande faktor. Sedan kunde de utnyttja fiatliggarens flexibilitet till att finansiera krig, bidrag och allt möjligt annat på sätt som inte håller i längden. Det var första gången som en svagare form av pengar vann över en hårdare form av pengar, och det kunde inträffa tack vare en ny variabel i den monetära konkurrensen: *hastighet*. Hastighetsgapet mellan handel och avveckling gjorde banker och centralbanker starkare samtidigt som det skapade en oemotståndlig möjlighet till arbitrage, som ledde till en högre grad av centralisering av den offentliga liggaren än någonsin tidigare.

Entropi är principen enligt vilken fysiska system oundvikligen blir mer oordnade över tid, eftersom oordningen som orsakas av friktion och värmeförlust endast rör sig i en riktning. En liknande typ av finansiell entropi har uppstått i vårt system, då fiatkredit endast kan röra sig i en riktning (uppåt) för att inte hela systemet ska kollapsa. Samtidigt tenderar systemet, med sin inbyggda flexibilitet i den monetära basen, att ge politiker och deras väljare incitament att fortsätta utfärda löften som inte går att hålla när siffrorna börjar kännas på allvar; mellanskillnaden trycks helt enkelt. Nuet förbättras ständigt på framtidens bekostnad. Att ta itu med statsskulden har alltid varit nästa politikers problem, men nu när vi närmar oss slutet på en lång skuldcykel är vi framme vid punkten då problemen blir verkliga i nuet.

DEL V

INTERNETPENGAR

En renodlad peer-to-peer-version av ett elektroniskt kontantsystem skulle möjliggöra direktbetalning från en part till en annan utan att behöva passera genom en bank eller finansiell institution. Digitala signaturer utgör en del av lösningen, men de huvudsakliga fördelarna med direktbetalning går förlorade om en betrodd tredje part alltjämt behövs för att förhindra dubbelbetalning. Vi föreslår en lösning på dubbelbetalningsproblemet som använder ett P2P-nätverk.[306]

— Satoshi Nakamoto

306 Satoshi Nakamoto, 'Bitcoin: A Peer-to-Peer Electronic Cash System', 1.

KAPITEL 20

SKAPANDET AV STATSLÖSA PENGAR

Nobelpristagaren och ekonomen Friedrich Hayek sa i en intervju 1984:

> Jag tror inte att vi kommer att ha en bra form av pengar igen förrän vi rycker saken ur statens händer. Eftersom vi inte kan ta dem ur statens händer med våld, är allt vi kan göra att på något listigt kringgående sätt skapa något som de inte kan stoppa.[307]

Ett sådant uttalande kan till en början framstå som extremt, men med tanke på att det finns omkring 160 olika valutor i världen, varav de allra flesta snabbt sjunker i värde och inte accepteras utanför respektive lands gränser, är det kanske inte så extremt.

I modern tid har staten och pengarna ofta gått hand i hand, men precis som stat och religion behöver de inte vara sammanlänkade. Och även om de är sammanlänkade behöver inte det betyda att det inte kan finnas privata alternativ. I många utvecklingsländer vänder sig folket till dollarn eller till guld för att få något slags stabilitet, i stället för att förlita sig helt och hållet på den lokala instabila valutan.

Under flera decennier på 1980-, 1990- och 2000-talet sökte programmerare efter sätt att skapa statslösa digitala pengar med hjälp av kryptografi över internet. Dessa försök uppnådde varierande grader av tillfällig framgång, men misslyckades eller stagnerade till slut. Det de lyckades med var att lägga grunden för det som komma skulle.[308]

År 1982 publicerade datavetaren och kryptografiexperten David Chaum sin avhandling vid Berkley, "Computer Systems Established, Maintained,

---

307 James Blanchard, *An Interview with F.A. Hayek*, 1 maj 1984.
308 Aaron van Wirdum, *The Genesis Book*, kapitel 6-13.

and Trusted by Mutually Suspicious Groups".[309] Den handlade om hur flera olika parter som inte nödvändigtvis litar på varandra tillsammans kan upprätthålla en gemensam databas, med hjälp av kryptografiska tekniker. År 1983 uppfann han e-cash, som använde en kryptografisk teknik som han hade utvecklat, kallad "blinda signaturer". Med hjälp av denna teknik kunde privata elektroniska transaktioner genomföras, där inte ens parterna som genomförde transaktionen kunde se detaljerna men kunde bearbeta dem med hjälp av matematiska bevis.[310] År 1989 grundade han företaget DigiCash för att ta vara på denna möjlighet kommersiellt. Men han lyckades inte. Utnyttjandet bland handlare och användare var begränsat och han lyckades inte uppnå en självförstärkande nätverkseffekt. År 1998 gick DigiCash i konkurs och år 1999 citerades Chaum i *Forbes*: "Det var svårt att få tillräckligt många handlare att acceptera det, så att man hade kunnat få tillräckligt många konsumenter att använda det, eller vice versa."[311] Han noterade också att det inte fanns någon större efterfrågan på transaktionssekretess, då internet fick fler och fler användare och användarnas genomsnittliga tekniska nivå sjönk.

Protokollet Hypertext Transfer Protocol (http) utvecklades 1989. De flesta som läser detta känner till de olika felkoderna som förknippas med detta protokoll, som till exempel "HTTP 404 Sidan kunde inte hittas". Vi har alla stött på detta fel någon gång. Det är ett fel som uppstår när någon försöker öppna en webbsida som inte finns, ofta på grund av ett stavfel eller för att sidan har tagits bort. Inte lika många känner till att det finns en annan felkod som lyder "HTTP 402 Betalning krävs". När felkod 402 skapades var den avsedd för någon form av framtida digitala kontanter. Under flera decennier förblev den mer eller mindre oanvänd, till och med i e-handelns tidsålder, eftersom betalningar online fortfarande genomfördes via traditionella banksystem som anpassats för internet snarare än att från grunden vara utformade för en helt digital miljö.

År 1996 lanserades e-gold av Gold and Silver Reserve Inc. (G&SR). Användare kunde öppna ett konto på deras hemsida, och dessa konton denominerades i gram guld. Man kunde överföra värde direkt till andra konton – så lite som en bråkdel av ett gram. När företaget var som störst hade det fem miljoner konton och en årlig transaktionsvolym på två miljarder dollar. Men på 2000-talet började de få rättsliga problem. Efter 11 september-attackerna antogs lagen Patriot Act, som bland annat innebar striktare regler för penningöverförare. Det slutade med att företaget stäm-

309 David Chaum, *Computer Systems Established, Maintained and Trusted by Mutually Suspicious Groups*.

310 Chaum, *Blind Signatures for Untraceable Payments*.

311 Julie Pitta, *Requiem for a Bright Idea*, Forbes, 1 november 1999.

des av den amerikanska staten, och år 2009 lades verksamheten ner.[312] Denna händelse framhäver det problem med guld som jag beskrev tidigare i denna bok: för att kunna förflyttas snabbt måste guld abstraheras av en centraliserad förvaltare, och denna förvaltare kan korrumperas eller läggas ner.

I slutet av 1990-talet och i början av 2000-talet gjordes ett flertal framsteg gällande digital knapphet. År 1997 skapade Adam Back Hashcash, ett proof-of-work-system som skulle begränsa mängden skräppost och överbelastningsattacker. Tanken med proof-of-work är att använda beräkningstekniker som kräver en betydande mängd datorresurser för att producera en sorts digitalt token eller certifikat, som sedan enkelt kan verifieras av vilken part som helst. Därefter lade Nick Szabo fram ett förslag på vad han kallade Bit Gold. Idén var att använda denna typ av icke-förfalskbara kostnad till att skapa en tillgång online med hög knapphet. Hal Finney införlivade 2004 både Hashcash och idén med Bit Gold i sin uppfinning "Reusable Proof of Work" (RPOW). Med hjälp av en centraliserad server omvandlade Finney Hashcash till återanvändbara token, ett slags verifierbart digitalt samlarobjekt med hög knapphet, som han kallade RPOW-token.[313] Vid den här tidpunkten fanns det även andra förslag på digitala valutor, men denna utveckling från Back, Szabo och Finney var särskilt viktig.

Den begränsande faktorn för de flesta av dessa monetära projekt var att de var centraliserade. DigiCash som ett centraliserat företag lyckades inte uppnå någon nätverkseffekt. E-gold var ett relativt framgångsrikt projekt fram till dess att det stängdes ner av staten. RPOW-token var beroende av en centraliserad server.

År 2008 införlivade en okänd utvecklare eller grupp utvecklare, under pseudonymen Satoshi Nakamoto, några av dessa tekniker på ett decentraliserat sätt. Den 31 oktober 2008 skickade Satoshi ett dokument med titeln "Bitcoin: A Peer-to-Peer Electronic Cash System" till en e-postlista för kryptografientusiaster, på vilken flera av de ovan nämnda individerna fanns med.

Så här lyder sammanfattningen av dokumentet:

> En renodlad peer-to-peer-version av ett elektroniskt kontantsystem skulle möjliggöra direktbetalning från en part till en annan utan att behöva passera genom en bank eller finansiell institution. Digitala signaturer utgör en del av lösningen, men de huvudsakliga fördelarna med direktbetalning går förlorade om en betrodd tredje part alltjämt behövs för att förhindra dubbelbetalning. Vi föreslår en lösning på dubbelbetalningsproblemet som an-

---

312 Kim Zetter, *Bullion and Bandits*, Wired, 9 juni 2009.
313 van Wirdum, *The Genesis Book*, kapitel 10-11 och kapitel 13.

> vänder ett P2P-nätverk. Nätverket tidsstämplar transaktioner genom hashberäkning i en löpande kedja av hash-baserad proof-of-work; och formar en journal som inte kan ändras utan att proof-of-work-arbetet görs om. Den längsta kedjan tjänar inte blott som bevis på ordningsföljden av händelser som iakttagits, utan fungerar även som bevis på att kedjan härrör från den största samlingen av CPU-kraft på nätverket. Så länge majoriteten av CPU-kraft styrs av noder, som inte samarbetar för att angripa nätverket, kommer den att generera den längsta kedjan och utkonkurrera angripare. Nätverket självt behöver minimal uppbyggnad. Meddelanden är utsända efter bästa förmåga, och noder kan lämna och återansluta till nätverket som de vill, samt godtar den längsta proof-of-work-kedjan som bevis på händelser som inträffar när de är bortkopplade.[314]

Dokumentet, som bara är nio sidor långt, har en akademisk uppbyggnad, med åtta referenser till olika kryptografi- och tidsstämplingstekniker, däribland en referens till Adam Backs Hashcash. Under de följande veckorna läste olika kryptografiexperter på e-postlistan igenom dokumentet och började ställa frågor, ofta kritiska och skeptiska, och Satoshi svarade artigt.[315] E-postmeddelandena har offentliggjorts, och att läsa dem känns som att läsa en disputation, med välformulerade frågor och välformulerade svar proffs emellan.

Satoshi utlovade aldrig rikedomar, och inte heller framstod han som en försäljare. Han skrev som en akademiker, även om han klargjorde att målet med hans arbete var frihet, i enlighet med cypherpunk-rörelsens anda.

Exempelvis skrev en person på e-postlistan: "Du kommer inte att finna en lösning på politiska problem i kryptografi." Satoshi svarade: "Nej, men vi kan vinna en stor seger i kapprustningen och erövra ett nytt område av frihet under flera år. Regeringar är duktiga på att hugga huvudet av centralt styrda nätverk som Napster, men renodlade P2P-nätverk som Gnutella och Tor verkar klara sig bra."[316]

Satoshi släppte den öppna källkoden den 9 januari 2009, och genom så kallad "mining" (från engelskans ord för gruvbrytning, ö.a.) skapade han sedan de första blocken. I det första blocket hänvisade han till en aktuell tidningsrubrik om de brittiska räddningspaketen till bankerna under den globala finanskrisen:

> *The Times* 2009-01-03 Finansministern på väg att godkänna ett andra räddningspaket för bankerna[317]

---

314 Nakamoto, Bitcoin.
315 Nakamoto, *Emails*.
316 Nakamoto, *Bitcoin: P2P E-Cash Paper*.
317 Mempool.space, *Genesis: 0*.

Hal Finney tillkännagav i en tweet den 10 januari att han körde bitcoinprogramvaran, och senare mottog han den första testtransaktionen från Satoshi.[318]

Under de första två åren av Bitcoins existens, 2009–2010, fortsatte Satoshi att ge uppdateringar för koden och diskuterade olika koncept med tidiga användare, hela tiden med sin lugna och sakliga personlighet. I slutet av 2010 försvann Satoshi och gjorde därefter inga fler offentliga inlägg, utan överlämnade projektet till andra.[319] Ingen har ännu lyckats bevisa vem han var. Sedan Satoshi försvann har andra utvecklare bidragit fortlöpande till Bitcoinnätverket.

Bitcoin är en distribuerad offentlig liggare som vissa människor har kallat "trippel bokföring". Det är ett protokoll som gör det möjligt för alla deltagare världen över att, i snitt var tionde minut, nå enighet angående liggarens status. Vem som helst med en vanlig laptop och en internetanslutning kan delta i nätverket som en nodoperatör, genom att köra en kostnadsfri programvara med öppen källkod. På så vis kan man skicka och ta emot transaktioner utan att behöva tillstånd från någon centraliserad institution.

Miners (det vill säga de som utför miningen, ö.a.) belönas med transaktionsavgifter och nyskapade bitcoin för att de, genom proof-of-work och tidsstämpling, bearbetar de nya transaktionsblocken i nätverket (uppdaterar liggaren), och nodoperatörer kontrollerar att dessa nya transaktionsblock följer nätverkets regler. Eftersom liggaren är så utspridd och relativt liten med avseende på data, kan nodoperatörer lagra en fullständig kopia av liggaren och konstant stämma av den mot resten av nätverket.

Användare kan ha kontrollen över sina egna privata nycklar, som tillsammans med nodprogramvaran är det som gör att man kan förflytta bitcoinenheter (eller delar av bitcoinenheter, vanligtvis kallade "sats", som är en förkortning av "satoshis") från sin adress till någon annans adress på liggaren, utan att behöva använda sig av någon tredjepartsförvarare. Det går också att välja att ha sina nycklar hos en förvarare om man föredrar det, i vilket fall man interagerar med bitcoin ungefär som man interagerar med ett bankkonto. Det kommer till slut att finnas totalt 21 miljoner bitcoin, och dessa enheter går att dela upp i totalt 2,1 biljarder sats.

Detta är ett otroligt kraftfullt koncept. En bitcoininnehavare kan memorera tolv ord (den privata nyckeln) och ta med sig sina besparingar vart som helst i världen, utan att behöva förlita sig på en centraliserad motpart. Bitcoin är en decentraliserad liggare, som är tillgänglig i hela världen genom

318 Hal Finney, *Running bitcoin*, Twitter, 10 januari 2009; Mempool.space, *Block: 170*.
319 Pete Rizzo, *The Last Days of Satoshi*, Bitcoin Magazine, 26 april 2021.

ett decentraliserat moln av datorer, som är kostsam att attackera och omöjlig att på egen hand ändra reglerna för. Det finns inte någon centraliserad server eller någon centraliserad utgivare. Liggaren är fullständigt transparent, det vill säga varenda rad kod är offentlig. Utvecklare kan samarbeta för att skapa och föreslå uppdateringar, men det finns ingen möjlighet att påtvinga användare dessa uppdateringar; uppdateringar kan endast fritt accepteras av användare och måste vara bakåtkompatibla om de ska förbli en del av det befintliga nätverket.

Vidare stänger bitcoin det hastighetsgap mellan transaktioner och avvecklingar som jag beskrivit flera gånger i den här boken. Ända sedan de interkontinentala telekommunikationssystemen uppfanns och började användas under 1800-talets andra hälft, har transaktioner kunnat genomföras världen över i ljusets hastighet, medan självförvarade innehavarinstrument med hög knapphet (som guld) endast har kunnat transporteras och verifieras i materiens hastighet. Detta hastighetsgap medförde en enorm möjlighet till arbitrage för banker och regeringar, då de fick exklusiv kontroll över snabba betalningar över långa avstånd. Bitcoin innebär det första verkliga sättet att avveckla värde med hög knapphet i ljusets hastighet, eftersom när bitcoin har skickats över nätverket och avvecklats efter ett fåtal block i blockkedjan är transaktionen irreversibel – såvida inte över 50 procent av nätverkets miners (som är utspridda över hela världen) försöker annullera transaktionen. En bitcoin är en tillgång med hög knapphet som inte är någon annans skuld, ungefär som en guldtacka, och denna möjlighet att snabbt förflytta en tillgång som inte utgör en skuld över långa avstånd är något som världen aldrig tidigare har skådat.

I kapitel 8 diskuterade jag William Stanley Jevons beskrivning från 1875 av ett centraliserat clearinghus för hela världen, genom vilket alla olika parter snabbt skulle kunna göra upp med varandra. Och även om hans vision gradvis tog form, till en början med London som centrum och sedan New York, var problemet att detta centraliserade clearinghus för hela världen var baserat på abstraktion och skuld, och därför kunde liggaren misskötas å det grövsta. Bitcoin kan fungera som ett *de*centraliserat clearinghus för hela världen, då bitcoin inte grundar sig på abstraktion och skuld, utan själva innehavarinstrumenten kan överföras direkt mellan parterna på ett par minuter.[320]

Det är inte en tillfällighet att det tog cirka ett och ett halvt sekel från det att transaktioner kunde genomföras i ljusets hastighet till det att också avvecklingen av innehavarinstrument kunde genomföras i ljusets hastighet. Denna process var tvungen att genomgå en utveckling, ungefär som hur

320 Graham Krizek, *Every Company Will Be a Lightning Company*, Medium, 21 juni 2023.

cykeln på sätt och vis var tvungen att uppfinnas före bilen. Kreditbaserade transaktioner över telekommunikationssystem behöver bara enkla data som morsekod, och därför kunde sådana transaktioner genomföras redan på 1800-talet. Avvecklingar av värde med hög knapphet över telekommunikationssystem kräver betydligt mer komplexa beräkningar, datastrukturer, bandbredd och matematiska bevis. Bitcoin och de mer övergripande koncepten med digital knapphet och ett decentraliserat digitalt avvecklingsnätverk uppfanns egentligen så tidigt som det var möjligt, baserat på utvecklingen av de underliggande tekniker som de grundar sig på.

Om jag kortfattat skulle förklara varför pengar världen över har varit *trasiga* under så lång tid, samtidigt som i stort sett allt annat har förbättrats avsevärt (tillgång till energi, tillgång till teknologi och så vidare), beror det på detta gap mellan transaktions- och avvecklingshastighet som uppstod till följd av telekommunikationens framväxt. Under ett och ett halvt sekel har världen varit fast i ett lokalt maximum som har krävt och uppmuntrat till alltmer invecklade former av centraliserad abstraktion för att minska gapet. Den internationella guldmyntfoten fungerade under flera decennier i fredstid, men den var från första början defekt då den tillät en så stor mängd fordringar på en så liten monetär bas av faktiskt guld, och den klarade inte det första verkliga testet när ett stort krig bröt ut i Europa. Bretton Woods-systemet var ännu mer bristfälligt, då det tillät en ännu högre grad av abstraktion och havererade mindre än ett och ett halvt decennium efter dess införande. Dagens system med 160 olika ständigt devalverande fiatvalutor, alla löst knutna till en världsreservvaluta, är otroligt bristfälligt eftersom det inte har någon naturlig förankring i knapphet. Uppfinningen av Bitcoin, som ett snabbt avvecklingsnätverk med öppen källkod och sina egna enheter med hög knapphet, är den första verkliga möjligheten att stänga gapet mellan transaktions- och avvecklingshastighet. Nu är det bara en fråga om att studera och testa nätverket för att se om det är robust nog att fylla den funktionen i stor skala och på lång sikt.

EN ÖVERSIKT ÖVER TEKNOLOGIN BAKOM BITCOIN

Satoshi summerade Bitcoin i ett forumsinlägg i februari 2009, cirka en månad efter lanseringen. Sedan dess har det skrivits tusentals artiklar om Bitcoin, men jag tycker att Satoshis egen beskrivning än i dag är en av de bästa och tydligaste:

> Jag har utvecklat ett nytt P2P-system för elektroniska kontanter med öppen källkod, kallat Bitcoin. Det är helt decentraliserat, utan någon central server eller betrodda parter, då allt är baserat på kryptobevis i stället för tillit. Testa

det eller ta en titt på skärmdumparna och designdokumentet:

Ladda ner Bitcoin v0.1 på http://www.bitcoin.org

Det grundläggande problemet med konventionella valutor är all den tillit som krävs för att de ska fungera. Man måste lita på att centralbanken inte devalverar valutan, men fiatvalutans historia är full av exempel då detta förtroende har brutits. Man måste lita på att banker förvarar våra pengar och överför dem elektroniskt, men de lånar ut dem i vågor av kreditbubblor med knappt en bråkdel i reserver. Vi måste ha tillit till dem när det gäller vår integritet, lita på att dem inte låter identitetstjuvar tömma våra konton. Deras enorma omkostnader gör det omöjligt att genomföra mikrobetalningar.

För en generation sedan hade tidsdelningssystem för flera användare ett liknande problem. Innan det fanns stark kryptering var användare tvungna att förlita sig på lösenordsskydd för att säkra sina filer, och därmed förlita sig på att systemadministratören skulle hålla informationen privat. Integriteten kan alltid åsidosättas av administratören utifrån hans avvägning mellan integritet och andra faktorer, eller på uppmaning av hans överordnade. Sedan blev stark kryptering tillgänglig för alla och tillit krävdes inte längre. Data kunde säkras på ett sätt som var fysiskt omöjligt för andra att få tillgång till, oavsett anledning, oavsett ursäkt, oavsett vad.

Det är på tiden att vi får samma sak för pengar. Med en e-valuta baserad på kryptografiska bevis, utan något behov av att lita på en tredjeparts mellanhand, kan pengarna vara säkra och transaktionerna smidiga.

En grundläggande byggsten i ett sådant system är digitala signaturer. En digital valutaenhet innehåller innehavarens publika nyckel. För att överföra den signerar innehavaren valutaenheten tillsammans med nästa innehavares publika nyckel. Vem som helst kan kontrollera signaturerna och verifiera ägandekedjan. Detta fungerar bra för att säkra ägarskapet, men ett stort problem kvarstår: dubbelspendering. En innehavare kan försöka att spendera en valutaenhet som redan har spenderats genom att signera den igen till en ny innehavare. Den vanliga lösningen är att ett betrott företag med en central databas kontrollerar att inga enheter spenderas två gånger, men då är vi tillbaka i tillitsmodellen. I sin centrala position kan företaget åsidosätta användarna, och de avgifter som krävs för att finansiera företaget gör mikrobetalningar opraktiska.

Bitcoins lösning är att använda ett peer-to-peer-nätverk för att undvika dubbelspendering. I korthet fungerar nätverket som en distribuerad tidsstämplingsserver, som stämplar den första transaktionen för att spendera en valutaenhet. Det drar nytta av det faktum att information har en benägenhet att sprida sig snabbt men är svår att hålla tillbaka. Mer information om hur det hela fungerar finns i designdokumentet på http://www.bitcoin.org/bitcoin.pdf

> Resultatet är ett distribuerat system utan någon enskild svag punkt. Användarna har de kryptografiska nycklarna till sina egna pengar och genomför transaktioner direkt med varandra, med hjälp av P2P-nätverket för att undvika dubbelspendering.
>
> Satoshi Nakamoto[321]

Med den beskrivningen i åtanke går följande stycken in i mer detalj på hur Bitcoinnätverket fungerar. Läsaren behöver inte nödvändigtvis förstå allting, och de djupare detaljerna är ännu mer invecklade, men det kan vara klokt att gå igenom de detaljer som ligger på en medelsvår nivå; jag ska göra mitt bästa för att göra det på ett enkelt språk. I den här boken skriver jag "Bitcoin" med stort "B" när jag talar om nätverket och "bitcoin" med litet "b" när jag talar om den monetära enheten (såvida inte det är det första ordet i en mening).

Bitcoin började som ett första block och en nedladdningsbar programvara med öppen källkod, skapad av Satoshi, som människor kan använda för att köra en egen nod på nätverket. Det första blocket och alla block därefter lämnar ett kryptografiskt pussel (som bara är ett enormt stort, dolt tal), som endast går att lösa genom att med hjälp av processorkraft upprepade gånger gissa svaret. Denna process kallas vanligtvis "mining", men det hade kanske varit mer korrekt att kalla den "tidsstämpling". Vem som helst kan bidra med processorkraft från sin dator och börja gissa och försöka lösa pusslet, även om det i praktiken är så att endast specialiserade SHA-256-processorer numera används på grund av hur effektiva de är. Den person som hittar svaret på pusslet kan koppla ett nytt block (fyllt med transaktioner) till det föregående blocket och belönas med transaktionsavgifter och ett visst antal nyskapade bitcoin. Denna belöning fungerar som incitament för människor att bidra med processorkraft. Detta nya block skapar ett nytt pussel så att processen fortsätter och ännu ett nytt block kan skapas.

Bitcoinnätverket använder kryptografi med publika nycklar. En användare genererar en slumpad privat nyckel, som helt enkelt är ett enormt stort tal. Du kan generera en nyckel genom att till exempel singla slant 256 gånger, men i praktiken använder de flesta "mjukvaruplånböcker" för att generera sin nyckel. Det finns fler möjliga privata nycklar än det finns atomer i en miljon galaxer, så sannolikheten att slumpvis generera en eller gissa en som någon annan redan har genererat är försvinnande liten.[322] I en mer läsbar form kan den privata nyckeln sparas eller memoreras som en lösenfras bestående av tolv ord. Den privata nyckeln kan användas till

321 Satoshi Nakamoto, *Bitcoin Open Source Implementation of P2P Currency*.

322 Yan Pritzker, *Inventing Bitcoin: The Technology Behind the First Truly Scarce and Decentralized Money Explained*, 50-53; Matt Cutler, *Guessing a Private Key*, Blocknative, 26 juni 2019.

att skapa en publik nyckel och en adress, och andra användare kan skicka bitcoin till den adressen. Den publika nyckeln och adressen härrör från den privata nyckeln, men processen går inte åt andra hållet; ingen kan lista ut den privata nyckeln baserat på den publika nyckeln eller adressen. Med hjälp av den privata nyckeln, som endast användaren känner till, kan användaren signera en transaktion och skicka bitcoin (även bråkdelar av en bitcoin) från sin adress till någon annans adress.

När innehavaren av en privat nyckel har initierat och signerat en transaktion (förflyttningen av bitcoin från sin egen adress till någon annans adress, eller från flera egna adresser till flera olika adresser) förmedlas transaktionen till nätverket av andra användarnoder. Varje enskild nod har en kö av väntande transaktioner, en så kallad "mempool" (förkortning för "memorypool"). Varje enskild nod har också en fullständig historik över alla tidigare block och transaktionerna de innehåller, sedan det allra första blocket. Därmed innehåller varje enskild nod hela liggaren och liggarens fullständiga historik sedan starten. En miner (eller en pool av miners) som lyckas lösa pusslet från det föregående blocket kan titta igenom sin kö av väntande transaktioner och välja ut vilka som ska läggas till i det nya blocket som ska skapas. Varje enskilt block kan innehålla några tusen transaktioner, beroende på hur invecklade transaktionerna är. Avsändaren i en transaktion måste inkludera en transaktionsavgift till minern. Om det finns fler väntande transaktioner i kön än det finns utrymme i blocket som skapas, väljer minern vanligtvis transaktionerna med högst avgift för att maximera intäkterna från blocket. När det är mycket trafik på nätverket leder en högre transaktionsavgift generellt sett till att transaktionen läggs till i ett block snabbare än om transaktionen hade haft en lägre transaktionsavgift. Miners som skapar ett block belönas av nätverket med en blocksubvention (ett visst antal nya bitcoinenheter som skapas per block) och med transaktionsavgifterna från alla transaktioner i blocket.

När blocket har skapats skickar minern det nyskapade blocket till nodnätverket, och noderna verifierar att blocket följer nätverkets regler, såsom den maximala mängden data som varje enskilt block kan innehålla och det maximala antalet nya bitcoinenheter (blocksubventionen) som minern kan skapa åt sig själv när blocket skapas. Om en nod fastställer att blocket är giltigt sparar noden blocket och vidarebefordrar det till andra noder, och efter en kort stund har alla noder verifierat och sparat det nya blocket. Den fullständiga historiken över alla block och deras transaktioner kallas vanligtvis för "blockkedjan", som finns sparad på varje enskild nod. Det finns tiotusentals noder världen över, och var och en innehåller hela liggaren och alla transaktioner som genomförts sedan starten.

Om två miners löser pusslet ungefär samtidigt delas kedjan tillfälligt.

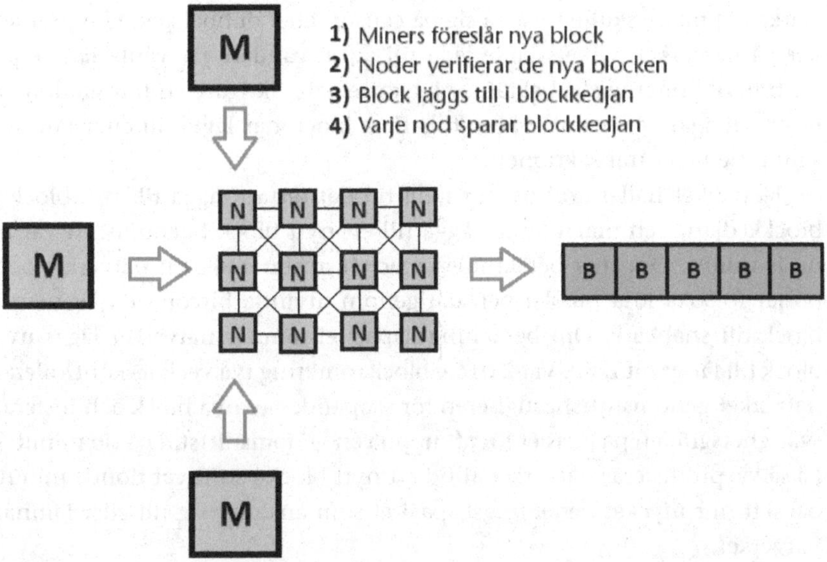

Figur 20.1
Schematisk representation av miners och blockkedjan.

Vissa noder ser miner A:s "block A" först medan andra noder ser miner B:s "block B" först, och dessa noder skickar blocken till sina peer-noder. Vissa miners börjar försöka lösa pusslet som genereras av "block A" medan andra miners börjar försöka lösa pusslet som genereras av "block B", beroende på vilket block som kommer till dem först. Till slut löser en miner ett av pusslen, låt oss säga pusslet från "block B", och därmed blir den kedjan den längsta blockkedjan i stället för den från "block A". När detta faktum sprids över nätverket blir denna kedja den nya dominanta blockkedjan, "block A" överges och delningen av kedjan löses upp så att den återgår till en enda liggare. Noderna är programmerade till att se den längsta blockkedjan som följer nätverkets regler som den rätta blockkedjan att bygga vidare på.

All transaktionsavveckling på Bitcoinnätverket är probabilistisk, men i praktiken anses en transaktion vara alltmer "slutgiltig" ju fler block som kommer efter den, eftersom det tar en ständigt ökande mängd arbete att skapa block som bygger vidare på ett block tidigare i kedjan och därmed skapa en längre version av blockkedjan. En transaktion som ligger bara ett block in i kedjan kan komma att annulleras om det nästan samtidigt finns en längre kedja någonstans i nätverket. Det är mycket mindre sannolikt att en transaktion som ligger två eller tre block in annulleras. En transaktion som ligger sex eller fler block in kommer med största sannolikhet aldrig att annulleras. Dessa siffror kan komma att ändras i framtiden om kapitalstarka angripare skulle försöka sig på censur- eller dubbelspenderingsattacker på nätverket, vilket skulle leda till att användare får vänta längre på att transaktionerna ska bekräftas. Ju större och viktigare en transaktion är, desto viktigare är det att vänta tills flera block har lagts till efter blocket som innehåller transaktionen.

Nätverket håller koll på hur lång tid det tar att lägga till nya block i blockkedjan, och målet är att lägga till ett nytt block i genomsnitt var tionde minut. Om mer beräkningskapacitet ansluter sig till nätverket och börjar försöka lösa pusslet och därigenom utvinna bitcoin, då läggs nya block till snabbare. Om beräkningskapacitet lämnar nätverket läggs nya block till långsammare. Var 2 016:e block (omkring två veckor) kontrollerar nätverket genomsnittshastigheten för skapandet av nya block och justerar svårighetsgraden på pusslet för att uppnå en genomsnittstid på tio minuter. På så vis producerar nätverket alltid ett nytt block i snitt var tionde minut, oavsett hur mycket beräkningskapacitet som ansluter sig till eller lämnar nätverket.

Ju fler noder som är anslutna till nätverket, desto mer decentraliserat är upprätthållandet av nätverkets regler och desto mer motståndskraftigt är nätverket mot icke önskvärda förändringar. Ju mer beräkningskapacitet det finns i nätverket, desto kostsammare blir det för en fientligt inställd aktör att attackera nätverket genom att försöka annullera tidigare transaktioner eller censurera nya transaktioner. Om någon aktör eller grupp av aktörer lyckas uppnå och bibehålla över 50 procent av nätverkets beräkningskapacitet (vilket för tillfället kräver utrustning och elektricitet för miljardtals dollar), kan de censurera nätverket precis hur de vill, men de kan ändå inte ändra på nätverkets regler som upprätthålls av nodoperatörerna. Nätverkets användare kan som svar på en sådan attack ansluta mer beräkningskapacitet till nätverket, så att mer än 50 procent är vänligt inställda aktörer, och ta bort censuren.

Utvecklare från hela världen kan lämna förslag på uppdateringar av Bitcoins nodprogramvara, som användare kör när de kör en nod. Ett roterande team av frivilliga organiserar, granskar och publicerar uppdateringar, som nodoperatörerna sedan kan granska och välja att uppgradera till, eller inte. Utvecklare kan inte tvinga nodoperatörer att genomföra en uppdatering. I skrivande stund finns det en huvudsaklig implementation av Bitcoin-nodprogramvara, kallad Bitcoin Core. Det finns dock andra implementationer av Bitcoin-programvara som är kompatibla med både varandra och med Bitcoin Core. Eftersom källkoden är öppen är det möjligt att dela på kedjan (en så kallad "fork") och gå i en annan riktning än Bitcoin Core, om systemets nodoperatörer anser att utvecklarna av den befintliga implementationen inte längre tjänar deras intressen.

En "klientuppdatering" inbegriper små förändringar av Bitcoin Core eller andra klientprogram. Eftersom operativsystem förändras med tiden måste klientprogram uppdateras så att de fortsatt är kompatibla med operativsystemen. En klientuppdatering ändrar inte reglerna för Bitcoinnätverket, utan uppdaterar bara andra delar av programvaran så att det blir lättare och säkrare att köra en nod.

En "soft fork" är en bakåtkompatibel ändring av de överenskomna reglerna för nätverket, vilket innebär att noder som uppdaterar till denna programvara kan fortsätta att interagera på samma nätverk som äldre noder som ännu inte har uppdaterat. Mer specifikt stramar en soft fork åt de befintliga konsensusreglerna något. Ett exempel på en soft fork skulle vara att minska den maximala blockstorleken, då alla block som skapas under denna nya uppdatering skulle följa de gamla reglerna gällande maximal blockstorlek, men nu är reglerna lite striktare. Historiskt sett har Bitcoin uppdaterats med soft forks som har optimerat koden och lagt till ett antal nya funktioner. Som en jämförelse är USB 2.0-enheter kompatibla med USB 1.0-portar men erbjuder ett antal nya funktioner för de som väljer att uppgradera till USB 2.0-portar. På samma sätt är USB 3.0-enheter kompatibla med USB 2.0-portar (och tidigare) men erbjuder ytterligare nya funktioner.

En "hard fork" är en ändring av de överenskomna reglerna för nätverket som inte är bakåtkompatibel, vilket innebär att en nod som uppdaterar till denna programvara inte längre följer de regler som gäller för resten av nätverket. Ett exempel skulle vara att höja gränsen för blockstorleken, eftersom block som skapas under denna programvara inte följer samma regler gällande maximal blockstorlek som äldre noder och därför inte accepteras av nätverket. Ytterligare ett exempel på en hard fork skulle vara att öka antalet bitcoinenheter i systemet eller att öka utgivningstakten av nya bitcoinenheter per block. Befintliga noder skulle automatiskt avvisa block med dessa karaktärsdrag. Det är ungefär som att införa ett nytt och inkompatibelt kommunikationsprotokoll än USB som inte fungerar med de befintliga USB-portarna.

En icke-kompatibel uppdatering, alltså en hard fork, skapar ett separat liggarnätverk, med mycket färre noder och mycket mindre beräkningskapacitet, och det kommer inte att accepteras som Bitcoin av det befintliga nodnätverket (såvida inte en övervägande majoritet av enskilda noder och miners tillsammans bestämmer sig för att uppdatera till de nya, icke-kompatibla reglerna). När en hard fork inträffar kopieras liggaren, så varje enskild innehavare av en privat nyckel har kvar sina bitcoin på den gamla liggaren och har dessutom tillgång till samma antal enheter på den nya liggaren. Därefter avgörs utfallet av en hard fork av marknaden. Varje enskild befintlig innehavare har nu båda de olika enheterna, även om den nya kedjan sannolikt har ett mycket mindre marknadsvärde. Historiken över alla transaktioner före delningen är densamma för de två liggarna, men från och med tillfället då delningen inträffar börjar liggarna skilja sig åt då nya transaktioner läggs till i de båda kedjorna. Om en användare är övertygad om att den ena kedjan kommer att vinna, kan hon sälja enheterna tillhörande den andra kedjan och köpa fler enheter tillhörande den kedjan hon tror kommer att vinna. Om en användare inte har någon starkare åsikt kan hon ha kvar båda enheterna och vänta tills delningen har lösts upp och värdet från den nya kedjan absorberas av huvudnätverket. Det har genomförts många hard forks av Bitcoinnätverket, och i skrivande stund har den största av dem endast uppnått cirka 0,5 procent av Bicoinnätverkets marknadsvärde. Den nuvarande forken är den som redan är kompatibel med det befintliga nodnätverket, vilket ger den en naturlig fördel gentemot nya hard forks som inte är det.

Bitcoin programmerades av Satoshi till att producera 50 nya bitcoinenheter i genomsnitt var tionde minut och ge dessa till den miner som lyckas skapa ett block, och var 210 000:e block (ungefär var fjärde år) halveras antalet nya enheter som utvinns var tionde minut. Efter fyra år blev det alltså 25 enheter var tionde minut, och fyra år senare blev det 12,5. Ytterligare fyra år senare blev det 6,25 och så vidare. Den minskande blocksubventionen var inprogrammerad i programvaran från början. Matematiken fungerar så att nätverket asymptotiskt närmar sig 21 miljoner enheter, och i skrivande stund har det skapats nästan 19,5 miljoner.

En del av detta kan till en början verka invecklat, men det är långt ifrån lika invecklat som hur det globala banksystemet fungerar under ytan, såsom de invecklade överenskommelser som sker mellan finansiella institutioner för att bearbeta dollartransaktioner och kreditarrangemangen mellan finansiella institutioner via överenskommelser om dollaråterköp och liknande avtal. I jämförelse är Bitcoinnätverkets baslager lätt att förstå, och större delen av det är avskilt från användarna. Det faktum att en full nod kan köras på en gammal laptop visar hur enkelt nätverket är i grunden. Bitcoinnätverket är bara en svärm av dessa relativt enkla noder, programmerade till att interagera med varandra och var tionde minut enas om liggarens status. De detaljer som ges här är dock viktiga för tidiga användare, då de försöker avgöra hur sannolikt det är att nätverket kommer att lyckas, eller vad den här typen av teknologi kan komma att innebära för konceptet med pengar i framtiden.

I dag finns det många olika typer av signeringsenheter och plånboksappar som gör att användare enkelt kan hantera sina privata nycklar, adresser

323 Blockchain.com, *Total Circulating Bitcoin*.

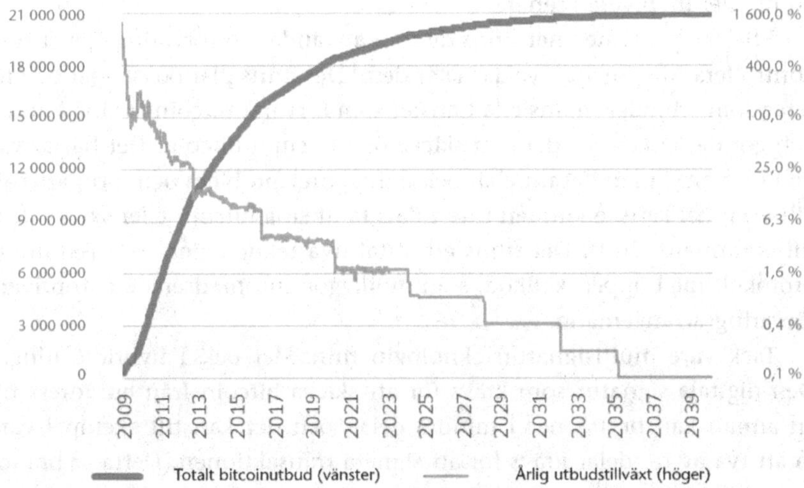

Figur 20.2
Bitcoins inflation och totala (förväntade) penningmängd (2009–2040, i logaritmisk procentuell skala).[323]

och nodfunktioner, utan att behöva oroa sig över vad som sker under ytan – ungefär som en bilägare inte behöver vara bilmekaniker. Dessa produkter utvecklas av olika team och företag från världens alla hörn; vem som helst kan ta fram nya produkter och tjänster för användare så länge de är kompatibla med Bitcoinnätverkets öppna källkod.

Det finns ett brett spektrum när det gäller hur tekniskt involverad en användare vill vara i sina interaktioner med Bitcoinnätverket. Om man kör en egen nod och kontrollerar sina egna privata nycklar kan man granska utbudet av bitcoinenheter i nätverket, bidra till nätverkskonsensus, inleda peer-to-peer-transaktioner och behålla sin personliga integritet, utan någon som helst interaktion med en centraliserad tredjepart. Ingen kan stoppa en nodoperatör från att skicka eller ta emot transaktioner, såvida inte någon tar kontroll över mer än hälften av hela nätverkets beräkningskapacitet (eller stoppar operatören genom hot om fysiskt våld). Operatörerna kan använda sig av olika tekniker för att bevara sin integritet och anonymitet, och köra programvara som även är knuten till andra lager av nätverket.

Ett steg ner finns de som kontrollerar sina egna privata nycklar men som använder en nod som körs av en tredjepart. Detta innebär något mindre integritet och mindre granskningsmöjlighet, men de kan åtminstone förvara sina egna bitcoinenheter och de kan när som helst välja att köra en nod om de vill. Det här är en position som ger användaren valmöjligheten att bli mer involverad senare.

Ytterligare ett steg ner finns de som använder en förvaringstjänst som kontrollerar de privata nycklarna åt dem. Det finns plånboksappar och företag som erbjuder finansiella tjänster som förvarar bitcoin åt sina kunder och gör det enkelt för dem att skicka och ta emot bitcoin. Det här är väldigt bekvämt, men det innebär också integritetsproblem och motpartsrisk. Till exempel kanske kunden inte tillåts ta ut sina bitcoin eller skicka dem till en annan adress. Det finns ett antal nya teknologier, som Fediments protokoll med öppen källkod, som möjliggör automatiserade och privata förvaringsarrangemang.

Tack vare multisignaturteknologin finns det också hybridlösningar. Den digitala signatur som krävs för att skicka bitcoin från en adress till en annan kan brytas ner i mindre delar, och det kan till exempel vara så att två av tre delar krävs för att signera transaktionen. Detta är bra för extra säkerhet och arvsplanering. En person kan ha en del av nyckeln, medan en andra del av nyckeln förvaras på en annan säker plats (kanske hos en pålitlig släkting eller hos ett juridiskt ombud, eller i en krypterad, lösenordskyddad fil någonstans) och den tredje delen förvaras hos ett bitcoinfokuserat finansiellt företag. Detta alternativ ger ett visst skydd om man skulle tappa bort en del av nyckeln, och det ger dessutom användaren vissa av de fördelar som det innebär att använda sig av en förvaringstjänst utan att ge förvararen fullständig kontroll över bitcoinenheterna. Den här typen av hybridförvaring är omöjlig med kontanter, guld och andra former av icke-krypterade pengar.

När vi nu närmar oss slutet av det här kapitlet bör vi ställa frågan "Vem kontrollerar liggaren?" när det gäller Bitcoin.

Det första svaret är att de tiotusentals användare som kör noder kontrollerar liggaren, och vem som helst med tillgång till en vanlig laptop (eller liknande hårdvara) och en internetanslutning kan ansluta sig som en nodoperatör. Nodoperatörerna är de som förvarar liggarens fullständiga historik, och tillsammans underhåller de programvaran som driver nätverket och upprätthåller dess regler för nya block som läggs till i blockkedjan av miners.

Det andra svaret är att miners spelar en viktig roll i uppdateringen av liggaren. Miners använder elektricitet och särskilda processorer för att förtjäna rätten att lägga till nya transaktioner i liggaren. En enskild miner eller en grupp av miners som på något vis lyckas samla ihop mer än 50 procent av all aktiv beräkningskapacitet i nätverket skulle kunna censurera transaktioner eller annullera tidigare transaktioner som användare trodde hade slutförts. De skulle kunna censurera specifika transaktioner eller attackera nätverket genom att skapa tomma block och därmed censurera alla framtida transaktioner. Om detta skulle inträffa skulle det dock inte nödvändigtvis innebära ett permanent problem. Användare skulle kunna ansluta mer beräkningskapacitet för att tillsammans återta mer än 50 procent av nätverkets beräkningskapacitet, då det finns incitament för detta i form av höga transaktionsavgifter från censurerade användare.

Utvecklare har inflytande men ingen direkt kontroll över liggaren, då de inte kan tvinga en nodoperatör att acceptera en programuppdatering. Om utvecklarna introducerar en uppdatering som nodoperatörerna inte tycker om, kommer den uppdateringen inte att accepteras. I sådant fall fortsätter nodoperatörerna helt enkelt att köra den gamla programvaran, tills någon utvecklare tar fram en annan uppdatering som accepteras. Många nodoperatörer väntar med att börja använda en uppdatering i flera år efter det att uppdateringen har lanserats, för att försäkra sig om att den är helt stabil och fri från buggar. Givetvis är utvecklarna ändå en viktig del av nätverket. Deras förmåga att ta fram bakåtkompatibla uppdateringar som nätverkets användare vill använda har gjort att Bitcoin har blivit säkrare och mer skalbart med tiden. Utvecklarna är en ständigt föränderlig grupp frivilliga (varav många stöds finansiellt av företag inom ekosystemet), och de säkerställer att nodprogramvaran fortsatt är kompatibel med moderna datormiljöer, som hela tiden utvecklas.

Till skillnad från finansiella system med banker, centralbanker och fiatvalutor finns det inte någon enskild institution som på egen hand kan devalvera Bitcoinliggaren. Det finns inte någon central nod som kan skapa en miljon nya enheter åt sig själv. Ingen kan ta en användares bitcoinenheter såvida man inte får tag i användarens privata nyckel (som kan säkras ytterligare genom lösenord och/eller multisignaturlösningar) eller lyckas övertala användaren att skicka över enheterna. Liggaren är transparent och objektiv, och säkras av verkliga tillgångar i form av elektricitet och specialiserade processorer.

KAPITEL 21

BITCOINS VÄG TILL MONETARISERING

Innan Bitcoin skapades var alla som ville skicka värde på ett snabbt sätt över långa avstånd tvungna att gå genom en betrodd mellanhand – som banksystemet och centralbankerna. Bitcoin är en kraftfull uppfinning som gör det möjligt för människor att överföra värde direkt mellan varandra över internet utan att behöva förlita sig på någon centraliserad tredje part.

Frågan är: "Vad är denna möjlighet värd?"

För att besvara den frågan, låt oss först ta ett steg tillbaka och ta en titt på guld igen.

Den främsta anledningen till att pappersfordringar och banksystem under flera århundraden byggde på guld var att förbättra guldets förmåga att fungera som betalningsmedel. Guld är bra som sparmedel, men på grund av dess begränsade delbarhet, dess fysiska egenskaper och det faktum att det måste autentiseras varje gång det byter ägare, är det i dagens moderna värld inte ett särskilt bra betalningsmedel. Det fungerar inte ens särskilt bra som ett avvecklingsnätverk. När stora mängder guld avvecklas med hjälp av stora guldtackor är det enda sättet att säkerställa att en tacka består av guld och inget annat att smälta ner tackan, för att sedan återskapa den. Om användare vill genomföra transaktioner med guld online eller över långa avstånd måste de på något sätt abstrahera det och därför förlita sig på en centraliserad förvarare och spårbarhetskedja för att kunna genomföra handel med digitala fordringar på guldet i stället för med det faktiska guldet.

Bitcoin å andra sidan är ett innehavarinstrument som är säkert att förvara själv i stora mängder (särskilt med multisignaturlösningar) och som över internet kan skickas direkt till någon annan i världen på några minuter. Därmed behövs inte någon förvarare. Vissa innehavare föredrar ändå att ha sina bitcoin hos en förvarare, men det är inte nödvändigt på samma vis som det är med stora mängder guld. Därför är nätverkets enheter mindre mottagliga för centralisering. Bitcoin är ett mycket snabbt globalt avvecklingssystem. Det tar 30–60 minuter att avveckla en stor transaktion på Bitcoinnätverket, medan de flesta internationella banköverföringar tar bra mycket längre tid. Och genom att skriva ner eller memorera tolv ord kan du resa vart som helst i världen med dina bitcoin.

Bitcoinnätverket var från början utformat som ett peer-to-peer-nätverk för ett betalningsmedel som man själv kan förvara. Det är inte det effektivaste sättet att genomföra små köp på, men det är det mest ostoppbara sättet att avveckla värde online på. Nätverket har inga centraliserade tredjeparter, inga centraliserade punkter som kan attackeras, och avancerade sätt att använda det på kan till och med kringgå fientliga nätverk. Jämfört med andra kryptovalutor är Bitcoin svårare att attackera, tack vare dess större nätverk av noder och dess totala beräkningskapacitet. Dessutom är dess nodprogramvara så liten att den kan köras på en laptop med vanlig internetbandbredd, vilket inte är fallet för de flesta andra kryptovalutor.

Till en början var det uteslutande entusiaster som sysslade med mining och förvaring av bitcoin som digitala samlarobjekt, och enheterna hade inte något pris.[324] Kostnaden berodde på hårdvaran och mängden elektricitet som krävdes för att driva datorn och delta som en miner, och denna produktionskostnad per enhet varierade beroende på hur många människor som använde sina datorer för mining av bitcoin.

År 2010 dök de första bitcoinbörserna upp, vilket gjorde att ett marknadspris kunde ta form. Detta var också det första året då bitcoin kunde användas i praktiken. När Wikileaks kastades ut ur PayPal och andra centraliserade betalningstjänster började verksamheten ta emot bitcoindonationer. Bitcoins ursprungliga tillämpningsområde som en censurresistent form av pengar hamnade i och med detta i rampljuset, och till och med Satoshi skrev vid tillfället att han var orolig att detta skulle dra negativ uppmärksamhet till nätverket innan det var robust nog att kunna stå emot detta.[325] Några dagar senare slutade han att skriva offentligt, och inom ett par månader hade han även slutat att kommunicera via e-post. Ändå har Bitcoinnätverket fortsatt att växa och utvecklas, nu en bra bit över ett decennium.

Ungefär som en stridsvagn är utformad för att ta sig från punkt A till punkt B genom tufft motstånd men inte är särskilt lämplig att köra med till jobbet varje dag, är Bitcoinnätverket utformat för att genomföra globala penningöverföringar genom motstånd men är inte särskilt lämpligt att använda för att köpa kaffe på vägen till jobbet. Bitcoinnätverket är världens

---

324 William Luther, *Is Bitcoin Intrinsically Worthless?* 38-39.

325 Nakamoto, *Re: PC World Article on Bitcoin*; Peter Chawaga, *Free Assange: Inside a Cypherpunk's Fight to Publish the Secrets of Superpowers*, Bitcoin Magazine, Gatekeeper's issue, maj 2023.

mest oföränderliga och decentraliserade databas för lagring av historiken över bitcointransaktioner och andra godtyckliga data, och för att betala transaktionsavgifterna och uppdatera databasen krävs bitcoin.

I det avseendet fyller Bitcoinnätverket en funktion för både etiska och oetiska deltagare (precis som alla andra kraftfulla teknologier). Och eftersom det är uppdelat i 21 miljoner enheter (var och en med åtta decimaler, alltså 2,1 biljarder underenheter) är bitcoin en ändlig digital handelsvara.

Och det var så Satoshi beskrev det i ett foruminlägg 2010:

> Som ett tankeexperiment, föreställ dig att det fanns en basmetall med lika hög knapphet som guld men med följande egenskaper:
>
> - Tråkig grå färg
> - Inte en bra elektrisk ledare
> - Inte särskilt stark, men inte heller smidbar eller särskilt formbar
> - Inte användbar för något praktiskt eller dekorativt syfte
>
> Och en speciell, magisk egenskap:
>
> - Kan transporteras över en kommunikationskanal
>
> Om den på något sätt, av någon anledning fick något som helst värde, skulle vem som helst som vill överföra värde över ett långt avstånd kunna köpa lite, överföra det, så säljer sedan mottagaren det.[326]

Utöver att du kan skicka bitcoin online kan du fysiskt ta med dig bitcoin vart som helst i världen i form av privata nycklar. Du kan inte ta med dig några större mängder fysiska kontanter eller guld genom en flygplats eller över gränser. Banker kan stoppa överföringar in i och ut ur landet eller till och med inom landets gränser. Men om du har bitcoin kan du ta med dig en obegränsad mängd värde över hela världen, på din telefon, på en USB-sticka eller i en lösenordskyddad fil i molnet som du kan öppna var som helst ifrån – eller helt enkelt genom att memorera en återställningsfras på tolv ord (vilket är ett indirekt sätt att memorera en privat nyckel på). Det är svårt för regeringar att förhindra detta utan extremt drakoniska övervaknings- och kontrollåtgärder, särskilt när det gäller tekniskt kunniga medborgare.

Denna möjlighet i kombination ett ändligt och verifierbart antal valutaenheter lockade till slut sig uppmärksamhet på grund av de monetära egenskaperna, vilket ledde till att bitcoin fick en monetär premie. Det du har när du äger bitcoin, särskilt om du förvarar dem själv, är möjligheten

326 Nakamoto, *Re: Bitcoin Does NOT Violate Mises' Regression Theorem.*

att genomföra globala betalningar som är svåra att stoppa och möjligheten att överföra värde globalt om du vill eller behöver göra det. Du har en plats i en global liggare. Det kan vara en försäkring för dig själv i framtiden, eller så kan det helt enkelt vara så att du ser att andra människor värdesätter denna möjlighet och inser därför att du kan sälja denna möjlighet till någon annan i framtiden. Och jämfört med andra kryptovalutor är Bitcoin den största, mest likvida, mest oföränderliga och mest decentraliserade.

Dessutom arbetar utvecklare varje dag på att göra Bitcoinnätverket mer användbart. Vissa av dem försöker förbättra baslagret. Vissa av dem jobbar på delar längre upp i nätverket. Vissa av dem utvecklar hårdvaruenheter, programvaror eller bitcoinbaserade finansiella tjänster, och allt detta arbete gör det enklare och effektivare att förvara och överföra bitcoin och på andra sätt interagera med Bitcoinnätverket.

Bitcoin håller med andra ord på att bli en relativt säljbar vara. Samtidigt avvecklas den snabbare än dollar och har en lägre utbudstillväxt än guld. Figur 21.1 visar bitcoins marknadsvärde i dollar över tid.

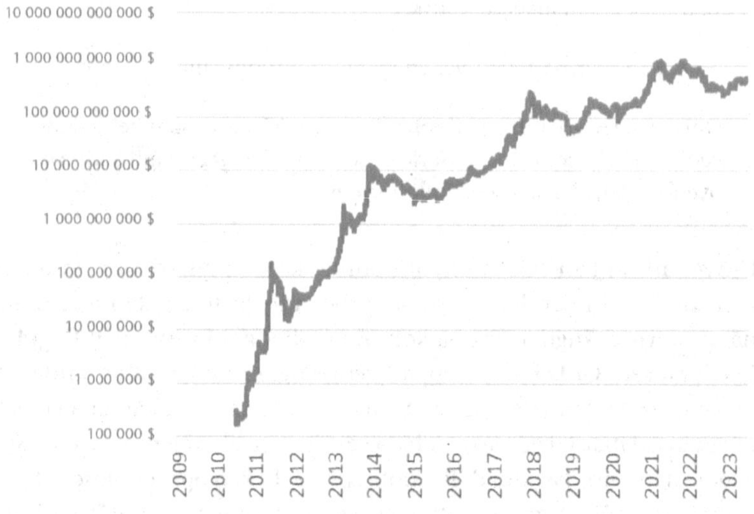

Figur 21.1
Marknadsvärde för bitcoin (2009–2023).[327]

Om vi katalogiserar världens olika former av innehavarinstrument och upprättar en lista över de fem eller tio främsta med avseende på global säljbarhet, så skulle bitcoin redan i dag finnas med på den listan. Om du tar med dig fysiska egyptiska pund, svenska kronor, sydkoreanska won, thailändska baht eller i stort sett någon annan pappersvaluta till olika platser

327 Blockchain.com, *Market Capitalization.*

runtom i världen, kommer du sannolikt att ha svårt att få någon att ta emot pengarna i utbyte mot varor eller tjänster. Kanske är det till och med svårt att växla pengarna mot den lokala valutan (med undantag för hos ett mycket litet antal växlingskontor som tar höga avgifter och som är svåra att hitta på andra platser än flygplatser). I skrivande stund är de bästa innehavarinstrumenten att ta med sig på resan troligtvis fysiska amerikanska dollar och fysiska guldmynt. I de flesta regioner av de flesta länder går det att köpa någonting med dem, eller så går det åtminstone att utan svårigheter växla dem mot den lokala valutan till ett acceptabelt marknadsvärde. Även euron tillhör topp fem. Bitcoin ligger redan i topp tio när det gäller global säljbarhet, särskilt i städer. Det finns tiotusental bitcoinbankomater runtom i världen, och många nischföretag accepterar betalningar i bitcoin. Dessutom finns det Bitcoincommunitys och Bitcoingrupper i många olika länder. Bitcoin kan transporteras globalt genom flygplatser och andra inresepunkter på ett sätt som kontanter och guld inte kan. Vidare finns det decentraliserade sociala medier-protokoll som Nostr, där bitcoin fungerar som beräkningsenhet och människor världen över kan skicka bitcoin till varandra som dricks för skapade inlägg. Det finns också plattformar som Bitrefill, där man enkelt kan omvandla bitcoin till presentkort för alla möjliga vardagliga saker, så att handelsplatser som inte accepterar betalningar i bitcoin ändå kan genomföra transaktioner med människor som primärt använder sig av Bitcoinnätverket.

Bitcoin har hög volatilitet, men det beror till stor del på att det gick från ett marknadsvärde på noll till över en biljon dollar under sina första tolv år. Marknaden utforskar denna nya teknologi och försöker avgöra hur stor den potentiella marknaden är, då fler och fler ansluter sig med tiden. Det är en tillgång som ännu bara innehas av en bråkdel av världens befolkning.

Censurresistens är en viktig egenskap när det gäller betalningar, och möjligheten att själv kunna förvara portabla pengar som inte kan devalveras är en viktig egenskap när det gäller sparande.

För många människor i den utvecklade världen kanske dessa egenskaper framstår som oviktiga, eftersom vi är privilegierade och tar vår frihet och komfort för givna. Vi kanske till och med föreställer oss att människor som vill ha dessa egenskaper har något fuffens för sig. Men för en stor del av världens befolkning är möjligheten att ta med sig egenförvarade tillgångar om man blir tvungen att lämna landet fullständigt ovärderlig. När judarna flydde det nazistkontrollerade Europa var det svårt för dem att ta med sig några värdesaker överhuvudtaget. När folk flydde den kollapsande Sovjetunionen kunde de bara ta med sig motsvarande 100 dollar.[328] När

328 Yan Pritzker, *Bitcoin Mass Adoption*, What Bitcoin Did, 6 september 2021 (9:40-10:00).

människor i dag vill lämna Venezuela, Syrien, Iran, Kina, Afghanistan eller andra länder är det ofta svårt för dem att ta med sig sina besparingar, såvida inte de har egenförvarade bitcoin, och jag känner personligen ett antal personer som har gjort detta. Även om de vill stanna där de är drabbas människor i utvecklingsländer ofta av valutadevalveringar, vilket gör det väldigt svårt att spara. Miljardtals människor världen över ser nyttan med denna egenskap.

Vladimir Putins politiska opposition i Ryssland, Alexei Navalny, började använda bitcoin efter att Putins etablissemang skurit av honom från alla sina bankrelationer. Nigerianer som protesterade mot polisvåld vände sig till bitcoin efter att regeringen frös deras bankkonton. Kineser har använt bitcoin till att överföra värde ut ur det auktoritära landet, trots kapitalkontroller. Venezuelaner har använt bitcoin till att skydda sig mot hyperinflation och till att överföra värde ut ur den kollapsande staten. Libaneser, argentinare och turkar har använt bitcoin till att lagra värde när den lokala valutan drabbades av hög inflation. Människor i olika afrikanska länder har använt bitcoin på platser där det inte finns några banktjänster; i dag är det fler människor i världen som har en smartphone än som har ett bankkonto. Människor som arbetar på distans kan erbjuda tjänster online, som virtuell assistans, grafisk design, programmering med mera, till kunder i andra länder och ta betalt i bitcoin, på ett mycket smidigare sätt än många andra former av internationella betalningar.

Utöver användningen på darknet var en av de tidigaste praktiska tillämpningarna av bitcoin då Roya Mahboob år 2013 betalade afghanska kvinnor i en typ av pengar som deras manliga släktingar inte kunde beslagta och som de kunde skicka vidare till andra. I boken *Check Your Financial Privilege* skriver Alex Gladstein följande angående detta:

> Till en början betalade Roya sina anställda och personer som bidrog till WomanNX i kontanter. Problemet var att kvinnorna ville skicka pengarna till familjen och betala säljare i andra delar av landet. De använde hawala-systemet, penningöverföringssystemet från 700-talet som förlitade sig på mäklare och ett nätverk av betrodda mellanhänder.
>
> Denna uråldriga plattform framstod för Mahboob och kvinnorna som föråldrad och långsam, då många av dem redan hade Nokia-mobiltelefoner och hade börjat skapa och använda egna Facebook-konton. Vad värre var, var att pengarna ibland inte tog sig hela vägen genom hawala-systemet och det var svårt att verifiera att hela summan nådde mottagaren.
>
> Så Mahboob började läsa på om mobila pengar. Mobiltelefonbaserade betalningssystem som M-PESA, som fungerade så väl i Kenya, slog aldrig igenom i Afghanistan. På grund av amerikanska sanktioner var PayPal ännu inte till-

gängligt. Och kvinnorna hade inga bankkonton, så hon kunde inte överföra pengarna till dem. Kvinnorna var tvungna att få sin fars eller makes tillstånd att öppna ett konto, och det var inte ofta de fick.

Mahboobs anställda ville ha digital kontroll över sin tid och sin inkomst. "Om jag skulle gett dem kontanter", säger hon, "kanske deras fäder eller makar eller bröder skulle fått reda på det och tagit dem."

I början av 2013 berättade Mahboobs italienska affärspartner för henne om bitcoin. Han sa att det är en ny form av pengar som kan skickas från en telefon till en annan utan något bankkonto. Till skillnad från den lokala afghanska valutan, som styrdes av staten, befann sig bitcoin på den öppna marknaden. När Mahboob först hörde talas om bitcoin låg priset på omkring 13 dollar. Vid början av sommaren 2013 låg det på över 70 dollar.

"Först trodde jag inte att tjejerna skulle lita på Bitcoin", sa Mahboob. "Det var för svårt att förstå."

Men hennes affärspartner uppmuntrade henne och sa: "Låt oss försöka – vad har vi att förlora?"[329]

Och visst visade sig Bitcoin vara till stor nytta för dem, medan andra former av pengar inte kunde tillgodose deras behov. Den främsta utmaningen var volatiliteten, som särskilt i början innebar att det inte riktigt kunde fungera som pengar. Utöver möjligheten till egenförvaring och decentraliserade betalningar visade sig möjligheten att ta med sig bitcoin över landgränser vara av avgörande betydelse för vissa av kvinnorna. Gladstein skriver vidare i sin bok:

> Några av kvinnorna behöll sina bitcoin från 2013. En av dem var Laleh Farzan. Mahboob berättade för mig att Farzan arbetade för henne som nätverksadministratör och under sin tid på Citadel Software tjänade 2,5 BTC. Till dagens växelkurs skulle Farzans inkomst nu vara värd mer än hundra gånger den genomsnittliga årsinkomsten i Afghanistan.
>
> År 2016 mottog Farzan hot från talibanerna och andra konservativa i Afghanistan på grund av hennes arbete med datorer. När de attackerade hennes hus bestämde hon sig för att fly. Hon skulle lämna landet tillsammans med sin familj och sälja deras hem och tillgångar för att betala förmedlare som skulle ta dem på den farliga vägen till Europa.
>
> Precis som tusentals andra afghanska flyktingar reste Farzan och hennes familj till fots, med bil och tåg hundratals mil genom Iran och Turkiet, och kom 2017 till slut fram till Tyskland. Längs vägen hade ohederliga mellanhänder och tjuvar stulit allt de hade med sig, inklusive smycken och kontan-

329 Gladstein, *Financial Privilege*, 165-166.

ter. Vid ett tillfälle kraschade båten och fler tillhörigheter sjönk till Medelhavets botten. Det är en tragisk historia som är bekant för många flyktingar. Men det här fallet var annorlunda. Genom hela resan hade Farzan kunnat behålla sina bitcoin, då hon hade skrivit återställningsfrasen till sin bitcoinplånbok på en liten, oskyldig papperslapp. Tjuvarna kunde inte stjäla det de inte kunde hitta.[330]

Den begränsade skalbarheten hos Bitcoins baslager har hittills inte varit något problem, då det än så länge finns en begränsad allmän kunskap om nätverket och en begränsad efterfrågan på stora censurresistenta betalningar och globalt portabla pengar. Och precis som vilket annat finansiellt system som helst, har nätverket utvidgats till ytterligare lager i takt med att utvecklingen har fortskridit.

Lightning-nätverket är en serie kanaler som körs ovanpå Bitcoinnätverkets baslager. Med hjälp av detta nätverk går det att genomföra direktbetalningar online eller personligen via en mobiltelefon med enheter som man antingen förvarar själv eller som förvaras av en tredje part. Den här formen av betalningar är lämpliga för sådant som att köpa kaffe, och det finns praktiskt taget ingen gräns för hur många transaktioner som kan genomföras per sekund. Ett annat exempel är Liquid-nätverket, som är en sidokedja där bitcoin omvandlas till ett representativt token inom ett federerat nätverk för snabba överföringar, ökad integritet och ytterligare funktioner. Fedimints protokoll med öppen källkod gör det möjligt för vem som helst att upprätta en federerad och privat communitybank ovanpå Bitcoin- och Lightning-nätverket. RSK och Stacks är lager för smarta kontrakt som byggts ovanpå Bitcoin och som ger utvecklare och användare möjlighet till en mer mångsidig programmering. Smarta kontrakt kan användas till att göra Bitcoin mer programmerbart, vilket kan minska omkostnaderna för vissa finansiella tjänster och göra dem mer tillgängliga globalt – tjänster som trading, lån med säkerhet och deponeringslösningar. Det finns även andra förslag som transaktionsvillkor, drivkedjor och nollkunskapsrollups som kan komma att skala Bitcoinnätverket om vissa "soft forks" aktiveras.

Man kan säga att bitcoin började som digitala samlarobjekt eller handelsvaror som hade ett nyttovärde som ett internetbaserat och censurresistent betalningsmedel för människor som var i behov av detta. Bitcoin erhöll med tiden en monetär premie som en framväxande och volatil värdebevarare (en allt mer säljbar vara) och började sparas i allt större utsträckning för sin knapphet, snarare än för sina egenskaper som betalningsmedel. Och med tiden utvecklades nätverket ytterligare för att stärka dess egenska-

---

330 Gladstein, *Financial Privilege*, 168.

per som betalningsmedel, och likviditeten har ökat över tid.

Bitcoin som ett nätverk och det omgivande ekosystemet har gått igenom ett flertal upp- och nedgångar, och för varje cykel har större och större mängder kapital visat intresse. I början var användarupplevelsen utmanande och krävde teknisk kunskap, så Bitcoin användes främst av datavetare och entusiaster som var nyfikna på teknologin. Sedan blev Bitcoinnätverket lite mer användarvänligt och bitcoin fick så pass hög likviditet att kunna prissättas i dollar och andra fiatvalutor, så tidiga spekulanter och köpare/säljare på darknet som köpte och sålde droger och annat fick upp ögonen för nätverket, vilket fortsatte till dess att de största centraliserade marknadsplatserna på darknet nätet stängdes ner. Därefter uppnådde Bitcoin en viss allmän acceptans, i den meningen att börser med ordentliga säkerhetsprotokoll kunde fungera med anslutningar till vanliga banker och på så vis tillföra mer likviditet till marknaden och förbättra användarupplevelsen, så att vanliga människor kunde köpa bitcoin på ett smidigt sätt. Sedan tog förvarare på institutionsnivå klivet in på marknaden, vilket innebar att pensionsfonder, försäkringsbolag, hedgefonder, familjeföretag, små företag och statliga investeringsfonder på ett säkert sätt kunde allokera kapital till bitcoin.

Varje period av ökat intresse hittills har till slut lett till för stor entusiasm och till att för hög hävstångsgrad byggts upp, vilket har skapat en stor lokal bubbla som sedan spruckit och rensat bort många traders och lagt grunden för nästa tillväxtfas. Till skillnad från andra teknologier som elektricitet, tvättmaskiner, tv-apparater, datorer och telefoner är det inte sannolikt att en ny typ av pengar snabbt blir allmänt accepterad. Detta beror på att om för många människor anammar pengarna på en gång drivs priset upp, vilket ger incitament att köpa med hävstång. Denna hävstång leder så småningom till att en bubbla skapas, som till slut spricker och får priset att falla, vilket gör många besvikna fram till dess att bitcoin skapar nästa bas och växer därifrån. På grund av denna hävstång är det inte realistiskt att Bitcoin skulle ha en lika snabb och smidig spridningskurva som icke-monetära teknologier.

Det finns inga garantier för att Bitcoin kommer att lyckas på lång sikt, men i den mån som det gör det kommer det nästan garanterat att vara mycket cykliskt längs vägen, med högre högstanivåer och högre lägstanivåer när det om och om igen rensar ut spekulativa traders som försöker använda sig av hävstång. Inte förrän det närmar sig den totala potentiella marknaden, med extremt hög likviditet och användningsgrad, kan den extrema prisvolatiliteten realistiskt sett minska.

TILLÄMPNINGEN AV GRESHAMS LAG

Enligt Greshams lag kommer människor vanligtvis att vilja spendera de dåliga pengarna och behålla de bra pengarna, om det finns en bra och en dålig form av pengar med en fast växelkurs (eller andra hinder som kapitalvinstskatt på de bra pengarna). Ironiskt nog är det de dåliga pengarna som tenderar att cirkulera med hög omloppshastighet, medan de bra pengarna hamstras och därmed har en låg omloppshastighet.[331]

Denna trend uppstod flera gånger under dubbel myntfot. Varje gång staten sätter en fast växelkurs mellan guld och silver och denna fasta växelkurs inte ligger i linje med den globala tillgången/efterfrågan (som kan förändras över tid), då tenderar den undervärderade metallen att tas ur omlopp medan den övervärderade metallen cirkulerar.

I en rapport från 2011 för Congressional Research Service med titeln "Brief History of the Gold Standard in the United States" skriver Craig Elwell:

> Förenta staterna började med en dubbel myntfot under vilken dollarn definierades i både guld och silver vid en sådan vikt och renhet att guld och silver sattes i relation till varandra med en kvot på 15 till 1. Eftersom världsmarknaden värderade dem 15½ till 1 försvann stora mängder av guldet utomlands och silvret blev den faktiska myntfoten.
>
> År 1834 minskades guldinnehållet i dollarn för att göra kvoten 16 till 1. Resultatet blev att silvret lämnade landet och guldet blev den faktiska myntfoten.[332]

Det finns ett par processer för hur detta sker.

Den första processen är helt enkelt att den bättre (undervärderade) formen av pengar hamstras, vilket innebär att den blir kvar i landet men tas ur det dagliga omloppet. I stället behandlas den som en form av sparande. Människor vill helst inte göra sig av med något som de ser som undevärderat.[333]

Den andra processen är att internationella aktörer observerar detta och använder sig av arbitrage. Om till exempel den globala guld/silverkvoten är 15,5 till 1 men den amerikanska staten har satt en fast kvot på 15 till 1 (guld är alltså något undervärderat gentemot silver enligt den globala växelkursen), då kan en europeisk aktör sälja silver till amerikaner och köpa guld från amerikaner för att dra nytta av skillnaden. I takt med att åren går

---

331 Robert Mundell, *Uses and Abuses of Gresham's Law in the History of Money*; George Selgin, *Salvaging Gresham's Law: The Good, the Bad, and the Illegal.*

332 Craig Elwell, *Brief History of the Gold Standard in the United States.*

333 Mundell, *Uses and Abuses*, 4.

kommer det att finnas mycket mindre guld i USA, och i stället kommer det att finnas ett överskott av silver.

Samma sak har tenderat att inträffa under historiska perioder av nedvärdering av fysiska mynt. Om guldmynt till en början innehåller 90 procent rent guld, men de nyare mynten endast innehåller 80 procent guld och staten behandlar båda två som om de har samma nominella värde och förväntar sig att allmänheten också gör det, då ser vi ett antal ganska uppenbara utfall. Guldmynten som innehåller 90 procent guld hamstras i landet eller säljs till utländska handelsmän till det rätta värdet, medan mynten med 80 procent guld spenderas på handel inom landet och har därför en hög omloppshastighet då de har en kurs som ligger över marknadsvärdet. Till slut är merparten av alla mynt som cirkulerar i landet av den variant som innehåller 80 procent guld.[334]

Det amerikanska breda penningmängdsmåttet har vuxit med 7 procent på årsbasis sedan 1960. Det ser ungefär likadant ut i de flesta utvecklade länder, medan tillväxtmarknader tenderar att i snitt ha en mycket högre utökning än så.

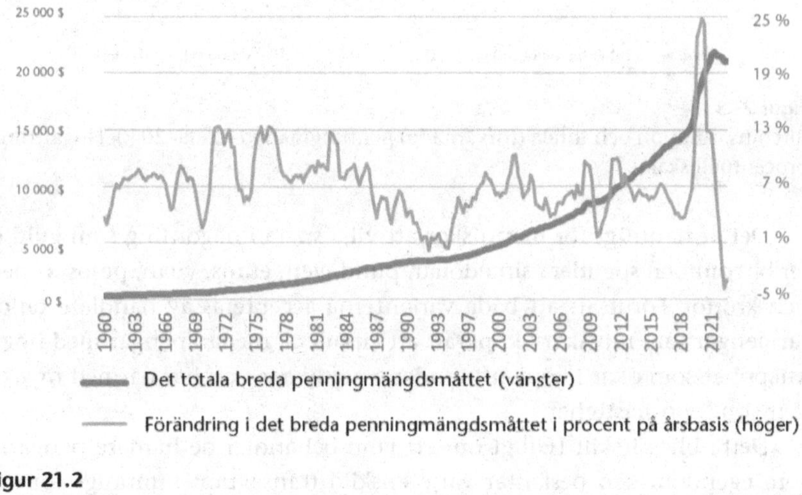

Figur 21.2
Tillväxt i det breda penningmängdsmåttet i USA (1960–2023, i miljarder dollar).[335]

Den totala mängden bitcoin å andra sidan växer med mindre än 1,8 procent per år, och 2024 faller detta till under 0,9 procent och 2028 till omkring 0,4 procent. Bitcoinnätverket har programmerats till att asymptotiskt gå mot totalt 21 miljoner bitcoin, genom att var fjärde år halvera mängden nya bitcoin som skapas till dess att tillväxttakten når 0 procent. Och till

334 Guido Hülsmann, *The Ethics of Money Production*, 125-136.
335 Federal Reserve Economic Data, *M2*.

skillnad från de flesta andra blockkedjepengar säkerställer nodnätverket att ingen centraliserande kraft kan ändra på detta mönster. Dessutom har Bitcoin en mycket större nätverkseffekt än andra proof-of-work-blockkedjor, vilket innebär att det är ganska väl skyddat mot censur och attacker som syftar till att återkalla transaktioner.

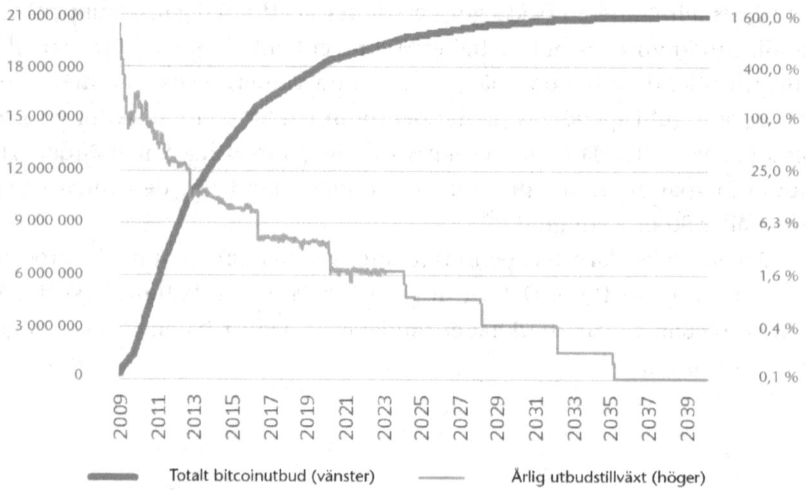

Figur 21.3
Bitcoins inflation och totala (förväntade) penningmängd (2009–2040, i logaritmisk procentuell skala).[336]

Det är naturligt för människor att vilja spara i någonting som guld eller bitcoin och spendera sina dollar, pund, yen, euros, yuan, pesos, rupees och kronor. Förutsatt att båda varianterna accepteras av handlare tenderar pengar som minskar i köpkraft att cirkulera, medan pengar med högre knapphet som ökar i köpkraft tenderar att sparas och har därmed mycket lägre omloppshastighet.

Detta blir särskilt tydligt om ett land behandlar de hårdare pengarna som egendom och beskattar varje enskild transaktion samtidigt som de svagare pengarna fungerar som lagligt betalningsmedel, vilket är vad de flesta länder gör. Om du försöker använda något som guld eller bitcoin som betalningsmedel är varje enskild transaktion en beskattningsgrundande händelse baserad på det ursprungliga anskaffningsvärdet (när du först köpte tillgången). Det finns därmed incitament att hamstra beskattningsbart guld eller beskattningsbara bitcoin, som har lägre utbudstillväxt, och

336 Blockchain.com, *Total Circulating Bitcoin*.

i stället spendera den icke skattepliktiga fiatvalutan, såvida man inte är i starkt behov av Bitcoins censurresistenta egenskaper.

Även om Greshams lag ursprungligen gällde mellan pengar med en fast växelkurs tror jag att den kan tillämpas mer generellt varje gång det föreligger någon skillnad i transaktionsfriktion, som en skatt. Den valuta som tappar i värde och/eller har lägre friktion är den som spenderas, medan valutan som ökar i värde och/eller har högre friktion är den som sparas, såvida inte det finns en stark praktisk anledning till det motsatta. En sådan anledning skulle till exempel kunna vara ett tillämpningsområde som specifikt kräver den sistnämnda valutans egenskaper, som till exempel om någon behöver använda Bitcoins censurresistenta egenskaper eller om någon verkar i en miljö med begränsad tillgång till banker.

Människor som inte har tillgång till en bank men som är tekniskt kunniga, människor som möter ekonomiska hinder eller censur, eller människor som har deplattformerats på olika sätt är mer benägna att använda bitcoin för dess egenskaper som betalningsmedel i ett tidigt skede. Vissa användare använder bitcoin som betalningsmedel för att de i så stor utsträckning som möjligt vill avlägsna sig själva från banksystemet eller dra nytta av hur smidigt det är att genomföra internationella direktbetalningar med bitcoin. Om någon region gör bitcoin till lagligt betalningsmedel eller tar bort kapitalvinstskatten skulle bitcoin enklare kunna användas på dessa sätt.

Men människor som har bitcoin men inte aktivt använder dem som betalningsmedel, använder ändå bitcoin som pengar. De sparar sina bitcoin för den monetära premien och den framtida möjlighet och försäkring som denna portabla, egenförvarade, utbudsbegränsade, censurresistenta typen av pengar ger dem. Även om de har alla möjliga sorters traditionella tillgångar och bankrelationer, är de vid sidan av också sin egen bank, tack vare att de har allokerat ett visst kapital till bitcoin.

Framtiden förblir osäker, och i kapitel 26 analyserar jag riskerna för Bitcoinnätverket och olika faktorer som kan leda till att nätverket fallerar eller stagnerar. Men än så länge fortsätter Bitcoin att locka till sig fler användare, utvecklare och företag som nu är del av ett blomstrande ekosystem, och Bitcoin åtnjuter ett ökande (om än volatilt) nätverksvärde.

METODER FÖR ATT VÄRDERA BITCOIN

De exakta siffrorna ändras varje år, men värdet för världens tillgångar har under senare år uppskattats av både Credit Suisse och McKinsey att vara över 500 biljoner dollar.[337] Fast egendom, aktier, obligationer och kontan-

---

337 Anthony Shorrocks et al., *Global Wealth Report 2022: Leading Perspectives to Navigate the Future*, 7-10; Jonathan Woetzel et al., *The Rise and Rise of the Global Balance Sheet*, vi, 3.

ter utgör större delen av tillgångarna.

Vid slutet av 2022 hade Kina världens största breda penningmängdsmått på cirka 38 biljoner dollar (räknat i amerikanska dollar). På andra plats låg USA med 22 biljoner dollar, på tredje plats låg euroområdet med 16 biljoner dollar och Japan låg på fjärde plats med 12 biljoner dollar.

World Gold Council uppskattar att det finns 208 000 ton rent guld i världen, varav två tredjedelar har brutits sedan 1950.[338] Med ett sådant guldpris som vi såg i slutet av 2022 låg guldets totala marknadsvärde på omkring 10 biljoner dollar.

Det finns många olika uppskattningar av vad Bitcoinnätverket (och i förlängningen varje enskild bitcoin) en dag kan vara värt. I kapitel 26 går jag igenom riskerna som nätverket står inför och olika scenarier som kan leda till att nätverket stagnerar och dör. Om inget av dessa scenarier inträffar är det inte orimligt att förvänta sig att nätverket fortsätter att ta en allt större del av marknaden, då kunskapen om nätverket växer och användarupplevelsen utvecklas och förbättras.

I ett tidigt skede är nätverket mycket volatilt och mottagligt för hävstångs- och likviditetscykler. Ju mer allmän spridning och ju högre likviditet nätverket har, desto mindre volatilt blir det troligtvis, vilket i det avseendet skulle likna guld. Till skillnad från de flesta tillgångar, som tenderar att vara delvis uppdelade efter land, har Bitcoinnätverket inte någon koppling till något visst land eller företag, utan är tillgängligt för alla i världen med en internetanslutning.

Den totala potentiella marknaden för Bitcoinnätverket utgörs således av alla som vill spara en del av sin förmögenhet i en oföränderlig tillgång med hög knapphet och likviditet, som man själv kan förvara och som man kan ta med sig vart som helst i världen. Då världens tillgångar har ett sammanlagt värde på 500 biljoner dollar, skulle varje procent som Bitcoinnätverket tar av världens tillgångar innebära 5 biljoner dollar i marknadsvärde i dagens dollarvärde – vilket vid 21 miljoner bitcoinenheter skulle innebära ett värde på 238 000 dollar per enhet. I ett optimistiskt scenario är det inte svårt att föreställa sig att människor världen över, när nätverket har nått en stabilare fas, kommer att vilja allokera flera procent av sitt sparande till en sådan form av pengar.

Pengar tenderar att få en nätverkseffekt baserad på pengarnas säljbarhet. Ju högre likviditet, ju högre allmän spridning och acceptans en viss typ av pengar har, desto mer nytta har pengarna för användaren och därför anskaffar och accepterar fler och fler människor pengarna. Ju fler konverteringspunkter det finns i världen mellan bitcoin och varor, bitcoin och tjänster

---

338 World Gold Council, *Above-Ground Stock*.

och bitcoin och valutor, desto bättre fungerar Bitcoinnätverket. Även om en användare för tillfället inte vill använda bitcoin som betalningsmedel är det så att ju fler garantier användaren har för att han *kan* hitta en köpare någonstans i världen, desto mer nytta gör bitcoin som en del av de långsiktiga besparingarna. Vidare finns det vissa kapitalreserver som realistiskt sett inte kan använda bitcoin förrän priset är högre än nu. När hela nätverket hade en daglig handelsvolym på endast några få miljoner dollar kunde inte miljardärer ge sig in eller ta sig ut med några större summor utan att påverka priset. I dag, när den dagliga handelsvolymen ligger på miljardtals dollar, är nätverket fortfarande för litet för att de allra största kapitalreserverna på biljontals dollar ska kunna ge sig in eller ta sig ut med några större summor. Nätverket måste först mätta vissa marknader och därigenom växa sig större för att nå nästa nivå av acceptans.

HUR SKULLE EN "BITCOINVÄRLD" SE UT?

Om Bitcoinnätverket (en snabb form av pengar med ett fast utbud, baserade på en decentraliserad global liggare med öppen källkod som uppbackas av energi och användardrivna noder, med många lager av programvara och finansiella institutioner byggda ovanpå) skulle nå en kritisk massa och börja användas mer utbrett – som dollar i dag eller som guld förr i tiden – då skulle ett flertal aspekter av handel och styrning fungera på ett helt annat sätt än i det nuvarande monetära systemet. Vi kan kanske inte förutse alla konsekvenser, men vi kan dra vissa slutsatser om i vilken riktning saker och ting kommer att gå. Jag ser de flesta av de sannolika utfallen som positiva, men precis som med andra nya teknologier kan dessa typer av förändringar även leda till vissa utfall som vi skulle se som negativa.

- Till skillnad från en dubbel myntfot eller guldmyntfot med sedlar kan den underliggande tillgången bitcoin själv avvecklas nästan lika snabbt som transaktionerna och är i sig delbar i en tydligt definierad grad, och därför behöver inte enheter abstraheras. Mynt och sedlar har historiskt sett fyllt funktionen att abstrahera värdet hos fysiska metaller, som hade inneboende brister vad gäller delbarhet och verifiering. Detta faktum gav makthavarna möjligheten att med tiden förändra abstraktionen. Under 1800-talets andra hälft, då guldmyntfotens anhängare (mestadels långivare) debatterade med anhängare av den dubbla myntfoten (mestadels låntagare) angående definitionen av dollarn, berodde detta på att beräkningsenheten (dollarn) hade abstraherats från den underliggande metallen, och därför kunde definitionen av dollarn förändras. Att välja exakt vad dollarn ska knytas till har alltid varit ett politiskt beslut, ett beslut som kan påverka dollarns knapphet och i oproportionerlig grad gynna antingen långivare eller låntagare.[339] På liknande sätt kan centralbanker i dag välja att gynna antingen långivare eller låntagare genom att snabbt ändra fiatvalutans penningmängd. I den utsträckning som bitcoin accepteras som pengar och låneavtal denomineras i bitcoin, så är bitcoin inget annat än bitcoin – en självdefinierad, högst delbar enhet med en inneboende stabil penningmängd. Individer och företag kan skicka bitcoin till varandra, och även om vissa lager kompromissar när det gäller förvaringen för ökad effektivitet, kan den underliggande beräkningsenheten fungera utan abstraktion.

- Finansiella mellanhänder skulle troligtvis försvagas med avseende på förmögenhet och makt. Att skicka och förvara pengar skulle vara mer automatiserat och billigare än det är nu. Företag som erbjuder finansiella tjänster skulle befinna sig i systemets utkanter i stället för i dess centrum. Med hårda pengar kan individer fokusera på att arbeta och spara i stället för att ägna sig åt invecklade investeringar. Under telekommunikationens tidsålder, då det fanns ett hastighetsgap mellan transaktion och avveckling, behövde det finansiella systemet använda sig av allt mer invecklade lager av abstraktion och ekonomin blev med tiden allt mer finansialiserad. I takt med att detta gap minskas till följd av spridningen av hårda pengar och snabba avvecklingar kan både den finansiella abstraktionen och den ekonomiska finansialiseringen minska. Investering skulle fortfarande vara en viktig aktivitet, särskilt om tillgångar tokeniseras och blir tillgängliga för alla som har en smartphone, men behovet av att investera skulle minska eftersom det skulle vara mycket svårare att prestera bättre än själva pengarna.[340]

- Olika betalningssystem, både sådana där man själv förvarar sina bitcoin och sådana där de förvaras av en tredje part, skulle fungera smidigt tillsammans tack vare Bitcoin/Lightning-protokollstacken och skulle kunna avveckla transaktioner med varandra nästan direkt, ungefär som människor i dag kan skicka e-postmeddelanden till varandra trots att de använder sig av olika leverantörer (till exempel Gmail och Yahoo) tack vare att dessa leverantörer använder samma e-postprotokoll. Dagens metoder för att sammankoppla olika finansiella ekosystem, som PayPal och Cash App, är långt ifrån

339 Marmefelt, *Money and Monetary Arrangements*, kapitel 4 och 7.
340 Parker Lewis, *Bitcoin is the Great Definancialization*.

perfekta, och för att skicka en större internationell betalning måste ofta ett antal dyra och icke-transparenta överföringar och valutaväxlingar genomföras mellan korrespondentbanker. Dessa isolerade, fragmenterade finansiella ekosystem kan sammankopplas med hjälp av snabba och effektiva protokoll med öppen källkod, ungefär som olika delar av internet fungerar i dag. I skrivande stund har Cash App redan integrerats med Bitcoin/Lightning-protokollstacken.

- Ju enklare det blir för vanliga människor att öppna en bitcoinplånbok och till och med köra en nätverksnod, desto mer kan direkta transaktioner människor emellan ske på en global nivå. Vem som helst kan betala vem som helst bara man har en internetanslutning. Landgränser blir mindre relevanta. Värde kan flöda snabbare och enklare mellan nationer, vilket sannolikt skulle innebära mindre friktion för små länder när de genomför transaktioner med resten av världen. Detta skulle kunna frigöra ekonomiskt värde i Afrika (som har över 40 olika valutor) och Latinamerika (som har över 30 olika valutor) jämfört med den nuvarande och den historiska situationen, då deras invånare på ett enklare sätt skulle kunna spara pengar och delta i den globala handeln. Globalt sett skulle möjligtvis den genomsnittliga storleken på statliga strukturer minska, eftersom det skulle finnas färre fördelar med att vara ett stort land än det finns i dag. Det skulle dock sannolikt fortfarande finnas stora regionala maktstrukturer och allianser i olika former.

- Det skulle finnas kredit denominerad i bitcoin för mycket produktiv finansiering och kortsiktig likviditet, men långfristiga lån denominerade i en beräkningsenhet med ett fast utbud skulle i de flesta fall inte tjäna ett produktivt syfte. Om den underliggande enheten har ett fast utbud skulle tanken att hushåll har bolån med en löptid på 30 år, att enorma företag har skulder som en permanent del av sin kapitalstruktur och att stater har ständigt förnyade skuldsaldon framstå som mindre rimlig. Överlag skulle skuldsättningsgraden sannolikt minska, och världen skulle kretsa mer kring eget kapital.

- På grund av den höga hastigheten och den fasta penningmängden skulle det innebära en betydande risk att inneha avistainlåning i banker som endast har fraktionella reserver av bitcoin. En ränta som ligger över penningmängdens tillväxttakt innebär en grundläggande risk eller brist på likviditet, och i det långa loppet är penningsmängdstillväxten hos bitcoin noll. Tidsinlåning eller andra former av investeringsavtal för att få avkastning från Lightning-likviditet eller produktiv kredit skulle fortfarande vara meningsfullt för investerare som vill ha avkastning och som är villiga att ta en kreditrisk och/eller likviditetsrisk för att få den.

- I dagens system krävs en allomfattande finansiell övervakning för att staten ska kunna ta ut en inkomstskatt. Om det blir vanligt att människor skickar pengar direkt till varandra, även globalt, och det finns ett stort utbud av verktyg för integritetsskydd som gör det svårt att spåra transaktioner, då kan det bli ohållbart för staten att förlita sig på inkomstskatt som sin primära inkomstkälla. Skatterna kanske måste återgå till något som liknar hur det såg ut på 1800-talet, då transaktioner var mycket mer privata än i dag. Detta skulle innebära att förmögenhetsskatt på fast egendom, punktskatter på vissa varor eller inresepunkter, mervärdesskatt på fysiska produkter, inkomstskatt för stora företag och avgifter för statliga tjänster sannolikt skulle bli de primära inkomstkällorna. Administrativa och skatterelaterade omkostnader skulle sannolikt minskas, särskilt för individer och företag som inte har ett stort fysiskt avtryck.

- Historiskt sett har människor varit villiga att acceptera svaga pengar så länge de haft en hastighetsfördel jämfört med guld. Skulle de svaga pengarna förlora denna hastighetsfördel gentemot de hårda pengarna skulle det sannolikt, i en värld där bitcoin är allmänt accepterat, bli svårare för staten att övertyga folket om att acceptera fiatvaluta som betalnings- och sparmedel. Greshams lag gäller till dess att de svagare pengarna är mer eller mindre värdelösa. I det ögonblicket tar i stället Thiers lag över, det vill säga lagen som säger att bra pengar driver ut dåliga pengar. En köpare vill vanligtvis betala för varor med svagare pengar, och en handlare vill vanligtvis sälja sina varor mot starkare pengar. Om de svagare pengarna blir så dåliga att handlare inte ens accepterar dem, då tar Thiers lag över efter Greshams lag.[341] Möjligheterna till statligt seigniorage skulle sannolikt minska, så staten skulle behöva förlita sig på mer transparenta metoder för att finansiera sin verksamhet i stället för att urholka befolkningens besparingar på icke-transparenta sätt.

- Besparingar skulle bli mer portabla globalt. Detta skulle göra det enklare för flyktingar att ta med sig sina besparingar när de flyr från en problematisk region till en bättre region, men det skulle också kunna ge förmögna oligarker som sysslar med tvivelaktiga

341 Peter Bernholz, *Monetary Regimes and Inflation*, 131-134.

affärsmetoder ökad geografisk frihet att välja var de bedriver sin verksamhet. Olika länder skulle sannolikt behöva konkurrera mer med varandra för att locka till sig och behålla kapital med hög portabilitet.

- Strandade energikällor skulle bli universellt monetariserbara. Variabla energikällor skulle kunna bli mer ekonomiskt hållbara med bitcoinminers kopplade till sig, då dessa miners skulle köpa eventuell överflödig energi. Det kan komma att bli vanligt att uppföra bostadsområden i närheten av naturligt förekommande energikällor, i stället för att ta energin till bostadsområdena, särskilt med tanke på att vissa typer av arbete kan utföras på distans, var man befinner sig.

KAPITEL 22

KRYPTOVALUTOR OCH KOMPROMISSER

Efter att Satoshi Nakamoto visat vägen genom att uppfinna Bitcoin, världens första fungerande och decentraliserade kryptovalutenätverk, följde tusentals andra kryptovaluteutvecklare efter. Alla ville de modifiera konceptet på något sätt, utforska nya regler och funktioner för olika syften och optimeringsmål. Och även om Satoshi såvitt vi vet aldrig spenderade några av sina bitcoin, så är det många andra grundare av olika kryptovalutor som själva vill bli rika på sina skapelser. De bitcoin som man tror utvanns av Satoshi för att sjösätta nätverket har suttit stilla på blockkedjan sedan 2009 och 2010, genom ett flertal cykler av enorma uppgångar och nedgångar.

Det sägs ofta att en blockkedja inte är något annat än en ineffektiv databas, och det är i stort sett sant. Användarna är i det här fallet villiga att acceptera ineffektivitet jämfört med andra typer av programvaruapplikationer för att säkerställa decentralisering. Noder måste sända varenda förändring till nätverket och hålla koll på sändningar från andra noder i nätverket.

En blockkedja, särskilt en sådan som verkligen är decentraliserad, är en databas som är liten nog att tusentals aktörer runtom i världen kan spara den på sina lokala enheter och ständigt uppdatera den utifrån ett antal överenskomna regler. Varje nod säkerställer att ett nytt block följer protokollets regler och accepterar och vidarebefordrar bara ett nytt block till andra noder om det nya blocket följer reglerna. Ett mycket stort antal användardrivna noder säkerställer att reglerna är oföränderliga, medan om det endast hade funnits en handfull noder bara skulle ha krävts en liten grupp människor för att ändra på nätverkets regler.

Ju enklare det är att köra en nod, desto mer privat, granskningsbart och tillståndsfritt är nätverket för vanliga användare. Mer specifikt blir en användare som kör en nod ekonomiskt självständig och kan privat skicka och verifiera sina egna transaktioner samt granska nätverkets detaljer, i stället för att behöva förlita sig på en betrodd tredjepart. Inte alla kommer att göra detta, men tröskeln för de som väljer att göra det är låg.

En centraliserad databas har färre begränsningar eftersom den inte behöver vara liten. En stor tjänsteleverantör kan ha en enorm databas i en serverfarm. Detta kan få saker och ting att fungera mycket effektivt, men till skillnad från en blockkedja kan inte utomstående aktörer direkt granska databasens innehåll och ändringar; det finns inget sätt att stoppa ägarna av den centraliserade databasen från att göra vad de vill med den.

Så alla blockkedjenätverk som påstår sig förbättra någonting i baslagret jämfört med Bitcoin måste göra ett antal kompromisser för att uppnå dessa förbättringar. Jag tror att det är naturligt att marknaden utforskar olika felaktiga svar för att se vilka svar som är de rätta i praktiken, och min förmåga att analysera dessa koncept bygger delvis på de historiska resultaten som visar varför olika kryptovaluteprojekt inte har lyckats uppnå något större värde. Det följande är en lista över några av de kompromisser som kryptovalutor tenderar att göra jämfört med Bitcoinnätverket.

KOMPROMISS 1: TRANSAKTIONSGENOMSTRÖMNING

För att öka antalet transaktioner som kan genomföras per tidsenhet på baslagret måste antingen blockstorleken eller blockhastigheten öka. Men en ökning av antingen blockstorleken eller blockhastigheten innebär att det krävs ökad bandbredd, kapacitet och lagring för att kör en nod, och om dessa variabler sträcks för långt blir det omöjligt för en vanlig människa att köra en nod. Och om kraven för att köra en nod växer snabbare än den teknologiska tillväxten med avseende på bandbredd, kapacitet och lagring, då blir antalet noder färre med tiden, vilket i sin tur leder till att nätverket centraliseras.[342]

KOMPROMISS 2: INTEGRITET

För ökad integritet måste granskningsbarheten till viss del offras. En av de viktigaste aspekterna av Bitcoin är att vilken nod som helst kan tala om exakt hur många bitcoin det finns och har tillgång till den fullständiga transaktionshistoriken och liggarens aktuella status. Detta är inte möjligt i samma utsträckning på en integritetsbaserad blockkedja. Med kryptovalutor som är privata i baslagret inträffar det lättare oupptäckta inflationsbuggar. Och om ett integritetsbaserat system inte har uppnått någon större nätverkseffekt är integriteten sannolikt inte särskilt bra, eftersom användar-

342 Jonathan Bier, *The Blocksize Wars*, 1-3.

gruppen är så liten och därför inte vidare svår att spåra. Integritet beror till stor del på likviditet, och om ett integritetsbaserat ekosystem har bristande likviditet är dess integritetspotential begränsad. Olika integritetstekniker har implementerats i lager ovanpå Bitcoins baslager, vilket möjliggör privat användning av nätverket.

KOMPROMISS 3: KODENS EXPRESSIVITET

För att öka kodens expressivitet (till exempel att möjliggöra invecklade smarta kontrakt direkt på baslagret) måste nätverket också öka kraven på bandbredd, kapacitet och lagring för fulla noder, vilket gör det svårare att köra en full nod och riskerar att centralisera nätverket över tid. Dessutom innebär beräkningskapacitet på baslagret fler och mer invecklade möjligheter att attackera nätverket. Det öppnar också fler möjligheter för miners eller validatorer att ligga steget före andra och manipulera transaktionsordningen, i en process som kallas "maximalt extraherat värde", och detta tenderar att leda till att centraliserade blockskapare dominerar marknaden.

KOMPROMISS 4: ENERGIFÖRBRUKNING

I ett proof-of-stake-system verifieras transaktioner och genereras nya enheter av de som "låser" sina enheter, och inte av energikrävande miners. Att ersätta en proof-of-work-konsensus med en lättare proof-of-stake-konsensus innebär att man accepterar en cirkulär valideringsprocess. Med andra ord fastställs de befintliga valutainnehavarna av liggarens status, och liggarens status fastställs av de befintliga valutainnehavarna – en evighetsmaskin baserad på en cirkulär logik med låg feltolerans. Eftersom det inte finns någon icke-förfalskbar kostnad knuten till proof-of-stake-liggarens historik kostar det i princip ingenting att göra ett oändligt antal kopior av blockkedjan med olika transaktionshistorik. Om nätverket av någon anledning tillfälligt skulle ligga nere går det inte att avgöra vilken liggare som är den "riktiga" som ska startas om ifrån annat än genom styrningsbeslut och/eller centraliserade kontrollpunkter. Ett proof-of-work-system använder energi som en extern sanningsbärare, vilket skapar en historik med en icke-förfalskbar kostnad och är det som gör att systemet är så robust.

Adam Back, vd för Blockstream och utvecklare av Hashcash på 1990-talet (som Satoshi Nakamoto refererade till i Bitcoin-vitboken), sa följande om Bitcoin-kompromisser i en intervju 2021:

> Det är något ovanligt med Bitcoin.

Så 2013 spenderade jag fyra månader av min fritid på att hitta ett sätt att avsevärt förbättra Bitcoin, vad gäller skalbarhet, decentralisering, integritet, fungibilitet, så att det blir enklare för människor att genomföra mining på små enheter … ett antal mätvärden som jag ansåg vara tecken på förbättring. Så jag tittade på en mängd olika parameter-, design-, nätverks- och kryptografiförändringar, och jag kom fram till en mängd olika idéer – varav vissa senare har föreslagits av andra.

Men till min förvåning verkade det som att nästan vad man än gjorde som möjligtvis förbättrade det på något sätt, så blev det sämre på en mängd andra sätt. Det blev mer komplicerat, använde mer bandbredd, och vissa andra aspekter av systemet blev objektivt sämre.

Så jag kom fram till att Bitcoin på sätt och vis existerar i ett mycket begränsat designutrymme. Du förstår, designutrymmet för alla möjliga designer är ett enormt sökområde, och kontraintuitivt nog verkar det som att det inte går att förbättra på något betydande sätt.

Och ha i åtanke att jag kommer från en bakgrund med en doktorsexamen i distribuerade system och har spenderat större delen av min karriär på att arbeta med stora internetsystem för startup-företag och stora företag och säkerhetsprotokoll och sådant, så jag känner att jag – om någon – har en rimlig chans att successivt förbättra något sådant här. Och jag gjorde ett försök och kom fram till att "wow, det finns bokstavligt talat ingenting. Verkligen allt man gör det sämre." Vilket inte var vad jag förväntade mig.[343]

Bitcoin har lyckats till stor del tack vare sitt vida utspridda nodnätverk, sin enkelhet och robusthet samt det relaterade konceptet "monetär självständighet". Vem som helst med en laptop och en internetanslutning kan köra en nod, använda systemet på ett relativt privat sätt, själv inleda transaktioner och verifiera hela systemet från dess början. Kraven för noder ökar långsammare än vad datorkapaciteten, datalagringen och internetbandbredden gör, vilket innebär att det ännu om flera decennier kommer att vara möjligt för enskilda användare att köra en nod. Kraven för att köra en nod ökar långsammare än de teknologiska framstegen inom bandbredd och lagring, vilket innebär att det med tiden blir lättare och mer användarvänligt att köra en nod. Bitcoin har således utformats för att bli mer och mer decentraliserat, i motsats till de flesta andra kryptovalutor som sannolikt blir mer och mer centraliserade med tiden.

Om utvecklare vill förändra någonting med Bitcoin kan de ändå inte tvinga användarnoderna att anta ändringarna. Bitcoins regler fastställs av nätverket av befintliga noder. Alla förändringar av Bitcoin måste i praktiken vara bakåtkompatibla uppgraderingar, som nodanvändare kan välja

343 Adam Back, *Early Days of Bitcoin & Future Outlook*, Blockstream Talk #1 (17:02-19:11).

att uppgradera till om de vill, samtidigt som de är kompatibla med äldre noder. Såvida inte man når en överväldigande enighet bland användare, leder försök till uppgraderingar av utvecklare som inte är bakåtkompatibla till hard forks. De skapar alltså nya kryptovalutor som inte har någon större nätverkseffekt eller säkerhet.

Att försöka göra en hard fork av Bitcoin är ungefär som att kopiera alla data från Wikipedia (det är inte särskilt mycket) och lägga upp dem på sin egen hemsida, där man har väldigt lite trafik eftersom man inte har de miljontals bakåtlänkar som pekar mot det riktiga Wikipedia eller den armé av människor som frivilligt uppdaterar Wikipedia. Din delade version av Wikipedia skulle från första början vara en sämre version än den riktiga. På liknande sätt har en hard fork av Bitcoin långt färre noder och mycket mindre miningkapacitet än Bitcoin, vilket innebär att den nya kedjan från första början är mindre decentraliserad och mindre censurresistent.[344]

Om kraven för att köra en nod skulle höjas avsevärt, skulle endast stora aktörer kunna köra noder och därmed skulle det finnas mycket färre noder. Ett konsortium av miners, börser, förvarare och andra stora aktörer skulle kunna komma överens om förändringar av nätverket. Och i sådant fall är nätverket inte längre oföränderligt och decentraliserat. Till exempel skulle det fasta utbudet på 21 miljoner enheter kunna ändras och de censurresistenta egenskaperna hotas.

Det som ger bitcoin dess "hårdhet" som pengar är oföränderligheten hos nätverkets regler, som upprätthålls av det enorma nodnätverket av enskilda användare. Det är i princip omöjligt att genomföra icke bakåtkompatibla ändringar om det inte råder en exceptionellt stark enighet bland användarna angående sådana ändringar. Vissa soft fork-uppgraderingar som SegWit och Taproot innebär successiva förbättringar och är bakåtkompatibla. Nodoperatörer kan välja att uppgradera om de vill använda dessa nya funktioner.

Anhängare av nyare kryptovalutor kritiserar ofta Bitcoin för att det är gammal teknologi när det i själva verket bara är strikt när det gäller vissa kompromisser, då det utformats för att prioritera maximal säkerhet och decentralisering framför andra attribut. Teknologier som etableras på protokollnivå tenderar att vara väldigt långlivade. Internet Protocol uppfanns på 1970-talet, Ethernet uppfanns i början av 1980-talet och Universal Serial Bus uppfanns på 1990-talet. Alla dessa protokoll används än i dag och kommer sannolikt att användas under flera decennier till, eftersom de utgör grunden och uppgraderas med tiden. De drar nytta av starka nätverkseffekter och kan uppgraderas på ett sätt som bibehåller bakåtkompatibiliteten.

---

344 Lyn Alden, *Analyzing Bitcoin's Network Effect.*

I många avseenden liknar Bitcoin dessa typer av långlivade protokollteknologier med sin dominanta marknadsandel. Bitcoin utgör grunden. Bitcoin är enkelt och robust. Dess starka ställning kommer från dess bakåtkompatibilitet – alla försök att göra en hard fork utan enighet skapar en svagare rival med mindre decentralisering, mindre säkerhet och mindre likviditet som sannolikt inte har någon chans att konkurrera med Bitcoin.

Men ett potentiellt dilemma kvarstår. Om det endast är realistiskt möjligt att genomföra mindre uppdateringar och de flesta större förbättringarna skulle leda till oacceptabla kompromisser, hur är det då möjligt för Bitcoinnätverket att skalas upp? Då det bara är möjligt att genomföra några få tiotals miljoner betalningar per månad på grund av det begränsade blockutrymmet och den avsiktligt långsamma blocktiden, hur skulle det då vara möjligt för nätverket att skala upp till potentiellt miljardtals användare, om så många människor någon gång skulle vilja använda nätverket?

Svaret är lager. De flesta framgångsrika finansiella system och nätverk använder sig av flera lager, där varje enskilt lager har optimerats för ett visst ändamål.

LAGER

Om ett enda lager i ett blockkedjenätverk ska användas för alla ändamål måste för många uppoffringar göras för att nätverket ska kunna användas för någonting alls i det långa loppet. Detta kan beskrivas som att nätverket skalas horisontellt.

Om varje enskilt lager i systemet däremot optimeras enligt vissa variabler för att tjäna ett visst syfte (genomströmning, säkerhet, hastighet, integritet, expressivitet och så vidare), då kan hela nätverksstacken optimeras för flera olika ändamål samtidigt utan att behöva göra några oacceptabla kompromisser. Detta kan beskrivas som att nätverket skalas vertikalt.

För att ta ett uppenbart exempel har Internet Protocol fyra lager av funktioner. Det översta lagret är applikationslagret, som innehåller ett antal olika protokoll för att formatera information. Under det ligger transportlagret, vanligtvis antingen TCP eller UDP. Under det ligger nätverkslagret, där IPv4 är det gamla protokollet och IPv6 är det protokoll som världen är på väg att uppgradera till. Under det ligger länklagret, som består av Ethernet och andra fysiska nätverksdetaljer. De övre lagren tenderar att ha fler alternativ beroende på uppgift, medan de nedre lagren är de grundläggande saker som alla använder.

För att ta ett ekonomiskt exempel har vi i USA Fedwire som ett avvecklingssystem mellan banker. För tillfället genomför detta system inte ens 20 miljoner transaktioner per månad (cirka 200 miljoner per år), men avvecklar över 80 biljoner dollar i värde per månad (cirka 1 biljard dollar per år) eftersom den genomsnittliga transaktionsstorleken är enorm, och var och en av dessa avvecklingar representerar ett antal mindre transaktioner.[345]

Årliga Fedwire-transaktioner

År	Antal transaktioner	Totalt transaktionsvärde	Genomsnittlig transaktionsstorlek
2022	196 052 238	1 060 biljoner dollar	5,41 miljoner dollar
2021	204 490 893	992 biljoner dollar	4,85 miljoner dollar
2020	184 010 202	840 biljoner dollar	4,57 miljoner dollar
2019	167 650 062	696 biljoner dollar	4,15 miljoner dollar
2018	158 430 742	716 biljoner dollar	4,52 miljoner dollar

Figur 22.1
Årliga Fedwire-transaktioner.

Enskilda individer använder sig inte direkt av Fedwire-baslagret. I stället använder vi oss av betalningsmetoder som kreditkort, betalkort, PayPal, Cash App och liknande, och våra banker registrerar dessa transaktioner i sina liggare och gör sedan upp med varandra vid ett senare tillfälle. Varje Fedwire-transaktion representerar ett stort antal mindre transaktioner från dessa övre lager.

Med andra ord finns det ett underliggande avvecklingssystem och sedan ett flertal lager ovanpå detta system, vilket möjliggör högre genomströmning så att flera miljarder transaktioner kan genomföras varje månad.

Bitcoins ekosystem har utvecklats på ett liknande sätt, fast på ett öppet peer-to-peer-sätt. Fedwire är ett centraliserat och stängt lokalt avvecklingslager. Bitcoin är ett decentraliserat och öppet globalt avvecklingslager, med en egen underliggande ändlig beräkningsenhet. På många sätt är Bitcoin som en kombination av guld och Fedwire, men decentraliserat och öppet.

Bitcoins baslager har möjlighet att genomföra omkring 400 000 transaktioner om dagen, men varje transaktion kan ha flera olika utdata så över 1 miljon enskilda betalningar kan genomföras per dag. Det blir några tiotals miljoner betalningar i månaden, eller några hundratals miljoner betalningar om året, alltså lite mer än vad Fedwire kan hantera.

Ovanpå detta kan nya lager skapas (vilket också har gjorts) för att möjliggöra högre genomströmning eller andra funktioner.

Det mest framträdande aktuella exemplet på detta är Lightningnätverket, som är en serie smarta kontrakt mellan två personer med multisignatur som ligger ovanpå Bitcoins baslager. Dessa kanaler går direkt mellan de två personerna och kan genomföra många transaktioner för varje transaktion på baslagret. Kompromissen är att kanalen måste hållas öppen för att pengarna ska skyddas och betalningarna ska genomföras.

345 The Federal Reserve, *Fedwire Funds Service: Annual Statistics*.

Ett annat exempel är Liquid-nätverket, som är en sammanslutning av dussintals aktörer som omvandlar bitcoin till ett representativt token som kallas L-BTC, och L-BTC är snabbare att förflytta, har bättre integritet och kan stödja smarta kontrakt med olika typer av säkerhetstoken ovanpå. Därmed kan många L-BTC-transaktioner få plats i två BTC-transaktioner (en för att pegga in och en för att pegga ut). Kompromissen är att användaren måste lita på sammanslutningen, vilket är mer decentraliserat än att lita på en enskild aktör men mindre decentraliserat än att lita på Bitcoins baslager. För att kunna stjäla användarnas medel måste merparten av Liquids sammanslutna aktörer samarbeta mot systemet. Det finns ett liknande protokoll med öppen källkod som heter Fedimint, som gör det möjligt för användare att skapa egna mindre och mer privata sammanslutningar, ungefär som anpassningsbara gemenskapsbanker.

Ytterligare ett exempel är RSK, som är ett lager för "merge-mining" som omvandlar bitcoin till token som kallas RBTC, och RBTC utgör grunden för ett ekosystem av smarta kontrakt.

Ett fjärde exempel är Stacks, som är ytterligare ett lager för smarta kontrakt ovanpå Bitcoins baslager. Dess utformning har förändrats med tiden, och det aktuella målet är att möjliggöra in- och utpeggningar för vilka säkerhet ställs med ett separat token. Detta har orsakat viss kontrovers, men det är en annorlunda incitamentsstruktur än hos sammanslutningar av kända och betrodda aktörer.

Som ett femte exempel finns det förslag på transaktionsvillkor som skulle innebära att vissa bitcoin skulle kunna ges tillfälliga programmerbara begränsningar. Transaktionsvillkor, som skulle kräva en soft fork för att aktiveras på Bitcoinnätverket, möjliggör vissa programmerbara låsningar och utformningar i flera lager.

Som ett sjätte exempel finns det ett antal aktuella och potentiella rollup-metoder, det vill säga datakomprimeringstekniker som möjliggör högre transaktionsgenomströmning och/eller ökad integritet. Vissa av dem finns redan nu, medan andra skulle kräva en soft fork för att aktiveras på Bitcoinnätverket.

Ett sjunde, mer distanserat exempel, är att alla proof-of-stake-system som regelbundet för in sina kontrollpunkter på Bitcoinblockkedjan på sätt och vis är sidokedjor till Bitcoin.

Därifrån kan förvarare använda sig av lager ovanpå för människor som är intresserade av deras tjänster. Börser, betalningsapplikationer, banker och så vidare kan alla tillhandahålla tjänster för användare som är villiga att anförtro dem en del av sina pengar. Detta kan skala upp Bitcoin till vilken nivå som helst. Varje enskild nod på Lightning-nätverket måste inte nödvändigtvis vara en person; den kan vara en förvarare eller en sammanslutning av tusentals eller miljontals användare.

Till exempel är Cash App en mobil betalningstjänst från Block, Inc., med tiotals miljoner användare som kan skicka pengar till varandra i form av dollar eller bitcoin. Tjänsten är kopplad till både Bitcoins baslager och till Lightning-lagret, vilket innebär att användarna får stor valmöjlighet. Användare av Cash App kan skicka dollar eller bitcoin till andra Cash App-användare helt gratis, eftersom transaktionen bara innebär att Cash App uppdaterar sin centraliserade interna liggare. Användare kan också skicka eller ta emot bitcoin utanför Cash Apps ekosystem genom att utnyttja det faktum att Cash App är ansluten till Bitcoin/Lightning-nätverksstacken. Externa transaktioner av Cash App-användare kan till exempel handla om att utbyta värde med någon som inte använder Cash App eller genomföras av personer som väljer att själva förvara sina bitcoin.

I det nuvarande finansiella fiatsystemet kan användarna av systemet inte direkt välja vilket lager av systemet de interagerar med. De kan till exempel inte använda Fedwire direkt. De kan välja vilken betalningstjänst de använder, och alla alternativ är centraliserade betalningstjänster i ett övre lager som avvecklar transaktioner på ett centraliserat lager längre ner, som Fedwire.

När användare interagerar med Bitcoinnätverket kan de å andra sidan välja vilket eller vilka lager som bäst passar deras behov. Bitcoins baslager är perfekt för stora, censurresistenta, irreversibla transaktioner som ingen kan kontrollera, samt för större långsiktiga besparingar. Detta lager erbjuder högst säkerhet och tillförlitlighet, men är begränsat vad gäller transaktionshastighet och transaktionsgenomströmning. Lightning-nätverket är bra för mindre och snabbare transaktioner, och erbjuder ökad integritet och kan också användas på ett censurresistent sätt. Olika sidokedjor kan användas för flera olika ändamål. Till exempel kan man välja att lita på en sammanslutning (i stället för en enda centraliserad aktör) för att kunna optimera med avseende på hastighet, integritet och programmerbarhet. Förvarare, sammanslutningar och andra centraliserade eller halvcentraliserade finansiella tjänster kan dessutom användas för ökad bekvämlighet och möjlighet till optimering. Till exempel går det att använda en Fedimint-plånbok för att skicka eller ta emot Lightning-betalningar som ett transaktionskonto, samtidigt som större delen av ens bitcoininnehav förvaras offline på Bitcoins baslager som ett sparkonto, så genomför man enbart enstaka transaktioner mellan de båda kontona.

Det som gör öppna protokoll så kraftfulla är att de möjliggör för applikationer att interagera med varandra utan att de ens vet om det. Till exempel behöver inte varje enskild e-postleverantör säkerställa att deras programvara fungerar med alla andra e-postleverantörer; de behöver bara säkerställa att de använder de gemensamma e-postprotokollen. På liknande sätt kan varje Bitcoin-relaterad applikation interagera på olika sätt med andra Bitcoin-relaterade applikationer även om de inte ens känner till varandra, helt enkelt för att de använder samma underliggande protokollstack. Detta står i kontrast till dagens betalningsnätverk, som mestadels fungerar som stängda, icke-kompatibla system. Bitcoin och Lightning som ett nätverk i flera lager kan fungera som bindväven till vilket betalningsekosystem som helst som väljer att ansluta sig till det.

Ett öppet protokoll med en nätverkseffekt har därmed en enorm potential att skalas upp, eftersom så många olika företag och individer kan bygga på det. Bitcoin innebär den första gången i historien som det finns ett stort monetärt protokoll som det går att öppet bygga vidare på, och som därför kan förbättras exponentiellt av utvecklare med nya idéer och som alla möjliga olika betalningsekosystem kan ansluta sig till så att de blir kompatibla med varandra.

KAPITEL 23

LIGHTNING-NÄTVERKET

I skrivande stund är det mest relevanta lagret ovanpå Bitcoins baslager Lightning-nätverket. Lightning-nätverket består av en serie kanaler för smarta kontrakt som körs ovanpå Bitcoins baslager.

Enskilda betalningar är mycket smidigare med kanaler än om de ska sändas ut till alla. Om du och jag genomför en transaktion med fysiska kontanter sker transaktionen direkt mellan oss; vi tillkännager inte transaktionen för hela världen. Lightning tar kontantkonceptet och lägger det ovanpå Bitcoins baslager, något som möjliggjordes genom en soft fork 2017 kallad SegWit.

Resultatet är ett mycket snabbare, mer skalbart, billigare och mer privat globalt betalningssystem, även om det omfattas av vissa kompromisser och begränsningar jämfört med att genomföra transaktioner direkt på Bitcoins baslager.

Det har talats om kanalbaserade betalningar på Bitcoin sedan nätverkets tidiga dagar. Den ursprungliga vitboken för Lightning-nätverket skrevs 2015, och de första versionerna av det för användning med riktiga bitcoin lanserades i början av 2018, några månader efter det att SegWit-uppdateringen aktiverades.[346] Utvecklarna begränsade avsiktligt programvarans kanalstorlek i början, för att växa sakta och testa saker och ting på ett säkert sätt.

Sedan dess har nätverket fungerat och vuxit, och i slutet av 2020 nådde det en nivå av likviditet, användbarhet och kritisk massa som blev ganska intressant för mig ur ett makroekonomiskt perspektiv. Vid den tidpunkten

---

346 Joseph Poon och Thaddeus Dryja, *The Bitcoin Lightning Network: DRAFT Version 0.5*. Se även Poon och Dryja, *The Bitcoin Lightning Network: Scalable Off-Chain Instant Payments*, vilket ofta betraktas som det officiella Lightning-whitepaper.

började jag omfatta Lightning i min research, och under åren sedan dess har nätverket fortsatt att växa i snabb takt.[347]

BEGRÄNSNINGEN HOS SÄNDNINGSNÄTVERK

Att använda ett sändningsnätverk för att köpa en kopp kaffe på vägen till jobbet varje morgon är ett koncept som inte är särskilt skalbart. Det är meningen att en blockkedja ska vara en oföränderlig offentlig liggare. Är det verkligen nödvändigt att du sänder dina kaffetransaktioner till tiotusentals noder världen över så att de sparas i en distribuerad databas i oändlighet?

Föreställ dig till exempel att vartenda e-postmeddelande som skickas på internet måste kopieras till allas servrar och sparas där i stället för att bara skickas till mottagaren. Även om vi skulle kunna anonymisera meddelandena och därmed lösa integritetsproblemen skulle det vara otroligt ineffektivt. Och ändå är det på det viset som vissa blockkedjor med hög genomströmning och stora noder försöker fungera, fast med pengar.

Tänk om jag i stället kan öppna en kanal ovanpå sändningsnätverket, betala för saker som bara jag och säljaren känner till och sedan stänga kanalen, utan att sådana enskilda betalningar registreras i en oföränderlig offentlig liggare.

Ett nätverk som försöker skala upp transaktionsgenomströmningen på det sändningsorienterade baslagret genom att avsevärt öka blockstorleken och/eller blockhastigheten blir mindre decentraliserat. Nodkraven blir absurt höga, vilket i sin tur gör nätverket till en centraliserad databas med ett fåtal enorma noder. Ändringar av systemets grundläggande regler kan när som helst göras om bara en handfull stora nodoperatörer är överens, och därmed går det att ändra på alla nätverkets regler, inklusive antalet monetära enheter, och det blir enklare att censurera transaktioner. Det blir väldigt svårt med integritet; olika aktörer skulle kunna spåra din förmögenhet och betalningshistorik, vilket är illa nog i en ofarlig miljö men fullständigt fruktansvärt i en auktoritär miljö, som hälften av världen lever i.

Vidare är en kanaltransaktion nästan alltid snabbare än en transaktion på ett sändningsnätverk, eftersom tar längre tid för den sistnämnda att spridas genom nätverket, även på blockkedjor med snabba blocktider.

Därför är alla blockkedjor som försöker skala upp transaktionsgenomströmningen för mycket på baslagret bristfälliga i grunden. Bitcoin Cash, Bitcoin Satoshi Vision, Litecoin, Dogecoin och liknande kryptovalutor gör alla för stora uppoffringar och blir för centraliserade, för att åstadkomma någonting som är teknologiskt ologiskt med avseende på skalbarhet och integritet.

---

347 Se till exempel Lyn Alden, *Analyzing Bitcoin's Network Effect.*

Det enda sättet att skala upp utan att offra decentraliseringen är att använda sig av flera olika lager. Som beskrivits i det föregående avsnittet kan användare då välja sin egen lösning, alltså det eller de lager som bäst passar deras behov.

EN GRUNDLÄGGANDE GENOMGÅNG AV LIGHTNING-NÄTVERKET

Föreställ dig att du och dina vänner spenderar en lång kväll på en dyr restaurang. I stället för att ni ska betala för varje rätt eller varje drink, serverar de flesta restauranger allt ni beställer under kvällen och ber er betala hela notan genom en enda stor transaktion. Men det betyder att restaurangen till viss grad måste lita på er.

Föreställ dig nu att restaurangen i stället tar dina kreditkortsuppgifter vid måltidens början, och sedan läggs allt du beställer till på din nota. Vid kvällens slut får du kvittot av servitören, du skriver under det och sedan dras pengarna från kreditkortet som du redan tillhandahållit.

På så sätt har du och restaurangen upprättat en betalningskanal med varandra. Det uppstår en viss friktion vid tillfället då notan upprättas och vid tillfället då notan stängs, men mellan dessa ögonblick finns det inte någon betalningsfriktion för enskilda rätter eller drinkar eftersom du bara behöver tala om för servitören vad du vill ha så serverar han det.

Det är så Lightning-nätverket fungerar, men utan att använda kredit. Jag kan öppna en kanal med dig med hjälp av en transaktion på Bitcoins baslager. Detta är en tidslåst kanal som kräver två av två signaturer, det vill säga vi måste vara överens om att öppna den, men tack vare tidlåset fungerar det så att både du och jag själva kan stänga kanalen (även om det är snabbare och lättare om vi stänger den tillsammans). När kanalen är öppen kan vi genomföra transaktioner fram och tillbaka så mycket vi vill – så länge det finns tillräcklig likviditet i kanalen – tills en av oss eller båda två bestämmer sig för att stänga kanalen genom ytterligare en transaktion på Bitcoins baslager.

Till skillnad från en restaurangnota är en Lightning-kanal inte baserad på kredit. När kanalen öppnas låses pengarna i den, och reglerna upprätthålls av den decentraliserade globala programvaran. Betalningar inom kanalen uppdateras inom några sekunder, och den löpande notan kan avslutas genom att endera parten stänger kanalen för att stämma av med baslagret, då båda parterna får sitt aktuella saldo. Det finns inte någon skuld och inga löften om att betala vid ett senare tillfälle. Det är som att direkt föra över pengar till restaurangens konto genom kanalen varje gång man beställer något. Den enda indirekta formen av kredit är gränsen för hur många kanaler som kan stängas per tidsenhet, på grund av Bitcoins ändliga blockutrymme, vilket innebär att inte alla Lightning-kanaler kan stängas inom en kort tid. Stängningen av en Lightning-kanal innebär också en transaktionsavgift.

Låt oss nu ta det hela ett steg längre. Alice har en nota hos restaurangen, och en annan person vid ett annat bord, Bob, har också en nota hos samma restaurang. Om Bob har spenderat alla sina pengar men inser att han måste betala för en taxi hem, kan Alice be restaurangen att dra pengar från hennes nota och ge dem till Bob. Alice kan betala Bob via restaurangen, och Bob kan betala Alice via restaurangen, trots att Alice och Bob inte vet någonting om varandra och inte har någon direkt betalningskanal mellan sig. Det de har gemensamt är att båda har en betalningskanal öppen med restaurangen.

Lightning-nätverket gör samma sak, i större skala och utan kredit. Figur 12.1 visar ett exempel. Om användare A vill skicka en betalning till användare P, kan hon göra detta genom att skicka betalningen från A till C till E till J till L till P. Varje mellanliggande nod kan ta en mycket liten avgift, kanske en bråkdel av en penny, eftersom det är lätt att automatisera. Hon behöver inte upprätta en kanal direkt med användare P.

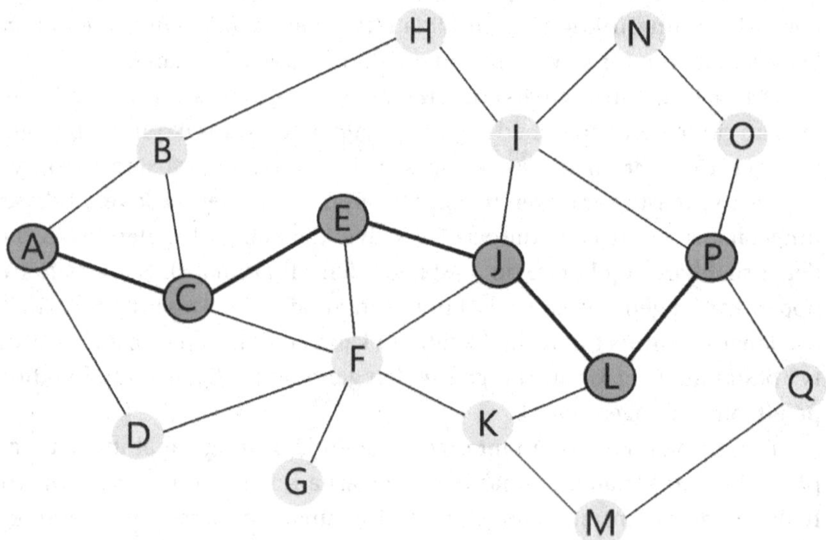

Figur 23.1
Nätverk av noder.

Eftersom Lightning-nätverket använder denna så kallade "onion routing"-teknik vet inte nödvändigtvis de mellanliggande noderna var betalningen kommer ifrån eller vart den är på väg. Nod J får till exempel bara veta att den ska "skicka denna betalning från E till L".

Resultatet av detta nätverk av kanaler är att en transaktion på baslagret för att öppna en kanal ger dig tillgång till många enskilda betalningar till olika separata användare. Således kan Bitcoin skalas upp ganska avsevärt.

Föreställ dig ett globalt system med ett enormt antal sammankopplade Lightning-noder. Vem som helst kan ansluta sig till nätverket med en ny nod och börja upprätta kanaler. Alternativt ger många förvaringstjänster sina användare tillgång till nätverket genom sina noder och kanaler.

Eftersom nätverket är effektivt ligger transaktionsavgiften ofta på en penny eller mindre. Detta gör det möjligt att genomföra mikrobetalningar och frekventa machine-to-machine-transaktioner. Det är mycket lättare för ett AI-program att kontrollera en bitcoinplånbok, Chaums bitcoinrelaterade e-cash-token eller en Lightning-kanal (en tillståndsfri aktivitet med öppen källkod) än att kontrollera ett bankkonto (en aktivitet med stängd källkod som kräver tillstånd). Ett tillräckligt avancerat program som ges ett antal uppgifter kan skapa en plånbok, tjäna eller få lite bitcoin och sedan fastställa att det behöver spendera dessa bitcoinenheter på ett produktivt sätt för att slutföra sina uppgifter. Till exempel kan programmet köpa ytterligare molnbaserad processorkraft eller köpa tillgång till vissa API:er eller data. Med tillräckligt avancerad programmering är det i nuläget svårt att förutse vad olika maskiner kan komma att betala varandra för i framtiden, och Lightning-nätverket möjliggör denna utveckling i en oöverträffad hastighet och effektivitet.

Det finns inte någon fast gräns för hur stort Lightning-nätverket kan bli eller för hur många transaktioner som nätverket kan hantera per sekund, utöver det faktum att det krävs en transaktion på baslagret för att öppna och stänga en kanal. Om Lightning-nätverket når en storlek på miljontals öppna kanaler i framtiden kan det teoretiskt sett hantera ett nästintill obegränsat antal peer-to-peer-transaktioner per sekund. Det finns dock en övre gräns för hur många kanaler som kan öppnas och stängas under en viss tidsperiod, beroende på hur hög andel av transaktionerna på Bitcoins baslager som används för att öppna och stänga Lightning-kanaler.[348] Framtida utvecklingar kan göra det möjligt för flera deltagare att dela på en kanal och därmed öka skalbarheten betydligt. Förvarare, däribland både vanliga kontobaserade finansiella tjänster och sådana som använder sig av en mer automatiserad och tillståndsfri e-cash-teknik, har redan i dag möjlighet att låta flera personer dela på samma Lightning-kanal och därmed skala upp nätverket till miljardtals människor, men detta kräver tillit från användarna.

---

348 Bobby Shell, *How Many Transactions Can the Lightning Network Handle?*

Även om den här typen av nätverk har sina begränsningar, särskilt under denna tidiga utvecklingsfas, så fungerar det bra för betalningar. Peer-to-peer-kanaler är bättre än sändningsnätverk för små enstaka transaktioner eller för anslutningar mellan separata betalningsekosystem. De är snabba, billiga och relativt privata.

Dessutom kan nätverket hantera transaktioner som är mycket mindre än vad betalningsnätverk som Visa och Mastercard kan hantera. Med Lightning kan en användare skicka en betalning på bara några få penny, eller ännu mindre. Detta möjliggör nya tillämpningar som inte är möjliga med kreditkort, som snabba machine-to-machine-betalningar eller mikrobetalningar som en skräppostförhindrande teknik.

Alla dessa funktioner, inklusive baslagret och kanalerna ovanpå baslagret, är globala och tillståndsfria. Användare kan utnyttja dem utan att be om tillstånd från en bank eller någon annan central aktör. För att förhindra detta skulle staten behöva tala om för sina medborgare att det är olagligt att använda vissa typer av ofarliga, kostnadsfria programvaror med öppen källkod som går att köra på en vanlig laptop – och sedan hitta ett sätt att kontrollera detta på.

IMPLEMENTATIONER OCH APPAR

Likt Bitcoinnätverket styrs inte heller Lightning-nätverket av något företag.

Nätverket grundar sig på ett överenskommet minimalt protokoll, som utvecklare av Lightning-nodprogramvara måste hålla sig till om de vill kunna interagera med varandra och nätverket. Dessa standarder är ungefär som grundläggande e-poststandarder eller internetstandarder som olika program kommunicerar med, och de överlever så länge nätverkseffekten kring protokollet står stabil.

Lightning-nodprogramvara kallas en Lightning-implementation. Lightning Labs, Blockstream, ACINQ och Block, Inc. är de företag som utvecklar de fyra huvudsakliga Lightning-implementationer som olika utvecklare använder sig av i dagsläget, men det finns även andra.

Om du själv vill vara mer direkt involverad kan du välja vilken implementation du använder, anpassa en implementation eller till och med skapa en egen implementation. Eftersom detta är ett protokoll med öppen källkod finns det inte någon portvakt som kan stoppa dig från att bygga din egen Lightning-implementation och använda den för att interagera med resten av nätverket.

Företag kan införliva dessa Lightning-implementationer i användarvänliga appar. En slutanvändare använder vanligtvis inte en Lightning-implementation direkt, utan använder en mobilapp genom vilken det går att ansluta till nätverket men som döljer de flesta tekniska detaljer från användaren, inklusive information om vilken Lightning-implementation det är som används.

LIKVIDITET OCH NÄTVERKSEFFEKTER

Den främsta begränsningen för ett nätverk som bygger på enskilda kanaler är likviditet.

Om det finns ett hundratal deltagare kan det vara svårt att hitta en rutt som kopplar samman två godtyckliga noder och som har tillräcklig likviditet i varje enskild kanal längs rutten för att betalningen ska gå igenom. Många betalningsrutter kommer inte att fungera. Pengarna kommer inte att gå förlorade, men transaktionen kommer inte att inledas. Nätverket blir begränsat och användarupplevelsen blir dålig.

När det finns tiotusentals, hundratusentals eller miljontals deltagare, och när det genomsnittliga saldot i kanalerna är högre, finns det många möjliga vägar mellan nätverkets olika punkter. Det blir mycket enklare och mer tillförlitligt att genomföra en betalning från vilken punkt som helst till vilken annan punkt som helst i nätverket.

I Lightning-nätverket är det så att ju större betalning du vill skicka, desto svårare är det att hitta kanaler som sammantaget har tillräcklig likviditet för att hantera betalningen. Till exempel är det lätt att skicka motsvarande 25 dollar mellan två punkter i nätverket, eftersom programvaran bara behöver hitta ett antal sammankopplade noder som har en likviditet på minst 25 dollar vardera i den riktning du vill att betalningen ska gå. Däremot är det svårare att skicka motsvarande 2 500 dollar till många destinationer eftersom det finns färre kanaler med så hög likviditet, och i stället kanske betalningen måste delas upp och skickas parallellt genom flera olika vägar. Det måste alltså finnas flera olika möjliga vägar mellan din nod och målnoden. Dessutom kan det vara så att själva målnoden inte har tillräcklig ingående likviditet för att kunna ta emot en så stor betalning.

Ju fler kanaler det finns och ju större kanalerna är, desto enklare blir det att skicka större betalningar.

På grund av denna dynamik var Lightning-nätverket inte bara en strömbrytare som kunde slås på och fungera perfekt från dag ett. Det är ett nätverk som har byggts upp omsorgsfullt, kanal efter kanal, under flera år. De tidiga användarna var utvecklare och personer med en stor övertygelse som kämpade sig igenom ett svåranvänt nätverk, och inte förrän efter flera års arbete blev det relevant för en vanlig användare som bara är ute efter billiga och snabba betalningar.

Dessutom var man tvungen att utveckla verktyg längs vägen för att göra det lättare för nodoperatörer att hantera likviditet på ett optimalt sätt. Dessa verktyg har blivit bättre, men är ännu under utveckling. Något att påpeka är att kvaliteten på likviditeten kan vara viktigare än mängden likviditet i ett kanalnätverk. Det finns mått som "Bos Score" som rankar noder inte bara utifrån storlek, utan även utifrån ålder, drifttid, närhet till andra noder av hög kvalitet och andra tillförlitlighetsmått. Som Elizabeth Stark från Lightning Labs beskriver det, är Bos Score som en kombination av Google PageRank och ett kreditbetyg från Moody's.[349]

Lightning har inneburit en betydande förbättring av Bitcoinnätverket, då det har gett användare möjligheten att genomföra mycket snabbare betalningar som ändå drar nytta av säkerheten hos det underliggande Bitcoinbaslagret. Jag förväntar mig att det kommer att fortsätta förbättras, och med tiden tror jag att andra protokoll, som Fedimint, kommer att göra Lightning än mer användarvänligt för icke-tekniska användare.

Med tiden kommer vi att få se vilka lager och skalningsmetoder som kommer att utvecklas och vinna bred acceptans för fler användningsområden.

---

349 Lyn Alden, *A Look at the Lightning Network*.

KAPITEL 24

PROOF-OF-WORK KONTRA PROOF-OF-STAKE

I ett tidigare kapitel av denna bok diskuterades olika kompromisser när det gäller blockkedjeutformning med avseende på hastighet, genomströmning, integritet, expressivitet och energi. Det är värt att ägna ett par kapitel åt den energi som krävs för att genomföra transaktioner på blockkedjan och för att upprätthålla en icke-förfalskbar historik, då detta är ett mycket viktigt ämne där kunskaperna ofta brister.[350]

Som alternativ till Bitcoinnätverkets energiförbrukning har ett flertal olika konsensusmodeller föreslagits och implementerats, varav proof-of-stake-systemen är de vanligaste. Proof-of-stake-system använder befintliga innehavare av blockkedjans kryptovaluta som validatorer för att lägga till nya transaktionsblock i blockkedjan. Det finns intressanta aspekter av dessa system, men de gör enorma kompromisser jämfört med proof-of-work-system.

I korta drag är det energitillförseln till en blockkedja som gör att nätverket i så hög grad som möjligt kan minska behovet av styrning. Om blockkedjans utformare eliminerar energi som en faktor ökas styrningen av nätverket betydligt, vilket åtminstone delvis motverkar själva syftet med en blockkedja. Energi är en neutral sanningssägare, och i detta kapitel går jag in i detalj på varför det är så.

PROOF-OF-WORK

Som beskrivits i ett tidigare kapitel har Bitcoinnätverket programmerats till att skapa ett nytt block i snitt var tionde minut och att koppla detta block

350 Dessa avsnitt är baserade på Lyn Alden, *Proof-of-Stake and Stablecoins: A Blockchain Centralization Dilemma*; och Alden, *Bitcoin's Energy Usage Isn't a Problem. Here's Why*.

till blockkedjan, som sedan starten 2009 har vuxit till att nu bestå av hundratusentals block.

Ett nytt block skapas av en bitcoinminer (en specialiserad dator), som bidrar med processorkraft (och därmed elektricitet) för att lösa ett kryptografiskt pussel som skapats av det föregående blocket. Den aktör som löser pusslet kan skapa ett nytt block, inkludera tusentals Bitcointransaktioner som står i kö i detta nya block och koppla det till blockkedjan. Det är så transaktionerna ordnas och så liggaren uppdateras. Nätverket är programmerat till att sikta på en genomsnittlig blocktid på tio minuter, så att ett block med tusentals transaktioner kopplas till blockkedjan i snitt var tionde minut.

Processorerna gissar på lösningar av pusslet som det föregående blocket lämnat bakom sig, och enligt de stora talens lag fungerar det så att ju mer specialiserad processorkraft du har, desto fler block hittar du.

Om antalet miners i nätverket minskar och det i snitt tar längre än tio minuter att skapa nya block, har nätverket programmerats till att automatiskt göra pusslet enklare till en förutbestämd grad, så att det återigen tar i snitt tio minuter att skapa ett nytt block. Om i stället antalet miners i nätverket ökar och nya block kopplas till blockkedjan snabbare än i snitt tio minuter, gör nätverket pusslet svårare. Denna funktion kallas "svårighetsjusteringen". Justeringen sker automatiskt varannan vecka och är en av de största programmeringsutmaningar som Satoshi Nakamoto löste för att få nätverket att fungera ordentligt.[351]

Resultatet av denna utformning är att det hela tiden finns miljontals bicoin-miningmaskiner runtom i världen som försöker lösa pusslet och skapa nästa block, och det finns en naturlig återkopplingsmekanism som säkerställer att ett nytt block skapas i snitt var tionde minut oavsett hur mycket beräkningskapacitet som ansluter sig till eller som lämnar nätverket.

Under första halvan av 2021 förbjöds mining av kryptovaluta i Kina (som vid tillfället var överlägset störst i världen vad gäller koncentration av miners), och ungefär hälften av det globala nätverket av bitcoinminers försvann och började flytta till andra platser. Bitcoins betalningsnätverk saktade tillfälligt ner, men det fortsatte att ha en drifttid på 100 procent. Sedan aktiverades svårighetsjusteringen och nätverket återgick till dess målhastighet. Föreställ dig att de stora leverantörerna av molninfrastruktur, som Amazon eller Microsoft, fick veta med en veckas förvarning att de måste flytta hälften av sin serverkapacitet utomlands. De skulle troligtvis få problem med driften av sina tjänster under resten av året eller ännu längre än så, under tiden de flyttar och uppför hälften av sin infrastruktur på

351 van Wirdum, *The Genesis Book*, kapitel 15; Gladstein, *Financial Privilege*, 24-33.

nytt. Men Bitcoinnätverket fortsatte att fungera med 100 procents drifttid. Ironiskt nog syntes en betydande mängd miningaktivitet i Kina igen efter förbudets införande; inte ens deras auktoritära regering har lyckats få bort miningaktiviteten helt och hållet.[352] I skrivande stund pekar de flesta uppskattningar på att Kina är världens näst största miningland efter USA.

Om en miner skapar ett ogiltigt block, det vill säga ett som inte följer de överenskomna reglerna för det befintliga nodnätverket, avfärdar nätverket blocket. Om två miners skapar ett giltigt block nästan samtidigt blir vinnaren det block som nästa giltiga block kopplas till, så att den kedjan blir den längre (och officiella) blockkedjan. Om dessa andra block också de skapas nästan samtidigt avgörs vinnaren av det tredje eller fjärde giltiga blocket. Till slut vinner en längre kedja, då en större del av nätverket ser den och bygger vidare på den.

Denna process kallas "proof-of-work". Miljontals datorer använder elektricitet och specialiserade processorer som använder sin processorkraft till att gissa svaret på det kryptografiska pussel som det senaste blocket lämnar efter sig. Detta kan framstå som slöseri med energi, men det är det som håller systemet decentraliserat och som minskar behovet av mänsklig styrning. I det här fallet fungerar energi som en sanningssägare. Det finns inte någon central myndighet eller något oligopol av validatorer som bestämmer vad som är ett giltigt block eller en giltig uppsättning transaktioner eller vilken transaktion som inträffade före en annan transaktion. Blockkedjan med störst mängd arbete går när som helst att matematiskt verifiera och accepteras som sanningen av resten av nodnätverket – allt baserat på kod.

Blockkedjan med störst mängd arbete och som också uppfyller de konsensuskriterier som kontrolleras av Bitcoinnodnätverket är den blockkedja som accepteras som den globala konsensusliggaren.

Ju större mängd energi som aktivt förbrukas av Bitcoinnätverket, desto dyrare blir det för en aktör att uppnå och bibehålla över 50 procent av nätverkets processorkraft, vilket skulle innebära att denna aktör skulle kunna censurera transaktioner och/eller utföra olika former av dubbelspenderingsattacker. Många av de små andra blockkedjorna har fallit offer för sådana 51 %-attacker, men Bitcoin har ett mycket större och mer varierat miningekosystem, vilket än så länge har gjort det mycket motståndskraftigt mot attacker.

Satoshi Nakamoto valde att använda en proof-of-work-mekanism för transaktionssorteringen på grund av dess tillitsfria egenskaper, och han be-

352 Tanzeel Akhtar och Sidharta Shukla, *China Makes a Comeback in Bitcoin Mining Despite Government Ban*, Bloomberg, 17 maj 2022.

skrev det så här:

> Proof-of-work har den fina egenskapen att kunna vidarebefordras genom icke-betrodda mellanhänder. Vi behöver inte oroa oss över en spårbarhetskedja för kommunikation. Det spelar ingen roll vem som talar om vilken den längsta kedjan är, proof-of-work talar för sig självt.[353]

Den främsta fördelen med ett proof-of-work-system är att liggarens historik är icke-förfalskbar, såvida inte någon är villig och har möjlighet att lägga mer processorkraft än hela Bitcoinnätverkets historik på att ändra den. Återigen gav Satoshi en viktig insikt i detta:

> Nätverket tidsstämplar transaktioner genom att hasha dem till en löpande kedja av hash-baserat proof-of-work, vilket bildar ett register som inte kan ändras utan att göra detta proof-of-work på nytt. Den längsta kedjan fungerar inte bara som bevis på det bevittnade händelseförloppet, utan som bevis på att den kom från den största poolen av CPU-kraft.[354]

Hugo Nguyen beskriver i sin essä från 2018, "Work is Timeless, Stake is Not", effekten på följande sätt:

> Energi som förbrukas per block inte bara säkrar UTXO:erna [transaktionerna] som tillhör blocket, utan säkrar också retroaktivt alla globala UTXO:er som inträffat i tidigare block. Anledningen till detta är att det skulle vara omöjligt att återkalla tidigare UTXO:er utan att först återkalla det nuvarande blocket. Varje nytt block "begraver" alla befintliga UTXO:er under sig.[355]

Vi kan föreställa oss Bitcoins blockkedjeliggare som ett gigantiskt, decentraliserat, digitalt monument med uppgift att bevara den objektiva historien, byggt av processorkraft och ständigt växande. För att ändra på historien enligt Bitcoins konsensusmekanism måste en aktör ha tillgång till en ofattbar mängd energi och processorkraft i nuet.

PROOF-OF-STAKE HAR INTE EN ICKE-FÖRFALSKBAR HISTORIK

Proof-of-stake är ett system i vilket innehavare av kryptovalutan tillfälligt låser, eller "stakar", sina valutaenheter, använder dem för att rösta på skapandet av nya block och belönas med fler enheter om de lyckas skapa nya

353 Satoshi Nakamoto, *Re: Bitcoin Minting is Thermodynamically Perverse*, BitcoinTalk forum, 7 augusti 2010.
354 Nakamoto, *Bitcoin: A Peer-to-Peer Electronic Cash System*, 1.
355 Hugo Nguyen, *Work is Timeless, Stake is Not*, Medium, 12 oktober 2018.

block. I stället för att lägga elektricitet och processorkraft på att koppla nya block till blockkedjan, bevisar aktörerna att de har en betydande andel enheter låsta i nätverket och använder detta för att underteckna transaktioner.

Den främsta fördelen med ett proof-of-stake-system är att det gör att en liten blockkedja kan göra det kostsammare att genomföra så kallade "brute force"-attacker mot nätverket jämfört med om det skulle använt sig av ett proof-of-work-system. Det är inte särskilt kostsamt att utföra en 51 %-attack mot små proof-of-work-blockkedjor, då angriparen kan censurera nätverket eller återkalla de senaste transaktionerna. På en liten proof-of-stake-blockkedja är det svårt att genomföra en extern brute force-attack, eftersom den externa angriparen måste köpa en stor andel av valutaenheterna, vilket driver upp priset och därmed gör det ännu svårare för angriparen att få tag i tillräckligt många enheter för att lyckas med attacken.

En annan fördel med ett proof-of-stake-system är att man, genom att minska den externa kostnaden för att sortera transaktioner, kan använda denna insparade utgift till att bränna valutaenheter. Med andra ord kan man föra en deflationistisk penningpolitik. Systemet kan utformas så att det fortlöpande skapar ett betydande antal nya enheter som belöning för validatorerna, samtidigt som det bränner (förstör) enheter med extra transaktionsavgifter. Därmed undviks en inflationistisk penningpolitik och potentiellt uppnås en deflationistisk penningpolitik, så länge nätverket har fortsatt hög efterfrågan hos användare som är villiga att betala höga transaktionsavgifter.

Det finns dock ett flertal nackdelar med ett proof-of-stake-system, då det finns många fler angreppspunkter än i ett proof-of-work-system. Genom att nästan helt avlägsna sig själva från den fysiska världen blir proof-of-stake-blockkedjor evighetsmaskiner baserade på cirkulär logik, med låg feltolerans. När jag först började utforska proof-of-stake som ett koncept tyckte jag att det var mycket intressant, men ju mer jag undersökte det, desto mer insåg jag hur viktigt proof-of-work är i sammanhang där oföränderlighet verkligen spelar roll.

Den främsta (och oöverkomliga) nackdelen med ett proof-of-stake-system är att liggarens historik inte har en icke-förfalskbar kostnad. Liggaren består bara av en serie transaktioner som undertecknats av validatorerna (innehavare av blockkedjans valuta). Därmed kan vem som helst skapa ett nästintill oändligt antal alternativa transaktioner, det vill säga alternativa liggare, och det är omöjligt att titta på dem och avgöra vilken som är den "riktiga" historiken. Det går inte att bevisa vilka validatorerna var och vilka transaktioner de undertecknade.

Det närmaste man kan komma information om den riktiga historiken i ett proof-of-stake-system är om en nod aldrig någonsin går offline. Om noden körs från nätverkets start till dagens datum och aldrig är offline, och man tittar på vartenda block som skapats från starten, kan man hävda att man känner till liggarens riktiga och fullständiga historik. Men hur bevisar man detta för andra? Blir man den centrala auktoriteten och motverkar man därmed syftet med en decentraliserad blockkedja?

Möjligheten för en nod att kunna lämna och ansluta till nätverket utan att behöva förlita sig på tillit var så viktig för Satoshi att han nämnde detta i sammanfattningen av den ursprungliga Bitcoinvitboken från 2008:

> En renodlad peer-to-peer-version av ett elektroniskt kontantsystem skulle möjliggöra direktbetalning från en part till en annan utan att behöva passera genom en finansiell institution. Digitala signaturer utgör en del av lösningen, men de huvudsakliga fördelarna går förlorade om en betrodd tredje part alltjämt behövs för att förhindra dubbelbetalning. Vi föreslår en lösning av dubbelbetalningsproblemet som använder ett P2P-nätverk. Nätverket tidsstämplar transaktioner genom hashberäkning i en löpande kedja av hashbaserad proof-of-work, vilket bildar ett register som inte kan ändras utan att proof-of-work-arbetet görs om. Den längsta kedjan tjänar inte blott som bevis på ordningsföljden av händelser som iakttagits, utan fungerar även som bevis på att kedjan härrör från den största samlingen av CPU-kraft. Så länge majoriteten av CPU-kraft styrs av noder, som inte samarbetar för att angripa nätverket, genererar de den längsta kedjan och utkonkurrerar angripare. Nätverket självt behöver minimal uppbyggnad. Meddelanden är utsända efter bästa förmåga, och noder kan lämna och återansluta till nätverket som de vill, samt godtar den längsta proof-of-work-kedjan som bevis på händelser som inträffar när de är bortkopplade.[356]

Proof-of-stake-system ger upp denna möjlighet att kunna lämna och återansluta till nätverket utan att behöva förlita sig på tillit. Om en nod lämnar och senare återansluter till nätverket har den ingen möjlighet att veta hur liggarens sanna historik ser ut eller vad som hänt när den var bortkopplad. Om det finns konkurrerande versioner av liggarens historik finns det ingen möjlighet att avgöra vilken som stämmer. Man tvingas vända sig till någon auktoritet, någon nod som hävdar att den varit online hela tiden, och lita på den.

Men ännu värre är att till och med en nod som på något sätt lyckats vara online hela tiden sedan proof-of-stake-blockkedjans start, i en listig attack kan isoleras från större delen av nätverket. Hugo Nguyen beskriver i sin essä från 2018, "Proof-of-Stake, Private Key Attacks and Unforgeable

---

356 Nakamoto, *Bitcoin: A Peer-to-Peer Electronic Cash System*, 1.

Costliness the Unsung Hero", denna effekt på följande sätt:

> För det andra, och mycket viktigare, när PoW-nodprogramvaran har laddats ner är det förhållandevis säkert för PoW-nodoperatören att stänga av noden under en obestämd tidsperiod. Efter uppstartsfasen är PoW mycket tillståndsfritt: noder kan komma och gå som de vill. Det enda undantaget från detta är i händelse av hard forks, som kräver att nodoperatörerna upprepar uppstartsprocessen (ytterligare en anledning till att hard forks bör användas mycket varsamt och undvikas om möjligt).
>
> I kontrast till detta måste en PoS-nodoperatör, även med korrekt programvara nedladdad, regelbundet vända sig till betrodda tredjeparter för att säkerställa att han blir kvar på den officiella kedjan. Rädslan för att tappa kontakten med huvudnätverket och luras till fel kedja kommer att finnas kvar i oändlighet, möjligtvis långt efter det att de betrodda tredjeparterna har upphört att existera! Detta innebär en betydande försämring av säkerheten.[357]

Med andra ord måste vi i ett proof-of-stake-system oroa oss över spårbarhetskedjan för kommunikation, då proof-of-stake till skillnad från proof-of-work inte talar för sig självt. Gigi, den pseudonyma författaren av boken *21 Lessons*, sammanfattar skillnaden så här:

> Proof of work är inte bara användbart utan fullständigt avgörande. Tillitsfria digitala pengar fungerar inte utan det. Du måste alltid ha en förankring i den fysiska världen. Utan denna förankring är det omöjligt att ha en uppenbar, sanningsenlig historik. Energi är den enda förankringen vi har.
>
> Proof of work = lita på att fysiken fastställer vad som hände.
>
> Proof of stake = lita på att människor fastställer vad som hände.[358]

Detta tillitsproblem i en proof-of-stake-blockkedja gäller enskilda nodoperatörer, och därifrån utvidgas det till hela blockkedjan. Om det finns en bugg i nätverket och det ligger nere en stund, då uppstår ett uppenbart problem – inte en enda nod kan längre hävda att den varit online hela tiden.

År 2022 låg proof-of-stake-blockkedjan Solana oväntat nere vid fem olika tillfällen, och samma sak hände igen 2023. På grund av en sårbarhet i koden gick Binance Smart Chain (också ett proof-of-stake-system) avsiktligt offline en gång 2022. Dessa två blockkedjor tillhörde båda de tio främsta kryptovalutorna räknat i marknadsvärde när de gick offline. När validatorerna i ett sådant nätverk till slut åtgärdar problemet och startar om block-

357 Hugo Nguyen, *Proof-of-Stake, Private Keys Attacks and Unforgeable Costliness the Unsung Hero*, Medium, 3 april 2008.

358 Gigi, *A Failure to Understand Proof-of-work*, Twitter, 13 maj 2021.

kedjan, hur vet de var de ska starta om den ifrån? Liggaren har ju inte en självverifierbar, icke-förfalskbar historik. Vem som helst kan helt obegränsat skapa en alternativ historik till knappt någon kostnad alls, och det finns ingen möjlighet att bevisa vilken som är historiskt korrekt.

Svaret är att de styrs som ett oligopol; de stora validator-operatörerna går bokstavligt talat in i ett (chatt)rum och räknar manuellt ut varifrån blockkedjan ska startas om, baserat på deras egna register. Eftersom kraven för att köra en validator för dessa blockkedjor är förhållandevis höga och valutaenheterna är relativt koncentrerade, finns det ett ganska litet antal stora validerande aktörer som faktiskt spelar roll. Denna manuella styrningsprocess är alternativet om man vill undvika att använda energi direkt.

Som ett försök att lösa detta dilemma kan en proof-of-stake-blockkedja skapa regelbundna kontrollpunkter, så att om systemet skulle ligga nere går det att starta om från den senaste kontrollpunkten. Men detta leder till nya frågor: Vem avgör vilka kontrollpunkter som ska användas och var de ska förvaras? Varför skulle andra lita på dessa kontrollpunkter? Hittills har den bästa (och mest ironiska) lösningen på detta dilemma varit för proof-of-stake-system att regelbundet införa sina kontrollpunkter i Bitcoinblockkedjan, och därmed förlita sig på den icke-förfalskbara historiken hos ett decentraliserat proof-of-work-system.

En liknelse jag tycker om att använda för jämförelsen mellan proof-of-stake och proof-of-work är att de är som volatilt respektive icke-volatilt datorminne.[359] När du använder en dator interagerar du med två huvudsakliga typer av minne som tjänar olika syften.

Volatilt minne är mycket snabbt, men när det stängs av och startas om går alla data förlorade. Detta minne är avsett endast för kortsiktig minnesanvändning när du utför en uppgift. RAM (Random Access Memory) är en form av volatilt minne som många känner till. Konceptuellt är en proof-of-stake-blockkedja ungefär som denna form av minne. Om en nod lämnar nätverket och sedan återansluter till det kan noden inte själv avgöra varifrån den ska startas om, utan att förlita sig på en betrodd tredjepart. Om hela nätverket ligger nere och sedan startas om har deltagarna ingen möjlighet att avgöra vilken liggarens faktiska historik är och varifrån det ska startas om, utan oligopolistiska validator-operatörer möts för att nå en överenskommelse och startar manuellt om nätverket.

Icke-volatilt minne är inte lika snabbt, men när det stängs av och startas om sparas det minne som fanns före avstängningen. Därmed kan detta minne användas för långsiktigt sparande av data. Hårddiskar och SSD-minnen är ett par exempel som många känner till. Konceptuellt är en proof-of-work-

359 Lyn Alden, *What is Money, Anyway?*

blockkedja ungefär som denna form av minne. Om en nod lämnar nätverket och sedan återansluter till det kan den enkelt se sig om efter blockkedjor, identifiera den som innehåller mest processorkraft, direkt verifiera den och börja använda den. Om hela nätverket ligger nere och sedan startas om förstår noderna intuitivt hur den största blockkedjan ska identifieras och byggas vidare på. Denna blockkedja finns fortfarande kvar och är den med störst mängd verifierbar processorkraft och som följer nätverkets regler.

Det går att sammanfatta detta avsnitt genom att helt enkelt säga att proof-of-stake-system förlitar sig på cirkulär logik för att uppnå sina olika fördelar. I ett proof-of-work-system accepteras liggarens historik som den som följer nodnätverkets regler och innehåller störst mängd arbete. I ett proof-of-stake-system avgörs liggarens historik av kryptovalutans innehavare, och vilka de befintliga innehavarna av kryptovalutan är avgörs av liggarens historik. Denna cirkulära logik är anledningen till att ett proof-of-stake-system har en låg feltolerans, ingen icke-förfalskbar historik och ingen inneboende förmåga att återställas efter att nätverket legat nere utan oligopolistiskt beslutsfattande (mänsklig styrning) eller att regelbundet införa kontrollpunkter i ett proof-of-work-system.

PROOF-OF-STAKE ÄR MYCKET MER INVECKLAT

Ett proof-of-work-system är enkelt för att det talar för sig själv. Det finns ingen anledning att straffa dåliga miners som försöker validera fel kedja eller skapa ogiltiga block som inte följer nodnätverkets regler. Deras straff är helt enkelt att de har spenderat elektricitet på block som inte var giltiga eller inte inkluderades i den längsta kedjan, och därmed har de förlorat pengar. De åsamkar sig själva skada, och därför inträffar detta sällan avsiktligt. Det finns en konkret koppling mellan blockkedjan och verkliga resurser.

Proof-of-stake är mer invecklat eftersom det inte talar för sig självt. Det finns inte någon förankring i verkliga resurser, och systemet behöver ett sätt att bestraffa "stakers" som röstar på "fel" kedja. Dessutom behövs ett sätt att säkerställa att stakers inte röstar på alla möjliga kedjor (vilket inte går att göra i ett proof-of-work-system, då varje enskild "röst" kräver verkliga resurser). Så metoder som förlitar sig på proof-of-stake-konsensus är mer invecklade system, som försöker avlägsna valutaenheter tillhörande stakers som röstar fel och som har sätt att kontrollera om validatorer röstar på flera olika kedjor. Detta kallas "slashing".

Proof-of-stake-nätverk kräver minst tio gånger fler rader kod för att fungera eftersom ett sådant system, i stället för att låta energi fungera som en sanningssägare, använder sig av en invecklad serie cirkulära händelser för att försöka organisera liggaren och lösa dispyter. Genom att inte använda energi för att lösa grundläggande problem och injicera verklig entropi i systemet skapas andra problem, och genom att försöka lösa dessa problem skapas ännu fler problem, och så går det runt, runt.

I slutändan handlar det om styrning i ett proof-of-stake-nätverk. Utvecklare och innehavare av nätverkets valutaenheter är ledningen respektive aktieägarna i en bolagsliknande struktur.

Kombinationen av proof-of-work och svårighetsjusteringen var en sann innovation som möjliggjorde en decentraliserad och icke-förfalskbar transaktionssortering. Med andra ord skapade Satoshi Nakamoto en sann tidskedja med en icke-förfalskbar historik, och inte bara en blockkedja. Mekanismer som förlitar sig på proof-of-stake-konsensus återskapar i stället en bolagsstruktur i den digitala världen, inklusive denna strukturs behov av delvis centraliserad styrning eftersom det inte finns någon egentlig feltolerans. Proof-of-stake som en konsensusmekanism gör det möjligt att driva en blockkedja, men inte en sann tidskedja.

PROOF-OF-STAKE ÄR CENTRALISERANDE

Investerare som är bekanta med företag som sysslar med utvinning av naturresurser vet hur dålig avkastningen brukar vara på lång sikt. Dessa företag kanske visar fina resultat under årtionden med hög inflation, men under långa perioder däremellan tenderar gruvföretag att förstöra kapital och finansiellt prestera sämre än den råvara som de spenderar sina resurser på att bryta. Endast de allra bästa företagen presterar bättre.

Detta beror på att sådana gruvföretag knappt har någon kontroll alls över sina utgifter (som diesel och arbetskraft) eller över priset på produkten (råvaran de bryter). Låt oss ta en kopparbrytare som ett exempel. Företaget kan inte direkt välja vilket område det ska vara verksamt i, utan måste vara verksamt i ett område där det finns kopparfyndigheter. Företaget måste betala för arbetskraften, utrustningen och en stor mängd diesel, och företaget har begränsad kontroll över priset på allt detta. Vidare har företaget ingen som helst kontroll över priset på själva kopparn, vilket fluktuerar kraftigt beroende på den globala tillgången och efterfrågan.

Gruvföretag kan välja när de vill ta risker och investera mer pengar för att öppna en ny gruva, eller när de vill minska risken, minska investeringarna, stärka balansräkningen och så vidare. Men det är allt, och det är vad som skiljer ett bra gruvföretag från ett dåligt. När råvarupriserna är höga blir det mer lönsamt att bryta fyndigheter, vilket leder till att fler gruvföretag börjar lägga resurser på dessa fyndigheter. När råvarupriserna sedan går ner är många av dessa gruvföretag inte längre lönsamma, så de går i konkurs eller blir på annat sätt ekonomiskt svaga. Dessa är anledningarna till att gruvindustrin tenderar att ha kraftiga upp- och nedgångar.

En liknande situation gäller för miners av kryptovalutor. De köper de senaste specialiserade processorerna, uppför datacenter för processorerna och köper elektricitet. De kan vara verksamma där elektriciteten är billigast, men utöver detta har de inte någon större kontroll över priset på de olika komponenterna. När de har fått igång verksamheten genomför de sin mining av kryptovalutan, men har ingen kontroll över valutans köpkraft. Det är således en mycket svår verksamhet, och dessa företag blir oftast inte särskilt stora.

Större bitcoinminers kan minska vissa omkostnader i förhållande till verksamhetens storlek, men bara till viss del. Många av de billigaste formerna av strandad elektricitet och de mest produktiva användningarna av spillvärme finns nämligen endast i små mängder, vilket är fördelaktigt för mindre miners. Det sammantagna resultatet av dessa båda faktorer är att miners av kryptovaluta i ett proof-of-work-system tenderar att inte centraliseras särskilt mycket. I stället tenderar de att förbli decentraliserade och under ständig förändring.

I motsats till detta tenderar proof-of-stake-system att vara centraliserande och ha samma aktörer under lång tid. När en stor innehavare av systemets valuta har samlat på sig en betydande andel av valutaenheterna, blir en validator och börjar tjäna fler enheter inleds en resa mot exponentiellt högre andel av nätverket. Till skillnad från en proof-of-work-miner, som har höga och fluktuerande verkliga utgifter, ligger en proof-of-stake-validators utgifter för bibehållandet av valutaenheterna och validatorn på i princip noll. En sådan validator kan samla på sig nya valutaenheter från valideringen och sedan använda dessa nya enheter till att generera ytterligare nya enheter.

Precis som aktieinnehav tenderar att samlas hos samhällets översta 10 procent, och särskilt hos samhällets översta 1 procent (eftersom aktieinnehav ger avkastning och inte har någon underhållskostnad för en förmögen innehavare), tenderar valutaenheter i ett proof-of-stake-system att samlas hos de största innehavarna. Över tid innebär detta att nätverkets förmögnaste medlemmar får möjlighet att censurera nätverket, och de mindre användarna kan inte göra någonting åt saken.

Att en proof-of-work-blockkedja utsätts för en 51 %-attack av en grupp miners innebär givetvis ett problem, men ett problem som går att åtgärda. Andra deltagare, som de olika censurerade aktörerna på nätverket, kan tillverka eller anskaffa nya processorer, ansluta dem, öka nätverkets totala processorkraft och minska angriparnas totala processorkraft så att den inte längre utgör 51 procent av nätverket. Det finns ingen gräns för hur stor mängd processorkraft som kan anslutas och avcensurera nätverket, utöver begränsningen för de verkliga resurser som behövs. Med andra ord innebär en 51 %-attack på en proof-of-work-blockkedja "schack" men inte "schack matt".

Skulle ett proof-of-stake-nätverk å andra sidan utsättas för en censurattack av en majoritet av validatorerna (vilket i praktiken är ett mindre konsortium av de förmögnaste innehavarna av nätverkets valutaenheter, inklusive stora förvarare som slår samman mindre innehavares enheter och som precis som vanliga banker kan styras av staten), då har de censurerade aktörerna inte någon som helst möjlighet att avcensurera sina transaktioner utan att skapa en egen "fork". Under en attack får de största validatorerna (de som utför censurattacken) merparten av de nya valutaenheterna, och det finns inget annat sätt att få tag i nya enheter på för att minska angriparnas kontroll över nätverket. Såvida inte validatorerna kan övertygas eller tvingas att avcensurera nätverket, eller om extrema "forks" genomförs för att dela upp nätverket så att det på så sätt kan återhämta sig, innebär ovanstående scenario "schack matt".

Sammanfattningsvis har validatorer i en proof-of-stake-blockkedja låga eller inga driftskostnader, och därför tenderar nätverkets valutaenheter att koncentreras hos de förmögnaste aktörerna. Och om denna lilla förmögna grupp av någon anledning beslutar sig för att censurera vissa transaktioner finns det inte någon möjlighet – annat än genom en "fork" – att återta kontrollen och avcensurera dessa transaktioner. Proof-of-stake-validatorer bestämmer vilka som blir validatorer och om fler validatorer kan ansluta sig till nätverket. Därmed går det att ta permanent kontroll över nätverket. I motsats till detta kan proof-of-work-miners inte hindra andra miners från att lägga processorkraft och elektricitet på att skapa nya transaktionsblock. Därmed går det att tillfälligt ta kontroll över nätverket, men det går inte nödvändigtvis att ta permanent kontroll över det.

PROOF-OF-STAKE HAR BEGRÄNSAD DISTRIBUTIONSFÖRMÅGA

Förutom att sortera transaktioner och fungera som en decentraliserad tidsstämplingstjänst innebär proof-of-work-modellen att en blockkedja kan startas helt anonymt utan behöva anskaffa kapital. Det är det perfekta sättet att distribuera nätverkets valutaenheter när de först skapas.

När Satoshi Nakamoto skapade Bitcoin och släppte lös det i januari 2009 gjorde han det anonymt och utan att anskaffa kapital. Allt han gjorde var att publicera en vitbok, ett antal e-postmeddelanden och sedan programvaran med öppen källkod. Det är faktiskt ganska anmärkningsvärt att han avslöjade all viktig information innan han publicerade själva programvaran; det visar att han inte hade ett vinstmotiv. Den ursprungliga programvaran fungerade som en kombinerad nod-och-miner-klient, och alla bitcoinenheter härrör från detta program och dess olika bakåtkompatibla efterträdare. Tidiga användare spenderade en minimal mängd elektricitet från sina datorer för att köra programvaran och lade till nya transaktionsblock i blockkedjan för att producera nya valutaenheter åt sig själva.

Alla enheter i Bitcoinnätverket skapas när miners kopplar nya block till blockkedjan. Under de första 210 000 blocken (cirka fyra år) tillät nodprogramvaran att miners gav sig själva 50 enheter per producerat block, utöver eventuella transaktionsavgifter som avsändare betalat för att säkerställa att transaktionerna inkluderas i ett block. De nya enheter som skapas i varje block kallas "blocksubvention". Var 210 000:e block halveras automatiskt denna blocksubvention, och till slut kommer det inte att skapas några nya bitcoinenheter och minerintäkterna kommer att bestå enbart av transaktionsavgifter.

Förutom att denna blocksubvention fungerar som incitament att bidra med processorkraft till nätverket, är den också den funktion som distribuerar valutaenheterna. Satoshi gav inte sig själv några enheter. Han delade inte ut enheter till sina vänner. Han upprättade inte något investeringsavtal, han anskaffade inte kapital som säkerhet och han gav inte några enheter till kapitalgivare. I stället släppte han bara en öppen programvaruklient, och varenda spenderbar enhet måste tjänas genom att en användare bidrar med processorkraft till nätverket eller köpas av en användare som bidragit med processorkraft.

Proof-of-stake-blockkedjor saknar denna enkla självfinansieringsförmåga. Eftersom det är innehavarna av blockkedjans valutaenheter ("stakers") som skapar nya transaktionsblock i en proof-of-stake-blockkedja uppstår ett uppenbart problem: Vilka är de första enhetsinnehavarna? Inga transaktioner kan genomföras utan ett antal första enhetsinnehavare, men varifrån fick dessa första enhetsinnehavare sina enheter?

Ett vanligt svar är att utvecklaren upprättar ett investeringsavtal: investerare betalar på något sätt och får nätverkets första valutaenheter. Projektet inleds med andra ord som ett värdepapper. Ett annat alternativ är att skaparen eller skaparna distribuerar enheter till sig själva och sina vänner, eller att de skapar en mekanism som distribuerar enheter helt kostnadsfritt (vilket är väldigt svårt att göra på ett rättvist sätt).

När ett proof-of-stake-system är igång inleds den centraliserande process som beskrivits tidigare. De som har många enheter kan låsa dem, använda dem för validering av nya block och tjäna fler enheter i exponentiell takt, med minimalt behov av att någonsin spendera dem.

En proof-of-work-blockkedja tenderar att i sig vara distributiv. Enhetsinnehavare får inte nya enheter bara för att de har enheter; de kan endast tjäna nya enheter genom att ge något i utbyte (som pengar eller andra tillgångar de äger), eller genom att spendera energi och andra resurser på mining. Alla utgifter som en enhetsinnehavare har som person eller som företag kräver generellt att enheter säljs, såvida inte innehavaren har någon extern inkomstkälla som överstiger utgifterna.

En proof-of-stake-blockkedja tenderar att i sig vara koncentrerande. Enhetsinnehavare får nya enheter i proportion till mängden enheter de har om de låser dem (antingen själva eller genom en tredjepart som hanterar detta åt dem). Detta kräver lite till ingen resursförbrukning. Om avkastningen från denna "staking" överstiger utgifterna kan de tjäna nya enheter i exponentiell takt i oändlighet. Och detta är utöver eventuella externa inkomstkällor.

FINNS DET ANVÄNDNINGSOMRÅDEN FÖR PROOF-OF-STAKE-SYSTEM?

Enligt min analys är proof-of-stake-system inte de lämpligaste konsensusmekanismerna för att skapa robusta, decentraliserade globala pengar. Med andra ord är en proof-of-stake-blockkedja inte robust nog att producera "pengar för fiender" på en global, decentraliserad skala. Avsaknaden av en icke-förfalskbar kostnad för att bevisa liggarens korrekta historik är ett för stort problem att övervinna i det avseendet. Eftersom ett proof-of-stake-system inte kräver ett inflöde av energi krävs i stället ökad styrning, och därför blir systemet aktieliknande och olämpligt för geopolitiska utmaningar.

Men betyder det att det inte finns något användningsområde alls för proof-of-stake-system på lång sikt? För tillfället är mitt svar att jag inte vet.

En vanlig falsk slutledning är en så kallad "halmdocka", det vill säga en argumentation där den ena parten i stället för att argumentera mot den andra partens verkliga åsikter konstruerar en mycket enklare men felaktig version av motståndarens argument och argumenterar mot detta. Motsatsen till detta är en så kallad "stålfigur", vilket innebär att man konstruerar en så stark version som möjligt av argumentet – allra helst en version som är ännu mer övertygande än den som motståndaren redan har lagt fram – och argumenterar mot den eller medger att den har en poäng. Detta är en viktig övning om man vill vara intellektuellt ärlig.

En blockkedja, i synnerhet en verkligt decentraliserad sådan, är i grunden en databas som är liten nog att tusentals eller miljontals aktörer runtom i världen kan spara den på sina lokala enheter och hela tiden uppdatera den utifrån ett antal överenskomna regler.

En helt centraliserad databas har färre begränsningar eftersom den inte behöver vara liten. En stor tjänsteleverantör kan ha en enorm databas på en serverfarm. På så sätt kan saker och ting drivas väldigt effektivt, men till skillnad från en blockkedja kan inte externa aktörer direkt granska innehållet och eventuella ändringar som görs, och de har ingen som helst kontroll över databasen.

Dina konton på sociala medier ligger i ett företags databas. De kan raderas eller ändras, och det finns ingenting du kan göra åt saken. Du har ingen möjlighet att se vilka uppgifter företaget har om dig i sin databas. Samma sak gäller för dina bankkonton, ditt brottsregister, dina hälsouppgifter och alla eventuella molntjänster du använder dig av. Företag och myndigheter har databaser och kan ibland välja att bevilja dig åtkomst till dessa databaser, med begränsad behörighet. Dessa databaser är helt centraliserade, icke granskningsbara och lätta att göra ändringar i av organisationen som driver dem.

Som denna del av boken belyser, verkar det som att den bästa tillämpningen av en tillräckligt decentraliserad databas är som pengar. Pengar är en liggare, och ju öppnare och ju mer oföränderlig den är, desto bättre är den ur ett användarperspektiv. Möjligheten att förvara värde i en distribuerad liggare genom att helt enkelt spara eller memorera ett tal, och möjligheten att när som helst kunna överföra detta värde till andra, på ett sätt som miljontals andra deltagare känner igen och som ingen centraliserad aktör kan ändra eller stoppa eller devalvera, är otroligt fördelaktig.

Den är troligtvis också värdefull som en historisk tidskapsel. Det finns definitivt tillfällen då det är bra att kunna placera data på Bitcoinblockkedjan, om man är villig att betala avgifterna för detta. Dokument, böcker, bilder eller tidsstämplar från andra program kan läggas ut på blockkedjan, och även om detta kanske inte är bevis för att dessa data är objektivt sanna så kan det fungera som bevis för att ingen har manipulerat dem efter det att de lades ut på blockkedjan.

Utvecklare av proof-of-stake-plattformar för smarta kontrakt hävdar att det finns många fler potentiella tillämpningsområden som skulle gynnas av blockkedjetekniken, och inte bara pengar och små mängder oföränderliga data. Bland personer som handlar med och investerar i kryptovalutor kvarstår frågan: Vilka andra tillämpningsområden? Tokeniseringen av tillgångar och samlarföremål verkar ligga i främsta ledet, tillsammans med olika halvt decentraliserade sätt att handla med hjälp av smarta kontrakt.

Den främsta utmaningen är att ju fler funktioner en blockkedja har i baslagret, desto större blir databasen och desto mindre decentraliserad tenderar den att bli. Om en blockkedja inte är liten nog att användarna kan köra sina egna noder och interagera med nätverket utan en betrodd tredjepart, motverkas inte då själva syftet med blockkedjan?

Finns det nyanser av decentralisering som människor accepterar i utbyte mot fler funktioner? Och kan en sådan delvis decentraliserad blockkedja överleva attacker, dispyter och andra utmaningar på lång sikt? Då vi vet att det finns användningsområden för helt centraliserade databaser (som alla de olika sociala medierna, molnleverantörerna och andra system som vi regelbundet interagerar med) och användningsområden för helt decentraliserade databaser (som Bitcoin), finns det även användningsområden för "delvis centraliserade och delvis decentraliserade" databaser?

Om svaret är ja, då har vi ett starkt argument för att invecklade proof-of-stake-blockkedjor och liknande protokoll med smarta kontrakt inbäddade i baslagret kan komma att finnas kvar på lång sikt.

Sådana hypotetiskt delvis decentraliserade databaser skulle konceptuellt inte konkurrera med Bitcoin som en verkligt decentraliserad och i stort sett oföränderlig monetär tillgång på geopolitisk skala, men skulle de kunna existera bredvid Bitcoin som halvöppna operativsystem för appar som gynnas av delvis granskningsbarhet eller delvis decentraliserad styrning?

Om till exempel en databas till viss del styrs av en central organisation, men den har öppen källkod och är utformad på ett sådant sätt att dess innehåll oberoende kan backas upp och granskas i realtid av särskilda högpresterande externa noder, finns det en potentiell marknad för ett sådant koncept? Kanske för tokeniseringen av tillgångar? Och en federerad databas, alltså en databas som endast kan ändras om ett flertal stora organisationer samarbetar, eller som kräver proof-of-stake av stora (och oftast oligopolistiska) aktörer snarare än en enskild aktör? Skulle något sådant kunna ha ett långsiktigt värde?

I dag är det normala handelsfönstret för amerikanska aktier mellan 9.30 och 16.00, fem dagar i veckan, vilket sammanlagt blir 32,5 timmar. Eftersom en vecka har 168 timmar kan amerikanska aktier endast handlas under 19,3 procent av tiden. Till detta tillkommer ett antal högtider, vilket innebär att aktier kan handlas omkring 19 procent av tiden. Förmögna investerare kan handla utanför ordinarie börstid, men med mindre likviditet. Är det rimligt att entreprenörer undersöker möjligheterna att göra det möjligt att handla med aktier under de övriga 81 procenten av tiden? Och för alla? Jag tycker det.

Vidare tar det flera dagar att avveckla transaktioner med aktier och andra värdepapper. Tiden har minskat under årens lopp, men transaktionerna sköts fortfarande av gamla avvecklingssystem.[360] Tänk om varje transaktion skulle kunna avvecklas på ett par sekunder eller minuter. Och för

360 Carla Tardi, *Settlement Period: Definition, Process, SEC Rules*, Investopedia, 17 mars 2023.

värdepappersinnehavare i behov av likviditet – tänk om de med enkelhet kunde jämföra olika alternativ så att deras tillgångar kan användas till lån med säkerhet.

I utvecklingsländer är det en utmaning för de flesta människor (åtminstone utanför samhällets övre skikt) att ens få tillgång till aktier och andra värdepapper. Detta gäller både lokala och globala värdepapper. På 1990-talet blev det något enklare tack vare framväxten av onlinemäklare, och mäklare i form av mobilappar har gjort det ännu enklare under det senaste decenniet, men tillgångsproblemet finns kvar – särskilt när det gäller tillgång till aktier i ett annat land. Tänk om traditionella värdepapper som aktier och obligationer från hela världen, plus alla råvaror och valutor samt fast egendom, konst, privata företag och vissa digitala samlarobjekt, skulle kunna tokeniseras och göras tillgängliga för varenda människa med en smartphone, kunna handlas dygnet runt på en mängd olika börser, avvecklas på några få minuter och kunna användas som säkerhet på flera olika likviditetsplattformar. Precis som "stablecoins" skulle de fortfarande utfärdas centralt, men skuldsidan skulle vara ett digitalt innehavarinstrument, och ett ganska effektivt sådant.

Och tänk om det skulle kunna bli enklare för små företag att värdepapperisera sina tillgångar. Tänk om varenda enskild individ skulle kunna investera i en nyöppnad restaurang i närheten, i utbyte mot ett token som innebär rätt till en del av vinsten eller rabatter och förmåner för stamkunder. Detta skulle passa bra i en värld med hårda pengar. Om de flesta saker finansieras med tillgångar i stället för med skulder, skulle det inte bli enklare även för små aktörer att med hjälp av teknologin ge ut startup-värdepapper, och skulle det inte bli enklare att vid behov använda dessa tillgångar som säkerhet?

Tokeniseringen av fordringar på traditionella reala tillgångar i någon form är en rimlig utveckling, och det skulle innebära en uppgradering av de tekniska system som värdepapper använder sig av i dag. Vissa utvecklare tycker att denna teknologi bör finnas på sidokedjor till Bitcoin. Andra utvecklare anser att separata baslager passar bäst för detta. Ytterligare en grupp utvecklare tycker att det inte behövs en blockkedja alls för detta och att andra typer av distribuerade liggare skulle kunna erbjuda samma funktioner för centraliserade utfärdare av värdepapper.

Ur mitt perspektiv fungerar proof-of-stake-blockkedjor med smarta kontrakt eller blockkedjeliknande protokoll ungefär som aktier (värdepapper) i ett operativsystem, som konkurrerar med varandra avseende nätverkseffekt och tillförlitlighet. Det kan hända att det finns en global marknad för dem när det handlar om att på ett effektivt sätt möjliggöra utfärdandet av värdepapperstoken, ungefär som börsoperatörer och teknikplattformar fungerar i dag. Jag har inte några starka åsikter om detta, annat än att de inte är särskilt väl lämpade för att fungera som en robust form av globala pengar, på grund av avsaknaden av en icke-förfalskbar historik.

Ett stort problem på senare år har varit att så många riskkapitalister och tidiga utvecklare har dumpat oregistrerade kryptoprojekt av låg kvalitet på privata investerare, precis som investeringsbedragare dumpade öresaktier på investerare på 1990-talet. Vid normal riskkapitalinvestering binder grundare och investerare sitt kapital i 5–10 år innan de kan få ut likviditet genom en exit från startupbolaget de finansierade. Deras finansiella framgång hänger på företagets framgång. För att grundarna och de tidiga investerarna ska kunna få ut merparten av sina likvida medel måste antingen startupbolaget genomgå processen att bli börsnoterat, och måste då tillhandahålla en omfattande mängd upplysningar och riskanalyser, eller så köps företaget upp av ett större företag och granskas då av professionella analytiker och revisorer, eller så säljs onoterade aktier till andra ackrediterade investerare i privata överenskommelser. När det handlar om kryptovaluta har dock många grundare och riskkapitalister ägnat sig åt "snabb exit-likviditet". De binder alltså sitt innehav i kryptovalutan i ett par år, övertygar en börs om att erbjuda valutan för sina kunder, marknadsför valutan och dumpar den sedan på privata investerare utan att tillhandahålla några upplysningar. Detta är i många länder ett brott mot värdepapperslagstiftning och gör det möjligt för grundarna och riskkapitalisterna att bli rika även om projektet floppar bara några få år efter starten.

Precis som internet gjorde det enklare för människor att producera och distribuera sina egna böcker och sin egen musik, har alltså smarta kontrakt gjort det enklare för människor att producera och distribuera sina egna finansiella tillgångar. Och även om detta avlägsnande eller försvagande av "portvakten" kan vara stärkande, så innebär det också att en stor mängd projekt av låg kvalitet kommer ut på marknaden, vilket är något som potentiella kunder måste ta i beaktande. Och risken för att nyutgivna finansiella tillgångar är rena bluffprojekt är mycket högre än att nya böcker eller ny musik är det, och därför kan de ha en verkligt skadlig inverkan på människor som faller för bluffen. Som ett resultat har flera år av utgivning av kryptovalutor haft en mindre inverkan på skapandet av verkliga varor och tjänster än Kickstarter-kampanjer och liknande typer av crowdfunding har haft.

Av denna anledning tror jag att de flesta potentiella användare av värdepapperstoken, efter att ha sett tillräckligt många bluffprojekt, kommer att inse att de flesta är värdelösa och att ett värdepapperstoken med ett verkligt värde sannolikt är ett som erkänns av en registreringsmyndighet (för stora företag) eller som man själv har en viss inblick i, som ett lokalt företag (för små företag).

ENERGI SOM SANNINGSSÄGARE

Innan proof-of-work uppfanns, och särskilt innan Bitcoin uppfanns, var det möjligt att fritt kopiera i princip allt som var digitalt. Faktum är att detta var den huvudsakliga funktionen, det var inte en bugg. Det var detta som låg till grund för den enorma produktivitetsökningen inom programvara. Digitaliseringen av saker möjliggjorde en ökad spridning av dessa saker till en försumbar marginalkostnad.

Om någon lägger tid och resurser på att skapa en bok, en låt, en bild, en film, ett spel, en applikation eller något annat digitalt, då är skillnaden i kostnad för att distribuera det digitala objektet till hundratals, tusentals, miljontals eller miljardtals människor mer eller mindre försumbar.

Denna imponerande funktion skapar emellertid ett antal problem. Till exempel har programvaruföretag lagt flera decennier på att lista ut hur man gör för att säkerställa att enbart betalande kunder får tillgång till deras produkter, och har använt sig av exempelvis licensnycklar och molnbaserade konton för att minimera den olicensierade användningen. På liknande sätt har den enkla och globala spridningen av digitala musikfiler förändrat musikindustrins ekonomi i grunden. Under flera decennier har digital piratkopiering varit ett orosmoln för alla typer av innehållsproducenter.

Skräppost blev ett annat problem. Om det inte kostar något att skicka ett e-postmeddelande, att publicera ett inlägg eller att skapa ett konto, hur stoppar vi då någon från att dra nytta av detta eller från att utveckla ett program som gör detta upprepade gånger mycket snabbare än en människa kan? Det var problemet med den här typen av skräppost som Adam Back försökte lösa när han på 1990-talet uppfann Hashcash. Digital interaktion var så friktionslös att han uppfann proof-of-work-konceptet i syfte att skapa friktion, för att vissa digitala handlingar skulle medföra en liten kostnad i lämpliga fall.

Ytterligare ett problem är att folk utger sig för att vara någon annan. Vem som helst kan skapa ett onlinekonto på en plattform och hävda att man är någon annan. Robotar kan programmeras till att automatiskt göra detta i tusental. Med tillräcklig programmering kan artificiell intelligens göra det möjligt för människor att skapa hela falska gemenskaper, med unika personligheter och falska följare till dessa personligheter. Detta kan göras i biljontal och därmed vida överstiga antalet faktiska människor som interagerar med varandra online.

Nu på 2020-talet, som en aktiv användare av sociala medier och med långt över en halv miljon följare, utsätts jag ständigt för skräppost och människor som utger sig för att vara någon annan. Det är konstigt att detta problem än i dag, efter flera decennier, förblir olöst. Mina inlägg på Twitter (numera kallat X, ö.a.) får omedelbart dussintals automatiska svar från robotar, som borde kunna filtreras bort men som hittills har lyckats stå emot alla försök att göra det. Människor utger sig för att vara jag på Facebook, Instagram, YouTube och andra plattformar. Jag har kontaktat företagen bakom dessa sociala medier för att radera hundratals falska konton som utger sig för att vara jag, men nya skapas lika snabbt som de tas bort. En del av dessa konton har lyckats lura människor, genom att i mitt namn erbjuda dem tillgång till någon "exklusiv" investeringsmöjlighet och sedan bara försvinna med pengarna.

Och när artificiell intelligens nu gör det möjligt att skapa bilder, videoklipp, texter, program och annat till nästan ingen kostnad alls, då är det svårt att veta vilket innehåll som är genuint och vilket innehåll som är en falsk video eller personlighet. När vi ser en bild eller ett videoklipp som är viktigt ur ett affärsmässigt, socialt, politiskt eller geopolitiskt perspektiv, hur kan vi vara säkra på att det är en riktig bild eller ett riktigt videoklipp och inte en AI-genererad digital förfalskning?

Michael Saylor, medgrundare av och ordförande för MicroStrategy (numera kallat Strategy, ö.a.), som är ännu mer aktiv på sociala medier än jag, har ännu större problem än jag har. Han har många gånger beskrivit falska robotkonton som "spöken" eftersom man inte faktiskt kan veta om de är verkliga eller inte, och han har föreslagit att Bitcoinnätverket och relaterade proof-of-work-mekanismer bör användas för att filtrera bort skräppost och personer som utger sig för att vara någon annan. I ett tal 2022 beskrev han konsekvenserna av Bitcoin och proof-of-work på ett ganska målande sätt:

> De flesta människor inser inte detta, men Satoshi öppnade en portal mellan den fysiska och den digitala världen. Och energi började flöda in i cyberrymden, vilket gav liv åt en tidigare död värld bestående enbart av skuggor och spöken. [Han] förde in bevarandet av energi och materia, objektivitet, sanning, tid och konsekvens till den digitala världen, och gav mänskligheten äganderätt, frihet och suveränitet separat från den fysiska och politiska världen.[361]

Bitcoinnätverket använder energi till att eliminera behovet av centraliserad mänsklig styrning, åtminstone när det gäller pengar och andra former av information. Tillförseln av energi i form av processorkraft gör det möjligt för anonyma datorer och deras operatörer världen över att samarbeta för

361 Michael Saylor, *GALA 2022 Keynote Speech*.

att skapa och upprätthålla en global liggare med en objektiv händelsekedja. Nätverkets syfte är enkelt och så gott som obestridligt: blockkedjan med störst mängd inbäddad processorkraft, och som också följer de regler som de distribuerade nätverksnoderna kommit överens om, är den officiella liggaren.

Med andra ord är Bitcoin ett nätverk i vilket människor låter energi vara sanningssägaren när det gäller genomförandet av transaktioner, i stället för en centraliserad aktör som en bank eller ett techbolag eller en regering. Det är en automatiserad bokföring och en liggare som passar 2000-talet. Andra digitala världar som vi interagerar med kan vara anslutna till Bitcoinnätverket på olika sätt för att dra nytta av dess knapphet, så att de kan gynnas av det gränslösa värdeflödet och ta del av ett tillförlitligt register över historiska händelser, samtidigt som mängden skräppost och liknande minskar.

Till exempel kan någon skapa ett par nycklar - en publik och en privat - och bädda in den publika nyckeln i Bitcoinblockkedjan till en verklig resurskostnad för att täcka transaktionsavgifterna. Därefter kan personen verifiera att nyckeln verkligen tillhör honom/henne och använda den privata nyckeln, som är knuten till den publika nyckeln, för att signera allt digitalt innehåll som skapas eller auktoriseras. Samma princip gäller för stora journalistorganisationer som följer vissa integritetsstandarder. Detta gör det möjligt för människor att skilja mellan förfalskningar och autentiskt innehåll - åtminstone i den bemärkelsen att det går att verifiera att innehållet faktiskt har skapats av en individ eller organisation, även om det inte nödvändigtvis är objektivt sant. Tack vare den verkliga kostnaden kan inte en miljon bedragare använda liknande inbäddade nyckelpar på Bitcoinblockkedjan.

I en värld med tillräckligt avancerad artificiell intelligens, där det är i princip fritt att utge sig för att vara någon annan eller att producera förfalskningar, inser vi kanske att vi behöver proof-of-continuity (par av kryptografiska publika/privata nycklar) och proof-of-work (bevis på att verkliga resurser har spenderats för att ge tyngd åt ett givet par av en publik/privat nyckel) innan vi tar vissa typer av digitalt innehåll på allvar.

Dessutom kanske viss information anses vara viktig nog att det är värt att betala transaktionsavgifterna för att bädda in den direkt i Bitcoinblockkedjan, vilket gör att informationen är tillgänglig i ett bevisligen oförändrat skick så länge nätverket existerar.

KAPITEL 25

SÅ ANVÄNDER BITCOIN ENERGI

År 2017 publicerade Världsekonomiskt forum en artikel om hur Bitcoinnätverket år 2020 skulle kunna konsumera all världens energi.[362] Samma månad publicerade *Newsweek* en liknande artikel om samma ämne, och det gjorde även ett flertal andra mediekanaler och institutioner.[363]

De hade fel med en faktor på 1 000. År 2020 stod nätverket fortfarande för mindre än 0,1 procent av världens energiförbrukning. När jag skriver denna bok år 2022 och 2023 ligger nätverkets förbrukning fortfarande på en bråkdel av 1 procent.

Det har funnits gott om alarmistiska och faktamässigt felaktiga analyser av Bitcoinnätverkets energiförbrukning under årens lopp. I det här kapitlet tittar vi närmare på hur Bitcoin förbrukar energi och vilka typer av energi det tenderar att förbruka.[364] De viktigaste punkterna är att 1) Bitcoins energiförbrukning i det långa loppet är strikt begränsad av den nytta som nätverket tillhandahåller användarna och att 2) Bitcoin främst förbrukar strandad energi som annars hade gått till spillo.

MININGINTÄKTER: SUBVENTIONER OCH TRANSAKTIONSAVGIFTER

Genom att titta på de totala intäkterna för bitcoinmining får vi en bra bild av den övre gränsen för hur mycket nätverket sammantaget kan spendera på elektricitet per år. Elektricitet är minerns överlägset största driftskostnad; miners måste förbli solventa under flera år och kan därför inte spendera

---

362 Adam Jezard, *In 2020 Bitcoin Will Consume More Power Than the World Does Today*, World Economic Forum, 15 december 2017.

363 Anthony Cuthbertson, *Bitcoin Mining on Track to Consume All of the World's Energy by 2020*, Newsweek, 11 december 2017.

364 Detta kapitel bygger på Alden, *Bitcoin's Energy Usage*.

mer än de tjänar. Sedan har miners givetvis kostnader för utrustning, anläggningar och arbetskraft. Miners kan generera lite extra intäkter vid sidan av genom att köpa elanvändningsrättigheter till ett lågt pris och sedan sälja dem dyrt i händelse av elbrist, eller så kan de använda spillvärmen från processorerna på ett lönsamt sätt. Båda dessa exempel är produktiva.

När Bitcoin skapades var det utformat så att när en miner var tionde minut producerar ett nytt transaktionsblock fick den miner som producerade blocket 50 nyskapade bitcoin. Nätverket var förprogrammerat till att efter fyra år sänka belöningen till 25 nya bitcoin per block. Fyra år senare sänktes den till 12,5 bitcoin per block. Efter ytterligare fyra år sänktes belöningen till 6,25 bitcoin per block. Dessa nyskapade enheter kallas "blocksubventionen" och är för tillfället en bitcoinminers främsta intäktskälla.

Detta mönster kommer att upprepas vart fjärde år till dess att det inte finns några nya bitcoin att skapa, och det fasta taket på 21 miljoner bitcoin kommer att nås någon gång efter år 2100. Inom några få decennier kommer miners att få en försvinnande liten mängd bitcoinenheter för produktionen av nya block. Av det totala antalet bitcoin på 21 miljoner har nästan 19,5 miljoner redan skapats (över 19,8 miljoner i mars 2025, ö.a.).

Miners tjänar dock också transaktionsavgifter. Avsändare betalar transaktionsavgifter, denominerade i bråkdelar av bitcoin, för att säkerställa att transaktionen tar sig in på blockkedjan inom rimlig tid. I början var blocken ofta inte fulla, så transaktionsavgifterna var otroligt låga. I takt med att Bitcoin har blivit mer utbrett har block oftare blivit fulla, och transaktionsavgifterna har blivit en liten men mer betydande del av minerns intäkter.

Figur 25.1 visar Bitcoinnätverkets genomsnittliga marknadsvärde, de årliga minerintäkterna (inklusive blocksubventioner och transaktionsavgifter) samt andelen av marknadsvärdet som spenderas på minerintäkter varje år.

Intäkterna för bitcoinminers har ökat i en historiskt hög takt, men nätverket har alltid spenderat en mindre andel av marknadsvärdet på minerintäkter än det föregående året. Detta är inte ett beslut som fattats av någon centraliserad part, utan det är en kombination av de minskande blocksubventionerna och beslut som fattas av enskilda miners angående huruvida de ska fortsätta med miningen beroende på den rådande ekonomiska situationen.

De minskande blocksubventionerna är något som journalister och andra som inte förstår sig på algoritmen ofta missar. Resultatet blir att Bitcoins penningmängdstillväxt går ner, vilket också minerintäkternas andel av Bitcoins totala marknadsvärde gör, tills ett mer stabilt tillstånd uppnås grundat på enbart transaktionsavgifter.

Ironiskt nog är vissa analytiker och kritiker av nätverket oroade över att

Minerintäkter i procent av marknadsvärdet

År	Genomsnittligt marknadsvärde	Årliga minerintäkter	Procent av marknadsvärdet
2011	38,6 miljoner dollar	17,6 miljoner dollar	45,7 %
2012	80,0 miljoner dollar	21,1 miljoner dollar	26,4 %
2013	2,23 miljarder dollar	308 miljoner dollar	13,8 %
2014	6,76 miljarder dollar	785 miljoner dollar	11,6 %
2015	3,93 miljarder dollar	375 miljoner dollar	9,6 %
2016	8,95 miljarder dollar	571 miljoner dollar	6,4 %
2017	65,9 miljarder dollar	3,37 miljarder dollar	5,1 %
2018	129 miljarder dollar	5,50 miljarder dollar	4,3 %
2019	132 miljarder dollar	5,20 miljarder dollar	3,9 %
2020	205 miljarder dollar	5,01 miljarder dollar	2,4 %
2021	892 miljarder dollar	16,8 miljarder dollar	1,9 %
2022	535 miljarder dollar	9,51 miljarder dollar	1,8 %

Källa: Glassnode

Figur 25.1
Minerintäkter som procentandel av genomsnittligt marknadsvärde.

Bitcoin *inte kommer att använda tillräckligt mycket energi* för att förbli säkert i framtiden, när det främst förlitar sig på transaktionsavgifter. Jag ser inte det som någon större risk, men det är ett mer sannolikt problem än den motsatta situationen där nätverket använder för mycket energi (vilket är omöjligt, då nätverket endast kan använda energi på lång sikt om människor har mycket nytta av det).

Figur 25.2 visar bara den del av minerintäkterna som kommer från transaktionsavgifter, som utgör en del av den föregående tabellen.

Mineravgifter i procent av marknadsvärdet

År	Genomsnittligt marknadsvärde	Årliga mineravgifter	Procent av marknadsvärdet
2011	38,6 miljoner dollar	30 100 dollar	0,078 %
2012	80,0 miljoner dollar	64 900 dollar	0,081 %
2013	2,23 miljarder dollar	2,17 miljoner dollar	0,097 %
2014	6,76 miljarder dollar	2,44 miljoner dollar	0,036 %
2015	3,93 miljarder dollar	2,34 miljoner dollar	0,060 %
2016	8,95 miljarder dollar	13,6 miljoner dollar	0,152 %
2017	65,9 miljarder dollar	552 miljoner dollar	0,837 %
2018	129 miljarder dollar	284 miljoner dollar	0,221 %
2019	132 miljarder dollar	156 miljoner dollar	0,118 %
2020	205 miljarder dollar	326 miljoner dollar	0,159 %
2021	892 miljarder dollar	1,020 miljarder dollar	0,114 %
2022	535 miljarder dollar	141 miljoner dollar	0,026 %

Källa: Glassnode, Coin Metrics, Messari

Figur 25.2
Transaktionsavgifter som procentandel av det genomsnittliga marknadsvärdet.

Vi ser här att transaktionsavgifterna utgör en mycket liten del av Bitcoins marknadsvärde varje år. Det högsta året mätt i procent var 2017, under den bubblans topp. Effektivitetsförbättringar som SegWit, transaktionsgrupperingar och minskad användning av OP_Return har införts sedan 2017, så avgifterna har sedan dess varit relativt låga trots ökad användning av nätverket. När jag skriver detta i mitten av 2023 ser det ut som att avgifterna kommer att bli högre i år än 2022, vilket var ett år med ovanligt låga avgifter.

Bitcoinnätverket spenderar nu mindre än 2 procent av sitt marknadsvärde på minerintäkter varje år, varav en bråkdel av 1 procent utgörs av avgifter. År 2024 sker ytterligare en halvering av blocksubventionen, vilket kan leda till att minerintäkterna kommer att ligga på närmare 1 procent av marknadsvärdet, eller ännu mindre. År 2028 sker ytterligare en halvering, och igen år 2032. Efter det kommer blocksubventionen att vara så liten att en stor del av minerintäkterna kommer att utgöras av transaktionsavgifter, och minerintäkterna kommer sannolikt att utgöra mindre än 1 procent av marknadsvärdet. I detta skede kommer intäkterna att vara mer stabila , i stort sett enbart grundade på avgifter – en situation som är svår att simulera (eftersom situationen beror på nätverkets övergripande användning, nytta och omloppshastighet).

Eftersom vi inte kan veta med säkerhet hur detta stabila tillstånd kommer att se ut, då de marknadsdrivna transaktionsavgifterna kan variera, visar Figur 25.3 vilka förutsättningar som gäller för att vissa årliga minerintäkter ska uppnås. Potentiellt marknadsvärde för Bitcoin på lång sikt visas på den lodräta axeln och de årliga minerintäkterna i procent av marknadsvärdet visas på den vågräta axeln, så att läsaren kan se vad varje enskild kombination skulle ge för resultat avseende årliga minerintäkter.

	0,05 %	0,10 %	0,25 %	0,50 %	1,0 %	2,0 %
100 miljarder USD	50 mn USD	100 mn USD	250 md USD	500 mn USD	1 md USD	2 md USD
500 miljarder USD	250 mn US	500 mn USD	1,25 md USD	2,5 md USD	5 md USD	10 md USD
1 biljon USD	500 mn USD	1 md USD	2,5 md USD	5 md USD	10 md USD	20 md USD
5 biljoner USD	2,5 md USD	5 md USD	12,5 md USD	25 md USD	50 md USD	100 md USD
10 biljoner USD	5 md USD	10 md USD	25 md USD	50 md USD	100 md USD	200 md USD
20 biljoner USD	10 md USD	20 md USD	50 md USD	100 md USD	200 md USD	400 md USD
50 biljoner USD	25 md USD	50 md USD	125 md USD	250 md USD	500 md USD	1 bn USD
100 biljoner USD	50 md USD	100 md USD	250 md USD	500 md USD	1 bn USD	2 bn USD

Figur 25.3
Minerintäkter som procentandel av marknadsvärdet.

Om Bitcoin av en eller annan anledning inte växer, utan blir ett stillastående projekt eller ligger kvar runt det nuvarande marknadsvärdet strax under 1 biljon dollar (i mars 2025 ligger Bitcoins marknadsvärde på över 1,5 biljon dollar, ö.a.), då kommer minerintäkterna att minska betydligt från de nuvarande nivåerna eftersom blocksubventionerna minskar. På 2030-talet kommer intäkterna för bitcoinminers troligtvis att utgöra omkring 0,5 procent av marknadsvärdet eller mindre, så nätverket kommer att ligga kvar runt 2018–2020 års energiförbrukning eller mindre.

Om Bitcoin blir systematiskt viktigt, med ett nätverksvärde på 5 till 10 biljoner dollar (vilket skulle innebära ett pris per bitcoin på 250 000–500 000 dollar) och hundratals miljoner användare, då skulle årliga minerintäkter på 0,5 procent av marknadsvärdet vara 25–50 miljarder dollar. Detta skulle utgöra kanske 0,3 till 0,5 procent av världens energiförbrukning.

Om varje bitcoin skulle kosta skyhöga 1 miljon dollar och Bitcoin skulle ha ett enormt marknadsvärde på 20 biljoner dollar eller mer och ha miljardtals användare, då skulle årliga minerintäkter på 0,25 till 0,5 procent av marknadsvärdet vara 50–100 miljarder dollar. Detta skulle utgöra kanske 0,6 till 1,0 procent av världens energiförbrukning, vilket verkar rimligt för ett nätverk som används av miljardtals människor för flera olika ändamål – vilket det måste för att kunna nå ett så högt värde.

I sådant fall skulle Bitcoin vara stort nog att det sannolikt skulle ta en del energi som i dag används av det globala banksystemet, i stället för att öka den totala energiförbrukningen. Det finns tiotals miljoner människor som arbetar på banker och fintechbolag världen över, med energiintensiva kontorsbyggnader, kontorsmaterial, betalningsservrar och massor av administrativt arbete. Integrationen av programvara i baslagret av pengarna kan, precis som i andra områden, leda till effektivisering och minska behovet av arbetskraft och utrustning och fast egendom och omkostnader i vissa delar av den gamla infrastrukturen. Därmed skulle dessa mänskliga resurser och deras energiförbrukning frigöras för andra produktiva ändamål.

Vi kan även analysera dessa siffror utifrån den årliga transaktionsvolymen i stället för marknadsvärdet, vilket troligen är ett mer lämpligt och rättvisande perspektiv. Volymen är mer direkt kopplad till avgiftsmarknaden än vad marknadsvärdet är, men transaktionsvolymen är svårare att mäta än marknadsvärdet eftersom det går att mäta transaktionsvolymen på flera olika sätt.

Om till exempel en person skickar bitcoin från en adress som denna person kontrollerar till en annan adress som kontrolleras av samma person, ska detta räknas in i nätverkets transaktionsvolym? Blockkedjeanalysfirman Coin Metrics beräknar en justerad uppskattning av transaktionsvolymen på Bitcoinnätverket som exkluderar olika korta transaktionshopp (och räknar därför inte med många av börsernas förflyttningar av enheter i kallt förvar eller användningen av integritetsverktyg). Figur 25.4 visar nätverkets monetära omloppshastighet per år, beräknat utifrån ett genomsnittligt marknadsvärde och justerade årliga transaktionsvolymer.

Figur 25.5 är en tabell över Bitcoinnätverkets justerade transaktionsvo-

År	Genomsnittligt marknadsvärde	Årlig justerad volym	Justerad omloppshastighet (vol./mv)
2012	80 miljoner dollar	910 miljoner dollar	11,4
2013	2,23 miljarder dollar	22,0 miljarder dollar	9,9
2014	6,76 miljarder dollar	34,3 miljarder dollar	5,1
2015	3,93 miljarder dollar	32,4 miljarder dollar	8,3
2016	8,95 miljarder dollar	87,9 miljarder dollar	9,8
2017	65,9 miljarder dollar	671 miljarder dollar	10,2
2018	129 miljarder dollar	753 miljarder dollar	5,8
2019	132 miljarder dollar	673 miljarder dollar	5,1
2020	205 miljarder dollar	1,00 biljoner dollar	4,9
2021	892 miljarder dollar	4,67 biljoner dollar	5,2
2022	535 miljarder dollar	4,10 biljoner dollar	7,7

Källa: Glassnode, Coin Metrics, Messari

Figur 25.4
Bitcoins monetära omloppshastighet (baserat på justerad transaktionsvolym).

lym, årliga minerintäkter (både blocksubventioner och transaktionsavgifter) och andelen av den justerade årliga volymen som spenderas på minerintäkter varje år.

År	Årlig volym	Årliga minerintäkter	Procent av årlig volym
2012	910 miljoner dollar	21,1 miljoner dollar	2,319 %
2013	22,0 miljarder dollar	308 miljoner dollar	1,401 %
2014	34,4 miljarder dollar	785 miljoner dollar	2,284 %
2015	32,4 miljarder dollar	375 miljoner dollar	1,157 %
2016	87,9 miljarder dollar	571 miljoner dollar	0,650 %
2017	671 miljarder dollar	3,37 miljarder dollar	0,502 %
2018	754 miljarder dollar	5,50 miljarder dollar	0,730 %
2019	673 miljarder dollar	5,20 miljarder dollar	0,772 %
2020	1,00 biljoner dollar	5,01 miljarder dollar	0,501 %
2021	4,67 biljoner dollar	16,81 miljarder dollar	0,360 %
2022	4,10 biljoner dollar	9,51 miljarder dollar	0,232 %

Källa: Glassnode, Coin Metrics, Messari

Figur 25.5
Minerintäkter som procentandel av den justerade transaktionsvolymen.

Figur 25.6 visar samma tabell, men inbegriper endast transaktionsavgiftsdelen av minerintäkterna.

Av tabellen framgår att avgifterna var mycket låga fram till 2017. Det var då blocken började bli fulla regelbundet och en betydande avgiftsmarknad växte fram.

Nu när många effektiviseringar avseende blockutrymme har införts och nätverket fortsätter att växa, förväntar jag mig att potentiella framtida ökningar i transaktionsvolym kommer att skapa ett mer ihållande uppåtgående tryck på avgifterna runt slutet av 2020-talet. Detta kommer sannolikt att leda till högre transaktionsavgifter i genomsnitt, men dessa avgifter skulle ändå utgöra en mycket liten andel av den genomsnittliga transaktionsstor-

År	Årlig volym	Årliga mineravgifter	Procent av årlig volym
2012	910 miljoner dollar	64 899 dollar	0,007 %
2013	22,0 miljarder dollar	2,17 miljoner dollar	0,010 %
2014	34,4 miljarder dollar	2,44 miljoner dollar	0,007 %
2015	32,4 miljarder dollar	2,34 miljoner dollar	0,007 %
2016	87,9 miljarder dollar	13,6 miljoner dollar	0,015 %
2017	671 miljarder dollar	552 miljoner dollar	0,082 %
2018	754 miljarder dollar	284 miljoner dollar	0,038 %
2019	673 miljarder dollar	156 miljoner dollar	0,023 %
2020	1,00 biljoner dollar	326 miljoner dollar	0,033 %
2021	4,67 biljoner dollar	1,010 miljarder dollar	0,022 %
2022	4,10 biljoner dollar	141 miljoner dollar	0,003 %

Källa: Glassnode, Coin Metrics, Messari

Figur 25.6
Transaktionsavgifter som procentandel av den justerade transaktionsvolymen.

leken. Som nämnts tidigare verkar det som att 2023 blir ett år med högre avgifter än 2022, även om det inte är med i tabellen eftersom vi bara är halvvägs genom året.

Figur 25.7 visar Bitcoins potentiella justerade årliga transaktionsvolymer på lång sikt på den lodräta axeln och årliga mineravgifter i procent av den justerade årliga transaktionsvolymen på den vågräta axeln, så att läsaren kan se vilka förutsättningar som gäller för att de olika uppskattade årliga minerintäkterna ska uppnås.

	0,001 %	0,005 %	0,01 %	0,02 %	0,03 %	0,10 %
1 biljon USD	10 mn USD	50 mn USD	100 mn USD	200 mn USD	300 mn USD	1 md USD
5 biljoner USD	50 mn USD	250 mn USD	500 mn USD	1 md USD	1,5 md USD	5 md USD
10 biljoner USD	100 mn USD	500 mn USD	1 md USD	2 md USD	3 md USD	10 md USD
20 biljoner USD	200 mn USD	1 md USD	2 md USD	4 md USD	6 md USD	20 md USD
50 biljoner USD	500 mn USD	2,5 md USD	5 md USD	10 md USD	15 md USD	50 md USD
100 biljoner USD	1 md USD	5 md USD	10 md USD	20 md USD	30 md USD	100 md USD
500 biljoner USD	5 md USD	25 md USD	50 md USD	100 md USD	150 md USD	500 md USD
1 biljard USD	10 md USD	50 md USD	100 md USD	200 md USD	300 md USD	1 bn USD

Figur 25.7
Uppskattade minerintäkter som procentandel av den (potentiella) justerade volymen.

Det är svårt att säga hur Bitcoinnätverkets transaktionsvolym eller justerade volym på själva kedjan kommer att se ut några decennier in i framtiden. Det kommer att bero på en kombination av användningsgrad och monetär omloppshastighet. För tillfället används bitcoin främst som investering/sparande och i mindre utsträckning som betalningsmedel, och därför är omloppshastigheten på kedjan låg. Om vi skulle nå en vändpunkt där bitcoin är mer integrerat i finansiella institutioner skulle växelkursen bli mindre volatil och fler människor skulle använda bitcoin för betalningar. Då skulle dess monetära omloppshastighet kunna öka väsentligt, vilket skulle leda till att några av de högre energiförbrukningsuppskattningarna skulle uppnås (kanske över 1 procent av världens energiförbrukning) i utbyte mot ett enormt nyttovärde.

I dag uppskattas Bitcoinnätverkets elförbrukning släppa ut mindre mängd koldioxid än en rad olika saker som vi inte ens funderar över, som torktumlare och zinkproduktion. Om världen skulle bli 10 procent mer effektiv på att stänga av elektriska apparater som alltid står på när de inte används, då skulle vi spara mer elektricitet än vad Bitcoinnätverket förbrukar.[365]

Om Bitcoin verkligen lyckas och erbjuder sina användare nytta värd biljontals dollar, kan det potentiellt förbruka en årlig mängd energi som går att jämföra med dagens aluminiumproduktion. Med andra ord skulle nätverkets energiförbrukning, trots att det skulle användas av ett enormt antal människor och tjäna ett flertal olika syften som ett globalt monetärt nätverk, ändå kunna jämföras med andra industrier som vi normalt sett inte får moralisk panik över.[366]

ATT SKALA UPP MED HJÄLP AV LAGER OCH MISSUPPFATTNINGEN OM "KOSTNAD PER TRANSAKTION"

Bitcoinnätverket kan genomföra högst några hundratusen transaktioner på baslagret per dag. Ungefär fem transaktioner i sekunden. Den teoretiska gränsen har ökat något med tiden tack vare ett antal uppgraderingar som har förbättrat transaktionsdensiteten.

Denna transaktionsgräns jämförs ofta ofördelaktigt med kreditkortsnätverk, som kan genomföra tiotusentals transaktioner i sekunden. Kritiker påpekar därför ofta att Bitcoins energiförbrukning är mycket hög per transaktion, och därför är nätverket ineffektivt och bör undvikas av miljömässiga skäl.

Det första problemet med detta resonemang är det faktum att Bitcoin förbrukar energi oavsett om transaktionerna genomförs eller ej, då miners får blocksubventioner när de producerar nya block oavsett hur många transaktioner blocken innehåller. Ett sätt att se det på är att en betydande del av den energi som förbrukas helt enkelt används för att skydda nätverket mot transaktionscensur och blockomsortering, vilket är det som gör nätverket till ett attraktivt avvecklingssystem och en effektiv värdebevarare trots att det ännu befinner sig i ett tidigt stadie. Ett block kanske innehåller 1 200 transaktioner. Nästa block kanske innehåller 2 500 transaktioner. Blocket efter det kanske innehåller 1 800 transaktioner. Under skapandet av dessa

---

365 Rachel Rybarczyk et al., *On Bitcoin's Energy Consumption*, 4.
366 Nic Carter, *Debunking 'Bitcoin Wastes Energy'*, 14:14–17:20.

block är samma antal miners anslutna till nätverket och förbrukar ungefär samma mängd elektricitet, oavsett om blocken är fulla eller ej. Och varje nytt block bidrar till skyddet av alla tidigare transaktioner, hela vägen tillbaka till det första blocket.

Ditt val att genomföra en transaktion eller inte har inte någon större inverkan på mängden energi som Bitcoinnätverket förbrukar vid tillfället. Bitcoins energiförbrukning kommer från den energi som miners lägger på att få blocksubventionen och transaktionsavgifterna, som denomineras i bitcoin och därför beror på värdet per bitcoin, vilket främst beror på att människor sparar i bitcoin som en värdebevarare, inte på att människor spenderar sina bitcoin. Transaktionsvolymen påverkar bara transaktionsavgifterna, och endast de genomsnittliga transaktionsavgifterna under längre tid har någon betydelse.[367] Mininghårdvara införskaffas med förväntningen att den ska kunna drivas under minst fem år. Varje bitcoinblock förstärker slutgiltigheten hos alla föregående block och säkerställer i förlängningen hela blockkedjans oföränderlighet, snarare än att bara genomföra transaktionerna i blocket.

Man kan se det som att man sätter igång diskmaskinen varje kväll. Oavsett om den är fylld till 30 procent eller till 90 procent använder den samma mängd resurser per körning. En extra tallrik eller ett par extra bestick har ingen betydande inverkan på diskmaskinens energiförbrukning, så därför är mätvärdet "vatten per tallrik" inte särskilt relevant. Ytterligare en liknelse skulle vara att du har igång din dator hela dagen och skickar antingen 20 eller 100 e-postmeddelanden. Mängden "elektricitet per e-postmeddelande" är irrelevant, eftersom oavsett hur många e-postmeddelanden du skickar den dagen är datorn på och använder ungefär samma mängd resurser.

Det andra problemet med resonemanget är tanken att gränsen på cirka fem transaktioner per sekund är den sanna gränsen, när så faktiskt inte är fallet. I själva verket består Bitcoinnätverket av flera lager, precis som det nuvarande finansiella systemet. Baslagret, det vi kallar Bitcoin, är ett avvecklingsnätverk.

Kreditkortsnätverk är bara lager ovanpå ett djupare betalningsnätverk. I USA har vi, som nämnts tidigare, Fedwire-systemet, som avvecklar totalt omkring en biljard dollar per år. Det är det avvecklingslager som banker använder sig av för att genomföra större transaktioner med varandra. Detta system genomför ungefär samma antal transaktioner som Bitcoinnätverket per år och har skalats upp långsamt efter behov, men dessa Fedwire-transaktioner är mycket stora – varje transaktion uppgår till miljontals dollar. Ovanpå detta lager ligger saker som Visa, Mastercard, PayPal, Venmo,

367 Carter, *Debunking*, 9:10–11:47.

människor som skriver fysiska checkar till varandra och så vidare.

Om du skickar en kreditkortsbetalning till mig verkar det för oss båda som att den genomförs direkt, men bakom kulisserna är det inte alls så. När transaktionen för oss förefaller slutförd har våra två banker kommunicerat med varandra bakom kulisserna och upprättat en skuldförbindelse. Vid ett senare tillfälle slår de ihop vår transaktion med andra transaktioner och gör upp sinsemellan genom en enda stor avvecklingstransaktion. Det finns inte någon gräns för hur många betalningar som kan genomföras på ytlagret, eftersom det inte finns någon gräns för hur stora avvecklingstransaktionerna kan vara. Varje avvecklingstransaktion innehåller tusentals mindre betalningar.

På liknande sätt består Bitcoinnätverket av flera lager: Lightning, sidokedjor, förvaringsekosystem och så vidare. Men till skillnad från banksystemet, som använder sig av skuldförbindelser och har långa avvecklingstider, har många av Bitcoins olika lager utformats för att med hjälp av programmerbara kontrakt och korta avvecklingstider minimera behovet av tillit och undvika kredit.

DÄRFÖR ÄR BITCOINMINERS OVANLIGA ENERGIKÖPARE

I stället för att bara göra en enkel beräkning av hur mycket energi Bitcoin förbrukar bör vi också titta på hur det använder energin och vilka typer av energi det använder.

Många föreställer sig att bitcoinminers konkurrerar om elektriciteten med andra industrier, så att bitcoinminingen tar elektricitet från andra användningsområden. Men eftersom bitcoinminers konkurrerar med varandra i en mycket standardiserad global bransch kräver de extremt billig elektricitet och *kan därför inte* konkurrera med vanliga elanvändare. Därför söker de efter ineffektivitet världen över, efter platser där elektriciteten är underutnyttjad, går till spillo eller ges bort nästan gratis.

De flesta energikonsumenter kan inte flytta dit energin finns, utan energin måste komma till dem. Människor organiserar sig utifrån geografi, och historiskt sett har detta varit kring transportkanaler. Vi bor i kustnära eller flodnära städer, i förorter till dessa områden eller på landsbygden där marken är bördig. Vi bor inte i närheten av energikällor. I stället för att flytta till platserna där olja, gas och uran finns, skickar vi ut folk efter oljan, gasen och uranet så att vi kan konsumera detta i våra hem och på bensinstationer och i kärnkraftverk.

Bitcoinminers är ovanliga energikonsumenter på så sätt att de kan flytta dit energin finns, bara de har tillgång till någon grundläggande internetanslutning med låg bandbredd, som en satellitanslutning. Detta innebär att de använder energi på ett ganska effektivt och ovanligt sätt, och det är inte ofta man ser bitcoinminers i närheten av städer där elektriciteten tenderar att vara som dyrast.

Nic Carter, som var Fidelitys första analytiker av digitala tillgångar och som senare grundade Castle Island Ventures, beskrev Bitcoins energianvändning på ett insiktsfullt sätt redan 2018:

> En intressant extern effekt av PoW-valutor – de är alltid villiga energiköpare vid 3–5 cent/kWH. Och några av de bästa energiresurserna finns utanför elnätet. Detta globala energinät frigör strandade resurser och gör nya resurser tillgängliga.[368]
>
> Föreställ dig en topografisk 3D-karta över världen, där punkter med billig energi är lägre och dyr energi är högre. Jag föreställer mig bitcoinmining ungefär som ett glas vatten som hälls ut över en yta och lägger sig i alla små hörn och skrymslen och jämnar ut ytan.[369]

År 2021 utförde jag omfattande research om bitcoinminers och har gjort uppföljningar av detta arbete varje år sedan dess. Under det första året kontaktade jag Marty Bent, som vid tillfället var affärsutvecklingschef för ett privat bitcoinminingföretag vid namn Great American Mining. I dag sitter han i styrelsen för Cathedra, ett börsnoterat bitcoinminingföretag. Han förklarade en del av detaljerna för mig, en förklaring som är sann än i dag:

> Eftersom Bitcoinnätverket är ett distribuerat peer-to-peer-nätverk som inte är beroende av någon enskild miner för att genomföra transaktioner, har bitcoinmining en bättre utgångspunkt för att utnyttja möjligheten med fackelgas jämfört med andra energiintensiva beräkningsprocesser som serverfarmer, då de klarar av störningar på fältet utan någon betydande inverkan på driften av nätverket. En serverfarm skulle inte klara detta eftersom driftstörningar kan ha en betydande inverkan på viktig affärsverksamhet. Dessutom är mängden data som miners skickar till miningpooler mycket liten och kräver inte mycket bandbredd, så de kan verka på mycket avlägsna platser med hjälp av mobildata betydligt enklare än andra energiintensiva dataprocesser.[370]

Även om vissa miners använder billiga former av traditionell energi, ger jag här ett antal exempel på några av de innovativa metoder som bitcoinminers använder sig av för att utnyttja annars strandad eller oönskad energi till förmån för sig själva och för deras motparter.

368 Carter, *An Interesting Externality*.
369 Carter, *Imagine a 3D Topographic Map*.
370 Marty Bent, personlig korrespondens. Citerad i Alden, *Bitcoin's Energy Usage*.

1) BITCOINMINING MED STRANDAD VATTENKRAFT

Länge var Kina området där den största mängden bitcoinmining ägde rum. Vid ett tillfälle stod kinesiska bitcoinminers sammanlagt för över 70 procent av nätverket, men våren 2021 hade de tappat till under 50 procent till följd av ökad konkurrens från andra platser. Senare samma år förbjöds bitcoinmining i Kina, troligtvis för att genomdriva kapitalkontroller, vilket minskade mängden kinesisk bitcoinmining betydligt, och många av dessa miners flyttade till andra platser.[371]

Men under många år var Kina ett intressant exempel på bitcoinminingens mobilitet. I provinsen Sichuan är vattenkraftskapaciteten kraftigt överdimensionerad. Under regnsäsongen producerar de mer elektricitet än de kan förbruka, så en del av den går till spillo. Detta är strandad energi.

Eftersom bitcoinminers kan flytta dit energikällan finns brukade de samlas i Sichuan under regnsäsongen för att ta vara på denna annars bortkastade energi. Detta berodde inte på att de var altruistiska miljökämpar, utan helt enkelt för att energin var billig och ingen annan ville ha den. Elektricitet som annars går till spillo och inte genererar några intäkter för operatören kan säljas extremt billigt till någon som har nytta av den – i det här fallet bitcoinminers.

I och med Kinas förbud mot bitcoinmining 2021 flyttade många av datorerna, och de miljardtals dollar i årliga intäkter som dessa datorer kan generera, till Nordamerika och andra platser. Men under många år var detta ett bra exempel på hur bitcoinminers tar vara på strandad och bortkastad energi. Även efter förbudets införande dök kinesiska bitcoinminers upp, om än i mindre skala, då det är svårt att helt utrota denna industri.[372]

Många andra länder har liknande problem med outnyttjad vattenkraft och har av den anledningen blivit områden för bitcoinmining. All outnyttjad vattenkraft kan användas för bitcoinmining, och annars går den sannolikt till spillo.

2) BITCOINMINING MED STRANDAD NATURGAS

Många petroleumfyndigheter innehåller även naturgas.

Om det finns tillräckliga mängder gas kan den samlas in och skickas via pipeline eller andra transportnätverk för att användas som en primär energikälla, då naturgas är extremt effektiv för elektricitet och uppvärmning. Men om det bara finns små mängder gas är det inte ekonomiskt försvarbart att bygga en pipeline eller att ens samla in gasen.

---

371 Gian Volpicelli, *This is the True Scale of China's Bitcoin Exodus*, Wired, 13 oktober 2021.
372 Till exempel Akhtar och Shukla, *China Makes a Comeback*.

Så vad händer? Gasen ventileras eller facklas ut i atmosfären, vilket innebär att den går till spillo. Att gasen ventileras betyder att den helt enkelt släpps ut i atmosfären, huvudsakligen i form av metan (som är en starkare växthusgas än koldioxid). Fackling innebär att gasen bränns utan något produktivt ändamål, och därmed omvandlas den till koldioxid som släpps ut i atmosfären. Oavsett vilken metod som används så är det ett fullständigt slöseri, och dessutom bidrar det till de globala utsläppen av växthusgaser.

Världsbanken uppskattar med hjälp av satellitdata att 144 miljarder kubikmeter naturgas ventileras eller facklas varje år globalt.[373] Enligt en analys utförd av University of Cambridge angående Bitcoinnätverkets energiförbrukning skulle bara denna bortkastade energi räcka till att driva hela Bitcoinnätverket flera gånger om.[374]

Det finns ett flertal privata bitcoinminingföretag som specialiserar sig på att ansluta släpvagnar fulla av utrustning för bitcoinmining till oljeproduktionsplatser med strandad gas, för att ta vara på denna annars bortkastade energi. Detta är gynnsamt för både oljeproducenten och bitcoinminern. Oljeproducenten får sålt sin strandade gas i stället för att den går till spillo, samtidigt som företaget får högre miljöpoäng och ligger under maxgränsen för fackling. Att köra gas genom en elektrisk generator är ett mer effektivt sätt att omvandla metan till koldioxid än fackling. Samtidigt får bitcoinminern en billig energikälla.

3) BITCOINMINING MED DEPONIGAS

Förutom från den naturgas som finns kring oljefyndigheter läcker metan även ut i atmosfären från deponier. Globalt läcker miljardtals kubikmeter metan ut ur deponier med förmultnande organiskt material. Vissa stora deponier samlar in denna metan och använder den till att generera energi, men många mindre deponier runtom i världen (och även större deponier som inte har någon ekonomisk användning av gasen) låter den helt enkelt läcka ut i atmosfären.

Ett företag vid namn Vespene Energy samlade år 2022 in 4,3 miljoner dollar för att placera ut sin bitcoinmining-utrustning vid deponier och ta vara på metangasen. Genom att samla in metangas och bränna den så att den omvandlas till koldioxid, genereras användbar energi och den övergripande växthuseffekten minskas. Och det enda sättet att få incitamentet att fungera är om det finns en energiköpare som är flexibel nog att kunna bedriva sin verksamhet vid små eller medelstora deponier, som en bitcoinminer.

373 World Bank, *Global Gas Flaring Data.*
374 Cambridge Centre for Alternative Finance, *Cambridge Bitcoin Electricity Consumption Index.*

> BERKELY, Kalifornien, 9 aug 2022 /PRNewswire/ – Vespene Energy, ett företag som sysslar med metanreducering, meddelade i dag att en finansieringsrunda på 4,3 miljoner dollar har avslutats, ledd av Polychain Capital tillsammans med ett antal klimatfokuserade fonder. Vespene installerar högeffektiva mikroturbiner vid kommunala deponier för att omvandla överskottsmetan till elektricitet och driva ett antal verksamheter på plats, där den första kommer att vara datacenter för bitcoinmining. Vespenes omedelbart tillgängliga och högst skalbara teknologi gör det möjligt för operatörer av kommunala deponier att monetarisera annars strandade resurser samtidigt som utsläppen av skadliga växthusgaser minskas.[375]

I dag beskriver Vespene sin process på sin hemsida på följande sätt:

> Vi använder deponimetan för att skapa en lokal energikälla som kan underlätta storskalig laddning av elbilsflottan och stödja andra variabla belastningar i infrastrukturen. Genom att kombinera energigenerering med databehandling som klarar av avbrott säkerställer vi att metangasen förstörs helt och att energin alltid utnyttjas på ett fördelaktigt sätt.[376]

"Databehandling som klarar av avbrott" är i detta sammanhang främst en beskrivning av bitcoinmining, och man formulerar sig troligtvis på det viset för att inte oroa människor som skulle vara intresserade av företagets tjänster men som har en felaktig och negativ bild av Bitcoin. Bitcoinmining är inget annat än en form av beräkning och databehandling för transaktionssortering, och till skillnad från andra datacenter är enskilda bitcoinminers mycket flexibla och klarar av avbrott.

Vissa frågar sig: "Kan vi inte fånga in den här metangasen utan bitcoinminers?", men problemet är att utan rätt ekonomiska incitament så görs det helt enkelt inte. Folk kan spekulera om vad som skulle hända, men sedan gör de ingenting själva. Den enda chansen att någonting kommer att hända på mindre deponier eller platser där gasfackling genomförs är att mycket flexibla elektricitetskonsumenter kommer in med en lönsam användning av den på plats, och för detta passar bitcoinmining utmärkt.

Detta är en ny industri, och nya startupbolag kommer och går. Jag vet inte hur framgångsrikt detta specifika företag kommer att vara under de kommande fem eller tio åren. Men jag vet att deponier världen över läcker ut energität metangas i atmosfären, och historiskt sett har det inte funnits något kostnadseffektivt, flexibelt sätt att utnyttja den på.

---

375 Vespene Energy, *Vespene Energy Closes $4.3 Million Funding Round*, Cision, 9 augusti 2022.
376 Tillgänglig via https://vespene.energy/

4) BITCOINMINING SOM ETT BATTERI FÖR ELNÄTET

Elnätet måste ständigt justeras efter två saker: växlande nivåer av tillgång till el och växlande nivåer av efterfrågan på el.

Vissa energikällor är mycket konsekventa, som kärnkraft som baslast, som kan producera el dygnet runt. Andra källor, som vind- och solkraft och i viss utsträckning vattenkraft, är mer variabla beroende på vad Moder Jord känner för att tillhandahålla i form av vind, sol och regn under en viss tidsperiod. På grund av denna delvisa variabilitet måste elproduktionen överdimensioneras, så att elen räcker för att tillgodose samhällets behov även på dagar med särskilt "låg" energigenerering.

På efterfrågesidan finns det vissa dagar eller årstider som kräver mer elektricitet än andra. Till exempel använder jag själv mycket mer gas på vintern än på sommaren, för på sommaren använder jag den endast till matlagning medan jag använder den till matlagning *och* uppvärmning på vintern. Samtidigt förbrukar jag mycket mer elektricitet på sommaren, då jag under den årstiden använder den till luftkonditionering utöver min vanliga förbrukning. Sedan finns det vissa toppar, som årets varmaste dag, då i princip vartenda hushåll har luftkonditioneringen på full effekt. Elnätets operatörer måste vara förberedda på sådana dagar. Vidare förbrukas mer el under vissa tidpunkter på dagen.

Dessutom går det inte att transportera elektricitet hur långt som helst. Ju längre den skickas över kraftledningar, desto mer elektricitet går till spillo. Med andra ord är elektricitet en relativt lokal vara.

På grund av variabilitet på både tillgångssidan och efterfrågesidan på timbasis, på daglig basis och på säsongsbasis måste elnätet vara överdimensionerat, så att det finns mycket högre elproduktionskapacitet än vad som i genomsnitt används på en dag. En del av denna kapacitet kan vara variabel, som topplastanläggningar som snabbt kan sättas igång eller stängas av för att producera el under perioder med hög efterfrågan. Andra typer kan vara sådana som inte går att kontrollera, som solpaneler och vindkraftverk. Om ett elproduktionsföretag överdimensionerar sin kapacitet för sol- och vindkraft och inte använder överskottselen eller säljer den till ett annat elnät, då går elektriciteten till spillo.

Ett problem med sol- och vindkraft är att kostnaden för att lagra energin är mycket hög. Trots människans uppfinningsrikedom kan vi ännu inte producera kostnadseffektiva batterier i en skala lämplig för elförsörjningsföretag, eftersom de kräver stora mängder metaller och omfattande gruvdrift. Det är ett otroligt svårt fysikproblem. Vi kan såklart göra lagringsbatterier för vissa specifika användningsområden, men det är varken kostnadseffektivt eller miljövänligt att använda dem i stor skala.[377]

Bitcoinmining gör det lönsamt att överdimensionera förnybara energikällor, då överskottselen kan monetariseras. Alla samhällen som vill ha en tillförlitlig tillgång till energi måste ändå överdimensionera kapaciteten, och för vind-, sol- och vattenkraft är detta ännu viktigare eftersom de är variabla. Men att överdimensionera är oftast inte särskilt kostnadseffektivt, såvida inte energin kan användas till något lönsamt och nyttigt när den annars är överflödig.

Bitcoinminers innebär en unik lösning på problemet, då de gör överdimensioneringen lönsam och därmed spelar rollen som en indirekt energilagrare.

För det mesta är tillgången högre än efterfrågan, och då kan bitcoinminers som en av samhällets elkonsumenter driva sina datorer, generera intäkter och betala sina elkostnader. Om efterfrågan på el skulle öka kraftigt eller om tillgången skulle minska kraftigt, vilket i vanliga fall skulle leda till strömavbrott i området, kan dessa bitcoinminers tillfälligt stänga av sina datorer.

Med ett väl utformat avtal för kommersiella priser kan detta fungera på ett mycket smidigt sätt. Elförsörjningsföretaget kan erbjuda minern områdets lägsta möjliga pris, i utbyte mot minerns höga variabilitetstolerans och annan flexibilitet.

Harry Sudock, strategichef på ett bitcoinminingföretag vid namn GRIID, förklarade i juni 2021 detta för Peter McCormack på hans podcast:

> Som energiproducent vill du aldrig behöva minska produktionen. Så låt oss ta vindkraftverk som ett jättelätt exempel. Turbinen snurrar ett varv, genererar elektroner. Marknadspriset i vissa områden är negativt, så det de väljer att göra är att helt enkelt inte skicka energin någonstans. Den försvinner.
>
> Så om de kan träffa en överenskommelse med en annan budgivare på energin som kan tolerera viss ojämn förbrukning, kan använda den vid vissa tillfällen, inte andra tillfällen, är det en mycket värdefull kund att kunna introducera på en marknad som inte nödvändigtvis kan stödja energiproduktionen i större utsträckning.
>
> Så jag anser att bitcoinminers är speciella och är en enorm teknologisk uppgradering från den traditionella förbrukaren av elektricitet. Vi har två vad jag anser vara "energisuperkrafter": den första är att energi är 80 procent eller 90 procent av våra månadskostnader, den andra är att vi kan förbruka på intermittent basis utan att avsevärt skada vår affärsmodell. Så om någon talar om för mig att jag vill att du stänger av dina miners 10 timmar om året,

377 Vaclav Smil, *How the World Really Works*, 27-43.

> eller 500 timmar om året, då säger vi inte nej, vi säger bara: "Vi måste ta hänsyn till det i energipriset vi betalar."
>
> Så när jag vill förhandla ett energiavtal, då formulerar jag det så här: "Jag vill att du ger mig den lägsta möjliga kostnad du vet hur du kan erbjuda. Jag är villig att förhandla om alla andra delar av lastprofilen. Hur stor ska vi bygga miningen, hur ofta behöver du tillbaka energin, vill du att vi ska tjäna något annat kreativt syfte inom energimixen eller systemet, vill du att vi delar vår anläggning i två och placerar oss på två olika platser inom området? Utmärkt. Behöver vi bidra till säkerhetsbudgeten för dessa andra delar av verksamheten?"
>
> Vårt jobb är att driva ner det energipriset så lågt och konkurrenskraftigt som möjligt och arbeta med producenter avseende alla andra variabler.[378]

För att göra Sudocks uttalande tydligare skulle jag tillägga att deras tredje superkraft är deras förmåga att arbeta på samma plats som källan till elproduktionen, vilket minskar mängden överföringsförluster och bidrar till att hålla elektriciteten billig. Bitcoinminers är unika för att 1) merparten av deras driftskostnader är elektricitet, 2) de kan tolerera intermittent tillgång till el och 3) de är flexibla vad gäller läge. Därmed kan de offra variabler som de flesta andra företag inte har råd att offra, i utbyte mot mycket låga elpriser när det finns gott om elektricitet.

Tack vare deras förmåga att placera sig vid energikällan kan bitcoinminers fylla oväntade hål i efterfrågan, eller på annat sätt utnyttja särskilda situationer. Under samma podcast beskrev Sudock situationen så här:

> Detta är en anekdot som vi går igenom just nu. En samhällsdel har utsetts för uppförandet av ett nytt sjukhus. Det finns 17 000 energikunder, hus till hus, inom elbolagets ansvarsområde. De kommer att bygga ett sjukhus som kommer att dubbla mängden energi som detta område drar. Vi kan alla vara överens om att ett sjukhus är en mycket nyttig användning av elektricitet, inga invändningar där.
>
> De bygger om kraftledningarna, de bygger en ny transformatorstation som är större, som kan hantera den extra lasten, och efter att de gjort allt detta faller sjukhusprojektet samman.
>
> Så de har investerat miljontals dollar i det här området för att locka till sig den här stora kunden. Nu måste de föra över den kostnaden till de 17 000 hushållen, såvida inte de kan hitta någon annan användning av energin. Så vad gjorde de? De ringde vår energiförvaltningschef och sa: "Vi har överdimensionerat tillgången här. Om vi inte tar in en storskalig energikund

378 Harry Sudock, *The Truth About Bitcoin's Energy*, What Bitcoin Did, 16 juni 2021: 30:28–32:59.

> kommer dessa kostnader att föras över till de här hushållen som inte har budget för stigande energipriser."
>
> Så vi får den här fina möjligheten att komma in, stötta detta elbolag, bli en kund efter att det här projektet har fallit samman och bli ryggraden i det här samhället och att stabilisera deras energipriser under ett årtionde framåt. Så dessa är berättelserna om bitcoinmining som inte tillåts komma upp till ytan. Det råkar också vara så att den här energikällan är över 60 procent koldioxidfri.[379]

När jag började publicera forskningsartiklar om Bitcoins energiförbrukning 2021, och jag beskrev dessa olika typer av energiavtal, hade nätverket historiskt sett varit för litet och för smalt för att elnätsoperatörer skulle inkludera det i sina planer. Från och med 2022 blev dessa effektbegränsningsavtal vanligare och det rapporterades om dem offentligt. Börsnoterade bitcoinminers i USA minskade upprepade gånger sin elförbrukning under svängningar på energimarknaden 2022 och 2023, stora energiproducenter började syssla med bitcoinmining och Tokyo Electric Power Grid tillkännagav planer på att använda överskottsenergi till bitcoinmining.[380]

Om Bitcoinnätverket blir stort nog kan alla elproducenter som alltid är aktiva ha utrustning för bitcoinmining uppkopplad på samma plats, för att ta vara på den variabla skillnaden mellan energitillgången och elnätets efterfrågan på denna energi så att den inte går till spillo. Detta minskar kostnaden för både producenten och kunden av energin, vilket kan göra variabla energikällor mer kostnadseffektiva. Med andra ord kan överskottsel alltid användas till meningsfull beräkning. På så sätt sprids Bitcoinnätverkets transaktionshantering till alla små ineffektiviteter i hela det globala energisystemet.

Det här är anledningen till att jag inte skulle se det som något negativt om Bitcoin skulle stå för över 1 procent av världens energiförbrukning. Vid det laget skulle nätverket vara optimerat för energisystemet och sannolikt vara till större nytta än skada för systemet.

Bitcoinmining är en mycket standardiserad bransch. För att en bitcoinminer ska kunna förbli ekonomiskt hållbar på lång sikt är det avgörande att utnyttja de billigaste energikällorna, och de billigaste energikällorna är sådana som annars är strandade eller går till spillo. Under en tillfällig bitcointjurmarknad kan bitcoinminers använda i princip vilken energikälla som helst och ändå gå med vinst, men genom flera tjur- och björnmarknader

---

379 Sudock, *Bitcoin's Energy*, 5:44–7:34.

380 Xinyi Luo, *Bitcoin Miners Offered Way to Cut Texas Electricity Usage to Help the Grid*, CoinDesk, 6 december 2022; Deniz Saat, *Japan's Largest Power Company Will Mine Bitcoin with Excess Energy*, BTC Times, 14 december 2022.

är trenden tydlig: endast de billigaste energikällorna är lämpliga för bitcoinminers som vill förbli solventa cykel efter cykel. De måste ingå avtal med elnätsoperatörer för att balansera lasten och/eller placera sig på samma plats som elproducenten för att monetarisera överskottselen och/eller så måste de ta vara på geografiskt strandade energikällor som inte används av elnätet.

5) BITCOINMINERS SOM VÄRMEKÄLLOR

Merparten av den energi som förbrukas av bitcoinminers släpps ut som värme. En datorprocessor är i princip ett värmeelement som utför beräkningar samtidigt som det värmer. Ett sätt att göra bitcoinmining kostnadseffektivt är, förutom att utnyttja de billigaste (ofta strandade) energikällorna, att återvinna den genererade värmen för produktiva ändamål.

En person eller ett företag kan helt enkelt byta ut ett värmeelement eller en poolvärmare mot en bitcoinminer, även om en bitcoinminer har en högre initialkostnad i utbyte mot att den genererar intäkter samtidigt som den värmer. Även i större skala kan värmeelement och växthusvärmare bytas ut mot bitcoinminers. Detta har redan gjorts i viss utsträckning, men i takt med att nätverket växer med tiden förväntar jag mig att varenda möjlighet kommer att utnyttjas av miners, inklusive nya sätt att använda spillvärme på.

Det skulle vara konstigt att ha en negativ inställning gentemot värmeelement som utför beräkningar samtidigt som de producerar värme, jämfört med vanliga värmeelement som bara producerar värme utan att göra någonting annat. Motståndet mot Bitcoinnätverkets energiförbrukning grundar sig på tron att energin går till spillo, när energin i själva verket går till att 1) säkra Bitcoinnätverket och 2) värma upp området runt processorn.

Satoshi själv noterade detta redan 2010, då diskussioner om Bitcoins miljöpåverkan har förts från första början. Så här såg Satoshis vision ut:

> Värmen från din dator går inte till spillo om du behöver värma upp ditt hem. Om du använder elvärme där du bor så är datorns värme inte bortkastad. Kostnaden är densamma om du genererar värmen med datorn. Om du har en annan uppvärmningskälla som är billigare än el, är förlusten bara skillnaden i kostnad. Om det är sommar och du använder AC, då är det dubbelt. Bitcoingenerering bör placeras där den är som billigast. Kanske är det i kalla klimat där det finns elvärme, där det skulle vara i princip gratis.[381]

---

381 Satoshi Nakamoto, *Re: Bitcoin Minting is Thermodynamically Perverse*, BitcoinTalk forum, 9 augusti 2010.

6) FRÄMJANDE AV NY ENERGITEKNIK

Ett företag vid namn Product Recovery Technology International, eller PRTI, har spenderat det senaste decenniet på att bryta ner kasserade däck till kolvätebaserade produkter. Över en miljard däck, bestående av kolvätebaserade material, kasseras globalt varje år, och de flesta bränns eller grävs ner.

PRTI har utvecklat en unik process med en försluten panna i vilken de kasserade däcken kokas ner till kolvätebaserade produkter, och sedan säljs dessa produkter. Processen skapar emellertid också en del naturgas, som kan användas till att producera elektricitet. Eftersom företagets anläggningar brukar ligga i områden dit kasserade däck skickas, och inte i tätbefolkade områden, har det lokala elnätet oftast inte någon större nytta av denna elektricitet och kan därför bara betala ett mycket lågt pris för den. Och det är inte tillräckliga mängder överskottsgas för att bygga en pipeline eller använda den för många olika ändamål.

Så PRTI tar den extra naturgasen de genererar och använder den till bitcoinmining på plats. Detta förbättrar hela verksamhetens ekonomi, så att företaget kan fortsätta med det nyttiga arbetet att återvinna däck och därmed minska avtrycket från denna källa till förorening och nedskräpning. Bitcoinmining bara råkar vara den mest ekonomiska användningen av den strandade energi som produceras genom företagets innovativa process.

Som ett annat exempel finns det en form av förnybar baslast som kallas havsvärmekraft (OTEC, Ocean Thermal Energy Conversion). Denna teknik utvecklades redan för ett århundrade sedan, men den har inte fått något större genomslag. När solens strålar träffar världens oceaner värms ytan upp betydligt mer än de kallare djupen. Denna temperaturskillnad innebär en möjlighet att generera elektricitet och naturligt lagra energi. Med hjälp av ett enormt rör och en specifik energiomvandlingsprocess kan stora plattformar eller fartyg utnyttja temperaturskillnaden mellan det varma ytvattnet och det kalla djuphavet för att generera baslast. Denna energi kan användas till att generera elektricitet som antingen kan skickas direkt till land eller användas till att producera flytande bränsle.[382]

Problemet med OTEC har hittills varit att det är svårt att skala upp. Små OTEC-anläggningar har uppförts i testsyfte, men de är inte ekonomiskt hållbara. Medelstora OTEC-anläggningar går inte heller ihop, då det krävs omfattande infrastruktur för att överföra energin till land i förhållande till hur mycket energi som genereras. Stora OTEC-anläggningar skulle vara ekonomiskt hållbara, men ingen kommer att bygga en stor anläggning innan en medelstor anläggning har testats ordentligt.

---

382 U.S. Energy Information Administration, *Hydropower Explained.*

Men om en medelstor OTEC-anläggning inte skulle behöva skicka energin till land skulle den kunna bli ekonomiskt lönsam. Om en sådan anläggning skulle kunna röra sig fritt till havs, i de varmaste havsområdena nära ekvatorn, skulle dess potential för lönsamhet öka avsevärt. Problemet är att det inte finns någon efterfrågan på elektricitet mitt ute i havet – eller det fanns åtminstone inte det förr. Om man placerar bitcoinminers på ett OTEC-fartyg kan man monetarisera elektriciteten ute till havs, verifiera konceptet och förhoppningsvis en vacker dag få finansiering till stora plattformar som kan försörja kustsamhällen med energi.

Och det är just vad företaget OceanBit försöker göra. De tror att de med hjälp av bitcoinmining kan återuppliva OTEC som forsknings- och utvecklingsområde. En av företagets grundare, Nathaniel Harmon, har även utvecklat en metod för att integrera bitcoinmining direkt i OTEC-processen, genom att använda en del av det kalla vatten som pumpas upp till att kyla miningutrustningen samtidigt som den värme som genereras av utrustningen tillförs det varma ytvatten som redan ingår i processen. Jag talade 2022 med grundarna Nathaniel Harmon och Michael Bennett om deras arbete, och som någon med bakgrund inom elteknik ser jag deras teknologi som lovande.

7) UPPBYGGNAD AV INFRASTRUKTUR FÖR ELEKTRICITET I UTVECKLINGSLÄNDER

Många låginkomstländer har gott om energiresurser, som vattenkraft. Ofta har de dock ett hönan-och-ägget-problem. Det är dyrt och osäkert för utvecklare att bygga ut infrastrukturen för överföring och distribution av elektricitet, så att energin kan förflyttas från platsen där den genereras till platsen där den förbrukas. Människor i områden utan el har varken mycket pengar eller elektroniska apparater, så utvecklarna ser ingen möjlighet att få tillbaka pengarna de investerar. Men för att människor i dessa områden ska kunna få mycket pengar och öka sin användning av elektroniska apparater måste elektricitet finnas tillgänglig. Elektricitet är avgörande för produktiviteten och skapandet av ökat välstånd.

Bitcoin innebär en intressant möjlighet för några av dessa utvecklingsområden att bygga ut den elektriska kapaciteten och generera intäkter. Om en energikälla utvecklas kan bitcoinminers komma in som en garanterad köpare till låga priser och omedelbart generera intäkter för platsen, till dess att elektriciteten kommer till bättre nytta då fler och fler människor i området börjar använda elektroniska apparater. Som Alex Gladstein från Human Rights Foundation beskrev det i en artikel från 2021, med titeln "The Humanitarian and Environmental Case for Bitcoin":

> Miljardtals människor i utvecklingsländer har ett problem med strandad energi. För att deras ekonomier ska växa måste de bygga ut den elektriska infrastrukturen, ett kapitalintensivt och invecklat åtagande. Men när de, med hjälp av bistånd eller investeringar från utlandet, bygger kraftverk för att försöka ta vara på förnybar energi på avlägsna platser, då har denna energi ofta ingenstans att ta vägen.
>
> I många afrikanska länder till exempel finns det gott om sol-, vind- och vattenresurser. Dessa krafter skulle kunna driva på ekonomisk aktivitet, men lokala samhällen och regeringar har sällan de resurser som krävs för att investera i infrastruktur och sätta igång processen.
>
> Utländska donatorer och investerare är inte intresserade av att stötta projekt som inte har någon möjlig väg mot hållbarhet eller lönsamhet. Utan starka kraftledningar som för energin från insamlingspunkten till samhällets centrum kan kraftverksutvecklarna behöva vänta flera år innan de kan drivas utan subventioner från utlandet.
>
> Det är här Bitcoin kan förändra incitamentsstrukturen i grunden. Nya kraftverk, oavsett hur avlägset de ligger, kan omedelbart generera intäkter, även utan några kraftledningar, genom att rikta sin energi mot Bitcoinnätverket och förvandla solljus, vatten och vind till pengar.
>
> När lokala myndigheter eller kunder gradvis ansluter sig till kraftverket och är villiga att betala mer för energin än vad miners har råd med, då drar Bitcoin en mindre andel av energin och samhället kan växa. På så vis kan ekonomisk aktivitet och förnybara elnät byggas upp med hjälp av bitcoinmining. Och internationellt bistånd kan vara gnistan.[383]

År 2020 gav Ross Stevens, grundare av och vd för den alternativa fondförvaltaren Stone Ridge, ett intressant perspektiv på Bitcoins energiförbrukning. Han beskrev hur bitcoinmining är den första lönsamma användningen av energi någonsin som inte måste vara placerad i närheten av människors bosättningar. I stället kan bitcoinmining placeras i närheten av outnyttjade energikällor, vilket ger möjlighet till utveckling av infrastruktur och ger incitament för människor att bosätta sig i närheten av den outnyttjade energikällan. Så här skrev han i sitt brev till företagets investerare i december 2020:

> På så vis kan Bitcoin monetarisera isolerade energikällor över hela världen – som vattenfall, flytande floder eller byggbara dammar – som nu är helt

383 Alex Gladstein, *The Humanitarian and Environmental Case for Bitcoin*, Bitcoin Magazine, 26 maj 2021.

> outnyttjade eftersom de skulle vara för dyra att ansluta till elnät i närheten av bostads- eller industriområden.
>
> Därmed kan Bitcoin förändra energiekonomin i grunden, genom att introducera ett mycket lönsamt användningsområde för elektricitet som är platsoberoende. Vi har aldrig haft ett lönsamt användningsområde för energi som är platsoberoende. Nu har vi det. Och eftersom fossila bränslen redan är för dyra för att vara en lönsam energikälla för bitoinmining tror jag att den enda lönsamma bitcoinminingen på lång sikt kommer att drivas av vattenkraft.
>
> Föreställ dig en framtid med bitcoinminingföretag, utan subventioner, på otroligt avlägsna platser – tänk dig ett vattenfall i en i stort sett befolkningsfri del av ett afrikanskt land som lider av extrem fattigdom – som enkelt kan anslutas till Bitcoinnätverket [och] bygger robust energiinfrastruktur för att monetarisera den lokala rena energikällan för mining. Men när den robusta, lönsamma infrastrukturen är på plats, låt oss utvidga den. Låt oss bygga vägar. Och bostäder. Och skolor. Och sjukhus. Till slut leder det till bosättningar.
>
> Slutresultatet kan bli att människor bosätter sig runt ny, Bitcoindriven vattenkraftsinfrastruktur, med fler och fler människor samlade kring billiga, rena energikällor. Historiskt sett har energiutmaningen varit att förflytta energin till människorna. Med Bitcoin kan vi förflytta människorna till energin.[384]

Under 2022 började denna vision förverkligas i Afrika. Företaget Gridless började använda bitcoinmining för att uppmuntra och upprätthålla utbyggnaden av vattenkraft i mindre floder på olika platser i Östafrika. I dag beskriver företaget processen så här på sin hemsida:

> Det finns en enorm efterfrågan på tillförlitlig, ren och billig energi i Afrika, men energiproducenter i mikronät har problem med hållbarheten. Gridless samarbetar med producenter av förnybar energi i mikronät på landsbygden för att monetarisera hela deras produktionskapacitet som en köpare i sista hand samt som en ständig kund av nyskapad energi.[385]

Detta gör energiutvecklingen i Afrika säkrare och mer ekonomiskt lönsam för utvecklaren, och därmed kan projekt genomföras i stället för att fastna i utvecklingsskedet. I slutet av 2022 anskaffade företaget 2 miljoner dollar i riskkapital för att utvidga verksamheten. Som *Bitcoin Magazine* rapporterade:

384 Ross Stevens, *2020 Shareholder Letter.*
385 Tillgänglig via https://gridlesscompute.com/

Under sitt första verksamma år har Gridless ingått fem olika avtal för pilotprojekt på Kenyas landsbygd tillsammans med HydroBox, ett afrikanskt vattenkraftsbolag. Tre av dessa pilotprojekt är nu i drift. Gridless finansierar konstruktionen och sköter driften av datacentren i dessa landsbygdssamhällen. Företaget har nu siktet inställt på utvidgningen till andra områden i Östafrika.[386]

En bitcoin-fokuserad entreprenör, Obi Nwosu, beskrev 2022 dessa platser som "pionjärsamhällen", och anspelade på de samhällen som växte fram kring guldbrytningsområdena på 1800-talet, då människor bosatte sig i västra Nordamerika. Bitcoinmining kan uppmuntra till utnyttjandet av annars outnyttjade energikällor – som små floder – och kan göra mikronät mer ekonomiskt hållbara. När dessa energikällor har utvecklats erbjuder de möjligheter för människor att komma och leva och arbeta i området, först de som arbetar med energin och på datacentren, sedan deras familjer, sedan stödtjänster och till slut är de fullt utvecklade samhällen. Med ett fungerande mikronät kan området bli mer produktivt och därmed rikare, vilket innebär att människor har råd med fler apparater och förbrukar mer energi och har en högre livskvalitet.

EN ENERGIVÄNLIG TEKNOLOGI

För de flesta människor känns det ologiskt att energi inte är fungibel. Detta stämmer för vissa typer av kolväte, som strandad naturgas, men det gäller särskilt elektrisk energi. Elektrisk energi produceras vid ett specifikt tillfälle och en specifik plats och kan inte transporteras särskilt långt utan att stora mängder går förlorade. Vissa variabla energikällor, som solpaneler och vindkraftverk, producerar vid vissa tillfällen överskottsel, som då går till spillo (genom att till exempel avges som spillvärme). Vissa energikällor som alltid är aktiva, som vattenkraftsdammar, har ofta otillräcklig efterfrågan på el runtomkring sig, eller så varierar efterfrågan, och därför går viss elektricitet till spillo även där. Folk föreställer sig ofta att varenda enhet genererad elektricitet används på ett produktivt sätt och att varenda ny källa till efterfrågan på elektricitet direkt konkurrerar med de befintliga källorna till efterfrågan på elektricitet. Men som beskrivits i detta kapitel går en betydande mängd elektricitet till spillo, på grund av avsaknaden av en tillräckligt flexibel köpare som betalar en marginell kostnad för den.

När traktorn uppfanns kunde en enda person utföra samma arbete som tidigare hade krävt dussintals människor. Men traktorer krävde energi i

386 BTCCasey, *African Bitcoin Mining Firm Gridless Raises $2 Million In Funding Round Led by Stillmark, Block Inc*, Bitcoin Magazine, 6 december 2022.

form av kolväten. Om vi analyserar dem enbart utifrån användningen av extern energi kommer vi att komma fram till slutsatsen att de innebär en mer energiintensiv jordbruksmetod än manuellt arbete. Om vi gör en djupare analys än så inser vi emellertid att denna energiförbrukning ersätter alla dessa jordbrukares energi i form av kalorier och frigör dessutom deras ovärderliga tid och energi så att de kan producera andra saker.

Bitcoin använder också energi, men genom att göra det kan det upprätthålla och uppdatera en global liggare på ett decentraliserat, automatiserat sätt, jämfört med de nuvarande bankliggarna som förlitar sig på centraliserade och ofta manuella processer baserade på tillit. Och jämfört med proof-of-stake-nätverk använder Bitcoin energi på ett sätt som bevarar konceptet med en icke-förfalskbar kostnad, vilket innebär att även om nätverket tillfälligt skulle drabbas av ett avbrott är liggarens historik odiskutabel och oförfalskbar. Med andra ord tillför Bitcoin energi till processen för att minimera mängden nödvändig styrning. Om ett digitalt monetärt nätverk som Bitcoin får en mer utbredd användning behöver inte den gamla finansindustrin vara lika stor och resurskrävande som den är i dag.

Alla företag som nämnts i detta kapitel är utsatt för risk och kan därför potentiellt gå under. Under en flerårsperiod går många startupbolag i konkurs.

Men även om specifika företag kommer och går, leder sättet på vilket nätverket förbrukar energi till många intressanta möjligheter. Vi har aldrig tidigare haft en så flexibel energikund med avseende på både energins läge och intermittens. Om Bitcoinnätverket fortsätter att utvecklas och förbruka energi kan olika ineffektiviteter i vår befintliga energiproduktion stabiliseras och utnyttjas på ett ekonomiskt hållbart sätt. Dessutom skulle olika rena energikällor som annars är långt bort från befintliga bostadsområden kunna utnyttjas på ett lönsamt sätt, vilket skulle motivera människor att bosätta sig närmare dessa områden.

KAPITEL 26

RISKANALYS AV KRYPTOVALUTOR

Läsare av den här delen av boken som inte tidigare har varit positivt inställda till eller intresserade av Bitcoin, kanske nu tänker att "en del av detta är fint, men jag tror inte att det kommer fungera i det långa loppet". Om det är din åsikt så är du i gott sällskap med författaren. Jag tror att det är en hälsosam och naturlig reaktion att vara skeptisk angående den här teknologins långsiktiga finansiella värde.

Guld har använts som pengar i tusentals år. Pappersvaluta utgiven av staten eller banken och centraliserade liggare har använts som betalningsmedel i hundratals år. Bitcoin är ett relativt nischat programvarunätverk som har varit i drift sedan 2009, så vi får inte gå händelserna i förväg.

När jag först hörde talas om Bitcoin 2010 eller 2011 var jag intresserad men skeptisk. Vid det tillfället hade bitcoin knappt ett marknadspris. Innovationen fascinerade mig, men jag införskaffade inte några bitcoin. Jag kände en ingenjör som använde sin högpresterande speldator för mining, och jag funderade ett tag på att använda min speldator för samma ändamål. Men precis som många andra saker i livet blev det aldrig av, och till slut hade jag glömt bort det. Det var inte viktigt eller övertygande nog att fånga min uppmärksamhet på ett sätt som skulle leda till handling.

Men så stötte jag på idén igen 2013, då bitcoin ökade dramatiskt i pris. Jag tog en ny titt och återigen imponerades jag av innovationen. Jag tittade på några av kryptobörserna för att kanske köpa lite grann, men de verkade ganska skumma och riskabla. Jag sa till mig själv att jag skulle lägga mer tid på att ta reda på hur man köper på ett säkert sätt och köpa lite veckan därpå, men så var jag upptagen med andra saker och glömde bort det igen. Jag var fortfarande inte övertygad nog att agera.

I slutet av 2017, efter att bitcoin gått upp betydligt i pris igen, publicerade jag en forskningsartikel om bitcoin och andra kryptovalutor. Jag beskrev för en målgrupp av vanliga investerare hur valutorna fungerade och lade fram flera potentiella metoder för att värdera dem.[387] Jag kom återigen fram till slutsatsen att jag själv skulle undvika att köpa för tillfället. Detta skulle visa sig vara ett bra beslut. Bitcoin var nämligen nära toppen av en av dess många prisbubblor, och avkastningen skulle varit ganska dålig under de kommande tre åren.

Den främsta anledningen till att jag från början var tveksam var att det verkade som att vem som helst bara skulle kunna kopiera koden och skapa en annan pengablockkedja. Alla ädelmetaller har hög knapphet, och det finns bara en handfull olika typer. Med blockkedjepengar kan vem som helst med lite kodningskunskap kopiera någon av de befintliga blockkedjorna, ändra ett par variabler och släppa sin egen blockkedja. Så även om det aldrig kommer att finnas fler än 21 miljoner bitcoin kan själva konceptet drabbas av utbudsinflation och utspädning genom lanseringen av ett stort antal nya blockkedjepengar. Om marknadsandelen blir och förblir mycket fragmenterad mellan oräkneliga blockkedjor, då kanske ingen av dem kommer att kunna bibehålla någon betydande köpkraft, likviditet eller säkerhet. Dessutom såg jag en risk att verksamheten skulle förbjudas av staten, att det skulle uppstå buggar i programvaran och att nätverkets regler skulle komma att ändras.

Men till skillnad från mina första observationer av nätverket 2011 och 2013, fortsatte jag att noggrant följa nätverkets utveckling efter 2017, även genom björnmarknaden 2018 och 2019. När priset på bitcoin kraschade i början av 2020, under covid-19-pandemin, efter att redan ha gått igenom en lång björnmarknad, rekommenderade jag bitcoin som en kapitalallokering för läsarna av min hemsida för investeringsresearch och köpte själv en ansenlig mängd. Sedan dess har jag varit optimistiskt inställd till nätverket, även om jag inser att det finns vissa risker kopplade till konceptets överlevnad på lång sikt.

Den händelse som fick mig att bli mer intresserad av Bitcoin var upplösningen av det så kallade "blockstorlekskriget". Från 2015 till och med 2017 hade en livlig debatt förts inom Bitcoins ekosystem om huruvida den maximala blockstorleken skulle utvidgas genom en hard fork, vilket skulle innebära en förändring av konsensusreglerna som inte skulle vara bakåtkompatibel med de befintliga noderna. Olika grupperingar bråkade med varandra för att försöka forma protokollet och för att se vilka som hade makten (utvecklare, miningföretag/börser eller enskilda användare/noder). Det var ett verkligt test av Bitcoins decentralisering. Med andra ord var det en "konstitutionell kris" för Bitcoinnätverket, och det klarade testet.

387 Lyn Alden, *How to Value Bitcoin and Other Cryptocurrencies*.

Ända sedan nätverkets tidiga dagar hade det funnits en växande klyfta mellan de som ville öka blockstorleken och de som ville behålla den som den var. En utvidgning av blockstorleken innebär att nätverket kan genomföra fler transaktioner per tidsenhet (utan hänsyn tagen till lager två-lösningar och sidokedjor, som inte var fullt utvecklade än). Men en utvidgning av blockstorleken innebär också att den bandbredd, datalagring och processorkraft som krävs för att köra en full nod ökar, vilket i sin tur innebär att vanliga laptopanvändare inte längre kan göra detta. Om användarna själva varken kan genomföra mining eller köra en full nod måste de lita på storskaliga nätverksleverantörer, och Bitcoin skulle inte längre vara ett tillståndsfritt, decentraliserat peer-to-peer-system. Detta skulle permanent försvaga konsensusfunktionen hos nodnätverket.

Satoshi själv spelade en dubbel roll i debatten redan 2010; han är den som personligen satte blockstorleksgränsen efter det att nätverket redan satts i drift, men diskuterade även hur gränsen potentiellt skulle kunna utvidgas med tiden för bättre skalning i takt med att den globala tillgången till bandbredd förbättras. Efter att grunden till dispyten lagts redan vid protokollets tillkomst, och då Satoshi sedan länge var försvunnen, pågick det verkliga blockstorlekskriget mellan 2015 och 2017.

Vid ett tillfälle 2017 var över 80 procent av mining-processorkraften, den största tillverkaren av utrustning för bitcoinmining, Bitcoinnätverkets före detta huvudutvecklare och flera stora förvaringstjänster och börser positivt inställda till en utvidgning av blockstorleken, genom en uppgradering vid namn SegWit2x (inte att förväxla med uppdateringen SegWit). Detta visade på ett starkt stöd från företagsaktörerna, eller som de beskrev sig själva i sitt New York-avtal: de var "en kritisk massa av Bitcoinekosystemet".[388]

Ändå misslyckades de, och försöket avbröts. Detta visade hur stor makt de enskilda nodoperatörerna har, och det visade hur svårt det är att tvinga igenom oönskade uppdateringar. Vi fick svaret på frågan "Vem kontrollerar liggaren?".

Efter det har ett flertal separata försök till hard forks genomförts. Den mest kända av dessa hard forks med en större blockstorlek är Bitcoin Cash, som i skrivande stund har ett marknadsvärde på mindre än 0,5 procent av Bitcoins marknadsvärde. En hard fork som genomförs av en minoritet kan helt enkelt inte konkurrera med det riktiga Bitcoinnätverket.

Som beskrivits i ett tidigare kapitel är ett försök att genomföra en hard fork från Bitcoin ungefär som att kopiera alla data från Wikipedia och lägga upp dessa på en egen hemsida, och sedan får man mycket lite trafik på sidan eftersom man inte har miljontals bakåtlänkar som pekar mot det riktiga Wi-

388 Bier, *Blocksize War*, 172-173.

kipedia och för att man inte heller har den armé av frivilliga som ständigt uppdaterar det riktiga Wikipedia. På grund av den svagare nätverkseffekten skulle din version av Wikipedia från första början vara sämre än det riktiga Wikipedia. På liknande sätt har varenda hard fork från Bitcoin som genomförts av en minoritet långt färre noder och långt mindre miningkraft, vilket innebär att de är mindre decentraliserade och mindre motståndskraftiga mot censur. Det är problemet som Bitcoin Cash och andra hard forks har stött på.

Det är inte omöjligt att Bitcoin en dag genomför en lyckad hard fork, men en sådan hard fork kan endast genomföras med en överväldigande enighet bland användarna om det finns ett allvarligt problem, och inte genom ett konsortium av företag eller mindre grupperingar.

Mellan 2020 och 2023 talade jag med Bitcoin Core-utvecklare, Lightning-utvecklare, skapare av andra skalningslösningar, miljardärer med betydande mängder bitcoin, grundare av börser och andra företag inom Bitcoins ekosystem, riskkapitalbolag som finansierat dessa företag, författare av bästsäljande Bitcoinrelaterade böcker, uppfinnaren av Hashcash (proof-of-work) och människorättsaktivister från olika auktoritära länder som använder bitcoin och stablecoins. På Oslo Freedom Forum blev jag ombedd att genomföra en presentation som expert på Bitcoins energiförbrukning inför ett flertal parlamentsledamöter i stortingsbyggnaden, vilket jag också gjorde. Jag genomförde även en presentation om Bitcoins energiförbrukning inför det kanadensiska Office of the Superintendent of Financial Institutions. Jag deltog i flera konferenser och oräkneliga poddar om Bitcoin och skrev dessutom ett antal forskningsartiklar om det. År 2021 tog jag plats i styrelsen för det bitcoinbaserade finansbolaget Swan.com. År 2022 blev jag en medgrundande rådgivare åt egodeath.capital, en riskkapitalfond som tillhandahåller bitcoinrelaterade startupbolag kapital, och jag har haft ett nära samarbete med dem sedan dess.

Under hela den här processen gick jag verkligen ner på djupet i Bitcoins ekosystem och lärde mig ständigt nya saker. Mitt mål var att utforska teknologins olika möjligheter med avseende på pengars evolution, samtidigt som jag utvärderade möjliga risker och konsekvenser.

Det som gjorde att jag gick från att vara en intresserad skeptiker till att lägga en stor del av min tid på att analysera och arbeta inom ekosystemet, var att samtliga av de risker jag tidigare betraktade som betydande helt eller delvis åtgärdades. Även om jag anser att det fortfarande finns många risker, är jag i dag av uppfattningen att teknologin sannolikt är tillräckligt kraftfull för att hantera dessa. I detta kapitel ger jag en översikt över vad jag anser vara de största riskkategorierna för Bitcoinnätverket och andra kryptovalutor samt hur jag ser dem som hanterbara eller delvis åtgärdade, om än fortfarande närvarande.

RISK 1: MARKNADSUTSPÄDNING

Den första risken jag identifierade var marknadsutspädning. Om nya kryptovalutor fortsätter att skapas, vad är det då som hindrar hela marknaden från att bli utspädd och fragmenterad? Det finns inga garantier för att en eller två kryptovalutor bland ett oändligt antal potentiella valutor kommer att vara de mest säljbara och därför ackumulera merparten av den monetära premien.

I praktiken har dock Bitcoin varit den största kryptovalutan sett till marknadsvärde under 14 år i rad (16 år i rad 2025, ö.a.), och endast Ethereum har ens kommit i närheten vid vissa tillfällen. Inga andra valutor spelar ens i samma liga. När en väl utformad kryptovaluta blir stor överskuggas allt av dess säkerhet och likviditet.

I skrivande stund har Bitcoin över 90 procent av marknadsvärdet för alla proof-of-work-blockkedjor. Av dessa har Bitcoin överlägset mest processorkraft, vilket innebär att det är det säkraste nätverket när det gäller censurattacker. Även om ett stort proof-of-stake-nätverk skulle få ett högre marknadsvärde än Bitcoin under en period, skulle jag ändå se Bitcoin som oöverträffat på vad det gör, vilket är att bygga en decentraliserad liggare med en icke-förfalskbar historik.

Eftersom Bitcoinnoder är små och lätta att köra har Bitcoin överlägset flest aktiva noder av alla kryptovalutor. Varenda kompromiss som andra kryptovalutor gör för ökad expressivitet eller för högre transaktionsgenomströmning, leder generellt till högre nodkrav och därmed till färre noder och minskad decentralisering. Om enskilda individer inte har någon rimlig möjlighet att köra en egen nod försvagas blockkedjans integritet och censurresistens avsevärt.

På grund av nätverkseffekter tenderar protokoll i allmänhet att enas om en gemensam standard, som förblir dominant under flera decennier eller ännu längre. Det fanns till exempel konkurrerande protokollstackar för internet. Men när ett protokoll blir dominant leder det oftast till en god cykel av ständigt ökande användning. Införandet av ett konkurrerande protokoll innebär ett klart underläge, då detta protokoll inte är kompatibelt med de flesta program och system på marknaden. Endast om ett nytt protokoll är betydligt bättre har det en chans att konkurrera med ett etablerat protokoll; det räcker inte att det är marginellt bättre.[389] Dessutom kan de dominanta protokollen uppgraderas med tiden på ett bakåtkompatibelt sätt, och det är så de förblir relevanta under lång tid.

389 William Luther, *Cryptocurrencies, Network Effects, and Switching Costs.*

Även om designutrymmet är mycket begränsat (det vill säga, de flesta förbättringar innebär såvitt vi vet sämre kompromisser), så finns det ingen absolut garanti för att Bitcoin inte kommer att utkonkurreras eller överträffas på något sätt, och detta måste betraktas som en risk. För tillfället finns emellertid ingen identifierbar konkurrent i sikte som ligger på en liknande nivå vad gäller skala, likviditet, säkerhet och oföränderlighet. Det enda jämförbara nätverket med avseende på storlek är Ethereum, som på många sätt tillhör en helt annan kategori.

Den som analyserar denna sektor bör själv titta på de olika kompromisserna och bedöma situationen utifrån Bitcoins nätverkseffekt, marknadsandel och tekniska kapacitet. Stora antal små kryptovalutor utan likviditet kan i teorin minska Bitcoins marknadsandel, men i praktiken är det bara de kanske 25 största som har någon betydelse när det gäller säljbarhet, och av dem är det bara proof-of-work-valutorna som har en icke-förfalskbar historik.

RISK 2: ALLVARLIGA PROGRAMVARUBUGGAR

År 2010, när nätverket ännu var helt nytt och bitcoin knappt hade ett marknadspris, hade Bitcoin-nodklienten en inflationsbugg, som Satoshi åtgärdade genom en soft fork.

År 2013 ledde ett misstag till att en uppdatering av Bitcoin-nodklienten inte var bakåtkompatibel med den föregående (och då allmänt använda) nodklienten, vilket resulterade i en oavsiktlig delning av kedjan. Inom några timmar hade utvecklare analyserat problemet och talat om för nodoperatörer att de skulle återgå till den föregående nodklienten, vilket åtgärdade kedjedelningen. Sedan den tidpunkten för över ett decennium sedan har Bitcoinnätverket haft en hundraprocentig drifttid. Inte ens Fedwire har under samma period lyckats undvika avbrott för att nå en hundraprocentig drifttid (och Fedwire försöker inte ens vara i drift dygnet runt, året runt som Bitcoin).

År 2018 infördes av misstag ytterligare en inflationsbugg i Bitcoin-nodklienten. Men denna identifierades och åtgärdades av utvecklare innan den kunde utnyttjas, så den orsakade aldrig några problem i praktiken.

År 2023 började soft fork-uppgraderingarna SegWit och Taproot användas på sätt som inte avsetts av uppgraderingarnas utvecklare. Exempelvis användes de till att lägga in stora bildfiler i signaturdelen av Bitcoinblockkedjan. Även om detta inte är en egentlig bugg visar det hur vissa aspekter av koden kan användas på andra sätt än vad som var meningen, och därför måste man vara konservativ när det gäller införandet av framtida uppgraderingar.

Bitcoin påverkas av "år 2038-problemet", precis som många andra datorsystem gör. År 2038 kommer de 32-bitars heltal som används för Unix-tidsstämpling att nå sitt tak för antal sekunder, vilket för många datorsystem kommer att resultera i systemfel. Men eftersom Bitcoin använder ett osignerat heltal för detta kommer inte taket att nås förrän år 2106. Detta kan åtgärdas genom att uppdatera tiden till ett 64-bitars heltal eller genom att ta blockhöjden i beaktande vid tolkningen av det omslagna 32-bitarsheltalet, men såvitt jag förstår kan detta komma att kräva en hard fork, det vill säga en uppgradering som inte är bakåtkompatibel. Detta borde i praktiken inte vara särskilt svårt eftersom det uppenbarligen är nödvändigt och kan genomföras långt innan problemet uppstår (flera år eller till och med flera decennier i förväg), men det kan innebära att nätverket är sårbart under en period. En möjlig lösning är att först släppa en bakåtkompatibel uppdatering som aktiveras när heltalen når sin gräns och därmed löser problemet.

Syftet med dessa exempel är att belysa att Bitcoin, liksom alla andra kryptovalutor, bygger på programvarukod skriven av människor. Bitcoin har medvetet utformats för att ha en enkel struktur, vilket resulterar i en mindre och mer överskådlig kodbas jämfört med andra kryptovalutor. Dock är dess historia långt ifrån fläckfri.

När utvecklare släpper en ny uppdatering är därför många nodoperatörer med avsikt väldigt långsamma på att genomföra uppdateringen. Utvecklare kan inte tvinga nodoperatörer att uppdatera, vilket är det som gör systemet funktionellt decentraliserat och oföränderligt, och därmed minimeras utvecklarnas makt. Nodoperatörer bestämmer själva om de vill uppdatera, och i praktiken är det bäst att vänta ett tag på fler kodgranskningar och längre drifttid för att säkerställa att uppdateringen inte innehåller några allvarliga buggar. Om en liten del av nodnätverket uppdaterar och en bugg identifieras kan de bara återgå till den föregående versionen. Skulle en bugg däremot förbli oupptäckt under en längre tid och majoriteten av noderna i nätverket uppdateras till en version som innehåller buggen, och den *därefter* utnyttjas, skulle konsekvenserna kunna bli förödande. En åtgärd skulle kunna inbegripa en soft fork, och det skulle kanske uppstå dispyter om hur buggen skulle åtgärdas snabbast möjligt, vilket skulle leda till delningar av kedjan som inte är enkla att återställa. Detta skulle kunna skada nätverkets rykte och kasta tillbaka det många år i tiden.

Hela poängen med Bitcoin är att det ger nodoperatören monetär suveränitet. Det möjliggör för nodoperatören att skicka och ta emot transaktioner utan tillstånd från någon central instans. De grundläggande reglerna är i praktiken oföränderliga; ingen kan tvinga någon att uppdatera sin nod, och noden tillåter inte att skapandet av valutaenheter påskyndas eller att antalet valutaenheter överstiger 21 miljoner, och inte heller tillåts större block.

Men monetär suveränitet är ett platonskt ideal som endast kan uppnås asymptotiskt; det kan aldrig faktiskt uppnås i praktiken. Oavsett hur enkel Bitcoins design är kan det aldrig garanteras vara helt fritt från buggar. Inte många människor kommer själva att granska varenda rad med kod för sin Bitcoin-nodklient, och även de som gör det kan missa en bugg, precis som utvecklare vid olika tillfällen har gjort. Om en nodoperatör tvingas skynda sig att uppdatera till en ny version för att den gamla versionen har en bugg och det inte är möjligt att återgå till en föregående version (kanske innehåller de gamla versionerna samma bugg), då försvinner tillfälligt nodoperatörens monetära suveränitet och förtroendet för nätverket kan undermineras.

RISK 3: STATLIGA FÖRBUD

Bitcoin är en statslös form av pengar, och många delar av "staten" är inte nödvändigtvis glada över att Bitcoin existerar.

Regeringar världen över har olika banklagar som gör att de kan övervaka banktransaktioner och frysa konton. Framför allt drar regeringar nytta av seigniorage; de kan åtgärda budgetunderskott genom att trycka mer valuta för att täcka upp mellanskillnaden och därmed späda ut folkets besparingar lite i taget på ett icke-transparent sätt. Regeringar vars skuld är denominerad i den egna valutan kan aldrig nominellt ställa in sina betalningar utan att det är ett medvetet val; de kan alltid skapa mer valuta. De begränsas i praktiken av inflation och social oro, och om tillräckligt många människor tappar förtroendet för valutan kan den kollapsa.

De flesta auktoritära länder är oattraktiva platser för förvaring av besparingar, så medborgarna vill flytta sin förmögenhet till länder med större frihet och bättre lagar. Därför gör dessa auktoritära regeringar allt de kan för att begränsa utflödet av kapital genom att kontrollera valutan och banksystemet.

Med statslösa pengar kan folk spara i en monetär tillgång som inte ges ut av staten och som kostar mycket att censurera (uppnå och bibehålla över 50 procent av processorkraften för hela det globala nätverket). Detta möjliggör överföring av ett portabelt, självförvarat värde direkt mellan användare, utanför banksystemet. I stället för att det bara är rika människor som har tillgång till konton på offshorebanker, ger Bitcoin alla med en smartphone tillgång till den funktionella motsvarigheten till ett offshorekonto, fast utan motpartsrisken.

Många föreställer sig att bitcoin konkurrerar med dollarn och euron och med guld, men det mer omedelbara hotet är att bitcoin i första hand konkurrerar med de drygt 100 svagaste, minsta valutorna. Till exempel är det många fler argentinare än norrmän som försöker få tag i stablecoins knutna till dollarn, bitcoin och andra relaterade tillgångar. Bitcoin och stablecoins utgör ett hot mot många länders möjlighet att trycka pengar, särskilt för länderna med de svagaste valutorna. Staten har dock ett antal olika metoder för att göra motstånd mot detta.

Först och främst kan staten genom lagstiftning eller informella påtryckningar skära av kryptobörser och kryptomäklare från det nationella banksystemet. En regering eller en centralbank kan tala om för affärsbankerna att de inte får låta sina kunder överföra pengar till någon kryptobörs eller kryptomäklare eller tillhandahålla banktjänster för kryptorelaterade företag. Detta är något som är mycket enkelt för staten att driva igenom. Det är en form av kapitalkontroll som begränsar hastigheten med vilken värde kan flöda ut ur det nationella banksystemet och in i bitcoin, stablecoins och andra kryptovalutor. Vid slutet av en lång skuldcykel, då statsskulden behöver inflateras bort, är kapitalkontroller vanligt förekommande. Detta leder till att landets offentliga liggare (fiatvaluta) blir kraftigt utspädd och lagstiftarna gör sitt bästa för att tvinga människor att ha kvar sina medel i den kollapsande liggaren i stället för att flytta dem till andra liggare.

Vi såg början på detta i USA 2022 och 2023, då många kryptoföretag fick sina bankkonton indragna till följd av regulatoriska påtryckningar. Dessutom hade flera av de banker som kollapsade under bankkrisen 2023 kryptotillgångar, vilka de banker som tog över resterna av de kollapsade bankerna inte tilläts förvärva. Custodia, som är en affärsbank i Wyoming ledd av Caitlin Long, varnade tillsynsmyndigheter om bankkrisen som sannolikt skulle uppstå 2023. Och ändå nekades Custodia att öppna ett konto hos Federal Reserve, trots att banken ville ha 108 procent av kontantinlåningen i reserver. Vi har sett ett tydligt motstånd mot flera olika typer av kryptorelaterade företag och mot deras möjlighet att upprätthålla en tillförlitlig koppling till finansiella institutioner.

Men inte ens ett totalt förbud för banker att skicka fiatvaluta till kryptobörser är en lösning för staten, eftersom människor ändå kan utbyta värde direkt med varandra. Ett bra exempel är Nigeria, som helt och hållet har skurit av kryptobörser och kryptomäklare från banksystemet, men som ändå har en av de högsta användningsnivåerna av kryptovaluta i världen. En nigerian kan fortfarande skicka pengar till en annan nigerian, och den andra nigerianen kan skicka tillbaka bitcoin. Människor och företag kan bli peer-to-peer-mäklare genom att på olika sätt få tag i bitcoin globalt och sedan sälja bitcoin med viss marginal till sina landsmän. Det finns plattformar och marknadsplatser som parar ihop köpare och säljare, och det finns också depositionstjänster som kräver flera signaturer och ryktessystem som minskar andelen bedrägerier. Det är väldigt svårt för en bank att avgöra att en betalning från en person till en annan genomfördes i utbyte mot bitcoin, stablecoins eller någon annan kryptovaluta. Dessutom kan nigerianer som arbetar på distans för personer i andra länder, som programmerare, grafiska designers och virtuella assistenter, välja att få betalt i bitcoin eller stablecoins. På samma sätt kan nigerianer som tar emot betalningar från familjemedlemmar i andra länder få dessa betalningar i bitcoin eller stablecoins.

För det andra kan staten reagera med alla möjliga drakoniska regler. Till exempel kan man försöka beskatta kryptovalutor hårt eller göra det olagligt eller omöjligt svårt att driva ett kryptoföretag.

Den tredje och allvarligaste formen av förbud är att staten helt enkelt förbjuder kryptovalutor. Det kan göras olagligt och medföra fängelsestraff att köra en Bitcoinnod eller att inneha någon kryptovaluta. Under fyra decennier, från 1930- till 1970-talet, kunde man i USA få ett fängelsestraff på upp till tio år för innehav av guld. Staten tar kontrollen över den offentliga liggaren på största allvar, och ett försök av folket att ta tillbaka sin monetära suveränitet för att besparingarna inte ska försvinna kan leda till stränga straff.

Problemet med den andra och tredje "lösningen" är att de är svåra att genomföra i stor skala vid låga förtroendenivåer. Under perioden mellan 1930- och 1970-talet, då det var olagligt att äga guld, hade folket stort förtroende för den amerikanska federala regeringen, och den lagen antogs när det fanns en sällsynt supermajoritet i kongressen. På gott och ont – beroende på hur man ser på saken – samtyckte de flesta till denna kollektivism. I dag råder inte samma harmoni i USA, och likadan är situationen i många andra länder. Och även om det är lätt att införa restriktioner för banksystemet, är det svårt att införa restriktioner för enskilda individer. Under perioden då det var förbjudet att äga guld gick man inte runt och knackade dörr i jakt på guld, då detta skulle varit en dyr och farlig process. Bitcoin är en kostnadsfri, icke-skadlig programvara med öppen källkod som vem som helst kan ladda ner och köra på en vanlig laptop. Bitcoin innebär att människor uppdaterar ett decentraliserat, globalt kalkylblad med varandra. På en ännu mer grundläggande nivå kan en person äga bitcoin genom att singla slant 256 gånger för att generera en privat nyckel och använda denna nyckel till att ta emot bitcoinbetalningar. Hur ska staten kunna stoppa detta eller ta reda på vilka som äger bitcoin, särskilt om tillräckligt många människor gör det?

I vissa länder finns även stränga yttrandefrihetslagar kring detta ämne. På 1990-talet försökte den amerikanska staten att agera kraftfullt mot användningen av peer-to-peer-kryptering med öppen källkod, men när koden publicerades i bokform ansågs den vara en form av yttrande och skyddades därför av det första tillägget till konstitutionen, vilket med avsikt är mycket svårt att ändra eller kringgå.

Men många stater kan och kommer i varierande utsträckning att försöka begränsa användningen av bitcoin, stablecoins och andra kryptovalutor. Hittills verkar det som att många regeringar främst oroar sig över att människor själva förvarar kryptovalutor och använder dem privat, eftersom det är detta som verkligen hotar deras kontroll. Människor som har kryptovalutor hos lokala förvaringstjänster är inte något större hot, då de precis som banksystemet står under statens kontroll, och staten kan helt enkelt tala om för förvaringsföretaget att det inte får låta någon ta ut sina kryptovalutor eller kräva att de överlämnas till staten.

Likt bruket av alkohol under förbudstiden är det svårt att helt utplåna användningen av bitcoin; bitcoin kan bara tvingas in på den svarta marknaden och bli svårare att använda. Dessutom har nätverkets användare en tendens att reagera på attacker. Förbud i flera länder skulle sannolikt leda till ökad användning av integritetsrelaterade teknologier i de övre lagren av Bitcoinnätverket och till en utbredning av peer-to-peer-marknadsplatser.

Länder som är desperata nog att förbjuda eller begränsa ägande eller användning av bitcoin och andra digitala tillgångar (och därmed begränsa möjligheten att locka till sig och behålla företag som är inblandade i denna nya teknologi), gör sannolikt detta på grund av att de har ett allvarligt problem med sin valuta eller med kapitalflykt. Att ett land är villigt att förbjuda användningen av vad som i grunden inte är något annat än ett decentraliserat kalkylblad är ofta ett tecken på att landets befolkning behöver detta kalkylblad. Ett land med en robust valuta och stark äganderätt, och som är en plats där kapital vill vara, kommer sannolikt inte att förbjuda bitcoin. Ett land vars offentliga liggare har missköttts kommer mer sannolikt att förbjuda bitcoin, eller åtminstone göra det svårt att äga bitcoin.

Som diskuterades i del 3 och 4 av den här boken är de befintliga monetära systemen mycket instabila och utformade för att gradvis öka entropin över tid. Om dessa system skulle stöta på fler allvarliga problem skulle sannolikt bitcoin och andra kryptovalutor få skulden, som om de på något sätt har destabiliserat de befintliga monetära systemen. Ett motargument mot detta skulle vara att påpeka att om en öppen liggares själva existens hotar hela det befintliga systemet, så finns det uppenbarligen ett problem med det befintliga systemet snarare än med denna nya teknologi. Att påstå att ett decentraliserat kalkylblad är ett hot mot det befintliga systemet är detsamma som att erkänna att det är fel på det befintliga systemet. Globalt finns det hundratals biljoner dollar i kredit som inte kan betalas tillbaka med samma köpkraft, och så många sociala löften har lämnats att de inte kan uppfyllas utan stora skattehöjningar eller nedskärningar av andra utgifter. När dessa saker börjar kollapsa kommer människor naturligtvis att leta efter en syndabock, och innehavare av bitcoin är en möjlig sådan.

RISK 4: BERÄKNINGSRELATERADE HOT

Bitcoinminers använder hashing-algoritmen SHA-256 för att generera nya transaktionsblock i blockkedjan. Tekniskt sett kan en vanlig processor klara av detta, som en CPU i en laptop. Under nätverkets tidiga dagar var det så blocken genererades. Men i takt med att bitcoinmining växte till en stor industri utvecklade ingenjörer mer specialiserade processorer för optimal effektivitet. För en väldefinierad beräkningsuppgift är en "ASIC" (Application-specific Integrated Circuit) mycket effektivare än en vanlig processor på att utföra uppgiften.

I dag går det i praktiken bara att genomföra bitcoinmining med ASIC-kretsar som är särskilt framtagna för detta ändamål. Ingen mängd generell datorkraft kan utföra bitcoinmining på ett ekonomiskt hållbart sätt. Även om Amazon, Microsoft och Google skulle rikta hela sin samlade molnserverinfrastruktur mot bitcoinmining eller försöka genomföra en 51 %-attack mot nätverket, skulle deras ansträngningar inte ha någon betydande inverkan. De miljontals specialiserade ASIC-kretsar som världen över arbetar enbart med bitcoinmining dygnet runt är enormt mycket effektivare för denna uppgift, det vill säga att gissa ett tal så snabbt som möjligt med så låg energiförbrukning per gissning som möjligt.

Därför finns det vissa risker förknippade med den utrustning som används för bitcoinmining.

För det första finns det bara en handfull förstklassiga chipfabriker i världen, där olika halvledarprodukter som ASIC-kretsar tillverkas. Dessutom finns det för tillfället bara en handfull företag som designar SHA-256-ASIC-kretsar. Därmed finns det en risk för flaskhalsar i leveranskedjan med avseende på tillverkningen och erhållandet av processorer för bitcoinmining.

I skrivande stund arbetar ett flertal stora och kapitalstarka företag på att bredda utformningen och produktionen av SHA-256-ASIC-kretsar. Så risken kan reduceras, men precis som den tidigare nämnda risken med statliga förbud är flaskhalsar i leveranskedjan ett realistiskt hot att hålla ögonen på.

För det andra, om någon lycka skapa en betydligt bättre ASIC och får monopol på dess användning, skulle detta kunna utgöra ett censurhot då resten av processorkraften i nätverket skulle kunna överträffas. Förbättringarna av ASIC-kretsar saktar ner, och processorer överlag (inte bara ASIC-kretsar) närmar sig sannolikt de fysiska begränsningarna för Moores lag, då det blir svårare och svårare att göra betydande förbättringar. Transistorer har nu blivit så små att de börjar närma sig de atomära gränserna. Det är svårt att föreställa sig en mycket bättre ASIC som skulle överskugga resten av nätverket, men möjligheten måste tas i beaktande eftersom det kan komma att ske några betydande framsteg inom området.

På liknande sätt är kvantberäkning en möjlighet på lång sikt. Utvecklingen och användningen av tillräckligt avancerade kvantdatorer kan leda till att det går att fastställa en privat nyckel ur en publik nyckel, något som inte ens är i närheten av möjligt för vanliga processorer. Om detta skulle inträffa, skulle Bitcoinnätverkets säkerhet börja bryta samman. Det finns emellertid möjliga uppgraderingar som skulle förhindra detta. Mer specifikt skulle kvantresistenta algoritmer kunna utnyttjas, men det skulle kräva minst en soft fork och kanske en hard fork, och skulle sannolikt höja kraven på bandbredd och lagring per transaktion.

Vissa banbrytande teknologier, som kärnfusion och kvantberäkning, diskuteras ofta men historiskt sett har de inte ens kommit i närheten av att förverkligas. Forskare och journalister ger då och då små glimtar av dessa teknologier, som exempelvis rapporter om mikroskopiska kärnreaktioner eller kompakta kvantdatorer, men det är en helt annan sak att faktiskt utveckla och använda dessa tekniker i praktiken. Vi måste dock analysera dem och vara beredda på att de så småningom kan inträffa, om signalerna börjar tyda på en sådan utveckling. Varenda ny typ av beräkningskapacitet som kan bryta sönder delar av Bitcoins kryptering skulle vara ett allvarligt hot som kräver ett svar. Och mer generellt skulle det innebära ett hot mot hela internet och hela det befintliga banksystemet, eftersom alla använder liknande typer av kryptering.

För det tredje skulle staten kunna försöka censurera nätverket. USA:s årliga försvarsbudget är över 800 miljarder dollar, och Kinas årliga försvarsbudget är över 250 miljarder dollar. För tillfället krävs det miljardtals dollar för att genomföra en varaktig 51 %-attack mot Bitcoinnätverket, och dessa aktörer har kapital nog att utföra en sådan attack om de så vill. Ett sådant initiativ skulle förmodligen inte få särskilt stort politiskt stöd (föreställ dig all negativ publicitet i USA om det skulle komma fram att Pentagon, under en period av rekordhögt budgetunderskott, spenderade miljardtals av skattebetalarnas dollar på att attackera Bitcoinnätverket). Dessutom skulle nätverket som svar på attacken höja transaktionsavgifterna och därmed betala miners mer för att ansluta sig till och avcensurera nätverket. Men det går inte att utesluta en sådan attack. Att spendera några få miljarder dollar för att under flera års tid spamma nätverket och därmed göra det svårare och dyrare att använda, är något som en stor stat eller militär skulle kunna göra. Att göra det skulle dock leda till ökade intäkter i form av transaktionsavgifter för bitcoinminers, som kan förespråka och stödja nätverket både politiskt och på andra sätt. Höga avgifter på baslagret tenderar också att påskynda implementeringen av teknologier på nästa lager, för en effektivare användning av blockutrymmet.

Vi kan föreställa oss att ett flertal risker tillsammans blir till ett allvarligt hot. Staten kan förbjuda eller kraftigt begränsa användningen av Bitcoinnätverket, tvinga olika finansiella institutioner att sälja sina innehav för att få priset att krascha och tvinga in teknologin på den svarta marknaden. Därefter kan siktet ställas in på leveranskedjan för att försöka förhindra tillverkningen och distributionen av nya SHA-156-ASIC-kretsar. Om bitcoinpriset skulle förbli lågt under en längre period skulle många miners gå med förlust och koppla bort sig från nätverket, till dess att svårighetsjusteringen minskat svårighetsgraden tillräckligt för att ett nytt stabilt tillstånd uppnås. Detta skulle avsevärt minska kostnaden för att inleda en 51 %-attack, och i det läget skulle kanske någon stor statlig aktör välja att spendera resurserna för att göra detta och därmed fullständigt eliminera hotet om en statslös form av pengar.

Ju större och ju mer utbrett Bitcoinnätverket är, desto svårare är det för staten att genomföra sådana här flerfrontsattacker. Till exempel finns det i USA redan i dag senatorer och representanter som äger bitcoin och som uttryckt sitt stöd för Bitcoinnätverket. Men än så länge är det bara en minoritet som äger bitcoin och andra kryptovalutor, och därför finns det ännu möjlighet för staten att göra motstånd och bromsa spridningen av denna teknologi. Bitcoinnätverket är mycket robust, men en av anledningarna till att jag skriver om det är att upplysa människor om detaljerna i hur det fungerar och hur det kan vara användbart, så att det kan få så stort andrum som möjligt för att inte bara överleva utan blomstra när det omgivande ekosystemet utvecklas.

KAPITEL 27

STABLECOINS OCH DIGITALA CENTRALBANKSPENGAR

Blockkedjor och blockkedjeliknande nätverk för liggare möjliggör utgivning av fiatvalutor genom mer digitalt anpassade metoder.

Hittills har detta skett främst i två olika former: privata utgivare av fiat-uppbackade inlösbara token (så kallade "stablecoins") och digitala versioner av valutor direkt utgivna av centralbanker (så kallade "digitala centralbankspengar" eller "CBDC"). I det här kapitlet diskuteras tillämpningar och risker förknippade med dessa teknologier.

TILLÄMPNINGAR OCH RISKER MED STABLECOINS

Den första stablecoin-valutan utvecklades 2014 och gavs ut på ett lager ovanpå Bitcoinnätverket. Sedan dess har många olika stablecoins vuxit fram, och de har migrerat till andra blockkedjor.

En fiat-uppbackad stablecoin fungerar på så sätt att någon överför valuta (vanligtvis amerikanska dollar) via det traditionella banksystemet till stablecoin-utgivaren, varpå stablecoin-utgivaren genererar nya stablecoin-token och skickar dem till personen som överförde dollarna. Innehavaren av dessa nya stablecoin-token kan sedan flytta sina token till den blockkedja han eller hon är intresserad av och använda dem för sparande, betalningar, trading, hävstångseffekter och andra ändamål – dygnet runt, sju dagar i veckan, året om – både i miljöer som erbjuder förvaringstjänster och miljöer med självförvaring.

En person som har stablecoins kan lösa in dem i stora mängder hos utgivaren, i en process som går i motsatt riktning mot hur dessa stablecoins genererades. Stablecoin-innehavaren skickar sina token till utgivaren, och utgivaren raderar dessa stablecoins och överför ett belopp motsvarande mängden inlösta token.

Utgivaren kan frysa stablecoins knutna till specifika adresser efter krav från brottsbekämpande myndigheter eller liknande, vilket innebär att de är centraliserade. Utgivaren kan tjäna pengar genom avgifter för skapande och inlösen samt genom ränta på underliggande tillgångar. Ur utgivarens perspektiv är stablecoin-valutan en skuld med en ränta på noll, och utgivaren kan investera sina fiat-tillgångar i amerikanska statsobligationer eller liknande likvida tillgångar och dra nytta av den räntefördel som uppstår.

Jämfört med ett vanligt bankkonto erbjuder denna teknologi ett antal fördelar. Först och främst blir ett bankkonto till ett innehavarinstrument; stablecoins kan skickas runt till olika människor och lösas in av någon annan än personen som först överförde pengarna till stablecoin-utgivaren. Stablecoins är som digitala sedlar.

Den ursprungliga tillämpningen av stablecoins var att de användes som ett substitut för dollar på utländska kryptobörser. De används dessutom ofta som beräkningsenhet och som hävstångsmedel på applikationer inom decentraliserad finans ("DeFi"). Förutom som medel för trading och hävstång har stablecoins använts som sparmedel av människor som lever i länder med allvarliga valutakriser. Till exempel använder många argentinare stablecoins. Den argentinska staten och det argentinska banksystemet har flera gånger beslagtagit dollar som satts in på bankerna, och argentinare måste betala ett högt pris för fysiska dollar. Men en argentinare med en smartphone har tillgång till stablecoins, och det finns inte mycket den argentinska staten kan göra åt saken eftersom stablecoin-utgivaren befinner sig utanför Argentina. Det enda de kan göra (och delvis har gjort) är att skära av kryptobörser från det argentinska banksystemet och därmed tvinga den argentinska befolkningen att använda peer-to-peer-metoder eller andra metoder för att få tag i stablecoins. Trots att en stablecoin har en centraliserad utgivare befinner sig i det här fallet den centraliserade utgivaren utanför området i vilket valutakrisen pågår. Det finns många länder runtom i världen där människor som vill använda dollar använder sig av stablecoins för att få tillgång till dollar. Enkelt uttryckt kan människor världen över använda internet och blockkedjor för att till viss del få tillgång till det amerikanska banksystemet och därmed kringgå det lokala banksystemet. Därför har stablecoins på senare år fungerat som ett offshorekonto med amerikanska dollar för medelklassen och inte bara för rika människor.

Teknologin innebär emellertid vissa risker. Alla användare av stablecoins måste lita på att stablecoin-utgivaren har alla underliggande tillgångar den påstår att den har, då stablecoin-valutan i annat fall kanske inte går att lösa in och dess pris kan kollapsa. Det kan liknas vid hur vi förlitar oss på banker – med den skillnaden att tillsynsmyndigheterna i stor utsträckning har begränsat stablecoin-industrin till periferin. Och eftersom över 99 procent av alla stablecoins är denominerade i dollar och knutna direkt eller indirekt till en bank i USA, skulle USA:s federala regering när som helst kunna stänga ner en stablecoin genom sanktioner och genom att tala om för den berörda banken att frysa stablecoin-utgivarens tillgångar. Alternativt skulle staten som kontrollerar liggaren som stablecoin-utgivaren förlitar sig på tala om för stablecoin-utgivaren att frysa vissa stablecoin-adresser, som en åtgärd mot specifika användare eller mot ett specifikt område.

Ur ett monetärt perspektiv har stablecoins blivit alltmer relevanta, då de ger tillgång till amerikanska dollar för miljontals människor världen över som vill ha dollar men som, om det inte vore för stablecoins, har svårt att få tag i dollar. Om det blir lättare för människor att få tillgång till vilken fiatvaluta som helst (eller vilken tokeniserad tillgång som helst) via sina smartphones, är detta ett potentiellt hot mot det befintliga/gamla systemet med 160 olika fiatvalutor och kapitalmarknader.

CBDC: ÖVERSIKT

Skapandet av Bitcoinnätverket, och sedan av privat utgivna fiatuppbackade stablecoins, lockade oundvikligen till sig regeringars och centralbankernas uppmärksamhet. Papperssedlar och affärsbanksreserver är skulder för ett lands centralbank och är därmed landets "monetära bas". Många centralbanker vill digitalisera sina fysiska sedlar och därigenom omvandla landets monetära bas till en helt digital liggare.

Agustin Carstens, chef för den Schweiz-baserade Banken för internationell betalningsutjämning (som ägs av världens centralbanker och tillhandahåller dem banktjänster och regelverk som en överstatlig organisation), sa en intressant sak om digitala centralbankspengar under en paneldiskussion 2020, arrangerad av IMF och Världsbanken, med titeln "Cross-Border Payment – A Vision for the Future":

> I vår analys av CBDC särskilt för allmänt bruk tenderar vi att jämställa dem med kontanter, och det finns en enorm skillnad där. Till exempel i kontanter vet vi inte till exempel vem som använder en hundradollarssedel i dag, vi vet inte vem som använder en tusenpesosedel i dag. En viktig skillnad med en CBDC är att centralbank[en] kommer att ha absolut kontroll över reglerna och föreskrifterna som avgör användningen av den formen av centralbanksskuld. Och dessutom kommer vi att ha teknologin att verkställa detta. De två punkterna är extremt viktiga, och det gör en enorm skillnad med avseende

på vad kontanter är.[390]

Kort sagt stärker digitala centralbankspengar en centralbanks förmåga att övervaka och kontrollera användningen av valutan den ger ut. Detta medför betydande förbättringar när det gäller gränsöverskridande transaktioner och mer precisionsinriktade penningpolitiska åtgärder, men det medför också betydande problem för allmänheten gällande integritet och kontroll.

CBDC: AVVECKLING ÖVER GRÄNSERNA

Gränsöverskridande betalningar är fortfarande något av en friktionspunkt för det globala banksystemet, trots att det har varit sammankopplat genom telekommunikationsinfrastruktur i ett och ett halvt sekel. Banker har använt sig av samma gamla internationella betalningsmekanismer (som meddelandesystemet SWIFT och överföringar via korrespondentbanker) under ett halvt sekel, även om de har genomfört vissa ytliga tekniska uppgraderingar under tiden. Internationella överföringar är ofta långsamma, dyra och icke-transparenta.

Vidare går stora delar av infrastrukturen genom det amerikanska banksystemet, vilket ger USA möjlighet att av olika anledningar införa sanktioner mot andra länder. Många regeringar runtom i världen skulle vilja genomföra transaktioner på ett mer decentraliserat sätt, utan att behöva gå igenom system som styrs av en stormakt som man kanske inte har en god relation till.

Under hösten 2022 presenterade Banken för internationell betalningsutjämning, tillsammans med ett flertal statliga organ och centralbanker, ett internationellt projekt med målet att uppgradera infrastrukturen för gränsöverskridande betalningar. På hemsidan beskrevs projektet på följande sätt:

> Det betalningssystem som understödjer finansiella flöden över gränser har inte hållit jämna steg med den snabba tillväxten i global ekonomisk integration. Det globala nätverket av korrespondentbanker som möjliggör internationella betalningar begränsas av höga kostnader, låg hastighet och transparens samt operativa komplexiteter. Vidare minskar banker sina korrespondentnätverk och -tjänster, vilket innebär att många deltagare (i synnerhet tillväxtmarknader och utvecklingsekonomier) inte längre har råd med eller inte har tillräcklig tillgång till det globala finansiella systemet.
>
> Arrangemang med flera CBDC:er (multi-CBDC) som direkt sammankopplar digitala valutor från olika jurisdiktioner i en enda gemensam teknisk infra-

390 Agustín Carstens, *Cross-Border Payments—A Vision for the Future,* (24:12–25:06).

> struktur erbjuder stor potential att förbättra det nuvarande systemet och göra gränsöverskridande betalningar omedelbara, billiga och universellt tillgängliga med säker avveckling.
>
> BIS Innovation Hub Hong Kong Centre, Hong Kong Monetary Authority, Bank of Thailand, Digital Currency Institute vid People's Bank of China och Förenade Arabemiratens centralbank samarbetar för att bygga en sådan multi-CBDC-plattform, kallad mBridge.[391]

Infrastruktur för digitala centralbankspengar kan öppna dörren för effektivare metoder för gränsöverskridande betalningar och kan gå över hela världen genom ett invecklat nät av anslutningar, vilket gör det omöjligt för ett enskilt land att fungera som en systemomfattande flaskhals.

CBDC: PRECISIONSINRIKTAD FINANS- OCH PENNINGPOLITIK

USA är ett land med en folkmängd på 330 miljoner, och ändå har Federal Reserve en enda basränta för hela landet. Samma problem gäller i många andra länder.

Kritiker av centralbanker ser ofta den aktiva förvaltningen av ett valutasystem som problematisk. Ur deras perspektiv bör centralbanker spela en liten roll eller ingen roll alls i fastställandet av räntan, utan i stället ska basräntan fastställas av den fria marknaden.

Förespråkare för centralbankerna, däribland centralbankerna själva naturligtvis, är intresserade av teknologier som ger dem ökad kontroll över penningpolitiken. Tänk om en centralbank skulle kunna justera räntan för olika regioner i landet, eller för olika åldersgrupper. Om det finns vissa branscher som centralbanken vill expandera och andra branscher som centralbanken vill minska, skulle centralbanken kunna ge dem olika branscherna väldigt olika kapitalkostnader. Detta skulle även kunna genomföras på konsumentnivå. Medborgare skulle kunna få olika kvoter för olika utgiftskategorier, och deras utgifter skulle kunna begränsas automatiskt om de skulle överskrida dessa kvoter. Stimulansbetalningar skulle kunna genomföras till specifika grupper snabbare och mer precist än med den nuvarande teknologin, och dessa utbetalningar skulle kunna genomföras med en form av pengar som har ett bäst före-datum , vilket skulle uppmuntra till snabbare spendering.

Det här är ett av de områden där vi måste skilja mellan utgivarens perspektiv och användarens perspektiv med avseende på vad en "perfekt valuta" är. Användare vill i allmänhet att valutan ska vara fri, privat och ha

391 Bank for International Settlements, *Project mBridge: Connecting Economies Through CBDC.*

så hög knapphet som möjligt. Utgivare vill i allmänhet att valutan ska gå att övervaka, kontrollera och devalvera i jämn takt över tid. Ur utgivarens perspektiv är det så att ju mer specifika verktyg som finns tillgängliga för att kontrollera valutan i detalj, desto bättre.

CBDC: INFÖRANDET AV NEGATIV RÄNTA

Under den globala desinflationistiska obligationsbubblan i slutet av 2010-talet utforskade många penningpolitiska beslutsfattare olika sätt att fastställa djupt negativa räntesatser. Dessa beslutsfattare ser i allmänhet höga nivåer av sparande som "hamstring" och vill i stället att pengar ska spenderas snabbt, för att ge ekonomin en skjuts på kort sikt. Men tillgängligheten av fysiska kontanter gör det svårt att införa djupt negativa räntesatser, eftersom människor kan ta ut pengar från sina bankkonton och spara dem i form av fysiska kontanter om bankerna börjar ta pengar från dem genom djupt negativa inlåningsräntor.

En IMF-artikel från 2019, "Cashing in: How to Make Negative Interest Rates Work", ger en bra beskrivning av problemet:

> I en kontantlös värld skulle det inte finnas någon lägre gräns för räntesatser. En centralbank skulle kunna sänka styrräntan från låt oss säga 2 procent till minus 4 procent för att avvärja en kraftig recession. Räntesänkningen skulle överföras till bankinlåning, lån och obligationer. Utan kontanter skulle insättare bli tvungna att betala den negativa räntan för att ha pengarna på banken, vilket skulle göra konsumtion och investering mer attraktivt. Detta skulle ge utlåningen en skjuts, öka efterfrågan och stimulera ekonomin.
>
> Men när det finns kontanter blir det omöjligt att sänka räntan till djupt negativa områden. Kontanter har samma köpkraft som bankinlåningar, men till noll nominell ränta. Dessutom kan de erhållas i obegränsade mängder i utbyte mot bankpengar. Därför kan man, i stället för att betala negativ ränta, helt enkelt hålla kontanter till nollränta. Kontanter erbjuder en kostnadsfri möjlighet med nollränta och fungerar som ett räntegolv.
>
> På grund av detta golv har centralbanker vidtagit okonventionella penningpolitiska åtgärder. Euroområdet, Schweiz, Danmark, Sverige och andra ekonomier har låtit räntan gå något under noll, vilket har varit möjligt tack vare att det är besvärligt och dyrt att ta ut kontanter i stora mängder (till exempel förvarings- och försäkringsavgifter). Dessa åtgärder har bidragit till ökad efterfrågan, men de kan inte fullt ut kompensera för förlorat handlingsutrymme inom penningpolitiken när räntorna är mycket låga.
>
> En möjlighet att bryta igenom den nedre nollgränsen är att fasa ut kontan-

terna.[392]

På grund av utmaningarna med att helt och hållet fasa ut kontanter föreslog i stället författarna av den IMF-rapport som artikeln grundade sig på att den monetära basen ska delas upp i två delar, där fysiska kontanter devalveras gentemot kontanter i det finansiella systemet i en takt motsvarande den negativa ränta som tillämpas på kontantinlåningar, så att en negativ ränta i praktiken tillämpas även på fysiska kontanter. Det skulle med andra ord inte gå att undgå den djupt negativa räntan.

Även i "NBER Working Paper 25416", publicerat 2019 med Larry Summers som medförfattare, diskuterades de problem som pappersvaluta innebär för en penningpolitik med djupt negativ ränta:

> För det andra, om den nedre gränsen för inlåning kan övervinnas, förutspår våra modeller att negativa räntesatser bör vara ett effektivt sätt att stimulera ekonomin på. Detta kan hända om banker över tid blir mer villiga att experimentera med negativa räntesatser och insättare inte byter mot kontanter, eller om det sker institutionella förändringar som påverkar den nedre gränsen för inlåning. I avsnitt 4 diskuterar vi under vilka förhållanden detta skulle kunna hända. Ett exempel på sådan politik är en direkt skatt på pappersvaluta, som föreslagits först av Gesell (Gesell, 1916) och som diskuterats i detalj av Goodfriend (2000) samt Buiter och Panigirtzoglou (2003), eller åtgärder som ökar kostnaden för förvaring av pengar, som att avskaffa sedlar med höga valörer. En annan möjlighet är att avskaffa pappersvaluta helt och hållet. Dessa åtgärder diskuteras bland annat i Agarwal och Kimball (2015), Rogoff (2017a) och Rogoff (2017c), som också föreslår mer avancerade tillvägagångssätt för att kringgå den nedre nollgränsen.[393]

Under 2010-talets andra hälft, som var förhållandevis desinflationistisk vad gäller konsumentpriser, var den här typen av förslag vanlig inom finansakademiska cirklar. Under en period av låg inflation undersökte många beslutsfattare aktivt möjligheterna att skapa djupt negativa räntesatser, justerade för inflation. Ur deras perspektiv innebar detta att, vid behov, sänka räntorna till ännu lägre nivåer samtidigt som man eliminerar de olika flyktvägar, såsom fysiska kontanter, som människor annars skulle kunna använda för att undvika den här typen av åtgärder.[394] Beslutsfattare fortsatte med andra ord att utforska sätt att ge sig själva mer och mer kontroll över den offentliga liggaren.

---

392 Ruchir Agarwal och Signe Krogstrup, *Cashing In: How to Make Negative Interest Rates Work*.
393 Gauti Eggertsson et al., *Negative Nominal Interest Rates and the Bank Lending Channel*, 6.
394 Standardverket om detta ämne är Kenneth Rogoff, *The Curse of Cash*.

Under 2020-talet, med återkomsten av både högre inflation och högre räntor, har diskussioner om djupt negativa räntesatser än så länge varit mindre vanliga. Men dessa förslag kan på nytt bli aktuella i framtiden om en betydande desinflation skulle uppstå, då beslutsfattarnas önskan om ökad kontroll över liggaren är ett återkommande tema.

CBDC: AUTOMATISK BROTTSBEKÄMPNING

År 2020 förde riskkapitalisten och analytikern Nic Carter argumentet på sociala medier att om fysiska kontanter uppfanns i dag skulle de göras olagliga. Användningen av kontanter är med andra ord en metod för privata transaktioner som vi ser som normal på grund av dess långa historia, men som statliga organ och centralbanker inte riktigt tycker om. Staten har spenderat årtionden på att utforma allt strängare metoder för att övervaka och frysa bankkonton och transaktioner, och fysiska kontanter utgör den främsta möjligheten till privata transaktioner inom det nuvarande finansiella systemet.

Digitala centralbankspengar erbjuder centralbanker en möjlighet att fasa ut fysiska kontanter och därmed utplåna den sista kvarlevan av transaktionsintegritet i liggaren. En CBDC kan övervakas och kontrolleras av utgivaren på mycket djupare detaljnivå än kontanter. Samma sak gäller för stablecoins.

År 2021 började Kina testa en CBDC som 1) på ett enkelt sätt kan spåra eller blockera transaktioner, 2) kan sätta bäst före-datum på pengar för att säkerställa att de spenderas i stället för att sparas och 3) automatiskt kan dra pengar från eller frysa konton knutna till enskilda aktörer. I en artikel i *Wall Street Journal* från 2021 med titeln "China Creates Its Own Digital Currency, a First for Major Economy" sammanfattades detta väl:

> Själva pengarna är programmerbara. Beijing har testat bäst före-datum för att uppmuntra användare att spendera dem snabbt, för tillfällen då ekonomin behöver en skjuts.
>
> De är även spårbara, vilket innebär ytterligare ett verktyg för Kinas omfattande statliga övervakning. Staten placerar ut hundratals miljoner kameror med ansiktsigenkänning för att övervaka befolkningen [och] använder dem ibland till att utdöma böter för sådant som gång mot rött ljus. En digital valuta skulle göra det möjligt att både utdöma och samla in böter så fort förseelsen upptäcks.[395]

---

395 James Areddy, *China Creates Its Own Digital Currency, a First for Major Economy*, Wall Street Journal, 5 april 2021.

Sedan dess har ett flertal andra länder lanserat digitala centralbanksvalutor, av vilka Nigeria (ett land med en folkmängd på över 200 miljoner) troligtvis är det mest framträdande exemplet. Nigera lanserade sin CBDC, eNaira, under hösten 2021, men ett år senare var användningsgraden i landet fortfarande under 1 procent. I slutet av 2022 började landets centralbank kraftigt begränsa tillgången till fysiska kontanter. Haruna Mustafa, ansvarig för banktillsyn vid Central Bank of Nigeria, skrev att kunder "bör uppmuntras att använda alternativa kanaler (internetbanker, bankappar, USSD-kort/POS, eNaira osv.) för att genomföra sina banktransaktioner".[396]

Bloomberg tog upp ämnet i en artikel i december 2022, med titeln "Nigera Caps ATM Cash Withdrawals at $45 Daily to Push Digital Payments":

> Central Bank of Nigera satte ett tak på kunduttag på högst 20 000 naira (44,97 dollar) per dag, ner från den tidigare gränsen på 150 000 naira, enligt ett meddelande som skickades till långivare i tisdags. Kontantuttag från banker per vecka begränsas till 100 000 naira för individer och 500 000 naira för företag, och allting över den gränsen medför en avgift på 5 respektive 10 procent, sa centralbanken.
>
> Åtgärden är den senaste av en rad order från centralbanken som syftar till att begränsa användningen av kontanter och utvidga digitala valutor för att förbättra tillgången till banktjänster. I Nigerias till stor del informella ekonomi utgör kontanter utanför bankerna 85 procent av valutan i omlopp och nästan 40 miljoner vuxna saknar bankkonto.[397]

Det är tydligt att fysiska kontanter är något som många centralbanker helst skulle återkalla om de kunde, och digitala centralbankspengar erbjuder tillsammans med andra digitala betalsystem en möjlighet att förverkliga denna dröm. Men fallstudien av Nigeria visar hur svårt det är att göra detta om allmänheten inte samtycker till det. I skrivande stund, mer än ett och ett halvt år efter lanseringen av eNairan, är det långt fler nigerianer som använder kryptovalutor än som använder eNairan, trots att Nigeria sedan länge har skurit av kryptobörserna från landets banksystem. Då nigerianer inte kan skicka pengar från en bank till en kryptobörs genomför de i stället peer-to-peer-transaktioner för att få tillgång till de kryptovalutor eller andra tillgångar de vill ha.

Detta hindrar inte andra centralbanker från att ge sig in i CBDC-marknaden. I början av 2023 utgav sig några lurendrejare för att vara

---

396 Alys Key, *Nigeria Limits Cash Withdrawals to $45 per Day in CBDC, Digital Banking Push*, Yahoo! Finance, 7 december 2022.

397 Emele Onu och Anthony Osae-Brown, *Nigeria Caps ATM Cash Withdrawals at $45 Daily to Push Digital Payments*, Bloomberg, 6 december 2022.

Ukrainas president Volodymyr Zelensky och lyckades få Jerome Powell och Christine Lagarde att delta i varsitt videosamtal med dem – som de spelade in och publicerade online.[398] I samtalet med Lagarde, som för närvarande är ordförande för Europeiska centralbanken, frågade de henne om planerna för digitala centralbankspengar och om vad hon har för tankar om att människor inte tycker om att bli kontrollerade. Det här var hennes svar:

> I Europa har vi nu denna tröskel: över 1 000 euro kan du inte betala kontant. Om du gör det befinner du dig på den gråa marknaden. Så du tar din risk. Du åker fast: du bötfälls eller åker i fängelse. Du förstår, den digitala euron kommer att ha en begränsad kontroll. Det kommer att finnas kontroll, det har du rätt i, det har du helt rätt i. Vi funderar på om för mycket små belopp, du vet allt som ligger omkring 300 [eller] 400 euro, hade vi kunnat ha en mekanism där det finns noll kontroll. Men det skulle kunna vara farligt. Terroristattackerna mot Frankrike för tio år sedan finansierades helt och hållet av sådana mycket små anonyma kreditkort som du kan ladda helt anonymt.[399]

Först nämnde Lagarde Frankrikes gräns för kontantbetalningar, som är en del av deras insatser för att minska användningen av kontanter men som är något svår att genomdriva. Flera länder har lagar som begränsar mängden kontanter som ett företag kan ta emot, och Frankrike har en av de lägsta gränserna. Sedan hänvisade Lagarde till en terroristattack för nästan ett decennium sedan som en potentiell anledning att förbjuda människor att genomföra några okontrollerade, anonyma transaktioner överhuvudtaget. Under de senaste 50 åren har mindre än 0,001 procent av Frankrikes befolkning dödats i terroristattacker, och ändå är det hennes främsta anledning till att införa centraliserad övervakning och kontroll över varenda transaktion i landet.

Genom hela den här boken återkommer jag till frågan "vem kontrollerar liggaren?" när jag tittar på olika finansiella system och teknologier.

Det är tydligt att pengar över tid rör sig mot en alltmer digital form. Skapandet av Bitcoin innebar inledningen av en ny tidsålder, och målet var att decentralisera pengar och ge tillbaka kontrollen över liggaren till användarna. Samtidigt har systemen med fiatvalutor anammat aspekter av denna teknologi och digitaliseras de med, i form av digitala centralbankspengar. I motsats till Bitcoin ger en CBDC mer makt åt den som kontrollerar liggaren på bekostnad av användaren, och ger därför centralbanker

398 Forkast.News, *ECB's Lagarde gets pranked, reveals digital euro will have 'limited' control*, Yahoo! Finance, 7 april 2023.

399 För Rumble-video se Real Truth Real News, *Vovan and Lexus' Pretend to Be Zelensky*, Rumble, april 2023, (16:34–17:25).

och statliga organ möjlighet att kontrollera liggaren i ännu mer detalj än de kunnat tidigare. Med hjälp av digitala centralbankspengar kan centralbanker potentiellt fasa ut fysiska kontanter, vilket är den sista möjligheten till privata och censurresistenta transaktioner som finns kvar inom de befintliga fiatvalutesystemen.

Om vi föreställer oss den perfekta formen av pengar, föreställer vi oss väldigt olika saker beroende på vem vi är och vad vi vill göra. Ur en centralbanks eller ett statligt organs perspektiv är den perfekta formen av pengar en form som de har fullständig kontroll över. De vill att pengarna gradvis devalveras över tid, att de enkelt kan övervakas och programmeras av utgivaren och att de ska kunna frysas av utgivaren av vad denne anser vara goda skäl. Digitala centralbankspengar marknadsförs, och kommer att fortsätta att marknadsföras, som ett system som ökar tillgängligheten av finansiella tjänster och som ger brottsbekämpande organ nya verktyg för att stoppa kriminell verksamhet. Men samma teknologi som möjliggör dessa funktioner ger också staten och företag ökad möjlighet att undertrycka allmänhetens missnöje och kontrollera människors liv, vilket är relevant i en värld i vilken över hälften av befolkningen lever i auktoritära eller halvauktoritära regimer och i vilken det finns 160 olika valutamonopol. Ur den enskilde användarens perspektiv är den perfekta formen av pengar en form som innebär ökad transaktionsintegritet och som är globalt portabel och globalt accepterad.

Vi står i dag vid ett vägskäl. Det ena hållet innebär en stegvis uppgradering för den som vill fortsätta på den flera århundraden långa trenden mot ökad centralisering av det finansiella systemet. Det andra hållet bryter trenden, splittrar de befintliga centraliseringskrafterna och ger den enskilde användaren sin finansiella frihet tillbaka. I den sjätte och sista delen av den här boken utforskar vi de etiska frågeställningarna kring dessa två olika håll.

THIS NOTE IS LEGAL
FOR ALL DEBTS, PUBLIC
SERIES 2009

DEL VI

FINANSIELL TEKNOLOGI OCH MÄNSKLIGA RÄTTIGHETER

Den här nationen grundades av män från många nationer och bakgrunder. Den grundades på principen att alla män skapas lika och att rättigheterna för alla män försvagas när rättigheterna för en man hotas. I dag utkämpar vi en världsomfattande kamp för att främja och skydda rättigheterna för alla som önskar vara fria.[400]

—**John F. Kennedy**

400 John F. Kennedy, *Radio and Television Report to the American People on Civil Rights*, 11 juni 1963.

KAPITEL 28

NEDBRYTNINGEN AV INTEGRITET

Som redan har påvisats i denna bok utsätts rätten till integritet för alltmer omfattande attacker under den digitala tidsåldern.

Det brukade vara kostsamt att kränka någons integritet. Före den utbredda användningen av internet, smartphones, övervakningskameror och andra teknologier var den enda möjligheten att kränka någons integritet att fysiskt spionera på personen, visitera personen eller söka igenom personens egendom. Därför var risken stor att personen vars integritet kränktes var medveten om att detta skedde.

I den digitala tidsåldern blir det ständigt enklare och billigare för staten, företag och individer att kränka någons integritet utan att personen är medveten om det. För staten och för företag kan en kombination av offentliga och privata uppgifter om miljardtals människor samlas in automatiskt från alla större finans- och kommunikationsplattformar. När dessa uppgifter har samlats in kan de sorteras med hjälp av olika Big Data-tekniker, som maskininlärning, och algoritmiskt övervakas eller göras sökbara för användare av databasen. Centraliserade dataguldgruvor hackas ofta och läggs ut på darknet.

Det fjärde tillägget i rättighetsförklaringen som antogs 1791 ger skydd mot oskälig husrannsakan och gripande:

> Folkets rätt att vara säkra i sina personer, hus, papper och effekter, mot oskälig husrannsakan och gripande, skall ej överträdas, och inga rannsakningseller arresteringsorder skall utgå, utom uppå skälig grund, understödd av ed eller försäkran, och noggrant beskrivande den plats som skall rannsakas, och de personer eller ting som skall gripas.[401]

401 Riksarkivet, *The Bill of Rights*.

Även den allmänna förklaringen om de mänskliga rättigheterna, som lades fram av FN 1948, betraktar enligt artikel 12 integritet som en mänsklig rättighet:

> Myndigheter och andra får inte utan anledning och förklaring blanda sig i människors privatliv, kontrollera deras familj, bostad eller brevväxling. De får inte heller utan anledning göra något som skadar en människas rykte. Alla människor har rätt att få laglig hjälp mot sådan inblandning.[402]

I praktiken ignoreras dessa rättigheter ofta i USA och många andra länder.

Människor tycker instinktivt inte om att bli övervakade. Vi drar för gardinerna på kvällen. Vi tycker det är obekvämt om en främling tittar på oss för länge. Vi har dörrar till våra badrum och gardiner för våra valbås. Vi oroar oss över att våra kameror och mikrofoner kan hackas, så att någon kan titta eller lyssna på oss utan vår vetskap.

Denna instinkt omfattar även en naturlig önskan om integritet när det gäller egendom och information. Det är inte nödvändigtvis så att vi inte vill att *någon* ska känna till dessa saker, utan vi vill helt enkelt att endast personer som behöver känna till dessa saker, känner till dessa saker. Vi vill kanske inte tala om för en främling hur mycket vi tjänar, vilka mediciner vi tar eller hur vårt sexliv ser ut. Men givetvis kan vi avslöja vår lön under en arbetsintervju, vi talar öppet om våra medicinska problem och läkemedel med vår doktor och vi delar med oss om vårt sexliv med vår partner.

Om vår integritet behöver kränkas av legitima myndigheter bör detta, i enlighet med både rättighetsförklaringen och förklaringen om de mänskliga rättigheterna, inte ske godtyckligt eller universellt, utan snarare med någon form av specifik anledning och inom lagens gränser.

Integritet är viktigt i ett fritt samhälle, men det är ännu viktigare i ett ofritt samhälle. I ett ofritt samhälle kan personer som har "fel" politiska åsikter, sexuella preferenser eller religion utsättas för förföljelse av staten eller andra medborgare även om det de säger, gör eller tror på inte direkt skadar någon. Det finns alltid människor som anser sig veta hur man bör leva och att de av någon anledning har rätt att tvinga andra att leva på samma sätt.

Då övervakningsteknologin ständigt blir kraftfullare är det tyvärr så att människor inte har någon realistisk möjlighet att be staten eller företag om integritet. Svaret kommer att vara "nej" och anledningarna till det förändras hela tiden. I USA på 1970- och 1980-talet var anledningen till att integriteten systematiskt kränktes kriget mot drogerna. På 2000-talet skiftade

402 Förenta nationerna, *Universal Declaration of Human Rights*.

anledningen till kriget mot terrorismen. På 2020-talet skiftade anledningen till kriget mot människohandel och samverkan med fiendenationer. Det kommer alltid att finnas en anledning till varför ingen kan beviljas integritet, för att säkerställa att en liten klick människor inte missbrukar integriteten för kriminella ändamål.

Om människor vill ha integritet måste de i stället skapa kraftfulla motverkande teknologier som gör det möjligt att bevara en del av integriteten och tvinga lagar och åtgärder att formas kring denna nya teknologiska verklighet. Precis som folk bygger fysiska väggar runt sig själva och runt sina fysiska ägodelar, som kräver energi och rättsliga insatser att ta sig igenom, måste folk av samma anledning bygga digitala väggar runt sina digitala data.

TRANSAKTIONSINTEGRITET

Integritetsrätten omfattar naturligtvis transaktionsintegritet. Om staten, ett företag eller en individ har tillgång till en komplett historik över dina transaktioner vet de i princip allt de kan tänkas vilja veta om dig. Och om någon kan spåra dina transaktioner i realtid går det att spåra var du fysiskt befinner dig någonstans i realtid.

Om vi tittar tillbaka på alla typer av pengar som diskuterats i denna bok ser vi att flera av dem erbjöd användaren en rimlig nivå av transaktionsintegritet, och under tusentals år var det vanligtvis normen. Innehavarinstrument i form av ädelmetallmynt och fysiska sedlar är av naturen privata. De användes (och sedlar används fortfarande) för fysiska transaktioner parter emellan, utan någon tredjepart eller observatör som kunde hålla koll på ändringarna i liggaren. "Liggarens status" för dessa innehavarinstrument upprätthålls genom besittning, och ingen enskild aktör (inte ens utgivaren av, i det här fallet, sedlarna) kan observera liggarens fullständiga status.

Men i och med framväxten av telekommunikationssystem och den regelbundna användningen av bankinlåning för besparingar har den finansiella integriteten minskat betydligt. Administratören av en bankliggare kan enkelt hålla koll på hur mycket pengar du har, vart du skickar dem och var du får dem ifrån. Och som en naturlig konsekvens av detta kan staten be bankerna att överlämna dessa uppgifter. Vidare medför en penningpolitik som främjar ihållande inflation att människor motiveras att söka avkastning för att kompensera för inflationens effekter. Detta avskräcker dem från att spara i fysiska kontanter, och i stället uppmuntras de att använda bankinlåning uppbackad av fraktionella reserver som är föremål för omfattande övervakning.

Lagen Bank Secrecy Act, som antogs av den amerikanska staten 1970 och som är i kraft än i dag, tvingar banker att lämna in rapporter till staten om en kunds dagliga transaktioner överstiger 10 000 dollar.

När denna lag antogs 1970 låg den årliga medelinkomsten i USA på under 10 000 dollar. Därmed omfattade lagen endast förhållandevis stora belopp som förflyttades under en och samma dag – en bra bit över 80 000 dollar i dagens svagare dollar. Men lagen tog inte inflation i beaktande. Dollarns värde har med tiden urholkats och bankerna måste i praktiken lämna in rapporter gällande mindre och mindre transaktioner, då dagliga transaktioner på 10 000 dollar har blivit allt vanligare. Varje år sänker staten genom inflation tröskeln för sin finansiella övervakning, utan att behöva införa några nya lagar.

Om inflationstakten i genomsnitt ligger på samma nivå under de kommande 50 åren som under de föregående 50 åren, kommer rapporteringströskeln att sänkas ytterligare åtta gånger räknat i köpkraft. När lagen antogs gav staten sig själv möjligheten att hålla koll på transaktioner stora nog att köpa ett hus. Med tiden har inflationen utvidgat lagen så att staten kan hålla koll på transaktioner stora nog att köpa en begagnad bil. Om detta fortsätter kommer staten snart att kunna hålla koll på transaktioner stora nog att köpa en gräsklippare eller en cykel.

Liknande rapporteringskrav finns även i andra länder. Och som diskuteras i senare avsnitt av detta kapitel har underrättelsetjänster tillgång till all sorts information även under dessa trösklar, med eller utan anledning. Realistiskt sett övervakas redan små transaktioner i detalj av bankerna själva.

Många regeringar gör sitt bästa för att tillämpa dessa restriktioner även på andra liggare. Till exempel sänkte den tyska staten, från och med den 1 januari 2020, tröskeln för hur mycket pengar en individ får köpa fysiska ädelmetaller för utan någon identitetskontroll, från 10 000 euro till 2 000 euro – officiellt som en åtgärd för att bekämpa penningtvätt. Tyskar får lov att köpa alla möjliga saker för mer än 2 000 euro utan att de behöver visa upp någon ID-handling, men inte guld. I slutet av 2019 stod folk i långa köer utanför guldbutiker för att köpa ädelmetaller anonymt innan den lägre tröskeln trädde i kraft.

På liknande sätt har Frankrike under det senaste årtiondet förbjudit kontanttransaktioner över 1 000 euro. Det uttalade målet är att bekämpa terrorfinansiering och penningtvätt. Ett flertal andra länder har infört liknande restriktioner för kontanter.

PERSONSÖKARE PÅ 1980-TALET

Naturligtvis använder sig kriminella av framväxande teknologier så fort de blir tillgängliga. Under 1980-talet till exempel började knarklangare i stor utsträckning använda sig av personsökare för att undvika lagens långa arm. Men personsökare användes givetvis även för lagliga ändamål av läkare, advokater, journalister, leveransbud och många andra. En artikel i *Washington Post* från 1988 med titeln "Message is Out on Beepers" inleddes med följande beskrivning:

> När en knarklangare är i trubbel ringer han ibland 911. Men han försöker inte få tag i polisen.
>
> I stället skickas detta meddelande till en knarklangare med en personsökare som visar meddelanden skickade från en telefon: 911 betyder att polisen närmar sig.
>
> Även om personsökare, eller sökare, har ökat i popularitet inom arbetskraften – läkare, leveransbud och journalister använder dem ofta – har de också blivit en självklar del av droghandeln, vilket innebär nya problem för de brottsbekämpande organen och hotar att skada bilden av den blomstrande high-tech-industrin.[403]

Artikeln fortsatte med att beskriva olika tekniker som användes för att försöka filtrera bort den olagliga användningen av sökare. Kreditkontroller genomfördes ofta av personer som köpte sökare, även vid kontantbetalning, för att försöka minska mängden sökare som hamnade i händerna på kriminella. Vidare beskrevs hur American Civil Liberties Union satte sig emot risken för övertramp av myndigheter i deras försök att fastställa vilka som ska få ha tillgång till sökare och vilka som inte ska det.

Det framstår som lite föråldrat i dag, med tanke på vilka teknologiska framsteg som gjorts sedan dess, men detta är ett exempel på hur vilken teknologi som helst kan användas för både goda och onda ändamål, särskilt nya teknologier. En allmän debatt följde om hur tillgång till teknologin skulle kunna begränsas för att bevara fördelarna och samtidigt minska risken för att den hamnar i fel händer. Resultatet blir om och om igen att det är väldigt svårt att på ett globalt och permanent sätt undertrycka spridningen av en ny teknologi, och de flesta kraftfulla teknologier kan användas för både gott och ont.

I dag, när de allra flesta av oss har mobil tillgång till internet, framstår tanken att begränsa användningen av sökare som löjlig. Jämfört med vad

403 Jonathan Moses, *Message Is Out On Beepers*, The Washington Post, 11 juli 1988.

som finns tillgängligt för 90 procent av världens befolkning i dag, ligger sökare på en otroligt låg teknologisk nivå.

ÖVERVAKNINGSKAPITALISM

En stor trend på 2000- och 2010-talet var att monetarisera användardata. Företag erbjöd "gratistjänster", men den verkliga kostnaden för tjänsten var att de kunde samla in och sedan direkt använda eller sälja användardata. Det främsta syftet med den här affärsmodellen är att rikta annonser mot en person baserat på dennes aktivitet online, vilket är mycket lukrativt. Användaren fick ett antal olika tjänster, men den dolda kostnaden var förlusten av i stort sett all integritet till stora företag.

Alphabets datainsamlingskapacitet är särskilt anmärkningsvärd. Genom företagets huvudwebbplats, Google, den överlägset mest använda sökmotorn i världen, kan din sökhistorik spåras. Genom Chrome, världens mest använda webbläsare, kan din aktivitet på nätet spåras. Om du laddar upp ett dokument till företagets moln kan företaget gå igenom det och avgöra om det bryter mot företagets användarvillkor. Om du använder Gmail kan din e-posthistorik och din kommunikation genomsökas. Om du har en Android-baserad telefon, särskilt om du inte har vissa integritetsinställningar aktiverade, kan din position, din appanvändning och andra detaljer spåras. Tänk vilka mängder information som människor överlämnar till ett enda företag – möjligheten att läsa e-postmeddelanden, dokument, sökhistorik, vilka webbplatser de besöker, deras appanvändning och kanske deras fysiska position i realtid.[404]

Jag minns för nästan tio år sedan, när allt detta var mycket nyare, att jag tittade på mitt bostadsområde på Google Maps och blev förvånad av att se en anteckning på en byggnad som sa att jag hade tid hos tandläkaren där veckan efter. Jag tänkte efter ett ögonblick och insåg att Googles programvara måste ha läst (och förstått) min tandläkares e-postbekräftelse och sedan delat informationen med de olika plattformarna.

Utöver monetariseringen av data från gratisanvändare, använder många produkter data för att tillhandahålla ökad bekvämlighet. Till exempel lyssnar Alexa och Siri på din röst för att hjälpa dig. Men i förlängningen innebär detta att Amazon och Apple, alltså ett par av världens största företag, bokstavligt talat avlyssnar ditt hem. Människor sätter också tillit till sina säkerhetssystem. De installerar olika utåtriktade kameror och har ofta kameror på manöverpanelen inomhus. Oftast går denna information till en molntjänst och körs genom servrar som drivs av de största företagen

---

404 Shoshana Zuboff, *The Age of Surveillance Capitalism.*

i världen.

Bara genom att ta en promenad nedför gatan fastnar du sannolikt på ett flertal kameror, och dessa data laddas upp till molnet i realtid. I ett bostadsområde finns ofta många ringklockor med kameror och andra utåtriktade kameror. I stadsområden finns även olika brottsförebyggande övervakningssystem.

ORÄKNELIGA DATAINTRÅNG

Tyvärr sker dataintrång hela tiden, både mot regeringar, företag och individer. I slutändan är det oftast den enskilde individen som får betala priset för detta. Den som litar på att statens och företagens servrar förvarar ens data på ett säkert sätt kommer sannolikt att bli besviken.

År 2013 utsattes tre miljarder Yahoo-konton för dataintrång, något som de flesta förblev omedvetna om under flera års tid. Utöver det faktum att hackarna fick tillgång till människors e-postadresser, läckte även annan information om många konton ut, som namn, födelsedatum, telefonnummer, säkerhetsfrågor och lösenord.

År 2014 gjordes intrång på eBay, vilket ledde till en allmän spridning av information om 145 miljoner människor. Informationen som läckte inbegrep namn, e-postadresser, fysiska adresser, telefonnummer och födelsedatum.

År 2015 utsattes det amerikanska Office of Personnel Management för ett av de största dataintrången i den amerikanska federala regeringens historia. Personlig, känslig information läckte ut om över 22 miljoner individer, varav de flesta var statsanställda, leverantörer till offentlig sektor eller personer som ansökt till den typen av jobb. Informationen bestod av sådant som personnummer, namn, födelsedatum och födelseplats, lönehistorik, sjukförsäkringsuppgifter och hemadresser. För miljontals människor sträckte den läckta informationen sig ännu längre och inbegrep bakgrundskontroller för säkerhetsprövningar, fullständiga psykologiska profiler, information om familjemedlemmar och vänner samt fingeravtryck.

År 2016 utsattes ett socialt nätverk för vuxna, Adult Friend Finder, för ett dataintrång som inbegrep 142 miljoner konton på flera olika databaser (eftersom företaget även ägde flera andra webbplatser med vuxet innehåll). Informationen omfattade borttagna konton och sträckte sig två decennier tillbaka i tiden. Namn, e-postadresser och lösenord samt det faktum att de berörda personerna hade konton på den här typen av vuxenwebbplatser läckte ut.

År 2017 utsattes en av USA:s tre största kreditbyråer, Equifax, för ett dataintrång som berörde 148 miljoner amerikaner och flera miljoner britter.

Informationen inbegrep namn, personnummer, fysiska adresser och i vissa fall körkortsnummer. De flesta hade inte lämnat sitt samtycke eller på annat sätt använt sig av Equifax tjänster; Equifax och andra kreditbyråer samlar in information om människor vare sig de vill eller inte. Det är inte många som ens vet vad de tre största kreditbyråerna heter (Equifax, Experian och TransUnion), men ändå har dessa organisationer enorma personliga och finansiella databaser med information om människor. Vårt finansiella system med ständigt devalverande valutor kretsar nästan uteslutande kring tillgång till kredit, och dessa oligopolistiska aktörer befinner sig nära systemets hjärta och samlar in så mycket information som möjligt för att systemet ska fungera.

År 2018 gjordes intrång på indiska Aadhaars databas. Detta är en av världens största identifikationsdatabaser, med information om mer än en miljard människor. Informationen inbegrep namn, foton, fysiska adresser, telefonnummer, e-postadresser, irisavläsningar, fingeravtryck och till och med en del bankkontouppgifter.

Också år 2018 gjordes intrång på databasen för Marriott och dess breda portfölj av hotellmärken. Marriott är världens största hotellföretag och äger många hotellkedjor som inte ens använder Marriotts namn. Informationen som läckte om miljontals människor inbegrep namn, fysiska adresser, telefonnummer, e-postadresser, passnummer, födelsedatum, reservationshistorik och kreditkortsuppgifter.

År 2019 gjorde en före detta Amazon-anställd intrång på Capital One och spred informationen på nätet. Uppgifter om kundkonton och kreditkortsansökningar hela vägen tillbaka till 2005 läckte ut, tillsammans med information om omkring 100 miljoner människor, som namn, fysiska adresser, e-postadresser, kreditpoäng, kontosaldon och personnummer.

År 2021 utsattes en brasiliansk databas för intrång, vilket ledde till att personuppgifter om praktiskt taget varenda invånare i Brasilien (långt över 200 miljoner människor) läckte ut. Informationen inbegrep namn, skatteregistreringsnummer, fysiska adresser, e-postadresser, telefonnummer, kreditpoäng, ansiktsbilder, löneuppgifter med mera.

Dessa intrång är på toppen av isberget och är bara några av de mest anmärkningsvärda. De flesta stora företag, från Home Depot till Microsoft till J.P. Morgan Chase till Meta Platforms, har någon gång utsatts för betydande dataintrång gällande användardata. De flesta läsare av denna bok har sannolikt utsatts för ett flertal dataintrång under de senaste tio åren, däribland ett antal som de inte ens är medvetna om.

SNOWDEN-AVSLÖJANDET

År 2013 läckte en numera välkänd konsult åt USA:s National Security Agency (NSA) vid namn Edward Snowden information till journalister. Den läckta informationen avslöjade att NSA:s övervakningskapacitet sträckte sig långt längre än vad allmänheten kände till. Mer bestämt avslöjades att NSA hade möjlighet att direkt samla in information från stora telekommunikationsleverantörer och stora programvaruplattformar. I en av de ursprungliga rapporterna avslöjade *Guardian* följande:

> Ett diagram som utformats av NSA, i det topphemliga dokument som Guardian tagit del av, framhäver vidden av data som det har möjlighet att erhålla: e-post, video- och röstchatt, videoklipp, foton, IP-telefoni-chattar (till exempel Skype), filöverföringar, detaljer om sociala nätverk och så vidare.
>
> Dokumentet är nytt, från april 2013. En sådan läcka är extremt sällsynt för NSA, som är känt för att hålla en hög sekretessnivå.
>
> Genom Prism-programmet kan NSA, världens största övervakningsorganisation, erhålla riktad kommunikation utan att behöva begära ut detta från tjänsteleverantörerna och utan att behöva erhålla enskilda domstolsbeslut.
>
> Med detta program har NSA direkt tillgång till de deltagande företagens servrar och kan erhålla både lagrad kommunikation och utföra insamling från enskilda användare i realtid.[405]

De hemliga programmen omfattades av vissa teoretiska rättsliga begränsningar (till exempel "skulle" de endast riktas mot utländska individer), men det fanns i praktiken inget betydande skydd för amerikanska användare. Rättsliga beslut för programmen fattades i hemliga domstolar och var inte tidigare kända för allmänheten, vilket innebar att allmänheten inte hade någon möjlighet att göra motstånd mot eller ifrågasätta dessa program före läckan. Ett decennium senare, alltså 2023, finns fortfarande den här typen av program i en rad olika former i både USA och runtom i världen.

UTBREDNINGEN AV ÖVERVAKNING PÅ KLIENTSIDAN

År 2016 upptäcktes ett avancerat spionprogram för mobiltelefoner vid namn Pegasus. Den emiratiske människorättsaktivisten Ahmed Mansoor fick ett sms om hemligheter gällande tortyr i fängelser i Förenade Arabemiraten. I stället för att klicka på länken skickade han meddelandet till analys

---

405 Glenn Greenwald och Ewen MacAskill, *NSA Prism Program Taps in to User Data of Apple, Google and Others*, Guardian, 7 juni 2013.

på University of Torontos Citizen Lab, som fastställde att om han hade klickat på länken hade hans telefon infekterats med spionprogrammet.[406]

Vid tillfället hade Mansoor varit en offentlig människorättsaktivist i många år, och var kritisk mot Förenade Arabemiratens styre. Han hade flera gånger försökt tystas och hade till och med arresterats. År 2017 arresterades han på nytt för sina fredliga protester, anklagad för att sprida falsk information, för att skada ryktet för Förenade Arabemiratens styre samt för uppvigling. För sin aktivism dömdes han till tio års fängelse. Under denna tid har han ett flertal gånger hungerstrejkat i protest mot de flera år han har fått spendera i isoleringscell, mot bristen på medicin och mot den dåliga fysiska behandlingen.[407]

Pegasus är ett spionprogram som i hemlighet kan installeras på telefoner och användas för att spionera på en specifik måltavla. I stället för att utnyttja en enda sårbarhet utnyttjar den flera olika sårbarheter och kan påverka olika telefoner på olika sätt. Det kan laddas ner på ett klick (till exempel genom att lura någon att klicka på en enda skadlig länk) eller i vissa fall till och med på noll klick, då måltavlan inte ens behöver klicka på någonting skadligt för att programvaran ska laddas ner och installeras på telefonen. När spionprogrammet har laddats ner kan det gå igenom kontakter, samtalsloggar, sms, foton, webbläsarhistorik, platsdata och olika appar, inklusive e-post och olika meddelandeappar. Dessutom har det tillgång till telefonens mikrofon och kamera utan användarens vetskap.

Spionprogrammet utvecklades av det israeliska cybervapenföretaget NSO Group och var avsett att övervaka terrorister och andra kriminella. Det har dock uppmärksammats upprepade gånger av världens nyhetsplattformar för att det använts av auktoritära regimer mot journalister och människorättsaktivister.

Till exempel rapporterade Citizen Lab 2021 att nio aktivister från Bahrain hade blivit måltavlor för Pegasus, däribland tre medlemmar av Bahrain Center for Human Rights och två landsförvisade dissidenter.[408]

Freedom House, en ideell organisation som verkar för demokrati i världen, placerar Bahrain bland de lägst rankade länderna på sin frihetslista. Så här sammanfattar de människorättssituationen i Bahrain:

> Bahrains sunni-ledda monarki dominerar statliga institutioner, och val till parlamentets underhus saknar både konkurrens och inkludering. Efter

---

406 Dave Lee, *Who are the Hackers who Cracked the iPhone?* BBC News, 26 augusti 2016.

407 Amerikaner för demokrati och mänskliga rättigheter i Bahrain (ADHRB), *UAE: It's Time to Release Human Rights Defender Ahmed Mansoor*, IFEX.org, 28 april 2023.

408 Bill Marczak et al., *From Pearl to Pegasus: Bahraini Government Hacks Activists with NSO Group Zero-Click iPhone Exploits*.

> att våldsamt ha krossat en allmän prodemokratisk proteströrelse 2011 har makthavarna systematiskt eliminerat en stor mängd politiska rättigheter och medborgerliga friheter, nedmonterat det politiska motståndet och vidtagit åtgärder mot ihållande opposition bland shia-befolkningen.[409]

År 2022 rapporterade Citizen Lab att telefonerna tillhörande över 30 thailändska aktivister, advokater och akademiker, varav många var inblandade i prodemokratiska rörelser, hade infekterats med Pegasus.[410]

Freedom House placerar Thailand relativt lågt i sina frihetsrankningar och sammanfattar:

> Efter fem års militärdiktatur övergick Thailand till en militärdominerad, delvis vald regering 2019. Kombinationen av minskad demokrati och frustration över monarkins roll i Thailands styre har utlöst enorma demonstrationer. Som svar fortsätter regimen att tillämpa auktoritära taktiker, som godtyckliga arresteringar, hot, anklagelser om majestätsbrott och trakasserier av aktivister. Pressfriheten är begränsad, rättssäkerheten är inte garanterad och brott begångna mot aktivister går ostraffade.[411]

Vidare rapporterade Citizen Lab att Pegasus använts i omfattande grad mot journalister från El Salvador, däribland många som varit kritiska mot landets presidentadministration.[412]

År 2021 fann journalistiska undersökningar bevis på utbredd användning av Pegasus av den ungerska staten mot den inhemska oppositionen. Det rapporterades också att Ungern hade fallit från plats 23 till plats 92 i World Press Freedom Index under perioden 2010 (då Viktor Orbán blev premiärminister) till och med 2021.[413]

Vidare har man funnit Pegasus på telefoner tillhörande aktivister i Uganda, Rwanda, Panama, Marocko och dussintals andra länder – för många att räkna upp här. Programvaran används ofta mot politisk opposition, prodemokratiska röster, människorättsförespråkare och som ett verktyg för att spionera på utländska politiker. Även om det också har använts mot faktiska kriminella, visar dessa exempel hur övervaknings- och kontrollteknologier avsedda för användning mot farliga individer eller grupper med

409 Freedom House, *Freedom in the World 2023: Bahrain.*

410 John Scott-Railton et al., *GeckoSpy: Pegasus Spyware Used Against Thailand's Pro-Democracy Movement.*

411 Freedom House, *Freedom in the World 2023: Thailand.*

412 John Scott-Railton et al., *Extensive Hacking of Media & Civil Society in El Salvador with Pegasus Spyware.*

413 Shaun Walker, *Viktor Orbán Using NSO Spyware in Assault on Media, Data Suggests,* Guardian, 18 juli 2021.

enkelhet kan riktas mot fredliga individer eller grupper, av statliga aktörer som finner sådan opposition eller aktivism besvärlig.

Oroväckande nog har detta spionprogram även använts av regeringar i relativt fria länder. En gemensam undersökning av *Guardian* och *El País* fann 2020 att Pegasus använts i omfattande grad av den spanska underrättelsetjänsten mot katalanska separatister, däribland Kataloniens dåvarande regionspresident.[414]

Freedom House rankar Spanien relativt högt:

> Spaniens parlamentssystem inbegriper konkurrenspräglade flerpartival och fredliga maktöverlämnanden mellan rivaliserande partier. Rättsstatsprincipen råder, och medborgerliga fri- och rättigheter respekteras i allmänhet. Även om politisk korruption alltjämt är ett problem, har högt uppsatta politiker och andra figurer i maktställning framgångsrikt ställts inför rätta. Restriktiv lagstiftning som antagits eller införts under de senaste åren utgör ett hot mot en annars stark yttrande- och mötesfrihet. En ihärdig separatiströrelse i Katalonien är den främsta utmaningen för landets konstitutionella system och territoriella integritet.[415]

I slutet av 2021 rapporterades i flera större medier att Pegasus, under partiet Lag och rättvisa, hade använts av den polska staten mot dess politiska motståndare.[416]

Freedom House ger Polen en måttligt hög rankning och sammanfattar:

> Polens demokratiska institutioner slog rot vid början av dess övergång från kommunistiskt styre 1989. Snabb ekonomisk tillväxt och andra samhälleliga förändringar har gynnat vissa delar av befolkningen mer än andra, vilket har bidragit till en djup klyfta mellan liberala, proeuropeiska partier och sådana som säger sig försvara nationella intressen och "traditionella" polska katolska värderingar. Efter att ha tagit makten 2015 har en koalition ledd av det populistiska, socialt konservativa partiet Lag och rättvisa (PiS) haft stort politiskt inflytande över statliga institutioner och skadat Polens demokratiska framgångar. Under de senaste åren har vi sett en ökning i nationalistisk och diskriminerande retorik.[417]

Så här sammanfattades omfattningen av användningen av Pegasus i en rapport från nyhetsbyrån AP, med titeln "Probe: Journalists, Activists Among

---

414 Sam Jones, *Use of Pegasus Spyware on Spain's Politicians Causing 'Crisis of Democracy'*, Guardian, 15 maj 2022.

415 Freedom House, *Freedom in the World 2022: Spain.*

416 Frank Bajak och Vanessa Gerad, *AP Exclusive: Polish Opposition Duo Hacked with NSO spyware*, AP News, 21 december 2021.

417 Freedom House, *Freedom in the World 2023: Poland.*

Firm's Spyware Targets":

> En utredning av ett globalt mediekonsortium grundad på läckta målinriktade data ger ytterligare bevis på att militärklassad skadlig kod från Israel-baserade NSO Group, världens mest ökända hackare-till-uthyrning-organisation, används för att spionera på journalister, människorättsaktivister och politiska meningsmotståndare.[418]

AP:s rapport beskrev vidare omfattningen av övervakning som hittades från ett relativt litet antal telefonnummer:

> Från en lista med över 50 000 mobiltelefonnummer erhållen av den Paris-baserade ideella journalistorganisationen Forbidden Stories och människorättsgruppen Amnesty International och delad med 16 nyhetsorganisationer, kunde journalister identifiera över 1 000 individer i 50 länder som uppges ha valts ut av NSO-klienter för potentiell övervakning.
>
> Av dessa är 189 journalister, över 600 politiker och regeringstjänstemän, minst 65 företagsledare, 85 människorättsaktivister och flera statsöverhuvuden, enligt Washington Post, en konsortiummedlem. Journalisterna arbetar för organisationer som Associated Press, Reuters, CNN, The Wall Street Journal, Le Monde och The Financial Times.
>
> Vidare rapporterade Amnesty att dess forensiska experter hade fastställt att NSO Groups flaggskepp Pegasus framgångsrikt hade installerats på telefonen tillhörande Post-journalisten Jamal Khashoggis fästmö, Hatice Cengiz, bara fyra dagar efter att han mördades på Saudiarabiens konsulat i Istanbul 2018. Företaget hade tidigare varit misstänkt för inblandning i annan övervakning av Khashoggi.[419]

KINAS ÖVERVAKNINGSEXPORT

År 2013 initierade Kina projektet Nya Sidenvägen, ett globalt infrastrukturprojekt som Kina använder för att placera sin ekonomi i centrum för ett enormt handelsnätverk.

På många sätt kopierar de några av de nykoloniala monetära åtgärder som USA, Storbritannien, Frankrike och tidigare världsmakter har använt sig av i hela den utvecklade världen sedan mitten av 1900-talet. Kina erbjuder utvecklingsländer lån och hjälper dem att bygga ut infrastrukturen, men priset dessa länder får betala är att de ger den kinesiska staten betydande politiskt och ekonomiskt inflytande.

---

418 Frank Bajak, *Probe: Journalists, Activists Among Firm's Spyware Targets*, AP News, 19 juli 2021.
419 Baja, *Probe*.

Förutom att vara relativt framgångsrika i sina infrastrukturprojekt är kinesiska företag konkurrenskraftiga producenter av elektroniska system och artificiell intelligens, som är centrala element i Nya Sidenvägen-projektet. Det är ett välkänt faktum att Kina har en omfattande auktoritär övervaknings- och kontrollapparat inom landet, med ansiktsigenkänningssystem, olika restriktioner gällande folkets rörelser via QR-koder, ett utbrett system med social kredit och förmågan att genomföra automatiska frysningar av bankkonton.

Men i och med Nya Sidenvägen-projektet är Kina nu världens största exportör av utrustning och system för övervakning, och har gått förbi USA i detta avseende.

Detta är oroväckande, med tanke på att Freedom House 2023 sammanfattade Kinas frihetstillstånd på följande sätt:

> Kinas auktoritära regim har på senare år blivit alltmer förtryckande. Det styrande partiet, Kinas kommunistiska parti (KKP), fortsätter att skärpa kontrollen över samtliga delar av livet och ledarskapet, inklusive den statliga byråkratin, media, uttalanden online, religionsutövning, universitet, företag och civilsamhällesorganisationer. KKP:s ledare och landets president, Xi Jinping, säkrade i oktober 2022 en tredje mandatperiod som partiets ledare och stärkte sin personliga makt ytterligare, till en nivå som inte setts i Kina på flera decennier. Efter flera år av hårda insatser mot politisk opposition, oberoende icke-statliga organisationer (NGO:er) och människorättskämpar har det kinesiska civilsamhället decimerats kraftigt.[420]

Steven Feldstein vid Carnegie Endowment for International Peace publicerade 2019 en rapport med titeln "The Global Expansion of AI Surveillance". Bland mycket annat lyfte rapporten fram den globala ökningen av AI-drivna övervakningsteknologier, där Kina står i spetsen för utvecklingen:

> AI-övervakningsteknologin sprider sig i snabb takt till fler länder än experter har förstått. Minst 75 av 176 länder använder aktivt AI-teknologier i övervakningssyfte. Detta inbegriper: plattformar för smarta städer/säkra städer (56 länder), ansiktsigenkänningssystem (64 länder) och smart polisarbete (52 länder).
>
> Kina är en stor drivkraft bakom AI-övervakningen världen över. Teknologi kopplad till kinesiska företag – i synnerhet Huawei, Hikvision, Dahua och ZTE – tillhandahåller AI-övervakningsteknologi i 63 länder, varav 36 har

420 Freedom House, *Freedom in the World 2023: China.*

> anslutit sig till Kinas Nya Sidenvägen-projekt. Bara Huawei tillhandahåller AI-övervakningsteknologi till minst 50 länder.[421]

Sannolikt är siffrorna i dag mycket högre än så, med tanke på hur snabba framsteg den här teknologin har gjort. I rapporten beskrevs att teknologin används i omfattande utsträckning av både demokratiska och auktoritära länder, men att auktoritära länder tenderar att missbruka data i större utsträckning. Den beskrev också hur Kina finansierar eller subventionerar användningen av utrustningen för många länder som annars inte skulle ha råd. Så här står det i rapporten:

> Kinesiska produktpresentationer åtföljs ofta av mjuka lån för att uppmuntra regeringar att köpa utrustningen. Denna taktik är särskilt relevant i länder som Kenya, Laos, Mongoliet, Uganda och Uzbekistan – som annars kanske inte får tillgång till denna teknologi. Detta väcker bekymmersamma frågor om i vilken utsträckning som den kinesiska staten subventionerar inköp av avancerad förtryckande teknologi.[422]

År 2022 utforskade Bulelani Jili vid Atlantic Council ämnet i detalj i en rapport med titeln "China's Surveillance Ecosystem & the Global Spread of its Tools". Rapporten sammanfattades på följande sätt:

> Denna rapport ämnar ge insikt i hur Kinas inhemska övervakningsmarknad och ekosystem för cyberkapacitet fungerar, särskilt med tanke på det begränsade antal systematiska studier som har analyserat dess industriobjektiv. För den kinesiska staten främjar investeringar i övervakningsteknologi både dess ambitioner att bli en global teknologiledare och dess kapacitet för inhemsk social kontroll. Denna utveckling uppmuntrar till ytterligare samarbete mellan statliga säkerhetsaktörer och privata techbolag. Följaktligen sträcker sig de techbolag som stöder statlig cyberkapacitet från små nystartade cyberforskningsföretag till ledande globala techbolag. Staten propagerar för övervakningsteknologi och övervakningsmetoder utomlands genom diplomatiska utbyten, polisiära samarbeten och utbildningsprogram. Dessa insatser uppmuntrar spridningen av övervakningsutrustning, men stödjer också statens mål gällande internationellt normskapande inom multilaterala och regionala institutioner.
>
> Spridningen av kinesisk övervakningsteknologi och kinesiska cyberverktyg och de tillhörande kopplingarna mellan både statliga och privata kinesiska aktörer och de i andra stater, särskilt i det globala syd, är en värdefull komponent av den kinesiska statens ansträngningar för att utvidga och stärka sitt

421 Steven Feldstein, *The Global Expansion of AI Surveillance*, 1.
422 Feldstein, *Global Expansion*, 2.

> politiska och ekonomiska inflytande i världen. Även om enskilda regeringar som köper kinesiska digitala verktyg har sina egna lokala ambitioner i åtanke, formar Beijings export och spridning av inhemska övervakningsteknologier utnyttjandet av dessa verktyg i det globala syd. Därför underminerar inte en granskning av hur kinesiska aktörer utnyttjar efterfrågefaktorer för sina egna syften andra länders förmåga att identifiera och fastställa resultat. Det visar snarare på ett samspel mellan den kinesiska statens strategi och lokala politiska miljöer.[423]

Denna teknologi tenderar att sprida sig mycket effektivt eftersom länder inte behöver skapa teknologin på egen hand; en handfull stora teknologiexportörer och handelspartner, som Kina, USA och ett fåtal andra, kan leverera till hela världen. Det är "övervakning som en tjänst".

EN ÖVERVAKNINGS- OCH KONTROLLMENTALITET

Omfattande övervakning från statens sida, särskilt när det sker på ett automatiskt och genomgripande sätt snarare än målinriktat på goda grunder, bygger underförstått på förutsättningen att alla måste ge upp stora delar av eller hela sitt privatliv till centrala organ för att säkerställa att inget dåligt händer. Eftersom människor i allmänhet inte är särskilt kvantitativa till sin natur, utan i stället tenderar att vara mer mottagliga för emotionella argument, går de flesta människor med på sådana intrång.

Till exempel har mindre än 0,05 procent av alla dödsfall i världen under de senaste decennierna orsakats av terrorism.[424] I de flesta länder utanför Mellanöstern och Afrika ligger siffran på under 0,01 procent. Detta innebär att färre än 1 på 10 000 människor dör till följd av terrorism i de flesta länder. Ändå har oräkneliga lagar utformats för att ge regeringar större befogenheter att förhindra terrorism.

Lagen Patriot Act av 2001 var ett exempel på lagstiftning som gav staten utökad möjlighet till övervakning och kontroll för att förhindra terrorism, och vid tillfället var lagstiftningen välkommen eftersom den antogs strax efter 11-septemberattackerna. Den här typen av lagstiftning innebär att människor lämnar över en del av sitt privatliv, på obestämd tid, vid kulmen av en emotionell reaktion på en nyligen inträffad händelse. Decennium efter decennium, händelse efter händelse, urholkar denna centraliserande tendens människors rätt till integritet och börjar forma kulturen, så att den stämmer överens med tanken att människor som vill ha integritet måste ha något fuffens för sig.

---

423 Bulelani Jili, *China's Surveillance Ecosystem & The Global Spread of its Tools*, 1.
424 Hannah Ritchie et al., *Terrorism*.

I ett fritt och öppet samhälle råder det i allmänhet debatt och meningsskiljaktigheter kring prioriteringar, och en kapprustning mellan kriminella och polisen. Givetvis vill vi att terrorister, människohandlare, våldsbrottslingar, maffiamedlemmar, mördare, tjuvar, bedragare och andra farliga individer arresteras och åtalas, och därför tycker de flesta människor att de brottsbekämpande organen ska få de resurser som krävs för att uppnå dessa mål. Men de procedurer och teknologier som används av de brottsbekämpande organen för att ta fast farliga brottslingar kan även användas av staten för att undertrycka yttranden, övervaka människorättsaktivister och prodemokratiska aktivister och politiska motståndare samt för att bibehålla auktoritär kontroll över folket – vilket är anledningen till att det är viktigt att statens befogenheter begränsas. Som beskrivits tidigare används spionprogram som påstås vara avsedda för användning mot terrorister och farliga brottslingar även i omfattande grad mot människorättsaktivister, prodemokratiska aktivister och politiska motståndare av auktoritära (och icke-auktoritära) regeringar.

Så snart tillfälle ges tilldelar regeringar världen över sig själva krisbefogenheter och förlänger därefter vissa eller alla dessa befogenheter på obestämd tid. Endast i länder med en djupt rotad kultur av respekt för personlig frihet, demokrati och statligt ansvar har det funnits tillräckligt starkt samhälleligt motstånd för att välja ledare som återkallar tidigare befogenheter och aktivt begränsar statliga övertramp.

ATT LÄGGA PUSSLET

I dag bör människor utgå ifrån att praktiskt taget all information om dem samlas i företagsdatabaser, att staten har tillgång till dessa databaser och att databaserna är sårbara för yttre attacker från icke-statliga hackare eller hackare tillhörande utländska stater eller från interna läckor. Sannolikt har dina känsliga personuppgifter läckt ut ett flertal gånger på darknet, och sannolikt är dina personuppgifter tillgängliga för underrättelseanalytiker som en del av övervakningsapparaten.

Med tid och finansiering, samt framsteg inom processorkraft och programvaruutveckling, kommer det sannolikt att bli ännu vanligare att regeringar och företag använder sig av övervakningsteknologi. De kommer således att få allt större möjlighet att samla in och sortera data från digitala och fysiska miljöer. Redan i dag bör journalister, fredliga aktivister och alla som anses vara till besvär för staten vara försiktiga och utgå ifrån att deras telefoner och datorer redan har infiltrerats av ett militärklassat spionprogram, som Pegasus.

Som diskuterats i ett tidigare kapitel om digitala centralbankspengar kan staten dessutom ge sig själv en möjlighet att programmera den nationella valutan. Med en CBDC kan staten utforma penningpolitiken efter olika grupper, automatiskt frysa konton tillhörande vissa specifika personer och programmera pengarna så att de inte gäller för vissa kategorier eller inom vissa områden.

Med eller utan en CBDC finns redan kombinationen av utbredd användning av övervakningsmaskinvara, maskininlärningssystem kopplade till enorma mängder insamlade data och kontrollerbara bankkonton och pengar, vilket innebär att demonstranter automatiskt kan identifieras genom ansiktsigenkänning och få sina bankkonton frusna om staten så vill.

Om vi lägger pusslet framträder en orwellsk bild. Vad som kanske låter som en dystopisk science fiction-film kan komma att bli verklighet i många länder, särskilt länder av den mer auktoritära typen. I en handfull länder, som Kina, finns redan delar av detta på plats i dag. Föreställ dig att du skulle få automatiska meddelanden som dessa:

> "På grund av din bekymmersamma aktivitet online den senaste månaden har din sociala kredit sjunkit under det minsta acceptabla värdet. Tills vidare har din möjlighet att genomföra transaktioner minskats till inom åtta kilometer från din bostad, och endast för livsnödvändiga varor och tjänster."

> "Du har nått din månatliga koldioxidkvot. Fram till slutet av månaden kommer du inte att kunna genomföra transaktioner för inköp av kött, flygbiljetter eller andra koldioxidintensiva varor och tjänster. Här är en webbplats med råd om hur du kan minska ditt koldioxidavtryck så att du kan fördela det på ett bättre sätt nästa månad."

> "På grund av stökiga demonstrationer i ditt område kommer alla bankkonton och betalningsmetoder för personer som har iakttagits eller som misstänks vara inblandade att frysas under de följande 72 timmarna. Återvänd till din bostad och invänta ytterligare instruktioner."

> "Våra fiender angriper vår valuta. Det ligger i varje medborgares intresse att stötta valutan och det nationella banksystemet. Därför blockeras automatiskt alla inköp av utländsk valuta, ädelmetaller, kryptovalutor och liknande tillgångar tills vidare."

Dessa meddelanden kanske verkar långsökta för läsare i liberala demokratier, men förlusten av integritet i den digitala tidsåldern, kombinerad med den gradvisa framväxten av autokratier globalt samt programmerbarheten hos digitala centralbankspengar, och hos bankkonton i allmänhet, är en djupt oroande utveckling som knappast kan överdrivas. Oavsett om man befinner sig till höger eller vänster på det politiska spektrumet, måste man föreställa sig att en av de politiker man ogillar allra mest förr eller senare kan få kontrollen över den här typen av system. Det som först riktas mot marginaliserade grupper kan med enkelhet komma att tillämpas på majoriteten. Till och med länder med starka rättsstatliga principer och en robust äganderätt kan ge vika under trycket (vilket redan har skett i viss utsträckning), medan länder med svagare rättsligt skydd och bristande äganderätt riskerar att bli helt övertagna.

KAPITEL 29

ASYMMETRISKT FÖRSVAR

I tidigare kapitel har vi diskuterat riskerna med minskad eller eliminerad social och ekonomisk integritet. Företag och regeringar kan samla in användardata och spara dem i enorma databaser, som sedan kan missbrukas av dem själva och som är sårbara för hackerattacker. Kombinationen av automatisk datainsamling, maskininlärning och statlig kontroll över det finansiella systemet har en kraftigt centraliserad inverkan på maktstrukturer och kan göra det möjligt för staten att utnyttja olika tekniker för social kontroll över befolkningen.

I detta kapitel diskuteras försvar och motstånd mot den typen av inskränkningar, huvudsakligen i form av kryptering.

Vissa teknologier är i grunden centraliserande, medan andra är decentraliserande. Ett exempel på en decentraliserande teknologi var tryckpressen. Den spelade en avgörande roll i den protestantiska reformationen, den amerikanska revolutionen, den franska revolutionen och i alla möjliga andra stora förändringar i samhället. Tack vare den kunde stora länder skifta styrningsmodell från teokrati och monarki till demokrati, då den möjliggjorde en kostnadseffektiv spridning av information och idéer över långa avstånd.

Innan tryckpressen uppfanns kopierades böcker för hand. Det var en arbetsintensiv (och därför kostsam) process. Skriftlig information var dyr, läskunnigheten var låg och därför var informationen mycket centraliserad. Inom kristendomen förväntades människor inte äga egna biblar eller göra egna tolkningar av innehållet; kyrkans präster hade dyra biblar och tolkade dem åt kyrkobesökarna. Efter tryckpressens uppfinnande blev det mycket billigare att reproducera böcker, pamfletter och andra skrifter. Det blev enklare för enskilda individer att äga eller få tillgång till ett exemplar av Bibeln, göra egna tolkningar av den och sedan massproducera och sprida pamfletter med sina åsikter. På liknande sätt kunde enskilda individer enklare sprida pamfletter med politiska åsikter som utmanade styret och mobilisera allmänheten kring en ny uppsättning idéer eller klagomål. Eller så kunde enskilda individer skriva och sprida berättelser som inspirerade till nya idéer och formade den omgivande kulturen.[425]

Kryptering är en nyare decentraliserande kraft som innebär ett asymmetriskt försvar eftersom den är billig att använda men dyr att angripa. Inte ens de mest avancerade superdatorerna kan knäcka dagens främsta krypteringsmetoder. Oavsett hur många miljarder dollar som regeringar och företag lägger på att försöka knäcka en stark kryptering kan de inte göra det. Och i takt med att datorer blir bättre på att knäcka tidigare krypteringsmetoder växer nya och kraftfullare krypteringsmetoder fram. En fysisk liknelse för detta är att kryptering är som en bunker som inte kan förstöras av någon för närvarande existerande bomb, oavsett hur kraftfull den är.

I stället måste staten kringgå krypteringen. Om människor kommunicerar via krypterade meddelanden eller överför krypterat värde till varandra, och staten vill stoppa eller övervaka detta, krävs antingen spionprogram som installeras på enheten innan krypteringen träder i kraft eller användning av fysiskt tvång. Båda dessa metoder är dyra att genomföra på individnivå och går att försvara sig mot på ett antal olika sätt. Kryptering är alltså en metod som gör det dyrt att kränka någons integritet i den digitala tidsåldern, precis som det brukade vara dyrt att kränka någons integritet i den fysiska tidsåldern.

EN CYPHERPUNKS MANIFEST

Dystopiska science fiction-böcker har skrivits och lästs under större delen av det senaste århundradet. I och med framväxten av internet på 1980- och 1990-talet, tillsammans med digitaliseringen av pengar, var det många teknologifokuserade personer som började uttrycka oro över hur denna teknologi skulle kunna användas på förtryckande sätt, och uppmanade till utveckling av verktyg som gör det möjligt att göra motstånd mot sådana typer av förtryckande teknologier. Dessa individer, ofta kallade "cypherpunks", förespråkar specifikt användningen av kryptering som ett av de främsta verktygen för detta ändamål.

Eric Hughes inledde sin berömda essä från 1993, "A Cypherpunk's Manifesto", med ett uttalande om hur integritet skiljer sig från hemlighetsmakeri:

> Integritet är nödvändigt för ett öppet samhälle i den elektroniska tidsåldern. Integritet är inte hemlighetsmakeri. En privat sak är något som man inte vill

425 David Deming, *Science and Technology in World History*, Volym 3, 28–42.

att hela världen ska veta om, men en hemlig sak är något som man inte vill att någon ska veta om. Integritet är möjligheten att selektivt visa upp sig för världen.[426]

Längre in i essän förklarade han varför privata transaktioner är nödvändiga och varför krypterade digitala meddelanden är avgörande:

> Eftersom vi vill ha integritet måste vi säkerställa att varje part av en transaktion endast har kännedom om det som är direkt nödvändigt för transaktionen. Eftersom vilken information som helst kan kommuniceras måste vi se till att vi avslöjar så lite som möjligt. I de flesta fall är personlig identitet inte betydande. När jag köper en tidning i en butik och ger kassören kontanter behöver denne inte veta vem jag är. När jag ber min e-postleverantör att skicka och ta emot meddelanden behöver leverantören inte veta vem jag talar med eller vad jag säger eller vad andra säger till mig; leverantören behöver bara veta hur meddelandet ska komma fram och hur mycket jag är skyldig i avgifter. När min identitet avslöjas av transaktionens underliggande mekanism har jag ingen integritet. Jag kan inte selektivt avslöja mig själv; jag måste alltid avslöja mig själv.
>
> Därför kräver integritet i ett öppet samhälle att det finns system för anonyma transaktioner. Fram till nu har kontanter varit det främsta systemet för detta. Ett system för anonyma transaktioner är inte ett system för hemliga transaktioner. Ett anonymt system ger individer möjlighet att avslöja sin identitet när så önskas, och endast när så önskas. Detta är själva kärnan av integritet.
>
> Integritet i ett öppet samhälle kräver också kryptografi. Om jag säger någonting vill jag att det endast ska höras av den avsedda lyssnaren. Om innehållet i mina yttranden är tillgängligt för världen har jag ingen integritet. Att kryptera är att visa en önskan om integritet, och att kryptera med svag kryptografi är att visa en inte alltför stor önskan om integritet. Vidare krävs den kryptografiska signaturen för att med säkerhet avslöja sin identitet när utgångsläget är anonymitet.

I en annan del av essän förutsåg han korrekt att regeringar och företag inte frivilligt skulle erbjuda eller främja integritet. Om människor vill ha integritet måste de skapa och driftsätta integritetsfokuserade system:

> Vi kan inte förvänta oss att regeringar, företag eller andra stora, ansiktslösa organisationer ska bevilja oss integritet ur deras välvilja. Det gynnar dem att tala om oss, och vi bör förvänta oss att de kommer att tala. Att försöka

426 Eric Hughes, *A Cypherpunk's Manifesto*.

förhindra deras tal är att kämpa mot informationens realiteter. Information inte bara vill vara fri, den längtar efter att vara fri. Information utvidgas så att den fyller det tillgängliga lagringsutrymmet. Information är ryktets yngre, starkare kusin; information är rappare i fötterna, har fler ögon, vet mer och förstår mindre än ryktet.

Vi måste försvara vår egen integritet om vi ska kunna förvänta oss att ha någon. Vi måste stå enade och skapa system som tillåter att anonyma transaktioner genomförs. Människor har försvarat sin egen integritet i flera århundraden med viskningar, mörker, kuvert, stängda dörrar, hemliga handslag och budbärare. Forna tiders teknologi möjliggjorde inte stark integritet, men det gör elektroniska teknologier.

Vi Cypherpunks är fast beslutna att bygga anonyma system. Vi försvarar vår integritet med kryptografi, med system för anonym vidarebefordring av e-postmeddelanden, med digitala signaturer och med elektroniska pengar.

Cypherpunks skriver kod. Vi vet att någon måste skriva programvara för att försvara integritet, och eftersom vi inte kan få integritet om inte alla får det tänker vi skriva den. Vi publicerar vår kod så att våra Cypherpunk-kollegor kan öva och leka med den. Vår kod är gratis för alla att använda, världen över. Vi bryr oss inte om du inte tycker om programvaran vi skriver. Vi vet att programvara inte kan förstöras och att ett vida utspritt system inte kan stängas ner.

Cypherpunks avskyr regleringar av kryptografi, för kryptografi är i grunden en privat handling. Faktum är att kryptering avlägsnar information från det offentliga rummet. Inte ens lagar mot kryptografi når längre än ett lands gränser och dess våldsmakt. Kryptografi kommer oundvikligen att spridas över hela världen, och med den de anonyma transaktionssystem som den möjliggör.[427]

Essän i sin helhet var kort och kraftfull och är lika relevant på 2020-talet som den var på 1990-talet. Den kryptografiska skapelsen från 2008 med öppen källkod som möjliggjorde helt digital överföring av värde, 15 år efter det att denna essä skrevs, återupplivar på många sätt dess innehåll och gör den väl värd att läsa och begrunda på nytt.

Ett sätt att skapa sig en konceptuell bild av detta är genom att inse betydelsen av verkliga institutioner och sedan inse att protokoll fungerar som digitala institutioner. Det som gör att vissa länder kan bestå som demokratier medan andra upprepade gånger förvandlas till autokratier, är förekomsten av oberoende institutioner och begränsningar av makten, eller avsaknaden av sådana.

427 Hughes, *Cypherpunk's Manifesto*.

I USA till exempel har vi en konstitution som baslager och därefter tre grenar av staten, med tydliga regler för hur de ska interagera med varandra. Det är inte ett perfekt system, men det har klarat sig relativt bra och bestått i århundraden, genom alla möjliga typer av presidenter och teknologiska tidsåldrar. Om demokratin är beroende av att rätt människor sitter vid makten kommer den snabbt att falla. Institutioner som separata grenar av staten, tillsammans med grundlagsdokument som står över den enskilde individen, är det som ger det demokratiska systemet en viss grad av varaktighet. Med starka och oberoende institutioner krävs en lång period av gradvis nednötning för att demokratin ska gå förlorad, och inte bara ett enskilt dåligt val.

På liknande sätt kan protokoll som underlättar delningen av yttranden eller värde beskrivas som digitala institutioner. De fungerar som en motvikt mot den centraliserade makten och som en informationsgrund som, även om den inte är oövervinnelig, erbjuder en viss grad av beständighet bortom hur en enskild mäktig aktör vid ett givet tillfälle anser att saker och ting bör vara.

PREJUDIKAT FÖR KOD SOM YTTRANDE

År 1991 skapade datavetaren och kryptografiexperten Phil Zimmermann programmet "Pretty Good Privacy", eller "PGP". Han publicerade den öppna källkoden, och det blev den första allmänt tillgängliga implementeringen av kryptografi med publik nyckel som kunde användas av allmänheten för att säkerställa att meddelanden online hölls privata mellan avsändaren och mottagaren.

År 1993 inledde USA:s federala regering en brottsutredning mot Zimmermann då han påstods ha brutit mot lagen Arms Export Control Act. Regeringen ansåg att kryptering av programvara var en form av vapen och ansåg att det faktum att Zimmermanns kod delades fritt var en form av vapenexport.

År 1995 svarade Zimmermann med att publicera en bok via MIT Press med titeln *PGP Source Code and Internals*, som innehöll den fullständiga källkoden till hans program. Skälet till detta var att även om hans kod kanske skulle klassificeras som vapen genom Arms Export Control Act, skulle den skyddas av det första tillägget till den amerikanska konstitutionen om han publicerade den i bokform. Detta tillägg handlar nämligen om yttrandefrihet och har företräde framför underordnade lagar som skulle inkräkta på yttrandefriheten. Programvarukod är bara en samling ord och siffror, och i det här fallet var det en försvarsteknologi och inte något som direkt kunde skada andra.

Liknande tekniker användes även av andra krypteringsförespråkare. Människor tryckte till och med krypteringsrelaterad kod på t-shirtar, med varningstexter som sa att dessa t-shirtar klassificeras som vapen och får inte exporteras. Den här typen av protester 1) använde några av de mer grundläggande lagarna, som det första tillägget, till sin fördel och 2) visade hur absurt det är att begränsa information genom att ta sådan informationsbegränsning till dess logiska slutsats, det vill säga att det skulle finnas så kallade farliga t-shirtar. Vissa teknologier, särskilt sådana som består av enbart programvara som kan skrivas i en bok eller på en t-shirt, sprids enkelt och är därför svåra att stoppa.[428]

År 1996 lade USA:s federala regering ner åtalet mot Zimmermann. Dessutom lättade man på vapenexportrestriktionerna gällande kryptografi. Därefter har totalsträckskryptering spelat en mycket stor roll i möjliggörandet av säker e-handel från slutet av 1990-talet fram till i dag, då människor delar betalningsuppgifter online samtidigt som de försöker skydda sina betalningsuppgifter från illasinnade aktörer. Ibland besegrar David Goliat.

Men under dessa decennier har USA:s federala regering och andra regeringar upprepade gånger försökt att återkalla totalsträckskryptering, för att begränsa dess användning. I USA har olika lagar föreslagits av ledamöter i representanthuset eller senaten som skulle begränsa eller förbjuda användningen av totalsträckskryptering, men dessa lagar har inte antagits. I EU har det lagts fram förslag på att göra det obligatoriskt för företag att regelbundet genomsöka alla elektroniska enheter efter olagligt innehåll, inklusive så kallat krypterat innehåll.

Ett av de mest uppmärksammade fallen i den pågående debatten handlade om Apple, USA:s största företag. Från 2015, eller ännu tidigare, ansåg de brottsbekämpande organen att det var fullständigt oacceptabelt att de inte ens med en husrannsakningsorder skulle få tillgång till vissa lösenordskyddade telefoner. Detta väckte frågor som:

"Ska Apple och liknande företag få lov att bygga en telefon som inte ens de själva kan öppna?"

"Ska alla företag tvingas bygga in bakdörrar till sina produkter för staten?"

"Hur är det med kostnadsfri programvara med öppen källkod? Vad händer om några enskilda individer skapar tekniker för totalsträckskryptering som andra individer fritt kan använda? Kan detta förbjudas, och om det kan det, kan en sådan lag faktiskt upprätthållas?"

Om vi går igenom listan uppifrån och ner blir det svårare och svårare

---

428 Jim Epstein, *When Encryption Was a Crime: The 1990s Battle for Free Speech in Software*, Reason, 21 oktober 2020.

för staten att förhindra förekomsten av kryptering. Med tillräcklig enighet kan staten givetvis tvinga lokala företag att göra vad staten vill att de ska göra. Men staten kan inte förhindra utländska företag från att skapa eller tillgängliggöra totalsträckskryptering, och det är svårt att förhindra enskilda programvaruutvecklare, lokala eller utländska, från att skapa och sprida kostnadsfri öppen källkod som tillgängliggör totalsträckskryptering.

FÖRSÖK ATT REGLERA KRYPTOVALUTOR SOM BANKER

När bilen lanserades i slutet av 1800-talet fanns det (med rätta) en oro för allmänhetens säkerhet, och även en oro gällande konkurrens. Ledare inom häst-och-vagn-branschen kände sig hotade av bilen, då teknologin var överlägsen det de kunde erbjuda, och en del av dessa ledare hade goda politiska kontakter. Allmänhetens uppfattning kunde påverkas genom skrämseltaktik, och beslutsfattarna ville naturligtvis begränsa nya till synes farliga teknologier på allmänna platser, särskilt efter påtryckningar och finansiering från människor inom de gamla branscherna.

Detta ledde till en period av mycket restriktiva lagar i USA och Storbritannien. Bland annat begränsades bilarnas hastighet så att de var långsammare än människans gånghastighet, de var tvungna att ge företräde åt hästdragna vagnar och en person var tvungen att gå framför bilen med en flagga, vilket gjorde fordonet mer eller mindre värdelöst.[429] Dessa lagar höll inte särskilt länge, eftersom de helt uppenbarligen var ohållbara. De var försök att begränsa bilens framväxt ur ett häst-och-vagn-perspektiv.

På liknande sätt innebär framväxten av en monetär programvara för överföring direkt mellan användare en förvirrande och svårreglerad situation för beslutsfattarna, och den utgör nu ett hot mot några av det gamla banksystemets största finansiärer. Innan Bitcoin uppfanns var människor tvungna att gå genom banksystemet om de ville överföra ett betydande värde över längre avstånd. Staten kunde därför införa olika transaktionsrestriktioner genom att rikta in sig mot bankerna, som i sin tur kunde begränsa användarnas transaktioner. Tack vare Bitcoins peer-to-peer-egenskaper går det nu att överföra värde över hela världen utan att behöva gå genom en centraliserad tredjepart, förutsatt att ingen illasinnad aktör lyckas få, och bibehålla, kontroll över mer än 50 procent av nätverkets processorkraft.

Vidare har användningen av smartphones i dag passerat användningen av bankkonton globalt. Bankerna hade ett försprång på flera hundra år, men på bara några få decennier har smartphones kommit ikapp och gått förbi banker med avseende på räckvidd. Och med smartphones kan män-

429 Bill Loomis, *1910-1930: The Years of Driving Dangerously*, Detroit News, 26 april 2015.

niskor förvara och överföra krypterat värde i form av kryptovalutor.

Detta har lett till allmänna debatter och till att olika lagar har införts i ett antal länder gällande regleringen av kryptovalutor, särskilt gällande självförvaring av dem och användningen av olika integritetstekniker. Möjligheten för människor att själva förvara värde, skicka det till och mottaga det från andra och använda sig av olika integritetstekniker för att göra det svårare att spåra dessa transaktioner, utgör ett hot mot statens kontroll över det finansiella systemet. Regeringar och banker vill att människor använder deras centraliserade liggare, inte en global decentraliserad liggare. Och de vill att liggare ska kunna vara under ständig övervakning, snarare än att vara privata.

Därför har regeringar försökt införa en komplett uppsättning bankliknande restriktioner på kryptovalutor. Det som gör detta utmanande är att sådana lagar måste upprätthållas på individnivå (med miljontals tillsynspunkter) och inte bara på banknivå (som endast har några tusen strikt reglerade institutionella tillsynspunkter).

Människor använder inte bara integritetstekniker för att undvika staten, de använder integritetstekniker för att undvika företag som gör sitt bästa för att monetarisera deras data och spåra vartenda steg de tar. Särskilt när det gäller en kryptovaluta som är en offentlig liggare vill många användare använda sig av anonymiseringstekniker för att göra det svårare för företag att spåra deras utgifter. Som det är nu, om du köper och tar ut bitcoin från en kryptobörs och sedan spenderar dessa bitcoinenheter på olika varor och tjänster, så kan börsoperatören spåra vartenda inköp du gör. Även de handlare du gav bitcoin till kan titta på din adress och se hur mycket bitcoin du har och kanske spåra enheterna genom tidigare transaktioner. Därför anonymiserar ofta människor sina bitcoinenheter för att skapa probabilistisk fördunkling, vilket hindrar företag och handlare från att spåra transaktioner och innehav.

Med dessa anonymiseringstekniker begränsas integriteten av likviditeten. Det är enklare att genomföra privata Bitcointransaktioner med små belopp än med stora belopp. Mängden coinjoins, mixers, Lightning-kanaler, integritetsfokuserade kryptovalutor, chaumiska mekanismer och andra integritetstekniker är än så länge ganska begränsade. I dag kan med andra ord vanliga tekniskt kunniga individer med hjälp av dessa tekniker uppnå integritet för en mängd pengar som är betydande för dem, men det finns inte tillräcklig likviditet för ryska oligarker eller andra miljardärer att uppnå integritet för en mängd pengar som är betydande för dem.

Lagen Digital Asset Anti-Money Laundering Act föreslogs 2022 av två amerikanska senatorer, men det är i dag osannolikt att den antas. Det är emellertid, precis som så många tidigare försök till lagstiftning som syftar till att minska användningen av kryptering och integritet i stort, ett tecken på vilken riktning som en betydande mängd lagstiftare vill gå i. Den centrala texten i lagförslaget definierar flera företag som penningtjänstföretag för regulatoriska ändamål:

> KLASSIFICERING SOM PENNINGTJÄNSTFÖRETAG. – Financial Crimes Enforcement Network ska utfärda en regel som klassificerar leverantörer av plånböcker som förvaringstjänst och självförvaringsplånböcker, miners av kryptovalutor, validatorer eller andra noder som kan validera eller säkra tredjepartstransaktioner, oberoende nätverksdeltagare, inklusive MEV-sökare, och andra validatorer med kontroll över nätverksprotokoll som penningtjänstföretag.

Penningtjänstföretag är en undergrupp av finansiella institutioner, vilket är relevant för en senare del av lagförslaget där nya regler läggs till för vad finansiella institutioner är förbjudna att göra:

> Finansministern ska utfärda en regel som förbjuder finansiella institutioner att (1) hantera, använda eller genomföra affärer med mixers för digitala tillgångar, integritetsfokuserade valutor och andra anonymitetsförstärkande teknologier, som specificerats av finansministern, och (2) hantera, använda eller genomföra affärer med digitala tillgångar som har anonymiserats med hjälp av de teknologier som beskrivs i paragraf (1).[430]

På frågan om man är emot penningtvätt svarar de flesta, inklusive jag själv, ja. Givetvis vill vi inte att terrorister, människohandlare, illasinnade diktatorer eller våldsamma brottslingar flyttar omkring pengar. Men vi måste fråga oss själva tre saker. För det första: Vad ska vi alla behöva ge upp för att säkerställa att den lilla bråkdel av befolkningen som sysslar med sådan verksamhet inte kan göra det? Ska till exempel regeringar världen över (inklusive auktoritära) automatiskt kunna titta på varenda möjlig transaktion för att förhindra brott? Den andra frågan är: Kan staten ens genomföra det den vill inom detta område? Till exempel kunde regeringar stänga ner Napster (en centraliserad fildelningsplattform) men kunde inte stänga ner BitTorrent (en *de*centraliserad fildelningsmetod). Satoshi Nakamoto utformade avsiktligt Bitcoinnätverket mer likt BitTorrent. Den tredje frågan är: Hur ärliga är regeringar och/eller centralbanker om sina avsikter med dessa kompromisser? År 2022 och 2023 förbjöd Argentinas centralbank landets banker och sedan betalningsappar från att erbjuda digitala tillgångar. Vid tidpunkten för införandet av förbudet hade Argentina en årlig prisinflation

430 U.S. Congress, *S.5267: Digital Asset Anti-Money Laundering Act of 2022*.

på 100 procent och en helt okontrollerad penningmängdstillväxt i den egna fiatvalutan, samtidigt som argentinare i allt snabbare takt sökte sig till bitcoin och andra kryptovalutor som en säker hamn, och bankerna erbjöd sina kunder dessa tillgångar i allt högre utsträckning. Penningmyndigheterna pekade på de vanliga riskerna med volatilitet och penningtvätt, och naturligtvis hade det ingenting alls att göra med att skydda deras egen kollapsande valuta.[431]

När vi tittar på den amerikanska lagen Digital Asset Anti-Money Laundering Act (och jag använder den bara som ett exempel i illustrativt syfte; det finns många liknande lagar), ser vi ett omedelbart problem med "leverantörer av självförvaringsplånböcker". En leverantör av en självförvaringsplånbok är bara en hårdvaruenhet eller ett program som gör det möjligt för användaren att kontrollera och interagera med sina egna kryptonycklar – som bara är en lång rad siffror. Enligt detta lagförslag kan en enskild utvecklare av programvara med öppen källkod klassificeras som ett penningtjänstföretag och en finansiell institution. Och som en finansiell institution är man förbjuden att hantera eller använda mixers för digitala tillgångar, integritetsfokuserade valutor eller anonymiseringsmetoder.

Om detta lagförslag skulle antas i dess nuvarande form skulle det således bli olagligt för en enskild individ att skapa en plånboksprogramvara eller kryptovaluta med öppen källkod som använder integritetstekniker. Med andra ord är det en form av kontroll över användningen av matematik. Om vi tittar på Zimmermann-prejudikatet, kan man publicera koden i en bok och låta användarna sköta resten själva? Eller kan man trycka koden på en t-shirt?

Utmaningen med sådan tillsyn är att vem som helst i världen kan generera en privat nyckel genom att singla slant 256 gånger, och vem som helst i världen kan skapa öppen källkod som erbjuder anonymiseringsmetoder. Om vi har lagar som försöker att förhindra förekomsten och användningen av dessa teknologier måste dessa lagar upprätthållas på individnivå. Staten måste säga till dig att "du får inte skriva den koden" eller "du får inte köra denna icke-skadliga programvara med öppen källkod på din egen laptop" samt framföra något argument om att det strider mot allmänhetens intressen. Den enda chansen för staten att lyckas med denna insats är att vinna majoritetens samtycke till drakoniska lagar mot integritet och öppen källkod samt till sträng tillsyn – troligtvis genom att likställa önskan om integritet med illegal verksamhet.

Den här typen av debatter och konflikter sker redan i dag på ett flertal

431 Ignacio Olivera Doll and Patrick Gillespie, *Argentina Slams Brake On Crypto, Banning Purchases Through Banks*, Bloomberg, 5 maj 2022; Mat Di Salvo, *Argentina Bans Payment Apps From Offering Bitcoin to Customers*, Decrypt, 5 maj 2023.

platser runtom i världen och kommer sannolikt att intensifieras under de kommande tio åren. Det pågår en kapprustning där utvecklare tar fram allt mer utbredda och användarvänliga lösningar för kryptering och skydd av integritet, medan staten och företag å sin sida utvecklar alltmer utbredda metoder för övervakning och kontroll.

KAPITEL 30

EN VÄRLD AV ÖPPENHET ELLER EN VÄRLD AV KONTROLL

I maj 2022 befann jag mig på en plats som jag inte hade förväntat mig eller planerat att befinna mig på: inuti stortingsbyggnaden i Oslo. Som en av tolv personer som skickats dit av Human Rights Foundation fick jag tala med flera norska parlamentsledamöter.

Målet för Human Rights Foundation är att hjälpa till att säkra grundläggande rättigheter för människor i auktoritära eller halvauktoritära regimer. I sin lista över värderingar hänvisar organisationen till FN:s internationella konvention om medborgerliga och politiska rättigheter, som 1976 ratificerades av 173 länder och inbegriper följande:[432]

- yttrandefrihet
- rätt till likabehandling och rättslig prövning enligt lag
- frihet från slaveri och tortyr
- föreningsfrihet
- rätt att resa in i och ut ur landet
- frihet från inblandning och påtryckningar i samvetsfrågor
- rätt att förvärva och förfoga över egendom
- frihet från godtyckligt frihetsberövande eller exil
- rätt att utöva sin tro på det sätt man önskar
- rätt att delta i styret av landet.

Sammanhanget för min ovanliga situation var att ett flertal medlemmar av det norska parlamentet hade föreslagit att förbjuda bitcoin i landet. Human Rights Foundation, som vid tillfället höll sitt årliga Oslo Freedom

432 Tillgänglig via https://hrf.org/about/mission/

Forum bara en bit längre ner på samma gata som parlamentsbyggnaden, hade använt sig av bitcoin och stablecoins som verktyg för mänskliga rättigheter på platser där auktoritär finansiell censur ofta används mot människorättskämpar. Så Human Rights Foundation fick lov att skicka en grupp talare till parlamentet för att diskutera detta. Majoriteten av den tolv personer starka gruppen var människorättsaktivister, medan några stycken av oss, däribland jag, följde med som sakkunniga inom området som i detalj skulle kunna besvara frågor om hur eller varför Bitcoinnätverket förbrukar energi.

Några av människorättsaktivisterna i gruppen kom från Nigeria, och förklarade för parlamentsledamöterna att de hade börjat ta emot donationer i bitcoin när deras bankkonton hade frusits till följd av protester mot övervåld av landets polis. Detsamma gällde för Vladimir Putins politiska motståndare, Alexei Navalny. På grund av frekventa kontofrysningar hade Navalnys organisation i Ryssland börjat använda sig av bitcoin för att samla in och förflytta medel för att stötta det legitima politiska motståndet mot Putins diktatorsfasoner. Andra i gruppen talade om problemet med att människor i stora delar av världen inte har tillgång till ett bankkonto och om hur vissa av dessa teknologier gör det mycket enklare och effektivare att förvara och överföra värde, vilket kan hjälpa människor i några av världens fattigaste områden att ta del av den globala ekonomin. När det blev min tur att tala höll jag mig kortfattad och förklarade att Bitcoinnätverket tenderar att använda billig och strandad energi, samtidigt som det är till nytta genom sin unika typ av flexibilitet vad gäller efterfrågan. Norges elnät består till över 90 procent av ren vattenkraft, och särskilt i de norra delarna av landet har de gott om strandade resurser som skulle kunna bidra till ett sådant värdefullt nätverk. Privata företag gjorde redan detta, och min uppfattning var att det inte fanns någon anledning för staten att kliva in och stoppa dem.

Ett antal månader före detta möte hade en stor lastbilskonvoj i Kanada lett till att människor från hela landet hade samlats i huvudstaden, för att demonstrera mot tvånget att vaccinera sig mot covid-19 och mot rörlighetsrestriktioner. År 2021 hade Kanada infört strikta regler gällande människors rörlighet. Man fick inte lov att åka tåg eller flygplan utan vaccinationsintyg, vilket innebar att man inte kunde röra sig fritt inom landet och, än viktigare, att det inte fanns någon realistisk möjlighet att lämna landet om man inte hade vaccinerat sig eftersom man inte tilläts flyga eller korsa landgränsen till USA. I början av 2022 införde Kanada ännu striktare regler och krävde att lastbilschaufförer som körde in i landet måste visa upp ett vaccinationsintyg. Enligt internationella konventioner tillåts i ett nödläge tillfälliga upphävanden av vissa rättigheter (som rörlighetsrestriktioner), men dessa restriktioner infördes ett par år in i en pandemi när det var tydligt att vaccinet endast hade en tillfällig verkan och en begränsad möjlighet att förhindra smittspridning.

Alla stora demonstrationer lockar till sig ett antal personer med extrema åsikter, men på det stora hela var demonstrationen fredlig och ekonomiskt hållbar. Demonstrationen skapade störningar för lokala företag och satte tryck på regeringen genom att blockera trafiken, men å andra sidan hade den stöd av många vanliga människor som kände sig inträngda i ett hörn. Hela syftet med demonstrationer är att skapa medvetenhet genom störningar, och en demonstration kostar tid och/eller pengar att upprätthålla. Detta begränsar naturligt störningarnas varaktighet och omfattning, beroende på hur allvarlig frågan som demonstrationen gäller är samt på hur starkt demonstranterna brinner för frågan.[433]

Donationerna började välla in till stöd för demonstranterna, både i fiatvaluta och i bitcoin. Benjamin Tyler Perrin, en välkänd utbildare inom Bitcoinrelaterade teknologier, hjälpte till att sätta ihop en donationsportal dit människor kunde skicka bitcoin till stöd för lastbilschaufförerna. Perrin, som tidigare hade röstat på premiärminister Justin Trudeaus parti men som senare hade tagit ställning emot införandet av vaccinationskrav och rörlighetsrestriktioner, trodde att donationerna skulle vara små och att de inte skulle möta något motstånd från statens sida. Men när ett flertal donationsportaler, som GoFundMe, beordrades att stänga ner sina tjänster utan att leverera donationerna blev Bitcoinnätverket en av de få återstående metoderna för att säkerställa att donationer nådde sina avsedda mottagare.

Den kanadensiska regeringen vidtog då nödåtgärder och beordrade banker att frysa konton tillhörande specifika demonstranter samt vissa individer som bara hade donerat pengar till demonstrationen. Många av dessa kontofrysningar genomfördes utan domstolsbeslut, och gränsen mellan statens och bankernas åtgärder suddades ut.[434]

Men det gick inte att frysa självförvarade bitcoinenheter. Lokala kryptobörser kunde svartlista vissa kända adresser och därmed göra det svårare att byta bitcoin mot kanadensiska dollar genom dessa portaler, men utöver detta fanns det gränser för vad staten kunde genomföra automatiskt och på distans. Det finns många metoder för att spendera eller byta bitcoin. Om staten vill ha någons bitcoin måste man bokstavligt eller bildligt talat dyka upp vid dennes dörr med en husrannsakningsorder eller någon form av hot. Med andra ord innebar användningen av bitcoin en betydande kostnad för att genomföra finansiell censur. Till skillnad från de flesta andra donatio-

433 Peter Chawaga, *Honk Honk HODL: How Bitcoin Fueled the Freedom Convoy and Defied Government Crackdown*, Bitcoin Magazine: The Censorship Resistant issue, april 2022.
434 Ben Perrin, *Enemy of the State*, What Bitcoin Did, 22 december 2022.

ner, som blockerades helt, kom två tredjedelar av alla bitcoindonationer fram till de avsedda mottagarna, och bara en tredjedel beslagtogs genom riktade åtgärder.

I februari 2022, mitt under demonstrationen, skrev jag om denna nyans på sociala medier, samtidigt som jag avsiktligt undvek att tala direkt om vaccin eller om kanadensisk politik. Min slutsats var att teknologier som gör det svårare att frysa pengar inte handlar om att kringgå lagen, utan snarare om att säkerställa att staten själv följer sina egna lagar. Så här skrev jag vid tillfället:

> Finansiella förvaringstjänster möjliggör för staten att frysa konton först och ta reda på vilka som är skyldiga eller oskyldiga senare. Finansiella självförvaringstjänster tvingar staten att faktiskt åtala människor för brott innan det går att utöva påtryckningar för att frysa konton.
>
> Pengar i en förvaringstjänst kan ofta inte tas ut från en jurisdiktion om rättsstatsprincipen av någon anledning skulle upphöra att gälla där. Pengar i självförvar kan tas ut från en jurisdiktion om individen kan förflytta sig själv till en annan plats (och ibland även om individen inte kan det).
>
> Det handlar inte om "höger eller vänster", för man behöver bara föreställa sig att den politiker man ogillar mest vinner nästa val, eller två eller tre val längre fram. De flesta människor stöder rättsstatsprincipen, men frågan är "vilken rätt?" och "i vilken ordning?".
>
> Så bitcoin och kryptovalutor handlar egentligen inte om att "kringgå lagen", utan snarare om att lägga ansvaret på staten att agera inom lagens gränser och om att ge individer fler rörlighetsalternativ när staten börjar ändra lagen på ett sätt som går i motsatt riktning mot frihet.[435]

Jag själv tog pandemin på största allvar när den bröt ut och gav mitt stöd åt insatser för att producera vaccin och distribuera dem när de blev tillgängliga till personer som ville ha dem. Men på grund av den tillfälliga effektiviteten hos coronavaccinen, och på grund av ytterligare ett par anledningar, gav jag inte mitt stöd åt statens krav på att allmänheten måste vaccinera sig. Inte heller gav jag mitt stöd åt rörlighets- eller anställningsrestriktioner baserade på människors vaccinationsstatus. Det här berör en gammal politisk debatt mellan individualistisk och kollektivistisk politik, men min mening här är att framhäva rätten att demonstrera snarare än att framhäva frågan för demonstrationen, då jag kan vara för eller emot olika demonstrationer.

En liknande princip gäller den omfattande tillämpningen av förverkande av egendom. I USA beslagtar polisen varje år kontanter, smycken och

435 Lyn Alden, *Custodial Financial Services*, Twitter, 19 februari 2022.

andra värdesaker till ett värde av miljardtals dollar utan att någon åtalas för brott. Om någon har med sig kontanter eller värdesaker genom en flygplats eller stoppas av polisen med mycket kontanter eller värdesaker på sig, kan polisen i många jurisdiktioner helt enkelt beslagta kontanterna eller värdesakerna trots att personen inte har brutit mot någon lag. Personen måste sedan gå igenom tidskrävande och dyra förfaranden för att försöka få tillbaka sina ägodelar, vilket är ett större hinder för vanliga människor än för förmögna människor.[436] Detta sker i varierande grad på global skala och lägger bevisbördan på personen snarare än på myndigheten som beslagtog tillgångarna.

Jag träffade Benjamin Tyler Perrin vid Oslo Freedom Forum i maj 2022, ett antal månader efter hans inblandning i donationsportalen. Han är inte på något sätt någon extremist eller hyperpartisk person. I en intervju med Peter McCormack förklarade han att när staten började frysa bankkonton och donationsportaler förknippade med demonstrationen, var han orolig för sin och sin familjs säkerhet. Han sa också offentligt att om han från början hade vetat att den politiska miljön hade blivit så fientlig, så hade han kunnat skapa en donationsportal med mer privata, ostoppbara medel. Som han sa, hade det vid tillfället inte slagit honom att staten skulle kunna kliva in och försöka stoppa utbetalningar av demonstrationsrelaterade donationer, så han hade inte fokuserat på integritet när han skapade donationsportalen. Och ändå var den mer framgångsrik än GoFundMe och andra liknande centraliserade donationsportaler.[437]

Finansiell censur mot demonstranter eller politiska motståndare är ett vanligt verktyg i auktoritära och halvauktoritära regimer, men variationer av detta dyker då och då upp även i demokratier, vanligtvis vid krig eller andra extrema händelser. När man väljer att antingen stötta eller motsätta sig användningen av sådana verktyg i ett givet sammanhang, måste man tänka på att all den makt som staten har även kan användas i ett motsatt sammanhang. För att det ska finnas verklig frihet måste den värderas högre än specifika intressen, och får inte vara något som är lätt att frånta personer som vi ogillar. Med andra ord måste rättssäkerhet gälla för både de mest hedervärda och de mest avskyvärda grupperna.

Bitcoinnätverket skapades och användes till en början av människor inom cypherpunk-rörelsen som, som nämnts tidigare, var en grupp som förespråkade en utbredd användning av kryptografi och integritetsstärkan-

---

436 Cassie Miller, *Civil Asset Forfeiture: Unfair, Unddemocratic and Un-American.*

437 Perrin, *Vijand van de staat.* En metod som de kanadensiska lastbilschaufförerna hade kunnat använda för mer privata donationer förklaras av Econoalchemist, *How the Freedom Convoy Could Have Protected Donation Privacy with Whirlpool*, Bitcoin Magazine, 31 mars 2022.

de teknologier som ett sätt att nå social och politisk förändring. Ur den grunden blev en större grupp libertarianer entusiastiska anhängare av nätverket.[438] I nuläget finns det fler politiker inom det amerikanska republikanska partiet som är anhängare av Bitcoin jämfört med politiker inom det demokratiska partiet, även om det finns ett antal även inom det sistnämnda partiet.

Det har från första början funnits en politisk aspekt av Bitcoin. I skrivande stund är det världens största och mest framgångsrika försök till en statslös digital valuta, och detta faktum har en viss politisk betydelse. Kryptering möjliggjorde från början privat delning av information, och nu möjliggör kryptering även privat delning av värde. Information och värde är de två komponenter som krävs för att individer ska kunna genomföra handel med varandra.

Men vad *exakt* är den politiska aspekten av detta nätverk? Är det bara till för cypherpunks och libertarianer? Det finns ju de som har en positiv inställning till staten. Är Bitcoin inte till för dem? Kan vi fastställa någons politiska åsikter baserat på personens åsikter om digitala tillgångar?

Ett par av de mest omnämnda böckerna bland libertarianer och kritiker av staten är George Orwells *Djurfarmen* och *1984*. Än i dag är dessa böcker ett par av världens mest betydelsefulla anti-auktoritära romaner. Men något som många människor i dag inte vet är att George Orwell var socialdemokrat. Han var för en stor stat, men bara om staten var av den transparenta och demokratiskt valda sorten. En anti-auktoritär hållning tillhör inte enbart den politiska högern eller den politiska vänstern. Det är bara det att denna hållning uttrycks på olika sätt av de olika sidorna. Och det råkar vara så att den kanske mest berömda anti-auktoritära författaren någonsin befann sig till vänster i det politiska spektrumet.

Efter finanskrisen och den amerikanska federala regeringens räddningsinsatser för bankerna 2008 genomfördes demonstrationer av både Tea Partyrörelsen, bestående mestadels av personer på den politiska högerkanten, och Occupy Wall Street, bestående mestadels av personer på den politiska vänsterkanten. De båda grupperna demonstrerade mot olika aspekter av samma underliggande problem: När det finansiella systemet kollapsade 2008 kunde de som styrde över den sammanflätade regerings- och företagsmaktstrukturen använda den flexibla offentliga liggaren till att selektivt rädda dem de ville rädda – och de prioriterade att rädda dem som redan var rika och mäktiga.

I dag lockar Bitcoin som nätverk till sig personer från båda typerna av

---

438 Finn Brunton beskriver denna historia i *Digital Cash: The Unknown History of the Anarchists, Utopians, and Technologists Who Created Cryptocurrency*.

grupper och organiserar dem till viss del på ett nytt sätt, genom att ge dem något att använda och bygga vidare på, så att de inte enbart behöver förlita sig på att demonstrera. Detta ger dem potentiellt en möjlighet att välja att inte ta del av det befintliga finansiella systemet, som de anser vara genomkorrupt, och i stället bygga ett parallellt finansiellt peer-to-peer-system. Det är av denna anledning som många av Bitcoinnätverkets anhängare beskriver sina aktiviteter som en fredlig revolution. Så även om teknologin har politiska aspekter, så är den i sig opartisk.

År 2022 såg vi en märkbar ökning av Bitcoinanhängare som skulle definiera sig själva som progressiva, det vill säga människor som generellt har en vänsterlutande politisk hållning både socialt och ekonomiskt. Många av dem hade redan varit aktiva inom ekosystemet ett tag, men under perioden 2021–2022 fick många av dem kontakt med varandra och fick större och mer betydande plattformar att tala på. Värden till en av de största Bitcoinfokuserade poddarna, Peter McCormack, ägnade året specifikt åt att ha fler Bitcoinanhängare från den politiska vänsterkanten på sin podcast (som Jason Maier, författare av *A Progressive's Case for Bitcoin*), för att balansera vad han ansåg vara en generellt sett konservativ eller libertariansk kultur inom den Bitcoinfokuserade podcast- och mediavärlden. Därefter ökade snabbt deras närvaro vid olika evenemang. Jag själv känner många Bitcoinanhängare från hela det politiska spektrumet och från hela världen.

Något som många vänsterlutande Bitcoinanhängare har gemensamt är att de ser Bitcoinnätverket som ett verktyg som begränsar företagens och kompiskapitalismens övertramp, ungefär som många högerlutande Bitcoinanhängare ser Bitcoinnätverket som ett verktyg som begränsar statens övertramp. Detta är inte motsägelsefullt eftersom Bitcoinnätverket, i dess vidaste bemärkelse, är ett verktyg (bland många andra verktyg) som begränsar många former av konsoliderad makt, både för företag och stat. I de översta maktskikten sammanflätas ändå stat och företag, då Big Defense, Big Food, Big Agriculture, Big Pharma, Big Teck, Big Oil och så vidare har ett betydande inflytande över utgiftsrelaterad lagstiftning. Med en så flexibel offentlig liggare har staten möjlighet att gynna vilka företag den vill, och företag kan använda sin finansiella kraft till att säkerställa att deras föredragna regeringstjänstemän kommer till makten, och bibehåller makten, så att de kan fortsätta att gynna företagen. Det finns en svängdörr mellan tillsynsmyndigheterna och de företag de har i uppgift att reglera, och Bitcoin skapades för att ta tillbaka en del av den offentliga liggaren.

Som framgår av George Orwells berömda verk kommer med andra ord anti-auktoritära åsikter från flera olika politiska perspektiv. Människor kan vara oense med varandra i olika politiska frågor – som hur hög skatten ska vara och vilka tjänster som staten ska erbjuda – och ändå sätta ett högt värde på yttrandefrihet, äganderätt, företagsvänlighet, rätten att flytta inom eller ut ur landet, rätten till integritet, möjligheten att genomföra transaktioner och friheten att använda verktyg som undviker devalveringen av ens mödosamt förvärvade besparingar. Människor må vara oense om vad staten bör spendera pengar på, men de allra flesta är överens om att pengarna ska spenderas på ett transparent sätt. Exempelvis var det fler människor från den politiska vänsterkanten än från den politiska högerkanten som från första början var emot USA:s krig mot Irak, ett krig som kostade flera biljoner dollar, som tog oräkneliga liv, som primärt finansierades på icke-transparenta sätt genom långsiktig urholkning av valutan och som i hög grad gynnade stora försvarsföretag.

I sitt avskedstal 1961 varnade president Eisenhower för framväxten av det militärindustriella komplexet. Under hans livstid hade USA gått från att vara ett land som endast mobiliserade en betydande militär styrka som svar på hot, till ett land som ständigt måste upprätthålla en stor militär. Även om han själv såg detta som nödvändigt varnade han för de risker det medförde:

> En viktig del i upprätthållandet av freden är vår militära styrka. Våra vapen måste vara kraftfulla, redo för omedelbar aktivitet, så att ingen potentiell angripare kan frestas att riskera sin egen undergång.
>
> Vår militära organisation i dag har inte mycket gemensamt med den som mina företrädare kände i fredstid, eller den som de stridande männen i andra världskriget eller Koreakriget kände.
>
> Fram till de senaste av våra världskonflikter hade Förenta staterna ingen försvarsindustri. Amerikanska tillverkare av plogbillar kunde, med tid och efter behov, även tillverka svärd. Men nu kan vi inte längre riskera improvisation av det nationella försvaret i ett nödläge. Vi har blivit tvungna att skapa en permanent försvarsindustri av enorma proportioner. I tillägg till detta är tre och en halv miljon män och kvinnor direkt engagerade i försvarsetablissemanget. Varje år spenderar vi mer på militär säkerhet än nettointäkterna för alla Förenta staternas företag.
>
> Denna förening av ett enormt militäretablissemang och en stor försvarsindustri är ny i den amerikanska upplevelsen. Den totala inverkan – ekonomisk, politisk, till och med andlig – känns i varenda stad, varenda offentlig byggnad, varenda avdelning av den federala regeringen. Vi inser det angelägna behovet av denna utveckling. Men vi måste förstå de allvarliga följderna. Vårt slit, våra resurser och vårt levebröd är alla inblandade. Så är även själva samhällets struktur.
>
> Inom regeringens församlingar måste vi vara på vår vakt mot förvärv av oberättigat inflytande, önskat eller oönskat, av det militärindustriella komplex-

> et. Risken för en katastrofal ökning av felplacerad makt existerar och kommer att bestå.
>
> Vi får aldrig låta betydelsen av denna kombination äventyra våra friheter eller demokratiska processer. Vi får inte ta någonting för givet. Endast en vaksam och kunnig allmänhet kan driva på för en harmonisering av den omfattande industriella och militära försvarsapparaten och våra fredliga metoder och mål, så att säkerhet och frihet kan frodas tillsammans.[^440]

Han talade även om farorna med centralisering av makten och tendensen att finansiellt offra framtiden för ökad smidighet och bekvämlighet i nuet:

> Utsikten att nationens akademiker domineras av statlig anställning, projektallokeringar och pengarnas makt är ständigt närvarande och bör betraktas med allvar.
>
> Men samtidigt som vi värnar om vetenskaplig forskning och upptäckt, som vi bör, måste vi också vara medvetna om den lika stora och motsatta faran att den offentliga politiken själv underkastas en vetenskaplig-teknologisk elit.
>
> Det är statsmannaskapets uppgift att forma, att balansera och att integrera dessa och andra krafter, nya och gamla, inom principerna för vårt demokratiska system – ständigt strävande mot vårt fria samhälles högsta mål.
>
> Ytterligare en faktor i upprätthållandet av balans är tidsfaktorn. När vi blickar in i samhällets framtid måste vi – du och jag och vår regering – undvika impulsen att bara leva för i dag och, för vår egen smidighets och bekvämlighets skull, plundra morgondagens värdefulla resurser. Vi kan inte inteckna våra barnbarns materiella tillgångar utan att riskera att deras politiska och andliga arv går förlorat. Vi vill att demokratin överlever alla kommande generationer, inte att den blir morgondagens bankrutta skugga.

Tyvärr har dessa saker generellt sett ökat efter att Eisenhower lämnade sitt ämbete. Försvarsföretag, stora banker, stora multinationella företag och deras arméer av lobbyister har rotat sig djupt i politikernas sfär. Statsskulder har ackumulerats, ekonomin har urholkats och finansialiserats och det amerikanska politiska etablissemanget fokuserar starkt på pseudo-imperialistiska ambitioner (via hundratals militärbaser i utlandet, biljontals dollar spenderade på icke-defensiva krig, miljardtals dollar spenderade på hemliga operationer för att förändra politiska regimer i dussintals olika länder) – allt medan tillverkningskapaciteten och logistikinfrastrukturen stagnerar i hemlandet, vilket leder till ökad politisk polarisering och populism bland medborgarna.

Bitcoinutvecklare och -utbildare är ofta inte de "vita kryptograbbar" eller "skumma superkodare" som politiker och media framställer dem som.[439] Det finns människor från alla tänkbara bakgrunder, från hela det politiska spektrumet och från världens alla hörn, som av skilda anledningar har insett att idén med en liggare med öppen källkod som stärker individens makt är en viktig sak att kämpa för. Även om det finns mycket bedrägeri och fiffel inom det större krypto-ekosystemet (det har varit frestande och lukrativt för utvecklare och riskkapitalister att skapa oregistrerade token ur tomma intet och sedan dumpa dem på privata investerare), så tenderar de som enbart arbetar inom Bitcoinekosystemet att göra det de gör av etiska och pragmatiska skäl.

Obi Nwosu är en brittisk entreprenör av nigeriansk härkomst som grundade Storbritanniens längst aktiva bitcoinbörs, och grundade sedan företaget Fedi, som fungerar som en bitcoinplånbok avsedd att decentralisera och sprida bitcoinförvaringen så mycket som möjligt. Fedi använder det öppna Fedimint-protokollet för att göra det möjligt för lokalsamhällen världen över att med enkelhet skapa egna, privata samhällsbanker, med fokus på användare i utvecklingsländer. Därefter kan samhällsbankerna erbjuda ytterligare tjänster, som datalagring, bearbetning och en rad olika underapplikationer.

Anita Posch är en österrikisk kvinna som ofta reser till afrikanska länder för att lära människor där hur man använder Bitcoinnätverket. Hon finansieras av donationer, och hon rapporterar resultaten i sina publicerade verk. Hennes fokus ligger på mänskliga rättigheter, mer specifikt på att hjälpa människor att få möjlighet att spara och spendera pengar inom områden där det lokala finansiella systemet inte fungerar. Hon har skrivit om det problematiska läget för frihet globalt, bland annat ur hennes eget perspektiv som en lesbisk kvinna som känner sig lyckligt lottad som föddes i Europa, så hennes mål har varit att göra världen till en mer rättvis plats.

Troy Cross är en filosofiprofessor vid en högskola för studier inom humaniora, och han är en miljövän som fokuserar på Bitcoins unika förmåga att utnyttja strandad energi på ett produktivt sätt som han anser vara gynnsamt för mänskliga rättigheter. Som han har förklarat offentligt var han till en början bekymrad över Bitcoins miljöpåverkan, men efter att ha studerat saken i detalj har han ändrat åsikt och blivit en stark förespråkare för Bitcoin. I dag håller Cross utbildningar i ämnet, motverkar desinformation och förespråkar metoder som gör bitcoinmining så hållbar som möjligt.

Alex Gladstein är strategichef för Human Rights Foundation och har skrivit boken *Check Your Financial Privilege*, som utförligt beskriver användningen av bitcoin och stablecoins av människor i inflationistiska och auktoritära jurisdiktioner runtom i världen. Alex och Human Rights Foundation

439 T.ex. Kevin Roose, *The Latecomer's Guide to Crypto*, New York Times, 18 mars 2022.

har anordnat flera privata evenemang där människorättsaktivister från auktoritära länder, programvaruutvecklare och riskkapitalister kan träffas för att diskutera teknologier som skulle vara användbara för människorättsaktivister och deras gemenskaper om de skulle utvecklas, och där man kan lära sig mer om nyligen utvecklade teknologier.

Elizabeth Stark och Olaoluwa Osuntokun, grundare av och ledare för Lightning Labs sedan 2016, ledde utvecklingen av den mest använda Lightning-nodlösningen hittills. Stark, som har en juristexamen från Harvard Law School, talar ofta på olika platser i världen om spridningen av en monetär teknologi med öppen källkod till miljardtals människor i utvecklingsländer. Osuntokun, en datavetare och expert på tillämpad kryptografi, är en av författarna av *Mastering the Lightning Network*, den främsta tekniska boken om Bitcoins Lightning-nätverk.

Farida Nabourema är en förespråkare för demokrati från det auktoritära landet Togo och lever för tillfället i exil. I sitt eget land har hon med egna ögon sett hur de styrande använder sig av finansiell övervakning och frysningar av bankkonton för att kväva demokratins röster. Hon har inte bara varit en förespråkare för demokrati, utan har även varit en högljudd kritiker av den franska monetära nykolonialismen i Afrika och är en stark anhängare av Bitcoinnätverket, då hon ser det som ett redskap för frihet. I slutet av 2022 anordnade hon tillsammans med några andra konferensen Africa Bitcoin Conference i Ghana, dit människor från hela världen reste för att tala och lyssna.

Paco de la India, en löpare från Indien, fick 2021 en utmaning av en vän att resa runt i världen med hjälp av bitcoin, och av sin vän fick han en bok om ämnet. Paco bestämde sig för att kombinera sin passion för löpning med sin nyfunna besatthet av Bitcoin, genom att löpa i 40 länder under 400 dagar och närhelst möjligt använda bitcoin som transaktionsmedel. Från Kenya till Sudan till Sri Lanka till Sydafrika till Kuba och andra platser – Paco har besökt dussintals länder (mestadels utvecklingsländer) för att genom workshops utbilda människor om Bitcoin.

Yan Pritzker är medgrundare av och teknisk chef på Swan.com. När han var liten lämnade han och hans familj Sovjetunionen, och som många andra fick de bara lov att ta med sig 100 dollar. Han har beskrivit bitcoin som ett redskap som gör det möjligt för flyktingar från auktoritära länder och kollapsade stater att ta med sig sina besparingar, förutsatt att de är fysiskt kapabla att fly. Kapital vill naturligt flöda ut ur ofria platser och in i fria platser.

Renata Rodrigues, ursprungligen från Brasilien, har lagt de senaste åren på att skapa Bitcoinrelaterade peer-to-peer-gemenskaper i utvecklingsländer, däribland platser där banker har skurit av sig själva från kryptobörserna.

Medan många kritiker i utvecklade marknader ser bitcoin som ett verktyg för ren spekulation, som inget annat än en siffra på en datorskärm, har Rodrigues en praktisk strategi för att bygga Bitcoinbaserade gemenskaper i regioner med hög inflation och begränsad tillgång till banktjänster.

Jag anser att dessa människor har goda skäl att se saker och ting på det sätt de gör, och att göra det arbete de gör. Enligt Freedom Houses metodik har frihet globalt varit på tillbakagång sedan 2005, då fler länder har sjunkit i rankingen än stigit i rankingen 17 år i följd. 1980-talet, 1990-talet och början av 2000-talet präglades av ökad frihet och öppenhet i världen. I synnerhet ledde liberaliseringen av Kina och Sovjetunionens kollaps till att stora delar av världen frigjordes, både socialt och ekonomiskt. Men slutet av 2000-talet, 2010-talet och 2020-talet har präglats av minskad ekonomisk öppenhet, ökad övervakning och minskad personlig frihet.[440]

Ryssland har under Vladimir Putins ledarskap minskat sin frihetsnivå, och samma sak gäller för Kina under Xi Jinping. Flera länder i deras inflytelsesfär har gjort detsamma, från Turkiet till Thailand till Ungern. Många regeringar världen över har vänt sig till populistiska starka ledare som har pressat journalister och lagt skulden för många av landets ekonomiska problem på religiösa minoriteter eller sexuella minoriteter eller politiska minoriteter eller obestämbara utomstående. Samtidigt kategoriserar Freedom House fortfarande USA som "fritt", men med en lägre poäng än tidigare. Lagen Patriot Act från 2001, olika korruptionsskandaler inom rättssystemet och andra problem har till viss grad minskat friheten i USA.

Det finns flera bidragande orsaker, men jag hävdar att det dysfunktionella globala finansiella systemet har spelat en stor roll. Som diskuterades i del 3 och 4 i den här boken, tenderar det globala finansiella systemet att rekonstrueras med några decenniers mellanrum, delvis för att geopolitiken och den teknologiska potentialen förändras med tiden, och delvis för att problem förknippade med den långa skuldcykeln och felaktiga incitament för beslutsfattare ackumuleras i det finansiella systemet och dess tillhörande institutioner. Under de senaste 200 åren har världen gått från fri bankverksamhet och dubbel myntfot till en centralbanksbaserad guldmyntfot, till Bretton Woods-systemet och sedan till eurodollar/petrodollar-systemet. I slutändan blev vart och ett av dessa system föråldrat och överansträngt, och kollapsade till slut under sin egen entropi, tills det byggdes upp igen som något nytt. I dag pekar mycket på att den nuvarande versionen av det globala finansiella systemet återigen är på väg att kollapsa. Kombinationen av stora statsskulder efter flera decennier av budgetunderskott, ökad förmögenhetskoncentration och skiftet från en unipolär till en multipolär världs-

---

440 Sarah Repucci och Amy Slipowitz, *The Global Expansion of Authoritarian Rule.*

ordning sätter hårt tryck på många fiatvalutesystem.[441] När förmögenheten koncentreras i toppen och människor börjar känna att det ekonomiska systemet inte längre fungerar som det ska, då vänder de sig till populism. Det är en cykel lika gammal som civilisationen själv.

Populism finns i många olika varianter, men ytterkanterna av det politiska spektrumet innehåller flera extremistiska element. I en alltmer kaotisk värld vill människor ofta ha ordning till varje pris, även om det innebär att man måste ge upp lite frihet. De vill få höra från en till synes stark ledare vad problemet är och vad planen är för att åtgärda det. Tragiskt nog visar det sig ofta att det problem som denna starka ledare pekar på är en felaktig diagnos, vilket leder till att samhällets mest utsatta offras för att gynna den kulturella majoriteten, eller till kollapsen av de ekonomiska incitament som från början medförde effektiv produktion av varor och tjänster.

I denna bok har jag upprepade gånger ställt frågan "Vem kontrollerar liggaren?", och svaret på denna fråga har skiftat över tid. Under den tidiga historien var svaret att små stammar och naturen (för råvarupengar) kontrollerade liggaren. I takt med att vissa civilisationer fick stora teknologiska övertag över andra kunde dessa avancerade civilisationer, tack vare sin teknologi, mer eller mindre kontrollera liggarna tillhörande de mindre avancerade civilisationerna, genom att producera stora mängder av vissa typer av råvarupengar som de mindre avancerade civilisationerna trodde hade hög knapphet. I och med bankväsendets och centralbankernas framväxt i en telekommunikationsbaserad värld, i vilken guld var för långsamt för att kunna fungera som pengar, blev liggaren alltmer centraliserad och kontrollerad av nationalstater. Regeringar och deras centralbanker fick praktiskt taget monopol på snabba penningöverföringar över långa avstånd, vilket gav de ökad möjlighet att urholka besparingarna för människorna inom landets gränser och på icke-transparenta sätt styra detta värde mot sina egna mål. Om vi blickar framåt, så strävar digitala pengar med en användardriven struktur, som bitcoin, efter att ge tillbaka liggaren till folket, medan digitala pengar med en institutionellt styrd struktur, som digitala centralbankspengar, stärker nationalstaternas kontroll över liggaren som används av folket.

När det handlar om kontrollen över liggaren finns det två saker man bör fråga sig. För det första: "Vem kan övervaka och censurera andras transaktioner, eller frysa deras tillgångar?" För det andra: "Vem kan skapa pengar nästan gratis och urholka andras besparingar och löner?"

Om någon grupp kan skapa pengar till en kostnad som ligger långt under det aktuella marknadsvärdet, då har denna grupp erhållit möjligheten

441 Dalio, *Changing World Order*, 264, 331-362.

till seigniorage och kontrollerar därför liggaren delvis eller i sin helhet. Om tvärtom ingen kan skapa pengar gratis, som i en värld av pengar i form av samlarföremål som byts mellan stammar med liknande teknologisk potential, då har ingen möjlighet till seigniorage, utan enbart naturen kontrollerar liggaren. Om en grupp blir tillräckligt teknologiskt överlägsen en annan grupp, och därmed till en låg kostnad kan skapa glaspärlor, snäckskalshalsband, raistenar, kakaobönor eller liknande värdebevarare som den mindre teknologiskt utvecklade gruppen förvarar sin förmögenhet i, då har den första gruppen erhållit möjlighet till seigniorage – åtminstone till dess att den andra gruppen identifierar problemet och slutar använda den typen av fördärvade pengar.

I system med fiatvalutor kan staten och centralbanken skapa pengar till nästan ingen kostnad alls, pengar som alla andra inom landet förväntas godta som värdefulla, trots att de ständigt tappar i värde. Många länder missköter sin liggare ordentligt, vilket leder till enorma ökningar av penningmängden och till högre priser. När människor försöker fly från en sådan liggare till en annan liggare eller andra tillgångar för att skydda sina besparingar, då tar de styrande sällan ansvar för problemet utan tenderar i stället att lägga skulden på spekulanter och yttre krafter och försöker ofta blockera utgångarna.

Guld har länge använts som en form av försvar och sparande, men i den digitala tidsåldern är det inte en bra form av pengar för transaktioner. Bitcoinnätverket erbjuder ett modernare och snabbare alternativ. Ingen kan skapa bitcoin gratis, och därför har ingen möjlighet till seigniorage. Det går inte heller att censurera transaktioner om man inte kontrollerar över 50 procent av nätverkets aktiva processorkraft. Och det går att förflytta bitcoin över hela världen utan några flaskhalsar i form av centralbanker. Men nätverket är ännu i sin linda, och det återstår att se hur robust det är om det skulle stöta på större angrepp från stora stater som försöker skydda sina egna centraliserade monetära system, när de över tid destabiliseras på grund av den inneboende entropin.

I del 3 av den här boken citerade jag John Maynard Keynes angående hur de som kontrollerar den offentliga liggaren kan omdirigera värde från en grupp till en annan, utan att folk egentligen känner till det:

> Genom en kontinuerlig inflation kan staten, i hemlighet och helt obemärkt, beslagta en betydande del av medborgarnas förmögenhet. Genom denna metod inte bara beslagtar de, utan de beslagtar godtyckligt, och medan processen gör många fattiga, gör den faktiskt en del rika.[442]

442 Keynes, *Essays in Persuasion*, 77.

Idén att separera pengarna från staten handlar inte om att eliminera staten. Snarare handlar det om att skapa en decentraliserad monetär teknologi som, om den skulle bli allmänt accepterad och vara motståndskraftig mot attacker, skulle göra statens situation mer lik alla andras. Staten skulle behöva vara mer transparent angående sina handlingar i en värld i vilken snabba, portabla, självförvarade, globalt överförbara, devalveringsresistenta peer-to-peer-pengar används, eftersom de ger människor fler alternativ. Med 160 fiatvalutor i världen, och då över hälften av världens befolkning lever under någon form av auktoritärt styre, är detta inget blygsamt mål. Pengar med öppen källkod i form av bitcoin kan till slut bli stora nog att konkurrera med den amerikanska dollarn mer direkt, men den mest uppenbara möjligheten just nu är att teknologin kan erbjuda ett alternativ för miljardtals människor som använder kollapsande valutor, i länder som många sällan ens tänker på. Dessutom öppnas det upp för snabbare innovation inom området pengar och helt nya tillämpningar som inte är möjliga med befintlig teknologi.

Om politiken i många delar av världen fortsätter att gå från frihet och mot olika nivåer av auktoritarism, som vi har sett under de senaste två decennierna, då kan kontrollen över liggaren bli ännu viktigare än den har varit under de senaste årtiondena. I mindre fria delar av världen har användaren av en centralstyrd valuta minskad kontroll över och minskad insikt i hur den offentliga liggaren förvaltas. Samtidigt har staten och företag ökad kontroll över och insikt i alla människors del av liggaren, inklusive hur mycket de har och hur de tillåts använda det de har.

Även om politiken kan påverka hur vi interagerar med pengar lokalt och temporärt, har teknologin en mer permanent och global inverkan på hur vi interagerar med pengar. När nya teknologier växer fram blir vissa typer av liggare föråldrade och försvinner, medan nya typer av liggare får liv och blir oumbärliga. Därför tenderar nya former av pengar att användas överallt snarare än bara lokalt. När världen i stor utsträckning industrialiserades, konkurrerade guldet ut alla andra råvaror. Och när världen blev alltmer sammankopplad av telekommunikationssystem ersattes guldet överallt av fiatvalutor. När det nu finns nya teknologier som möjliggör digital knapphet och digital avveckling, finns det återigen en öppning för en ny monetär tidsålder.

Historiskt sett har de flesta uppdateringar av den monetära teknologin haft en centraliserande effekt och konsoliderat makten hos ett mindre antal människor i utbyte mot ökad effektivitet. Nu finns det en verklig möjlighet att decentralisera en del av makten och sprida ut den. Vidare har det ständigt ökande hastighetsgapet mellan transaktioner och avveckling lett till ständigt ökande nivåer av finansialisering och abstraktion. Med snabbare avveckling och den efterföljande minskningen av detta hastighetsgap finns det en möjlighet att gå mot en period av finansiell förenkling och ökad stabilitet.

Vi vet inte hur framtiden kommer att se ut. Det bästa vi kan göra är att analysera nuet, föreställa oss hur vi tycker att framtiden borde se ut och sedan göra vad vi kan för att föra världen mot den visionen. Jag anser att decentraliserade pengar med öppen källkod, som stärker individens makt, som inte kräver tillstånd för att användas och som möjliggör ett mer gränslöst flöde av värde, utgör ett både kraftfullt och etiskt försvarbart redskap. Detta koncept innebär på många sätt en förbättring av det nuvarande finansiella systemet och fungerar som en viktig mekanism för att begränsa makten, vilket gör det väl värt att utforska och stödja.

Bibliografi

Acemoglu, Daron, and Robinson, James A. *Why Nations Fail: The Origins of Power, Prosperity, and Poverty.* Crown Publishing: New York, 2012.

Agarwal, Ruchir, and Krogstrup, Signe. "Cashing In: How to Make Negative Interest Rates Work." *IMF Blog*. February 5, 2019: https://www.imf.org/en/Blogs/Articles/2019/02/05/blog-cashing-in-how-to-make-negative-interest-rates-work

Akhtar, Tanzeel and Shukla, Sidharta. "China Makes a Comeback in Bitcoin Mining Despite Government Ban." *Bloomberg*. May 17, 2022: https://www.bloomberg.com/news/articles/2022-05-17/china-makes-a-comeback-in-bitcoin-mining-despite-government-ban

Al Jazeera. "Egyptian Pound Has Lost Half of its Value Since March." *Al Jazeera News*. January 11, 2023: https://www.aljazeera.com/news/2023/1/11/egyptian-pound-has-lost-half-of-its-value-since-march

Albrecht, Brian and Young, Andrew. "Wampum: The Political Economy of an Institutional Tragedy." Unpublished manuscript, November 2017. Available online via: https://briancalbrecht.github.io/albrecht-young-wampum-tragedy.pdf

Alden, Lyn. "A Look at the Lightning Network." Lyn Alden Investment Strategy. August 2022. Available online via: https://www.lynalden.com/lightning-network/

Alden, Lyn. "Analyzing Bitcoin's Network Effect." Lyn Alden Investment Strategy. March 2021. Available online via: https://www.lynalden.com/bitcoins-network-effect/

Alden, Lyn. "Banks, QE, and Money-Printing." Lyn Alden Investment Strategy. November 2020. Available online via: https://www.lynalden.com/money-printing/

Alden, Lyn. "Bitcoin's Energy Usage Isn't a Problem. Here's Why." Lyn Alden Investment Strategy. August 2021, updated January 2023. Available online via: https://www.lynalden.com/bitcoin-energy/

Alden, Lyn. "Custodial Financial Services." *Twitter*. February 19, 2022: https://twitter.com/lynaldencontact/status/1495153860691652609

Alden, Lyn. "How Debt Jubilees Work." Lyn Alden Investment Strategy. February 2022. Available online via: https://www.lynalden.com/debt-jubilee/

Alden, Lyn. "How to Value Bitcoin and Other Cryptocurrencies." Lyn Alden Investment Strategy. November 2017. Available online via: https://www.lynalden.com/cryptocurrencies/

Alden, Lyn. "March 2023 Newsletter: A Look at Bank Solvency." Lyn Alden Investment Strategy. March 13, 2023. Available online via: https://www.lynalden.com/march-2023-newsletter/

Alden, Lyn. "Proof-of-Stake and Stablecoins: A Blockchain Centralization Dilemma." Lyn Alden Investment Strategy. November 2021. Available online via: https://www.lynalden.com/proof-of-stake/

Alden, Lyn. "What is Money, Anyway?" Lyn Alden Investment Strategy. March 2022. Available online via: https://www.lynalden.com/what-is-money/

Aliber, Robert Z. "Eurodollars: An Economic Analysis." In *Eurodollars and International Banking*, edited by Paolo Savona and George Sutija: 77–110. Palgrave Macmillan: London, 1985.

Alioth Finance. "Inflation Calculator." U.S. Official Inflation Data. Accessed online, June 2, 2023: https://www.in2013dollars.com/

Americans for Democracy & Human Rights in Bahrain (ADHRB). "UAE: It's Time to Release Human Rights Defender Ahmed Mansoor." *IFEX.org*. April 28, 2023: https://ifex.org/uae-its-time-to-release-human-rights-defender-ahmed-mansoor/

Ammous, Saifedean, *The Fiat Standard: The Debt Slavery Alternative to Human Civilization*. Saif House: 2021.

Ammous, Saifedean. *The Bitcoin Standard: The Decentralized Alternative to Central Banking*. Wiley: Hoboken, N.J., 2018.

Anson, Michael. Cohen, Norma, Owens, Alastair, and Todman, Daniel. "Your Country Needs Funds: The Extraordinary Story of Britain's Early Efforts to Finance the First World War," *Bank Underground*. The Bank of England, August 8, 2017: https://bankunderground.co.uk/2017/08/08/your-country-needs-funds-the-extraordinary-story-of-britains-early-efforts-to-finance-the-first-world-war/

Areddy, James T. "China Creates Its Own Digital Currency, a First for Major Economy." *Wall Street Journal*. April 5, 2021: https://www.wsj.com/articles/china-creates-its-own-digital-currency-a-first-for-major-economy-11617634118

Associated Press in Cairo. "Egypt Devalues Currency by 48% to Meet IMF Demands for $12bn Loan." *Guardian*. November 3, 2016: https://www.theguardian.com/world/2016/nov/03/egypt-devalues-currency-meet-imf-demands-loan

Atkeson, Andrew, and Kehoe, Patrick J. 2004. "Deflation and Depression: Is There an Empirical Link?" *American Economic Review* 94, 2: 99–103.

Autor, David, Cho, David, Crane, Leland D., Goldar, Mita, Lutz, Byron, Montes, Joshua, Peterman, William B., Ratner, David, Villar, Daniel, and Yildirmaz, Ahu. "The $800 Billion Paycheck Protection Program: Where Did the Money Go and Why Did It Go There?" *Journal of Economic Perspectives* 36, 2 (Spring 2022): 55–80.

Baack, Ben. "America's First Monetary Policy: Inflation and Seigniorage During the Revolutionary War," *Financial History Review* 15, 2 (October 2008): 107–121.

Back, Adam. "Early Days of Bitcoin & Future Outlook." *Blockstream Talk* #1 (17:02-19:11): https://youtu.be/b7QT6km2hGs?t=1022

Bagus, Philipp. *In Defense of Deflation*. Springer: Cham, Switzerland, 2015.

Bajak, Frank and Gerad, Vanessa. "AP Exclusive: Polish Opposition Duo Hacked with NSO spyware." *AP News*. December 21, 2021: https://apnews.com/article/technology-business-poland-hacking-warsaw-8b52e16d1af60f9c324cf9f5099b687e

Bajak, Frank. "Probe: Journalists, Activists Among Firm's Spyware Targets." *AP News*. July 19, 2021: https://apnews.com/article/technology-middle-east-business-journalists-jamal-khashoggi-00a3fb4349b04504d3d7c481eae233d3

Bangs, Robert B. "Public and Private Debt in the United States, 1929–40," Bureau of Economic Analysis *Survey of Current Business*, November 1941: 18–21.

Bank for International Settlements. "BIS International Banking Statistics and Global Liquidity Indicators at End-September 2022." BIS Explorer GLI, Table E2-USD. Available online via: https://stats.bis.org:/statx/srs/tseries/GLI/Q.USD.3P.N.A.I.B.USD?t=e2&p=20223&m=USD&c=&o=w:20001.20224,s:line

Bank for International Settlements. "Project mBridge: Connecting Economies Through CBDC." BIS Innovation Hub. October 2022. Available online via: https://www.bis.org/publ/othp59.pdf

Berman, Elise. "Avoiding Sharing: How People Help Each Other Get out of Giving," *Current Anthropology* 61, 2: 141–282.

Bernanke, Ben. *21st Century Monetary Policy: The Federal Reserve from the Great Inflation to COVID-19*. W. W. Norton & Company: New York, 2022.

Bernholz, Peter. *Monetary Regimes and Inflation: History, Economic and Political Relationships*, 2nd edition. Edward Elgar Publishing: Cheltenham, UK, 2015.

Beuscher, Kristin. "From Pasack to the Plains." *Northern Valley Press*. May 21, 2019: https://thepressgroup.net/from-pascack-to-the-plains-the-story-of-campbell-wampum/

Bhatia, Nik. *Layered Money: From Gold and Dollars to Bitcoin and Central Bank Digital Currency*. Nik Bhatia, 2021.

Bible Gateway. "The Year for Canceling Debt." *Deuteronomy*, 15. New International Version, 2015. Available online via: https://www.biblegateway.com/passage/?search=Deuteronomy

Bier, Jonathan. *The Blocksize War: The Battle Over Who Controls Bitcoin's Protocol Rules*. Independently published, 2021.

Blanchard, James. "An Interview with F.A. Hayek." University of Freiburg, Germany, May 1, 1984. Available online via: https://youtu.be/s-k_Fc63tZI?t=1163 (19:26–19:40).

Blimes, Linda. "The Credit Card Wars: Post-9/11 War Funding Policy in Historical Perspective." Statement in Congressional Briefing, "The $5.6 Trillion Price Tag of the Post-9/11 Wars and How We Will Pay for It," hosted by Senator Jack Reed. November 8, 2017. Available online via Watson Institute: https://watson.brown.edu/costsofwar/files/cow/imce/papers/2017/Linda

Blockchain.com. "Market Capitalization (USD): The Total USD Value of Bitcoin in Circulation." Accessed online, June 13, 2023: https://www.blockchain.com/explorer/charts/market-cap

Blockchain.com. "Total Circulating Bitcoin." Accessed online, June 14, 2023: https://www.blockchain.com/explorer/charts/total-bitcoins

Board of Governors of the Federal Reserve System. "Federal Market Open Committee" Last updated May 3, 2023: https://www.federalreserve.gov/monetarypolicy/fomc.htm

Board of Governors of the Federal Reserve System. "Monetary Policy: What Are Its Goals? How Does It Work?" Last updated July 29, 2021: https://www.federalreserve.gov/monetarypolicy/monetary-policy-what-are-its-goals-how-does-it-work.htm

Board of Governors of the Federal Reserve System. "Who Owns the Federal Reserve?" Last updated March 1, 2017. Available online via: https://www.federalreserve.gov/faqs/about_14986.htm

Bolton, Jim and Guidi-Bruscoli, Francesco. "'Your Flexible Friend': The Bill of Exchange in Theory and Practice in the Fifteenth Century," *Economic History Review* 74, 4 (November 2021): 873–891.

Booth, Jeff. "The Distortion of Money." Podcast interview with Peter McCormack, *What Bitcoin Did* 489. April 15, 2022. Transcript available online via: https://www.whatbitcoindid.com/wbd489-jeff-booth

Booth, Jeff. *The Price of Tomorrow: Why Deflation is the Key to an Abundant Future*. Stanley Press: 2020.

Bordo, Michael D. "The Bretton Woods International Monetary System: A Historical Overview." In *The Bretton Woods International Monetary System: A Historical Overview*, edited by Michael Bordo and Barry Eichengreen: 3–98. University of Chicago Press: Chicago, 1993.

Bordo, Michael D. and McCauley, Robert N. "Triffin: Dilemma or Myth?", Bank for International Settlements working papers No. 684. December 2017. Available online via: https://www.bis.org/publ/work684.pdf

Boudreaux, Donald J. "'Price Gouging' After a Disaster Is Good for the Public." *Wall Street Journal*. October 3, 2017: https://www.wsj.com/articles/price-gouging-after-a-disaster-is-good-for-the-public-1507071457

Brunton, Finn. *Digital Cash: The Unknown History of the Anarchists, Utopians, and Technologists Who Created Cryptocurrency*. PUP: Princeton, N.J., 2019.

BTCCasey. "African Bitcoin Mining Firm Gridless Raises $2 Million In Funding Round Led by Stillmark, Block Inc." *Bitcoin Magazine*. December 6, 2022: https://bitcoinmagazine.com/

business/bitcoin-miner-gridless-raises-2-million

Buchholz, Katarina. "U.S. Debt Rises Irrespective of Who Is in the White House." *Statista*. May 8, 2023: https://www.statista.com/chart/1505/americas-debt-ceiling-dilemma/

Bureau of Labor Statistics. "Average Hourly Earnings of Production and Nonsupervisory Employees, Total Private, Seasonally Adjusted" (CES0500000008). BLS Beta Labs, Data Viewer, accessed May 22, 2023: https://beta.bls.gov/dataViewer/view/timeseries/CES0500000008

Bureau of Labor Statistics. "CPI for all Urban Consumers: Beef and Veal in U.S. City Average, All Urban Consumers, Not Seasonally Adjusted" (CUUR0000SEFC). BLS Beta Labs, Data Viewer, accessed May 24, 2023: https://beta.bls.gov/dataViewer/view/timeseries/CUUR0000SEFC

Bureau of Labor Statistics. "CPI for all Urban Consumers: Hospital and Related Services in U.S. City Average, Seasonally Adjusted" (CUSR0000SEMD). BLS Beta Labs, Data Viewer, accessed May 22, 2023: https://beta.bls.gov/dataViewer/view/timeseries/CUSR0000SEMD

Bureau of Labor Statistics. "CPI for all Urban Consumers: Tuition, Other School Fees, and Childcare, in U.S. City Average, All Urban Consumers, Seasonally Adjusted" (CUSR0000SEEB). BLS Beta Labs, Data Viewer, accessed May 22, 2023: https://beta.bls.gov/dataViewer/view/timeseries/CUSR0000SEEB;

Cambridge Centre for Alternative Finance. "Cambridge Bitcoin Electricity Consumption Index." Judge Business School, University of Cambridge. Available online via: https://ccaf.io/cbnsi/cbeci

Cantillon, Richard. *Essay on the Nature of Trade in General*. Translated, Edited, and with an Introduction by Antoin E. Murphy. Liberty Fund: Indianapolis, IN., 2019.

Carstens, Agustín. "Cross-Border Payments—A Vision for the Future." IMF Panel Discussion, October 19, 2022. Available online via: https://www.youtube.com/live/mVmKN4DSu3g?feature=share&t=1452 (24:12–25:06).

Carter, Nic. "An Interesting Externality of PoW Coins..." *Twitter*. July 27, 2018: https://twitter.com/nic__carter/status/1022836976729370624

Carter, Nic. "Debunking 'Bitcoin Wastes Energy'." Demystifying Bitcoin, 1:05-33:00. July 21, 2021. Available online via The B Word: https://www.thebword.org/c/track-1-demystifying-bitcoin

Carter, Nic. "Imagine a 3D Topographic Map..." *Twitter*. July 27, 2018: https://twitter.com/nic__carter/status/1022837882925539330

Chancellor, Edward. *The Price of Time: The Real Story of Interest*. Allen Lane: London, 2022.

Chaum, David L. "Blind Signatures for Untraceable Payments," *Advances in Cryptology*, Proceedings of Crypto 82 (1983): 199–203.

Chaum, David L. "Computer Systems Established, Maintained and Trusted by Mutually Suspicious Groups." PhD dissertation, University of California, Berkeley, 1982. Available online via Nakamoto Institute: https://nakamotoinstitute.org/static/docs/computer-systems-by-mutually-suspicious-groups.pdf

Chawaga, Peter. "Free Assange: Inside a Cypherpunk's Fight to Publish the Secrets of Superpowers." *Bitcoin Magazine*, Gatekeeper's issue (May 2023): 14–31. Available online via: https://gatekeepers.bitcoinmagazine.com/free-assange

Chawaga, Peter. "Honk Honk HODL: How Bitcoin Fueled the Freedom Convoy and Defied Government Crackdown." *Bitcoin Magazine*: The Censorship Resistant Issue (April 2022). Available online via: https://bitcoinmagazine.com/culture/how-bitcoin-fueled-canada-trucker-convoy

Chirichigno, Gregory. *Debt-slavery in Israel and the Ancient Near East*. Sheffield Academic Press: Sheffield, England, 1993.

Cipolaro, Greg and Stevens, Ross. "The Power of Bitcoin's Network Effect." NYDIG, November 2020. Available online via: https://assets-global.website-files.com/614e11536f66309636

c98688/616c92ea37a2ff12923190c8_NYDIG-Power-of-Bitcoins-Network-Effect.pdf

Clarida, Richard H., Duygan-Bump, Burcu, and Scotti, Chiara. "The COVID-19 Crisis and the Federal Reserve's Policy Response," Federal Reserve Board Finance and Economics Discussion Series 2021-035. Board of Governors of the Federal Reserve System: Washington, 2021.

Cochrane, John. H. "Fiscal Inflation." In *Populism and the Future of the Fed*, edited by James A. Dorn: 119–130. Cato Institute: Washington, D.C., 2022.

Congressional Budget Office. "The Budget and Economic Outlook: 2023 to 2033." February 2023. Available online via: https://www.cbo.gov/publication/58946

Cooke, Kristina. "iPad Price Remark Gets Fed's Dudley an Earful." *Reuters*. March 11, 2011: https://www.reuters.com/article/us-usa-fed-dudley-ipad/ipad-price-remark-gets-feds-dudley-an-earful-idUSTRE72A4AC20110311

Cox, Jeff. "Yellen's Only Regret as Fed Chair: Low Inflation." *CNBC*. December 13, 2017: https://www.cnbc.com/2017/12/13/yellens-only-regret-as-fed-chair-low-inflation.html

Crawford, Neta C. "The U.S. Budgetary Costs of the Post-9/11 Wars." Watson Institute for International & Public Affairs, Brown University. September 1, 2021. Available online via: https://watson.brown.edu/costsofwar/files/cow/imce/papers/2021/Costs

Cuthbertson, Anthony. "Bitcoin Mining on Track to Consume All of the World's Energy by 2020." *Newsweek*. December 11, 2017: https://www.newsweek.com/bitcoin-mining-track-consume-worlds-energy-2020-744036

Cutler, Matt. "Guessing a Private Key: Beyond Chainsplaining Part IV." Blocknative. June 26, 2019: https://www.blocknative.com/blog/guessing-a-private-key

Dalio, Ray. *Principles for Dealing with the Changing World Order: Why Nations Succeed and Fail*. Simon & Schuster: New York, 2021.

Dash, Mike. "David O'Keefe: The King of Hard Currency." *Smithsonian Magazine*. July 28, 2011: https://www.smithsonianmag.com/history/david-okeefe-the-king-of-hard-currency-37051930/

Daud, Dazmin. "A Study on Two Varieties of $100 Malaya Japanese Invasion Money (Pick #M8A)," *International Bank Note Society Journal* 58, 4 (2019): 42–46.

Davies, Glyn. *A History of Money: From Ancient Times to the Present Day*, fourth edition University of Wales Press: Cardiff, 2002.

Davis, Marc. "U.S. Government Financial Bailouts." *Investopedia*. October 31, 2022. Available online via: https://www.investopedia.com/articles/economics/08/government-financial-bailout.asp

de Rugy, Veronique and Leff, Gary D. "Bailouts Left Airlines, the Economy, and the Federal Budget in Worse Shape Than Before." Mercatus Center Policy Briefs, George Mason University. September 8, 2020: https://www.mercatus.org/research/policy-briefs/2020-bailouts-left-airlines-economy-and-federal-budget-worse-shape

Deaton, Angus and Case, Anne. *Deaths of Despair and the Future of Capitalism*. Princeton University Press: Princeton, N.J., 2020.

Deming, David. *Science and Technology in World History, Volume 3: The Black Death, the Renaissance, the Reformation and the Scientific Revolution*. McFarland & Company: Jefferson, N.C., 2012.

Denzel, Markus. "The European Bill of Exchange: Its Development from the Middle Ages to 1914." In *Cashless Payments and Transactions from Antiquity to 1914*, edited by Sushil Chaudhuri and Markus Denzel: 153–194. Franz Steiner Verlag: Stuttgart, 2008.

Di Salvo, Mat. "Argentina Bans Payment Apps From Offering Bitcoin to Customers." *Decrypt*. May 5, 2023: https://decrypt.co/139068/argentinas-central-bank-clamps-down-on-bitcoin

Dick, Philip K. *Galactic Pot-Healer*. Vintage Books: New York, 1994.

Dilanian, Ken and Strickler, Laura. " 'Biggest Fraud in a Generation': The Looting of the Covid

Relief Plan Known as PPP." *NBC News*. March 28, 2022: https://www.nbcnews.com/politics/justice-department/biggest-fraud-generation-looting-covid-relief-program-known-ppp-n1279664

Doherty, Brian, Schiff, Peter, Henderson, David R., Sumner, Scott, and Murphy, Robert. "Whatever Happened to Inflation?" *Reason*. December 2014 Issue. Available online via: https://reason.com/2014/11/30/whatever-happened-to-inflation/

Doll, Ignacio Olivera and Gillespie, Patrick. "Argentina Slams Brake On Crypto, Banning Purchases Through Banks." *Bloomberg*. May 6, 2022: https://www.bloomberg.com/news/articles/2022-05-05/argentina-slams-brake-on-crypto-banning-purchases-through-banks

Durant, Will and Durant, Ariel. *The Lessons of History*. Simon & Schuster: New York, 2010.

Dussubieux, Laure, Welling, Menno, Kaliba, Potiphar, Thomson, Jessica C. "European Trade in Malawi: The Glass Bead Evidence," *African Archeological Review* (forthcoming).

Easby, Dudly T. "Early Metallurgy in the New World," *Scientific American* 214, 4 (April 1966): 72–83.

Econoalchemist. "How the Freedom Convoy Could Have Protected Donation Privacy with Whirlpool." *Bitcoin Magazine*. March 31, 2022: https://bitcoinmagazine.com/technical/freedom-convoy-should-whirlpool-bitcoin

Eggertson, Gauti B., Juelsrud, Ragnar E., Summers, Lawrence H., Wold, Ella Getz. "Negative Nominal Interest Rates and the Bank Lending Channel," NBER Working Paper 25416, January 2019. Available online via: https://www.nber.org/system/files/working_papers/w25416/w25416.pdf

Eichengreen, Barry and Flandreau, Marc. "The Rise and Fall of the Dollar (or When Did the Dollar Replace Sterling as the Leading Reserve Currency?)," *European Review of Economic History* 13: 377–411.

Eichengreen, Barry. "The British Economy Between the Wars." In *The Cambridge Economic History of Modern Britain. Volume II: Economic Maturity, 1860-1939*, edited by Roderick Floud and Paul Johnson: 314–343. Cambridge University Press: Cambridge, 2004.

Eichengreen, Barry. *Exorbitant Privilege: The Rise and Fall of the Dollar and the Future of the International Monetary System*. Oxford University Press: Oxford, 2011.

Eichengreen, Barry. *Globalizing Capital: A History of the International Monetary System*. Princeton University Press: Princeton, N.J., 1998.

Einzig, Paul. *Primative Money: In Its Ethnological, Historical, and Economic Aspects*, second edition. Pergamon Press: Oxford, 1966.

Einzig, Paul. *The Euro-dollar System: Practice and Theory of International Interest Rates*. Macmillan: New York, 1964.

Eisenhower, Dwight D. "Farewell Address." January 17, 1961. Final TV Talk, Box 38 Speech Series. Eisenhower Library, National Archives and Records Administration. Available online via: https://www.archives.gov/milestone-documents/president-dwight-d-eisenhowers-farewell-address

Elliot, Colin P. "The Acceptance and Value of Roman Silver Coinage in the Second and Third Centuries AD," *The Numismatic Chronicle* 174 (2014): 129–152.

Elwell, Craig K. "Brief History of the Gold Standard in the United States." Congressional Research Service. June 23, 2011. Available online via: https://sgp.fas.org/crs/misc/R41887.pdf

Epstein, Jim. "When Encryption Was a Crime: The 1990s Battle for Free Speech in Software," *Reason*. October 21, 2020. Available online via: https://reason.com/video/2020/10/21/cryptowars-gilmore-zimmermann-cryptography/

Farrington, Allen and Meyers, Sacha. *Bitcoin Is Venice: Essays on the Past and Future of Capitalism*. BTC Media: Nashville, TN., 2022.

Fay, C.R. "Newton and the Gold Standard," *The Cambridge Historical Journal* 5, 1 (1935): 109–117.

FDIC. "BankFind Suite: Find Annual Historical Bank Data." Federal Deposit Insurance Company. Accessed online, May 22, 2023: https://banks.data.fdic.gov/explore/historical?displayFields=STNAME%2CTOTAL%2CBRANCHES%2CNew_Char&selectedEndDate=2022&selectedReport=CBS&selectedStartDate=1934&selectedStates=0&sortField=YEAR&sortOrder=desc

Feavearyear, Albert E. *The Pound Sterling: A History of English Money*. Oxford University Press: Oxford, 1963.

Federal Reserve Bank of Minneapolis. "Consumer Price Index, 1913-." Available online via: https://www.minneapolisfed.org/about-us/monetary-policy/inflation-calculator/consumer-price-index-1913-

Federal Reserve Economic Data. "3-Month Treasury Bill Secondary Market Rate, Discount Basis" (TB3MS). Accessed online, June 13, 2023: https://fred.stlouisfed.org/series/TB3MS

Federal Reserve Economic Data. "All Sectors; Debt Securities and Loans; Liability, Level" (TCMDO). Accessed online, June 4, 2023: https://fred.stlouisfed.org/series/TCMDO

Federal Reserve Economic Data. "Cash Assets, All Commercial Banks" (CASACBW027NBOG). Accessed online, June 2, 2023: https://fred.stlouisfed.org/series/CASACBW027NBOG

Federal Reserve Economic Data. "Consumer Price Index for All Urban Consumers: All Items in U.S. City Average" (CPIAUCSL). U.S. Bureau of Labor Statistics. Accessed online, May 21 2023: https://fred.stlouisfed.org/series/CPIAUCSL,

Federal Reserve Economic Data. "Consumer Price Index for All Urban Consumers: All Items in U.S. City Average" (CPIAUCNS). U.S. Bureau of Labor Statistics. Accessed online, June 13, 2023: https://fred.stlouisfed.org/series/CPIAUCSL,

Federal Reserve Economic Data. "Currency in Circulation" (CURRCIR). Accessed online, June 13, 2023: https://fred.stlouisfed.org/series/CURRCIR

Federal Reserve Economic Data. "Deposits, All Commercial Banks" (DPSACBW027NBOG). Accessed online, June 2, 2023: https://fred.stlouisfed.org/series/DPSACBW027NBOG

Federal Reserve Economic Data. "Employed Full Time: Median Usual Weekly Nominal Earnings (Second Quartile): Wage and Salary Workers: 16 Years and Over" (LEU0252881500A). Accessed online, June 3, 2023: https://fred.stlouisfed.org/series/LEU0252881500A

Federal Reserve Economic Data. "Federal Debt: Total Public Debt" (GFDEBTN). Accessed online, June 13, 2023: https://fred.stlouisfed.org/series/GFDEBTN

Federal Reserve Economic Data. "Federal Funds Effective Rate" (FEDFUNDS). Accessed online, June 14, 2023: https://fred.stlouisfed.org/series/FEDFUNDS

Federal Reserve Economic Data. "Gross Domestic Product" (GDP), quarterly. Accessed online, June 4, 2023: https://fred.stlouisfed.org/series/GDP

Federal Reserve Economic Data. "Gross Domestic Product" (GDPA), annually. Accessed online, June 5, 2023: https://fred.stlouisfed.org/series/GDPA

Federal Reserve Economic Data. "Households and Nonprofit Organizations; Net Worth, Level" (TNWBSHNO). Accessed online, June 4, 2023: https://fred.stlouisfed.org/series/TNWBSHNO

Federal Reserve Economic Data. "Industrial Production: Total Index" (INDPRO). Accessed online, June 8, 2023: https://fred.stlouisfed.org/series/INDPRO

Federal Reserve Economic Data. "M2" (M2NS). Accessed online, June 13, 2023: https://fred.stlouisfed.org/series/M2NS

Federal Reserve Economic Data. "M3 for the United States" (MABMM301USM189S). Accessed online, May 19, 2023: https://fred.stlouisfed.org/series/MABMM301USM189S

Federal Reserve Economic Data. "Median Sales Price of Houses Sold for the United States" (MSPUS): Accessed online, June 3, 2023: https://fred.stlouisfed.org/series/MSPUS

Federal Reserve Economic Data. "Monetary Base, Total" (BOGMBASE). Accessed online, May 15, 2023: https://fred.stlouisfed.org/series/BOGMBASE

Federal Reserve Economic Data. "Nonfinancial Corporate Business; Debt Securities and Loans;

Liability, Level" (BCNSDODNS). Accessed online, June 14, 2023: https://fred.stlouisfed.org/series/BCNSDODNS

Federal Reserve Economic Data. "Reserves of Depository Institutions: Total" (TOTRESNS). Accessed online, May 15, 2023: https://fred.stlouisfed.org/series/TOTRESNS

Federal Reserve Economic Data. "St. Louis Adjusted Monetary Base" (AMBNS). Accessed online, June 2, 2023: https://fred.stlouisfed.org/series/AMBNS

Federal Reserve Economic Data. "Total Net Worth Held by the Bottom 50% (1st to 50th Wealth Percentiles)" (WFRBLB50107): Accessed online, June 3, 2023: https://fred.stlouisfed.org/series/WFRBLB50107

Federal Reserve Economic Data. "Total Net Worth Held by the Top 1% (99th to 100th Wealth Percentiles)" (WFRBLT01026): Accessed online, June 3, 2023: https://fred.stlouisfed.org/series/WFRBLT01026

Federal Reserve Economic Data. "U.S. Net International Investment Position" (IIPUSNETIA). Accessed online, June 2, 2023: https://fred.stlouisfed.org/series/IIPUSNETIA

Federal Reserve Statistical Release. "Large Commercial Banks." Insurance U.S.-Chartered Commercial Banks that have Consolidated Assets of $300 Million or More, Ranked by Consolidated Assets. As of December 31, 2022. Available online via: https://www.federalreserve.gov/releases/lbr/current/

Federal Reserve. "Fedwire Funds Service: Annual Statistics." Last updated January 24, 2023. Available online via: https://www.frbservices.org/resources/financial-services/wires/volume-value-stats/annual-stats.html

Feldstein, Steven. "The Global Expansion of AI Surveillance." Carnegie Endowment for International Peace Working Paper, September 2019. Available online via: https://carnegieendowment.org/files/WP-Feldstein-AISurveillance_final1.pdf

Ferguson, Niall. *The Pity of War: Explaining World War I.* Basic Books: New York, 1999.

Feygin, Yakov and Leusder, Dominik. "The Class Politics of the Dollar System." *Phenomenal World.* May 1, 2020: https://www.phenomenalworld.org/analysis/the-class-politics-of-the-dollar-system/

Finney, Hal. "Running bitcoin." *Twitter.* 11 January, 2009: https://twitter.com/halfin/status/1110302988

Forkast.News. "ECB's Lagarde Gets Pranked, Reveals digital Euro Will Have 'Limited' Control." *Yahoo! Finance.* April 7, 2023: https://finance.yahoo.com/news/ecb-lagarde-gets-pranked-reveals-135218145.html

Frank, Silvan. "Gold to Silver Ratio," Longtermtrends. Accessed online, June 2, 2022: https://www.longtermtrends.net/gold-silver-ratio/

Freedom House. "Freedom in the World 2023: Bahrain." Available online via: https://freedomhouse.org/country/bahrain/freedom-world/2023

Freedom House. "Freedom in the World 2023: Poland." Available online via: https://freedomhouse.org/country/poland/freedom-world/2023

Freedom House. "Freedom in the World 2022: Spain." Available online via: https://freedomhouse.org/country/spain/freedom-world/2022

Freedom House. "Freedom in the World 2023: China." Available online via https://freedomhouse.org/country/china/freedom-world/2023

Freedom House. "Freedom in the World 2023: Thailand." Available online via: https://freedomhouse.org/country/thailand/freedom-world/2023

Friedman, Milton and Schwartz, Anna. *A Monetary History of the United States, 1867–1960.* Princeton University Press: Princeton, N.J., 1963.

Friedman, Milton. "The Optimum Quantity of Money." In *The Optimum Quantity of Money and Other Essays*, edited by Milton Friedman: 1–50. Macmillan: London, 1969.

Friedman, Milton. "Understanding Inflation" documentary, available via YouTube: https://youtu.be/GJ4TTNeSUdQ?t=181

Friedman, Milton. *Monetary Mischief: Episodes in Monetary History*. Harcourt Brace & Company: New York, 1992.

Fromm, Ingrid. "From Small Chocolatiers to Multinationals to Sustainable Sourcing: A Historic Review of the Swiss Chocolate Industry." In *The Economics of Chocolate*, edited by Mara P. Squicciarini and Johan F. M. Swinnen: 71–87. Oxford University Press: Oxford, 2016.

Garten, Jeffrey E. *Three Days at Camp David: How a Secret Meeting in 1971 Transformed the Global Economy*. HarperCollins: New York, 2021.

Gelb, Ignace J. "Sumerian Language." Encyclopedia Britannica. February 5, 2009: https://www.britannica.com/topic/Sumerian-language

Gigi. "A Failure to Understand Proof of Work is a Failure to Understand #Bitcoin." *Twitter*. May 13, 2021: https://twitter.com/dergigi/status/1392826482863579136

Gigi. "Bitcoin Is Digital Scarcity." DerGigi.com. October 2, 2022: https://dergigi.com/2022/10/02/bitcoin-is-digital-scarcity/

Gigi. *21 Lessons: What I've Learned from Falling Down the Bitcoin Rabbit Hole*. Independently published, 2019.

Gillespie, Patrick. "Argentina Inflation Surpasses 100% as Economic Recession Looms." *Bloomberg*. March 14, 2023: https://www.bloomberg.com/news/articles/2023-03-14/argentina-surpasses-100-inflation-as-economic-recession-looms

Gladstein, Alex. "The Humanitarian and Environmental Case for Bitcoin." *Bitcoin Magazine*. May 26, 2021: https://bitcoinmagazine.com/culture/bitcoin-is-humanitarian-and-environmental

Gladstein, Alex. *Check Your Financial Privilege: Inside the Global Bitcoin Revolution*. BTC Media: Nashville, TN., 2022.

Gladstein, Alex. *Hidden Repression: How the IMF and World Bank Sell Exploitation as Development*. Bitcoin Magazine Books: Nashville, TN., 2023.

Goetzmann, William N. *Money Changes Everything: How Finance Made Civilization Possible*. Princeton University Press: Princeton, N.J., 2016.

Goldberg, Dror. "Famous Myths of 'Fiat Money'," *Journal of Money, Credit and Banking* 37, 5 (October 2005): 957–967.

Goodhart, Charles. *The Evolution of Central Banks*. The MIT Press: Cambridge, Mass., 1988.

Graeber, David. *Debt: The First 5,000 Years*. Melville House: London, 2011.

Green, Timothy. "Central Bank Gold Reserves: An Historical Perspective Since 1845." World Gold Council, Research Study No. 23. November 1999. Available online via: https://famguardian.org/Subjects/MoneyBanking/FederalReserve/CentralBankGoldReserves.pdf

Greenwald, Glenn and MacAskill, Ewen. "NSA Prism Program Taps in to User Data of Apple, Google and Others." *Guardian*. June 7, 2013: https://www.theguardian.com/world/2013/jun/06/us-tech-giants-nsa-data

Greif, Avner. "The Fundamental Problem of Exchange: A Research Agenda in Historical Institutional Analysis," *European Review of Economic History* 4 (2000): 251–284.

Gridless. Company Description. Accessed May 28, 2023: Available online via: https://gridlesscompute.com/

Grubb, Farley. "Colonial Virginia's Paper Money, 1755–1774: Value Decomposition and Performance," *Financial History Review* 25, 2 (2018): 113–140.

Grubb, Farley. "The Continental Dollar: What Happened to It after 1779?" NBER Working Paper 13770, February 2008. Available online via: https://www.nber.org/papers/w13770

Hammurabi. *The Code of Hammurabi, King of Babylon*. Translated by Robert Francis Harper. University of Chicago Press: Chicago, 1904.

Hayek, Friedrich. "The Use of Knowledge in Society," *The American Economic Review* 35, 4 (September 1945): 519–530.

Hetzel, Robert L. *The Federal Reserve: A New History*. University of Chicago Press: Chicago and London, 2022.

Hetzel, Robert. "Launch of the Bretton Woods System," Federal Reserve Bank of St. Louis. November 22, 2013. Available online via: https://www.federalreservehistory.org/essays/bretton-woods-launched

Hickel, Jason, Sullivan, Dylan and Zoomkawala, Huzaifa. "Plunder in the Post-Colonial Era: Quantifying Drain from the Global South Through Unequal Exchange, 1960–2018," *New Political Economy* 26, 6 (2021): 1030–1047.

Higgs, Robert. "Wartime Prosperity? A Reassessment of the U.S. Economy in the 1940s," *Journal of Economic History* 52, 1 (March 1992): 41–60.

Hill, Andrew T. "The Second Bank of the United States: A Chapter in the History of Central Banking." Federal Reserve Bank of Philadelphia, January 2021: 1–20. Available online via: https://www.philadelphiafed.org/-/media/frbp/assets/institutional/education/publications/second-bank-of-the-united-states.pdf

History.Com Editors. "Knights Templar," *History.com*, July 13, 2017: https://www.history.com/topics/middle-ages/the-knights-templar

Hochstein, Martin. "The Fairy Tale of Low Inflation in the Euro Area," *The Economists' Voice* September 29, 2018. Available online via: https://www.degruyter.com/document/doi/10.1515/ev-2018-0025/html?lang=en

Holzer, Henry Mark. "How Americans Lost Their Right To Own Gold And Became Criminals in the Process," By Henry Mark Holzer, *Brooklyn Law Review* 39, 3 (Winter 1973): 517–550.

Howard Schneider. "Powell's Econ 101: Jobs Not inflation. And Forget About the Money Supply." *Reuters*, February 23, 2021: https://www.reuters.com/article/us-usa-fed-powell-econ-idUSKBN2AN2EM

Hughes, Eric. "A Cypherpunk's Manifesto." March 9, 1993. Available Online via Nakamoto Institute: https://nakamotoinstitute.org/static/docs/cypherpunk-manifesto.txt

Hülsmann, J. Guido. *The Ethics of Money Production*. Ludwig von Mises Institute: Auburn, AL., 2008.

IMF. "Consumer Prices, End of Period," Datamapper. Available Online: https://www.imf.org/external/datamapper/PCPI_PCH@AFRREO/NGA

Jezard, Adam. "In 2020 Bitcoin Will Consume More Power Than the World Does Today." World Economic Forum. December 15, 2017: https://www.weforum.org/agenda/2017/12/bitcoin-consume-more-power-than-world-2020/

Jevons, W. Stanley. *Money and the Mechanism of Exchange*. D. Appleton and Company: New York, 1875.

Jiang, Erica Xuewei, Matvos, Gregor, Piskorski, Thomasz and Seru, Amit. "Monetary Tightening and U.S. Bank Fragility in 2023 Mark-to-Market Losses and Uninsured Depositor Runs?" NBER Working Paper 31048, April 2023. Available Online via: https://www.nber.org/papers/w31048

Jili, Bulelani. "China's Surveillance Ecosystem & The Global Spread of its Tools." Atlantic Council Cyber Statecraft Initiative, Issue Brief October 2022. Available online via: https://www.atlanticcouncil.org/wp-content/uploads/2022/10/Chinas-Surveillance-Ecosystem-The-Global-Spread-Of-Its-Tools.pdf

Jones, David E. *Native North American Armor, Shields, and Fortifications*. University of Texas Press, Austin: Austin, TX., 2004.

Jones, Sam. "Use of Pegasus Spyware on Spain's Politicians Causing 'Crisis of Democracy'." *Guardian*. May 15, 2022: https://www.theguardian.com/world/2022/may/15/use-of-pegasus-spyware-on-spains-politicians-causing-crisis-of-democracy

Jordà, Òscar, Knoll, Katharina, Kuvshinov, Dmitry, Schularick, Moritz, and Taylor, Alan M. "The Rate of Return on Everything, 1780–2015," *The Quarterly Journal of Economics* 134, 3 (August 2019): 1225–1298.

Jordà, Òscar, Schularick, Moritz, and Taylor, Alan M. "Macrofinancial History and the New Business Cycle Facts." In *NBER Macroeconomics Annual 2016* volume 31, edited by Martin

Eichenbaum and Jonathan A. Parker. Chicago: University of Chicago Press, 2017. Accessed via Macrohistory.net May 19, 2023: https://www.macrohistory.net/database/

Joshua, John. *The Belt and Road Initiative and the Global Economy: Volume II – The Changing International Financial System and Implications*. Palgrave Macmillan: Cham, Switzerland, 2019.

Kelton, Stephanie. *The Deficit Myth: Modern Monetary Theory and the Birth of the People's Economy*. Public Affairs: New York, 2020.

Kennedy, John F. "Radio and Television Report to the American People on Civil Rights, June 11, 1963." The White House, June 11, 1963. Available online via JFK Library: https://www.jfklibrary.org/archives/other-resources/john-f-kennedy-speeches/civil-rights-radio-and-television-report-19630611

Kennedy, Paul Y. *The Rise and Fall of the Great Powers 1500–2000: Economic Change and Military Control from 1500–2000*. Random House: New York, 1987.

Kenton, W. "What is a Quid? With History of the British Pound Sterling" *Investopedia*. Updated May 15, 2023: https://www.investopedia.com/terms/q/quid.asp

Key, Alys. "Nigeria Limits Cash Withdrawals to $45 per Day in CBDC, Digital Banking Push." *Yahoo! Finance*. December 7, 2022: https://finance.yahoo.com/news/nigeria-limits-cash-withdrawals-45-100611213.html

Keynes, John Maynard. "A. Mitchell-Innes. *What Is Money?" The Economic Journal* 24, 95 (September 1914): 419–421.

Keynes, John Maynard. *Essays in Persuasion*. Macmillan and Co: London, 1933.

Kihara, Leika. "BOJ's Kuroda Rules Out Early End of Negative Rate Policy." *Reuters*. November 20, 2018: https://www.reuters.com/article/us-japan-economy-boj-idINKCN1NP05T

Klein, Aaron. "Opinion: How Credit Card Companies Reward the Rich and Punish the Rest of Us." *Los Angeles Times*. December 20, 2019: https://www.latimes.com/opinion/story/2019-12-20/opinion-how-credit-card-companies-reward-the-rich-and-punish-the-rest-of-us

Kocherlakota, Nayarana. "Money is Memory," *Journal of Economic Theory* 81, 2 (1998): 232–251.

Kohn, Meir. "Money, Trade, and Payments in Preindustrial Europe." In *Handbook of the History of Money and Currency*, edited by Stefano Battilossi, Yousef Cassis, and Kazuhiko Yago: 1–22. Springer: Singapore, 2018.

Korotev, Randy L. "Meteorite Numbers in the United States, Canada, and Mexico." Washington University in St. Louis, Earth and Planetary Sciences. Available online via: https://sites.wustl.edu/meteoritesite/items/meteorites-in-the-united-states/

Kris Hirst. "What Did Cicero Mean by the Sword of Damocles?" *ThoughtCo*. April 12, 2018: https://www.thoughtco.com/what-is-the-sword-of-damocles-117738

Krugman, Paul. "Covid's Economic Mutations." *The New York Review of Books*, March 10, 2022: https://www.nybooks.com/articles/2022/03/10/covids-economic-mutations-krugman/

Lagarde, Christine. "Opening Statement by Christine Lagarde to the Economic and Monetary Affairs Committee of the European Parliament." International Monetary Fund, September 4, 2019. Available online via: https://www.imf.org/en/News/Articles/2019/09/04/sp090419-Opening-Statement-by-Christine-Lagarde-to-ECON-Committee-of-European-Parliament

Lavoie, Don. *Rivalry and Central Planning: The Socialist Calculation Debate Reconsidered*. Cambridge University Press: New York, 1985.

LeClair, Dylan and Rule, Sam. "Just How Big Is the Everything Bubble?" *Bitcoin Magazine PRO*. August 11, 2022: https://bmpro.substack.com/p/just-how-big-is-the-everything-bubble

Lee, Dave. "Who are the Hackers who Cracked the iPhone?" *BBC News*. August 26, 2016: https://www.bbc.com/news/technology-37192670

Lerner, Abba P. "Money as a Creature of the State," *American Economic Review* 37, 2 (May 1947): 312–17.

Lewis, Park. "U.S. Reported Set To Borrow Marks Worth $1.25 Billion." *The New York Times.* November 28, 1978: https://www.nytimes.com/1978/11/28/archives/us-reported-set-to-borrow-marks-worth-125-billion-treasury-would.html

Lewis, Parker. "Bitcoin is the Great Definancialization." Unchained Capital. December 23, 2020: https://unchained.com/blog/bitcoin-is-the-great-definancialization/

Loomis, Bill. "1910-1930: The Years of Driving Dangerously." *Detroit News*. April 26, 2015: https://www.detroitnews.com/story/news/local/michigan-history/2015/04/26/auto-traffic-history-detroit/26312107/

Lougheed, Alan L. "The Discovery, Development, and Diffusion of New Technology: The Cyanide Process for the Extraction of Gold, 1887–1914." *Prometheus: Critical Studies in Innovation* 7, 1 (1989): 61–74.

Luo, Xinyi. "Bitcoin Miners Offered Way to Cut Texas Electricity Usage to Help the Grid." *CoinDesk*. December 6, 2022: https://www.coindesk.com/business/2022/12/06/texas-bitcoin-miners-are-offered-to-cut-electricity-usage-to-help-the-grid/

Luther, William J. "Is Bitcoin Intrinsically Worthless?" *The Journal of Private Enterprise* 33, 1 (2018): 31–45.

Luther, William J. and Salter, Alexander W. "Synthesizing State and Spontaneous Order Theories of Money." In *Entangled Political Economy* (*Advances in Austrian Economics, Vol. 18*): 161–178. Emerald Group Publishing Limited: Bingley, UK., 2014.

Luther, William. "Cryptocurrencies, Network Effects, and Switching Costs," *Contemporary Economic Policy* 34, 3 (July 2016): 553–571.

Lydon, Ghislaine. "Paper Instruments in Early African Economies and the Debated Role of the *Suftaja*." *Cahiers d'Études Africaines* 236 (2019): 1091–1118.

Mankiw, Gregory. "Small Menu Costs and Large Business Cycles: A Macroeconomic Model of Monopoly," *Quarterly Journal of Economics* 100, 2 (May 1985): 529–538.

Marczak, Bill, Abdulemam, Ali, Al-Jizawi, Noura, Anstis, Siena, Berdan, Kristin, Scott-Railton, John, and Deibert, Ron. "From Pearl to Pegasus: Bahraini Government Hacks Activists with NSO Group Zero-Click iPhone Exploits." TheCitizenLab, at Munk School of Global Affairs & Public Policy, University of Toronto. August 24, 2021: https://citizenlab.ca/2021/08/bahrain-hacks-activists-with-nso-group-zero-click-iphone-exploits/

Marmefelt, Thomas. *The History of Money and Monetary Arrangements: Insight from the Baltic and North Seas Region*. Routledge: Abingdon, Oxon, 2019.

Maronoti, Bafundi. "Revisiting the International Role of the Dollar," *BIS Quarterly Review* (December 2022): 36–37.

Matthews, Dylan. "Modern Monetary Theory, explained." *Vox*. April 16, 2019: https://www.vox.com/future-perfect/2019/4/16/18251646/modern-monetary-theory-new-moment-explained

Matthews, Steve. "Bullard Says Important for Fed to Defend 2% Inflation Target." *Bloomberg*. August 14, 2013: https://www.bloomberg.com/news/articles/2013-08-14/bullard-says-important-for-fed-to-defend-2-inflation-target

Mauss, Marcel. *The Gift: The Form and Reason for Exchange in Archaic Societies*. Routledge: London, 2002.

Maverick, J.B. "A Historical Guide to the Gold-Silver Ratio." *Investopedia*. July 27, 2022: https://www.investopedia.com/articles/investing/080316/historical-guide-goldsilver-ratio.asp

McClean, Patrick. "A Corrections 103 Years Late: How the BoE Covered Up Failed War Bond Sale," *Financial Times* Aug 8, 2017: https://www.ft.com/content/1ffa3bb6-ae87-3b6c-aa5c-7a48ca1fc2e2

McCloskey, Donald and Zacher, J. Richard. "How the Gold Standard Worked." In *Enterprise and Trade in Victorian Britain: Essays in Historical Economics*, edited by D.N. McCloskey: 184–208. Routledge: Abingdon, Oxon, 2003.

McLeay, Michael, Amar, Radia, and Ryland, Thomas. "Money Creation in the Modern Economy," *Bank of England Quarterly Bulletin*, 2014 Q1. Available online via: https://www.bankofengland.co.uk/-/media/boe/files/quarterly-bulletin/2014/money-creation-in-the-modern-economy.pdf

Mehrling, Perry. *Money and Empire: Charles P. Kindleberger and the Dollar System*. Cambridge University Press: Cambridge, 2022.

Meltzer, Allen H. *A History of the Federal Reserve, Volume 1: 1913–1951*. University of Chicago Press: Chicago, 2003.

Meltzer, Allen H. *A History of the Federal Reserve, Volume 2, Book 2: 1970–1986*. University of Chicago Press: Chicago, 2003.

Mempool.Space. "Block: 170." The Mempool Open Source Project. Available online via: https://mempool.space/block/00000000d1145790a8694403d4063f323d499e655c83426834d4ce2f8dd4a2ee

Mempool.Space. "Genesis: 0." The Mempool Open Source Project. Available online via: https://mempool.space/block/000000000019d6689c085ae165831e934ff763ae46a2a6c172b3f1b60a8ce26f

Menger, Carl. "On the Origin of Money," *The Economic Journal* 2, 6 (June 1892): 239–55.

Menger, Carl. *Principles of Economics*. Free Press: Glencoe, IL., 1950.

Miller, Cassie. "Civil Asset Forfeiture: Unfair, Undemocratic and Un-American." Southern Poverty Law Center Policy Brief. October 2017. Available online via: https://www.splcenter.org/sites/default/files/com_policybrief_civil_asset_forfeiture_web.pdf

Milstein, Eric and Wessel, David. "What Did the Fed Do in Response to the COVID-19 Crisis?" *Brookings Institution*. December 17, 2021: https://www.brookings.edu/research/fed-response-to-covid19/

Mitchell-Innes, Alfred. "The Credit Theory of Money," *The Banking Law Journal* 31: (1914): 151–168.

Mitchell-Innes, Alfred. "What is Money?" *The Banking Law Journal* 30 (May 1913): pp. 377–408.

Mitchener, Ron. "Money in the American Colonies." *EH.Net* Encyclopedia, 2011. Available online via: https://eh.net/encyclopedia/money-in-the-american-colonies/

Mohamed El-Erian. *The Only Game in Town: Central Banks, Instability, and Recovering from Another Collapse*. Random House: New York, 2016.

Moramarco, Stefania and Nemi, Loreto. "Nutritional and Health Effects of Chocolate." In *The Economics of Chocolate*, edited by Mara P. Squicciarini and Johan F. M. Swinnen: 134–156. Oxford University Press: Oxford, 2016.

Moses, Jonathan M. "Message Is Out On Beepers." *The Washington Post*, July 11, 1988: https://www.washingtonpost.com/archive/politics/1988/07/11/message-is-out-on-beepers/58840caa-523e-413b-9224-60ad94d7803f/

Mullen, Cormac, and Ainger, John. "World's Negative-Yielding Debt Pile Hits $18 Trillion Record." *Bloomberg*. December 11, 2020: https://www.bloomberg.com/news/articles/2020-12-11/world-s-negative-yield-debt-pile-at-18-trillion-for-first-time

Mundell, Robert. "Uses and Abuses of Gresham's Law in the History of Money," *Zagreb Journal of Economics* 2, 2 (1998): 3–38.

Munro, John H. "Rentes and the European 'Financial Revolution'." In *Handbook of Key Global Financial Markets, Institutions, and Infrastructure* volume 1, edited by Gerard Caprio: 235–249. Elsevier: Oxford, 2013.

Muresianu, Alex. "Personal Income Tax Adjusts for Inflation, But It Could Do Better." Tax Foundation. April 13, 2022: https://taxfoundation.org/personal-income-tax-inflation/

Murphy, Sharon Ann. *Other People's Money: How Banking Worked in the Early American Republic*. Johns Hopkins University Press: Baltimore, MD., 2017.

Nakamoto, Satoshi. "Bitcoin Open Source Implementation of P2P Currency." P2P Foundation. February 11, 2009. Available online via: http://p2pfoundation.ning.com/forum/topics/

bitcoin-open-source

Nakamoto, Satoshi. "Bitcoin P2P e-cash paper." Cryptography Mailing List. November 6, 2008. Available online via the Satoshi Nakamoto Institute: https://satoshi.nakamotoinstitute.org/emails/cryptography/4/

Nakamoto, Satoshi. "Bitcoin: A Peer-to-Peer Electronic Cash System." Bitcoin.org. October 31, 2008. Available online via: https://bitcoin.org/bitcoin.pdf

Nakamoto, Satoshi. "Emails." Cryptography Mailing List, Bitcoin P2P e-cash Paper. Available online via the Satoshi Nakamoto Institute: https://satoshi.nakamotoinstitute.org/emails/

Nakamoto, Satoshi. "Re: Bitcoin Does NOT Violate Mises' Regression Theorem." BitcoinTalk forum. August 27, 2010: https://bitcointalk.org/index.php?topic=583.msg11405#msg11405

Nakamoto, Satoshi. "Re: Bitcoin Minting is Thermodynamically Perverse." BitcoinTalk forum. August 7, 2010. Available online via the Satoshi Nakamoto Institute: https://satoshi.nakamotoinstitute.org/posts/bitcointalk/327/

Nakamoto, Satoshi. "Re: Bitcoin Minting is Thermodynamically Perverse." BitcoinTalk forum. August 9, 2010. Available online via the Satoshi Nakamoto Institute: https://satoshi.nakamotoinstitute.org/posts/bitcointalk/337/

Nakamoto, Satoshi. "Re: PC World Article on Bitcoin." BitcoinTalk forum. December 11, 2010. Available via the Satoshi Nakamoto Institute: https://satoshi.nakamotoinstitute.org/posts/bitcointalk/542/

National Archives. "The Bill of Rights: A Transcription," America's Founding Documents. Available online via: https://www.archives.gov/founding-docs/bill-of-rights-transcript

National Science Foundation. "Shell Beads from South African Cave Show Modern Human Behavior 75,000 Years Ago." News Release 04-048. April 15, 2004: https://www.nsf.gov/news/news_summ.jsp?cntn_id=100362

Neal, Larry. *The Rise of Financial Capitalism: International Capital Markets in the Age of Reason*. Cambridge University Press: Cambridge, 1990.

Newport, Frank. "Seventy-Two Percent of Americans Support War Against Iraq," Gallup News Service. March 24, 2003: https://news.gallup.com/poll/8038/seventytwo-percent-americans-support-war-against-iraq.aspx

Nguyen, Hugo. "Proof-of-Stake, Private Keys Attacks and Unforgeable Costliness the Unsung Hero." *Medium*. April 3, 2018: https://hugonguyen.medium.com/proof-of-stake-private-keys-attacks-and-unforgeable-costliness-the-unsung-hero-5caca70b01cb

Nguyen, Hugo. "Work is Timeless, Stake is Not." *Medium*. October 12, 2018: https://hugonguyen.medium.com/work-is-timeless-stake-is-not-554c4450ce18

Krizek, Graham. "Every Company Will Be a Lightning Company." *Medium*. June 21, 2023: https://medium.com/@graham_krizek/every-company-will-be-a-lightning-company-806576920064

O'Leary, Lizzie. "Financial Panic: Inflation Isn't a Risk of Joe Biden's $1.9 Trillion Stimulus." *Washington Post*. March 4, 2021: https://www.washingtonpost.com/outlook/2021/03/04/inflation-economy-pandemic-stimulus/

O'Toole, Garson. "Tortoises All the Way Down." *QuoteInvestigator*. August 22, 2021: https://quoteinvestigator.com/2021/08/22/turtles-down/

Onu, Emele and Osae-Brown, Anthony. "Nigeria Caps ATM Cash Withdrawals at $45 Daily to Push Digital Payments." *Bloomberg*. December 6, 2022: https://www.bloomberg.com/news/articles/2022-12-06/nigeria-limits-cash-transactions-to-push-enaira-and-other-payments

Pack, Justin. *Money and Thoughtlessness: A Genealogy and Defense of the Traditional Suspicions of Money and Merchants*. Palgrave Macmillan: Cham, Switzerland, 2023.

Palma, Nuno. "The Real Effects of Monetary Expansions: Evidence from a Large-scale Historical Experiment," *Review of Economic Studies* 89, 3 (May 2022): 1593–1627.

Paul, Ron. "The End of Dollar Hegemony." Speech before House of Representatives, 15 February 2006. Congressional Record 152, 19 (2006). Government Publishing Office. Available online via: https://www.congress.gov/congressional-record/volume-152/issue-19/house-section/article/H318-2

Perrin, Ben. "Enemy of the State." Podcast interview with Peter McCormack, *What Bitcoin Did* 592. December 22, 2022. Transcript available online via: https://www.whatbitcoindid.com/wbd592-btc-sessions

Perry, Mark J. "Chart of the Day... or Century?" *American Enterprise Institute*. July 23, 2022: https://www.aei.org/carpe-diem/chart-of-the-day-or-century-8/

Phalen, William J. *How the Telegraph Changed the World*. McFarland & Company: Jefferson, NC., 2015.

Pigeaud, Fanny and Sylla, Ndongo Samba, *Africa's Last Colonial Currency: The CFA Franc Story*. Translated from French by Thomas Fazi. Pluto Press: London, 2021.

Pitta, Julie. "Requiem for a Bright Idea." *Forbes* Magazine. November 1, 1999: https://www.forbes.com/forbes/1999/1101/6411390a.html

Poon, Joseph and Dryja, Thaddeus. "The Bitcoin Lightning Network: DRAFT Version 0.5." 1 March, 2015. Available online via: http://lightning.network/lightning-network-paper-DRAFT-0.5.pdf

Poon, Joseph and Dryja, Thaddeus. "The Bitcoin Lightning Network: Scalable Off-Chain Instant Payments." January 14, 2016. Available online via: https://lightning.network/lightning-network-paper.pdf

Powell, Jerome H. "We're Not Even Thinking About Thinking About Raising Rates." Press conference, June 10, 2020. Available via *Wall Street Journal*: https://www.wsj.com/video/powell-were-not-even-thinking-about-thinking-about-raising-rates/0C020333-947B-411F-912E-6EF76EFE18C0.html (0:39-0:45).

Priest, Claire. "Currency Policies and Legal Development in Colonial New England," *The Yale Law Journal* 110, 8 (June 2001): 1303–1405.

Pritzker, Yan. "Bitcoin Mass Adoption." Podcast Interview with Peter McCormack, *What Bitcoin Did* 394, September 6, 2021. Transcript available via: https://www.whatbitcoindid.com/wbd394-yan-pritzker

Pritzker, Yan. *Inventing Bitcoin: The Technology Behind the First Truly Scarce and Decentralized Money Explained*. Amazon Kindle: 2019.

Quinn, Stephen and Roberds, William. "The Evolution of the Check as a Means of Payment: A Historical Survey," *Federal Reserve Bank of Atlanta Economic Review* 4 (2008): 1–28.

Quinn, Stephen. "Goldsmith Banking: Mutual Acceptance and Interbank Clearing in Restoration London," *Explorations in Economic History* 34: 411–432.

Real Truth Real News. " 'Vovan and Lexus' Pretend to Be Zelensky and Prank the President of the European Central Bank Christine Lagarde." *Rumble*. April 2023: https://rumble.com/v2ha67g-vovan-and-lexus-who-pretend-to-be-zelensky-prank-the-president-of-the-europ.html

Reed, Stephen B. and Rippy, Darren A. "Consumer Price Index Data Quality: How Accurate is the U.S. CPI?" *Prices & Spending* 1, 12 (August 2012): U.S. Bureau of Labor Statistics.

Reinbold, Brian and Wen, Yi. "Understanding the Roots of the U.S. Trade Deficit." Federal Reserve Bank of St. Louis. October 9, 2018: https://www.stlouisfed.org/publications/regional-economist/third-quarter-2018/understanding-roots-trade-deficit

Reinhart, C. M. and Rogoff, K. S. *This Time Is Different: Eight Centuries of Financial Folly*. Princeton University Press: Princeton, N.J., 2009.

Reinhart, Carmen M. and Sbrancia, M. Belen. "The Liquidation of Government Debt," *Economic Policy* 30, 82 (April 2015): 291–333.

Repucci, Sarah and Slipowitz, Amy. *The Global Expansion of Authoritarian Rule: Freedom in the World 2022*. Freedom House, February 2022. Available online via: https://freedomhouse

.org/sites/default/files/2022-02/FIW_2022_PDF_Booklet_Digital_Final_Web.pdf

Reuters. "Fed's Bullard Favors Bond Buys If Inflation Continues Decline." *CNBC*. April 17, 2013: https://www.cnbc.com/2013/04/17/feds-bullard-favors-bond-buys-if-inflation-continues-decline.html

Ritchie, Hannah, Hasell, Joe, Mathieu, Edouard, Appel, Cameron and Roser, Max. "Terrorism." *Our World in Data*. July 2013, last revised October 2022: https://ourworldindata.org/terrorism

Ritter, Gretchen. *Goldbugs and Greenbacks: The Antimonopoly Tradition and the Politics of Finance in America, 1865–1896*. Cambridge University Press: Cambridge, 1997.

Rizzo, Pete. "The Last Days of Satoshi: What Happened When Bitcoin's Creator Disappeared." *Bitcoin Magazine*, April 26, 2021: https://bitcoinmagazine.com/technical/what-happened-when-bitcoin-creator-satoshi-nakamoto-disappeared

Rockoff, Hugh. "Some Evidence on the Real Price of Gold, Its Costs of Production, and Commodity Prices." In *A Retrospective on the Classical Gold Standard, 1821–1931*, edited by Michael D. Bordo and Anna J. Schwartz: 613–650. University of Chicago Press: Chicago, 1984.

Rockoff, Hugh. *America's Economic Way of War: War and the U.S. Economy from the Spanish-American War to the Persian Gulf War*. Cambridge University Press: Cambridge, 2012.

Rogoff, Kenneth S. *The Curse of Cash: How Large-Denomination Bills Aid Crime and Tax Evasion and Constrain Monetary Policy*. Princeton University Press: Princeton, N.J., 2017.

Roose, Kevin. "The Latecomer's Guide to Crypto." *New York Times*. March 18, 2022: https://www.nytimes.com/interactive/2022/03/18/technology/cryptocurrency-crypto-guide.html

Roth, Jean-Pierre. "Mr Roth Discusses Demonitisation of Gold in Switzerland." Speech at 22nd Annual FT World Gold Conference in London, 14 June 1999. Printed in *BIS Review* 73 (1999). Available online via: https://www.bis.org/review/r990622b.pdf

Rybarczyk, Rachel, Armstrong, Drew, and Fabiano, Amanda. "On Bitcoin Energy Consumption: A Quantitative Approach to a Subjective Question." Galaxy Digital Research. May 31, 2021. Available online via: https://www.lopp.net/pdf/On_Bitcoin_Energy_Consumption.pdf

Saat, Deniz. "Japan's Largest Power Company Will Mine Bitcoin with Excess Energy." *BTC Times*. December 14, 2022: https://www.btctimes.com/news/japans-largest-power-company-will-mine-bitcoin-with-excess-energy

Sahlins, Marshall. *Stone Age Economics*. Routledge: Abingdon, Oxon, 2017.

Sandstedt, Emil. "Tales of Soft Money — The Trail of Beads," *Medium*. May 26, 2019: https://medium.com/@bdratings/tales-of-soft-money-the-trail-of-beads-bc9155cbda14

Sandstedt, Emil. *Money Dethroned: A Historical Journey*. Independently published, (Kindle edition) 2020.

Sangster, Alan, Stoner, Gregory N., and McCarthy, Patricia. "The Market for Luca Pacioli's *Summa Arithmetica*," *Accounting Historians Journal* 35, 1 (June 2008): 111–134.

Sarah Binder and Mark Spindel, *The Myth of Fed Independence: How Congress Governs the Federal Reserve*. Princeton University Press: Princeton, N.J., 2017.

Saylor, Michael. "Bitcoin, Inflation, and the Future of Money." *Lex Fridman Podcast*. April 14, 2022. Full transcript available via: https://chowcollection.medium.com/michael-saylor-bitcoin-inflation-and-the-future-of-money-lex-fridman-podcast-276-ffe53a68ec

Saylor, Michael. "GALA 2022 Keynote Speech." Atlas Society. Transcript available online via: https://www.atlassociety.org/post/gala-2022-michael-saylor-keynote-speech

Schenk, Catherine. "Designing the Global Payments System: Telegraph to Tether." Lecture at House of Finance, Leibniz Institute SAFE and the Institute for Banking and Financial History (IBF). June 29, 2022. Available online via: https://www.ibf-frankfurt.de/popup_veranstaltung.php?uid=811

Schroeder, Frederick J. "Developments in Consumer Electronic Fund Transfers," *Federal Reserve*

Bulletin 69, 6 (June 1983): 395–403.
Schuler, Kurt. "World History of Free Banking: An Overview." In *The Experience of Free Banking*, edited by Kevin Dowd: 7–47. Routledge: London and New York, 1992.
Schulze, Elizabeth. "Here's Why Economists Don't Expect Trillions of Dollars in Economic Stimulus to Create Inflation," *CNBC*. July 23, 2020: https://www.cnbc.com/2020/07/23/why-trillions-of-dollars-in-economic-stimulus-may-not-create-inflation.html
Scott-Railton, John, Marczak, Bill, Herrero, Paolo Nigro, Razzak, Bahr Abdul, Al-Jizawi, Noura, Solimano, Salvatore, and Deibert, Ron. "Extensive Hacking of Media & Civil Society in El Salvador with Pegasus Spyware." TheCitizenLab at Munk School of Global Affairs & Public Policy, University of Toronto. January 12, 2022: https://citizenlab.ca/2022/01/project-torogoz-extensive-hacking-media-civil-society-el-salvador-pegasus-spyware/
Scott-Railton, John, Marczak, Bill. Poetranto, Irene. Razzak, Bahr Abdul, Chanprasert, Sutawan, and Deibert, Ron. "GeckoSpy: Pegasus Spyware Used Against Thailand's Pro-Democracy Movement." TheCitizenLab at Munk School of Global Affairs & Public Policy, University of Toronto. July 17, 2021: https://citizenlab.ca/2022/07/geckospy-pegasus-spyware-used-against-thailands-pro-democracy-movement/
Seabright, Paul. *The Company of Strangers: A Natural History of Economic Life*, Revised Edition. Princeton University Press: Princeton, N.J., 2010.
Selgin, George A. and White, Lawrence H. "Monetary Reform and the Redemption of National Bank Notes, 1863–1913," *Business History Review* 68 (1994): 205–43.
Selgin, George A. *The Theory of Free Banking: Money Supply Under Competitive Note Issue*. Rowman & Littlefield: Totowa, N.J., 1988.
Selgin, George. "On Empty Purses and MMT Rhetoric." *Alt-M*. May 5, 2019: https://www.cato.org/blog/empty-purses-mmt-rhetoric
Selgin, George. "Salvaging Gresham's Law: The Good, the Bad, and the Illegal." *Journal of Money, Credit and Banking* 28, 4 (November 1996): 637–649.
Selgin, George. "The Fiscal and Monetary Response to COVID-19: What the Great Depression Has – and Hasn't – Taught Us," *Economic Affairs* 41, 1 (February 2021): 3–20.
Selgin, George. "The Myth of the Myth of Barter." *Alt-M*, Cato blog. March 15, 2016: https://www.cato.org/blog/myth-myth-barter
Selgin, George. "The Rise and Fall of the Gold Standard in the United States." In *The Gold Standard: Retrospect and Prospect*, edited by Peter C. Earle and William J. Luther: 13–52. American Institute for Economic Research: Great Barrington, Mass., 2021.
Selgin, George. *The Menace of Fiscal QE*. Cato Institute: Washington, D.C., 2020.
Shell, Bobby. "How Many Transactions Can the Lightning Network Handle?" Voltage.cloud. 1 November, 2022: https://voltage.cloud/blog/lightning-network-faq/how-many-transactions-can-the-lightning-network-handle/
Shell, Marc. *Wampum and the Origins of American Money*. University of Illinois Press: Champaign, IL., 2013.
Shorrocks, Anthony, Davies, James, and Lluberas, Rodrigo. "Global Wealth Report 2022: Leading Perspectives to Navigate the Future." Credit Suisse Research Institute. Available online via: https://www.credit-suisse.com/about-us/en/reports-research/global-wealth-report.html
Silber, William L. "Why did FDR's Bank Holiday Succeed?", *Economic Policy Review* 15, 1, (2009): 19–30.
Slater, Martin. *The National Debt: A Short History*. Oxford University Press: New York, 2018.
Smil, Vaclav. *How the World Really Works: The Science Behind How We Got Here and Where We're Going*. Viking: London, 2022.
Smith, Adam. *An Inquiry into the Nature and Causes of the Wealth of Nations*. Oxford University Press: New York, 1976 [1789], Edwin Cannan's 1904 compilation.
Smith, Eric Alden, Hill, Kim, Marlowe, Frank, Nolin, David, Wiessner, Polly, Gurven, Michael,

Bowles, Samuel, Mulder, Monique B., Hertz, Tom, and Bell, Adrian. "Wealth Transmission and Inequality Among Hunter-Gatherers," *Current Anthropology* 51, 1 (February 2010): 19–34.

Smolenski, Natalie. "It is Time to Re-Found the American Republic." *Bitcoin Magazine*: The Orange Party issue (November 2022). Available online via: https://bitcoinmagazine.com/print/it-is-time-to-re-found-the-american-republic

Social Security Administration. "2022 OASDI Trustees Report: Covered Workers and Beneficiaries." Table IV.B3, Calendar Years 1945–2100. Available online via: https://www.ssa.gov/oact/tr/2022/lr4b3.html

Somerset Webb, Merryn. "Sound the Trumpet! Debt Jubilees Have Arrived." *Financial Times*. May 29, 2020: https://www.ft.com/content/fb2c1718-a193-11ea-94c2-0526869b56b0

Spiro, David E. *The Hidden Hand of American Hegemony Petrodollar Recycling and International Markets*. Cornell University Press: Ithaca, NY., 1999.

Steil, Benn. *The Battle for Bretton Woods: John Maynard Keynes, Harry Dexter White, and the Making of a New World Order*. Princeton University Press: Princeton, N.J., 2013.

Stein, Solomon M. "The Origins of Money in *Diablo II*." In *The Invisible Hand in Virtual Worlds: The Economic Order of Video Games*, edited by Matthew McCaffrey: 105-132. Cambridge University Press: Cambridge, 2021.

Steno Larsen, Andreas. "Steno Signals #21: 3 Reasons Why Everyone, Zuckerberg, Me, and Their Dogs Turn Into Idiots When Rates are 0%." *Stenos Signal*, Substack, October 30, 2022: https://andreassteno.substack.com/p/steno-signals-21-3-reasons-why-everyone

Stevens, Ross. "2020 Shareholder Letter." Stone Ridge Asset Management. Available online via: https://www.microstrategy.com/content/dam/website-assets/collateral/bitcoin-downloads/Stone-Ridge-2020-Shareholder-Letter.pdf

Story, Louise and Dash, Eric. "Bankers Reaped Lavish Bonuses During Bailouts." *New York Times*. July 30, 2009: https://www.nytimes.com/2009/07/31/business/31pay.html

Sudock, Harry. "The Truth About Bitcoin's Energy." Podcast interview with Peter McCormack, *What Bitcoin Did* 361. June 16, 2021. Transcript available online via: https://www.whatbitcoindid.com/wbd361-harry-sudock

Sumner, Scott. *The Money Illusion: Market Monetarism, the Great Recession, and the Future of Monetary Policy*. University of Chicago Press: Chicago, 2021.

Szabo, Nick. "Shelling Out: The Origins of Money: New Theories on the Origins and Nature of Money." December 2002. Available online via Satoshi Nakamoto Institute: https://nakamotoinstitute.org/shelling-out/

Tardi, Carla. "Settlement Period: Definition, Process, SEC Rules." *Investopedia*. March 17, 2023: https://www.investopedia.com/terms/s/settlement_period.asp

The Clearing House. "About CHIPS." Available online via: https://www.theclearinghouse.org/payment-systems/CHIPS

Thomson, Edwina A. "Misplaced Blame: Islam, Terrorism and the Origins of *Hawala*." In *Max Planck Yearbook of United Nations Law* 11, edited by Armin von Bogdandy and Rüdiger Wolfrum: 279–305. Brill: 2007.

Thornton, Mark. "Apoplithorismosphobia," *The Quarterly Journal of Austrian Economics* 6, 4 (Winter 2003): 5–18.

U.S. Congress. "S.5267: Digital Asset Anti-Money Laundering Act of 2022." Sponsor: Elizabeth Warren, introduced December 15, 2022. Text available online via: https://www.congress.gov/bill/117th-congress/senate-bill/5267/text

U.S. Energy Information Administration. "Hydropower Explained: Ocean Thermal Energy Conversion." August 9, 2022. Available online via: https://www.eia.gov/energyexplained/hydropower/ocean-thermal-energy-conversion.php

U.S. Energy Information Administration. "U.S. Crude Oil First Purchase Price." Petroleum & Other Liquids. Available online via: https://www.eia.gov/dnav/pet/hist/LeafHandler.as

hx?n=PET&s=F000000__3&f=A
U.S. Mint. "Coinage Act of April 2, 1792." Available online via: https://www.usmint.gov/learn/history/historical-documents/coinage-act-of-april-2-1792
U.S. Treasury. "Historical Debt Outstanding." FiscalData. Available online via: https://fiscaldata.treasury.gov/datasets/historical-debt-outstanding/historical-debt-outstanding
Ugolini, Stefano. *The Evolution of Central Banking: Theory and History*. Palgrave Macmillan: London, 2017.
Underwood, Jenn and Aldrich, Elizabeth. "History of Savings Account Interest Rates." *Forbes*. January 1, 2023: https://www.forbes.com/advisor/banking/savings/history-of-savings-account-interest-rates/
United Nations. "Universal Declaration of Human Rights." Available online via UN.org: https://www.un.org/en/about-us/universal-declaration-of-human-rights
van Wirdum, Aaron. *The Genesis Book*. Chapters available online via TheGenesisBook.com: https://t.co/PLv3WS6vdD
Vespene Energy. "Vespene Energy Closes $4.3 Million Funding Round Led by Polychain Capital to Pioneer Carbon-Negative Bitcoin Mining Using Captured Landfill Methane." August 9, 2022. Press Release via Cision: https://www.prnewswire.com/news-releases/vespene-energy-closes-4-3-million-funding-round-led-by-polychain-capital-to-pioneer-carbon-negative-bitcoin-mining-using-captured-landfill-methane-301601766.html
Vespene Energy. Company Description. Accessed May 28, 2023. Available online via: https://vespene.energy/
Vestergaard, Jakob and Wade, Robert H. "Trapped in History: The IMF and the US Veto." Danish Institute for International Studies, DIIS Policy Brief, April 2015.
Volcker, Paul A. *Changing Fortunes: The World's Money and the Threat to American Leadership*. Crown: New York, 1992.
Volpicelli, Gian M. "This is the True Scale of China's Bitcoin Exodus." *Wired* October 13, 2021: https://www.wired.co.uk/article/china-bitcoin-mining-crackdown
Walker, Shaun. "Viktor Orbán Using NSO Spyware in Assault on Media, Data Suggests." *Guardian*. July 18, 2021: https://www.theguardian.com/news/2021/jul/18/viktor-orban-using-nso-spyware-in-assault-on-media-data-suggests
Ward, Sandy. " 'Be Careful' in Stock Markets, Ex-Treasury Sec Summers Warns." *Morningstar*. April 27, 2023: https://www.morningstar.co.uk/uk/news/234563/be-careful-in-stock-market-ex-treasury-sec-summers-warns.aspx
Wheelock, David C. "Monetary Policy in the Great Depression: What the Fed Did, and Why." *Federal Reserve Bank of St. Louis Review* 74, 2 (1992): 3–28.
White, Lawrence H. *Better Money: Gold, Fiat, or Bitcoin?* Cambridge University Press: Cambridge, 2023.
White, Lawrence H. *Free Banking in Britain: Theory, Experience, and Debate, 1800–1845*. Cambridge University Press: New York, 1984.
White, Lawrence H. *The Theory of Monetary Institutions*. Blackwell: Oxford, 1999.
Whittemore, Nathaniel. "ENCORE: Luke Gromen on the History and (Declining) Future of the Global Dollar System," *CoinDesk* November 27, 2020: https://www.coindesk.com/markets/2020/11/27/encore-luke-gromen-on-the-history-and-declining-future-of-the-global-dollar-system/
Williamson, Samuel H. "The Annual Consumer Price Index for the United States, 1774-Present," MeasuringWorth, 2023. Available online via: http://www.measuringworth.com/uscpi/
Woetzel, Jonathan, Mischke, Jan, Madgavkar, Anu, Windhagen, Eckart, Smit, Sven, Birshan, Michael, Kemeny, Szabolcs, and Anderson, Rebecca J. "The Rise and Rise of the Global Balance Sheet: How Productively Are We Using Our Wealth?" McKinsey Global Institute, November 2021. Available online via: https://www.mckinsey.com/~/media/mckinsey/i

ndustries/financial

Wong, Andrea. "The Untold Story Behind Saudi Arabia's 41-Year U.S. Debt Secret." *Bloomberg*. May 30, 2016: https://www.bloomberg.com/news/features/2016-05-30/the-untold-story-behind-saudi-arabia-s-41-year-u-s-debt-secret

World Bank. "Global Gas Flaring Data." Global Gas Flaring Reduction Partnership (GGFR). Available online via: https://www.worldbank.org/en/programs/gasflaringreduction/global-flaring-data

World Bank. "Net Trade in Goods and Services (BoP, current US$) – United States." Accessed online, June 2, 2023: https://data.worldbank.org/indicator/BN.GSR.GNFS.CD?locations=US

World Bank. "Remittance Prices Worldwide Quarterly," Issue 44 (December 2022). Available online via: https://remittanceprices.worldbank.org/sites/default/files/rpw_main_report_and_annex_q422_final.pdf

World Gold Council. "Above-Ground Stock." February 8, 2023: https://www.gold.org/goldhub/data/how-much-gold

World Gold Council. "Central Bank Holdings." June 2, 2023: https://www.gold.org/goldhub/data/gold-reserves-by-country

World Gold Council. "Gold Spot Prices." May 23, 2023: https://www.gold.org/goldhub/data/gold-prices

WSJ Staff. "Open Letter to Ben Bernanke." *Wall Street Journal*. November 15, 2010: https://www.wsj.com/articles/BL-REB-12460

XE.com. "ISO 4217 Currency Codes." Accessed online, June 17, 2023: https://www.xe.com/iso4217.php

Yang, Bin. "The Rise and Fall of Cowrie Shells: The Asian Story," *Journal of World History* 22, 1 (March 2011): 1–25.

YCharts. "ICE US Dollar Index (^DXY)." Accessed online, June 13, 2023: https://ycharts.com/indices/%5EDXY

YCharts. "World Oil Consumption (I:WOCNY)." Accessed online, June 14, 2023: https://ycharts.com/indicators/world_oil_consumption

Yukhananov, Anna. "IMF Warns on Low Inflation, Calls on ECB to Act." *Reuters*. April 2, 2014: https://www.reuters.com/article/uk-imf-economy/imf-warns-on-low-inflation-calls-on-ecb-to-act-idUKBREA311BP20140402

Zetter, Kim. "Bullion and Bandits: The Improbable Rise and Fall of E-Gold." *Wired*. June 9, 2009: https://www.wired.com/2009/06/e-gold/

Zuboff, Shoshana. *The Age of Surveillance Capitalism: The Fight for a Human Future at the New Frontier of Power*. Public Affairs: New York, 2019.

Om författaren

Lyn Alden är en mycket populär makroekonomisk analytiker som tillhandahåller forskningsmaterial för privata och institutionella investerare. Hennes fokus ligger på analysen av monetära system och energimarknader.

Förutom att publicera forskningsmaterial sitter Lyn i styrelsen för Swan.com och fungerar som rådgivare åt riskkapitalbolaget Ego Death Capital. I dessa roller arbetar hon med investerare och startup-grundare för att hjälpa till att ta fram nästa generation av monetära teknologier och finansiella tjänster.

Lyns bakgrund är en kombination av teknik och finans. Hon har en kandidatexamen i elektroteknik och en masterexamen i Engineering Management, med fokus på systemteknik, teknik och ekonomi samt finansiell modellering. Före sitt nuvarande arbete spenderade Lyn över ett decennium inom flygindustrin, där hon hade en mängd olika ingenjörs-, upphandlings- och ledningsroller.

Hon har synts i program som Yahoo Finance, Fox Business, Macro Voices, What Bitcoin Did och Blockworks. Hon har dessutom citerats i ett stort antal finansiella publikationer, som The Wall Street Journal, The New York Times, The Globe and Mail, CNBC, Reuters, Forbes, Fortune och Barron's. Hon har talat vid Oslo Freedom Forum, Princeton Universitys DeCenter och Stevens Center for Innovation in Finance vid Wharton, samt vid en mängd olika konferenser med fokus på investering och teknologi.

www.ingramcontent.com/pod-product-compliance
Lightning Source LLC
LaVergne TN
LVHW032049051026
849517LV00015B/2830
9789916749777